제2판

한국교육행정론

이종재, 이차영, 김 용, 송경오

교육과학사

머리말

“한국교육행정론” 초판이 출간된 지 어느덧 12년이 지났습니다. 관심있게 읽어주신 분들께 진심으로 감사드립니다. 이 책은 본래 우리나라 교육행정의 발전을 모색하기 위해 교육행정의 과제를 검토하고, 문제를 제기해보자 하는 의도에서 집필하였습니다. 이번 개정판에서는 초판의 취지를 그대로 유지하되, 이후 발생한 교육현장의 요구와 학문적 발전 추세를 반영하여 다음과 같은 보완 작업을 하였습니다.

먼저, 최신 교육정책과 법령을 반영하였습니다. 초판 이후 세 번의 정부 교체가 있었고, 이에 따라 교육정책과 법령도 상당한 변화를 겪었습니다. 이러한 변화들을 독자들이 일목요연하게 파악할 수 있도록 최신 교육 관련 법령과 정책들을 체계적으로 정리하여, 현재의 교육행정 환경을 명확히 이해할 수 있도록 하였습니다.

둘째, 가급적 현장의 사례를 풍부하게 제시하여 독자들의 이해를 돕고자 하였습니다. 초판 출간 이후 교육 현장에는 혁신학교, 미래학교, 디지털 교과서, 늘봄교육, RISE 체계 도입 등 학교와 교육체제 전반의 기존 운영방식에 근본적인 변화를 가져올 수 있는 중요한 변화들이 발생하였습니다. 이러한 현장의 변화들을 제대로 이해하기 위해 현장 사례들을 풍부하게 제시하여 독자들이 변화된 교육행정 현상을 보다 생생하게 이해할 수 있도록 배려하였습니다.

셋째, 국제기구 등 해외의 교육행정 논의와 국내외 연구 동향을 이 책의 취지에 맞게 업데이트하였습니다. 예를 들어 OECD의 국제학업성취도 평가결과를 비롯하여 지난 12년 동안 진행되고 있는 국제적 논의 동향을 반영하였습니다. 교육행정의 이해와 연구에 도움이 될 수 있는 국내외 연구 동향도 추가로 업데이트하였습니다. 특히 마지막 장에서는 교육행정 체제를 둘러싸고 있는 내외부 이해관계자들의 변화와 다양성 증가에 따라 새롭게 등장하고 있는 한국 교육행정의 과제에 대해 논의를 추가하였습니다.

넷째, 독자들이 이 책의 내용을 보다 쉽게 이해할 수 있도록 일부 장의 내용을 새롭게 기술하였습니다. 독자 친화적인 명확한 설명과 논리적인 구성을 통해 교육행정 학습의 효율성을 높이고자 노력하였습니다.

이번 개정판은 특히 교육행정과 정책을 공부하는 대학원생들에게 유용한 길잡이가 되기를 바라며 집필하였습니다. 본 개정판이 교육행정에 대한 깊은 이해와 통찰을 제공하여, 학문적 연구뿐만 아니라 교육 현장에서 실질적으로 활용될 수 있기를 바랍니다.

끝으로, 이번 개정판 작업에 함께해주신 분들께 깊은 감사의 인사를 드립니다. 특히, 오랜 경륜을 바탕으로 깊은 통찰을 주시는 이종재 선생님과 선배로서 혜안을 보여주시는 이차영, 김용 선생님과 함께 공부한 시간이 즐겁고 소중했습니다. 어려운 상황 속에서도 이 책의 출판을 지원해주신 교육과학사에게 깊은 감사의 말씀을 전합니다.

2024년 8월

저자를 대표하여

송경오

차례

PART

01

교육행정의 개념과 교육행정에 대한 이론적 관점

CHAPTER

01 교육행정의 개념구조

이 장에서는 우리나라 교육의 발달과정에서 교육행정 현상을 살펴본다. 교육행정이란 교육 기관인 학교가 본연의 목적을 달성할 수 있도록 제도와 정책을 만들고 운영하는 것이다. 여기에서는 교육행정에 대한 다양한 관점과 학설을 검토하고, 교육행정의 개념을 구조적으로 이해한다. 또한, 교육행정의 원리와 성격을 탐구하여 그 맥락을 살펴본다.

- 우리나라 학교의 발달과정과 교육행정 현상
- 교육행정에 대한 학자들의 관점과 학설
- 교육행정에 대한 관점, 맥락적 특성과 교육행정의 원칙

1. 우리나라 학교의 발달과정과 교육행정 현상

교육행정은 학교에 대한 행정에서 시작되었다. 우리나라에서는 1883년 원산학사의 설립을 시작으로 근대학교가 설립되기 시작하였다. 이는 현대적 의미의 교육행정의 시작을 의미한다(최광만, 2010). 이후 조선왕조는 대한제국으로 국호를 변경하였으나, 1910년에 일본에 합병되었다. 일본은 1945년까지 36년 동안 우리나라에서 식민지 교육체제를 운영하였다. 제2차 세계대전에서 일본이 패망한 후, 남북이 분단된 상황에서 1945년부터 1948년까지 3년간 미국의 군정을 거쳐 1948년에 대한민국 정부가 수립되었다.

대한민국 정부는 학교제도를 수립하고 1949년에 교육법을 제정함으로써 교육제도의 틀을 갖추고 국가의 기본 교육정책을 시행하기 시작하였다. 한국 교육은 이 토대 위에서 시작되었다. 1950년 6.25 전쟁으로 온 국토가 폐허가 되었지만, 초등 의무교육의 취학 목표를 단기간에 달성하여 교육 기회의 확대와 교육체제의 양적 성장의 기틀을 마련하였다(이종재 외, 2010). 넓은 의미에서 교육행정은 교육 제도

를 수립하고, 정부의 기본 교육 정책을 결정하고 집행하며, 교육 여건을 마련하고 학교 운영을 지도·감독하는 일들을 포함한다.

이러한 교육행정의 과정을 거쳐 한국 교육은 오늘날의 발전된 수준에 이르렀다. 1945년 이후 2010년까지 학교 수, 학생 수, 교사 수에서 괄목할 만한 양적 성장을 이루었다. 한국 교육 80년의 발전 과정에서 교육 기회를 제공하기 위해 학교를 세우고 교사를 확보하며 학교를 운영해 왔다. 아래 표는 이러한 증가 상황을 나타낸다.

〈표 1-1〉 **해방 이후 초·중·고등·대학교의 증가 상황(1945~2020)**

		1945	1960	1980	2000	2010	2023
초등학교	학생수	1,366,024명	4,089,146명	5,658,002명	4,019,991명	3,299,094명	2,604,000명
	교원수	-	61,749명	119,064명	140,000명	176,754명	195,000명
	학교수	2,834개	4,496개	6,487개	5,267개	5,854개	6,175개
중학교	학생수	-	655,123명	2,471,997명	1,860,539명	1,974,798명	1327,000명
	교원수	-	23,075명	54,858명	92,589명	108,781명	115,000명
	학교수	-	1,053개	2,100개	2,731개	3,130개	3,265개
고등학교	학생수	84,572명	323,693명	1,696,792명	2,071,468명	1,962,356명	1278,000명
	교원수	-	-	50,948명	104,351명	126,423명	131,000명
	학교수	165개	658개	1,353개	1,957개	2,253개	2,379개
대학교(전문대)	학생수	-	-	412.404명 (165,051명)	1,856,927명 (913,273명)	2,184,195명 (767,087명)	1,883,959명 (509,169명)
	교원수	-	-	15,022명 (5,588명)	45,031명 (11,707명)	58,727명 (12,530명)	67,080명 (11,179명)
	학교수	29개	70개(11개)	87개(128개)	192개(158개)	217개(145개)	202개(133개)

교육행정은 국가의 정치체제 안에서 이루어진다. 우리나라는 자유민주주의 정치체제 하에서 입법, 사법, 행정의 3권 분립 체제로 국가를 운영한다. 교육은 국가가 수행하는 중요한 일 중 하나로, 교육행정도 이러한 국가 운영의 맥락에서 이루어진다. 국회는 교육에 대한 입법 기능을 담당하며, 사법부는 교육 관련 사항의 적법성을 판단하고, 헌법재판소는 교육 관계 법령의 위헌 여부를 심사한다. 교육에 대한 행정부의 일과 작용이 교육행정을 구성한다.

교육부에서 일선 학교에 이르기까지의 수직적 계층 구조를 교육행정의 중층 구조라고 한다. 교육행정은 이 계층 구조 안에서 이루어진다. 교육행정을 계층 구조에 따라 구분해 보면, 중앙 정부 차원의 교육부, 시·도교육청 차원의 지방교육청, 시·군·구 차원의 교육지원청이 있다. 또한, 학교 단위 차원의 학교 운영도 포함된다. 미국에서는 주정부가 교육에 대한 책임을 진다. 미국의 교육행정은 학교에서의 행정과 학교에 대한 행정에서 시작하여 주 정부 차원의 교육행정을 포함한다. 반면, 우리나라의 교육행정은 중앙정부 차원에서부터 학교 단위의 학교 운영까지를 포함한다. 우리의 교육행정이 중앙집권적으로 운영되어 왔기 때문에, 우리나라에서의 교육행정은 미국과 비교할 때 교육제도의 수립과 운영, 교육정책의 수립과 집행 측면이 중요하게 작용해 왔다.

2. 교육행정에 대한 학자들의 관점과 학설

가. 우리나라 학자들의 교육행정에 대한 관점

행정은 인간이 목적을 세우고 일을 할 때부터 시작되었다. 어떤 목적을 추구할 때, 인간은 수많은 제약 조건 속에서 그 목적을 달성해야 한다. 이 목적을 효율적으로 달성하기 위해 행정이라는 작용이 필요해진다. 행정이 이루어지는 과정에서 '행정 현상'을 목격하게 된다. 몇 가지 익숙한 사례를 살펴보자.

행정의 관점에서 성경에 나오는 바벨탑 사건(창세기 11: 1-9)을 볼 수 있다. 바벨탑 사건은 인간이 시도한 사업으로서는 실패한 사건으로 기록되었다. 신학적 설명을 논외로 하더라도, 실패한 이유 중 하나는 자연법칙을 극복할 기술을 개발하지 못한 한계였다. 그러나 행정의 관점에서는 탑을 쌓는 과정에서 언어의 혼란으로 통제와 조정이 불가능해져 협동적 활동을 만들어 내지 못한 점이 주요 원인으로 볼 수 있다. 또 다른 예로, 모세가 출애굽하여 200만 명에 이르는 대규모 조직을 이끌고 약속의 땅 가나안을 향해 사막을 건널 때가 있다. 모세는 지도자로서 크고 작은 일을 혼자서 처리해야 했으나, 이는 불가능했다. 이때 그의 장인은 십부장, 백부장, 천부장을 세우는 조직의 원리와 관리 방식을 제시하였다. 고대 중국의 만리장성 건설이나, 미국이 1960년대 소련과의 우주 경쟁에서 '달 탐사 계획'('Man on the Moon Project')을 설정하여 추진한 일은 모두 고도의 행정을 필요로 했다. 행정 없이는 이러한 역사적 성과를 이룩할 수 없다. 행정의 중심에는 협동적 행동의 조성이 있다.

1) 김종철의 교육행정에 대한 관점: 교육목표 달성을 위한 협동적 행위조성론

김종철(1982: 19)은 교육행정을 "사회적 · 조직적 · 공공적 활동으로서 교육에 관하여 그 목표 달성을 위한 협동적 · 조직적 단체 행동을 조성하는 작용"으로 규정하였다. 여기서 사회적 · 조직적 · 공공적 활동으로서의 교육은 공교육을 가리킨다. 그는 교육행정을 공교육의 목표 달성을 위한 협동적 · 조직적 단체 행동을 조성하는 작용이라고 보았다. 김종철의 관점은 "공교육을 위한 행정"으로 요약할 수 있다.

먼저, 교육행정은 "공공적 교육 활동"을 대상으로 하고 이러한 교육 활동을 목적으로 한다. 공공적 교육 활동은 공교육을 의미하며, 현대 사회에서 공교육의 등장과 함께 교육행정도 등장하게 되었다. 과거에 교육이 사적 영역에 있을 때는 교육이 개인의 과제였지만, 학교가 생기고 학교교육이 사회적으로 의미 있고 공적으로 조직되어 운영되어야 하는 중요한 활동으로 인식되면서 교육은 정부가 담당해야 할 중요한 과제가 되었다. 학교교육은 사회적으로 의미 있는 활동으로, 공교육의 사회적 의미는 인격의 함양과 국격(國格)의 결정으로 요약할 수 있다. 교육은 개인적 성장과 발전에 기여하고, 사회적으로는 인재를 육성하여 국가의 격을 결정한다(정범모, 2010: 22-30). 이 맥락에서 학교교육의 존재 의의, 가치, 목적과 내용, 방법은 사회적으로 규정된다. 따라서 학교교육은 사회적 관심의 대상이 되며, 교육의 조직과 운영은 공적으로 규정된다.

교육은 공적인 활동이며, 학교교육은 사적인 이익에 기여함과 동시에 공동의 이익을 추구한다. 학교교육은 고도의 공익적 활동이며, 공익을 창출한다. 이러한 이유로 학교교육의 조직과 운영에 관해 공적으로 논의하고 결정하게 된다. 이렇게 학교교육이 공교육으로 변모하면서 교육행정이 등장하게 되었다. 교육은 국가가 해야 할 중요한 일에 해당한다(Reich, 1992: 225-242). 사적인 교육 활동에 대해서는 공교육에 심각한 영향을 미치지 않는 범위 내에서 공적으로 관여하지 않는다.

교육행정은 고도의 조직적 활동으로서 학교교육의 목표를 효율적으로 달성해야 한다. 공교육으로서 학교교육은 규모가 크고 관련 요인이 복잡하게 연관되어 있다. 또한, 수행 방법에 따라 결과가 크게 달라지므로 관련 요인들이 순기능적으로 상호 지원하는 협동성이 요구된다. 이를 가능하게 하는 작용을 행정이라고 할 수 있다. 김종철은 행정을 '공동의 목표를 달성하기 위해 협동적 단체 행동을 조성하는 작용'(김종철, 1982: 19)으로 규정하였다. 이러한 행정 작용은 인간의 사회적 활동의 공통된 현상으로, 협동적 단체 활동을 포괄적으로 경영이라고 할 때, 행정은 공공부문에서 수행되는 경영의 한 부분이라고 볼 수 있다.

2) 강길수의 교육행정에 대한 관점: 장선(長善)과 육덕(育德)하는 수업을 위하여 필요한 조건 충족

강길수(1983: 5-18)는 교육을 위한 행정의 관점에서 교육행정의 성격을 규정하고, 교육행정의 본질을 '필요한 조건을 다스리는 것'으로 보았다. 강길수는 교육행정을 "교육행정은 장선(長善)과 육덕(育德)하는 수업을 위하여 필요한 행위로서, 사람, 시설, 돈을 다스리는 것이며 수업 진행의 수단이다."고 규정하였다. 강길수의 관점은 교육행정을 단순히 교육기관의 운영을 넘어서, 교육의 목표를 달성하기 위해 필요한 모든 조건을 충족시키는 행위로 본다. 여기서 '장선'은 선을 길러내는 것, '육덕'은 덕을 기르는 것을 의미하며, 이는 교육의 궁극적인 목표라 할 수 있다. 따라서 교육행정은 이 목표를 달성하기 위해 인적, 물적 자원을 관리하고, 수업이 원활하게 진행되도록 지원하는 역할을 한다. 큰 맥락에서 김종철과 강길수는 교육행정에 대해 비슷한 관점을 제시하고 있다. 김종철은 교육행정을 공교육의 목표 달성을 위한 협동적·조직적 단체 행동을 조성하는 작용으로 보았고, 강길수는 교육행정을 장선과 육덕을 위한 교육을 위하여 필요한 모든 조건을 충족시키는 행위로 보았다. 두 학자 모두 교육행정을 공교육의 목표를 달성하기 위한 중요한 도구로 인식하는 것이다.

3) 윤정일의 다양한 이론적 관점에 따른 교육행정 관점

윤정일 등(2010: 15-20)은 교육행정에 대한 다양한 이론적 관점을 제시하며, 교육행정의 개념이 다르게 정의될 수 있음을 강조하고 있다. 그들은 다음과 같은 다섯 가지 이론적 관점으로 교육행정을 구분하고 있다. 첫 번째로, 국가통치권론은 행정을 국가의 통치작용으로 보고, 교육행정을 교육에 대한 국가의 통치작용으로 규정한다. 이는 교육행정을 국가의 권위와 책임 하에 이루어지는 통치적 행위로 이해하는 것이다. 두 번째로, 조건정비론은 교육행정을 교육 목적을 효율적으로 달성하기 위해 필요한 인적·물적 조건을 정비하고 확립하는 수단적, 봉사적 활동으로 본다. 즉, 교육행정은 교육이 원활하게 이루어질 수 있도록 필요한 조건들을 준비하고 정비하는 역할을 한다. 세 번째로, 행정과정론은 행정의 핵심 작용을 규정함으로써 교육행정의 본질을 파악하려는 시도이다. 예를 들어, 지시와 통제 중심 행정형이나 리더십 중심 행정론 등이 이에 해당하며, 행정을 특정한 과정이나 방법에 초점을 맞추어 이해하는 것이다. 네 번째로, 협동행위론은 행정을 합리성을 바탕으로 한 집단적 협동 행위로 본다. 따라서 교육행정은 교육 목표를 달성하기 위해 여러 주체들이 협력하고 조정하는 과정으로 이해된다. 다섯 번째로, 교육지도성론은 교육행정을 교육 목적을 효과적으로 달성하기 위해 교육 지도성을 발휘하는 활동으로 정의한다. 이는 교육 행정가가 지도력을 발휘하여 교육 목표를 성취하는 과정에 중점을 둔다. 윤정일 등(2010: 15-20)은 이처럼 다양한 이론적 관점을 통해 교육행정의 개념이 다층적이며 상황과 맥락에 따라 다르게 정의될 수 있음을 보여준다. 이러한 관점들은 교육행정을 보다 포괄적으로 이해하는 데 도움을 주며, 각각의 관점은 교육행정의 다른 측면을 강조하고 있다.

나. 미국에서의 교육행정에 대한 개념 규정

미국에서의 교육행정에 대한 개념은 두 가지로 구분된다. Sergiovanni 등은 김종철과 비슷하게 교육행정을 교육목적을 달성하기 위해 협동적 행위를 조성하는 과정으로 규정한다. 이에 비해 Hoy와 Miskel, 그리고 Lurnenberg 등은 교육행정을 학교조직을 관리 운영하는 '학교에 대한 행정과정'으로 정의하며, 교육행정을 더 좁게 규정하는 경향을 보인다.

1) Sergiovanni 등의 교육행정관: 교육목표 달성을 위한 협동적 행위조성론

Sergiovanni(2004: 58)는 교육행정을, "학교의 교육 목표를 효과적이고 능률적으로 달성하기 위하여 관련된 사람들과 함께 그들을 통하여 협동적으로 일하는 과정(as a process of working with and through others to accomplish school goals effectively and efficiently)"으로 규정하였다. 이 개념 규정에서는 교육행정을 목표와 수단의 구조로 보고 있다. 행정은 목적 가치와 수단적 작용으로 구성됨을 시사한다.

행정의 목표를 학교의 교육목표를 달성하려는 것으로 봄으로써 교육 기관이 그 교육 목표를 달성하도록 하는 것을 교육행정의 목표로 규정하고 있다. 행정의 본질을 '사람들을 의미있게 연결하여 형성된 관련 속에서 그들을 통하여, 그들과 함께 효율적으로 목표를 달성하도록 하는 과정'으로 이해한다. 행정은 목표 지향적으로 사람들을 의미있게 연관시켜 그들이 협동적으로 일하게 하는 과정이라고 할 수 있다. 행정은 직접 교육목표를 달성하려고 하지 않는다. 사람들을 의미있게 연결하여 이 연결 관계 속에서 그 관련된 사람들이 협동적으로 일하도록 작용함으로써 교육기관이 그 교육목표를 달성하도록 하는 작용이다.

교육행정이 교육 목표 달성을 위하여 협동적 행위를 조성한다고 볼 때 협동적 행위를 조성하는 과정, 혹은 일의 핵심은 무엇일까? 이 핵심을 교육지도성으로 보기도 하고, 조건 정비로 보기도 하며, 정책 결정으로 보기도 하고, 협동 행위로 보기도 한다. Sergiovanni 등은 교육행정의 본질을 교육지도성으로 규정하고 있다. 교육행정을 기술적으로 정의할 때 협동적 행위의 조성이고, 이것을 이루는 핵심작용을 "교육지도성"으로 본다는 의미이다.

Sergiovanni 등의 교육행정의 개념에는 교육지도성이 그 중심을 구성한다. 교육지도성에 대해서는 이 책의 13장에서 논의하고 있다. 교육지도성은 몇 가지 중요한 특성을 갖는다. 교육지도성은 (1) 교육기관의 존재 이유를 드러내고자 하며, (2) 목적의 가치와 이 목적이 학교와 사회에 주는 영향을 고려한다. 관리적 지도성이 공리적 관점을 가지고 있다면, 교육지도성은 규범적 관점을 지향한다. 또한 학교의 변화를 추구한다(Zaleznik, 1977). (3) 교육지도성은 목적과 내용에 더 관심을 두고, 학생의 학습을 개선하고 다른 학습 목표를 달성하기 위하여 노력한다. 이 과정에서 교육적 타당성과 규범적 정당성에 근거하여 합리적으로 일을 추구하려고 노력한다. 교육지도성은 내용적 측면에 관심을 기울인다. 내용적 측면은 가르치고 배우는 일이 중심이 된다. 교육프로그램, 교육과정, 교수 활동, 학생의 학습, 장학과 평가 등이 이에 해당한다. (4) 교육지도성은 비전, 열망, 헌신, 열성을 다하는 집중도와 창의성에 관심을 경주한다(Starratt, 1977). Bennis(1984)는 비전이 지도성의 핵심이 된다고 보았다. 비전은 조직 구성원의 헌신을 이끌어 내는 바람직한 상태에 대한 관점을 창조하고 전달 소통하는 능력이다. 교육지도성은 교육조직에 비전과 집중도, 그리고 헌신과 창의성을 불러일으키려고 한다.

2) Lunenberg 등의 교육행정에 대한 관점: 학교조직관리론

Lunenberg 등(2012: 32)은 그들의 책에서 교육행정의 개념을 명확히 정의하지 않았다. 그렇지만, 그들이 논의한 내용을 통해 교육행정의 개념을 추정해보면 다음과 같이 정리할 수 있다. Lunenberg 등은 교육행정을 교육기관인 '학교에 대한 행정'으로 보고 있다. 여기서 학교행정은 교육청 차원의 '학교에 대한 행정'과 학교장의 '학교 운영'을 포함한다. 이들은 학교를 개방체제(Open Systems)로 보고 체제적 관점에서 교육행정을 규정하고 있다. 교육행정은 환경으로부터 투입을 확보하여 이것을 산출로 전환하는 역할을 한다. 행정은 이 전환 과정에서 작용하여 효율적으로 의도한 산출을 만들어내는 일을 한다. 이 관점에 따르면, 행정은 전환 과정에서 작용하는 활동으로 규정할 수 있다.

Lunenberg 등의 관점은 교육행정을 이해하는 데 매우 유용한 개념 모형을 제공한다. 이 모형에서는 학교가 운영되는 제도의 틀을 세우는 교육제도의 수립과 교육정책의 결정을 학교체제에 대한 투입으로 규정하여 교육행정의 영역에서 제외하고 있다. 교육재정지원, 법규, 교육정책결정과정의 정치작용과 거버넌스(governance) 등을 학교체제에 대한 투입으로 규정한다. 이들은 교육행정을 학교조직에 대한 작용으로 정의하고 있기 때문이다.

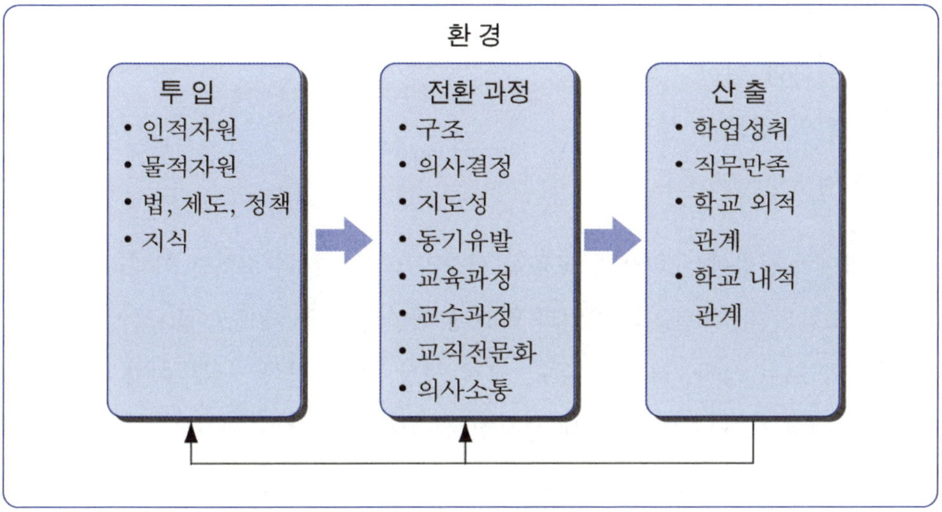

[그림 1-1] **교육행정에 대한 체제적 관점(A Systems view of School Administration)**

이 관점은 교육행정을 학교체제의 전환과정에서 작용하는 '행정과정'으로 보고 있다. 교육행정은 학교체제를 운영하는 것으로 보며, 행정과정의 요소로서 다음 열 가지 요소를 포함하고 있다. 교육행정의 중층 구조에서 교육행정을 어느 수준에서 보느냐에 따라 그 핵심 요소를 다르게 규정할 수 있다. 예를 들어, 학교 중심 관점에서는 교육정책의 결정과 집행, 교육재원 확보와 교육 관련 법률의 제정 등을 투입 차원 요소로 설정할 수 있으나 중앙 정부 차원에서의 교육행정에서는 이러한 일들이 교육행정의 중요한 요소가 된다. 이 관점은 우리나라의 시・도교육청 차원과 개별 학교 운영 차원의 교육행정을 보는데 참고할 수 있다. 다음 요소들은 교육행정의 주요 내용이 된다.

- 학교구조(구조에 대한 작용과 구조를 통한 작용을 포함)
- 학교운영에 대한 의사결정
- 교육과정에 대한 작용
- 학교문화에 대한 작용
- 의사소통
- 교수 역량

- 동기유발
- 학교변화와 혁신
- 구성원의 전문적 성장
- 교육지도성

학교체제의 산출에는 학생의 교육적 성장과 학업성취 수준뿐만 아니라 중퇴, 결석 등도 포함된다. 학생들의 학업과 학교에 대한 학생의 태도도 중요한 산출이 된다. 교사의 교수 성과, 직무 만족도, 교직 성장, 전직 상황, 근무 이탈 상황 등도 교사 측면에서 보이는 학교체제의 중요한 산출이 된다. 학교행정은 투입을 산출로 전환하는 작용으로서 교육지도성을 발휘하는 것을 핵심으로 한다. 이 지도성의 발휘를 통해 학교 구성원에 대한 동기를 유발하고 의사결정과 의사소통을 한다. 이렇게 하여 학교행정은 학교 구조, 학교 문화, 교수 성과, 교육과정 운영에 영향을 주고 학교의 변화를 이룩한다는 관점이다. 교육행정을 행정 과정으로 보는 이 관점은 교육행정의 핵심 과정을 지도성과 동기유발, 의사결정과 의사소통으로 보고 있다.

교육행정을 학교 교육의 목적을 달성하기 위해 학교에 작용하는 행정 작용으로서, 그 핵심을 교육지도성의 발휘와 동기유발, 의사결정과 의사소통으로 보고 있다. 이러한 관점을 통해 교육행정은 학교체제의 성공적인 운영과 변화를 이끌어내는 중요한 역할을 한다. [그림 1-2]는 교육지도성 중심의 학교행정과정 모형을 나타낸다.

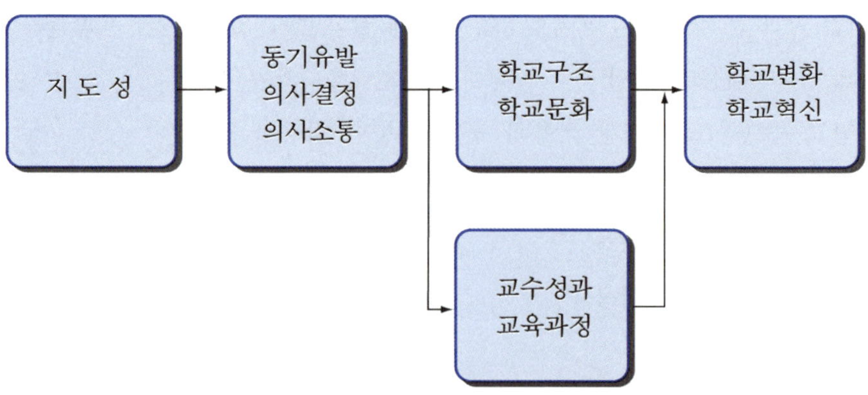

[그림 1-2] 교육지도성 중심의 교육행정작용에 대한 개념 모형

3) Hoy와 Miskel의 교육행정에 대한 관점: 학교체제 관리론

Hoy와 Miskel(2005; 8-33)은 학교를 개방된 사회체제(open and social system)로 보고, 이 관점에서 교육행정을 규정한다. 학교를 개방체제로 본다는 것은 학교가 외부 환경과의 관계를 맺고 있다는 의미이다. 사회체제로서의 학교는 공식적인 조직뿐 아니라 개인이라는 주체가 있어, 이 개인과 조직이 상호 작용한다는 의미를 내포한다. 학교의 외적 환경으로서 환경의 제약 조건, 인적 및 물적 자원, 학교체제의 사명과 정책, 시설과 방법, 장비 등을 설정하고 있다. 학교체제의 산출로서는 교수와 학습의 성과와 구성원의 직무만족을 설정하고 있다. 이 모형은 투입과 산출 요소에서 Lunenberg 등이 제시한 학교체제 모형과 비슷하지만, 체제의 과정을 구성하는 변환 체제에 대해 매우 유용한 관점을 제시하고 있다. 학교체제는 투입을 산출로 전환하는 체제로서, 다섯 개의 하위체제(subsystems)를 설정하고 있다.

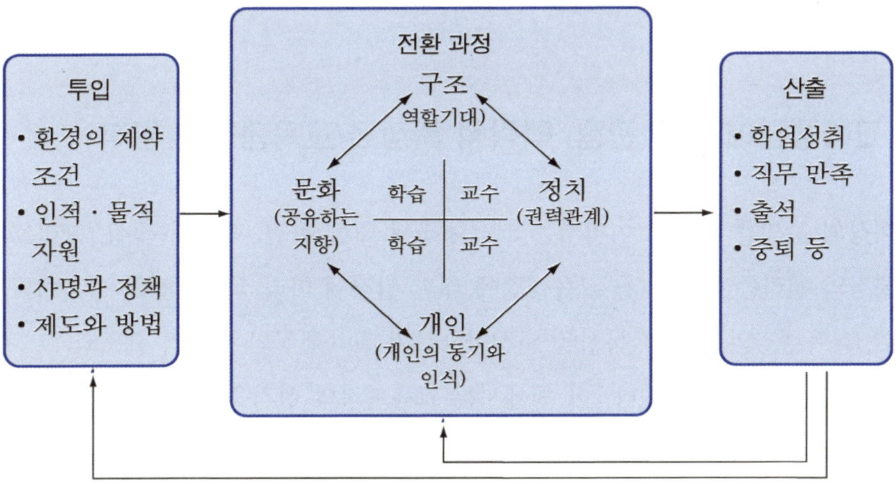

[그림 1-3] **학교에 대한 체제적 모형**

첫 번째 하위체제는 학교의 핵심 기능인 교수-학습체제이다. 이는 학교체제의 중심을 구성한다. 두 번째 하위체제는 공식조직으로서의 학교의 구조 체제이다. 이 차원은 학교의 공식적인 기대와 역할을 규정한다. 세 번째 하위체제는 개인체제로서 학교체제를 구성하는 개인적 차원이다. 이 차원에서는 개인적 인식과 동기가 작동한다. 네 번째 하위체제는 문화체제로, 공유하는 가치, 신념, 태도와 지향을 의미한다. 다섯 번째 하위체제는 정치체제로, 권력 관계를 규정한다.

학교에 대한 체제적 관점에서 볼 때, 교육행정의 과제는 학교체제를 관리 운영하는 것이다. 교육행정은 학교체제의 외부 환경에 대한 대응 전략을 세우고, 학교체제의 다섯 개 하위체제에 작용하여 교수-학습체제가 의도한 성과를 낼 수 있도록 돕는다. 교육행정은 교육체제가 그 목적을 달성할 수 있도록 교육지도성, 의사결정, 의사소통을 통해 작용한다.

학교체제의 산출은 학교교육의 효과성과 책무성, 학교혁신과 변화의 수준을 결정한다. 성과에 대한 평가 결과는 환류 과정(feedback loop)을 통해 교수-학습체제에 작용한다. Hoy와 Miskel은 그들의 책에서 교육행정에 대한 개념 규정을 시도하지 않았으나, 책의 내용은 교육행정을 학교교육체제의 목적을 달성하기 위해 구성원의 협동적 행위를 조성하는 행정작용으로 본다. 이를 위한 행정작용은 지도성, 의사결정, 의사소통이다. 이 행정작용이 학교체제의 구조와 문화, 개인과 정치체제에 작용하여 성과와 변화를 만들어 낼 것으로 기대한다.

3. 교육행정에 대한 관점, 맥락적 특성과 교육행정의 원칙

이상의 논의를 토대로 여기서는 교육행정에 대한 관점, 맥락적 특성, 그리고 교육행정의 원리를 살펴본다. 교육행정에 대한 관점에 따라 교육행정의 성격이 규정되며, 교육행정의 맥락적 특성을 분석함으로써 교육행정의 개념적 요소와 그 요소 간의 관계를 검토하게 된다. 이 책에서는 교육행정의 성격을 "교육을 위한 행정론"으로 규정하고, 교육행정의 개념 구조를 목표적 가치와 수단적 특성으로 구성된 것으로 이해한다. 행정의 수단적 특성을 규정하는 중요한 맥락으로서 "행정의 민주성과 합법성", "행정의 공공성과 정치적 합리성", 그리고 "행정의 효율성과 교육적 적합성"의 관점을 제시한다.

가. 교육행정, 교육을 위한 행정론

김종철(1982: 17)은 교육행정에 대한 관점을, 교육에 관한 행정과 교육을 위한 행정으로 구분하여 교육행정의 성격에 관한 문제를 제기한 바 있다. '교육에 대한 행정'은 말 그대로 교육을 대상으로 하는 행정 중심의 관점을 나타낸다. 반면, '교육을 위한 행정'의 관점은 교육을 목적으로 하고 행정을 수단으로 보는 관점이다. 행정이 목적 가치와 수단 가치로 구성된다고 보는 관점에서 '교육에 대한 행정'의 관점도 내용적으로는 행정의 목적 가치로서 교육의 가치를 전제로 하고 있기 때문에 '교육을 위한 행정'이나 '교육에 대한 행정'이나 실제 내용에서는 차이가 없다고 볼 수 있다. 그러나 이 책에서는 '교육을 위한 행정'의 관점에서 논의한다. 교육을 위한 행정의 관점은 다음 세 가지 교육행정의 특성을 강조한다.

- 교육행정에서 행정의 목적으로 교육 가치를 추구하는 것
- 행정작용의 교육적 적합성을 점검하는 것
- 교육의 규범적 가치와 원칙을 장기적 관점에서 추구하는 것

나. 교육행정의 맥락적 특성과 개념 구조

교육행정은 교육이라는 목표적 가치와 행정의 방편적 수단으로 구성되어 있다고 이해할 수 있다. 따라서 교육행정은 목표적 가치의 측면과 행정의 작용적 측면으로 구성되어 있다. 행정의 작용은 현대 정부의 행정 기능을 고려할 때, 네 가지 특성을 지닌다. 이 특성은 행정의 민주성과 합법성, 공공적・정치적 특성, 행정 본연의 효율성, 그리고 교육행정으로서 행정의 교육적 적합성이다. 이것을 교육행정의 네 가지 핵심이 되는 맥락적 특성이라고 이름 붙인다. 이 맥락적 특성이 교육행정의 원칙을 규정하는 근거가 된다.

1) 교육행정의 목표적 가치

교육행정의 목표적 가치는 바로 교육의 본연의 가치가 된다. 교육행정의 목표적 가치는 두 가지로 구분할 수 있다. 궁극적으로 지향하는 "궁극적 목표 가치"와 이러한 목표적 가치를 구현하는 조건 혹은 수단이 되는 "조건적 목표 가치"로 생각할 수 있다. 행정에서는 행정을 통하여 추구하는 목표적 가치를 포괄적으로 공익으로 표현한다. 교육행정의 목표적 가치를 교육에서의 공익을 추구하는 것으로 볼 수

있다. 이를 포괄적으로 "교육공익"이라고 명명할 수 있다. 교육행정의 궁극적 목표가치는 "인재육성"이다. 이는 사회에서 역할을 담당하고 수행할 수 있는 역량을 계발하며, 인격을 함양하는 것이다. 사회적 차원에서는 국가 발전에 기여하고 공정한 사회를 이루는 데 인재육성을 통해 교육이 기여하여 국가의 격을 높이는 것을 포함한다. 교육행정의 목표적 가치를 구현하는 조건 혹은 수단으로는 헌법에서 규정하고 있는 학습권의 보장, 교육 기회의 제공, 교육 기회균등의 원칙 등이 있다. 이는 교육행정이 구현하려는 중요한 수단적 가치이다.

2) 행정의 수단적 특성과 가치: 맥락적 특성

행정의 수단적 특성과 가치는 행정이 수단으로서 지녀야 할 특성과 가치를 말한다. 이는 행정의 맥락과 본연의 속성에서 규정된다. 여기서 현대 행정의 맥락에서 교육행정의 맥락적 특성이 규정된다. 이 네 가지 맥락은 교육행정의 민주성과 합법성, 교육행정의 공공성과 정치적 합리성, 교육행정의 효율성, 그리고 교육적 적합성이다. 교육행정의 원리도 이 맥락적 특성에서 도출된다.

가) 교육행정의 민주성과 합법성

국가의 정치체제가 행정의 성격을 규정한다. 우리나라는 헌법에서 규정하고 있는 자유민주주의 정치체제에서 입법과 사법과 행정의 삼권분립 체제를 운영하고 있다. 자유민주주의 정치체제에서 주권재민의 원칙에 따라 국가의 일을 운영해야 한다. 삼권분립의 민주주의 정치제도는 대의정치체제로서 국회를 두고 입법 기능을 부여한다. 대통령의 선출과 대의정치체제의 입법 기능을 통해 "행정의 민주성 원칙"이 구현된다. 국민의 뜻은 대통령의 선출과 국회의 입법 과정을 통해 법과 정부의 정책으로 반영된다. 법을 통한 통치, 즉 법치를 통해 삼권분립의 국가 통치가 이루어진다. 교육행정을 운영하는 제도적 틀은 법을 통해 규정된다. 법은 목적가치와 이를 구현하기 위한 중요한 절차와 방법을 규정한다. 법의 형태로 제도를 구축하며 법을 통해 제도를 운영한다. 교육에 대한 국가의 방침으로 결정된 것이 정부의 교육정책으로 나타난다. 삼권분립 체제에서 행정은 정부의 기능에 속한다. 삼권분립 체제에서 행정부가 수행하는 행정도 주권재민의 원칙 아래 운영되어야 한다. 법을 통한 통치, 즉 법치를 통해 행정은 국민의 뜻에 부합하는 방향으로 운영된다. 여기에서 "행정의 민주성 원칙"이 법치 위에서 가능하게 된다.

자유민주주의 정치체제와 삼권분립의 통치 구조에서 교육행정의 민주성 원칙과 학교교육의 공공성을 제도화하기 위해 '교육법정주의 원칙'이 세워졌다. 이 원칙에 따라 교육행정은 법에 근거해야 하며 법의 취지에 어긋나지 않아야 한다는 교육행정의 합법성 원칙이 세워졌다. 교육행정의 민주성 원칙과 공교육 제도 운영의 법정주의, 그리고 교육행정의 합법성 원칙은 서로 긴밀하게 연관되어 있다. 교육행정의 민주성은 "교육행정의 법정주의"와 "교육행정의 합법성 원칙"을 통해 구현된다. 국회의 입법 기능의 수준과 역량이 입법을 결정하기 때문에 교육행정의 민주성 맥락은 교육행정의 법치의 가능성과 한계를 정하게 된다.

나) 교육행정의 공공성과 정치적 합리성

교육행정은 공공성에 입각하여 공익을 추구한다. 공적인 학교교육을 운영하기 위해 학교제도를 만들고 학교교육의 조직과 운영을 공적으로 규정하고 이를 법으로 정한다. 학교교육의 조직과 운영을 공적으로 규정한 것을 학교교육의 제도화라고 말하고, 이를 법으로 규정한 것을 법제화라고 말한다. 학교교육의 조직과 운영을 공적으로 규정한다는 것은 공적인 과정을 거쳐 이 문제를 제기하고 심의하여 결정함을 의미한다. 공적인 심의와 결정을 법으로 규정한 것이 바로 제도가 된다. 헌법의 교육 조항, 교육기본법을 비롯한 교육에 관한 법률이 이 제도를 규정한다. 행정은 제도 위에서 이루어진다. 행정은 법으로 규정된 사항이나 입법적으로 결정된 정책만을 집행하지 않는다. 현대 행정은 고도의 정책결정 기능을 발휘한다. 행정은 사회적 가치를 구성원들에게 권위적으로 배분하는 정책결정 과정도 포함한다. 이러한 정책결정 과정은 그 자체가 정치적 과정이 된다. 정책결정 기능을 수행하는 행정은 그 목적 가치와 행정 수단의 선정에서 공익에 부합하며 국민의 동의와 지지를 얻어야 한다. 이를 "행정의 정치적 합리성"이라고 규정한다. 합리성은 교육행정의 목적 가치의 규정과 행정수단의 선정에서 합리적이어야 함을 의미한다. 행정은 고도의 공공성과 정치적 합리성을 추구해야 하고, 구비해야 한다.

행정의 공공성에는 두 가지 측면이 있다. 정부의 공공기관이 하는 행정이라는 의미에서의 공공행정뿐만 아니라 "공공의 일"을 "공적으로" 수행하는 것도 포함한다. 사교육기관인 학원의 운영은 공공행정에 포함되지 않으나 사립학교의 운영은 교육행정에 포함된다. 공공행정은 정부기관만이 하는 행정을 의미하지 않는다. "공공의 일"을 "공적으로" 수행하는 것을 공인의식에 의한 행정으로 그 의미를 부여한다. 공인의식은 공공의 일과 그 의미를 이해하고 공익을 추구하는 성숙한 공인의식을 의미한다. 공공행정은 정부의 공공기관이 수행하는 행정을 넘어서서 책임있는 공인의식에 의한 행정의 속성을 강조한다. 이를 위해 행정과정이 공개되어야 하고, 행정과정에 대한 공공의 공적인 참여가 보장되어야 한다. 공공의 의미를 확대하고 참여 주체를 다양화함으로써 행정을 정부 중심의 행정으로 보는 "정부 중심의 공공행정"에서 다양한 공공의 주체들이 참여하는 "협치 중심"으로 생각하게 되었다. 협치로서의 공공행정은 다양한 공공의 주체들의 정책결정과정에 대한 다양한 참여를 보장하고 협동적 운영을 제도화한 것이다. 협치는 다양한 주체들의 참여와 기관 운영에 자율성을 부여하는 협동적 통치로서의 맥락에서 공공행정을 생각하는 관점이다. 다양한 공공의 주체들이 행정에 참여하는 행정모형으로 새로운 거버넌스 모형이 제시되었다. 이 책의 제3부에서는 협치의 관점에서 우리나라 교육행정의 조직과 운영을 살펴보고 있다.

교육행정에도 공공적 측면과 정치적 측면의 두 측면이 있다. 교육행정은 고도의 공공성과 공익을 추구하는 속성을 지닌다. 교육행정은 사적인 교육 활동은 보호하되 사적인 교육 활동에 대한 개입과 규제는 최소화하려고 노력한다. 교육행정은 공적인 교육 활동에 대한 행정을 통해 공익을 추구한다. 교육행정의 정치적 측면은 정책결정 과정에서 연유한다. 교육정책의 결정과정은 사회적 가치를 구성원들에게 권위적으로 배분하는 정책결정 과정으로서 정치적 속성을 지닌다. 교육정책의 결정 과정에서 가치의 선택과 이해관계의 조정이 불가피하다. 예를 들어, 교육의 평등과 수월성의 가치 간에 정책적 선택을 하는 과정 그 자체는 정치적 과정이 된다. Sergiovanni 등은 미국의 상황에서 교육의 이상을 추구하는 가치들 간의 갈등을 [그림 1-4]와 같이 표현하였다. 우리나라에서도 평등과 수월성은 교육가치의 선택의 방향을 가르는 중요한 기로가 된다.

정치체제가 정권 획득을 위한 경쟁에 지나치게 매몰될 경우, 교육의 정치적 맥락은 교육정책 결정의 합리성에 제약을 만들 가능성이 높다. 2000년대 이후에 교육에 대한 개혁적 접근보다도 중요 대선과정에서 "인기영합형" 교육공약이 중요한 정책결정 기능을 발휘하는 현상은 교육혁신을 위한 개혁적 전략적 접근에 한계를 지울 가능성을 보인다.

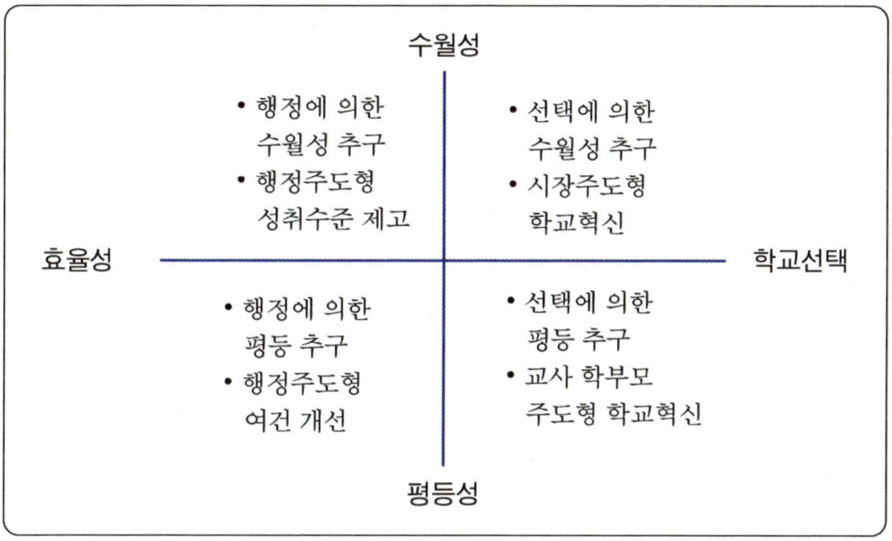

[그림 1-4] 교육의 이상을 추구하는 가치간의 갈등(Competing values and school Ideals)

다) 교육행정의 효율성 추구

행정은 일을 하는 것이다. 일을 잘 하기 위해서는 추구하는 목표를 효과적으로 달성해야 할 뿐만 아니라 능률적인 방법으로 수행해야 한다. 효율성은 효과성과 능률성을 포함하는 가치이다. 효과성은 질적 측면에서 조직의 목적 달성을 추구한다. 능률성은 방법, 수단, 또는 대안의 비용과 대안의 성과 간의 비율을 의미한다. 능률성을 비교 분석하여 더 능률적인 대안을 선택하는 기준으로 활용한다. 행정은 효과성과 능률성을 함께 추구한다. 이것이 바로 행정이 추구하는 "효율성"이다.

경영과학에서 사용하는 선형계획의 구조와 논리에 따라 효율성의 개념을 볼 수 있다. 행정은 그 운영의 대상을 체제로 개념화하여 체제의 운영에서 효율성을 추구한다. 이를 위해 몇 가지 과제를 수행해야 한다. 먼저 체제를 효율적으로 운영하기 위해서는 목표 함수와 제약 조건의 관계에서 정책적으로 선택할 수 있는 변인의 값을 최적화하려 한다.

기본 논리는 다음과 같다.

- 체제가 성취하려는 목표를 분명하게 규정해야 한다.
- 목표 달성에 작용하는 요인을 설정하고,
- 주어진 제약 조건 안에서 이 요인들을 연결해야 한다.
- 이 요인들이 목표 달성에 기여하는 기여도에 따라, 기여도를 최대화할 수 있는 요인들의 값을 정해야 한다.

그러나 교육행정의 실제 상황에서는 목표도 불분명하고, 목표 달성에 기여하는 요인과 그 기여도도 확실하지 않기 때문에 기계적으로 최적화 논리를 추구하는 데 한계가 있다. 여기서 제시하려는 바는 효율을 추구하는 논리이다. 교육조직 또는 교육기관 운영에서 효율성은 이 점에서 한계를 지니고 있다. 동시에 이러한 한계는 효율성을 높이기 위한 과제를 시사한다. 행정은 협동적 행위를 조성하는 것을 행정의 핵심 내용으로 한다. 체제적 관점에서 조직의 운영을 고려할 때, 효율성은 행정의 본질을 반영하는 원리로 볼 수 있다. 협동적 행위는 목표 달성을 위한 방향에서 관련된 변인들이 유기적 관련 속에서 목표 달성을 위해 순기능적으로 연결되어 작용함을 의미한다. 행정은 이렇게 목표를 지향하여 관련 변인들을 효율적으로 관련시켜야 한다. 협동적 행위의 조성은 이를 의미한다.

라) 교육행정의 교육적 적합성

행정이 그 작용을 함에 있어 제도를 만들고 정책을 통해 새롭게 일을 추진하고 법에 의한 규제력을 행사하기도 한다. 교육행정의 교육적 적합성은 행정이 공적 규제와 강제성을 발휘함에 있어 교육행정의 속성에 적절한 교육적 제약조건이 설정되어야 함을 의미한다. 교육행정은 교육을 위한 행정이기 때문에 행정은 교육의 목적과 가치, 그리고 대상이 되는 교육조직의 특성을 고려하여 교육행정에는 적합한 제약조건이 설정되어야 한다. 행정에 부과되는 이러한 제약조건을 "행정의 교육적 적합성"이라고 규정한다. 교육행정의 교육적 적합성은 앞으로 좀 더 연구되고 검토되어야 할 과제이다. 여기서는 교육행정의 개념과 성격과 특성을 논의하는 자리에서 "교육적 적합성"이 교육을 위한 행정의 특성을 규정하는 중요한 축이 되어야 함을 지적한다. 교육행정의 교육적 적합성은 교육행정의 가능한 범위 가운데 교육적 관점과 고려를 통해 교육행정의 합당한 범위를 규정하는 제약조건이 된다. 헌법 제31조의 교육 관련 조항과 교육의 제도를 만들고 운영하는 데 반영해야 할 교육학이 제시하는 교육 원리와 원칙들을 이러한 제약조건을 규정하는 근거로 들 수 있다.

헌법 제31조의 교육 관련 조항의 해석이 명확하게 정리되었다고 보기는 어렵다. 그러나 헌법에서 규정하는 교육받을 권리와 교육의 기회균등의 원칙, 교육의 자주성 보장과 교육의 정치적, 종교적 중립성 보장 원칙 등은 헌법에서 규정하는 교육행정에서 지켜야 할 중요한 교육적 제약조건이 된다. 교육기관 운영의 자율성 보장과 교육프로그램 운영에서의 다양성 조장 등은 교육에서 개성의 신장이라는 점에서 설정할 수 있다. 앞으로 이 문제에 대한 연구와 논의가 기대된다. 중요한 교육적 제약조건으로서 다음 사항을 들 수 있다.

- 교육의 자주성 보장
- 교육의 기회균등의 원칙
- 교육기관 운영의 자율성 증대
- 교육 프로그램의 다양성 조장
- 학생에 대한 돌봄
- 행정의 교육적 전문성과 민주적 통제 간의 균형과 조화 문제

다. 교육행정의 원리

대체적으로 교육행정학을 소개하는 책에서는 교육행정의 원리를 일반 행정의 원리와 교육행정의 특수 원리를 포함하는 방식으로 소개하고 있다. 김종철(1982: 56-65)은 교육행정의 원리 체계를 법제 면에서 본 기본 원리와 운영 면에서의 기본 원리로 구분하여 논하고 있다. 법제면에서 본 우리나라 교육행정의 기본 원리로서 다음 네 가지를 들고 있다.

- 법치행정의 원리

• 기회균등의 원리
• 적도집권의 원리
• 자주성 존중의 원리

여기서 적도집권의 원리는 집권주의와 분권주의 간의 적합한 균형을 취하려는 원리를 말하며, 자주성 존중의 원리는 교육의 독자성과 자주성을 존중하는 원리로서 정치 파당적 선전의 방편으로 이용되어서는 안 됨을 의미한다. 국·공립학교에서 특정 종교를 위한 종교교육을 금지하는 것이 이에 해당한다. 운영면에서는 여섯 개의 기본 원리를 제시하였다.

• 타당성의 원리: 교육행정활동은 타당성을 지녀야 하며 올바른 교육 목표를 세우고, 교육 목적에 부합하는 합목적성을 갖추어야 한다.
• 민주성의 원리: 민의 참여를 보장하고 공정한 민의를 반영하며, 권한 위양을 통해 자율 역량을 높이는 것을 추구한다.
• 능률성의 원리: 교육행정의 효율성과 같은 의미이다.
• 적응성의 원리: 상황에 적합하게 적응해야 한다.
• 안정성의 원리: 교육제도와 정책은 안정적으로 운영되어야 한다.
• 균형성의 원리

윤정일 등(2010: 27-32)은 교육행정의 원리로서 일반 행정의 원리와 교육행정의 원리에 해당하는 원리를 조합하여 여덟 개의 원리를 제시하고 있다. 먼저 일반 행정의 기본 원리로서, 민주성, 효율성, 합법성의 세 가지 원리를 제시하고 있고, 교육행정의 특수 원리로서 교육기회균등의 원리, 지방분권과 주민자치 원리, 자주성 존중의 원리, 안정성 유지 원리, 전문성 보장의 원리 등을 제시하고 있다.

교육행정의 원리는 교육행정의 과정과 실제에서 마땅히 따라야 할 합당한 규범과 원리를 의미한다. 교육행정의 원리는 교육행정이 존재하는 모습에서 제기된다. 이 책에서는 교육행정의 주요 원리를 교육행정에 대한 관점과 교육행정의 개념구조에 내재하고 있는 교육행정의 특성에서 도출하려고 시도하였다. 교육행정의 원리는 세 가지 차원에서 도출될 수 있다. 첫째, 교육행정의 개념구조에서 행정의 민주성 맥락에서 "교육행정의 민주성 원칙"을 도출하였다. 행정의 민주성 원칙에 따라서 "교육행정 법치의 원칙"이 제기되었고 "교육행정 법치의 원칙"에서 "교육행정의 법정주의"가 제기된다. 이 맥락에서 "교육행정의 합법성의 원칙"이 제기된다. 둘째, 교육행정의 정치적 맥락에서 "교육행정의 공공성과 정치적 합리성의 원칙"이 제기된다. 정책 결정과 제도 수립에서 공익의 가치에 충실하고 목표와 수단 간에 합리성이 있어야 함을 의미한다. 셋째, 행정의 관리·기술적 측면에서 교육행정 본연의 속성으로서 "교육행정의 효율성 원칙"이 제기된다. 넷째, 교육행정이 교육을 위한 행정의 속성을 지니고 있기 때문에 교육행정은 교육적 적합성을 지녀야 한다는 점에서 교육행정에서 존중되어야 할 원칙으로서 "교육적 원칙"이 제기된다. 교육행정의 맥락에 대한 검토에서 다음과 같이 6가지의 원칙을 정리할 수 있다.

- 교육행정의 민주성 원칙
- 교육행정의 법정주의 원칙
- 교육행정의 합법성 원칙
- 교육행정의 공공성과 정치적 합리성 원칙
- 교육행정의 효율성 원칙
- 교육행정의 교육적 적합성 원칙

교육행정의 적합성 원칙 속에 포함되어야 할 원칙으로서 다음 원칙을 들 수 있다. 이러한 원칙들은 교육행정을 논의하는 관련 장에서 그 내용을 보다 깊이 있게 검토할 것이다.

- 교육의 자주성 보장의 원칙
- 교육의 기회균등의 원칙
- 지방분권과 지방교육자치의 원칙
- 교육제도 운영의 안정성 원칙
- 교육기관 운영의 자율성 존중 원칙
- 교육프로그램의 다양성 조장 원칙
- 학생의 교육적 보호와 배려 원칙
- 교직의 전문성과 민주적 통제 간의 균형의 원칙

라. 교육행정과 교육제도, 교육정책의 관계

"교육제도"란 국가와 사회의 의도적 교육활동을 수행하는 형식, 조직, 과정을 규정한 것을 의미한다. 관습에 의한 제도를 제외하고는 대개 제도는 법제화 과정을 거쳐 법규의 형식으로 정리된다. 중요한 교육제도로서 학교제도, 교육행정조직, 교육인사제도, 교육재정 제도 등을 생각할 수 있다. 교육행정은 교육제도의 틀 안에서 운영된다. 헌법과 교육기본법, 초·중등교육법, 고등교육법, 평생교육법, 그 밖의 교육관계법 등은 우리나라의 교육제도를 규정하고 있다. 교육제도를 수립·운영하고 혁신하는 것은 교육행정의 중요한 기능이 된다. 교육행정은 교육의 목적을 달성하기 위해 '협동적 행동'을 조성하는 것을 본질로 한다. 교육제도는 이러한 협동적 행동이 이루어지는 틀을 규정하고 있기 때문에 교육제도의 수립과 운영과 혁신을 하는 일은 교육행정의 중요한 과업이 된다.

"교육정책"은 교육활동에 관한 국가와 정부의 기본 방침을 의미한다. 국가와 정부의 교육정책의 목표와 원리 등은 이미 헌법과 교육관계법에 반영되어 규정되어 있다. 이 틀 안에서 교육정책이 수립되고 집행되기도 하나, 환경의 변화에 따라 새롭게 문제가 제기되고 이에 대응하는 교육정책이 새롭게 수립되어야 한다. 이 맥락에서 교육행정은 단순히 기존의 교육정책을 집행하는 데 그치지 않고, 환경 변화에 대응할 뿐만 아니라 새롭게 제기된 문제에 대응하여 교육정책을 수립하는 것까지 중요한 과업으로 삼아야 한다. 넓은 의미에서의 교육행정에는 교육제도의 수립과 운영, 그리고 교육정책의 결정과 집행을 포함한다. 좁은 의미의 교육행정은 교육제도와 교육정책의 틀 안에서 학교를 운영하는 것으로 보는 관점도 있다. 미국에서의 교육행정은 좁은 의미에서의 교육행정에 대한 관점에서 교육행정을 보고 있고 우리나라에서는 넓은 의미에서 교육행정을 보고 있다.

마. 교육행정의 영역

교육행정의 영역은 '교육행정' 활동의 범위를 말한다. 교육행정의 영역을 구분할 때 몇 가지 기준에 따라 그 영역을 구분할 수 있다. 이 기준을 법규, 교육행정의 단계, 교육행정업무면, 그리고 행정과정에 따라 교육행정의 영역과 범위를 정해 볼 수 있다.

1) 법규 면에서의 영역 규정

법규 면에서 그 영역을 규정하는 것은 정부조직법에 의한 중앙정부의 행정 관청 중에서 교육 관련 부처 장관의 관할 밑에 있는 행정 활동의 영역을 말한다. 교육 관련 부처 장관으로 표시한 것은 정부조직법에서 교육부의 명칭이 문교부에서 교육부로, 다시 교육인적자원부로, 이제는 교육과학기술부를 거쳐 교육부로 개칭되었고 이에 따라 소관 업무에 대한 규정도 달라졌기 때문이다. 법규 면의 교육행정 영역을 더 제한적으로 규정한다면, '중앙 정부의 행정 관청 중에서 교육 관련 부처 장관의 관할 밑에 있는 교육행정 활동 영역'이라고 할 수 있을 것이다. 이렇게 제한적으로 규정할 때, 초·중등교육, 고등교육, 평생교육 활동에 대한 중앙정부의 행정이 교육행정의 영역으로 포함된다. 이 경우에 다른 부처의 활동 중에서 교육과 관련되는 활동들이 제외될 수 있다. 보건복지부 소관의 '영아의 보육과 교육', 국방부 소관의 '군 훈련과 교육' 등이 이에 해당된다. 그러나 이 영역도 업무의 내용면에서는 교육행정의 영역에 포함되는 것으로 이해해야 한다.

2) 업무내용 면에서의 규정

업무내용 면에서 볼 때, 교육행정이 교육행정의 목적과 목표를 달성하기 위해 필요한 사항은 교육행정의 중요한 업무 내용이 된다. 교육행정의 업무는 그 목표 달성에 필요한 사항이고, 교육행정에서 보다 효율적으로 관장할 수 있는 사항이면 교육행정의 업무로 설정할 수 있다. 따라서 업무내용은 상황에 따라, 그리고 업무 수행 방법에 따라 달라질 수 있다. 김종철(1982: 22)은 교육행정의 전통적 업무내용으로 교육기획, 교육조직, 교육내용행정, 장학행정, 교육인사행정, 학생행정, 재무행정, 시설행정, 사무관리행정, 연구·평가행정을 설정한 바 있다. 주로 당시 문교부가 수행하는 업무를 중심으로 하여 그 영역을 설정하였다. 영역별로 포함될 수 있는 중요한 업무내용을 개관하면 다음과 같다.

첫째, 교육기획은 기획의 주체에 따라 중앙정부 차원의 교육부문 발전 계획, 시도교육청 차원의 지방교육 발전 계획, 학교 차원의 학교교육 발전 계획 등으로 구분할 수 있다. 실행을 위한 '발전계획'도 있고, 발전을 구상하는 개념계획으로서의 '전망과 과제'를 규정하는 계획도 있다. 또한 구체적인 과제를 추진할 목적으로 수립하는 '프로젝트 계획'도 있다. 새로운 교육과정 추진계획이나, 세계적 수준의 연구중심대학 발전계획 등이 이에 해당한다. 기획은 교육행정의 중요한 행정과정이면서 동시에 중요한 행정 과업이 된다. 요즘에는 거시계획보다 사업 계획형 기획을 많이 한다. 둘째, 교육조직행정은 교육 활동에 대한 지원을 기능적으로 분담하기 위한 조직에 관한 행정으로서 중앙교육행정조직과 지방교육조직과 교육자치제도가 이에 해당한다. 중앙교육행정기관인 교육부의 과업과 기능과 조직은 중요한 문제이다. 교육자치제도의 운영과 지방교육의 혁신도 중요한 과제이다. 이 조직 차원에서 학교의 유형과 운영체제 등도 조직한다. 이 책의 제3부 제6,7,8장에서 교육행정의 조직을 다룬다.

셋째, 교육내용행정은 교육과정의 제정과 개정, 그리고 운영에 관한 행정을 의미한다. 교과서행정도 교육내용행정에 포함된다. 이 책의 제16장에서 이 문제를 다룬다. 넷째, 장학행정은 학교교육에 관한 지도행정이다. 학교교육이 그 의도한 바 목표를 달성할 수 있도록 지도 조언하는 과제이다. 지방교육과 학교에 대한 지도 감독에서 이제는 학교가 그 역할을 잘할 수 있도록 학교혁신을 구상하고 지원하는 방향으로 그 과업이 변하고 있다. 다섯째, 학생행정은 학생의 신분, 편제, 복지, 교도, 훈육에 관한 행정이다. 교육을 구성하는 3대 구성 요소 중 하나인 학생에 관한 행정이다. 체벌 문제, 학교 급식 문제, 학생 복지에 관한 사항 등이 이에 해당한다. 근래에는 학생의 권리와 의무에 관한 법적 문제가 많이 제기되는 경향이다. 여섯째, 교원에 대한 인사에 관한 사항이다. 교원의 신분, 급여, 자격, 임용, 승진, 보수, 신분 보장 등, 복무, 연수, 징계의 제도화 문제를 다룬다. 최근에는 교원평가, 교사의 역량 개발 문제 등을 다룬다. 일곱째, 교육재정은 전통적으로 교육행정에서 가장 중요하게 다루어 온 문제이다. 교육경비의 조달, 운용, 예산 심의, 집행, 결산, 감사 등의 문제를 다루어 왔다. 이 책에서는 제18장에서 이 문제를 다룬다. 여덟째, 사무관리와 연구 및 홍보 등을 중요한 교육행정과정으로 설정하였다. 이 연장선에서 교육행정정보체제(NEIS: National educational Information System)가 운영되어 학교행정관리지원정보체제가 운영되고 있다. 정보화 시대에 부응하는 정책 홍보 기능도 중요한 과제이다.

시·도 교육청 차원의 교육행정업무를 역시 법규 면에서 규정할 수 있다. 여기에 학교에서의 교육행정 업무를 정리하면 법규 면에서의 교육행정의 업무 영역과 그 내용을 정리할 수 있다. 이렇게 보는 관점은 교육행정의 실제를 교육부와 시·도 교육청 그리고 학교에서 학교장이 하는 일로 보는 방식이다. 이 업무내용을 대상으로 하여 교육행정에 관한 연구와 이론적 탐구를 할 수도 있다. 교육의 대상 영역에 따라 유아교육, 초등교육, 중등교육, 고등교육, 평생교육, 특수교육 등으로 구분할 수 있다. 교육행정의 영역을 행정기능을 중심으로 보아 학교에 작용하는 기획, 조직, 지도성, 통제, 의사결정, 의사소통 등으로 보는 관점도 가능하다. 이것은 미국식 교육행정학의 관점이다. 교육행정의 영역이 확산되는 경향을 보인다. 이는 교육행정의 핵심을 무엇으로 정해야 할지에 대한 문제를 제기한다.

3) 본서의 내용 구성

이 책에서는 가능한 범위에서 교육행정을 보는 우리의 이론적 관점과 체계를 정리하려고 노력하였다. 교육학 안에서뿐만 아니라 인문학과 사회과학의 이론체계를 검토하여 적합한 이론적 틀을 탐색하였다. 또한 교육행정학에서 그동안의 연구 성과를 반영하여 교육행정의 규범의 기초와 작용의 논리를 정리하려고 시도하였다.

제1장의 교육행정의 개념구조와 제2장의 교육행정에 대한 이론적 탐구의 전개 과정을 고려하여 이 책의 내용을 구성하였다. 전체적으로 6개의 부로 구성하였으며, 각 부의 내용을 아래와 같이 설명한다. 제1부에서는 교육행정의 개념구조와 이론적 탐구모형을 살펴본다. 교육행정의 기본 개념과 이론적 기초를 다루며, 교육행정을 이해하는 데 필요한 기본적인 틀을 제공한다. 제2부에서는 교육행정의 법적 기초를 살펴본다. 교육행정의 민주성 원칙과 법치, 그리고 교육행정의 법정주의 원칙에 따라 교육행정의 합법성을 고려하여 내용을 구성하였다. 헌법에서의 교육조항과 교육 관련 법규의 구조와 논리를 검토한다. 제3부는 교육 거버넌스를 주제

로 삼았다. 거버넌스는 다양한 주체들이 협동적으로 통치에 참여하는 통치의 형태이다. 교육체제를 전체로 보았을 때 이 체제도 생존과 성장을 위해서는 체제의 작용에 대한 통제가 불가피하다. 교육행정을 정부기관만이 하던 시대에서 다양한 주체가 이 통치과정에 참여하는 시대로 이행하게 되었다. 이 관점에서 교육체제에 대한 통치 작용에서의 새로운 변화를 검토한다. 교육 거버넌스에 관한 일반적 이론을 개관하고, 국제차원에서부터 학교 차원에 이르기까지의 거버넌스를 검토한다. 제4부는 교육정책에 관한 내용이다. 교육정책의 정책과정, 즉, 교육정책의 형성과정, 결정과정, 집행과정, 평가과정에 이르는 일련의 과정에 관한 이론적 모형을 개관하고, 우리나라에서의 교육정책과정의 실제를 검토한다. 지난 60년에 이르는 한국 교육의 발전 과정에서 교육정책의 전개 과정을 그 기본 구조와 내용으로 정리한다. 제5부는 학교와 학교혁신에 관한 내용이다. 이 책에서 우리가 보는 학교에 대한 교육행정학적 관점을 제시한다. 학교혁신 모형과 이에 작용하는 교육지도성의 구조와 내용을 검토한다. 이 책은 학교를 운영하는 가장 중요한 행정요인을 지도성으로 본다. 교육에서의 지도성을 "교육지도성"이라고 명명하고 그 내용을 정리한다. 학교혁신을 이루는 경로와 이 경로에서 작용하는 중요한 요인을 설정하고, 학교혁신에 관한 연구의 결과를 종합한다. 제6부는 한국 교육의 성취와 교육행정의 과제를 검토한다. 교육이 해야 할 가장 중요한 과제는 학생이 우리가 이상적으로 생각하는 미래사회에서 역할을 감당할 수 있는 인재로 성장하는 것을 돕는 것이다. 이를 학생의 학업성취라고 규정하고, 교육행정의 과제를 검토한다. 교수-학습과정과 교육행정의 관계를 검토하고, 교사의 역량 개발, 교육과정 운영문제, 학생 중심 교육행정, 교육재정 운영, 교육의 책무성을 다룬다. 끝으로 교육세계를 둘러싼 새로운 상황 변화하에서 요구되는 교육행정의 과제를 검토한다.

참고문헌

강길수(1983). 교육행정학의 개념. 교육행정학연구, 1(1).

강길수(1989). 교육행정학 논고. 서울: 교육과학사.

김종철(1982). 교육행정의 이론과 실제(3정판). 서울: 교육과학사.

김종철 · 이종재(1997). 교육행정의 이론과 실제. 교육과학사.

김철수(1994). 헌법학개론. 서울: 박영사.

김향규(2009). 행정철학(제4정판). 서울: 대영문화사.

이종재 외(2010). 교육기회의 확대와 한국형 교육기회의 확대전략, 이종재 · 김성열 · Don Adams(편). 한국교육 60년. 서울: 서울대 출판문화원.

윤정일 · 송기창 · 조동섭 · 김병주(2010). 교육행정학 원론(제5판). 서울: 학지사.

정범모(2010). 교육은 왜 하는가? 일송기념사업회. 한국교육 어디로 가야하나. 서울: 푸른역사.

정범모(2011). 내일의 한국인. 서울: 학지사.

최광만(2010). 근대 한국교육의 역사적 맥락. 이종재 · 김성렬 · Don Adams(편). 한국교육 60년. 서울: 서울대 출판문화원.

Lunenberg, F. C. & Ornstein, A. C.(2012). *Educational Administration: Concepts and Practices (6th ed.)*. Wadsworth, CA.

Reichs, R. B.(1992). *The Work of Nations*. New York: Vintage Books.

Sergiovanni, T. J., McCarthy, M. M., & Wirt, F. M.(2004). *Educational Governance and Administration (5th ed.)*. MA: Allyn and Bacon.

CHAPTER

02 교육행정에 대한 이론적 탐구

이 장에서는 교육행정의 이론적 탐구와 그 역사를 살펴본다. 교육행정에 대한 이론적 탐구는 교육행정학의 발전과 진화를 이해하는 데 있어 핵심적인 요소이다. 이론적 탐구는 우리나라와 미국을 중심으로, 교육행정학이 어떻게 발달해 왔는지 그리고 현재 우리 앞에 놓인 이론적 과제는 무엇인지를 탐색한다. 이 과정을 통해, 교육행정에서 중요하게 여겨지는 사항들과 이에 대한 이론적 관심이 시간에 따라 어떻게 변화해왔는지를 살펴볼 수 있다. 이러한 탐구는 교육행정학의 핵심 문제나 관점, 즉 패러다임을 이해하는 데 도움을 준다. 이 장에서는 효율, 개인, 통합, 정치, 문화, 그리고 교육 등 교육행정의 주요 주제를 여섯 가지로 분류하여 깊이 있게 다루고자 한다.

- 한국교육행정의 학문적 발달과정과 과제
- 교육행정학의 발달과정
- 교육행정에 대한 이론적 관점의 틀

1. 한국교육행정의 학문적 발달과정과 과제

가. 한국교육행정을 탐구하려는 노력

대한제국 시기에 근대적 학교제도가 수립되었으나, 일본에 합병되면서 일본의 식민지 교육체제가 적용되어 오늘날의 학교제도로 발전하였다. 이 과정에서 역사적 단절을 경험하였다. 우리나라에서도 조선왕조 시대, 특히 세종조 시대의 교육행정에 대한 귀중한 전통과 역사가 있었다(강길수, 1976). 이 역사에 대한 논의는 후일의 과제로 미루고 여기서는 1948년 대한민국 정부 수립 이후부터 우리나라에서 교육행정에 대한 이론적 탐구 과정을 중점적으로 살펴본다.

우리나라에서의 교육행정에 대한 이론적 탐구에는 두 가지 흐름이 있었다. 하나는 국내의 학교 행정에 대한 탐구 전통이고 다른 하나는 미국에서 도입한 미국식 교육행정학 흐름이다. 우리나라에서도 교육에 대한 역사적 전통이 계승되어 왔다. 이 토대 위 근대 학교를 설립하고 운영하는 과정에서 현대적인 교육행정이 시작되었다. 시기적으로 보면 1870년대 이후부터가 이에 해당한다. 교육행정 현장에서 실제적 문제가 제기되었고 이러한 문제를 해결해 가는 과정에서 실제적 경험과 지식이 축적되어 왔다. 교육행정학이 성립하기 이전에 이미 교육행정이 존재하였다. 이 시기는 조선 말기와 대한제국이 일본에 합병당한 이후 일본제국의 식민지 지배를 받아온 시기에 해당한다. 일본은 1910년부터 1945년까지 36년 동안 우리나라에서 식민지 교육체제를 운영하였다. 대한민국의 독립 이후에 조선왕조의 교육전통과 이 시기의 경험과 지식은 오늘날 교육행정에 접목되지 못하였다.

또 하나의 흐름은 미국에서 도입한 미국식 교육행정학의 전통이다. 이 전통은 미국식 교육제도를 들여오면서 같이 도입되었다. 1945년 제2차 세계대전이 종결되고 우리나라는 남한과 북한으로 분단되었다. 남한에서는 미국의 군정기(1945~1948)를 거쳐 1948년에 대한민국을 수립하였다. 미군정은 "조선교육심의회"의 심의와 자문을 거쳐 미국식 교육제도를 도입하였다. 이 맥락에서 우리나라 교육행정에 대한 이론적 탐구는 미국 교육행정학의 사상적, 이론적 전개과정이 반영되었다.

우리나라에서 교육행정에 대한 학문적 논의는 정부 수립(1948)과 한국전쟁 이후 미국 주요 대학에서 교육행정을 연구한 제1세대 교육행정학자들이 주도하였다. 이들은 강길수, 백현기, 김종철 등이다. 강길수 교수와 백현기 교수 등은 '미국식 민주주의 교육행정'을 소개하고, 미국식 교육행정학과 미국 교육행정에 대한 이론적 탐구 모형을 도입, 소개하고 적용하려고 노력하였다. 특히 교육행정학의 개념과 발달과정을 체계적으로 정리하였다(강길수, 1989). 강길수는 우리역사에서 교육행정의 전통을 찾으려고 노력하였다. 그의 노력은 '한국교육행정사 연구'"로 결실을 보았다. 조선왕조의 교육행정을 탐구하였고 특히 세종시대의 교육행정의 틀을 분석하여 제시하였다(강길수, 1976).

1950년대부터 대학에 교육행정 교과가 개설되었고 대학원에 '교육행정 전공'이 개설, 운영되기 시작하였다. 이후로 교육행정을 전공하는 대학원 학생들이 교육행정학의 학문후속세대를 구축하였다. 학문의 한 세대를 20년 정도로 본다면 1950년대 이후 지금은 제4세대 학생들이 대학원에서 공부하고 있다고 볼 수 있다. 1967년에 한국교육학회의 분과학회로 한국교육행정학회가 결성되었고 학회가 1983년에 처음으로 교육행정학회지로서 '교육행정학연구'를 발간하기 시작하였다. 교육행정을 전공하는 학자와 교수들이 교육행정의 다양한 실제를 분석하는 과정에서 교육행정의 연구영역이 확대되었다. 교육행정학도 다른 학문에서 통용하는 연구방법론을 도입하였고, 독자적인 학문으로서 교육행정학의 학문적 체계를 수립하기 위하여 노력하였다.

미국식 교육행정학의 영향을 받은 연구주제가 우리나라 교육행정학의 전통적인 연구주제가 되었다. 학교에 대한 연구, 학교 운영을 위한 작용에 관한 연구, 그리고 학교장의 역할에 관한 연구 등이었다. 중요한 주제는 다음과 같다.

- 학교조직구조의 특성
- 학교풍토
- 교장지도성
- 동기유발
- 역할갈등

우리나라에서 교육행정은 중앙정부(당시 문교부와 후에 교육부) 주도로 운영되었고, 시·도의 교육청은 중앙정부의 정책과 지침을 집행하는 일을 하였다. 학교도 교육청의 지시와 통제에 따라 운영되던 시기였다. 이러한 현실에서 학교 단위 차원의 행정작용에만 관심을 둘 수는 없었다. 한국교육행정학은 우리 실정에 적합한 과제와 문제를 다루어야 했다. 미국식 교육행정학을 도입하는 것만으로는 교육행정의 실제를 논의하는데 한계가 있기 때문이다.

김종철(1965)은 우리나라 교육행정의 실제에 주목하여 교육행정 법제에 대한 이론적 논의 틀을 모색하는데 노력하였다. 교육행정의 실제는 법률에 의하여 제도화되어 있음에 주목하여 교육관계 법률에 내재하는 원칙과 논리에 관하여 관심을 갖게 하였다. 김종철은 '교육정책연구(1989)'를 통하여 우리나라 교육행정연구에서 교육정책을 중요한 연구 영역으로 삼아 분석하였다. 또한 '한국고등교육연구

(1979)'를 통하여 교육행정이 관장하는 학교영역으로 전통적인 초・중등교육에 이어 고등교육까지 그 외연을 확장하였다. 김종철과 이종재(1997)가 저술한 '교육행정 이론과 실제'에서 논의한 내용은 교육행정 과업을 논의하고 분석하는 관점과 논리의 틀을 제시하였다. 중요한 주제는 다음과 같다.

- 교육행정의 원리
- 교육기획, 교육정책
- 교육행정조직, 교육자치제
- 교육내용의 행정, 장학행정
- 학생행정
- 교원인사행정
- 교육재정 재원확보
- 교육시설행정
- 사무관리
- 특수영역의 문교행정: 체육행정, 사회교육행정, 해외교육행정, 사립학교 행정, 유아교육행정, 특수교육행정

요즘 쟁점이 되고 있는 문제들이 여기서 이미 거론되었다. 지방교육행정에서 교육자치제 원리로서 일반행정으로부터 분리 독립 문제'와 학생행정에서 급식, 장학금, 입시, 체벌 등의 과제가 논의주제로 설정되었다. 사무관리는 요즘 운영되고 있는 교육정보체제(NEIS: National Education Information system)로 그 뜻이 드러났다고 볼 수 있다. 김종철과 이종재(1997)는 한국교육행정에서 다루어야 할 주제의 범위를 확장하였다. 여기서 거론하였던 주제들은 한국교육행정학의 중요한 연구주제로 그 자리를 잡아왔다.

나. 한국교육행정학의 발달과정과 과제

1) 교육학의 주요 관점과 활발한 통섭

교육행정에 대한 중요한 이론적 관점을 세우기 위하여 교육학 내 다른 전공분야

의 이론과 통섭하는 노력을 활발하게 하였다. 그중 중요한 관점이 '발전론과 정의론', 그리고 교육사회학 이론 등을 들 수 있다.

정범모가 발전론 서설'을 발표하고 국가발전과 교육을 제기하면서 교육행정학은 교육계획론으로 이에 동참하였다. 이러한 논의는 장기종합교육계획의 수립으로 이어졌고, 정부의 경제개발계획에 교육부문계획으로 구체화되었다. 이 맥락에서 경제학의 인간자본론이 도입되었으며, 교육행정학의 주요 연관학문으로서 교육경제학이 도입되었다. 행정학에서의 발전계획론이 교육행정학에 도입되었다. 정범모는 발전론에 대한 반성적 시각에서 얻은 교훈(Chung, 2010)을 제시하였다.

교육행정학은 규범적 가치를 지향하기 때문에 가치에 대한 철학적 논의에 깊은 관심을 갖게 된다. Rawls의 정의론은 교육정책연구에서 가치판단의 중요한 근거를 제공하였다. 이 맥락에서 이돈희의 교육정의론(1999)은 교육행정연구에서 중요한 참고가 되었다.

교육사회학은 교육행정 연구에 중요한 이론적 틀을 제공하였다. James Coleman (1974)의 교육 기회균등에 대한 논의는 우리나라 교육행정에서 교육 기회균등의 개념을 '균등한 결과'로 정의하여 시대에 앞서가는 쟁점을 제기하기도 하였다. 박용헌의 학교사회론(1996)은 당시 교육행정학계가 학교에 대한 이론적 관점이 없을 때 학교에 관한 이론적 틀을 제시함으로써 교육행정학계에 큰 자극을 주었다.

2) 전문적 연구를 위한 분과 학회활동과 교육행정학의 정체성을 세우려는 노력

한국교육행정학회가 조직된 이후 교육행정연구는 교육정책, 교육재정, 교육법, 교육과 경제, 교육과 정치, 교육경영, 지방교육, 학교경영, 교사교육, 고등교육정책, 학교컨설팅 등 전문적 연구 활동으로 분화되어갔다. 교육행정학회를 토대로 하여 전문연구주제별로 연구와 토론을 이어왔고 이러한 활동은 자연스럽게 전문학회의 창립으로 결실을 보게 되었다. 중요한 학회와 연구기관은 다음과 같다. 학회활동 내용 그 자체가 교육행정연구 내용의 범위를 시사한다.

- 교육재정경제학회
- 교육법학회

- 교육정치학회
- 지방교육경영학회
- 교원교육학회
- 고등교육정책학회
- 학교컨설팅연구회
- 교육정책연구와 교육정책 전문연구기관으로서 한국교육개발원이 그 사명을 재정립하고 있고 교육부의 교육행정 전문연구센터로서 주요 대학교에 중점연구소들이 설립되었다.

교육행정학회는 정기적으로 교육행정학의 학문적 정체성을 세우기 위해 연구성과와 과제를 수시로 점검하였다. 교육행정학회는 1967년에 조직된 이후로 연차학술대회를 통하여 학문적 상황을 검토하였다. 중요한 학술대회의 일정을 보면 다음과 같다.

- 1981년 제9차 연차대회: "교육행정학 연구의 제 접근방법 모색"
- 1982년 제10차 연차대회: "교육행정학의 학문적 성격 탐색"
- 2002년 제30차 연차대회: "한국교육행정학 연구의 반성과 발전방향 탐색"
- 2005년 제33차 연차대회: "한국교육행정학의 지식기반: 실상과 과제"
- 2006년 제34차 연차대회: "지식기반사회에서의 한국교육행정학의 지식구조와 범위"
- 2011년 제161차 학술대회: "한국교육행정학의 연구성과와 과제"
- 2012년 제40차 연차대회: "한국교육무성 정책의 미래 방향 탐색"
- 2014년 제42차 연차대회: "한국에서 교육행정학 교육에 대한 성찰과 과제"
- 2017년 제45차 연차대회: "한국 교육행정학의 과거, 한국교육행정학회의 창립과 발전과정"
- 2019년 제47차 연차대회: "한국의 교육행정 학문공동체의 분화와 발전"
- 2022년 제50차 연차대회: "교육행정학에서 공공가치 탐색: 미래를 위한 재설계"

3) 한국교육행정에 대한 이론적 탐구과제

우리나라에서 교육행정의 실제는 미국의 교육행정 실제와 비교하여 볼 때, 행정체계의 중층구조가 중앙정부의 교육행정에서부터 학교에서의 학교운영에 이르기까지 그 범위가 넓고 질적으로 다르다. 그럼에도 불구하고, 한국의 교육행정 이론적 틀은 미국교육행정학 이론을 기반으로 수립되었다. 하지만, 교육행정 실제에서 미국과 우리나라는 차이가 있기 때문에 이론적 틀의 적합성에 한계가 있다. 이러한 관점에서 우리나라 교육행정에 대한 이론적 관점에 관하여 몇 가지 과제를 제기한다.

첫째, 미국 교육행정학의 핵심은 학교와 학교 행정작용 중심의 이론체계로 구성되어 있다. 이를 한국적 상황에 맞춰 재정리할 필요가 있다. 즉, 한국의 교육환경에 적합한 학교 이론과 학교 행정작용 이론을 구축해야 한다. 교육제도를 구축하고 운영하기 위한 규범과 그 규범의 법제화에 관한 이론적 틀을 정리할 필요가 있다. 이를 통해, 한국적 교육정책의 형성, 결정, 집행에 관한 이론을 교육행정 이론에 포함시켜 체계적으로 정리해야 한다.

둘째, 교육행정학을 의학과 비교할 때, 의학에서는 지식 구조가 생리학, 병리학, 처치학, 임상학으로 구별된다. 비슷하게, 교육행정학에서도 기초적인 연구(생리학에 해당하는)와 교육 문제(병리학에 해당하는)를 정리해야 한다. 처치에 해당하는 교육정책과 교육제도는 기초 연구와 교육 문제의 이해를 바탕으로 타당한 논리에 근거하여 수립되어야 한다. 이러한 비교를 통해 교육행정학의 이론적 기초와 문제해결 방안을 더욱 명확하게 정리할 수 있다.

셋째, 교육행정학은 적합한 이론적 틀을 마련하기 위해 여러 관련 학문들과의 통섭이 필요하다. 이는 교육철학, 교육사, 교육사회학, 교육심리학, 교육과정, 교수-학습 이론, 교육평가 등 다양한 교육학 분야와 연계를 포함한다. 또한, 인문학과 사회과학과 교류와 통합도 필요하다. 이를 통해 교육행정학은 더 넓은 관점에서 교육현상을 이해하고 분석할 수 있는 이론적 틀을 구축할 수 있다.

넷째, 우리의 사상적 전통을 바탕으로 한국만의 독특한 교육행정학 전통을 확립할 필요가 있다. 이를 위해, 한국 유학(留學)의 인간관과 행정 사상을 현대의 교육행정학과 접목하는 시도를 해야 한다. 이러한 시도를 통해, 한국의 교육행정학은 단순히 외국의 이론을 수용하는 것을 넘어, 우리의 역사와 전통에 기반한 독창적인 학문으로 발전할 수 있다.

2. 교육행정학의 발달과정

가. 교육행정의 과학화 운동

미국에서는 건국 초기부터 유럽 이민자들의 영향으로 학교 설립과 운영이 필요하게 되었고, 이에 따라 학교장과 교육감 같은 교육행정가들이 중요한 역할을 수행하게 되었다. 당시에는 덕망 있는 인사들이 이러한 역할을 담당했으나, 점차 전문적인 교육행정 관리의 필요성이 대두되었다. 미국에서 교육행정학의 발달은 크게 두 가지 중요한 요인으로 인해 촉진되었다. 첫 번째는 교육행정직의 전문화와 관련된 양성 과정의 개선을 통해 교육행정에 대한 체계적인 지식을 구축하는 것이었고, 두 번째는 교육행정 현상을 이해하고 분석할 수 있는 이론의 개발이었다. 이러한 노력은 "교육행정의 과학화 운동"으로 불리게 되었다. 교육행정의 과학화 운동은 교육행정학의 체계를 확립하고 이론적 기반을 강화하기 위한 여러 활동을 포함한다. 이러한 노력은 교육행정 연구와 실천에 큰 변화를 가져왔으며, 다음은 그 주요 활동 세 가지에 대한 구체적인 설명이다.

1) 미국학교행정가협의회(AASA)의 설립과 활동

미국학교행정가협의회(The American Association of School Administration; AASA)는 1946년에 학교행정직의 전문화와 개선을 목표로 설립되었다. 당시 교육행정가들은 대부분 현장 경험을 통해 업무를 배웠으며, 체계적인 교육이나 훈련이 부족한 상태였다. 미국학교행정가협의회는 학교행정가 양성과정의 표준을 제정하고 교육행정 관련 연구를 촉진하기 위한 노력을 주도했다. Kellog 재단의 지원을 받아 교육행정협동프로그램(Cooperative Program in Educational Administration; CPEA)을 시작하면서 대학과 협력하여 교육행정 연구센터를 설립하였다.

2) 교육행정협동프로그램(CPEA)의 실행

교육행정협동프로그램(CPEA)는 교육행정의 학문적 기반을 강화하고 현장 지도자들을 위한 전문 교육 프로그램을 개발하는 것을 목표로 삼았다. 이 프로그램은 Harvard 대학을 비롯한 여러 대학에서 진행되었으며, 교육행정 연구와 교육과정 개발에 중점을 두었다. 이 프로그램은 "교육행정을 위한 대학협의회"(University Council for Educational Administration, UCEA)의 설립으로 이어졌으며, 교육행정학의 연구와 교육에 대한 새로운 표준을 제시하였다. 특히, 교육행정 전공 교수들의 연구공동체의 역할을 수행한 "교육행정을 위한 대학협의회"(University Council for Educational Administration, UCEA)는 미국교육학회의 연차보고서로 2002년과 2003년에 걸쳐, "교육지도성의 도전: 21세기 지도성의 재규정"과 "시련에 처한 미국 교육통치: 변화와 도전"이라는 책을 발간하였다(Murphy, 2002; Boyd, 2003).

3) 교육행정가를 위한 정책위원회(National Policy Board for educational Administration, NPBEA)의 역할

1988년에 설립된 교육행정가를 위한 정책위원회(NPBEA)는 학교행정가 양성을 위한 국가기준을 제정하였는데, 교육행정가의 전문성과 자격 요건에 대한 명확한 기준을 설정함으로써, 교육행정의 전문화와 효율성을 높이는 데 중요한 역할을 수행하였다. 이 과정을 통해 교육행정학은 논리실증주의에서 시작하여 다양한 이론적 접근을 포함하는 폭넓은 학문 분야로 발전하였다(Culberstone, 1988). 이러한 다양성은 교육행정의 복잡성과 다양한 상황에 대한 이해를 깊게 하며, 보편적 일반화뿐만 아니라 특정 상황에 대한 구체적 설명을 가능하게 하는 이론의 발전으로 이어졌다.

나. 이론의 의미와 이론의 활용

교육행정학에서 이론의 역할은 학교 운영과 관련된 현상을 보다 명확하게 이해하고, 예측 및 개선하는 데 중요하다. 이론의 의미, 구조, 그리고 활용에 대한 깊은 탐구를 통해 교육행정의 과학화 운동이 이루어져 왔다.

1) 이론이란 무엇인가

1950년대부터 미국 교육행정학은 학문적 기반을 확립하고 이론화를 추진해왔다. 교육행정이 전문화되기 위해서는 이론적 토대가 필수적이다. 이는 교육행정의 실제에 대한 검증된 지식의 체계를 바탕으로 하며, 학교 조직 내에서의 행동을 설명하고 예측하는 데 중점을 둔다. Fred Kerlinger(1986: 9)에 따르면, 이론은 관련된 개념들, 정의들, 그리고 명제들의 조합으로, 현상 간의 관계를 체계적으로 제시하여 현상을 설명하고 예측하는 것을 목표로 한다. 이론의 주요 구성 요소는 다음과 같다.

- 목적: 현상을 설명하고 예측하기 위한 것이다.
- 개념과 관련 변인: 현상에 대한 이해를 돕는 개념과 변인들을 포함한다. 이들은 현상을 보고 분석하는 데 필요한 구조를 제공한다.
- 관계에 대한 진술: 개념과 변인들 간의 관계를 명확히 진술한다. 이는 이론의 예측력과 설명력을 기반으로 한다.
- 명제: 진술은 명제의 형태를 취하며, 이론적 접근을 통해 이해가 가능하다.

2) 이론의 활용

이론은 교육행정학에서 근본적인 역할을 수행하며, 현상을 이해하고 설명하는 데 필수적이다. 이론의 기능과 그것이 연구에 어떻게 적용되는지를 아래에서 구체적으로 살펴본다.

- 현상의 규정: 이론은 특정 현상을 명확하게 규정하고, 우리가 무엇을 관찰하고 설명해야 하는지를 정의한다. 예를 들어, "학교풍토"에 관한 이론은 보이지 않는 현상을 인식하고 이해하는 데 필요한 관점을 제공한다.
- 현상의 구분: 이론은 현상들을 구분하고 분류하는 데 도움을 준다. Halpin과 Craft의 연구처럼 학교 조직풍토를 여러 유형으로 분류할 수 있는 이론적 틀을 제공하여, 복잡한 현상을 이해하기 쉽게 만든다.
- 관점의 구성: 이론은 현상을 바라보는 '개념적 안목'을 제공하며, 이를 통해 우리는 보이지 않는 현상을 새로운 관점에서 볼 수 있게 된다. 이론은 우리에게

현상을 관찰하고 이해하는 새로운 방식을 제시한다.

- 현상의 요약: 이론은 분산된 자료나 정보를 의미 있게 정리하고, 일반적인 속성을 요약하여 제시한다. 이를 통해 복잡한 현상을 더 쉽게 이해할 수 있다.
- 예측과 통제: 이론은 현상에 대한 예측과 통제가 가능하게 한다. Maslow의 동기이론처럼, 특정 원리에 따라 조직 내에서의 행동 유형을 예측하고, 원하는 방향으로 통제할 수 있는 근거를 제공한다.
- 연구 과제의 제시: 이론은 연구해야 할 중요한 문제를 드러내고, 어떤 핵심 사항에 주목해야 하는지를 시사한다. 학업성취도와 관련된 이론은 교육 정책에 있어 중요한 논의를 이끌어내며, 연구자들이 탐구해야 할 새로운 방향을 제시한다.

3) 이론과 연구의 상호작용

이론과 연구는 서로 긴밀히 연결되어 있다. 이론은 연구의 방향을 제시하며, 연구는 이론을 검증하고 발전시킨다. 과학적 방법을 통해 우리는 가설을 설정하고, 연구 문제를 정의하며, 연구설계를 수립하고, 자료를 수집 및 분석하여 결과를 해석한다. 이 과정은 교육행정학에서 실제 현상에 대한 깊이 있는 이해를 가능하게 하며, 이론적 통찰을 실제 상황에 적용하는 데 기여한다.

3. 교육행정에 대한 이론적 관점의 틀

교육행정에 대한 이론적 탐구는 "좋은 교육행정"이 무엇인지를 구성하는 핵심 요소들을 발전시켜 나가는 데 목적을 두고 있다. Hoy와 Miskel(2005), Lunenberg와 Ornstein(2012), 그리고 Sergiovanni 등(2004)의 연구는 교육행정의 이론적 틀을 세밀하게 분석하고 있다.

교육행정에 대한 이론적 탐구는 20세기 초에 미국에서 시작되었으며, 다양한 사상과 관점들이 학교행정에 적용되기 시작했다. 지난 100년 동안의 발전 과정을 보면, 초기 30여 년간은 고전적 조직이론의 관점이 등장하였고, 그 후 인간관계적 접근이 나타났다. 1950년대의 행동과학적 접근 이후에는 학교교육과 행정의 관계에 대한 이론적 연구가 활발히 진행되었다.

가. Lunenberg와 Ornstein의 이론적 탐구 과정

Lunenberg와 Ornstein(2012)은 교육행정의 이론적 탐구과정을 교육조직 운영의 관점에서 다음 네 가지 단계로 설명한다.

- 고전적 조직이론(Classical Organization Theory): 이 관점에서는 조직의 효율성을 극대화하기 위해 구조적이고 공식적인 접근을 중시했다. 조직의 위계적 구조와 업무 분화에 중점을 둔다.
- 인간관계적 접근(Human Relations Approach): 조직 내 개인의 역할과 인간적 관계의 중요성을 강조했다. 인간의 심리와 동기를 이해하고, 이를 통해 조직의 효율성을 높이는 데 주력했다.
- 행동과학적 접근(Behavioral Science Approach): 행동과학의 원리를 적용하여 조직 내 인간 행동을 분석하고 예측하려는 시도였다. 이는 조직 내의 사회적 상호작용과 동기 부여에 초점을 맞추었다.
- 행동과학 접근 이후 시기(Post-Behavioral Science Approach Era): 이 관점에서는 조직의 복잡성과 환경과의 상호작용을 이해하기 위한 다양한 이론들이 등장했다. 조직을 하나의 개방체제로 보고, 외부 환경과의 관계를 중시하게 되었다.

나. Sergiovanni의 이론적 전개 과정

Sergiovanni 등은 교육행정에서 "좋은 행정"을 구성하는 요인을 중심으로 이론적 전개 과정을 다음과 같은 네 가지 주제어로 구분하였다.

- 조직의 효율(Efficiency): 조직의 운영을 최대한 효율적으로 하기 위한 접근으로, 자원 관리와 업무 절차의 최적화를 중시한다.
- 조직 내 개인(Individual): 조직 내 개인의 역할과 만족도를 중요하게 여긴다. 개인의 동기와 욕구를 이해하고 이를 바탕으로 조직의 성과를 높이는 데 주력한다.
- 조직 내 정치작용(Politics): 조직 내에서의 권력과 갈등, 그리고 정책 결정 과정을 분석한다. 조직의 내적 갈등 해소와 외부 환경과의 관계에서 생존을 모색하

는 작용을 중시한다.

- 조직 내 문화(Culture): 조직 구성원들이 공유하는 가치와 신념, 규범을 강조한다. 조직의 문화는 조직의 정체성과 방향성을 형성하며, 구성원 간의 일체감을 높인다.

다. Hoy와 Miskel의 체제적 관점

Hoy와 Miskel은 학교조직을 체제적 관점에서 분석하며, 학교를 개방된 사회체제로 보았다. 이들은 학교체제를 다음 다섯 개의 하위체제로 구성된 개방체제로 보고 있다.

- 구조(Structure): 조직의 구조와 업무의 공식적인 배열을 다룬다. 이는 조직의 효율성과 관리 체계를 결정하는 중요한 요소이다.
- 개인(Individual): 조직 내의 개인, 즉 구성원들의 행동과 동기를 이해하고 관리하는 것을 중요하게 여긴다.
- 문화(Culture): 조직 구성원들이 공유하는 가치와 신념을 다룬다. 조직 문화는 구성원의 행동과 조직의 전반적인 분위기에 큰 영향을 미친다.
- 정치(Politics): 조직 내에서 작용하는 권력과 갈등을 다룬다. 정치적 역학은 조직의 정책 결정과 운영에 중요한 역할을 한다.
- 교수 학습기제(Technical Core: Teaching and Learning): 학교의 본질적 기능인 교수와 학습을 중점적으로 다룬다. 이는 학교체제의 핵심적인 부분으로, 교육의 적합성과 질을 높이는 데 중점을 둔다.

아래에서는 교육행정에 대한 이론적 관심을 나타내는 여섯 개의 주제를 통해 교육행정의 이론적 탐구과정을 살펴본다. 특히, 교육행정이 '작은 정치'로 전락하는 것을 막기 위해서는, 교육행정을 추진하는데 '정치'보다 '문화'와 '교육'이 강조되어야 한다. 교육행정에서 문화는 조직의 규범과 가치를 공유하고, 이를 통해 구성원 간의 협력을 촉진하는데 핵심적인 역할을 담당할 수 있다. 또한 교육행정에서 '교육적 적합성'을 중심에 두고 생각할 때, 학교가 본연의 목적을 수행하고 학생들의 학습을 최우선으로 여기고 있는지를 판단하는데 도움이 될 수 있다. 이처럼 교육행정에서 '교육'과 '문화'를 중심에 두고 추진할 때, 교육행정은 보다 본질적이고 교육 중심적인 방향으로 나아갈 수 있다. 교육행정에서 관심을 갖는 여섯 개 주제는 다음과 같다.

- 효율: 학교조직 운영의 효율성을 높이기 위해 구조적이고 공식적인 접근을 중시한다. 이는 학교가 체계적으로 운영되도록 하는 데 필수적이다.
- 개인: 학교조직 운영에서 개인에 대한 배려와 비공식적 접근을 통해 효율성을 추구한다. 이는 학교 구성원 개개인의 역할과 만족도를 중요하게 여기는 접근이다.
- 통합: 조직의 구조와 개인을 통합하는 사회적 과정을 행정의 과제로 본다. 이는 조직의 내적 조화를 통해 전반적인 효과성을 높이려는 노력을 의미한다.
- 정치: 조직이 환경과의 관계에서 생존을 추구하고, 내적 갈등을 해소하기 위한 정치적 작용을 중시한다. 그러나, 이러한 정치적 요소가 교육행정을 왜곡시키고 '작은 정치'로 전락하는 것을 방지하기 위해서는 이를 잘 관리해야 한다.
- 문화: 학교 체제의 운영에 영향을 미치는 규범, 가치, 인식의 공유를 강조한다. 교육행정이 정치적 갈등에 휘말리지 않고 본질적인 목표를 추구하기 위해서는 이러한 문화적 요소가 중요하다. 학교 문화는 교육의 방향과 방법에 깊은 영향을 미치며, 조직 내에서 공감대와 일체감을 형성하는 데 기여한다.
- 교육: 학교체제의 본질적 기능인 교수와 학습의 관점에서 교육행정의 적합성을 높이는 작용을 강조한다. 이는 교육행정이 교육적 목표를 중심으로 운영되어야 함을 의미하며, 학생들의 학습 경험을 최우선으로 고려해야 한다.

[그림 2-1]은 여섯 개의 주제에 대한 이론적 관심의 전개과정을 나타낸다. 이 과정을 개관함으로써 교육행정이론의 변천과정을 살펴볼 수 있을 것이다.

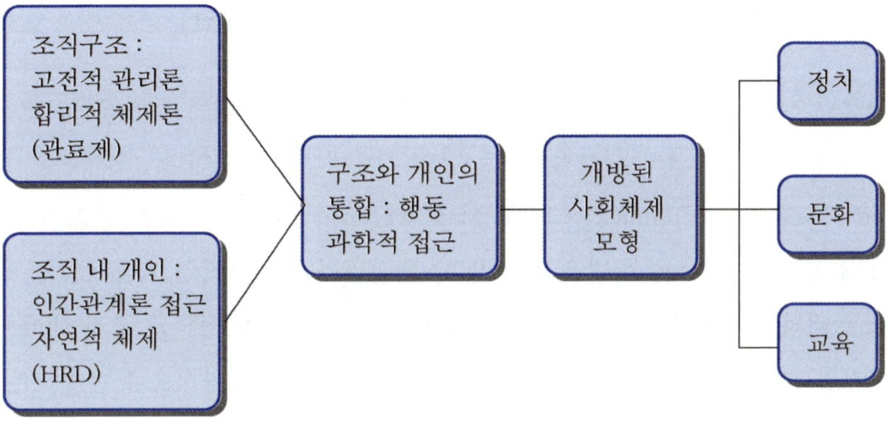

[그림 2-1] **교육행정에 대한 이론적 관점의 전개과정**

4. 고전적 조직이론의 관점(Classical Organizational theory)

고전적 조직이론은 20세기 초에 두 가지 주요 관점, 과학적 관리론과 행정관리론을 중심으로 발전했다. 과학적 관리론(Scientific management)은 작업 수행 방법과 근로자 관리에 집중한 반면, 행정관리론(Administrative management)은 조직의 전체 운영에 초점을 맞추었다. 이 이론들은 조직을 목표 달성을 위한 도구로 바라보고, 목표를 효율적으로 달성하기 위한 조직의 행동을 조직하고 실행하는 데에 합리성을 강조한다.

가. 과학적 관리론

Frederick Taylor는 과학적 관리론의 창시자로, 작업 수행의 '가장 좋은 방법'을 과학적으로 탐구하여 작업 효율을 높일 수 있다고 주장한다. 그의 이론은 근로자의 생산성을 최대화하기 위해 다음 네 가지 원칙에 기초한다.

- 과학적 직무 분석을 통한 최적의 작업 방법 탐구
- 근로자의 직무 배치와 교육
- 직무가 과학적 원리에 따라 수행되도록 관리자의 지원
- 관리자와 근로자 간 역할 구분

나. 행정관리론(Administrative Management)

행정관리론은 조직의 전체적인 관리와 구조에 초점을 맞춘 이론으로, 개인의 작업 수행 방식보다 조직을 효율적으로 운영하는 방법을 탐구한다. 이 이론은 주로 Henri Fayol, Luther Gulick, 그리고 Max Weber의 연구에 기반을 두고 있으며, 각각 조직 관리의 다른 측면을 강조한다. 행정관리론은 조직의 효율적인 운영을 위한 관리자의 역할과 조직 구조의 중요성을 강조한다. 이 이론은 조직 내에서의 의사결정, 계획, 조직 구성, 인력 관리, 통제 등 조직을 효율적으로 운영하는 데 필요한 다양한 원칙과 기능에 대한 이해를 제공한다.

- Henri Fayol의 관리의 기본 원칙: 조직관리의 아버지로 불리우는 Fayol은 조직 운영을 위한 기본적인 관리 기능으로 기획(Plan), 조직(Organize), 지시(Command), 조정(Coordinate), 통제(Control)의 다섯 가지를 제시한다. Fayol은 이 다섯 가지 기능이 모든 관리자가 수행해야 할 핵심적인 역할임을 강조한다. 또한, 그는 보다 효율적으로 이 기능들을 수행하기 위해 14가지 조직관리 원칙을 도출한다. 이 원칙들은 분업, 권한과 책임, 규율, 지휘의 단일성, 방향의 통일성, 개인 이익보다 전체이익 우선, 보상, 집중화, 명령의 계층화, 질서, 공평성, 직원 신분 보장, 직원 주도성 장려, 공동체 의식 고양을 포함한다. 이 원칙들은 조직의 효율적인 운영과 관리를 위한 핵심 지침으로 여겨진다.
- Luther Gulick의 POSDCORB: Luther Gulick은 Fayol의 기본 기능에 더해, 관리의 과정을 나타내는 POSDCORB라는 약어를 도입한다. 이는 Planning(기획), Organizing(조직), Staffing(인사), Directing(지시), Coordinating(조정), Reporting(보고), Budgeting(예산 편성)의 첫 글자를 따서 만든 단어로, 조직을 효율적으로 운영하기 위한 관리의 핵심 기능을 요약한다. Gulick의 POSDCORB는 조직 관리의 과정을 구체적으로 명시하여, 관리자가 조직의 목표를 달성하기 위해 어떤 활동에 주력해야 하는지 명확한 방향을 제시한다.
- Max Weber의 관료제: Max Weber는 조직의 합리성과 효율성을 강조하며, 관료제를 이상적인 조직 모형으로 제안한다. Weber는 관료제를 통해 조직의 목표 달성을 위한 최적의 방법을 찾을 수 있다고 보았다. 그의 관료제 모형은 엄격한

계층 구조, 규칙과 절차의 명확성, 역할과 책임의 분명한 정의, 전문성과 기술의 중시 등을 특징으로 한다. Weber의 관료제 이론은 조직을 효율적으로 운영하는 데 필요한 합리적 기준과 원칙을 제공하며, 현대 조직이론의 기초를 형성한다.

다. 현대의 합리적 체제관점: 구조적 관점

1950년대 이후 합리적 체제관점은 조직구조에 더 큰 관심을 기울이며 발전한다. 이 관점은 조직 내에서의 행동이 목적 지향적이고 규율에 따라야 하며, 조직 운영을 위한 목표의 명확성과 공식화의 중요성을 강조한다. 조직의 목적 달성을 위해 목표의 상세화와 조직 운영의 공식화가 핵심 요소로 여겨진다. 하지만, 고전적 조직이론은 조직 내 개인의 심리적, 사회적 요인을 충분히 고려하지 못했기에 비판을 받게 된다. 이러한 비판을 바탕으로 인간관계 접근이 등장하며, 조직 관리에 있어 개인의 욕구와 사회적 상호작용의 중요성을 강조하게 된다.

5. 조직 내 개인: 인간관계론의 접근

가. 인간관계 접근

인간관계론의 근원은 Mary Parker Follet의 작업에서 시작되었으며, 조직 내 개인간의 역동적 관계의 중요성을 강조한다. Follet은 조직 내 갈등을 부정적인 것으로만 보지 않고, 오히려 창조적이고 긍정적인 변화의 기회로 바라보았다. 이 이론은 Elton Mayo와 그의 동료들이 1920년대 후반부터 1930년대 초반까지 진행한 호손 연구에 의해 더욱 발전한다. 호손 연구는 조직 내 비공식적인 인간관계가 작업 성과에 중요한 영향을 미친다는 것을 발견하였다.

- 호손연구의 주요 발견: 호손 연구에서는 작업 환경 변화(조명, 휴식 시간 등)가 근로자의 생산성에 미치는 영향을 조사한다. 연구 결과, 생산성은 단순히 물리적 환경의 변화보다는 근로자들의 심리적 요인과 사회적 요인에 더 크게 영향을 받는 것으로 나타났다. 이를 통해 비공식적 조직 구조와 그 안에서의 사회적 관계가 공식적 조직 구조만큼 중요하다는 사실이 드러났다.

인간관계론의 핵심요소는 다음과 같다.

- 조직의 생존: 자연적 체제관점에서 조직의 가장 기본적인 목표는 생존이다. 조직의 구체적 목표 달성보다는 조직 자체의 생존이 우선시된다.
- 개인 중심: 조직은 단순한 목표 달성의 수단이 아니라, 구성원들이 자신의 욕구를 충족할 수 있는 통로로 본다. 조직 내 개인은 조직에 있어 가장 중요한 인적 자원이다.
- 비공식 구조의 중요성: 공식적 구조와 정해진 역할에도 불구하고, 조직 내 비공식적인 관계와 네트워크가 중요한 역할을 한다.

나. 인적자원론의 관점

합리적 체제의 관점은 조직을 구체적 목표를 달성하기 위해 의도적으로 구안된 구조적 틀로 본다. 반면, 자연적 체제의 관점은 조직을 특정 상황에서 적응하고 생존하려는 사회적 집단으로 본다. 자연적 체제의 관점에서도 목표의 상세화와 조직 운영의 공식화가 중요한 구조적 특성임을 인정하지만, 다른 특성도 중요하게 간주되어야 한다고 지적한다. 합리적 체제의 관점에서는 인간관계론 현대의 인적자원론으로 다루고 있다. 중요한 관점을 정리하면 다음과 같다.

- 조직의 생존이 최우선: 사회집단의 생존을 조직의 가장 중요한 기본적 목표로 본다. 조직의 목표가 조직을 움직이는 주요 요소가 되기보다는, 조직의 생존 자체가 더 중요한 목표가 되는 것이다.
- 개인은 중요한 인적 자원: 조직은 특정 목표를 달성하기 위한 수단이 아니라, 조직을 구성하는 개인이 그들의 인간적 욕구를 충족하는 통로가 된다. 조직 내 개인은 조직을 위한 가장 중요한 인적 자원이다.
- 비공식적 구조의 중요성: 조직의 목표를 달성하기 위해 구안된 공식적 구조를 가장 중요한 특성으로 간주하지 않는다. 조직의 공식적 구조에도 불구하고 비공식적 구조가 조직에서의 행동을 규제한다고 본다.

이러한 관점은 조직이 목표를 달성하기 위한 기계적 틀을 넘어, 인간적 요소와 사회적 상호작용을 중요시해야 한다는 점을 강조한다.

다. 현대 조직에서의 적용

인적자원론의 관점은 현대 조직이 직면한 다양한 도전과 기회에 대응하기 위한 전략적 접근을 제공한다. 직원들의 잠재력을 극대화하고, 그들의 동기부여와 만족도를 향상시키며, 전체 조직의 성과를 끌어올리는 것을 목표로 한다. 인적자원 관리의 현대적 접근법은 직원들의 성장과 발전을 조직 성공의 핵심요소로 보고, 이를 통해 조직의 경쟁력을 강화하려는 노력을 포함한다.

6. 행동과학적 접근

행동과학적 접근은 고전적 조직이론과 인간관계론 사이의 간극을 메우려는 시도에서 출발한다. 이 접근법은 조직의 목표 달성과 구성원의 개인적 욕구 충족 사이의 균형을 찾으려는 노력을 강조한다.

첫째, 행동과학적 접근은 조직의 목표와 개인의 욕구를 동시에 만족시킬 수 있는 통합모형의 필요성을 강조한다. Chester Barnard(1938), E. Wight Bakke(1955), Chris Argyris(1993), Jacob Getzel과 Egon Guba(1957) 같은 이론가들은 조직과 개인 간의 상호 의존성을 강조하며, 이러한 통합이 가능하다고 주장했다. 둘째, 행동과학적 접근은 '최선의 방법(the one best way)'이라는 고전적 조직이론의 가정에 의문을 제기한다. 개인의 욕구가 다양하기 때문에, 이에 대응하는 행정체제 역시 다양해야 한다고 본다. 이 관점에서 Douglas McGregor의 Theory X와 Theory Y, Herzberg의 두 요인 이론, 경영체제론 등이 탐구되었다. 셋째, 상황에 따라 최적의 행정 방법이 달라질 수 있다는 상황대응론이 행동과학적 접근의 또 다른 핵심 관점이다. 이는 조직의 상황과 조건에 따라 가장 적합한 관리 방식을 찾아야 한다는 것을 의미하며, 특히 지도성 이론에서 이러한 관점이 강조된다.

요약하자면, 행동과학적 접근은 조직관리와 개인의 욕구 사이에 균형을 맞추는 것을 강조한다. 이는 조직의 효율성과 개인의 만족도를 동시에 높이는 데 중점을 두며, 조직과 구성원 간의 상호작용을 이해하는 데 깊은 통찰을 제공할 수 있다. 조직이 직면한 다양한 상황에 적합한 관리 방식을 모색함으로써, 더 유연하고 반응적인 조직 문화와 관리 체계를 구축할 수 있다.

가. 행정의 과제는 조직과 개인의 통합

행정의 과제로서 조직과 개인의 통합을 설정하는 관점은 조직의 목표 달성과 구성원의 개인적 욕구 충족 사이의 조화를 찾으려는 시도에서 나온다. 이 접근법은 조직과 개인 간의 상호 의존적인 관계에 주목하며, 양자 간의 균형을 이룰 때 조직이 가장 효율적으로 작동한다고 본다. Chester Barnard는 행동과학적 접근을 시도한 최초의 학자로, 공식 조직과 비공식 조직의 상호작용의 중요성을 강조했다. 그는 조직이 공식적인 목표와 개인의 욕구 사이의 균형을 맞출 때만 생존하고 작동한다고 주장했다. Barnard는 최고경영자가 조직의 효과성과 개인의 능률성을 동시에 충족시키는 것이 중요함을 강조한다.

Herbert Simon은 Barnard의 개념을 확장하여, 조직이 근로자들의 기여와 조직이 제공하는 보상 사이의 교환 체계로 작동한다고 설명했다. 따라서 Simon은 조직의 의사결정이 최적화가 아닌 만족화 논리에 의해 이루어진다고 주장한다. 즉, 주어진 상황에서 가장 만족스러운 해결책을 선택하는 것이다. Bakke는 조직과 개인 간에 상호 융합 과정이 내재되어 있다고 보았다. 이는 조직과 개인이 서로에게 영향을 주며, 이 과정에서 조직과 개인 사이의 조화가 이루어진다는 것을 의미한다. Chris Argyris는 개인의 성장과 조직의 억압적 속성 사이에 본질적인 갈등이 존재한다고 보았다. 그는 현대 조직이 개인의 성숙과 독립을 억압한다고 주장하며, 이로 인해 발생하는 갈등과 불일치가 조직 목표 달성에 역기능으로 작용한다고 분석하였다.

이러한 행동과학적 접근은 조직과 개인이 서로의 목표와 욕구에 대해 이해하고 존중하며 상호작용해야 한다는 중요한 메시지를 전달한다. 조직과 개인의 통합을 추구하는 이 관점은 조직 내에서 협력적이고 조화로운 관계를 구축하려는 현대 조직관리의 핵심 원칙 중 하나다.

나. Getzels와 Guba의 사회적 과정으로서 행정론

Getzels와 Guba(1957: 423~441)는 행정행위를 분석하는 이론적 모형으로서 사회체제로서의 학교모형을 제시하였다. 사회체제는 두 개의 서로 독립적이되 상호작용하는 두 유형의 현상을 포함한다. 하나는 사회체제에서 활동의 제도적 차원으로서 공식적 역할과 역할에 대한 공식적 기대를 조성하는 '제도'(制度)가 있다. 이것을 제도적 측면(nomothetic dimension)[1)]이라고 한다. 다른 차원은 개인적 차원으로서 이 차원은 개성과 개인적 욕구성향을 가지 개인을 나타낸다. 사회체제에서 행동은 개인적 욕구와 조직 목표 간의 상호작용의 결과로 볼 수 있다. 제도, 역할, 역할에 대한 기대에 부응하는 것이 조직의 효과성(effectiveness)을 결정하는 반면, 개인과 개성, 그리고 개인적 욕구성향에 부응하는 행동이 개인적 능률성(efficiency)을 결정한다. 따라서 행정이란 이 두 요구를 통합하는 사회적 과정인 것이다.

다. 최선의 방법보다는 다양한 관리모형 제시

행동과학적 접근은 조직을 관리하는 최선의 방법보다는 다양한 관리모형이 있을 수 있음을 제기하였다. 이러한 관점은 인간의 욕구의 다양성과 그 계층성을 말하는 Maslow(1970)의 인간욕구위계이론에서부터 출발한다. 개인이 충족하려는 욕구에는 위계가 있다는 점과 행정은 개인의 욕구를 충족하고 조직의 목표를 달성할 수 있는 일을 제공해야 함을 제시하였다. Douglas McGreger(1960)는 Maslow 이론에 근거하여 인간에 대한 서로 대비되는 두 개의 가정과 이에 기초한 행정관을 제시하였다. 이 두 개의 관점을 Theory X와 Theory Y를 제시하였다.

Maslow 이론의 연장선에서 Frederick Herzberg(1959)는 "동기유발에 대한 두 요인 이론"(two-factor theory of motivation)을 제기하였다. Herzberg(1959)는 동기를 직무불만족과 관련된 요인과 동기유발을 하는 요인으로 구분하였다. 전자를 위생요인(hyzine factor)으로, 후자를 동기요인(motivation factor)이라고 명명하였다. Herzberg(1959)의 위생요인은 Maslow의 욕구계층이론에서 신체적 욕구, 안전

1) 여기서 "nomothetic"은 "nomo"라는 관습이나 법 등을 나타내는 그리스어를 차용한 조어이다.

및 사회적 욕구 등과 같은 낮은 단계의 동기와 관련이 있다. 동기요인은 존중감, 자아실현 등과 같은 욕구계층이론의 상층에 있는 욕구와 관련이 있다. Herzberg (1959)는 동기요인을 구별함으로써 고전적 관리론이나 인간관계론의 관점과 구별되는 행정에 대한 관점을 제시하였다.

라. 상황대응 지도성이론

상황대응 지도성이론은 최근 유행하게 된 지도성 이론이다. Fred Fiedler(1967)는 상황에 따른 지도성을 제시하였다. 기본명제는 지도성 유형의 효과는 상황에 따라 달라진다는 것이다. 상황을 구성하는 중요한 요인으로서 지도자와 구성원간의 관계, 과업구조, 지위에 따른 권력을 설정하였다.

Hersey와 Blanchard(2007)는 구성원의 성숙도와 지도자의 과업지향지도성 행동과 관계지향 지도성 행동 간의 관계에 대응하는 지도성이론을 제시한다. 이 이론은 구성원의 성숙도에 적합할 때 지도성의 효과는 높아질 수 있다고 주장한다. Bass(2006)는 변혁적 지도성(transformational leadership)과 거래적 지도성(transactional leadership)을 설정하고 비교하였다. 거래적 지도자는 구성원이 성취해야 할 과제를 정하고 필요한 자원과 보상을 제공하여 이 과제를 성취할 수 있도록 지원한다. 변혁적 지도자는 더 높은 성취를 하도록 구성원의 성취동기를 유발한다. 변혁적 지도자는 구성원들에게 그들이 하는 일의 중요성과 가치에 대한 인식을 높이고 더 큰 목적을 위하여 자기의 이해를 초월하고 그들의 욕구수준을 높임으로써 구성원들을 변화시킨다.

행동과학적 접근은 다양하게 이루어져 왔다. 조직 내 인간의 행동을 조직과 개인의 두 차원을 상호 연관하여 통합적으로 연구하는 접근을 취하였다. 행동과학적 접근은 조직 관리에서 '단 하나의 최선의 방법'은 없다고 주장하며, 목적에 이르는 다양한 방법이 있을 수 있다는 전제를 세우는 기초를 제공하였다. 이 관점은 체제이론의 '동등 가치에 이르는 다양한 방법 가정(equifinality)'과 연결된다. 또한 조직 관리에서는 다양한 상황이 형성될 수 있음을 보여준다. 모든 상황에 보편적으로 적용되는 동기유발의 방법, 조직구조, 의사결정유형, 지도성유형은 찾기 어렵다는 것이다. 따라서 교육행정은 상황에 적합한 방법을 찾아야 할 필요성을 제기한다.

7. 개방체제 관점

개방체제 관점은 조직이 외부 환경과 끊임없이 상호작용하는 동적인 시스템이라는 이해에 바탕한다. 이 관점은 조직을 단순히 내부 구조와 프로세스에 의해 운영되는 폐쇄적 시스템으로 보는 이전의 접근법들(대표적인 예: 합리적 체제모형과 자연적 체제모형)의 한계를 극복하려고 한다. 이 두 모형은 각각 과학적 관리론과 인간관계론에 연결되어 있으며, 조직 내부의 공식적 구조와 비공식적 측면, 구조와 개인의 중요성을 강조했지만, 외부 환경의 영향을 충분히 고려하지 않았다. 반면, 개방체제 점에서는 다음과 같은 조직의 특징을 강조한다.

첫째, 개방체제 관점은 조직이 외부 환경으로부터 자원을 받아들이고, 그 자원을 산출물로 변환하는 과정을 통해 환경과 상호 의존적인 관계에 있다고 본다. 이러한 관점은 조직이 단순한 내부적 과정에 의해서만 아니라 외부 환경의 변화와 요구에 의해 영향을 받고 반응한다고 본다.

둘째, 개방체제는 조직과 환경 사이의 상호작용을 중시한다. 이는 조직이 환경의 변화에 따라 유연하게 적응하며, 때로는 환경을 자신의 목표 달성에 유리하게 변화시킬 수 있는 능력을 가지고 있음을 의미한다.

셋째, 조직 내부의 다양한 하위 시스템(예: 구조, 개인, 정치, 문화, 교육)이 서로 상호작용하며, 이러한 상호작용은 조직의 전체적인 효율성과 목표 달성에 영향을 미친다. 개방체제 관점은 이러한 내부 다양성과 복잡성을 인정하고 중요시한다.

넷째, 개방체제는 조직이 환경 변화에 효과적으로 대응하고, 내부 구성원의 욕구와 목표를 조직의 목표와 조화롭게 통합할 수 있는 능력을 강조한다. 이는 조직이 지속적으로 학습하고 적응하는 능력을 요구한다.

Talcott Parsons 같은 학자들의 연구는 조직이 환경과 상호작용하고 환경에 의존하는 사회체제로서 이해하는 기초를 마련한다. Parsons는 사회체제 이론을 통해 조직과 환경 사이의 상호작용을 분석한다. 개방체제 관점은 조직이 직면한 복잡한 현실과 도전에 대응하기 위해 조직 내부와 외부 모두를 포괄적으로 이해하고자 한다. 이는 조직이 보다 유연하고 적응적으로 환경 변화에 대응하며, 내부 구성원의 욕구와 조화를 이루어 목표를 달성하는 것을 지향한다.

가. 정치: 교육에 대한 "정치적 작용"

학교 조직은 개방체제로서 내부 집단과 개인 간의 갈등을 해소하기 위해 정치적 작용이 중요한 역할을 한다. 교육행정학에서 정치적 접근은 조직과 행정에서 발생하는 정치적 요소들을 검토하는 데 중점을 두며, 다음 네 가지 관점을 강조한다(Sergiovanni et al., 2004: pp.128-130).

- 체제와 환경의 관계 중시: 정치적 접근은 학교와 외부 환경 간의 역동적 상호작용을 중시한다. 개방체제로서의 학교는 외부 환경과 끊임없이 상호작용하며, 이러한 상호작용을 통해 체제의 존재 의의가 드러난다. 이는 학교가 단순히 내부적인 요소들로만 구성되는 것이 아니라, 외부와의 연계 속에서 그 역할과 기능을 발휘한다는 점을 강조한다. 예를 들어, 지역사회와의 협력, 교육정책의 변화, 사회적 요구 등의 외부 요인들이 학교 운영에 영향을 미친다.
- 정책 개발의 중요성: 정치적 관점은 정책 개발을 매우 중요하게 여긴다. 체제의 목표를 주어진 것으로 간주하지 않고, 목표의 적합성을 지속적으로 점검한다. 교육체제가 환경과의 관계 속에서 생존을 추구하는 과정에서, 정책 결정과 목표 설정의 중요성이 부각된다. 이 과정에서 합의를 이루는 것이 중요하며, 통제력을 확보하고 정치적 지원을 얻기 위해 정책연대를 형성한다. 정책결정뿐만 아니라 정책의 집행 과정에서도 정치적 지원이 필수적이다. 예를 들어, 새로운 교육 프로그램의 도입이나 교사 배치 정책 등은 다양한 이해관계자의 협력과 지지가 필요하다.
- 내부 하위조직의 상호의존성: 학교는 상호의존적인 하위조직으로 구성되어 있으며, 이 내부 집단들 간에도 정치적 관계가 존재한다. 각 집단은 자신의 가치와 목표를 반영하는 정책을 유도하기 위해 영향력을 행사한다. 이 과정에서 공식적 권위는 정치적 압력과 협상에 의해 제약을 받으며, 정책결정은 대립하는 집단 간 협상의 결과가 된다. 예를 들어, 교사와 행정직원 간의 갈등이나 학생과 교직원 간의 이해관계 충돌은 협상을 통해 해결된다. 이러한 협상 과정은 학교 내 권력 구조를 형성하고, 정책의 방향성을 결정짓는 데 중요한 역할을 한다.

• **제한된 합리성 인정**: 정치적 관점은 조직의 의사결정에서 제한된 합리성을 인정한다. 이는 정치적 과정에서 협상과 타협이 이루어지기 때문에, 정책결정 과정에서 절대적인 합리성을 신뢰하지 않는다는 것을 의미한다. Herbert Simon이 제시한 '만족화 원리'를 수용하여, 최선의 방안을 찾기보다는 만족할 만한 방안을 선택하는 경향이 있다. 예를 들어, 예산 배분이나 교육 프로그램 선택에서 모든 이해관계자를 만족시킬 수 있는 최선의 방안을 찾기보다는, 현실적으로 적용 가능한 적정 수준의 방안을 선택하는 것이 일반적이다.

1) 제한적 합리성 관점으로의 전환

1950년대 후반부터 정치학자와 정책학자들은 조직과 행정 문제를 검토할 때 정치적 관점을 주목하기 시작했다. 이 전환의 중심에는 Herbert Simon의 책, "Administrative Behavior: A Study of Decision-Making Process in Administrative Organization"이 있다. 이 책은 행정학과 정책학에서 고전으로 여겨진다. Simon은 합리성의 한계가 의사결정과 관련된 가치, 지식, 행위의 모든 것을 고려할 수 없는 인간의 능력의 한계에서 연유한다고 보았다.

Simon은 문제해결을 위한 대안을 선택할 때, 인간의 선택유형이 최적의 대안을 선택하기보다는 자극에 대한 반응의 양태를 띤다고 주장했다. 인간의 합리성은 인간의 인지적 환경의 한계 안에서 작동한다. 그러나 합리적으로 결정하기 위해서는 고려해야 할 모든 상황을 다 고려해야 하는데, 실제 상황에서는 그렇지 못하다. 우리는 결정의 기초가 되는 요인을 선택할 때 이 요인들을 일종의 "주어진 것"으로 간주한다. 따라서 우리가 생각하는 합리성은 제한적일 수밖에 없다.

Herbert Simon과 James G. March는 1958년 이와 관련된 연구에서 '개인적 합리성'뿐만 아니라 관료제 이론이 상정하는 '조직의 합리성'도 한계를 지니고 있음을 밝혔다. 이들은 합리성 기준보다는 Simon이 제시한 '만족화 원리'를 수용했다. 만족화 원리는 최선의 방안보다는 만족할 만한 방안을 선택하는 경향을 의미한다. 이러한 논의는 조직의 효율성 모형에 대한 문제를 제기함과 동시에 조직에 대한 새로운 관점을 제기했다. 기존의 합리성 모형이 모든 상황을 완벽하게 고려하는 것을 이상으로 삼았다면, 제한적 합리성 관점은 현실적인 인지적 한계와 실제적인 의사결정 과정을 반영한다. 이는 조직이 더 현실적이고 유연한 방식으로 문제를 해결하고, 의사결정을 내리는 데 도움을 준다. 제한적 합리성은 조직 내에서 발생하는 다양한 문제와 갈등을 해결하는 데 중요한 역할을 한다. 이는 학교 조직과 같은 복잡한 시스템에서도 유효하며, 다양한 이해관계자들이 상호작용하는 정치적 환경에서 합리적인 결정을 내리는 데 유용한 관점을 제공한다.

2) 무질서 조직으로서의 학교 조직

1970년대에 March와 그의 동료들은 교육 조직의 "제한된 합리성"의 특성을 분석하면서, 교육 조직을 "조직화된 무질서"로 규정했다. 합리적으로 조직을 운영하려면 목표가 분명하고 목표 달성을 위한 방안과 기여도가 명확해야 하는데, 교육 조직에서는 이러한 명확성이 보이지 않는다는 점을 지적했다. 이들은 조직의 운영이 합리적이지 않고, 행정가의 행동이 제약될 수 있음을 시사하면서, 교육 조직의 특성을 설명하기 위해 "쓰레기통 모형"을 제안했다.

- 조직화된 무질서와 쓰레기통 모형: "쓰레기통 모형"은 학교의 문제와 해결 방안이 혼합된 상태에서 의사결정 과정에서 엉성하게 연결된다는 것을 비유적으로 설명한다. 이는 문제를 규정하고 분석하여 해결 방안을 찾기보다는, 이미 있는 해결 방안에 맞도록 문제를 정의하는 경향을 의미한다. 즉, 의사결정자의 선호와 훈련 배경, 신념 등을 반영한 해결 방안을 수용하기 위해 문제를 만들어 내는 것이다. 이 관점은 학교 조직에서 의사결정이 어떻게 비합리적으로 이루어질 수 있는지를 보여준다.
- Charles Lindblom의 점증주의: Charles Lindblom은 "The Science of Muddling Through"라는 논문에서 합리적인 의사결정과 실제 행정에서 발견되는 의사결정을 구별하였다. 그는 행정가들이 소규모의 익숙한 대안을 계속 비교, 분석하여 결정을 내리는 비연속적 점증주의를 적용한다고 주장했다. 이는 문제와 대안을 총체적으로 분석하기보다는, 관리 가능한 수준으로 축소하여 문제를 해결하려는 경향을 보인다. 따라서 의사결정 과정은 문제가 해결 방안에 맞춰 변형되는 경우가 많다. Lindblom의 점증주의 모형은 Simon의 만족화 논리와 March와 그의 동료들이 제안한 쓰레기통 모형과 일맥상통한다.

학교조직을 정치체제로 보는 관점은 교육조직에서 다양한 이해관계자들 간의 권력과 갈등을 이해하는 데 도움을 준다. 이는 교육행정에서 의사결정 과정이 단순히 규정과 절차에 따른 것이 아니라, 권력 관계와 이해관계의 조율 과정임을 시사한다. 이를 통해 교육행정가는 다양한 이해관계자들의 목소리를 듣고, 협상과 타협을 통해 보다 효과적인 정책을 설계할 필요가 있음을 보여준다.

나. 문화: 공동체 규범에 의한 통제

학교 조직에 대한 문화적 관심은 최근에 대두된 중요한 주제 중 하나다. 학교문화, 학교문화의 혁신, 문화적 지도성 등이 주요 관심사로 떠오르고 있다. 문화인류학자들은 문화를 '조직된 의미'의 연결망으로 정의하며, 상징이나 다른 요소로 대표한다(Geertz, 1973). 이러한 상징은 문화적 의미를 이해하는 열쇠가 된다. Smircich (1985)은 "문화는 상호작용하는 사람들과 분리되어 존재하지 않는다. 문화는 사람들의 머릿속에 있지만, 우리는 그 머릿속에 무엇이 있는지 알 수 없다. 우리가 보거나 알 수 있는 것은 상징이 대표하고 있는 '무엇'일 뿐이다."라고 설명한다. 이는 문화가 구성원 간의 상호작용을 통해 형성되고 유지된다는 것을 의미한다. 문화는 추상적이지만, 상징을 통해 구체화된다. Louis(1980)는 집단의 문화를 구성원들이 공유하는 의미의 집합체라고 정의했다. 이러한 의미는 대체로 암묵적으로 이해되고 공유되며, 특정 집단에게만 적합하고 구별된 의미를 갖는다. 예를 들어, 학교의 전통, 규칙, 의식 등은 학교 구성원들 간에 공유되고 전수된다. 새로운 구성원은 이러한 문화를 학습하고 수용함으로써 집단의 일원이 되는 것이다. 아래에서는 문화적 관점에서 지도성과 학교문화를 살펴본다.

1) 문화적 관점에서 지도성

많은 연구에서 '성공적인 학교 조직'은 그 조직을 특징짓는 '가치와 신념의 중심'이 있음을 강조한다. 이 중심은 가치의 저장소로서 교사와 학생들에게 학교에서의 삶에 의미를 부여하고, 정체성의 근원이 된다. 지도성은 이 '문화의 중심'을 계발하고 양육하여 학교 활동의 규범적 기초를 제공하는 데 초점을 둔다. 이를 통해 학교의 목적과 사명을 명확하게 연결하고, 새로운 구성원을 학교에 사회화하며, 학교의 전통과 신념을 유지하고 강화할 수 있다. 지도성은 왜 일을 그렇게 하는지 설명하고, 상징의 체제를 개발하고 표현하며, 학교의 문화를 반영하는 사람을 보상하는 일까지 포함된다. 이러한 지도성은 교사, 학생, 그리고 다른 구성원들을 학교의 일에 신념을 공유하는 사람으로서 결합시킨다(Peter and Waterman, 1982).

학교의 문화는 공동체 구성원인 학생, 교사, 학부모가 공유하는 가치, 상징, 신념, 그리고 의미 등을 포함한다. 이러한 문화는 구성원들의 가치 부여 방식과 사고방식에 영향을 미치며, 학교의 전통과 관습, 역사적 사건, 습관, 규범, 기대 등이 문화의 구체적 내용으로 포함된다. 이러한 것들이 명확하게 인식되고 수용될 때 문화의 영향력은 더욱 커진다. 문화는 구성원들에게 방향을 선택하는 나침반과 같은 역할을 하며, 성취 목표와 방법을 규정하는 기준을 제시한다. 또한, 구성원들에게 그들이 하는 일의 의미와 가치를 부여한다.

문화는 강력한 사회화 작용을 하지만, 그 형성은 저절로 이루어지지 않는다. 조직 내에서 상충하는 관점과 이념이 대결하는 과정에서 문화가 형성된다. 이 과정에서 행정은 의사소통에서 공유할 정보와 의미를 통제하고, 바람직하게 여겨지는 행동에 대해 보상하는 방향으로 자원을 배분할 수 있다. 학교의 문화는 학교 구성원들이 공유하는 감정을 협상하고 절충한 결과로 만들어진다.

2) 학교문화의 형성

학교문화를 형성하기 위해서는 지도자가 학교 삶의 비공식적이고 상징적인 측면에 관심을 기울여야 한다. 학교의 교사, 학생, 그리고 학부모들은 다음 질문들에 대해 생각해 봄으로써 학교의 문화세계를 통찰할 수 있다.

- 이 학교는 무엇을 하려는 학교인가?
- 여기서는 무엇이 가장 중요한가?
- 우리는 무엇을 믿어야 하는가?
- 왜 우리는 일을 이렇게 해야 하는가?
- 우리는 어떤 점에서 유별난가?
- 어떤 틀에 나를 맞추어야 하는가?

이러한 질문들은 학교 구성원들이 학교가 그들의 삶에서 가장 중심이 되고 의미 있는 것을 반영해주기를 바라는 기대를 나타낸다(Greenfield, 1973: 551-574). 이 관점에서 보면, 학교는 구성원들이 바라는 형상에 따라 만들어진 문화적 표상(artifacts)이라고 할 수 있다. 구성원들은 그러한 속성을 믿고 학교에 참여하며, 지도성의 과제는 지도자와 구성원을 결합하는 문화적 질서를 창조하는 것이다.

문화적 관점에서 성공적인 지도자는 공유하는 목적을 추구하는 지도성을 강조한다. '목적을 추구하는 것(purposing)'은 조직의 중심 목적을 분명하게 제시하고 이에 대한 합의와 헌신을 일으키는 지속적인 활동을 의미한다. 지도자는 학교의 목적과 사명을 명확하게 연결하고, 새로운 구성원을 학교에 사회화하며, 학교의 전통과 신념을 이야기하고 유지하고 강화하는 역할을 한다. 이 과정에서 왜 일을 그렇게 하는지 설명하고, 상징의 체제를 개발하고 표현하며, 학교의 문화를 반영하는 사람을 보상하는 일이 포함된다. 이러한 지도성은 교사, 학생, 그리고 다른 구성원들을 학교의 일에 신념을 공유하는 사람으로서 결합시킨다(Peter and Waterman, 1982).

문화는 강력한 사회화 작용을 하지만, 그 형성은 저절로 이루어지지 않는다. 조직 내에서 상충하는 관점과 이념이 대결하는 과정에서 문화가 형성된다. 이 과정에서 행정은 의사소통에서 공유할 정보와 의미를 통제하고, 바람직하게 여겨지는 행동에 대해 보상하는 방향으로 자원을 배분할 수 있다. 학교의 문화는 학교 구성원들이 공유하는 감정을 협상하고 절충한 결과로 만들어진다.

3) 학교공동체

1990년대 이후, 문화적 관점은 학교를 공동체로 이해하려는 관점으로 이동했다. Sergiovanni(1994)는 학교를 가치와 생각, 헌신을 공유하는 사람들의 집합체로 보고, 이를 다양한 공동체의 특성을 가진 조직으로 설명하였다. 학교는 다음과 같은 여러 차원에서 공동체의 특성을 지니게 된다.

- 학습공동체: 학교는 학습공동체로서 사고와 성장, 그리고 탐구를 본질로 한다. 여기서 학습은 삶의 한 과정이 되며, 이를 위한 활동과 속성에 헌신하는 학생과 다른 모든 구성원의 공동체가 된다. 이러한 공동체에서는 학습이 단순한

지식 전달이 아닌, 지속적인 탐구와 성장을 위한 과정으로 인식된다.

- 동료공동체: 학교는 동료공동체로서 상호의존감과 서로에 대한 책임감으로 공동의 목표를 추구하고 상호 협력하는 동료적 공동체가 된다. 이 공동체에서는 교사와 학생, 그리고 교사 간의 협력이 중요하게 여겨지며, 모든 구성원이 공동의 목표를 위해 협력하고 지원하는 문화를 조성한다.
- 보호와 육성의 공동체: 학교는 학생의 학습과 성장을 위한 이타적 사랑으로 헌신하는 보호와 육성의 공동체가 된다. 이 공동체에서의 관계는 도덕적 관계가 특징이며, 학생들의 유익을 위해 전적으로 헌신하는 것이 중요하게 여겨진다. 이는 학생들이 안전하고 지원받는 환경에서 학습할 수 있도록 돕는다.
- 포용하는 공동체: 학교는 경제적, 종교적, 문화적, 인종적, 가족관계나 기타 차이를 넘어서 상호 존중하는 포용하는 공동체가 된다. 이러한 공동체에서는 모든 구성원이 차별 없이 존중받으며, 다양한 배경을 가진 사람들이 하나의 공동체로 결합된다.
- 탐구하는 공동체: 학교는 구성원들이 교장과 교사가 그들의 과업을 수행하는 과정에서 협동적 탐구정신에 공감하고 헌신하는 탐구하는 공동체가 된다. 이 공동체에서는 지속적인 학습과 개선을 위해 협력하며, 교사와 학생 모두가 학습과 탐구의 주체가 된다.

학교의 공동체 결합이 강화될 때, 도덕적 함의를 지닌 책임의식이 형성되고 학교는 구성원들에게 공동체의 목적과 기준을 준수할 것을 요구할 수 있게 된다(Etzioni, 1993). 학교의 공동체성을 평가하는 속성으로서 다음 세 가지 특징이 중요한 기준으로 거론되어왔다.

- 결합의 공유 정도: 구성원들이 공동체의 일원으로서 개인 간의 결합을 얼마나 공유하는지 평가한다.
- 정체성의 공유 정도: 구성원들이 공동의 장소(우리 반, 우리 학교 등)를 그들의 정체성으로 얼마나 공유하는지 평가한다.
- 헌신의 공유 정도: 구성원들이 가치, 기준, 그리고 신념에 대한 헌신을 얼마나 공유하는지 평가한다.

다. 교육: 체제의 교육적 합성

학교는 '교육' 체제이기 때문에 다른 체제와 달리 교육의 속성을 지녀야 한다. 교육의 속성은 학교와 교육체제의 운영이 교육적 적합성을 갖추어야 함을 의미한다. 제1장에서 교육행정의 개념과 특성을 규정할 때 교육행정은 교육을 위한 행정으로서 교육 목적을 위해 행정적 수단을 활용하되, 이 행정적 수단은 '교육적 적합성'을 가져야 한다고 지적하였다. 여기서 논하는 교육행정에 대한 이론적 관점을 세우는 하나의 주제로서 '교육'은 학교를 비롯한 교육체제의 운영이 교육적 적합성을 지녀야 함을 의미한다.

Hoy와 Miskel(1991)은 학교 연구를 위한 체제 모형에서 체제의 본질적 기능(technical core)으로서 '교수-학습기제'를 설정하였다. 학교체제의 교육 적합성을 생각하는 교육의 관점은 체제의 운영 요소를 교육과 연결하여 순기능적인 일관성과 정체성을 유지하도록 노력하는 관점이라고 볼 수 있다. 체제의 교육 적합성은 체제 운영에서 교육의 속성과의 정합성(coherence)을 찾는 관점이라고 규정할 수 있다. 교육의 관점에서 다음 사항을 검토함으로써 정합성을 확인할 수 있다.

- 교육체제의 목적 합당성: 학교체제가 설정한 목적이 교육적으로 타당하고 합당한지 평가해야 한다. 이는 학교가 설정한 목표와 실제 교육 활동이 일치하는지를 보는 것이다.
- 체제 산출의 교육적 타당성과 효과성: 학교체제가 산출하는 결과, 즉 학생들의 성취나 교육적 성과가 교육적으로 얼마나 타당하고 효과적인지를 분석한다. 이는 학생들의 학습 결과가 교육 목표와 얼마나 잘 맞아떨어지는지를 평가하는 것이다.
- 체제의 기능과 요소 간의 교육적 적합성: 학교체제 내의 구조, 개인, 정치, 문화적 요소들이 교육적으로 어떻게 적합한지를 평가한다. 이는 각 요소들이 교육 목표 달성에 얼마나 기여하고 있는지를 보는 것이다.
- 체제 투입 요소와 기능 간의 관계에서 교육 목적에 대한 기여도: 학교에 투입되는 자원(예: 인적 자원, 재정 등)과 이를 활용한 활동들이 교육 목적을 얼마나 잘 달성하는지를 평가한다. 이는 자원이 어떻게 활용되어 교육적 목적을 이루는지에 대한 분석이다.

요약하자면, Hoy와 Miskel의 체제 모형은 학교의 핵심 기능을 '교수-학습'으로 보고, 이를 중심으로 학교체제의 적합성을 평가한다. 교육의 적합성을 유지하려면, 학교체제가 설정한 목표와 실제 운영 간의 일관성을 유지하고, 교육의 본질과 일치하는 운영 방식을 추구해야 한다. 이러한 관점을 통해 학교체제의 순기능적 운영과 교육적 정체성을 강화할 수 있게 된다.

1980년대 이후, 교육행정학 연구는 학교체제가 교육적으로 얼마나 적합한지에 대한 관심을 중심으로 다양한 주제들을 탐구해왔다(Lunenberg and Ornstein, 2012). 이러한 연구들은 교육체제의 운영이 실제로 교육적 목표와 잘 맞아떨어지는지, 그리고 어떻게 개선할 수 있는지를 다루고 있다. 아래는 1980년대 이후 교육행정학 연구에서 중요한 주제들이다.

1) 학교효과와 학교혁신

- 학교효과성(School Effectiveness): 학교가 학생들에게 얼마나 효과적으로 교육을 제공하고 있는지에 대한 연구이다. 이는 학교가 학생들의 학업 성취도와 전반적인 성장에 얼마나 긍정적인 영향을 미치는지를 분석한다.
- 학교혁신(School Innovation): 학교가 변화하는 교육 환경과 요구에 어떻게 적응하고 혁신을 도입하는지를 탐구한다. 이는 교육 방법, 커리큘럼, 학교 운영의 혁신적 접근 방식을 포함한다.

2) 학교의 교육공동체를 위한 교육지도성

- 교육지도성(Educational Leadership): 학교의 지도자들이 어떻게 학교의 비전을 설정하고, 이를 달성하기 위해 구성원들을 이끌며 지원하는지를 다룬다. 특히, 교육공동체를 강화하고, 모든 구성원이 공동의 목표를 향해 협력하도록 하는 지도성이 중요하다.

3) 사회정의와 교육의 기회균등

- 사회정의(Social Justice): 교육체제가 사회적 정의를 구현하는 데 어떻게 기여할 수 있는지를 탐구한다. 이는 모든 학생들이 평등한 교육 기회를 가질 수

있도록 학교가 어떻게 작용해야 하는지에 대한 문제를 다룬다.

- 교육의 기회균등(Equal Educational Opportunity): 모든 학생들이 배경에 관계 없이 동일한 교육 기회를 가질 수 있도록 하는 정책과 실천을 강조한다.

4) 교육행정 연구에서 비전통적 관점의 등장

- 비전통적 관점(Non-traditional Perspectives): 기존의 전통적 교육행정 이론과는 다른, 새로운 접근법을 제시하는 연구들이다. 이는 교육행정의 다양한 측면을 보다 창의적이고 혁신적인 시각에서 바라보는 것을 의미한다. 예를 들어, 포스트모던 이론, 비판적 이론 등의 다양한 관점들이 교육행정 연구에 포함된다.

5) 학습조직론

- 학습조직(Organizational Learning): 학교를 지속적으로 배우고 성장하는 조직으로 보는 관점이다. 이는 학교가 새로운 지식과 기술을 습득하고, 이를 바탕으로 지속적으로 발전하는 과정에 초점을 맞춘다. 학습조직은 구성원들이 협력하여 문제를 해결하고, 학교의 효율성과 효과성을 높이는 데 기여한다.

이 책의 관련된 장에서는 이러한 주제들에 대해 심도 있는 논의를 다루고 있으며, 이는 앞으로의 연구에서도 중요한 영역으로 기대된다. 아래의 〈표 2-1〉은 지금까지 논의한 교육행정의 이론적 관점이 어떻게 발전해 왔는지를 요약하고 있다.

〈표 2-1〉 교육행정에 대한 이론적 관점의 전개과정

시기	1910~	1930~	1960~	1980~		
관심 Paradigm	효율	개인	구조 · 개인의 통합	개방된 사회체제 모형		
				정치	문화	교육
접근 방법	• 구조화 • 공식화	• 개인배려 • 비공식 조직 인정	• 사회과정으로서의 行政 • 사회체제	• 환경과의 관계 • 생존과 성장 • 정책 대응	• 규범 · 가치의 공유 • 공동체 형성 • 규범에 의한 통제	• 교육가치 추구 • 학업성취 지향 • 학교효율성
현대적 접근	• 책무성	• HRD 역량 개발	• 상황론 • 변혁적 지도성	• 정책 지도성	• 문화적 지도성	• 학교혁신 지도성

참고문헌

강길수(1980). 한국교육행정사 연구초. 서울: 재동문화사.

강길수(1983). 교육행정학의 개념. 교육행정학 연구, 1(1).

강길수(1989). 교육행정학 논고. 서울: 교육과학사.

김종철(1965). 교육행정의 이론과 실제(초판). 서울: 교육과학사.

김종철(1979). 한국고등교육연구. 서울: 교육과학사.

김종철(1982). 교육행정의 이론과 실제(3정판). 서울: 교육과학사.

김종철(1989). 한국교육정책연구. 서울: 교육과학사.

김종철(1990). 교육계획연구. 서울: 교육과학사.

박용헌(1996). 학교사회. 서울: 배영사.

윤정일 · 송기창 · 조동섭 · 김병주(2010). 교육행정학 원론(제5판). 학지사.

이돈희(1992). 교육정의론. 서울: 고려원.

정범모(2010). "교육은 왜 하는가?" 한국교육 어디로 가야 하나. 일송기념사업회. 서울: 푸른역사.

정범모(2011). 내일의 한국인. 서울: 학지사.

정범모 (편)(1968). 발전론 서설. 서울: 박영사.

Agyris, C. (1955). *The Individual and the Organization.* New York: Irvington.

Bakke, E. W. (1955). *The Fusion Process.* New Haven, CT: Yale University Press.

Barnard, C. I.(1938). *The Functions of the Executives.* Cambridge, MA: Harvard University Press.

Bass B. M. & Robert E. R. (2006). *Transformational Leadership(2nd ed.).* Mahwah, NJ: , Lawrence Erlbaum.

Boyd, W. L.(ed.). (2003). *American Educational Governance on Trial: Change and Challenge. The 102nd Yearbook of the National Society for the Study of Education.* Chicago: The University of Chicago Press.

Campbell, R., F., T., Newell, L. J., & Bennion, J. W. (1987). *A History of Thought and Practice in Educational Administration.* New York: Teachers college Press.

Cohen, D. M, March, J. G. & Olsen, J. P. (1972). A garbage can model of organizational choice. *Administraive Science Quarterly*, 17(1).

Coleman, J. S. (1974). Equality of opportunity and equality of results. *Harvard Educational Review, 43*(1). 129-137.

Coleman, J. S., Campbell, E. Q., Hobson, C. J., McPartland, J., Mood, A. M., Weinfeld, F. D., & York, R. L. (1966). *Equality of Educational Opportunity.* U.S. Government Printing Office.

Culberstone, J. A. (1988). A Century' quest for a Knowledge Base. in Norman J. Boyan, (ed.), *Handbook of Research on Educational Administration.* Longman: New York.

Chung, B. M. (2010). *Development and Education.* Seoul: SNU Press.

Griffith, D. E. (1959). *Administrative Theory.* New York: Appleton-Century-Crafts.

Dalen, D. B. (1979). *Understanding Educational Research(4th ed.).* New York: McGrow- Hill.

Etzioni, A.(1993). *The Spirit of Community Rights, Responsibilities, and the Communitarian Agenda.* New York: Crown.

Fiedler, Fred E(1967). *A Theory of Leadership Effectiveness.* New York: McGrow- Hill.

Follett, M. P. (1924). *Creative Experience.* Longmans, Green and Co.

Geertz, C. (1973). *The Interpretation of Cultures.* New York: Basic Books.

Getzel Jacob W. & Guba, E. G. (1957). Social behavior and administrative process. *School Review*, 65: 423-441.

Greenfield, T. B. (1973). Organization as social inventions: Rethinking assumptions about change. *Journal of Applied Behavioral Science.* 9(5), 551-574.

Griffith, D. E. (1959). *Administrative Theory.* New York: Appleton-Century-Crofts.

Griffith, D. E. (1988). Administrative theory. in Norman J. Boyan, (ed.). *Handbook of Research on Educational Administration.* New York: Longman.

Gulick, L. & Lyndall, U. (eds.). (1937). *Papers on the Science of Administration.* New York: Columbia University Press.

Halpin, A. W. (1958). *Administrative Theory in Education.* New York: Macmillan.

Halpin, A. W. & Croft, D. B. (1963). *The Organizational Climate of Schools.* University of Chicago Press.

Hersey, P. & Blanchard, K. (2007). *Management of Organizational Behavior(8th ed.).* Paramus, N.J: Prentice Hall.

Lindblom, C. E. (1959). The science of muddling through. *Public Administrative Review*, 19. 79-88.

Mayor, E. (1939). The Human problems of an industrial civilization. New York: Macmllan.

Murphy, J. (ed.) (2002). *The Educational Leadership Challenge: Redefining Leadership for the 21st century. The 101st Yearbook of the National Society of Education.* Chicago: The University of chicago Press.

Kerlinger, F. N. (1986). *Foundations of Behavioral Research, 3rd ed.* San Diego, CA: Harcourt Brace.

Lundberg, C. C. (1985). On the feasibility of cultural intervention in organizations. In P. Prost et al. (eds.), *Organizational Culture.* Beverly Hills: Sage.

Lunenberg, F. C. & Ornstein, A. C. (2012). *Educational Administration: Concepts and Practices (6th ed.).* Wadsworth, CA: Cengage Learning.

March, J. & Simon, H.(1958). *Organizations.* New York: John Willy.

March, J. G. (1974). Analytical skills and the university training of educational administrators. *Journal of Educational Administration*, 12(1).

McGregor, D. (1960). *The Human Side of Enterprise.* New York: McGrow-Hill.

Maslow, A. (1970). *Motivation and Personality, rev. ed.* Reading, MA: Addson wesley.

Peter, T. J. & Waterman, R. H., Jr. (1982). *In Search of Excellence*. New York: Harper & Row.

Scott, W. R. (1992). *Organizations: Rational, Natural, and Open Systems*(3rd ed.). Prentice Hall.

Scott, W. R. (1998). *Organizations: Rational, Natural, and Open Systems*(4th ed.). Prentice Hall.

Scott, W. R. (2003). *Organizations: Rational, Natural, and Open systems (5th ed.).* Upper Saddle river, N.J: prentice Hall.

Sergiovanni, T. J., McCarthy, M. M. & Wirt, F. M. (2004). *Educational Governance and Administration (5th ed.).* Allyn and Bacon, MA: Pearson.

Smircich, L. (1985). Is the concept of culture a paradigm for understanding organizations and ourselves, in P. Prost et al. (eds.). *Organizational Culture.* Beverly Hills: Sage.

Tayler, F. W. (1911). *Principles of Scientific Management*. New York: Harper.

Valli, P. B. (1984). The purposing of high performing systems. In T. J. Sergiovanni , J.E. Corbally (Eds.). *Leadership and Organizational Culture*. Urbana: University of Illinoise Press.

Weber, M. (1949). *The Theory of Social and Economic Organization.* trans. Talcott Parsons New York: Oxford University Press.

Whyte, W. H. (1956). *The Organization Man*. New York: Simon & Schuster.

PART 02

교육행정의 법적 기초

CHAPTER

03 헌법과 교육행정

교육행정은 법률에 근거하여 이루어지며, 법 체계의 정점에는 헌법이 존재한다. 따라서 헌법은 교육행정의 최고 규범이라고 할 수 있으며, 교육행정은 헌법에 기속된다. 이 장에서는 교육행정에서 헌법의 의의를 살펴보고, 교육행정을 연구하고 실천하고자 할 때 알아야 할 헌법의 주요 내용을 공부한다. 다음과 같은 내용을 학습한다.

- 교육행정에서 헌법의 의의
- 헌법상의 주요 기본권
- 현행 헌법의 역사적 발전 과정
- 헌법상의 교육행정의 원칙
- 헌법재판의 의의와 유형

1. 교육행정과 헌법

가. 헌법 정신의 구현과 교육행정

헌법은 '국가적 공동체의 존재 형태와 기본적 가치 질서에 관한 국민적 합의를 법 규범적인 논리 체계로 정립한 국가의 기본법'이다(권영성, 2010: 3). 이 정의에 내포되어 있는 것처럼, 헌법은 양면성을 지닌다. 즉, 헌법은 국가적 공동체의 현실적 권력관계라고 하는 정치적 사실로서의 측면을 지니는 한편, 정치적 현실(Sein)을 규제할 뿐 아니라 정치적 공동체의 바람직한 형태를 제시하는 규범적 틀로서, 국가적 공동 생활에 관한 당위(Sollen)로서의 법 규범이기도 하다.

현행 한국 헌법은 1987년 민주화 운동의 산물로서, 개정 이후 지금까지 한국의 정치적 권력 관계를 반영하는 한편, 한국 사회의 지향을 헌법의 기본 이념과 원리의 형태로 표현하고 있다. 한국 헌법의 기본 이념과 원리는 헌법 전문을 필두로 이후 각 조항에서 일관되게 표현되고 있는데, 한국 헌법은 국민 주권의 원리, 자유 민주주의, 사회국가의 원리, 문화국가의 원리, 법치국가의 원리, 평화국가의 원리를 기본 원리로 삼고, 정치적으로는 민주적 기본 질서를, 경제적으로는 사회적 시장 경제 질서를 국가의 기본 질서로 삼고 있다. 또 대외적으로는 평화주의적 국제 질서를 추구하고 있다(권영성, 2010).

이와 같은 헌법 이념과 원리는 자동적으로 실현되는 것이 아니라, 사회와 그 구성원의 각별한 노력이 있을 때에만 비로소 구현된다. 헌법 정신의 구현에서 필수적인 요소가 사회 구성원의 교육받을 권리를 보장하는 것이다. 헌법학자인 허영(1999: 553-554)은 교육받을 권리의 의의를 다음과 같이 요약하고 있다.

> 교육받을 권리는 첫째, 개인의 잠재적인 능력을 계발시켜 인간다운 문화생활과 직업 생활을 할 수 있는 기초를 마련하여 주는 의의와 기능을 가지고 있다는 점에서 능력 계발을 통한 개성 신장의 수단이 되며, 둘째, 문화적이고 지적인 사회 풍토를 조성하고 문화 창조의 바탕을 마련하여 헌법이 추구하는 문화국가 실현을 촉진한다는 의미에서 문화국가 실현의 수단이 되며, 셋째, 민주시민의 윤리적 생활 철학을 습성화시킴으로써 헌법이 추구하는 민주주의의 정착에 이바지한다는 점에서 민주국가 실현의 수단이 된다. 마지막으로, 능력에 따른 균등한 교육을 통하여 직업 생활과 경제생활 영역에서 실질적인 평등을 실현시킴으로써 헌법이 추구하고 있는 사회국가적 이상에 더 가까이 다가가도록 한다는 점에서 사회국가 실현의 수단이 된다.

요컨대, 교육받은 시민만이 정의로운 사회를 구현할 수 있고, 문화국가를 실현할 수 있으며, 국제 사회에서 평화를 추구할 수 있다. 이런 의미에서 교육받을 권리는 기본권 보장을 위한 기본권이며, 헌법 정신의 구현을 위한 필수적인 전제라고 할 수 있다.

한편, 국민의 교육받을 권리를 실질적으로 보장하기 위하여 필수적인 장치가 교육제도를 안정적으로 운영하고 교육정책의 운영에서 민주성과 전문성, 효과성과 효율성을 기하는 일이다. 이와 같은 과제를 담당하는 것이 바로 교육행정이다. 이렇게 보면, 교육행정은 헌법의 이념과 원리를 구현하기 위한 중핵적인 활동이라고 할 수 있다.

나. 교육행정에서 헌법의 의의

교육행정을 교육에 대한 행정으로 보든 교육을 위한 행정으로 보든, 법치주의는 교육행정의 중요한 원리이다. 오늘날 '법'이라고 하는 것은 근대 시민혁명의 산물로서, 절대 권력에 맞서 시민의 자유와 권리를 보호하고, 권력 행사의 자의성을 배제하기 위한 무기였다는 점을 상기하면, 국가가 공권력을 배경으로 무엇인가를 집행하는 활동으로서의 행정은 다른 무엇보다 사회 공동체 구성원의 의사가 집약된 것으로서의 법률에 근거하여야 한다.

교육행정의 법치주의는 법률에 있는 그대로 행정을 하여야 한다는 의미, 즉 행정의 절차적 합법성을 갖추어야 한다는 의미로 해석될 수 있으나, 이것은 형식적 법치주의의 실현에 불과한 것이고 행정은 내용적 정당성을 갖춘 법률에 의거하여 이루어져야 한다는 의미로 보아야 한다. 여기서 '내용적 정당성을 갖춘 법률'이라 함은 사회 공동체 구성원의 의사가 온전하게 집약된 법률이라는 의미로서, 이와 같은 법률에 의한 교육행정을 실현하는 것은 실질적 법치주의를 구현하는 것이며, 이것은 그대로 교육의 민주주의를 실현하는 것이기도 하다.

어떤 사회나 공동체 구성원의 집약된 의사는 헌법의 형태로 표현된다. 오늘날 민주주의 국가의 통치원리의 하나로서 입헌주의(立憲主義)를 들거니와, 입헌주의는 '헌법을 세워서' 국가를 운영한다는 의미, 또는 헌법에 의하여 권력을 제한한다는 통치 원리이다. 헌법은 행정의 내용을 결정하는 것은 물론 과정 또는 방향을 예정하는 것으로서, 행정에서 법치주의의 실현 여부 및 정도를 판단하는 잣대가 된다. 이와 같은 이유에서 교육행정을 공부하거나 실천하는 데에서 헌법에 대한 이해는 필수적이며 선차적이라고 할 수 있다.

다. 교육행정과 헌법의 관계

행정에 대한 법의 지배 원칙을 상기하면, 헌법이 교육행정에 대하여 주도적 위치에 있음을 어렵지 않게 짐작할 수 있다. 구체적으로는 다음과 같은 과정을 통하여 헌법이 교육행정에 대하여 우월적 위치를 점하게 된다.

첫째, 헌법은 사회 공동체 구성원의 권리와 의무, 국가 통치 조직과 그 운영 원리를 밝히고 있는 최고 규범으로서 교육행정의 방향은 헌법에 기속된다. 뒤에서 살펴볼 헌법상의 교육행정 원칙은 곧 교육행정이 추구하는 이상 또는 방향이며, 교육행정의 과업을 설정하는 근거가 된다.

둘째, 법치주의의 내용으로서 법률 유보를 들거니와, 행정권의 발동에는 법률의 근거가 있어야 한다. 모든 행정 작용에 법률의 근거가 필요한 것은 아니라고 할 수 있을지라도, 중요 사항, 또는 국민의 자유나 권리를 제한 또는 침해하거나 새로운 의무를 부과하는 행정 작용은 반드시 법률의 근거를 필요로 한다. 헌법은 법체계의 정점에서 법률의 내용과 해석의 방향을 규정하는 바, 헌법은 곧 교육행정의 근거를 설정한다.

셋째, 헌법은 교육행정의 옳고 그름을 판단하는 기준이 된다. 헌법은 공동체 구성원의 기본권을 밝히고 행정권 행사를 규제하는 바, 교육행정이 기본권을 침해하거나 자의적으로 행사되었는지 여부는 최종적으로 헌법에 대한 해석과 그에 의한 판단에 따라 결정된다. 헌법재판은 국민에게 의무를 지우거나 자유를 제한하는 국가 공권력의 작용이 헌법에 위반되는지 아닌지를 심사하여 헌법에 반하는 공권력 행사를 바로잡는 활동으로서 교육행정의 적부를 판단하는 작용이다.

이처럼, 헌법이 교육행정에 대하여 우월적 지위를 가지는 것은 사실이지만, 교육행정이 오히려 헌법의 발전과 해석에 영향을 미치는 경우도 없지 않다.

첫째, 헌법은 매우 추상성이 높은 규범으로서, 실제 적용 과정에서는 여러 가지 해석의 문제가 나타나게 된다. 교육행정은 실제로 헌법에 대한 해석에 근거하여 이루어질 수밖에 없기 때문에, 행정 과정에서 자연스럽게 헌법 해석이 발전한다. 예컨대, 현행 헌법에는 교육의 정치적 중립성이 규정되어 있는데, 교육행정의 여러 가지 작용과 양상에 따라 교육의 정치적 중립성에 대한 해석이 풍부하게 된다.

둘째, 교육행정 작용의 결과 헌법이 풍부하게 된다. 과거의 헌법과 비교하면 오늘날 헌법은 더 많은 기본권을 규정하고 있고, 행정권 제한의 원칙과 근거를 더 적합한 방식으로 설정하고 있다. 교육행정 작용은 모종의 성취와 지양하여야 할 문제를 낳기 마련이며, 이 성취와 문제야말로 헌법 개정의 씨앗이 된다. 이와 같은 반복적 과정을 통하여 헌법과 교육행정이 모두 발전하게 된다.

이렇게 본다면, 헌법과 교육행정은 변증법적 관계를 형성하고 있다고 할 수 있다.

2. 헌법의 주요 내용

헌법(constitution)이라고 하는 것은 공동생활의 질서를 구성하는 규범 체계(ein System von Normen)를 의미하는 것으로서 국가뿐만 아니라 일반 조직이나 결사에도 존재한다. 예를 들면 교회에는 교회 헌법이 있고, 많은 단체들은 그 운영에 관한 중요한 사항을 규정한 정관(定款, constitution)을 가지고 있는 바, 정관과 헌법의 영문 표기는 동일하다.

그러나, 일반적으로 헌법이라고 하면 국민의 인권 보장과 국가의 기본 통치 조직을 규율하는 국가의 최고 규범을 말한다. 우리나라는 1948년에 헌법을 제정한 이래 지금까지 아홉 차례 개정을 거쳐 헌법을 발전시켜 오고 있다.

프랑스 인권선언 제16조에서 "권리의 보장이 확보되지 않고 권력의 분립이 확정되어 있지 않은 사회는 헌법을 갖고 있는 것이 아니다."라고 선언한 바와 같이, 헌법은 국민의 기본권과 국민주권 및 권력분립 원리에 의한 국가의 기본 조직과 운영 원리를 규정하고 있다. 이하에서는 교육행정을 공부하는데 필요한 최소한의 범위에서 현행 헌법의 내용을 살펴보고자 한다.

가. 기본권

근대적 의미의 법이 절대 권력으로부터 시민의 자유와 권리를 보장하기 위한 배경에서 탄생하였다는 사실에서 알 수 있는 것처럼 사회 공동체 구성원의 자유와 권리를 천명하고 보장하는 것은 헌법의 주요한 내용을 구성한다.

국민의 자유와 권리는 상대방으로서 국가를 상정할 때, 다음과 같이 두 가지 측면에서 의미를 갖는다. 첫째, 누구로부터도 부당한 지배와 간섭을 받지 않는 상태에서 자유가 실현될 수 있으며, 역사적으로 국가야말로 국민의 자유를 중대하게 침해한 주체였다는 사실을 상기할 때, 국민이 국가의 부당한 개입이나 지배를 받지 않고 자신이 스스로 인간으로서의 존엄을 실현할 수 있는 상태가 자유이며, 국민은 국가에 대하여 부당한 개입과 지배의 배제를 요구할 수 있다. 둘째, 인간은 무궁한 가능태를 가진 존재이지만, 현실태로서의 인간은 대단히 미약한 존재에 불과하기 때문에 인간으로서의 삶을 살기 위하여 최소한의 조건이 확립되고 제공되어야 한다. 국민은 국가 공동체의 일원으로서 인간의 존엄을 유지하며 주체적으로 생활할 수 있는 최소한의 조건을 조성하여 줄 것을 국가에 요구할 수 있다.

이와 같은 자유와 권리의 두 측면은 각각 자유권과 사회권으로 규정되고 있다. 자유권은 국가의 불법적이고 부당한 행위로부터 개인의 생명·재산·자유를 보호받을 권리이다. 국가로부터의 자유 또는 국가권력에 대한 방어적·소극적 권리인 동시에 초국가적 권리 내지 인간의 권리이며, 또한 포괄적 권리이면서 직접적 효력을 갖는 권리라고 할 수 있다. 우리 헌법에서 자유권은 ① 사법과정에서의 신체의 자유, ② 사회적·경제적 자유, ③ 정신적 자유, ④ 정치적 자유 등으로 분화되어 있다(권영성, 2010; 김철수, 2005; 허영, 2011).

이에 비하여 사회권은 자유권 행사의 조건을 마련하는 의미를 갖는 것으로서, 실질적 평등과 분배 정의를 핵심 내용으로, 국가에 그 이행을 적극적으로 요구하는 권리이다. 예컨대, 일할 수 있는 권리, 실업으로부터 보호받을 권리, 건강 및 행복에 필요한 생활수준을 누릴 권리 등을 말한다. 교육받을 권리는 대표적인 사회권의 하나로서 국가는 국민의 교육받을 권리를 보장하기 위한 책임을 진다(권영성, 2010; 김철수, 2005; 허영, 2011).

과거에는 학생은 교육의 대상으로서 자유와 권리를 상당 부분 제약당하며, 교사는 국가 공무원으로서 일정 부분의 자유와 권리는 행사할 수 없다는 사고가 지배적이었으며, 이는 특별권력관계설이라는 이론으로 정당화되기도 하였다. 그러나, 근래에 특별권력관계설은 부정되고 있으며, 자유와 권리의 주체로서 학습자와 교사를 새롭게 조명하는 시각이 확대되고 있다. 이런 맥락에서 학습자와 교사의 자유와 권리를 어디까지 어떻게 보장하여야 하는가의 문제는 현대 교육행정의 주요한 쟁점이 된다. 이런 문제를 다루고자 하면 우선 헌법에 어떤 자유와 권리가 기본권으로서 규정되어 있는가, 그리고 이 권리들은 근래의 어떤 교육문제와 관련되어 있는가를 살펴볼 필요가 있다.

헌법 제10조에서는 "모든 국민은 인간으로서의 존엄과 가치를 가지며, 행복을 추구할 권리를 가진다. 국가는 개인이 가지는 불가침의 기본적 인권을 확인하고 이를 보장할 의무를 진다."고 선언하고 있다. 인간으로서의 존엄과 가치는 이하의 모든 개별적 기본권을 포괄하는 것이며, 국가의 존립 이유는 모든 국민의 존엄과 가치를 보장하고 신장하는 데 있다.

인간의 존엄과 가치를 보장받기 위하여 방법적으로 확립되어야 하는 것은 합리적 이유 없이 차별적 대우를 받지 않는 것이다. 헌법 제11조 제1항에서는 "모든 국민은 법 앞에 평등하다. 누구든지 성별·종교 또는 사회적 신분에 의하여 정치적·경제적·사회적·문화적 생활의 모든 영역에 있어서 차별을 받지 아니한다."고 평등권을 선언하고 있다. 헌법상의 평등은 '같은 것은 같게, 다른 것은 다르게'라고 하는 상대적, 실질적 평등을 의미하는 것으로서, 합리적 사유에 의한 차별은 인정한다. 소송으로까지 비화하는 교육문제의 상당수는 평등권의 침해 여부에 관한 것이다.

인간으로서 존엄과 가치를 지키기 위하여 필요한 최소한의 조건은 자신의 신체를 자신의 의사대로 보호하고 운용할 수 있는 자유이다. 헌법 제12조에서는 신체의 자유를 규정하고 있는데, 학교 현장에서 체벌이나 두발 단속을 둘러싼 문제는 학생의 신체의 자유와 관련된 것이다. 아울러, 사생활의 비밀과 자유를 침해받지 않는 것도 인간의 존엄과 가치를 지키는 데에서 중요한 것인 바, 헌법 제17조에서는 사생활의 자유를 보장하고 있다. 학생에 대한 소지품 검사나 CCTV 촬영 등에 관한 논란은 사생활의 자유에 관련된 것이다.

정신적 자유권 가운데 중요한 것으로는 양심의 자유와 종교의 자유를 들 수 있다. 헌법 제19조와 제20조에서는 이를 각각 규정하고 있다. 양심의 자유는 자신의 의사를 자유롭게 형성하고 자신의 의사에 반하여 이를 공개하지 않을 자유로서, 국가인권위원회에서는 초등학교에서 이루어지는 강제적 일기장 검사에 대하여 양심의 자유를 침해할 소지가 있다는 판단을 한 바 있다(국가인권위원회, 2005. 3. 25.). 종교의 자유는 종교교육을 목적으로 설립된 사립학교와 그 학교에 자신의 의사와 무관하게 배정된 학생 사이에서 학교의 종교교육의 자유와 학생의 신앙의 자유를 어떻게 조화롭게 보장할 것인가의 문제의 형태로 여론의 주목을 받는 경우가 종종 나타나고 있다.

인간이 자신의 의사를 자유롭게 표현할 수 있는 자유는 인간의 성장을 위해서, 아울러 민주주의의 존립과 발전을 위하여 필수적이다. 헌법 제21조 제1항에서는 “모든 국민은 언론·출판의 자유와 집회·결사의 자유를 가진다.”고 규정하여 의사 표현의 자유를 선언하고 있다. 과거에는 학교 신문이나 교지(校誌)를 통한 학생 의사표현의 문제가 종종 논란이 된 적이 있고, 근래에는 인터넷 공간에서의 학생의 의사표현의 문제가 제기되는 경우가 있다(조석훈, 2020).

한편, 헌법에서는 정치적 표현의 자유, 선거와 투표의 자유, 정당 활동의 자유 등 정치적 자유를 보장하고 있다. 정치적 자유는 교사들의 기본권 보장과 관련하여 중요한 문제가 되고 있다. 정당 가입 연령이 만 16세로 낮아지고 고등학교 학생 일부는 투표에도 참여할 수 있어서 학생들은 정치적 활동이 가능하지만, 교사들은 교육의 정치적 중립성을 침해할 수 있다는 문제의식에서 정당에 가입할 수 없으며, 정치 후원금을 제공할 수 없는 것은 물론, 정치 활동의 자유를 상당히 넓게 제약당하고 있다. 헌법재판소에서는 초·중등교원의 정당 가입 금지에 대하여 합헌 결정한 바 있으나(헌재 2004. 3. 25. 선고 2001헌마710 결정), 교사의 정치적 자유를 어느 정도까지 제약하는 것이 합리적인가는 다양한 관점에서 검토할 필요가 있다.

헌법 제37조 제1항에서는 “국민의 자유와 권리는 헌법에 열거되지 아니한 이유로 경시되지 아니한다.”고 선언하고 있는 바, 인간의 존엄과 가치를 보호받기 위하여 인정되는 자유는 헌법에 열거되어 있지 않은 경우에도 보장받는다. 이와 함께, 양심의 자유와 같이 절대적 자유가 아닌 인간의 자유와 권리는 제한할 수 있지만, 이 경우 헌법 제37조 제2항에서 “국민의 모든 자유와 권리는 국가안전보장·질서유지 또는 공공복리를 위하여 필요한 경우에 한하여 법률로써 제한할 수 있으며, 제한하는 경우에도 자유와 권리의 본질적인 내용을 침해할 수 없다.”고 선언하고 있는 바와 같이 기본권 제한의 비례 원칙을 준수하여야 한다.

나. 통치구조

헌법은 국민의 기본권과 함께 국가의 통치구조를 규정하고 있다. 통치구조는 한 국가 공동체를 어떤 원리에 의하여 운영할 것인가에 대한 국민적 합의를 구체화한 것이라고 할 수 있다. 통치구조는 국가라고 하는 큰 공동체의 운영 원리이지만, 한 국가의 운영 원리는 더 작은 단위의 공동체를 운영할 때에도 원칙 또는 준거로 삼을 수 있다. 다시 말하여, 헌법상의 통치 구조 운영 원리 중 일부는 지방자치를 시행하는 경우에 지방 정부의 운영 원리가 될 수도 있다.

헌법 제1조에서 "대한민국은 민주공화국이며(제1항), 대한민국의 주권은 국민에게 있고, 모든 권력은 국민으로부터 나온다(제2항)."고 선언하고 있다. 이 규정에 명확히 나타나 있는 바와 같이, 대한민국의 운영 원리는 민주주의이다. 한편, 헌법에서는 민주주의를 운영하기 위한 국가 조직으로서 국회(제3장), 정부(대통령과 행정부)(제4장), 법원(제5장), 헌법재판소(제6장)를 들고 있으며, 지방자치(제8장)를 규정하고 있다.

대한민국의 통치구조를 다음과 같이 간단히 정리할 수 있다. 대한민국은 국민의 의사에 의하여 운영되는데, 국민의 의사를 집약하여 법률의 형태로 정립하는 기관으로서 국회를 둔다. 헌법 제40조는 "입법권은 국회에 속한다."고 규정하고 있다. 그리고, 법률 형태로 집약된 국민의 의사를 집행하기 위하여 대통령을 수반으로 하는 행정부를 둔다. 행정부는 법률에 의거하여 행정을 하여야 하는 바, 법치행정은 민주주의를 실현하는 데에서 중요한 원칙이 된다.

국회의 입법은 최고법인 헌법에 위배되지 않아야 하며, 행정부는 헌법과 법률에 반하지 않는 범위에서 사무를 집행하여야 하는 바, 이것의 준수 여부는 법원에 의하여 감독된다. 헌법 제107조는 "법률이 헌법에 위반되는 여부가 재판의 전제가 된 경우에는 법원은 헌법재판소에 제청하여 그 심판에 의하여 재판한다(제1항).", "명령·규칙 또는 처분이 헌법이나 법률에 위반되는 여부가 재판의 전제가 된 경우에는 대법원은 이를 최종적으로 심사할 권한을 가진다(제2항)."고 규정하여 법원의 감시 기능을 명확히 하고 있다.

이처럼 입법, 행정, 사법기관의 분리와 상호 견제와 균형은 민주주의를 운영하는 데에서 중요한 원리를 구성한다. 이와 같은 통치구조와 운영 원리는 지방자치에서도 유사하게 적용되는 바, 대의 기구로서 지방의회를 구성하고, 주민 선거에 의하여 단체장을 선출하여 지방의회의 결정에 따라 사무를 집행하도록 하고, 법원이 지방의회의 입법(조례 제정)이나 단체장의 결정 또는 행위를 통제하는 것은 민주주의 원리를 국가보다 작은 단위에서 실현하는 것이다.

한편, 헌법 제8장에서는 지방자치에 관한 규정을 두고 있는 바, 지방자치는 지방 스스로 할 수 있는 일은 스스로 하고, 국가는 보충적으로 개입한다는 정신이 반영된 것이다. 헌법 제6장에서는 헌법재판소에 관한 사항을 규정하고 있거니와, 최근 교육제도와 정책 운영에서 헌법재판소의 역할이 크게 증대하고 있는 바, 이에 관한 내용은 이 장 제5절에서 다룬다.

3. 헌법상의 교육에 관한 조항의 변천

현행 헌법에서 교육에 관하여 직접 규율하고 있는 조항은 제31조이다. 제31조는 다음과 같이 구성되어 있다.

> [제31조] ① 모든 국민은 능력에 따라 균등하게 교육을 받을 권리를 가진다.
> ② 모든 국민은 그 보호하는 자녀에게 적어도 초등교육과 법률이 정하는 교육을 받게 할 의무를 진다.
> ③ 의무교육은 무상으로 한다.
> ④ 교육의 자주성·전문성·정치적 중립성 및 대학의 자율성은 법률이 정하는 바에 의하여 보장된다.
> ⑤ 국가는 평생교육을 진흥하여야 한다.
> ⑥ 학교교육 및 평생교육을 포함한 교육제도와 그 운영, 교육재정 및 교원의 지위에 관한 기본적인 사항은 법률로서 정한다.

헌법 제31조는 상당히 오랜 기간에 걸쳐 수정 보완되면서 현재의 내용에 이르게 되었는데, 헌법 제31조의 변천 과정을 확인하는 일은 그대로 교육에 대한 우리 사회의 인식과 교육 또는 교육정책의 시대상의 변화를 확인하는 것으로서 의미가 있다.

현행 헌법은 1948년에 제정된 것이지만, 현행 헌법의 기원을 어디에서 찾을 것인가에 대해서는 이견이 존재한다. 이 문제에 대하여 다수의 견해는 현행 헌법의 기원을 1919년의 대한민국임시정부에서 제정 선포한 '대한민국임시헌장'에서 찾는 입장이다. 이런 배경에서 교육에 관한 직접 조항의 연원 역시 1919년의 '대한민국임시헌장'에서부터 찾을 수 있다.

이와 달리, 1894년에 선포된 '홍범14조'에서 헌법의 연원을 구하는 입장도 있다. '홍범14조'에는 "나라의 총명하고 뛰어난 자제를 파견하여 외국의 학술과 기예를 전해 배워 들일 것"과 "장교급의 군인을 교육하고 징병제도를 활용하여 군사 제도의 기초를 확립할 것"[1)]과 같은 교육에 관련된 조항을 두고 있었다(안기성, 1988).

제정 대한민국임시헌장에서는 모든 국민에게 교육의 의무를 부과하고 있었다. 당시 선진 외국에서는 이미 의무교육제도를 확립하고 국민교육을 실시하고 있었는데, 임시정부의 주역들이 이런 사정을 충분히 알고 있었음을 짐작할 수 있는 대목이다. 그러나, 교육은 의무로서의 측면과 함께 권리로서의 측면을 가지는 바, 교육의 권리로서의 측면이 법률에 나타나기 시작한 것은 1944년의 임시헌장 개정에 이르러서이다.

제정 대한민국헌법에서는 국민의 교육받을 권리를 천명하고, 당시로서는 보통교육 단계와 비교적 일치한다고 할 수 있는 초등교육 단계에서 무상 의무교육을 실시할 것임을 선언하였다. 법은 현실이 지향할 방향을 지시하는 것으로서의 의미를 갖는다는 사실임을 염두에 두면 당시의 형편으로서는 무상 의무교육을 실시할 수는 없었으나, 이를 조속히 실행하고자 하는 의지를 드러낸 것으로 이해할 수 있다.

교육 관련 직접 조항이 현행 헌법의 조항과 비슷한 구조를 형성하게 된 것은 1962년의 제5차 개정에서부터이다. 교육을 받을 권리와 의무가 다시 규정되고 교육의 자주성과 정치적 중립성 조항이 신설되었다. 법이 현실의 지향이자 현실의 반영이라는 점을 염두에 둘 때, 이러한 변화는 당시 교육의 자주성과 정치적 중립성이 상당히 침해되었던 상황과 관련이 있다는 짐작을 할 수 있다.

1980년 제8차 개정에서는 의무교육의 범위가 초등교육에 국한되지 않고 더 확장될 수 있도록 조항이 수정되었다. 보통교육 기간의 확대, 국민의 교육열 확대, 경제발전에 따른 정부 재정 능력의 확대 등에 따른 변화였다. 아울러, 교육의 전문성 존중과 국가의 평생교육 진흥 의무가 새로 규정되었다. 1987년 제 9 차 개정에 의한 현행 헌법에는 대학의 자율성 보장이 추가되었다. 이 역시 이전까지 대학이 자율성을 충분히 구가하지 못하였던 사정과 관련이 있다. 〈표 3-1〉(안기성, 1988

1) 오늘날의 어법으로 수정한 것임.

을 요약하여 작성)은 헌법상 교육에 관한 직접 조항의 변천 과정을 정리한 것이다.

〈표 3-1〉 헌법상 교육에 관한 직접 조항의 변천

제(개)정일	조항
대한민국임시헌장 (제정) 1919. 4. 1.	제6조 대한민국의 인민은 교육 납세 및 병역의 의무가 있다.
대한민국임시헌장 (개정) 1919. 9. 1.	제10조 대한민국의 인민은 법률에 의하여 다음의 의무가 있다. 3. 보통교육을 받을 의무
대한민국임시헌장 (개정) 1944. 4. 22.	제5조 대한민국의 인민은 다음의 자유와 권리를 향유한다. 3. 법률에 의하여 취학·취직을 요구하는 권리
대한민국헌법 (제정) 1948. 7. 17	제16조 모든 국민은 균등하게 교육을 받을 권리가 있다. 적어도 초등교육은 의무적이며 무상으로 한다. 모든 교육기관은 국가의 감독을 받으며 교육권리는 법률로써 정한다.
대한민국헌법 (제5차 개정) 1962. 12. 26	제27조 ① 모든 국민은 능력에 따라 균등하게 교육을 받을 권리를 가진다. ② 모든 국민은 그 보호하는 어린이에게 초등교육을 받게 할 의무를 진다. ③ 의무교육은 무상으로 한다. ④ 교육의 자주성과 정치적 중립성은 보장되어야 한다. ⑤ 교육제도와 그 운영에 관한 기본적인 사항은 법률로서 정한다.
대한민국헌법 (제7차 개정) 1972. 12. 19	제27조 ① 모든 국민은 능력에 따라 균등하게 교육을 받을 권리를 가진다. ② 모든 국민은 그 보호하는 자녀에게 적어도 초등교육과 법률이 정하는 교육을 받게 할 의무를 진다. ③ 의무교육은 무상으로 한다. ④ 교육의 자주성과 정치적 중립성은 보장되어야 한다. ⑤ 교육제도와 그 운영에 관한 기본적인 사항은 법률로 정한다.
대한민국헌법 (제8차 개정) 1980. 10. 27	제29조 ① 모든 국민은 능력에 따라 균등하게 교육을 받을 권리를 가진다. ② 모든 국민은 그 보호하는 자녀에게 적어도 초등교육과 법률이 정하는 교육을 받게 할 의무를 진다. ③ 의무교육은 무상으로 한다. ④ 교육의 자주성·전문성 및 정치적 중립성은 법률이 정하는 바에 의하여 보장된다. ⑤ 국가는 평생교육을 진흥하여야 한다. ⑥ 학교교육 및 평생교육을 포함한 교육제도와 그 운영, 교육재정 및 교원의 지위에 관한 기본적인 사항은 법률로서 정한다.

제(개)정일	조항
대한민국헌법 (제9차 개정) 1987. 10. 29	제31조 ① 모든 국민은 능력에 따라 균등하게 교육을 받을 권리를 가진다. ② 모든 국민은 그 보호하는 자녀에게 적어도 초등교육과 법률이 정하는 교육을 받게 할 의무를 진다. ③ 의무교육은 무상으로 한다. ④ 교육의 자주성·전문성·정치적 중립성 및 대학의 자율성은 법률이 정하는 바에 의하여 보장된다. ⑤ 국가는 평생교육을 진흥하여야 한다. ⑥ 학교교육 및 평생교육을 포함한 교육제도와 그 운영, 교육재정 및 교원의 지위에 관한 기본적인 사항은 법률로서 정한다.

4. 헌법상 교육행정의 원칙

한국 헌법은 교육행정의 원칙을 설정하고 있으며, 아래에서 살펴 볼 교육행정의 원칙은 구조적인 관계를 형성하고 있다.

가. 교육권 보장

인간은 학습하는 존재이며, 학습은 한 생명체를 인간으로 변화시키고 인간으로서의 존엄과 가치를 향수할 수 있도록 하는 중요한 기제이다. 인간의 학습 욕구는 저절로 성취될 수는 없는 것으로서, 인간은 자신의 학습에 대하여 공동체에 도움을 요구할 권리가 있으며, 공동체는 이에 응하여 교육을 제공하여야 할 책임이 있다. 교육을 받을 권리는 그 자체로 중요한 문화적 기본권일 뿐만 아니라 사실상 인간으로서의 존엄과 가치를 실현하기 위하여 선차적으로 충족되어야 하는 기본권의 기본권이라고 할 수 있다.

헌법상의 '교육받을 권리'는 서구 국가에서는 '교육에의 권리(the right to education)'로 표현되어 있는 것으로서, 교육을 받는 자의 능동적 권리로서 스스로 자기 자신을 형성해 가는 주체적 인권이라 할 수 있다(신현직, 1990). 교육을 받을 권리의 중심에는 스스로 배우고 익힐 권리, 즉 '학습권'이 존재하며, 교육기본법을 제정할 당시 학습자 중심 교육으로 교육의 패러다임이 변화되는 상황을 반영하고,

교육받을 권리의 성격을 더 분명히 드러내기 위하여 학습권 개념을 도입하였다(황홍규, 2000; 이종근, 2007).

일반적으로 '교육권'은 교육을 받는 자의 권리를 의미하며, 국가에 교육 급부를 청구할 수 있는 사회권적 성격의 권리로 인정되고 있다. 그런데, 교육받을 권리는 자유권적 성격을 가지기도 하며, 근래 들어 자유권으로서의 교육받을 권리를 새롭게 조망하고자 하는 움직임도 있다(손희권, 2004). 교육받을 권리라고 할 때, 이는 반드시 국가가 제공하는 교육만을 받을 권리는 아니고 개인이 국가의 관여로부터 독립적으로 자신의 교육을 결정할 수 있는 권리, 즉 자유권적 권리로서의 측면도 있다. 교육받을 권리의 자유권적 측면을 염두에 두면, 현재와 같은 의무교육 제도는 개인의 교육의 자유를 제약하는 면이 없지 않다. 이런 맥락에서 이차영(2002)은 홈스쿨링을 제도적으로 인정할 필요가 있다는 주장을 제기한 바 있다.

그렇지만, 교육받을 권리가 인간다운 생활을 영위할 수 있도록 국가에 대하여 교육 급부를 제공하여 줄 것을 요구할 수 있는 사회권적 성격의 권리라는 사실은 이전부터 자명한 사실이다. 그러나, 이 권리는 모든 단계와 형태의 교육에 대하여 무한정 주장될 수 있는 것은 아니며, 국민이 국가에 대하여 사실상 급부를 청구할 수 있는 것은 헌법 제31조 제2항에서 규정하고 있는 바와 같이 '법률이 정하는 범위'에 국한된다. 현재는 교육기본법 제8조 제1항에서 초등학교 6년과 중학교 3년의 의무교육을 제공함을 규정하고 있다.

한편, 국민의 교육받을 권리는 학교교육에 국한되는 것만은 아니고, 평생에 걸쳐 충족되어야 한다. 따라서, 국민의 교육받을 권리를 온전히 보장하고자 하면 국가가 평생교육을 진흥하여야 한다. 일찍이 UNESCO를 중심으로 평생교육의 이념이 확산되기 시작하였고, 1980년 제8차 개정 헌법에서 국가의 평생교육 진흥 의무가 규정되었다. 현재는 평생교육법과 같은 법 시행령과 시행규칙 등을 통하여 학교 외 교육에 관한 각종 제도와 정책이 운영되고 있다.

다만, 평생교육은 문자 그대로 해석하면 학교교육까지를 포함하게 되지만, 제도적으로는 학교외 교육만이 평생교육에 포함되고 있기 때문에, 현재의 평생교육법의 명칭을 그대로 유지하여야 할 것인지 여부에 대하여는 논의의 여지가 있다.

교육받을 권리의 실현과 관련하여 쟁점이 되고 있는 것은 두 가지이다. 첫째,

취학의 보편화를 이룩한 상황에서 학교 선택의 자유와 학교 내에서 자신의 적성과 소질을 살릴 수 있는 적합하고 다양한 교육 프로그램을 제공받을 권리를 어떻게 실현하여 갈 것인가가 교육권의 실질적 보장 차원에서 쟁점이 되고 있다. 둘째, 장애 학생과 같이 특별한 교육적 필요가 있는 대상의 교육받을 권리를 어떻게 확대하여 갈 것인가는 교육권 보장의 또 하나의 중요한 과제가 되고 있다.

나. 교육의 의무와 무상 의무교육

권리는 권리 주체가 자신의 권리를 행사할 수도 있고 행사하지 않을 수도 있는데 비하여, 의무는 반드시 이행하지 않으면 안 되는 것이다. 이렇게 보면, 교육받을 권리를 규정하는 것에 그친다면, 국민이 교육받을 권리를 행사하지 않는 상황이 발생할 수도 있다. 헌법에서는 교육의 의무를 규정함으로써 법률이 정하는 범위에서는 반드시 교육을 받도록 하고 있다(제31조 제2항).

그렇다면, 왜 일정 범위의 교육에 대해서는 국가가 개인의 선택을 강제하는가? 앞에서 설명한 바와 같이, 교육이 개인의 권리인 것은 분명하지만, 아울러 문화국가, 민주국가, 사회국가를 실현하는 데에 있어서 중요한 도구가 된다는 점 역시 분명하다. 교육받지 않은 공동체 구성원은 민주주의를 실현할 수 없으며 경제를 발전시킬 수도, 더 나아가 나라의 안녕을 도모할 수도 없다. 문화·정치·경제적으로 부강한 국가는 반드시 교육받은 국민에 의해서만 건설 유지될 수 있다. 국가는 이런 필요에 따라 국민에게 교육을 제공하고, 교육받을 의무를 부과하는 바, 이는 교육의 투자적 동기에 의한 것이라고 표현할 수도 있다(이돈희, 1999).

제정 헌법에서는 의무교육의 범위가 초등교육으로 국한되어 있었으나, 1972년 제7차 개정 헌법에서 '적어도 초등교육과 법률이 정하는 교육'으로 수정하여, 헌법 개정 없이도 의무교육 기간을 연장할 수 있도록 하였다. 현재는 초등학교 6년과 중학교 3년 등 총 9년 간의 의무교육이 시행되고 있으며, 유아교육이나 고등학교 단계로 의무교육을 확대하는 방향에 대한 논의도 이루어지고 있다.

그러나, 의무교육의 확대가 반드시 바람직한 것은 아니라는 견해도 있을 수 있다. 의무교육은 곧 교육의 목적과 내용에 대한 국가 관여를 의미하는 바, 이는 교육 주체의 자율적 결정 사항에 대한 국가의 침해적 성격을 가질 수도 있기 때문이다. 따라서, 어떤 범위의 교육을 의무교육으로 설정할 것인가는 해당 사회 구성원의 합의에 따를 문제라고 할 수 있다.

한편, 교육 의무를 부과받은 국민이 취학 비용을 지불하여야 한다면, 경제적 여유를 갖지 못한 경우에 자신에게 부과된 의무를 이행할 수 없게 된다. 이런 상황을 염두에 둘 때, 의무교육은 반드시 무상교육으로 제공되어 모든 국민이 경제적 능력에 관계없이 의무를 이행할 수 있도록 하여야 한다.

무상의 범위에 관해서는 다음과 같은 견해가 존재한다. 첫째, 무상교육의 범위는 법규에서 정한 범위 내로 한다는, 이른바, 무상 범위 법정설이 있다. 둘째, 수업료만을 무상으로 한다는, 수업료 면제설이 있다. 셋째, 수업료뿐만 아니라 국가 재정이 허용하는 경우에는 학용품과 수업에 사용되는 모든 물품을 비롯하여 급식까지도 무상으로 하여야 한다는, 취학 필수비 무상설이 있다(권영성, 2010; 김철수, 2005; 허영, 2011).

의무교육의 무상성은 제정 헌법에서부터 규정되었던 것이나, 실제로 무상의 범위는 국가의 경제력의 확대와 더불어 점진적으로 확대되어 왔다. 광복 직후 대단히 어려운 국가 상황에서 의무교육의 무상은 구호에 불과한 것이었으나, 이후 초등학교 수업료의 무상이 실현되고, 뒤이어 교과서가 무상으로 제공되었다. 중학교의 경우에는 1985년 도서 벽지 지역에서 시작하여 1994년에는 소도시의 읍면동으로, 2002년에는 전국으로 수업료 무상의 범위가 확대되었다. 근래는 고등학교까지 무상화가 이루어져서 수업료가 면제되고 교과서가 무상으로 배부되고 있으며, 일부 학습 자료가 무상으로 제공되고 있다. 또, 무상급식은 물론 무상 교복, 수학여행비 무상 등 무상의 범위는 계속 확대되고 있다. 향후에는 유아교육의 완전 무상화와 고등교육 무상화가 중요한 정책 과제가 된다.

다. 교육기회의 균등

교육받을 권리를 제공받는 데 있어서 중요한 원칙이 평등이다. 헌법에서는 이를 '능력에 따라 균등하게'라는 원칙으로 표현하고 있다. 여기서 '능력'이라고 하는 것은 부모의 사회 경제적 능력이 아닌 온전히 학습자 자신에게 귀속되는 정신적, 신체적 능력을 의미한다. 아울러, '균등하게'는 일체의 절대적 평등을 의미하는 것이 아니라, '같은 것은 같게, 다른 것은 다르게'라는 의미의 실질적 상대적 평등을 의미한다. 따라서 장애가 있는 학생과 장애를 가지지 않은 학생에 대하여 국가가 교육비 지원을 차등하는 것은 합헌적이다. 아울러, 의무교육 단계는 학생의 능력에 따라 입학이 허용되는 것이 아니고 일정한 연령에 도달하면 입학이 허용되지만, 그 이후의 단계에서 능력에 따라 입학을 허용하는 것은 국민의 교육받을 권리를 침해하는 것이라고 할 수 없다.

교육받을 권리의 보호와 관련하여 가장 문제가 되는 것이 바로 '능력에 따라 균등하게'라는 문구이다. 2018년 개헌 논의가 진행될 당시 헌법의 '능력에 따라'라는 문구가 교육기회 평등을 저해하는 정책을 정당화하는 데 활용되기 때문에 폐지해야 한다는 주장이 제기되기도 했으나, 이 문구는 경제적으로 형편이 어려운 가정 자녀들이나 장애 학생들, 나아가 여학생들의 교육기회를 보장하기 위한 법적 장치로서 헌법에 편입된 것이 역사적 사실이다. 다만 고등학교 평준화 정책 시행 이후 이 문구가 수준별 교육이나 학교 선택 정책을 정당화하는 데 활용되고 있다(김용, 2023).

이 문구의 해석과 관련하여, 어떤 두 개의 비교 대상이 있다고 할 때, 어느 경우든 두 개의 대상은 같은 점과 다른 점을 함께 가진다. 따라서 비교 대상의 같은 점을 앞세워 같게 대우하는 것이 균등하게 대우하는 상황이 있을 수 있는가 하면, 다른 점을 앞세워 다르게 대우하는 것이 균등하게 대우하는 결과를 초래할 수 있는 상황도 존재할 수 있다.

예를 들면, 남학생과 여학생은 학생이라는 점에서는 같지만 성별이라는 점에서는 다르다. 이 경우 체력 검사를 할 때는 성별의 차이를 우선하여 다른 기준을 적용하는 편이, 일반적인 시험을 치를 때에는 학생이라는 공통점을 우선하여 같은 기준을 적용하는 편이 교육받을 권리를 균등하게 보장하는 것이다. 경우에 따라서는 차이를 우선할 것인지, 동일성을 우선할 것인지를 쉽게 판단하기 어려운 경우가 있으며, 이에 따라 소송이 제기되기도 한다. 각종 가산점 소송이 전형적인 예이다.

헌법재판소에서는 완화된 심사('자의 심사'라고도 함)와 엄격 심사('비례 심사'라고도 함) 척도를 활용하여 평등 문제를 심사하고 있다. 완화된 심사는 차별을 정당화하는 합리적인 이유가 있는지만을 심사하는 것으로서, 그에 해당하는 비교대상 간의 사실상의 차이나 입법목적(차별목적)의 발견·확인에 그치는 반면에, 엄격 심사는 단순히 합리적인 이유의 존부 문제가 아니라 차별을 정당화하는 이유와 차별 간의 상관관계에 대한 심사, 즉 비교대상 간의 사실상의 차이의 성질과 비중 또는 입법목적(차별목적)의 비중과 차별의 정도에 적정한 균형관계가 이루어져 있는가를 심사한다(헌재 2001. 2. 22. 선고 2000헌마25 결정).

헌법재판소에서는 완화된 심사를 기본으로 하되, 엄격한 심사 척도를 활용하여야 하는 경우를 다음과 같이 제한하고 있다. 첫째, 헌법에서 특별히 평등을 요구하고 있는 경우 엄격한 심사척도가 적용될 수 있다. 헌법이 스스로 차별의 근거로 삼지 않아야 하는 기준을 제시하거나 차별을 특히 금지하고 있는 영역을 제시하고 있다면 그러한 기준을 근거로 한 차별이나 그러한 영역에서의 차별에 대하여 엄격하게 심사하는 것이 정당화된다. 둘째, 차별적 취급으로 인하여 관련 기본권에 대한 중대한 제한을 초래하게 된다면 입법형성권은 축소되어 보다 엄격한 심사척도가 적용되어야 한다(헌재 1999. 12.2 3. 선고 98헌마363 결정).

라. 교육의 자주성

교육의 자주성은 교육기구와 교육내용을 교육자가 자주적으로 결정하고 행정권력에 의한 교육통제를 배제해야 한다는 의미로서 해석되는 경우가 많다. 즉, 교육제도나 정책은 교육 외부의 세력으로부터 부당한 간섭을 받지 않고 자율적으로, 정치적 중립을 지키며 시행되어야 하며, 이를 위하여 교사의 교육시설 설치자 및 감독권자로부터의 자유, 교육내용에 대한 교육행정기관의 권력적 개입의 배제, 교육관리 기구(교육감과 교육위원 등)의 공선제를 교육 자주성의 요건으로 삼는 것이다(권영성, 2010).

교육의 자주성은 1962년 헌법 개정 시에 규정되었는데, 당시 교육의 자주성에 대하여 "학문의 자유와 더불어 관권의 압박에 의한 학문의 기형화를 방지하려는 취지"라는 해석이 이루어졌다(박일경, 1963: 159, 안기성, 1988: 60면에서 재인용).

이 해석에서 짐작할 수 있는 바와 같이, 헌법 개정 당시 교육의 자주성은 교육에 부당하게 개입하는 관권이나 정치권력으로부터의 교육의 자유를 의미하는 것이었다. 교육을 전쟁 도구로 이용한 바 있던 일본의 경우, 교육기본법 제16조에 "교육은 부당한 지배에 따르지 않고"라는 조문을 두고 있거니와, 이 역시 비슷한 맥락에서 해석할 수 있다.

교육행정학계에서는 이 조항을 일반자치와 분리된 교육자치를 운영할 수 있는 헌법적 근거로 보아왔다. 예컨대, 송기창(2007)은 교육 외부 세력에는 일반행정도 포함되므로 일반행정으로부터 교육행정의 독립성을 유지할 수 있는 분리형 교육자치 기구를 구성할 것을 헌법에서 규정하고 있는 것으로 해석하고 있다.

그런데, 오늘날 교육의 자주성에 대한 해석은 새로운 국면을 맞이하고 있다. 첫째, 교육을 부당하게 지배하려는 세력은 반드시 정치권력에 국한되지 않고, 경제계나 종교계 등 다양한 사회 집단이 교육에 부당하게 개입할 수 있다. 이런 의미에서 교육의 자주성의 의미는 종래보다 넓게 해석될 필요가 있다.

둘째, 앞의 문제보다 중요한 것으로서, 어떤 집단이 교육에 관여할 때, 그 관여가 부당한 것인지 정당한 것인지를 판단하기가 어렵다. 역사적으로 경험한 바 있는 것처럼, 학생을 전쟁에 동원하는 일이 교육 자주성 침해인가 여부에 대한 판단은 간단하지만, 현실적으로 경험하는 여러 집단의 교육에 대한 관여가 교육 자주성을 침해하는 것인지는 판단하기가 쉽지 않은 경우가 많다. 예를 들어, 기업이 대학에 연구비를 지원하여 자신들의 요구에 맞는 분야의 연구를 장려하는 경우를 생각해 보자. 이 경우 기업이 대학의 연구를 장려한다는 관점에서 긍정적으로 판단할 수도 있고, 기업이 대학의 연구 주제를 미리 결정하여 학문 발전을 왜곡할 수 있다는 있다는 점에서 부정적으로 판단할 수도 있다. 어떻게 보는가에 따라 기업은 부당한 지배의 주체가 될 수도 있고, 그렇지 않을 수도 있다. 이런 예와 같이 교육의 자주성에 대한 실제의 판단은 상당히 어렵다.

한편, 앞에서 잠깐 언급한 바 있는 것처럼, 교육행정학계에서는 헌법상의 교육의 자주성 조항에서 분리형 교육자치의 근거를 찾았다. 그러나, 이에 대하여 일반행정 분야의 전문가 가운데는 헌법상의 교육의 자주성은 교사의 교육 활동의 원칙을 선언한 것이므로 분리형 교육자치의 근거가 될 수 없다는 주장을 하는 경우도 있다

(이기우 · 하승수, 2007).

이에 대하여 생각해보면, 헌법 상의 교육의 자주성은 교사의 교육 실천의 원칙으로서의 의미뿐만 아니라, 교육제도 운영의 원리로서의 의미도 가지는 것이라는 점에서, 통합형 교육자치론자, 더 정확히는 교육자치 부정론자들의 의견에도 문제가 있다고 할 수 있다. 다른 한편, 헌법상의 교육의 자주성이 반드시 일반행정에서 의결기관과 집행기관을 분리하여 교육행정을 운영할 것을 예정하고 있는 것은 아니라는 점에서 종래의 분리형 교육자치론에도 문제가 있다고 할 수 있다. 다시 말하여 분리형 자치인가 통합형 자치인가는 헌법상의 교육의 자주성에 대한 해석과 직결된 것은 아니며, 어떤 형태의 자치 기구를 운영하건 그 운영 과정에서 교육의 자주성을 지켜야 한다는 의미를 가지는 것이라고 할 수 있다.

마. 교육의 정치적 중립성

교육의 정치적 중립성은 국가가 주체가 되는 공교육은 특정 집단의 교육목적의 충족에 치우치지 않고, 모든 국민의 교육 요구에 부응하는 것이어야 한다는 요청에서 비롯되는 원칙이다. 이것은 모든 국민의 교육받을 권리를 보장하고자 하는 공교육의 본질에서 도출되는 원칙이라고 할 수도 있다(김윤섭, 2003: 138).

그런데, 교육의 '정치적 중립'이라는 개념은 이해하기 쉬운 개념이 아니다. '중립'이라는 개념의 모호성 때문이다. 현행 헌법에서는 특별히 정치적 중립성을 준수할 것을 요구하는 대상으로 군과 교육을 들고 있다. 헌법학자인 김철수(2002)는 군과 교육에 있어서의 '정치적 중립성'의 의미는 같지 않음을 들어, 교육의 정치적 중립성의 의미를 규명한 바 있다. 군의 정치적 중립성이라고 할 때는 군이 정치에 대하여 일절 관여하지 않는 것을 의미한다. 더 분명히 말하면, 정치에 대하여 일절 관심을 갖지 않는 것을 의미하는 것으로서의 중립(noninvolvement)을 의미한다.

그러나, 교육의 정치적 중립성이라고 할 때는 이와 같은 의미의 중립이 아니다. 교육은 어떤 공동체에서나 정치 발전에 중요한 역할을 하며, 학교에서 정치 교육은 장려된다. 또 장차 사회의 주역이 될 학생들의 정치적 민감성을 높이고 사회 참여 의식을 장려하는 일이야말로 공교육의 사명이다. 이런 의미에서 교육은 항상 정치에 대하여 깊은 관심을 가져야 한다. 다만, 교사가 학생을 지도할 때, 부당하게 교사 자신의 정치적 견해나 판단을 강요하여 학생이 자유롭게 자신의 정치적 견해를 형성하는 일을 방해하지 않아야 한다는 의미에서의 중립, 즉 당파성의 배제로서의 중립(neutrality)이 반드시 요구된다. 교육의 정치적 중립성은 바로 이것을 의미한다.

그러나, 당파성의 배제로서의 중립성 개념도 쉽게 이해하거나 판단할 수 있는 것은 아니다. 특히 교사의 교육 활동을 상정하면, 교육의 정치적 중립성은 매우 어려운 개념이자 원리가 되어 버린다. 예컨대, 사회적으로 첨예하게 대립하는 사안에 대하여 교사가 수업을 전개하는 경우,[2] 정치적 중립성을 지키는 것은 어떤 양상으로 나타나는가?

가장 분명한 경우는, 교사가 교화(indoctrination)[3]의 의도를 가지고 수업을 전개하는 경우, 정치적 중립성에 위배된다. 또, 교사가 교육의 방법적 기준[4]을 준수하지 않으면서 수업을 전개하다면, 정치적 중립성을 위반할 소지가 있다. 그러나, 교사가 부정할 수 없는 사실만을 제시하고, 학생들의 비판적 사고를 진작하면서, 논란의 쟁점에 접근할 수 있도록 유도한다면, 비록 수업의 소재가 정치적으로 논란거리가 되고 있다 하더라도 정치적 중립성을 위배하지는 않는다.

이렇게 본다면, 정치적으로 논란이 되는 사안에 대하여 교사가 계기수업을 진행하는 일 자체는 정치적 중립성을 위반하는 일이라고 할 수 없다. 다만, 계기수업 과정에서 교사가 자신의 우월적 지위를 이용하여 자신의 견해를 학생들에게 전달하는 경우는 정치적 중립성을 위배할 소지가 있다고 할 것이다.

교육의 정치적 중립성은 이승만 정부 당시 부정선거에 교사를 동원하는 일이 반복되자, 이에 분노한 교사들이 요구하여 헌법에 편입되었다. 따라서 당시 교육의 정치적 중립을 지켜야 할 수범자는 국가였다. 그런데, 시나브로 그 의미가 변화하면서

2) 예를 들어, 교사가 러시아와 전쟁 중인 우크라이나에 대한 무기 지원에 관한 수업이나 이명박 정부에서 추진한 4대강 사업에 관한 수업을 하는 경우를 생각해보자.

3) Snook(1972)는 학생이 이치(理致)와는 상관 없이 어떤 명제(들)을 믿게 하려는 의도를 지니고 교사가 그 명제(들)를 가르친다면, 그 명제(들)를 교화하고 있는 것이라고 하였다(윤팔중(역), 1977: 94).

4) Scheffler(1960: 57)는 학생들이 비판적으로 그 이유를 평가할 수 있도록 교사가 생각하는 이유들을 학생들에게 보여주는 것을 교육의 방법적 기준으로 들고 있다(윤팔중(역), 1977: 47에서 재인용).

이제는 교사를 정치적 중립성의 수범자로 삼게 되었다(박대권, 김용, 최상훈, 2020).

현행 법률에서는 교육의 정치적 중립성을 유지하기 위하여 교사의 정당 가입 등 정치 활동을 금지하고 있다. 그렇지만 교사에게 정당 가입은 물론 정치 후원금 기탁마저 금지하는 일이나 교육활동 이외의 시간에도 일체의 정치활동을 금지하는 것은 교사가 시민으로서 행사할 수 있는 정치적 자유를 지나치게 제한한 것이 아닌가라는 문제가 제기되고 있다.

바. 교육의 전문성

교육의 전문성은 교육의 자율성을 인정하기 위한 전제이다. 이종재(1983, 김윤섭, 2005: 133에서 재인용)는 교직은 전문직으로서의 특성을 가지고 있으며 그 전문성은 교육의 본질적 요건이 되는 교사의 자율성을 보다 교육적으로 발전시키기 위한 조건이 되며, 권위로서의 특권을 확립하는 요인의 하나가 된다고 전문성의 의의를 설명한 바 있다.

헌법상의 자주성에 대한 해석과 마찬가지로, 전문성에 대해서도 다른 견해가 존재한다. 예컨대, 허종렬(1999)은 교육의 전문성을 교육 활동은 교사의 전문성이 발휘될 때에만 온전히 이루어질 수 있기 때문에, 교육에 특수한 자격과 능력을 가진 전문가가 교육을 운영하고 그것을 뒷받침하는 교육정책의 수립과 집행 역시 교육 전문가의 참여로 이루어져야 한다는 의미로 해석하여, 교육 관리 기구 구성의 원칙으로 교육의 전문성을 활용하고 있다.

이에 대하여 이기우와 하승수(2007)는 교육의 전문성은 교육에 대해서 전문적인 지식과 능력을 갖춘 자가 교육을 담당하여 교육의 질적 수준을 보장하여야 한다는 의미일 뿐, 교육에 관한 의결기관이나 집행기관의 구성 원리와는 무관하다는 입장을 보이고 있다.

현재는 교육의 전문성을 보장하기 위하여 교원 자격 제도를 운영하고 있으며, 교사들의 교직단체 활동을 보장하고 장려하고 있다. 또, 교육감에 대하여 3년 이상의 교육 또는 교육행정경력을 요구하고 있는 것도 교육의 전문성을 보장하고자 하는 조치로 이해할 수 있다.

한편, 조석훈(1998)은 교육에서 학습으로, 지식의 습득에서 지식의 결합으로, 지식의 공급에서 지식의 구성으로, 학교 중심에서 학습자 중심으로 교육 체제가 변화하는 상황에서 종래의 교육 전문직 중심의 교육 전문성에 대한 해석은 재고될 필요가 있다는 주장을 제기한 바 있다. 그는 교육의 전문성에 대한 종래의 해석이 자칫 독점의 철학에 입각하여 교육 부문과 교육외 부문을 가르고 구분하는 지표로서, 특히 학부모에 대하여 교원의 우위를 확립하는 지표로서 활용되는 것을 경계하고 있다.

사. 교육 법률주의

어떤 것을 법률로 정하는 것과 정하지 않는 것의 큰 차이 중 하나는 안정성에 있다. 법률로 정하지 않는 경우 최고통치자가 바뀌거나 국가 재정에 변화가 발생하는 등 어떤 상황이 변화하면 곧 제도 운영에 변화가 발생할 수도 있다. 그러나, 교육제도를 법률로 규정하면, 상황의 변화가 있는 경우에도 복잡한 입법 절차를 거치지 않고서는 교육제도와 그 운영을 바꿀 수 없다. 요컨대, 국민의 교육받을 권리를 안정적으로 실효성 있게 보장하기 위하여 교육제도 운영에 대한 법률주의를 채택하고 있다고 할 수 있다. 헌법재판소는 교육제도법정주의의 취지를 다음과 같이 설명하고 있다.

> 교육에 관한 기본정책 또는 기본 방침을 최소한 국가가 입법 절차를 거쳐 제정한 법률로 규정함으로써 국민의 교육을 받을 권리가 행정기관에 의하여 자의적으로 무시되거나 침해당하지 않도록 하고, 교육의 자주성과 중립성을 유지하려는 것이다(헌재 1991. 2. 11. 선고 90헌가27 결정).

현행 헌법은 "학교교육 및 평생교육을 포함한 교육제도와 그 운영, 교육재정 및 교원의 지위에 관한 기본적인 사항은 법률로서 정한다."고 교육 법률주의를 선언하고 있다(제31조 제6항). 여기서 '법률'이라고 하는 것은 국민의 대표기관인 의회가 제정한 법률, 다시 말하여 형식적 의미의 법률이다.

헌법에서는 법률주의의 대상으로 교육제도와 교육재정, 교원을 들고 있다. 교육제도는 교육 운영의 기본 토대이며, 교육재정과 교원은 교육활동에 필요한 물적 자원과 인적 자원을 각각 대표한다는 점에서 법률주의의 대상을 정해둔 것이라고 해석할 수 있다. 그런데, 교육재정과 교원에 관한 사항은 이미 제도화된 것이라는 점을 생각한다면, 법률주의의 대상을 교육제도만으로 국한해도 문제가 없다고 할 수 있다(김용, 2008).

한편, 법이 조성과 규제의 양면을 동시에 가진다는 점을 생각할 때, 법률주의는 안정성을 담보할 수 있지만, 다른 한편으로 교사들의 교육활동을 지나치게 규제하여 교육의 자율성을 손상할 수 있다는 문제를 야기할 수도 있다. 따라서 헌법에서는 법률주의의 범위를 규정하여, 법률에 의거할 사항과 그렇지 않고 교육자들의 자유에 맡길 사항을 구분할 필요가 있다. 헌법에서는 '기본적'이라는 표현으로 이 의도를 표현하고 있는 바, '기본적인'의 범위는 교육행정 연구에서 중요한 연구 과제가 된다(이 책 제5장 참조).

교육제도법정주의는 교육제도법률주의로도 표현할 수 있는데, 이는 교육제도는 반드시 의회가 제정한 법률에 근거하여야 한다는 형식적 법정주의를 넘어 헌법에서 정하는 교육에 대한 국민의 권리를 법적으로 보장하여야 한다는 실질적 법정주의를 의미한다. 형식적 법정주의는 '법률 만능' 또는 '법률 절대'라는 태도의 표현으로서, 오히려 법의 권위를 떨어뜨리며, 법치주의의 실현을 방해할 가능성이 있다(平原春好, 1993: 34). 근래 학교교육 당사자 간 관계에서 갈등이 빈발하면서 교권이나 교사의 과업 등까지 법률로 명시하고자 하는 움직임이 있는데, 이런 흐름이야말로 법률만능주의라는 관점에서 비판적으로 성찰할 필요가 있다.

아. 교육행정 원리들의 구조적 관계

이상에서 살펴 본 교육행정의 원리들은 구조화된 관계를 형성하고 있다. 교육권 보장은 교육행정의 목적 원리라고 할 수 있다. 모든 교육행정은 궁극적으로 국민의 교육받을 권리를 보장하기 위한 활동이다.

교육권을 보장하기 위하여 두 가지의 방법적 원리가 필요하다. 첫째, 무상 의무교육을 제공하는 일이다. 국민의 교육권을 보장하기 위하여 국가는 선차적으로 의무교육을 제공하여야 하며, 그 교육은 무상이어야 한다. 둘째, 교육 기회의 균등을 보장하여야 한다. 교육 기회의 균등은 의무교육 단계는 물론, 그 이후의 모든 교육에서 보장되어야 한다. 이와 같은 두 가지 원리는 형식적 차원에서 교육권을 보장하기 위한 원리라고도 할 수 있다.

한편, 국민의 교육받을 권리는 형식적 차원을 넘어서 실질적 차원에서 보장되어야 하는 바, 이를 위하여 교육의 자주성, 정치적 중립성, 전문성을 교육행정의 원리로 설정하고 있다. 이 원리들은 교사의 교육 활동은 물론, 교육제도와 정책의 운영에서도 일관되게 관철되어야 한다.

마지막으로, 교육권을 보장하기 위하여 교육제도를 안정적으로 운영하는 일이 매우 중요하기 때문에, 교육제도 법률주의를 교육행정의 중요한 원칙으로 설정하고 있다. 교육제도 법률주의 원리는 교육권 보장을 위한 형식적 차원의 원리와 실질적 차원의 원리를 실현하기 위한 전제가 된다.

이상의 관계를 그림으로 나타내면 [그림 3-1]과 같다.

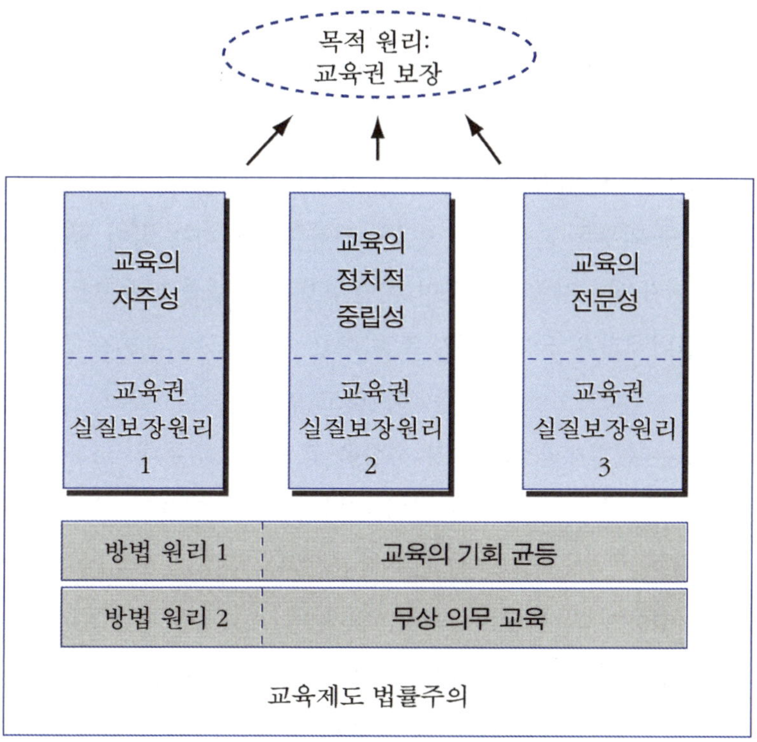

[그림 3-1] 교육행정 원리 간 관계

5. 헌법재판과 교육행정

교육제도와 정책은 모두 정치적 성격을 갖게 마련이다. 누군가에게 이로운 제도가 누군가에게는 해로울 수 있으며, 어떤 집단에게 환영받는 정책이 다른 집단에서는 배척받을 수 있다. 교육제도와 정책은 공정하고 합리적으로 운영되어야 하지만, 항상 그런 것은 아니며, 따라서 교육제도나 정책은 종종 분쟁의 대상이 된다.

세계 여러 국가의 교육정책의 역사를 살펴보면 이런 사례를 금방 확인할 수 있다. 우리나라의 경우, 1989년에 국립 사범대학 졸업생에 대한 공립학교 우선 임용제도에 대하여 위헌 결정(헌재 1990. 10. 8. 선고 89헌마89 결정)이 내려지면서, 교원 양성 체제에 큰 변화가 이루어졌다. 또 2000년에 과외 금지 법률에 대하여 위헌 결정(2000. 4. 27. 선고 98헌가16, 98헌마129 결정)이 이루어지면서 사교육은 물론 학교교육에도 큰 변화가 이루어졌다. 미국의 경우에도 1954년 Brown 판결로 미국의 학교교육 정책이 큰 변화를 경험한 것은 잘 알려져 있는 사실이다. 일본에서도 수십여 년에 결친 교과서 재판은 교육정책의 운용에 작지 않은 영향을 미쳤다.

일반적으로 분쟁을 해결하는 기관은 법원이며, 법원의 여러 가지 결정은 곧 교육정책 운용에 영향을 미친다. 최근 들어서는 헌법재판소의 역할이 특히 중요해지고 있다(표시열, 2007). 헌법재판은 행정의 근거가 되는 법률이 헌법에 위반되는지 아닌지, 국민에게 의무를 지우거나 국민의 자유를 제한하는 국가 공권력의 작용이 헌법에 위반되는지 아닌지를 심사하여 헌법에 반하는 법률조항이나 공권력 행사를 바로잡는다. 헌법재판은 국가기관으로 하여금 헌법을 잘 지키도록 하고 국민의 자유와 권리를 보장함으로써 질서를 유지하고 민주주의를 보호하는 기능을 한다.

헌법 제111조는 헌법재판소의 관장 사항을 규정하고 있는데, 교육행정을 실천하거나 연구하는 데에서 특히 중요한 것이 위헌법률심판과 헌법소원심판이다. 위헌법률심판은 입법부가 만든 법률이 헌법에 위반되는지를 심사하고, 헌법에 위반된다고 판단하는 경우에 그 법률의 효력을 잃게 하거나 적용하지 못하게 하는 것이고, 헌법소원심판은 국가권력이 헌법상 보장된 국민의 기본권을 침해하는 경우에 기본권이 침해된 국민이 헌법재판기관에 대하여 자신의 기본권을 침해하는 국가권력의 행위가 헌법에 위반되는지를 가려내어 그 행위의 효력을 없애 줄 것을 요청하면, 이를 심판하는 것이다.

헌법재판소는 1988년 재판관을 선임하여 재판을 선임한 이후 2024년 현재까지 5만여 건의 사건을 접수받아서 처리하였다. 근래에는 매년 2,000~3,000건 정도의 사건을 처리하고 있다. 그 중 교육 관련 헌법재판은 1,700여 건을 넘어서고 있다.

한편, 헌법재판소의 결정 가운데, 특히 위헌 결정은 당시 제도나 정책의 정당성을 부정하는 것으로서 교육행정에 큰 영향을 미쳤다. 〈표 3-2〉는 헌법재판소 출범 이후 2024년까지 이루어진 위헌 결정 판례를 정리한 것이다.

〈표 3-2〉 헌법재판소의 교육 관련 위헌 결정 판례 내역

선고 년월일	사건번호	사건명(심판대상)	결과
1990.10.8	89헌마89	교육공무원법 제11조1항(국공립대학 교원양성기관 출신자 우선 채용)	위헌(전원일치)
1999.12.23	98헌마363	제대군인 지원에 관한 법률 제8조 제1항 등(제대 군인이 공무원 채용 시험 응시시 가산점 부여)	위헌(전원일치)
2000.4.27	98헌가16, 98헌가429(병합)	학원의 설립·운영에 관한 법률 제22조 제1항 제1호, 제3조(원칙적으로 과외교습 금지 및 위반시 벌칙)	위헌(2인 헌법불합치, 1인 합헌)
2004.3.25	2001헌마882	2002학년도 대전공립중등학교 교사임용후보자 선정 경쟁시험 시행요강 취소(사범대 가산점 및 복수·부전공 가산점의 법률 근거)	위헌(전원일치)
2005.3.31	2003헌가20	학교용지 확보에 관한 특례법 제2조 제2호(공동주택 수분양자에 학교요이 부담금 부과)	위헌(전원일치)
2006.2.23	2004헌마675·981·1022(병합)	국가유공자등 예우 및 지원에 관한 법률 제31조 제1항 등(국가유공자와 가족에게 10% 가산점 부여)	헌법불합치('07.6.30 기한 적용) 2인 합헌
2012.8.23	2010헌바220	학교운영지원비를 학교회계 세입에 포함한 것은 의무교육 무상원칙 위반	위헌(1인 합헌)
2019.4.11	2018헌마221	자사고 지원자가 일반고 중복지원을 금지한 방침은 평등권 침해	위헌(전원일치)
2020.4.23	2018헌마551	교원이 정당 아닌 '그밖의 정치단체' 결성에 관여하거나 가입을 금지한 것은 정치적 표현의 자유 및 결사의 자유 침해	위헌(3인 합헌)

조석훈(2009)은 헌법재판소의 위헌 결정을 통하여 학습자와 학부모의 헌법상 기본권이 확립되고, 무상교육의 범위에 관한 논의가 확장되었으며, 공무담임권을 적극적으로 보호하고, 실질적 의미의 교육제도 법정주의에 대한 주의를 환기시켰다고 평가하고 있다.

6. 교육행정에서 헌법 운용의 현실과 발전 과제

민주주의의 진전과 더불어 사회 각 분야에서 법의 지배가 확립되고, 교육행정에서도 법치주의가 발전하고 있다. 교육정책을 입안하여 시행하는 과정에서 헌법의 중요성 역시 날로 높아지고 있는 것은 이런 변화를 잘 보여준다. 뿐만 아니라, 교사들을 대상으로 각종 법 연수가 강화되고, 학생인권조례 제정 등을 계기로 교육 주체의 권리와 의무에 관한 논의가 사회적 쟁점으로 부상하는 과정에서 교육 주체들이 새삼스럽게 헌법의 의의와 의미를 재음미하는 경우도 많아지고 있다. 무엇보다 헌법재판이 활성화되면서 교육행정 당국의 정책 운용과 행정권 행사에서 합헌성에 대한 주의 환기가 이루어지고 있다.

이와 같은 긍정적 변화에도 불구하고, 교육행정을 통한 헌법 정신의 구체화를 위하여 몇 가지 발전 과제를 제안할 수 있다.

첫째, 교육정책을 입안하고 시행하는 과정에서 헌법 적합성의 문제를 더 정밀하게 검토할 필요가 있다. Rohr(1986)은 공무원들은 정책을 결정할 때 헌법 운영자라는 자각과 넓은 시야를 가지고 헌법 원리를 바탕으로 공익을 판단할 수 있어야 한다고 주장한 바 있다. 또 공무원은 법률의 집행관이자 실질적인 입법관일 뿐만 아니라, 재판관처럼 생각하고 행동하여야 한다고 주장한다. 한 마디로 공무원이 재량권을 행사할 경우 사법부를 중요한 경쟁자로 고려하여야 한다는 것이다.

교육정책 활동이 활성화되면서 행정의 효율성만을 추구하는 사례도 없지 않다. 그 과정에서 헌법적 가치가 존중되지 않고, 종국에는 헌법 재판에서 위헌 결정을 받기도 한다. 교육행정가들은 재판관의 마음으로 교육정책 과정의 각 단계에서 합헌성의 요구를 충족시키는지에 관하여 더 면밀히 검토할 필요가 있는 것이다. 또, 표시열(2008: 11-12)의 지적처럼, 한국의 행정 연구는 효율성을 추구하는 관리적 접근 방법을 널리 활용하여 왔는데, 이는 형식적 법치주의 시대의 산물일 뿐, 실질적 법치주의에서는 교육행정 연구에서 헌법 중심의 법적 접근 방법을 발전시킬 필요가 있다.

둘째, 헌법 해석을 발전시킬 필요가 있다. 앞에서 소개한 바와 같이, 헌법은 교육행정 운용의 중요 원칙을 밝히고 있다. 그런데, 교육의 자주성과 정치적 중립성에 관한 해석의 차이를 설명한 데에서 알 수 있는 것처럼, 헌법상의 원칙에 관한 해석이 확고하게 정립되어 있지 않은 것이 현실이다. 어느 정도의 해석론이 확립되어 있다고 하여도 교육 현장에서 이루어지는 복잡 다기한 현상을 판단하기에는 부족한 경우가 많다. 이런 까닭에 종종 교육 현장에서 위법성 또는 위헌성의 논란을 야기하는 문제들이 반복적으로 제기된다. 교육 주체들의 집중적 논의를 통하여 교육행정의 원칙을 정립하고자 하는 노력이 필요하다.

셋째, 헌법재판에 대한 교육적 해석을 발전시켜야 한다. 그동안 헌법재판은 교육행정 운용에서 실질적 법치주의를 확립하는데 크게 기여한 것이 사실이다. 또, 헌법재판은 헌법상 교육 원칙을 해석하는 데에도 크게 기여하였다. 사실상 교육헌법의 해석론은 헌법재판의 진전과 더불어 발전하여왔다고 하여도 과언이 아니다. 그렇지만, 헌법 재판은 이미 존재하는 헌법을 근거로 그 테두리 내에서 이루어지는 것이며, 헌법상 교육 원칙 역시 변화의 대상이 될 수 있다는 점을 염두에 두면, 헌법 재판에 대한 교육적 해석을 발전시킬 필요가 있다. 헌법 재판에 대한 교육적 관점에서의 해석이 풍성해질 때, 헌법상의 교육 원칙을 정립할 수 있음은 물론, 교육헌법의 발전도 기대할 수 있다.

참고문헌

국가인권위원회(2005. 3. 25.). 초등학교 일기장 검사에 대한 의견.

권영성(2010). 헌법학원론. 서울: 박영사.

김 용(2008). 헌법 제31조 제6항의 교육제도법정주의의 쟁점 분석. 청주교육대학교 교수논문집, 13. 233-247.

김 용(2023). 교육기본권과 능력주의의 접합 –헌법상 '능력에 따라'의 해석 전환과 교육기본권의 왜곡-. 교육정치학연구, 30(3). 1-25.
김윤섭(2003). 한국교육법 -원리와 실현-. 서울: 한울출판사.
김철수(2005). 헌법학개론. 서울: 박영사.
김철수(2002). 헌법과 교육. 서울: 교육과학사.
박대권, 김용, 최상훈(2020). 헌법 31조 4항 '교육의 정치적 중립성'의 헌법 편입 과정. 교육정치학연구, 27(4). 343-375.
박일경(1963). 新憲法解義. 진명출판사.
손희권(2004). 교육을 받을 권리의 자유권적 성격. 교육법학연구, 16(2). 117-138.
송기창(2007). 참여정부 지방교육자치 실험의 전망과 과제. 2007년 제1차 한국교육행정학회 교육정책포럼 발표논문.
신현직(1990). 교육기본권에 관한 연구. 법학박사학위논문, 서울대학교, 서울.
안기성(1988). 헌법과 교육. 교육법학연구, 1(1). 27-74.
이기우, 하승수(2007). 지방자치법. 서울: 대영문화사.
이돈희(1999). 교육정의론. 서울: 교육과학사.
이종근(2007). 한국의 교육헌법 연구 20년의 성과와 과제. 교육법학연구, 19(1). 161-186.
이차영(2002). 학교선택의 간과된 대안: 가정학교의 도전과 법적 과제. 교육법학연구, 14(2). 145-170.
조석훈(1998). 수요자 중심 교육체제의 입장에서 '교육의 전문성'에 대한 재해석. 교육행정학연구, 16(3). 422-455.
조석훈(2009). 교육법의 헌법적 정당성: 헌법재판소의 위헌 판례를 중심으로. 교육법학연구, 21(2). 325-350.
조석훈(2020). 학교와 교육법. 서울: 교육과학사.
표시열(2007). 교육정책에 관한 사법부의 권한과 주요 결정. 교육행정학연구, 25(2). 189-211.
표시열(2008). 교육법 -이론 · 정책 · 판례-. 서울: 박영사.
허　영(2011). 한국헌법론. 서울: 박영사.
허　영(1999). 헌법이론과 헌법. 서울: 박영사.
허종렬(1995). 헌법상 교육의 전문성과 교원의 양성, 자격, 임용에 관한 법령과 문제점. 한국교육법연구, 5. 177-218.
황홍규(2000). 교육기본법에서의 학습권 개념의 도입 배경과 그 의의. 교육법학연구, 12. 312-348.
平原春好(1993). 教育行政學. 東京: 東京大學出版會.

Rohr, J. A. (1986). *To Run a Constitution: The legitimacy of the administrative state.* Lawrence: University of Kansas Press.
Snook, I. A. (1972). *Indoctrination and Education*. 윤팔중 역(1977). 교화와 교육. 서울: 배영사.

CHAPTER

04 교육 관계 법률의 구조

민주주의 국가에서 법은 사회 공동체 구성원의 의사를 집약한 것이라고 할 수 있다. 공동체 구성원의 지향은 헌법과 같은 높은 수준의 법으로 표현되고, 상위법에 내포된 정신을 구체화하고 실현하기 위하여 다양한 하위의 법 규범이 만들어지며, 그 법적 근거 하에서 당해 사회에 적합한 제도를 만들고 운영한다. 이런 의미에서 제도는 법의 표현이며, 법은 제도의 정신이 응축된 것이라고 할 수 있다. 또 제도는 법에 의하여 판단되며, 법은 제도에 의하여 구체화된다고 할 수도 있다. 이 장에서는 다음 내용을 중심으로 교육제도의 법적 구조를 살펴본다.

- 교육제도와 법
- 교육법의 법원
- 교육 관계 법률의 입법과정
- 교육 관계 법률의 구조와 내용

1. 교육제도와 법

교육행정의 중요한 원리인 교육제도 법률주의는 교육제도에 관한 사항을 법률로 규정한다는 것이다. 그렇다면, 교육제도를 법률로 규정한다는 것의 의미는 무엇일까? '제도'의 개념을 정의하는 일로부터 둘의 관계를 파악하여 보자.

제도(institution)는 대단히 자주 쓰이면서도, 정의를 내리기가 쉽지 않은 개념이다. Hall(1986: 19)은 "정치와 경제 각 부문에서 개인들 간의 관계를 구조화시키는 공식적 규칙, 순응 절차, 표준화된 관행"을 제도로 정의한 바 있는데, 이는 제도에 관한 가장 대표적이며 포괄적인 정의로 꼽힌다. 이 정의 속에서 제도의 다음과 같은 성격을 발견할 수 있다.

첫째, 제도는 안정성을 갖는다. 제도가 변화하는 경우도 있지만, 관계의 구조화로서의 제도는 비교적 안정적인 성격을 갖는다. 둘째, 제도는 규제적 성격을 갖는다. 제도는 인간이 형성한 것이지만, 형성된 제도는 인간의 행위를 규제한다. 셋째, '규제'라는 것이 바람직한 사회 질서를 구현하기 위한 것이라는 사실을 염두에 두면, 제도는 사회적 이상(理想)을 내포하고 있다고 할 수 있다. 넷째, 제도는 정치적 과정을 통하여 형성된다. 인간의 행위를 규제하는 제도는 일종의 경기 규칙(rule of game)과 같은 것으로서, 행위자들은 제각기 자신에게 유리한 규칙을 만들기 위하여 노력한다. 제도는 복잡다단한 정치 과정을 통하여 탄생한다. 다섯째, 제도는 공식적 측면 외에 비공식적 측면을 갖는다. 제도 또는 표준화된 관행이 오랫동안 유지되면, 그 제도는 사회에서 당연한(taken-for-granted) 것으로 받아들여진다. 제도가 삶의 일부가 되는 것이다. 요컨대, 제도는 이상을 향한 것인 한편, 현실의 반영이며, 공식적인 것인 한편, 비공식적인 것이기도 하다.

교육제도를 설계하는 일 역시 제도의 속성을 그대로 닮았다고 할 수 있다. 사회 구성원이 바람직하다고 생각하는 이상, 더 구체적으로는 헌법 상 교육(행정)의 원리를 구현하기 위하여 제도를 설계하기도 하지만, 교육에 대한 사회 각계의 다양한 요구를 현실적인 정치 과정을 통하여 제도로 수렴하기도 한다. 여기에서 '현실적인 정치 과정'은 자신들의 이해 관계를 유지·확대하기 위한 과정이기도 하지만, 다른 한편으로는 더 나은 미래를 위한 사회 구성원들의 집단 지성을 창출하는 과정이기도 하다. 이 정치 과정은 입법 과정에 다름 아니며, 이 과정의 산물이 바로 '법률'이다. 한편, 법률은 대표적인 공식적 규범으로서, 사회 생활의 안정성을 유지하며, 오랫동안 효력을 발한 법은 그대로 시민의 삶의 일부가 된다. 법률이 곧 제도가 되는 것이다. 요컨대, 제도는 법의 표현이며, 법은 제도의 정신이 응축된 것이라고 할 수 있다.

2. 교육법의 법원

법은 다양한 형태로 나타난다. 문자로 기술되고 문장의 형식을 갖추거나 일정한 절차에 따라 제정된 성문법이 있는가 하면, 관습법이나 판례법과 같은 불문법도 존재한다. 우리나라의 교육법은 원칙적으로 성문법에 의존하고 있다. 성문법은 최고 규범인 헌법을 정점으로 법률과 명령, 자치법규 등 다양한 법 규범이 긴밀한 상하위 관계를 형성한다. 이와 같은 법의 존재 형식을 법원(法源)이라고 한다. 성문법 형태의 교육법적 법원은 다음과 같다.

가. 헌법

헌법은 사회 공동체 구성원의 기본권과 국가의 통치 체제의 기초를 정한 기본법 또는 근본법을 말한다. 헌법은 최고의 기본법으로서 모든 법에 우선한다. 제3장에서 살펴본 바와 같이 헌법에서는 교육에 관하여 직접적으로(제31조), 또는 간접적으로 규정하는 조항을 통하여 교육에 관한 기본적 사항을 정하고 있다.

나. 법률

법률은 헌법에 근거하여 의회의 의결을 거쳐 확립된 규범을 말한다. 헌법 제31조 제6항에서는 교육제도의 법률주의를 선언하고 있는 바, 대부분의 중요한 교육제도는 법률에 직접 근거를 두고 있다. 교육제도 법률주의는 국가 권력의 교육에 대한 자의적이고 부당한 지배를 배제하기 위하여 국민에 의하여 구성된 의회를 통하여 합의된 방식, 즉, 형식적 의미의 법률에 의하여 교육을 운영하고자 하는 사고의 표현이다. 2024년 현재 교육부 소관 법률 중 교육 관계 법률은 70여 개가 넘는다. 교육기본법을 정점으로 유아교육법, 초・중등교육법, 고등교육법, 평생교육법과 같이 학교급 또는 교육대상을 중심으로 한 교육 일반에 관한 법률과 교육기관, 교원, 교육재정, 교육 시설 및 환경, 교육 진흥 등에 관하여 기본적 사항을 규율하고 있다.

다. 조약

조약은 법적인 권리와 의무를 창설하기 위하여 국가간 또는 국가와 국제기구 간에 문서를 통하여 이룩한 합의를 의미한다. 조약 외에도 협약, 결정, 헌장 등으로 표현되기도 한다. 헌법 제6조 제1항에서는 “헌법에 의하여 체결・공포된 조약과 일반적으로 승인된 국제법규는 국내법과 같은 효력을 가진다."고 규정하여 조약에 대하여 국내법과 같은 효력을 인정하고 있다. 교육과 관련된 대표적인 조약으로는 유네스코헌장(1946), 아동의 권리에 관한 협약(1992), 국제노동기구(ILO) 협약 등이 있다.

라. 명령

명령은 의회의 의결을 거치지 않고 헌법이나 법률의 위임에 의하여 행정관청이 제정하는 법규를 일컫는다. 명령은 법률에서 다룰 수 없는 세부적인 사항을 규율하기 위하여 제정된다. 명령을 발한 행정기관에 따라 대통령령, 국무총리령, 부령 등의 이름으로 발포되며, 헌법이나 법률을 시행하기 위하여 제정된 시행명령과 법률의 위임에 의하여 제정된 위임명령이 있다. 많은 법률은 그 내용을 구체화하고 시행을 위하여 명령을 수반한다. 예컨대, 초·중등교육법에는 초·중등교육법시행령이 수반된다.

마. 자치법규(조례와 규칙)

지금까지 살펴본 헌법과 법률, 명령은 국가 전체에 적용되는 법률인데 비하여, 특정 지방자치단체만을 효력 범위로 하는 법 규범이 존재한다. 이를 자치법규라고 하는데, 조례와 규칙이 있다.

조례는 지방자치단체가 지방의회의 의결을 거쳐 제정한 지방의 교육자지 법규이다. 지방자치단체는 지방의회의 의결을 거쳐 법령에 위반하지 않는 범위 안에서 그 자치단체의 사무를 집행하기 위하여 조례를 제정할 수 있다. 다만, 법률의 위임이 없는 경우에는 주민의 권리를 제한하거나 의무를 부과하거나 벌칙을 가하는 조례를 제정할 수는 없다. 광역자치단체(시·도)는 물론 기초지방자치단체(시·군·구)도 조례를 제정할 수 있는데, 기초자치단체의 조례는 광역자치단체의 조례를 위반하여 제정할 수 없다. 학생인권조례나 무상급식조례 제정의 예에서 알 수 있는 것처럼 지방교육자치가 활성화되면서 조례 제정이 확대되고, 조례를 통하여 규율되는 교육 사항도 많아지고 있다.

규칙은 지방자치단체의 장이 법령이나 조례가 위임한 범위 안에서 그의 권한에 관하여 규정한 법규를 말한다. 특히 교육감이 법령이나 조례가 허용하는 범위 안에서 제정하는 규칙이 있는데, 이를 교육규칙이라고 한다.

3. 교육 관계 법률의 입법과정

가. 법률의 입법 과정

어떤 교육문제에 대한 국민들의 공감대가 형성되고 문제 해결에 대한 요구가 높아져서 정부가 새로운 교육정책을 시행하고자 하는 경우 궁극적으로는 법을 제정하거나 개정하는 입법 과정(legislative process)을 통하여 국민의 의견을 형성하며 정책을 확립한다. 입법과정은 정치 과정 또는 정책 결정 과정이라고도 할 수 있으며, 민의를 수렴하며, 갈등을 해결하고 통합하는 기능을 한다(국회 법제실, 2011: 16-17). 교육정책의 변동은 궁극적으로는 교육입법의 변동이라고 할 수 있다.

입법과정은 법률의 제정과 개정을 포함하는데, 법률안의 입안과정, 국회에서의 심사, 의결과정, 그리고 법률안의 정부 이송 및 대통령이 공포하는 순차적 단계를 통하여 이루어진다. 입법 과정을 개관하면 [그림 4−1]과 같다(국회법제실, 2011: 19-27).

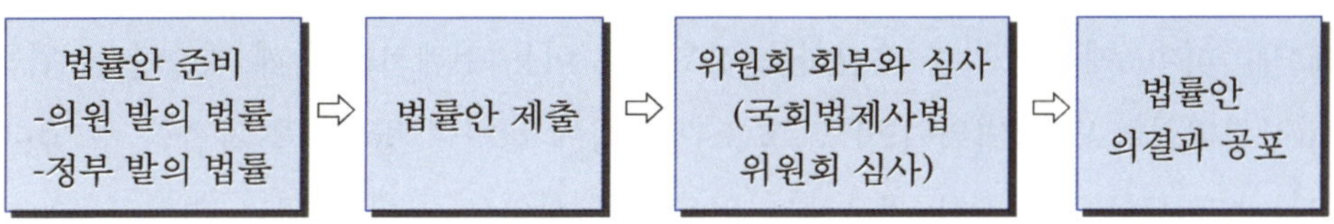

[그림 4-1] **입법 절차 개관**

1) 법률안 준비

법률안은 국회의원과 정부가 제출할 수 있는데(헌법 제52조), 전자를 의원 발의 입법이라고 하며, 후자를 정부 발의 입법이라고 한다.

가) 의원발의 법률안

국회의원은 여러 경로를 통하여 입법의 필요성을 인식할 수 있다. 또, 이해 집단들은 다양한 방식을 동원하여 자신들의 요구를 입법화하려고 하며 입법의 필요성을 국회의원에게 설득한다. 이런 과정을 통하여 국회의원이 입법을 결심하면, 현황 자료를 수집하고 이해 관계인을 대상으로 공청회를 여는 등 입법 준비에 착수한다.

이후 법률안을 입안하는데, 의원이 법률안의 초안을 작성하고 국회 법제실의 검토 및 수정, 보완을 거치거나 의원실이 요청한 입법 취지에 따라 국회 법제실이 성안한 법률안을 의원이 제출하는 것이 일반적이다.

법률안을 시행하는 데에는 직·간접적으로 예산이 소요되며, 법률안 시행 전에 소요 비용을 분석하고 있다. 이 일은 국회 예산정책처 예산분석실에서 담당하며, 비용추계서는 법률안과 함께 첨부되어 제출된다.

나) 정부 제출 법률안

정부 제출 법률안은 소관 부처(교육부)에서 법률안을 입안하여 국무회의에 제안하면, 관계 부처 협의가 이루어지고, 이후 당정 협의 과정을 거쳐서 입법을 예고한다. 입법 예고 후에는 규제 심사와 법제처의 심사, 차관 회의와 국무회의 심의를 거쳐서 대통령이 서명 및 부서하여 국회에 제출한다.

2) 법률안 제출

의원 발의 법률안은 국회의원이 의원 10인 이상의 찬성을 얻어 연서하여 의장에게 제출하며, 예산 조치를 수반하는 경우에는 비용 추계서를 함께 제출한다. 위원회(상임위원회 및 특별위원회)도 그 소관 사항에 관하여 법률안을 제출할 수 있다. 정부가 법률안을 제출할 경우에는 국무회의 심의를 거쳐 대통령 명의로 한다.

3) 위원회 회부와 심사

국회의장은 법률안이 제출되면 이를 의원에게 배부하고, 본 회의에 보고한 후 소관 상임위원회에 회부하여 심사하게 한다. 위원회는 제안자(발의 의원 또는 국무위원)의 취지 설명과 전문위원의 검토 보고를 들은 다음 법률안의 당부와 문제점에 관하여 토론한다. 심사 후에 원안의결, 수정의결, 폐기 또는 대안 의결 여부에 대한 표결을 한다.

4) 법제사법위원회의 체계 · 자구 심사

소관 상임위원회에서 법률안의 심사를 마쳤을 때에는 이를 법제사법위원회에 회부하여 체계와 자구에 대한 심사를 한다. '체계 심사'는 위헌 여부, 타 법과의 저촉 여부, 현행 법령 체계와의 정합성을, '자구 심사'는 법문 표현의 통일성, 일관성 등을 의미한다.

5) 본 회의 의결

본 회의에서 법률안에 대한 보고가 이루어지며, 질의 · 토론을 거쳐 표결을 하며, 의결된 법률안은 국회의장이 정부에 이송한다.

6) 법률안의 공포와 재의 요구

대통령은 이송된 법률안을 15일 이내에 공포하여야 하며, 이의(異意)가 있을 경우 15일 이내에 이의서를 붙여 국회에 환부하고 재의를 요구할 수 있다. 대통령으로부터 재의가 요구된 법률안은 본회의에 부의되어 무기명 투표로 표결하며, 재적의원 과반수의 출석과 출석의원 2/3 이상의 찬성으로 재의결되면 그 법률안은 법률로서 확정된다. 확정된 법률안은 대통령이 이를 지체 없이 공포하여야 한다.

나. 조례의 제정 절차

조례의 제정 절차를 개관하면 [그림 4-2]와 같다(이기우 · 하승수, 2007: 324-325).

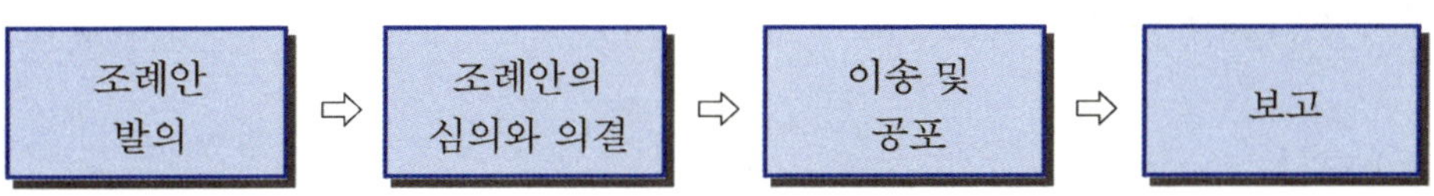

[그림 4-2] 조례안 제정 절차

1) 조례안 발의

교육·학예에 관한 사항에 관하여 지방의회에서 의결할 의안은 교육감이 조례를 발의한다. 또 지방의회 재적 의원 5분의 1 이상 또는 의원 10명 이상의 연서로도 조례안을 발의할 수 있으며, 지방의회의 위원회도 그 직무에 속하는 사항에 관하여 조례안을 발의할 수 있다. 뿐만 아니라 지방자치법 제15조에 의하여 지방자치단체의 19세 이상 주민도 조례의 제정 또는 개폐를 청구할 수 있다. 주민의 조례 제정 또는 개폐 청구가 있으면 지방자치단체의 장은 청구 수리일로부터 60일 이내에 조례의 제·개정안 또는 폐지안을 지방의회에 부의하여야 한다.

2) 조례안 심의와 의결

지방의회에 제출된 조례안은 상임위원회의 심사를 거쳐 지방의회가 심의하여 의결한다. 조례는 법에 특별한 규정이 있는 경우를 제외하고는 재적 의원 과반수의 출석과 출석 의원 과반수의 찬성으로 의결한다.

3) 이송·공포

조례안이 지방의회에서 의결된 경우에는 의장이 의결된 날로부터 5일 이내에 그 지방자치단체의 장에게 이를 이송하여야 한다. 지방자치단체의 장은 조례안을 이송받으면 20일 이내에 공포하여야 하며, 특별한 규정이 없는 한 공포일로부터 20일이 지나면 효력을 발생한다.

4) 재의 요구

교육감은 교육·학예 사무와 관련된 조례안에 대하여 재의 요구를 할 수 있다. 재의 요구에 대하여 지방의회가 재의를 부쳐 재적 의원 과반수의 출석과 출석 의원 3분의 2 이상의 찬성으로 전과 같은 의결을 하면 그 조례안은 조례로서 확정된다.

5) 보고

조례를 제·개정 또는 폐지할 경우 이송일로부터 5일 이내에 시·도 지사는 행정안전부장관에게, 시장・군수・구청장은 시・도 지사에게 전문(全文)을 첨부하여 보고하여야 하며, 행정안전부장관은 이를 관계 중앙 행정 기관의 장에게 통보하여야 한다.

4. 교육 관계 법률의 구조와 내용

교육 관계 법률은 교육 일반, 교육기관의 설치 및 조직과 운영, 교원, 교육재정, 교육시설 및 환경, 교육 진흥에 관한 법률로 구분할 수 있다. 이밖에 학교의 운영과 학생에 관련하여 형식적 의미의 법률은 많지 않지만, 관련 법 규범은 정리할 필요가 있다.

가. 교육 일반에 관한 법률

교육 일반에 관한 법률로는 교육 헌법이라고 할 수 있는 교육기본법과 교육 단계에 따라 중요 사항을 규율하고 있는 유아교육법, 초・중등교육법, 고등교육법, 평생교육법이 존재한다. 또, 지방의 교육・학예 사무 관장 조직과 운영에 관한 사항을 규정한 지방교육자치에 관한 법률과 사립학교 운영에 관한 사항을 규율하고 있는 사립학교법이 있다. 인적자원개발기본법도 교육 일반에 관한 법률이라고 할 수 있다.

교육기본법은 교육에 관한 권리와 의무, 국가와 지방자치단체의 교육에 대한 책임을 정하고 교육제도와 그 운영에 관한 기본적 사항을 규정할 목적으로 제정되었다. 헌법상의 교육 운영 원칙을 구체화한 총칙과 교육권 주체(학생, 학부모, 교원, 학교 설치자, 국가)의 권리와 의무를 규정한 교육 당사자, 교육정책의 중점 사항을 밝히고 있는 교육의 진흥 등 3장으로 구성되어 있다.

초・중등교육법은 초・중등교육에 관한 기본적인 사항을 정하고 있으며, 의무교육, 학생과 교직원, 학사 운영에 관한 대강(교육과정, 학교 회계 등), 학교운영위원회 등을 규율하고 있다. 같은 법 시행령에서는 더 구체적으로 의무교육의 실시와 학생의 징계, 교원의 배치, 교과와 학사 운영 방식, 중학교와 고등학교의 입학,

학력과 자격 인정 등에 관한 사항을 정하고 있다.

고등교육법에서는 학생의 징계, 교직원의 자격 기준과 임무, 학사 운영의 대강, 대학의 종류별(대학, 산업대학, 교육대학, 전문대학, 원격대학, 기술대학 등)로 규율할 사항을 정하고 있다. 평생교육법에서는 평생교육진흥기본계획, 평생교육진흥원, 평생교육사, 평생교육기관, 문자해득교육, 평생학습 결과의 관리 및 인정 등을 중심으로 평생교육에 관한 기본적 사항을 정하고 있다. 유아교육법에서는 유치원의 설립과 교직원, 비용 등에 관한 사항을 정하고 있다. 각각 시행령을 두어 구체적인 사항을 밝히고 있다.

지방교육자치에 관한 법률은 지방자치단체의 교육·과학·기술·체육 그밖의 학예에 관한 사무를 관장하는 기관의 설치와 그 조직 및 운영 등에 관한 사항을 규정하는 것을 목적으로 하며, 교육감의 지위와 권한, 교육감의 보조 기관과 소속 기관, 지방교육재정, 지방교육에 관한 교육행정과 일반행정의 협력 등을 규정하고 있다.

사립학교법은 사립학교의 특수성에 비추어 그 자주성을 확보하고 공공성을 앙양함으로써 사립학교의 건전한 발달을 도모하고자 하는 법으로서, 학교법인의 설립과 기관, 재산과 회계, 해산과 합병, 지원과 감독 등을 규정하고 있으며, 사립학교 경영자, 사립학교 교직원의 자격, 임면, 복무, 신분 보장과 사회보장, 징계 등에 관한 사항을 규정하고 있다. 한국의 사립학교법에는 규제적 요소가 과도하다는 지적이 종종 이루어지는데, 김영화(2007)는 사립학교에 대한 정부의 지원과 규제에 관한 각국의 입법과 정책을 비교 분석하여 한국이 사립학교에 대하여 지원도 많이 하고 규제도 강하게 하는 국가라는 사실을 실증적으로 밝힌 바 있다. 그런데, 같은 연구에서 유럽의 많은 국가들 역시 한국과 같은 유형에 속한다는 사실을 보여주었는데, 이는 한국만이 유달리 사학에 대한 규제가 강하다는 주장에 대하여 재고할 필요가 있음을 보여준다.

인적자원개발기본법은 인적자원개발 정책에 관한 사항을 정하고 있는 법률로서, 인적자원개발기본계획의 수립, 국가인적자원위원회의 구성과 운영 등에 관한 사항을 정하고 있다.

교육기본법
- 유아교육법
- 초 · 중등교육법
- 고등교육법
- 평생교육법
- 지방교육자치에관한법률
- 사립학교법
- 인적자원개발기본법

[그림 4-3] 교육 일반에 관한 법률의 체계

나. 교육 및 유관 기관의 설치 및 조직과 운영에 관한 법률

初·중등학교 및 고등교육기관의 설치와 조직 및 그 운영 등에 관한 사항은 初·중등교육법과 고등교육법에서 정하고 있지만, 예외적인 교육기관과 유관 기관의 설치와 조직 및 운영 등에 관한 법률과 규정이 존재한다.

초·중등교육 단계에서 의미가 있는 법령으로는 국립학교 설치령, 자율형 사립고등학교의 지정 및 운영에 관한 규칙, 대안학교의 설립·운영에 관한 규정, 경제자유구역 및 제주국제자유도시의 외국교육기관 설립·운영에 관한 특별법, 외국학교 및 외국인 유치원의 설립·운영에 관한 규정 등을 들 수 있다.

국립학교 설치령에서는 국립대학(대학, 산업대학, 교육대학, 전문대학)과 그 부설학교(유치원, 초등학교, 중학교, 고등학교), 국립고등학교, 국립특수학교, 국립각종학교의 조직과 운영에 관한 사항을 정하고 있다. 자율형 사립고등학교의 지정 및 운영에 관한 규칙은 당해 학교의 운영에 관한 구체적인 사항을 정하고 있다. 대안학교의 설립·운영에 관한 규정은 설립 인가와 절차, 학력 인정, 교육과정과 학사 운영 등에 관한 사항을 정하고 있다.

외국 교육기관 관련 법령에 따르면, 외국 교육기관은 초·중등교육법의 상당한 조항에 대하여 예외를 인정받으며 내국인 학생도 법령이 정하는 요건을 갖추면 입학이 가능하며, 학력을 인정받을 수도 있다. 교육규제 완화 차원에서 외국인학교에 대하여 내국인 학생의 입학과 학력 인정, 수익 처리 등을 둘러싼 규제가 완화되고 있으나, 교육 평등의 관점에서 문제가 제기되기도 한다(김용일, 2006).

대학의 설립과 운영에 관한 법령으로는 법학전문대학원 설치·운영에 관한 법률, 국립대학법인 울산과기대 설립·운영에 관한 법률, 국립대학병원 설치법, 국립

대학법인 서울대학교 설치 · 운영에 관한 법률, 한국교원대학교 설치령 등이 존재하며, 교육 유관 기관에 설치에 관한 법령으로는 한국대학교육협의회법, 한국사학진흥재단법, 한국교직원공제회법, 한국전문대학협의회법, 한국교육학술정보원법, 한국장학재단 설립 등에 관한 법률 등이 있다.

교육기관 설치 · 운영 관련법령

- 경제자유구역 및 제주국제자유도시의 외국교육기관 설립 · 운영에 관한 특별법
    - 국립학교 설치령
    - 자율형 사립고등학교의 지정 및 운영에 관한 규칙
    - 대안학교의 설립 · 운영에 관한 규정
    - 외국학교 및 외국인 유치원의 설립 · 운영에 관한 규정

[그림 4-4] **교육기관에 관한 법령(초·중등교육기관을 중심으로)**

다. 교원 관계 법률

교원 관계 법률로 가장 대표적인 것은 교육공무원법이다. 교육공무원법은 교육공무원인사위원회, 자격, 임용, 보수, 연수, 신분보장, 징계, 소청 등에 관하여 정하고 있다. 법률 형식적으로는 국가공무원법 및 지방공무원법에 대한 특례법으로서의 위상을 지닌다.

교육공무원법은 방대한 내용을 다루고 있으며, 이를 구체화하여 규정하고 있는 시행령과 시행규칙도 대단히 많다. 관련 법규의 체계를 정리하면 다음과 같다.

- 교육공무원법
    - 교육공무원임용령
        - 교육공무원임용후보자선정경쟁시험규칙
        - 교사임용후보자명부작성규칙
        - 교원자격의취득을위한보수교육에관한규칙
    - 교원자격검정령
        - 교원자격검정령시행규칙
    - 교원예우에관한규정
    - 교원등의연수에관한규정
    - 교육공무원인사위원회규정
        - 교원등의연수에관한규정시행규칙
    - 교육공무원승진규정
    - 교육공무원징계령
        - 교육공무원징계양정등에관한규칙
        - 교육공무원인사기록및사무처리규칙
        - 교원소청에관한규정

[그림 4-5] **교육공무원법의 유관 법령 체계**

이밖에 교원 관련 법률로는 교원의 지위 향상 및 교육활동 보호를 위한 특별법과 교원의 노동조합 설립 및 운영 등에 관한 법률, 시국사건 관련 교원 임용 제외자 채용에 관한 특별법, 국립 사범대학 졸업자 중 교원 미임용자 임용 등에 관한 특별법, 병역 의무 이행 관련 교원 미임용자 채용에 관한 특별법 등이 있다.

교원의 지위 향상 및 교육활동 보호를 위한 특별법은 교원에 대한 예우와 처우를 개선하고 교육활동을 보호하여 교원 지위를 향상시키고 교육 발전을 도모하고자 하는 법률로서 학교 안전사고로부터 교원의 보호와 교원소청심사위원회의 설치와 운영, 교원의 교육활동 보호 등에 관한 사항을 정하고 있다. 교원의 노동조합 설립 및 운영 등에 관한 법률은 교원 노동조합의 설립, 교섭과 체결 권한, 단체협약의 효력 등을 정하고 있으며, 법률 형식적으로는 노동조합 및 노동관계조정법의 특별법의 위상을 지닌다.

한편, 교육청에 두는 일반직 공무원에 관한 법령으로는 지방공무원법, 지방공무원 임용령, 지방교육행정기관의 기구와 정원 기준 등에 관한 규정과 동 규정 시행규칙, 지방공무원 보수 규정, 지방공무원 복무 규정, 지방공무원 징계 및 소청 규정 등이 있다.

라. 교육재정에 관한 법률

교육재정에 관한 대표적인 법률은 지방교육재정교부금법이다. 이 법률은 지방교육의 균형있는 발전을 도모하는 것을 목적으로 교부금의 종류와 재원, 교부 방식 등에 관한 사항을 정하고 있다. 같은 법률에 시행령과 시행규칙을 두어 측정 단위와 산정 공식 등 구체적인 사항을 정하고 있다. 교육세가 교육재정의 중요한 재원이라는 점에서 교육세법도 중요하다. 교육세법은 납세 의무자, 과세 표준과 세율 등을 정하고 있다.

이밖에 학교 단위의 회계 규칙을 정한 법령으로는 공립 초·중등학교 회계규칙, 국립 초·중등학교 회계규칙, 사학기관재무회계규칙 등이 있으며, 학교 수업료 및 입학금에 관한 규칙과 대학 수업료 및 입학금에 관한 규칙을 두어 관련 사항을 규정하고 있다. 이밖에 지방자치단체의 교육 지원에 관한 사항을 규율하기 위하여 지방자치단체의 교육경비 보조에 관한 규정을 두고 있다. 초·중등학교의 재무 운영에 관한 사항은 초·중등교육법과 같은 법 시행령에서 정하고 있다. 이 법령에 따르면, 학교는 학교회계를 설치하고 운영하여야 하며, 학교발전기금을 조성할 수 있다. 특별히 학교발전기금과 관련하여 학교발전기금의 조성·운용 및 회계관리에 관한 규칙이 있다.

근래에는 대학생들의 등록금 부담을 덜기 위하여 취업 후 학자금 상환 특별법과 한국 장학 재단 설립 등에 관한 법률을 제정하여 운영하고 있다. 또, 유아교육과 고등·평생교육 등 그동안 국가 재정 투입이 상대적으로 부족했던 교육을 강화하기 위하여 한시적으로 특별회계를 설치·운영하기 위하여 유아교육지원특별회계법과 고등·평생교육지원특별회계법을 시행하고 있다.

- 지방교육재정교부금법 — 지방교육재정교부금법시행령 — 지방교육재정교부금법시행규칙
- 교육세법 — 교육세법시행령
- 유아교육지원특별회계법
- 고등·평생교육지원특별회계법
- 취업후학자금상환특별법
- 한국장학재단설립등에관한법률

- 공립초·중등학교회계규칙
- 국립초·중등학교회계규칙
- 사학기관재무회계규칙
- 학교발전기금의조성·운용 및 회계관리에관한규칙
- 학교수업료및입학금에관한규칙
- 대학수업료및입학금에관한규칙

[그림 4-6] 교육재정 관계 법령 체계

마. 교육시설 및 환경에 관한 법률

학생들이 건강하고 쾌적한 환경에서 교육을 받을 수 있도록 교육환경 보호에 관한 법률을 제정, 시행하고 있다. 이 법률에 근거하여 교육환경평가제도를 시행하고 교육환경보호구역을 설정하고 있다. 학교급식법이나 학교보건법은 학생 안전 및 건강과 관련된 법률로서 넓게 보면 교육환경의 일부를 구성한다고 볼 수도 있다. 또 교육 환경을 넓게 보아서 체육 시설 등에 관한 법률을 포함하는 경우 체육

시설의 설치·이용에 관한 법률과 같은 법 시행령과 시행규칙 등이 존재한다.

교육시설에 관한 기준을 정하고 있는 대표적 규정은 고등학교 이하 각급학교 설립·운영 규정과 같은 규정 시행세칙, 대학설립·운영규정과 같은 규정 시행세칙이다. 이 규정들은 각급학교의 설립·운영에 필요한 시설·설비 기준과 사립학교의 경영에 필요한 재산 기준 등을 정하고 있다. 또, 특수학교 시설·설비 기준령과 사이버대학 설립·운영 규정도 존재한다.

학교 시설 사업 시행에 관한 절차를 간소화하고 건축 허가 등에 관한 특례를 규정하여 학교 환경을 개선하고 학교교육 발전에 이바지하기 위한 법률로서 학교 시설 사업 촉진법이 있으며, 같은 법 시행령과 시행규칙에서 구체적인 사항을 정하고 있다.

또, 학교 용지 확보 등에 관한 법률로서 학교 용지 확보 등에 관한 특례법과 같은 법 시행령, 학교 용지 부담금 환급 등에 관한 법률과 같은 법 시행령, 폐교재산의 활용 촉진을 위한 특별법과 같은 법 시행령 등이 존재한다.

- 교육환경
  - 교육환경 보호에 관한 법률 — 시행령 — 시행세칙
- 시설설비기준
  - 고등학교 이하 각급학교 설립 운영 규정 — 시행세칙
  - 대학설립 운영규정 — 시행세칙
  - 특수학교 시설 설비 기준령
  - 사이버대학 설립 · 운영 규정
- 시설사업
  - 학교시설 사업 촉진법 — 시행령 — 시행세칙
- 학교 용지
  - 학교 용지 확보 등에 관한 특례법 — 시행령
  - 학교 용지 부담금 환급 등에 관한 법률 — 시행령
  - 폐교 재산의 활용 촉진을 위한 특별법 — 시행령
- 체육 시설
  - 체육 시설의 설치 · 이용에 관한 법률 — 시행령 — 시행규칙

[그림 4-7] 교육시설 및 환경 관련 법령 체계

바. 교육 진흥에 관한 법률

교육기본법 제3장에서는 교육의 진흥을 규정하고 있는 바, 교육 대상이나 지역, 중점 교육정책에 관한 사항이 법률로 규정되어 있다. 교육 대상을 중심으로 장애인

등에 관한 특수교육법, 영재교육진흥법, 재외국민의 교육지원 등에 관한 법률, 퇴직 교원의 평생교육 활동 지원법 등이 있다. 양성평등을 위하여 남녀평등교육심의회 규정이 제정되어 있으며, 상대적으로 열악한 지역의 교육을 진흥하기 위하여 도서벽지교육 진흥법이 존재한다.

사. 학교 운영에 관한 법률

1) 학교의 종류와 목적 등

초·중등교육법 제2조에서는 초·중등교육을 실시하기 위한 학교들로 초등학교, 중학교, 고등학교 등을 구분하여 열거하고 있다. 각각의 학교는 독특한 교육목표를 갖는다. 예컨대, 초등학교는 국민생활에 필요한 기초적인 초등교육을(제38조), 중학교는 초등학교에서 받은 교육의 기초 위에 중등교육을(제41조), 고등학교는 중학교에서 받은 교육의 기초 위에 중등교육 및 기초적인 전문교육을(제45조) 하는 것을 목적으로 한다. 각 교육 단계의 교육목표를 이처럼 진술한 것에 대하여 공허하다는 비판을 제기하며 더 구체적으로 각 학교의 교육목표를 진술하여야 한다는 입장도 있을 수 있다. 실제로 초·중등교육법이 제정되기 이전의 교육법에는 각 학교 단계의 교육목표를 구체적으로 진술하고 있었다.[1)]

1) 과거 교육법에는 각급 학교의 교육목표를 다음과 같이 제시하였다.

〈초등학교〉

1. 일상생활에 필요한 국어를 정확하게 이해하며 사용할 수 있는 능력을 기른다.
2. 개인과 사회와 국가와의 관계를 이해시키어 도의심과 책임감, 공덕심과 협동정신을 기른다. 특히 향토와 민족의 전통과 현장을 정확하게 이해시키어 민족의지를 앙양하며 독립자존의 기풍을 기르는 동시에 국제협조의 정신을 기른다.
3. 일상생활에 나타나는 자연사물과 현상을 과학적으로 관찰하며 처리하는 능력을 기른다.
4. 일상생활에 필요한 수량적인 관계를 정확하게 이해하며 처리하는 능력을 기른다.
5. 일상생활에 필요한 의식주와 직업 등에 대하여 기초적인 이해와 기능을 기르며 근로역행, 자립자활의 능력을 기른다.
6. 인간생활을 명랑하고 화악하게 하는 음악, 미술, 문예 등에 대하여 기초적인 이해와 기능을 기른다.
7. 보건생활에 대한 이해를 깊게 하며 이에 필요한 습관을 길러 심신이 조화적으로 발달하도록 한다.

〈중학교〉

1. 초등학교 교육의 성과를 더욱 발전 확충시키어 중견국민으로서 필요한 품성과 자질을 기른다.

각 학교 단계의 교육연한은 초등학교 6년(제39조), 중학교 3년(제42조), 고등학교 3년(제46조)이다. 초등학교와 중학교는 보통교육 단계라고 할 수 있으나, 고등학교는 보통교육과 전문교육의 성격이 혼재되어 있는 교육 단계이다. 따라서 초등학교와 중학교에 비하여 고등학교는 학교 내부의 조직 구성에 차이가 있고, 학교 유형이 상당히 다양하다.

초등학교와 중학교는 한 학교에 재학하는 학생을 학년과 학급 이외에는 별도의 학사 단위에 따라 구분하지 않지만, 고등학교는 일정한 수준에서 전문교육을 담당하기 때문에 전문교육 분야 또는 내용에 따라 학생 편제를 달리할 수 있다. 초·중등교육법에서는 고등학교에 학과와 과정을 둘 수 있다고 규정하고 있는데(제48조, 제49조), 여기서 학과는 전문교육을 위한 기본적 학사 조직이며, 과정은 교육 프로그램의 내용을 기준으로 한 편제 단위를 의미한다(박재윤 외, 2007: 52-54). 고등학교에서는 과정과 학과를 두어 학생 편제를 차별화하고 있다.

다른 한편, 초등학교와 중학교는 학교의 종류가 단일하지만, 고등학교는 학교의 종류가 상당히 다양하다. 초·중등교육법시행령 제76조의 2에서는 고등학교의 종류를 교육과정 운영과 학교의 자율성을 기준으로 다음과 같이 구분하고 있다.

- 일반고등학교: 특정 분야가 아닌 일반적인 교육을 실시하는 고등학교
- 특수목적고등학교: 특수 분야의 전문적 교육을 실시하는 학교
- 특성화고등학교: 소질과 적성 및 능력이 유사한 학생을 대상으로 특정 분야의 인재양성을 목적으로 하는 교육 또는 자연현장실습 등 체험위주의 교육을 전문적으로 실시하는 학교
- 자율고등학교: 교육과정을 자율적으로 운영할 수 있는 자율형 사립고등학교와 자율형 공립고등학교

---

2. 사회에서 필요한 직업에 관한 지식과 기능, 근로를 존중하는 정신과 행동 또는 개성에 맞는 장래의 진로를 결정하는 능력을 기른다.
3. 학교 내에 있어서의 자율적 활동을 조장하며 감정을 바르게 하고 공정한 비판력을 기른다.
4. 신체를 양호 단련하여 체력을 증진시키며 건전한 정신을 기른다.

〈고등학교〉

1. 중학교 교육의 성과를 더욱 발전 확충시키어 중견국민으로서 필요한 품성과 기능을 기른다.
2. 국가사회에 대한 이해와 건전한 비판력을 기른다.
3. 민족의 사명을 자각하고 체위의 향상을 도모하며 개성에 맞는 장래의 진로를 결정케 하며 일반적 교양을 높이고 전문적 기능을 기른다.

교육개혁 과정에서 고등학교 유형이 다양화된 점에 대하여 학습자의 다양한 요구에 부응할 수 있도록 학교 체제가 변화되었다는 점에서 긍정적으로 평가하는 견해가 있는 반면(이주호 외, 2006), 고등학교의 다양화는 진정한 의미에서의 수평적 다양화가 아니라 수직적 다양화, 즉 학교 서열화에 지나지 않으며, 고등학교 체제를 지나치게 복잡하게 만들었다는 점에 대하여 부정적으로 평가하는 견해도 있다(김용일, 2010).

한편, 중학교 단계에서 교육과정 운영을 특성화하기 위한 학교로서 특성화중학교를 설립할 수 있도록 하고 있다(초・중등교육법시행령 제76조). 현재는 대안교육을 실시하는 학교나 예술 체육 분야의 특수목적교육을 실시하는 학교와 국제중학교 등이 특성화중학교로 지정되어 있다(2020년 현재 37개교).

한편, 고등교육법 제2조는 고등교육을 실시하기 위한 학교로 대학, 산업대학, 교육대학, 전문대학, 방송대학, 기술대학, 각종학교를 두고 있다. 대학은 인격을 도야하고, 국가와 인류사회에 필요한 심오한 학술이론과 그 응용방법을 가르치고 연구하며, 국가와 인류사회에 이바지함을 목적으로 삼으며(28조), 산업대학은 산업사회에서 필요한 학술 또는 전문적인 지식이나 기술의 연구와 연마를 위한 교육을 계속하여 받으려는 사람에게 고등교육의 기회를 제공하여 산업인력을 양성하는 일을 목적으로 삼고 있다(37조). 교육대학 등을 두어 초등학교 교원과 중등학교 교원을 양성하고 있으며(41조), 사회 각 분야에 관한 전문적인 지식과 이론을 가르치고 연구하여 전문직업인을 양성하기 위하여 전문대학을 두고 있다(47조). 또, 정보・통신매체를 통한 원격교육으로 고등교육 기회를 제공하고 평생교육 발전에 이바지하고자 원격대학을 두고 있으며(52조), 산업체 근로자가 산업현장에서 전문적인 지식・기술교육을 받을 수 있도록 기술대학을 두고 있다(55조).

공립학교와 달리 사립학교 설치와 운영에 관해서는 사립학교법으로 규율하고 있다. 사립학교법은 사립학교의 자주성을 확보하고 공공성을 높이고자 하는 법이지만, 자주성과 공공성이 대립적으로 인식되는 경우가 종종 발생하고, 따라서 법률 개정 시에 상당한 갈등을 수반하기도 한다(주영달, 2020). 또, 현행 사립학교법은 초・중등학교와 대학을 구분하지 않고 있으나, 학교의 성격상 둘을 구분하여 사립학교법과 사립대학법을 제정해야 한다는 견해도 존재한다.

2) 학사 운영

학교 운영의 상당 부분은 법령에서 규율되는 바, 그 대강을 정리하면 다음과 같다.

첫째, 교육과정 운영과 관련하여, 교육과정의 기준과 내용에 관한 기본적인 사항은 국가교육위원회가 정하고, 교육감은 그 범위 안에서 지역의 실정에 적합한 기준과 내용을 정한다. 학교 교육과정 운영에 영향을 미치는 법정교육 관련 법령을 제・개정하는 경우에는 교육과정 영향 사전협의제도가 운영되고 있다(제23조의2). 또 교과는 대통령령으로 정한다(초・중등교육법 제23조). 학교에서는 국가가 저작권을 가지고 있거나 교육부장관이 검정 또는 인정한 교과용 도서를 사용하여야 한다(법 제29조). 이밖에 교과용도서에 관한 규정과 교육과정심의회 규정이 존재한다.

둘째, 학사 단위 구성과 관련하여, 학생의 진급 또는 졸업은 학년제에 의하며(법 제26조), 조기 진급과 조기 졸업은 인정된다(법 제27조). 학급 수와 학생 수는 교육감이 정하며(시행령 제51조), 학급은 동일 학년 동일 학과로 편성한다(시행령 제46조).

셋째, 수업 운영과 관련하여, 학년도는 3월 1일부터 다음 해 2월 28일까지로 하며(법 제24조), 매 학년도는 두 학기로 구분하여 운영한다(시행령 제44조). 수업은 주간, 전일제를 원칙으로 하여(법 제24조) 220일 이상으로 운영한다(시행령 제45조).

넷째, 학업에 어려움을 겪는 학생과 다문화 학생 등에 대한 교육을 특별히 지원하고 있다(법 제28조, 제28조의2).

다섯째, 학교의 의사결정과 관련하여, 학교 운영의 자율성을 높이고 지역의 실정과 특성에 맞는 다양한 교육을 창의적으로 실시할 수 있도록 하기 위하여 학교운영위원회를 구성・운영하도록 하고 있다.

여섯째, 이상의 거의 모든 내용을 포함하여 학교 운영의 제반 사항을 학칙에 규정하도록 하고 있다. 학칙은 법령의 범위 안에서 교육부장관이나 교육감의 인가를 받아 제정하며(법 제8조), 수업연한・학년・학기 및 휴업일, 학급편제 및 학생 정원, 교과・수업일수 및 고사와 과정수료의 인정, 입학・재입학・편입학・전학・

휴학·퇴학·수료 및 졸업, 조기진급 및 조기졸업, 수업료·입학금 기타의 비용 징수, 학생포상 및 학생징계, 학생자치활동의 조직 및 운영, 학칙 개정 절차 등을 포함하도록 하고 있다(시행령 제9조).

일곱째, 학교보건에 관한 법률로서 학교보건법과 같은 법 시행령과 시행규칙이, 학교급식에 관한 법률로서 학교급식법과 같은 법 시행령과 시행규칙이 존재한다.

여덟째, 학교 안전 사고의 예방과 보상을 위하여 학교안전사고 예방 및 보상에 관한 법률과 같은 법 시행령과 시행규칙이, 학교폭력 예방 및 대책을 강구하기 위하여 학교폭력 예방 및 대책에 관한 법률과 같은 법 시행령이 존재한다.

대학의 학사 운영에 관해서는 헌법상 보장된 대학의 자율성을 보장하고자 학년도, 학기, 수업일수, 교육과정 운영, 수업, 학점인정, 휴업일 등에 관한 사항을 학칙으로 정하도록 하고 있다. 물론, 학점인정의 기준이나 타 대학과의 공동 교육과정 운영 등에 관해서는 대통령령으로 일정한 기준을 정하고 있다. 근래 고등교육이 변화하면서 대학 학사 운영이 탄력화하고 공유대학이 출현하는 등 대학의 학사 운영이 급변하고 있다. 이에 따라 기존 대학 학사운영 관련 법률을 재검토할 필요가 제기된다(채재은, 김용, 2023).

3) 자율학교

학교의 자율성을 제고하기 위한 개혁 과정에서 일정 범위에서 법적 규제의 예외를 인정받아 학교를 운영할 수 있는 경우를 만들었는데, 자율학교가 바로 그것이다. 초·중등교육법 제61조에서는 학교 교육제도를 포함한 교육제도의 개선과 발전을 위하여 특히 필요하다고 인정되는 경우에 다음과 같은 부분에서 예외를 인정받는 학교를 운영할 수 있도록 하고 있다.

- 법정된 자격을 갖추지 않은 사람을 교장과 교감에 임용할 수 있다.
- 학년도의 시종(始終)을 변경할 수 있다(통상은 3월 1일에 시작하여 다음 해 2월 말에 종료)
- 학생의 진급이나 졸업을 학년제가 아닌 제도에 따라 운영할 수 있다.
- 국·검·인정 도서 이외의 도서를 교과용도서로 사용할 수 있다.

- 학교운영위원회의 설치와 운영에서 예외를 인정받는다.
- 수업연한을 변경할 수 있다.

현재 자율학교의 지정 운영권은 교육감이 가지고 있고, 다음에 해당하는 학교들 중에서 5년 이내로 지정 운영하고 연장할 수 있다(초·중등교육법시행령 제105조).

- 초·중등교육법 제28조에 따른 학습부진아 등에 대한 교육을 실시하는 학교
- 개별학생의 적성·능력 개발을 위한 다양하고 특성화된 교육과정을 운영하는 학교
- 학생의 창의력 계발 또는 인성함양 등을 목적으로 특별한 교육과정을 운영하는 학교
- 특성화중학교
- 산업수요 맞춤형 고등학교 및 특성화고등학교
- 「농림어업인 삶의 질 향상 및 농산어촌지역 개발촉진에 관한 특별법」 제3조제3호에 따른 농산어촌학교
- 그 밖에 교육감이 특히 필요하다고 인정하는 학교

다만, 교육감이 국립학교 및 시행령 제77조제2항에 따라 교육감이 입학전형을 실시하는 지역의 후기학교, 즉 이른바 고교평준화 제도가 시행되는 지역의 일반계 고등학교를 자율학교로 지정하려는 경우에는 미리 교육부장관과 협의하여야 한다.

4) 대학 운영 기구

대학 자율성 원칙에 따라 대학 운영 기구는 대학이 스스로 설치할 수 있으나, 몇 가지 기구는 법률로 설치를 의무화하고 있다. 대학발전계획, 교육과정 운영, 학칙 제·개정 등에 관한 사항을 심의·자문하기 위하여 교원, 직원, 학생 등으로 구성된 대학평의원회를 두고 있다(19조의2). 또 등록금을 책정하기 위하여 교직원, 학생, 관련 전문가로 등록금심의원회를 설치하도록 강제하고 있으며(11조), 학교 구성원의 인권보호와 권익 향상, 그리고 성희롱·성폭력 피해 예방과 대응을 위하여 인권센터를 설치하도록 하고 있다(19조의3).

아. 사교육에 관한 법령

사교육에 대하여 정부가 규제를 하는 것이 적절한가에 관하여 논란이 있을 수 있으나, 현재는 사교육기관에서 학습자의 교육받을 권리를 보호하기 위하여 법률로서 규제를 하고 있다. 근거가 되는 법률은 학원의 설립·운영 및 과외교습에 관한 법률과 같은 법 시행령 및 시행규칙이다. 이 법에서는 학원의 시설 기준과 강사의 자격 등 학원 교육에 관한 사항을 규정하고 있다.

5. 교육 관계 법률의 발전 과제

교육 관계 법률의 전반적인 과제는 제5장에서 다루고, 개별 법률의 구체적인 개선 과제는 후속하는 장에서 논의한다. 다만, 이 절에서는 학교의 학사 운영에 관한 법 규정에서 발전 과제만을 제시한다.

첫째, 법령에서 기준을 정하고, 특별한 경우에 예외를 인정하는 형식을 취하는 경우가 많다. 예를 들면, 초·중등교육법시행령 제44조 제1항에서는 매 학년도를 두 학기로 나누어 운영하는 것을 원칙으로 규정하되, 같은 조 제2항에서는 자율학교에 대하여는 예외를 인정할 수 있는 근거를 두고 있다. 이와 같은 형식의 학사 운영 규정 가운데 상당수는 사실상 예외의 근거를 인정한 것일 뿐, 실제로 예외적인 운영을 촉진하지는 못하는 것으로서 학교교육이 획일적으로 운영되는 현실의 하나의 원인이 되고 있다.

둘째, 법령에서 일정한 기준을 정하되, 학교장이 그 기준 범위 내에서 결정할 수 있는 사항들이 많다. 예를 들면, 수업일수는 최저 기준 위에서, 수업의 시작과 끝은 학교장이 정할 수 있다. 학생의 수료와 졸업 인정에 관한 사항도 학교장의 권한 범위 내에 있다. 이렇게 본다면 학교장이 법령에서 규정된 권한을 정확히 인식하고, 이를 효과적으로 활용하는 것이 학교 자율화에서 중요한 과제가 됨을 알 수 있다.

셋째, 학교 운영의 자율화를 촉진하기 위하여 법 적용의 특례를 인정하는 자율학교를 운영하고 있다. 자율학교는 일종의 사회적 실험으로서 제한된 범위에서 시행하고 그 성과를 전체 교육체제로 환원하는 구조를 갖추는 편이 바람직하다. 그러나, 교육부는 자율학교 운영 실태에 대한 점검 없이 2010년까지 자율학교를 2,500개 교까지 확대한다는 방침을 밝힌 바 있었고(교육부, 2009. 6. 11.), 실제로 교육부가 자율학교 현황을 마지막으로 집계한 2011년에는 3,054개 학교가 자율학교로 지정되었다. 특히 각종 교육특구와 특별자치시(도)가 확대되면서 자율학교는 급증하고 있다. 이와 같은 방향으로 정책을 추진하는 것은 장차 교육제도와 법 운영에서 이원화를 야기할 위험성이 있는 바, 이에 대한 검토가 필요하다(이 책 제5장 참조).

참고문헌

교육과학기술부(2009. 6. 11.). 학교 현장 중심 자율화로 다양하고 더 좋은 학교 만든다. 보도자료.

국회법제실(2011). 법제실무.

김영화(2007). 정치 사회적 맥락에서 본 주요국의 중등 사학에 대한 국가 지원과 통제. 비교교육연구, 17(2), 1-28.

김용일(2006). 외국 교육기관 특별법 제정 과정 분석 연구. 한국교육, 33(3). 169-192.

김용일(2010). 교육의 계급화를 넘어. 서울: 북이데아.

박재윤 외(2007). 미래 사회에 대비한 학제 개편 방안(Ⅱ). 서울: 한국교육개발원 .

이기우, 하승수(2007). 지방자치법. 서울: 대영문화사.

이주호 외(2006). 평준화를 넘어 다양화로. 서울: 학지사.

주영달(2020). 사립학교법(제3판). 서울: 세창출판사.

채재은, 김용(2023). 대학 간 교육과정 공유활동에 대한 법적 검토. 교육법학연구, 35(1). 119-140.

Hall, P. A. (1986). *Governing the Economy: The Politics of State Intervention in Britain and France*. New York: Oxford University Press.

CHAPTER

05 교육법의 쟁점과 과제

교육행정에서 법치주의가 발전하면서 이미 법은 교육행정의 한 가운데에 들어와 있다. 교육 관계 법률은 빠르게 늘고 있으며, 교육의 과정에서 발생하는 문제를 해결하는 데 소송 절차가 널리 활용되고 있다. 교육행정의 변화는 법률의 형식과 내용의 변화를 요청한다. 이 장에서는 교육의 법화라는 현실의 의미를 검토하면서 교육의 자율화와 실질적 법치주의의 확립이라는 교육행정의 변화 방향에 맞추어 교육법의 개선 과제를 검토한다.

- 교육행정과 법의 현실
- 교육 관계 법률의 내용 면에서의 개선 과제
- 교육 관계 법률의 형식 면에서의 개선 과제
- 교육법 수호를 위한 과제

1. 교육행정과 법의 현실

오늘날 교육행정에서 법치주의가 으뜸이 되는 원리임을 생각할 때, 법은 교육행정의 시작이자 끝이라고 해도 과언이 아니다. 법률의 근거가 있을 때, 법률이 정한 범위 안에서 교육행정이 이루어지며, 교육행정을 평가하고자 할 때, 법률에 담긴 정신은 평가의 중요한 기준이 된다. 역사적으로, 그리고 국가에 따라 차이를 보이기는 하였지만, 교육행정과 법은 어떤 식으로든 관계를 형성하여 왔다. 근래 교육행정과 법의 현실을 살펴볼 때, 주목하여야 할 현상은 정책 입법의 증가와 형식적 법치주의의 대두 가능성이라고 할 수 있다.

가. 정책 입법의 증가

법은 본래 시민의 권리와 자유를 보장하기 위한 목적에서 만들어졌으며, 따라서 시민의 삶의 영역에 법률 형식을 빌려 국가가 관여하는 것은 극히 꺼려졌다. 또 당시 '작은 국가'를 지향하는 분위기에서 국가의 활동이 가능한 제한되었던 것도 법률의 증가가 억제되었던 배경이 된다.

한국의 경우에는, 광복 후 교육법이 정비된 후에 비교적 꾸준하게 교육입법이 증가되어 왔다. 1960년대 말부터 1970년대에 걸쳐 중학교무시험입학과 고교평준화 정책과 같이 교육기회를 확대하고 그 기회를 공평하게 배분하기 위한 정책을 시행한 것이나, 1980년대 말부터 교육의 질을 제고하기 위한 각종 정책을 시행한 것이 교육입법 증가의 배경이 되었다. 아울러, 1990년대 중반 들어 국회의원 활동에 대한 시민단체의 평가가 시작되고 언론이나 이익 단체의 영향력이 커지고 국회의원들의 인식이 변화하면서 국회의원들의 법률안 발의가 눈에 띄게 증가하게 된 것도 교육입법이 활성화된 중요한 계기가 되었다. 〈표 5-1〉은 15대 국회 이후의 교육 관련 법률안 발의 건수를 나타내고 있는데, 이 시기부터 국회의원의 입법 발의가 정부 발의를 앞지르고, 전체 입법 발의 건수도 크게 증가하였다.

〈표 5-1〉 교육 관련 법률안 발의 현황(15대 국회~21대 국회)

	15대국회 (96~00)	16대국회 (00~04)	17대국회 (04~08)	18대국회 (08~12)	19대국회 (12~16)	20대국회 (16~20)	21대국회 (20~24)	계
정부 발의	38	25	56	41	30	23	14	227
의원 발의	43	89	346	396	525	651	688	2,738
계	81	114	402	437	555	674	702	2,965

* 15-17대 국회 자료는 강석봉, 주철안(2008) 내용으로 활용함

** 18-21대 국회 자료는 국회의안정보시스템으로 검색함

입법의 증가는 교육 부문에만 국한된 것은 아니고, 근래 들어 사회 각 분야에서 유사한 현상이 나타나고 있다. 아울러, 이와 같은 변화는 한국에서만이 아니라, 세계 여러 국가에서 나타나고 있는 바, 현재는 이른 바 '법률의 홍수'시대라고 할 수 있다.

'법률의 홍수'는 국가 기능이 확대되고, 법률의 성격이 변화한 것과 깊이 관련된다. 먼저, 국가 기능의 변화와 관련된 것이다. 과거에는 '작은 정부'가 미덕으로 여겨졌으나, 오늘날 사회국가 이념이 널리 확산되면서, 국가 기능이 폭증하고 있다. 사회권적 기본권 영역에 해당하는 분야에 대하여 국가의 적극적인 작용이 요청되면서, 국가 기능이 확장되는 것이다. 이런 배경에서 국가의 행정 작용을 뒷받침하는 입법이 증가하고 있다.

교육행정으로 눈을 돌리면, 교육과 관련된 이해 관계의 구조가 복잡해지고, 교육정책을 시행하는 과정에서 다양한 이해 관계를 적정하게 조정할 필요가 증가하면서 입법이 증가하고 있다. 또, 국가가 교육개혁을 추진하는 과정에서 많은 새로운 정책을 시행하는 되는 바, 이 과정에서 입법이 증가하고 있기도 하다.

전자와 관련하여, 예를 들면, 대학입학 제도 또는 정책은 과거부터 중요한 정책이었으며, 이에 관련된 법률이 제정되고 운영되어 왔다. 그런데, 대학입학 경쟁이 계속 치열해지는 현실에서 다양한 집단이 저마다 다양한 요구를 분출하고, 이를 적절히 관리하는 과정에서 법률의 개정 또는 새로운 법률의 제정이 확대되고 있다. [그림 5-1]은 대학입학 관련 법률을 통하여 살펴본 국가 규제의 변화를 살펴본 자료이다(김용, 2008).

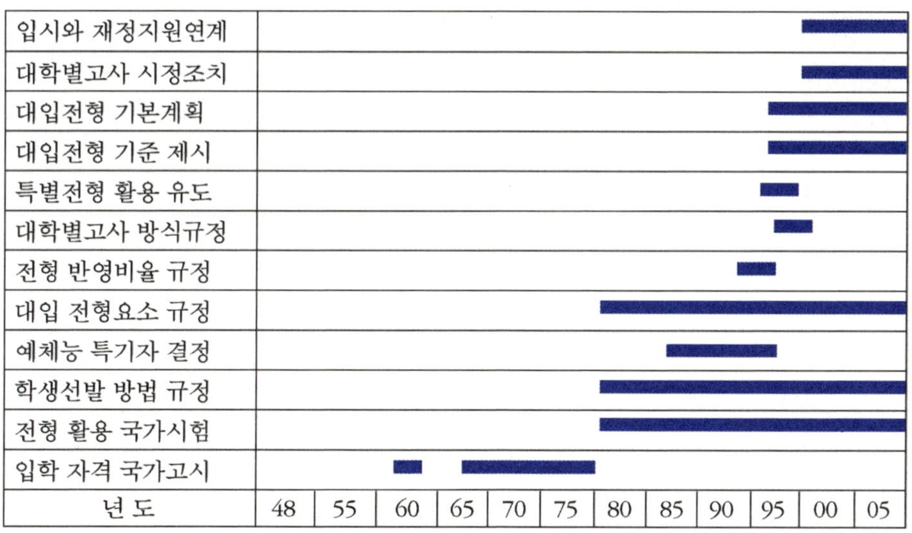

[그림 5-1] 국가의 대입관여 양태-법규 분석

이 자료를 통하여 대학입학 경쟁이 대중화되고 치열해지는 시점이라고 할 수 있는 1980년대 들어 국가 규제가 확대되었고, 특히 1995년 교육개혁 이후로 대학입학제도 운용에서 적격자 선발은 물론 교육기회의 균등과 같은 다양한 가치를 추구하는 과정에서 국가의 관여가 확대되었음을 알 수 있다. 국가 관여의 확대는 법률의 제정 또는 개정을 수반한다는 점에서 입법의 확대를 의미한다고 할 수 있다.

한편, 후자와 관련하여, 교육정책을 수행하는 과정에서 입법이 증가하고 있는 현실은 어렵지 않게 확인할 수 있다. 몇 가지 예를 들자면, 교육행정정보시스템(NEIS)이 도입되어 운영되는 현실에서 이에 관한 규칙으로서 교육정보시스템의 운영 등에 관한 규칙이 제정되어(2005년) 운영되고 있으며, 교육정보공개 제도가 시행되면서, 그 법적 근거로서 교육 관련 기관의 정보 공개에 관한 특례법이 제정되었다(2007년). 또 평생학습사회에서 인적 자원 개발이 강조되면서, 관련 기본법으로 인적자원 개발법이 제정되었으며(2002년), 외국 교육 기관을 국내에 적극적으로 유치하기 위하여 경제자유구역 및 제주 국제자유도시의 외국 교육기관 설립 운영에 관한 특별법이 제정되어(2005년) 운영되고 있다. 비교적 근래에는 대학생의 학비 부담이 과중한 현실을 타개하기 위하여 취업 후 학자금 상환 특별법을 제정하고(2010년), 교육환경 보호에 관한 법률(2016년 제정)과 디지털 기반의 원격교육 활성화 기본법을 제정하여(2021년) 교육정책 환경 변화에 대응하고 있다.

이처럼 교육에 관련된 입법이 급증하고 있는 바, 이는 교육행정과 법의 관계에서 중요한 변화라고 할 수 있다.

나. 형식적 법치주의의 대두 가능성

앞에서도 말한 바와 같이, 법은 본래 시민의 자유와 권리를 보호하기 위한 수단이었으며, 행정에서 법치주의를 실현하고자 했던 취지는 국가 권력의 자의적 지배나 국민 생활 영역에 대한 행정의 부당한 관여를 배제하고자 하는 데에 있었다.

그런데, 역사적으로 법치주의는 본래의 취지와는 전혀 다른 얼굴을 드러내기도 하였다. 법률에 규정되어 있기만 하면, 설령 그 내용이 시민의 권리와 자유를 침해하는 것일지라도 국가가 이를 시행할 수 있다는 형태로 법치주의가 악용되기도

한 것이다. 법의 이름으로! 이와 관련된 가장 좋은 사례가 독일의 나치 정권의 예이다. 히틀러는 선거에 의하여 '합법적으로' 정권을 획득했고, 그는 '법률에 근거하여' 수많은 악행을 저질렀다. 이후 히틀러가 지배하던 시대의 독일과 같이 법률이라는 이름에만 충실한 국가 작용 또는 행정을 형식적 법치주의라고 불렀다. 형식적 법치주의에 대한 통렬한 반성을 통해, 형식적 법치주의를 넘어 헌법 정신에 부합하는 국가 작용 또는 행정을 의미하는 실질적 법치주의를 지향하고 있는 것이 오늘날의 법치주의라고 할 수 있다.

한국의 경우를 보면, 과거 권위주의 시대에는 법률의 근거가 없이도 국가가 여러 가지 제도나 정책을 시행하였던 예가 없지 않다. 그러던 것이 민주주의가 정착되고 시민의 권리 의식이 증대되면서, 법치주의의 실현을 요구하는 목소리가 높아지고 있다.

교육행정에서 법치주의의 첫 단계는 법률에 근거를 둔 교육행정을 실현하는 일이다. 특히 어떤 정책이나 제도에 대하여 관련 당사자 사이에 이견이 존재하는 경우, 정부 정책에 반대하는 의견을 가진 집단에서 가장 먼저 요구하는 것이 정부 정책의 법률적 근거를 밝히라는 것이다. 이와 같은 상황에 대한 반작용으로 정부는 어떤 정책을 시행하려고 할 때, 우선 법률을 제정하거나 개정하여 행정의 근거를 갖추려고 한다.

형식적 법치주의가 인치(人治), 즉 사람의 지배를 극복하였다는 점에서 의미를 찾을 수 있는 것처럼, 법률의 근거 없이 어떤 정책이나 제도를 시행하기보다 법률의 근거를 갖춘 후에 행정을 하는 것은 분명히 한 걸음 앞으로 나아간 것이다. 그런데, 여기에서만 머무르면 형식적 법치주의의 그늘이 드리울 수도 있다. 다시 말하여, 이견이 팽팽한 상황에서 정부가 무리하게 입법을 강행하고, 입법 후에 법률의 이름으로 정책을 시행하고, 일방적으로 정책에 순응할 것을 요구한다면, 이는 국민의 의사를 합리적으로 집약한 것으로서의 법률의 정신과는 배치되는 결과를 초래할 가능성도 있다. 아울러, 교육에 관한 이해관계의 구조가 복잡해지고 집단 간 갈등이 심화하면서 각 집단이 법률을 매개로 자신들의 이해를 공고히 하고자 하며, 이 과정에서 교육 관계자 간 관계가 형성되기보다는 단절되고 법률 제정 후에는 학교가 사법공간으로 변하는 등 학교의 법화가 확산하고 있다(김용, 2017).

일본의 교육행정연구자인 히라하라 하루요시(平原春好, 1993: 34)는 '법률 만능', '법률 절대'라는 태도는 오히려 법의 권위를 떨어뜨리며, 법치주의의 실현을 방해할 가능성이 크다는 점을 경고한 바 있다.

교육정책에 대하여 다양한 이해 관계의 구조가 형성되고, 교육정책의 형성이나 집행 과정에 다양한 집단이 다양한 요구를 내걸고 참여하는 것은 교육정책의 효율적 시행에 방해되는 측면이 있다고 볼 수도 있고, 이런 상황에서 법을 무기로 교육정책을 시행할 수도 있다. 그러나, 이는 자칫 교육행정이 형식적 법치주의로 흐를 가능성이 있다는 점에서 충분한 주의를 기울일 필요가 있다.

2. 교육 관계 법률의 내용

교육 관계 법률의 수가 많고, 그 내용이 저마다 제각각이기 때문에, 개별 법률의 내용에 관하여 논하기보다는 전체적으로 법률의 내용에 관하여 검토하면서 교육법의 현황과 과제를 살펴보고자 한다.

가. 법률 규정 사항의 검토: 교육 법률유보의 범위

앞에서 살펴본 바와 같이 근래 우리는 법률의 홍수를 경험하고 있다. 법률이 많아진다고 하는 것은 국민의 권리 보장이 두터워진다는 의미를 지니기도 하고 국가가 적극적으로 활동한다는 의미를 지니기도 하는 것으로 반드시 바람직하지 않은 것으로만 볼 필요는 없다.

그러나, 법률이 많아지면 법률의 체계가 흐트러지고 법률 내용이 복잡해져서 오히려 시민이 법으로부터 멀어지게 되는 일이 발생할 수 있다. 아울러, 국가의 작용은 항상 규제와 조성의 두 가지 측면을 모두 가지는 것이어서 국가 작용이 활발해진다는 것은 다른 한편으로 시민의 생활 영역에 대한 국가의 관여가 더 촘촘해진다는 사실을 의미하기도 한다.

이런 의미에서 국가가 시민의 생활 영역에 어느 정도까지 개입하여야 하는가라는 문제는 중요한 문제가 된다고 할 수 있다. 이 문제는, 어떤 내용을 어느 정도까지 법률로 규정하여야 하는가라는 문제로 치환될 수 있다.

헌법 제31조 제6항에서는 교육에 관하여 국가가 법률로 관여하여야 하는 범위를 교육제도 운영 등에 관한 '기본적인 사항'으로 규정하고 있다. 이는 '기본적인 사항'은 반드시 법률로 규율하고 국가가 관여하되, 나머지 사항은 자유로이 할 수 있다는 의미를 담고 있다. 따라서 교육과 관련하여 반드시 법률로 규정하여야 할 내용은 '기본적인'의 의미를 규명하는 일로 대체할 수 있다.

교육행정 분야뿐만 아니라 행정 일반에서도 법률로 규정하여야 할 사항의 범위는 중요한 문제가 되어 왔다. 행정법에서는 이 문제를 법률 유보라는 개념으로 다루고 있는데, 국민의 권리나 자유를 침해할 가능성이 있는 내용은 반드시 법률에 규정하여야 한다는 침해유보설, 국민의 권리나 자유를 침해하는 내용뿐만 아니라 국가가 국민에게 급부를 제공하는 것에 관해서도 법률에 규정하여야 한다는 전부유보설, 본질적으로 중요한 사항에 대해서만 법률에 규정하여야 한다고 하는 중요사항 유보설 등이 역사적으로 발전되어 왔으며, 오늘날은 중요 사항 유보설로 논의가 모아지고 있다(홍정선, 2009).

이런 맥락에서 헌법 제31조 제6항의 '기본적인'의 의미를 '중요한' 것으로 새기는 견해도 있다(허영, 2004). 그러나, 중요 사항 유보설의 문제가 무엇이 '중요한' 것인가에 대한 기준이 명확하지 않다는 점을 생각하면, '기본적인'의 의미를 '중요한' 것으로 해석해도 여전히 문제는 남는다. '중요한'것의 의미를 더 탐색해야 하기 때문이다. 더 나아가 '교육'행정의 독특한 특징을 염두에 두면, '기본적인' 사항의 의미를 탐색하는 일은 한층 복잡해진다. 다음 진술을 생각하여 보자.

> "일반적으로 '본질적인' 또는 '중요한' 사항이라고 하면 당해 활동의 핵심에 속하는 사항이라는 의미로 새길 수 있다. 교육에서는 교사와 학생 사이에서 이루어지는 교수-학습 활동이 이에 속한다. 그런데 교육의 기술적 핵심(technical core)에 해당하는 활동은 대부분 교육 자율성 영역에 속하며, 이는 법정 대상이 되기 어렵다. 교육법의 규율 사항을 교육의 기술적 핵심에 해당하는 사항과 이를 지원하기 위한 사항으로 구분한다면, 오히려 '기본적' 사항은 교육 지원을 위한 외적 사항의 일부를 지칭하는 것이라고 보아야 합당하다. 예컨대, 학교 및 평생교육제도의 최소한의 사항(학교급과 학교급별

> 교육연한 등)과 교원 인사행정에 관한 최소한의 사항, 교육재정에 관한 사항 등을 '기본적' 사항으로 보아야 할 것이다. 요컨대, 교육의 외적 사항 중에서도 교육자들의 자율 능력의 한계 밖에 있거나, 사회 구성원의 공동 행위로서의 교육 활동이 이루어질 수 있는 최소한의 규칙, 교육관계자의 기본권에 관련된 사항 등이 '기본적' 사항을 구성한다고 할 수 있다(김용, 2010: 30)."

아직 '기본적인' 사항의 범위가 학계의 논의나 헌법재판소의 결정을 통해서 명확해진 것은 아니며, 이 점에서 이 문제는 교육행정의 중요한 연구 문제로 남아있다.

한편, 교육 법률유보와 관련하여 주목하여야 할 또 하나의 문제는 '법에 의한 생활세계의 식민지화' 현상이다. 과거에는 학교에서 학교 구성원 간에 갈등이나 분쟁이 발생하면, 대개의 경우 어른으로서의 교장의 권위에 의하여 문제를 해결하였다. 그러나, 근래에 와서 이와 같은 해결 방식은 거의 사라지고, 법률에 규정된 학교폭력대책자치위원회와 같은 공식적인 기구나 다른 법적 절차에 따라 문제가 해결되는 경우가 많아지고 있다.

이와 같은 변화는 한편으로 보면, 공식적 절차에 따라 객관 중립적으로 분쟁을 해결할 수 있는 가능성이 커졌다는 점에서 긍정적으로 평가할 수 있다. 그러나, 다른 한편에서 보면, 갈등을 해결하는 과정에서 나를 표현하거나 되돌아보고, 상대를 이해하거나 상대와 차분하게 의견을 교환하며, 학교라는 공동 사회에서의 규범을 생각하고 내면화하고, 스스로 모종의 준칙 하에서 갈등을 해결하는 경험을 해보는 일 등은 모두 사라진 채 오직 제3자의 손에 판결을 맡긴다는 점에서 보면, 과거에 존재하였던 배움의 중요한 매개를 잃어버리는 셈이 된다고 평가할 수 있다. 학교폭력법 시행 후에 교사와 학생 관계에 변화가 일어나고 교사들의 의식과 행태에 변화가 나타나고 있는데, 이는 학교의 일상이 법의 식민지로 변하는 학교교육 법화의 중요한 사례이다(김용, 2017).

요컨대, 사람과 사람의 교섭이 절대적으로 중요한 의미를 가지며 인간에 대한 애정에 근거를 둔 전문적 판단이 중요한 교육 활동에 법이 더 폭넓게 개입하면 개입할수록 교육 본연의 논리 내지 자율성이 침해받을 가능성이 커지며, 교육 영역이 축소되고, 교육 기능이 쇠퇴할 가능성이 있다. 이런 점에서 교육 법규의 홍수 현상에 주의를 기울일 필요가 있다.

> "법 규범은 관련 영역에서 개인들이 자율적인 통찰에 의해 규범을 학습하고 내면화하는 가능성을 오히려 파괴하는 경우가 많다. 다시 말해, 법이 생활세계의 자율적 구조를 왜곡시킨다. 이를 법에 의한 '생활세계의 식민지화'라고 부를 수 있다(이상돈, 2002: 65)."

나. 교육자율화와 교육법

지방자치의 전통이 강하지 않고, 학교 자치라는 개념이 생경한 상황에서 한국의 교육법은 국가법을 중심으로 전국의 모든 학교를 일률적으로 규율하는 내용으로 구성되었다. 굳이 이와 같은 상황을 들지 않더라도, 법은 일반적이고 보편적인 규범으로서, 모든 사람을 대상으로 모든 상황에 예외 없이 적용되는 것을 원칙으로 한다. 광복 이후 단 기간에 교육제도를 정비하고 교육정책을 효율적으로 시행하는 과정에서 한국의 교육법은 국가를 중심으로 전국의 모든 학교가 일사분란하게 운영될 수 있는 체제를 구축하였다고 할 수 있다.

그러나, 근래에 와서는 국가 중심의 교육 운영에 대하여 여러 가지 문제가 제기되면서 교육의 자율성을 신장하는 방향으로 정책을 전환하고자 하고 있다. 지방교육자치를 더욱 발전시켜서 교육자치를 정착시키고자 하고 있으며, 학교 자율화 정책을 통해서 학교가 교육 활동의 기본 단위로서 자율적으로 운영될 수 있도록 노력하고 있다.

법의 일반 추상적 규범으로서의 특징은 규율 대상이 제각기 자율성을 추구하는 것과 조화를 이루지 못할 수도 있다. 오늘날 행정개혁의 일환으로 추진되는 규제완화라는 것이 법을 중심으로 한 국가의 규제를 없애거나 줄이고, 규제가 사라진 자리에서 각 기관이 자율적으로 운영되도록 하는 것이라는 사실을 상기하면 이를 잘 알 수 있다. 이런 맥락에서 교육 자율화 시대의 교육법의 정비에 관하여 검토할 필요가 있다.

법은 사회의 규범이다. 그런데, 사회는 작은 마을에서부터 도시, 국가에까지 여러 층위에서 존재한다. 각 층위의 공동체가 어떤 역할을 수행하여야 하며, 법은 어떻게 존재하여야 하는가라는 문제를 생각해보면, 우선 가장 기본적 단위에서 스스로 할 수 있는 일은 특별히 규제하지 않고 자율성을 보장하고, 그 단위에서 스스로 할 수 없는 일에 대하여 차상위 단위의 공동체가 개입하여 도와주는 편이 바람직하다. 또 차상위 단위 스스로 할 수 있는 일에는 자율성을 보장하고, 그 범위를 벗어나는 일에 대하여 더 큰 단위의 공동체가 개입하는 편이 바람직하다. 법을 제정할 때에도 이와 같은 방식을 원용할 수 있는데, 이를 보충성의 원리라고 한다(허 영, 2003).

교육자율화 시대를 맞아 교육법의 위상이나 내용을 검토할 필요가 있다. 이제까지는 국가가 지방이나 학교를 대상으로 무엇을 할 것인가를 중심으로 법의 내용을 생각하였다면, 이제는 학교가 스스로 할 수 있는 일을 먼저 정리하고, 이 부분은 법의 적용 대상에서 배제하고, 곧 이어 학교가 스스로 할 수 없는 일에 대하여 지방교육행정기관이 개입하여 도울 수 있는 부분을 정리하여, 이 부분은 조례나 규칙과 같은 자치법으로 규율하고, 마지막으로 지방교육행정기관이 스스로 할 수 없는 일에 대하여 국가가 개입하여 도울 수 있는 부분을 국가법으로 규율하는 방식으로 교육법 체계와 내용을 검토할 필요가 있다.

마치 교육정책 집행에서 순차적 집행(forward mapping)과 현장출발형 집행(backward mapping)적 사고가 있을 수 있는 것처럼, 이제까지는 순차적 집행만 했다면, 교육자율화 시대에는 역진적 집행으로 사고를 전환해볼 필요가 있다. 이와 같은 방식은 현재의 국가 법 체계에서 불필요한 부분을 줄이고, 반드시 필요한 내용으로 법 체계를 정비할 수 있음은 물론, 학교와 지방의 자치 또는 자율을 보장할 수 있다.

한편, 교육 자율화 시대의 교육법은 최소화될수록 바람직하다는 주장(박세일, 1995)은 재고될 필요가 있다. 교육 자율화나 교육규제완화를 지지하는 사람들 가운데 일부는 국가와 법률의 규제적 기능에 주목하여, '규제 또는 법률은 악', '규제 철폐는 선'이라는 등식을 내세우기도 한다. 이런 배경에서 일부 지역을 특별자치시(도)로 지정하거나 각종 교육특구를 통하여 교육 관계 법률의 적용을 배제하거나 완화하는 정책이 확산하고 있다. 그러나, 국가가 공정한 중립자로서 이해 관계를 조정하는 기능을 수행하기도 하는 것도 사실이고, 한 사회 공동체의 의사를 합리적으로 집약한 것이 법률의 형태로 나타나기도 하는 것도 사실이다. 따라서, '법률의 최소화가 선'이라는 주장은 성립할 수 없다. 또, 특구 또는 특별자치시(도)에서 사회적 실험을 촉진하기보다는 규제완화라는 이름으로 기본권 보장을 해치는 사례도 나타난다(김용, 2023). 근래, 교육자치의 전통이 오래된 국가에서 지역간 교육 격차가 심화되면서, 이를 해소하기 위한 중앙 정부의 역할을 촉구하고, 이를 위한 법률을 제정하고자 하는 움직임이 일어나고 있는 사실은 이를 잘 보여준다.

다. 교육 당사자의 권리와 교육법

법이 가지는 기능 가운데 중요한 것은 시민들의 권리와 자유를 보장하는 것이다. 그런데, 이 점에서 보면, 그동안 교육법이나 교육정책의 전개에서 학생과 교사, 학부모의 자유와 권리를 보장하는 일은 매우 부진하였다고 할 수 있다.

상대적으로 미숙한 아동이 성숙한 교사에게 교육을 받는다고 하는 교육 활동의 고유한 특성이나 교육 운용의 주체로서의 국가와 국가에 고용된 자로서의 교사의 관계 등에 따라 교육 관계에서는 교사의 자유와 권리가 인정되지 않거나 매우 불충분하게 보장되었다.

과거, 국가 교육권론과 특별권력관계론은 이와 같은 현실을 뒷받침하는 이론으로 제기되기도 하였다. 국가는 교육의 주체이며, 교사는 국가에 고용자에 불과하다. 학생과 학부모는 교육의 객체로서 국가가 제공하는 교육을 받아야 할 뿐이라는 견해가 널리 퍼져 있었던 때가 있었고, 학생의 재학 관계를 특정한 목적에 필요한 한도 내에서, 포괄적으로 당사자의 한쪽이 다른 쪽을 지배하고 다른 쪽이 이에 복종하여야 하는 것으로 설명되는 관계, 즉 이른 바 '특별권력관계'로 파악하여, 학생의 인권을 보장하지 않고, 교사의 기본권을 상당히 넓게 제한하기도 하였다.

그러나, 오늘날 특별권력관계설은 학문적으로 부정되었으며, 국가 교육권설은 교육권의 주체는 시민이라는 국민 교육권설로 대체되고 있다. 더 나아가 교육의 목적으로서의 자율성을 음미할 때, 학교를 자율적이고 효과적으로 운영하고 할 때, 또 학교의 교육 성취를 제고하고자 할 때 교사의 자율성과 학생의 인권을 보장하는 일은 기본적인 전제가 된다. 이런 이유에서 세계 여러 국가는 학생의 학교 참여를 진작하고자 노력하고 있다(이 책 제17장 참조).

이처럼, 교육을 매개로 한 국가와 국민 간의 관계 및 학교 운영에서 교사와 학생의 위상의 변화 등이 일어나고 있는 상황에서, 과거에 제정된 교육법의 일부 내용은 이런 변화와 조화를 이루지 못하는 것도 있고, 새롭게 법으로 규율하여야 할 내용도 있을 것이다.

예를 들면, 교사의 정치적 중립성은 여전히 중요한 원칙이기는 하지만, 정당 가입은 차치하더라도, 현재와 같이 정치 후원금 납부까지 금지하는 것은 지나치게 교사의 정치적 기본권을 제한하는 것이 아닌가라는 점을 검토할 필요가 있다. 아울러, 유엔아동권리위원회와 같은 국제 기구에서 학생의 신체의 자유와 표현의 자유 등을 억압하는 학교 현실을 계속 지적하고 있음을 상기할 때(표시열, 2008), 학교 현장에 학생 인권에 관한 '세계 표준(global standard)'을 정착시키기 위하여 입법적으로 무엇을 어떻게 하여야 하는가에 관하여 더 밀도있게 논의하고, 현실을 개선할 필요가 있다.

물론 이와 같은 방향으로 교육법을 개선하는 일을 꾸준히 이루어지고 있다. 1997년 교육법을 개편하는 과정에서 교육기본법에서 교육당사자 장을 설정하여 교사와 학생 등의 권리와 의무를 규정하였고, 이후에도 학생의 징계 절차에서 적법 절차(due process)를 보장하도록 법 개정이 이루어진 바도 있다. 이런 방향으로 교육법을 검토하고 개선하는 일을 계속 할 필요가 있다.

3. 교육 관계 법률의 형식

법은 특정한 내용을 특정한 형식으로 표현한 것이다. 흔히 법에 관한 논의를 할 때에는 법의 내용에 관한 논의를 주로 하는 경우가 많지만, 법의 형식은 내용을 표현하는 그릇이다. 내용이 형식을 규정하기도 하지만, 형식이 내용을 규정하기도 한다. 법의 형식은 법의 내용, 나아가 행정의 운용에 중요한 함의를 갖는다. 근래 한국의 교육입법을 살펴볼 때, 법의 형식 면에서 검토할 필요가 있는 과제는 특례의 활용과 네거티브 규제 또는 법 형식이라고 할 수 있다.

가. 특례(법)의 활용

오랫동안 한국의 교육 또는 교육행정의 중요한 특징이자 문제점으로 지적되어

왔던 것이 교육 또는 교육행정의 획일성이다. 전국의 모든 학교가 특색을 갖추지 못하고 모든 학생에게 똑같은 내용을 비슷한 방식으로 교육하며, 학교 운영 역시 천편일률의 모습을 보인다는 것이다. 이와 같은 교육 또는 교육행정의 획일화의 근저에 있는 것이 교육법이었음은 두말할 나위가 없다. 서구 여러 국가의 경우는 사립학교를 교육법 규율 대상에서 배제하여, 사립학교의 다양한 운영을 보장하고 있으며, 지방자치가 발달되어 있는 국가에서는 교육에 관한 많은 사항을 국가 법으로 규율하지 않고, 지방자치단체의 조례 또는 규칙에 규정하여 지역마다 다양한 교육 운영을 가능하게 했다. 이에 비하여 한국의 경우는 거의 모든 사항을 국가 법으로 규정하여, 전국의 모든 학교에서 비슷하게 교육을 운영하도록 하였던 것이다.

근래 교육의 자율화 정책의 필요성이 주창되면서 교육 관계 법률을 대폭 폐지하자는 다소 과격한 주장도 제기되고 있으나, 정부에서 현행 법률의 구조를 유지하면서도 교육의 다양화 또는 자율화를 신장하기 위하여 특례 또는 특례법 형식을 채용하는 일이 많다.

특례 또는 특례법을 활용하는 사례를 들자면, 초·중등교육법 제61조 상의 자율학교, 경제 자유 구역 상의 외국인 교육기관과 규제자유특구 및 지역특화발전특구에 관한 규제 특례법 상의 교육특구, 그리고 교육국제화특구와 교육발전특구 등을 들 수 있다. 자율학교는 학교 교육제도를 포함한 교육제도의 개선과 발전을 위하여 특히 필요하다고 인정되는 경우에 교장 및 교감의 자격, 교과용 도서의 사용, 수업 연한의 변경 등 여덟 가지 부분에서 예외를 인정받는 학교이다. 경제자유구역 상의 외국인 교육기관은 내국인 학생의 입학을 일정 범위에서 허용하고 있는데, 외국인 교육기관에 재학하는 내국인 학생은 국어 및 사회 교과 등 2개 이상의 교과를 주당 2시간 이상 학습하면 학력을 인정받는 특례가 인정되고 있다. 또 규제자유특구 및 지역특화발전특구법 상의 교육특구에는 시·군·구립 학교를 설립할 수 있으며, 이 학교는 법률의 규정이 아니라 조례로 학교 설립 및 시설 기준을 정하는 특례가 인정된다. 또 교원의 정원이나 배치 기준 역시 다른 학교와는 달리, 별도로 정할 수 있으며, 근무하는 교원은 국가공무원이 아니라 지방공무원 신분을 갖게 된다. 교육발전특구에서는 지방자치단체가 특례를 요구하면 정부가 법률 개정을 시도하는 방식으로 특례를 운용하고 있다.

특례는 경직된 법 체계에서 사회적 실험(social experiment)을 허용하는 의의를 갖는다. 다시 말하여, 통상의 학교에 적용되는 각종의 규정은 기준으로서의 성질을 가지며, 이 기준은 가능한 합리적 사고를 통하여 도출된 것이라고 할 수 있지만, 그렇다고 재검토나 수정의 여지가 전혀 없는 것은 아니다. 그런데, 전국의 모든 학교에서 일시에 기준을 수정하는 경우, 그 타당성이 입증되지 않은 상태에서 바람직하지 않은 결과를 초래할 수 있기 때문에 일정한 범위와 일정한 시간 내에서 먼저 실시하고, 그 결과를 확대할 필요가 있으며, 이를 뒷받침하고자 하는 법 형식이 특례(법)이다(박영도 외, 1992).

예컨대, 자율학교의 경우는 특례를 인정받는 부분에서 자율적으로 학교를 운영하고, 그 성과를 보아서 전국의 학교에 확대하고자 하는 취지가 있는 것이며, 교육특구 역시 통상의 학교와는 상당히 다른 학교 운영을 시도하고, 그 결과를 평가하여 다른 학교 운영에 반영하고자 하는 것이다.

그런데, 특례는 이와 같은 의의에도 불구하고 몇 가지 문제를 내포하고 있기도 하다(김용, 2009).

첫째, 특례는 어떤 면에서 보면 다양성을 도모하는 것이지만, 다른 면에서 보면 불평등을 초래하는 것이기도 하다. 예컨대, 경제자유구역 상의 외국인 교육기관에 대하여 특별한 대우를 하는 경우, 국내법상 사립 교육기관인 다른 교육기관과는 불평등 대우가 될 수 있다. 더 나아가, 이와 같은 상황을 적극적으로 이용하는 경우를 배제할 수 없으며, 최소한 방임하는 결과를 초래할 수 있다. 외국인 교육기관 출신 학생에 대하여 대학 입학에서 여러 가지 특전이 주어지는 상황에서 내국인의 입학을 허용하고, 교육과정 운영에서 특례를 인정한다면, 대학 입학 기회를 배분하는 과정에서 불평등을 초래할 수도 있다. 따라서 특례 형식을 활용하는 데 있어서는 교육의 평등에 대한 검토를 반드시 하여야 한다.

둘째, 특례는 제한된 범위에서 사회적 실험을 하고, 그 결과를 전체에 환류하는 데 의의가 있다. 그런데, 특례 운용의 결과를 체계적으로 평가하지 않거나, 그 결과를 적절하게 환류하지 않은 채로 특례 대상만을 확대한다면, 결과적으로 두 개의 다른 법 체계를 형성하여 교육제도를 혼란하게 하는 부정적인 결과만을 초래하게 될 가능성이 크다.

이런 맥락에서, 자율학교를 계속 확대하는 정책은 바람직하지 않다. 자율학교는 특례를 인정받는 학교이고, 자율학교 운영 결과를 계속 검토하여 특례 운용의 효과가 검증되고 문제점이 드러나지 않는 경우에는 이를 교육 관계 법률에 반영하여 다른 모든 학교에도 동일한 운영이 가능하도록 하여야 한다. 이 경우 당해 조항이 특례 대상에서 배제되어야 함은 두말할 나위도 없다. 반대로, 특례 운영 결과 문제점이 노정되거나, 특별한 효과가 나타나지 않는 경우 역시 특례 대상에서 배제하여 특례 학교 운영의 정상화를 꾀할 필요가 있다.

이럼 점에서 보자면, 자율학교 운영에 대한 평가나 효과의 환류 체계를 구축하지 않고, 단지 자율학교를 모든 학교의 1/4정도인 2,500여 개교까지 확대하겠다고 하는 정부의 구상(교육과학기술부, 2009. 6. 11.)은 바람직하지 않다고 할 수 있다. 정부의 구상대로라면, 전국 학교의 3/4을 규율하는 교육법과 1/4을 규율하는 교육법으로 교육법이 이원화되는 결과가 초래될 것이다.

마지막으로, 어떤 종류의 실험이든, 상당한 주의를 기울여야 하는 것과 마찬가지로, 사회적 실험 역시 발생 가능한 문제에 대하여 사전에 충분히 대비하여야 한다. 예컨대, 통상의 학교에 적용되는 시설 설비 기준보다 하향된 조건에서 교육을 운영하는 경우, 어떤 문제가 나타날 수 있으며, 이 경우 어떻게 하여야 하는가에 대하여 충분히 고려하고, 법률적으로 대책을 세워둘 필요가 있다. 그런데, 이 부분에서 현재의 특례 입법은 충분하지 않다. 일례로, 규제자유특구 및 지역특화발전특구법상의 교육특구에 관한 법률안에서 특구 학교 운영 과정에서 나타날 수 있는 문제에 대한 대비책이 충분하지 않다(김용, 2009). 또, 교육발전특구 운영 과정에서 자치단체가 요구한 특례가 실제로 입법으로 이어지지 못한 채 사업이 혼란을 겪는 일도 나타난다.

나. 네거티브 규제

법이 수행하는 중요한 기능 중 하나는 어떤 일은 허용되며 어떤 일은 금지되는가를 널리 알려주는 것이다. 법률 조문 가운데 상당수가 '-할 수 있다.' 또는 '-하여서는 아니 된다.'로 끝난다는 사실은 이를 잘 보여준다. 우리는 법을 통해서 행동의 한계를 설정할 수 있다.

그런데, 법률이 금지와 허용을 표시하는 방식에는 두 가지가 있다. 어떤 사안에 대하여 허용되는 것과 금지되는 것 낱낱을 모두 열거하다 보면 법률 형식의 미덕이라 할 수 있는 경제성을 충족하기 어렵게 되는 경우가 발생한다. 따라서 일단 모두 허용된다고 전제한 후에, 단지 금지되는 것만을 열거하거나, 이와 반대로 일단 모두 금지된다고 전제한 후에 허용되는 것만을 열거하는 방식으로 법률을 구성하게 된다.

예를 들면, 현행 교육환경 보호에 관한 법률 제9조는 다음과 같은 형식으로 진술되어 있다. 일부만 옮긴다.

> 제9조(교육환경보호구역에서의 금지행위 등) 누구든지 학생의 보건·위생, 안전, 학습과 교육환경 보호를 위하여 교육환경보호구역에서는 다음 각 호의 어느 하나에 해당하는 행위 및 시설을 하여서는 아니 된다.
>
> 1. 「대기환경보전법」 제16조 제1항에 따른 배출허용기준을 초과하여 대기오염물질을 배출하는 시설
> 2. 「물환경보전법」 제32조 제1항에 따른 배출허용기준을 초과하여 수질오염물질을 배출하는 시설과 제48조에 따른 폐수종말처리시설
> 3. 「가축분뇨의 관리 및 이용에 관한 법률」 제11조에 따른 배출시설, 제12조에 따른 처리시설 및 제24조에 따른 공공처리시설
> 4. 「하수도법」 제2조제11호에 따른 분뇨처리시설
> 5. 「악취방지법」 제7조에 따른 배출허용기준을 초과하여 악취를 배출하는 시설
> 6. 「소음·진동관리법」 제7조 및 제21조에 따른 배출허용기준을 초과하여 소음·진동을 배출하는 시설
>
> 25. 「영화 및 비디오물의 진흥에 관한 법률」 제2조 제16호 가목 및 라목에 해당하는 비디오물감상실업 및 복합영상물제공업의 시설(「유아교육법」 제2조 제2호에 따른 유치원 및 「고등교육법」 제2조 각 호에 따른 학교의 교육환경보호구역은 제외한다)
> 26. 「식품위생법」 제36조 제1항 제3호에 따른 식품접객업 중 단란주점영업 및 유흥주점영업
> 27. 「공중위생관리법」 제2조 제1항 제2호에 따른 숙박업 및 「관광진흥법」 제3조 제1항 제2호에 따른 관광숙박업

한편, 학원의 설립 운영에 관한 법률(2001년 4월 7일 개정되기 이전의 법) 제3조는 다음과 같은 형식으로 진술되어 있었다.

> 제3조(과외교습) 누구든지 과외교습을 하여서는 아니된다. 다만, 다음 각호의 1에 해당하는 경우에는 그러하지 아니하다.
> 1. 학원 또는 교습소에서 기술·예능 또는 대통령령이 정하는 과목에 관한 지식을 교습하는 경우
> 2. 학원에서 고등학교·대학 또는 이에 준하는 학교에의 입학이나 이를 위한 학력인정에 관한 검정을 받을 목적으로 학습하는 수험준비생에게 교습하는 경우. 이 경우 중학교·고등학교 및 이에 준하는 학교의 재학생에 대하여는 교육부장관이 정하는 기간에 한한다.
> 3. 대학·교육대학·사범대학·전문대학·방송통신대학·개방대학·기술대학 또는 개별 법률에 의하여 설립된 대학 및 이에 준하는 학교에 재적중인 학생(대학원생을 포함한다)이 교습하는 경우

이 두 개의 조문을 비교하면, 전자는 금지되는 것만을 열거하고 있는 바, 법률에서 정한 것 이외에는 모두 허용된다는 뜻으로 해석할 수 있으며, 후자는 일단 모두 금지된다고 전제한 후 일부 예외적으로 허용되는 것들을 열거하고 있는 바, 법률에서 정한 것 이외에는 모두 금지된다는 뜻으로 해석할 수 있다. 후자와 같은 형식을 취하는 경우 행동의 자유를 제한하는 폭이 상당히 넓어진다. 경우에 따라서는 합리적 이유 없이 개인의 자유나 권리를 제한할 수도 있으며, 사실 위의 과외교습에 관한 조문은 헌법재판소에서 앞의 이유로 위헌 결정을 내려 삭제되었다. 반면, 전자와 같은 형식을 취하는 경우 더 넓게 행동의 자유를 보장할 수 있다.

전자와 같이 일단 허용하고, 예외적으로 금지하는 방식의 규제를 네거티브 규제(negative regulation)라고 하고, 후자와 같이 일단 금지하고, 예외적으로 허용하는 방식의 규제를 포지티브 규제(positive regulation)라고 한다(김유환·황태희, 2008).

한국의 교육법을 살펴볼 때, 네거티브 규제에 비하여 포지티브 규제가 상당히 많음을 알 수 있다. 일단 금지를 전제로 몇 가지 허용되는 것만을 법률에 규정하다 보니, 여러 학교가 규정된 대로 따라야만 하고, 그 결과 학교의 교육 운영이 비슷한 모습을 띠게 된다. 이와 달리, 일단 허용을 전제로 몇 가지 금지되는 것만을 법률에

규정한다면, 여러 학교가 금지되지 않는 범위 내에서 다양한 시도를 할 수 있고, 결과적으로 학교의 특성을 살리고 학교간 다양성이 높아질 수도 있을 것이다.

예컨대, 현행 초·중등교육법 제29조에서는 "학교에서는 국가가 저작권을 가지고 있거나 교육부장관이 검정 또는 인정한 교과용도서를 사용하여야 한다."고 규정하고 있다. 이는 국·검·인정 교과서만 허용되며, 나머지는 금지된다는 의미로 해석할 수 있다. 이에 비하여 미국의 플로리다주 교육법은 인종, 여성 등에 대한 편견이 없을 것과 역사적 오류가 없을 것 등 원칙적 사항만을 규정하고 있다. 교과용도서로 사용하기에 적절하지 않아서 금지되는 것만을 열거하고 있는 것이다. 어떤 경우에 교육 활동의 다양성이 제고될 수 있는가는 분명하다. 이와 같은 맥락에서, 네거티브 규제 형식으로 법률 조문을 개선할 수 있는 여지가 없는가를 면밀히 검토할 필요가 있다.

한편, 네거티브 규제와는 다른 것이지만, 법률로 교육 활동에 관한 전반적인 사항을 규율하지 않고, 정부가 추진하고자 하는 교육개혁 방안을 제시하고, 그 방안에 동참하고자 하는 교육기관이나 주체의 활동만을 규율하는 법 형식도 검토할 가치가 있다. 미국의 고등교육법은 이에 관한 좋은 사례가 될 수 있다.

미국의 고등교육법은 일반적인 강제력을 갖지 않는다. 고등교육법에는 각종 지원 프로그램 운영에 관한 내용을 규정하고 있는데, 이 법에서 정하는 프로그램에 참여하지 않는 대학은 이 법의 적용을 받지 않는다(이종근, 2009). 한국의 고등교육법은 기관 설립과 운영, 폐쇄 등 모든 과정을 대상으로 조직과 운영의 대강을 법률로 정하고 시행령과 시행규칙 등을 통하여 세부적인 사항까지 규율하고 있으나, 미국의 연방고등교육법은 고등교육기관 운영이 대학 및 지역정부의 자율성 규범 하에서 운영된다는 사실을 존중하고, 연방 정부의 관심사에 대응하는 차원에서 입법이 이루어지고 있다(이차영, 2008).

4. 교육법의 수호

법의 가치는 그 내용에서 나오는 것이기도 하지만, 법을 지켜야 하는 사람들이 법을 소중히 여기고 가치를 존중할 때, 빛을 발하는 것도 사실이다. 이런 점에서 좋은 법을 만드는 일뿐만 아니라 만들어진 법을 잘 보호하고 지키는 일도 매우 중요하다고 할 수 있다. 이와 관련하여 두 가지의 과제가 있다.

가. 지나치게 잦은 법 개정의 재고

법은 생활 관계의 안정성을 보장한다는 점을 생각하면, 법을 자주 개정하는 일이 바람직한 것은 아니지만, 교육에 대한 다양한 이해 관계 집단의 참여가 활발해지고, 교육정책을 활발하게 추진하는 과정에서 새로운 법이 만들어지거나 기존의 법을 자주 개정하는 일은 어느 정도는 불가피한 것이라고 할 수 있다.

법 개정의 불가피성을 인정한다고 하더라도, 지나치게 잦은 개정은 법의 권위를 떨어뜨리고, 법에 대한 시민의 의식에 혼란을 준다는 사실은 명확하다. 특히 생활 관계를 구체적으로 규율하는 하위법이 아니라 상위법을 자주 개정하는 경우, 이와 같은 문제가 발생한다. 이런 점에서 보면, 한국은 법에 대한 권위를 확립하는 일이 아직 미완의 과제로 남아 있다고 할 수 있다.

이를 잘 보여주는 사례가 교육기본법 개정이다. 교육기본법은 법률 형식을 띠고는 있으나, 학교급의 구분에 관계 없이 교육에 관한 중요한 사항을 규율하고 있다는 점에서 준헌법성을 가지고 있다고 할 수 있다. 그런데, 1997년 교육기본법 제정 이후 2023년 현재까지 무려 스무 차례나 개정이 되었다. 이는 1948년 교육기본법을 제정한 후 지금까지 단 한 차례만 개정하였던 일본의 사례와 크게 대비된다.

- 제1차 개정(2000. 1. 28.): 남녀평등교육의 진흥 조항(제17조의2)의 신설
- 제2차 개정(2001. 1. 29.): 교육인적자원부 장관 명칭 변경에 따른 개정
- 제3차 개정(2002. 12. 5.): NEIS 도입 근거로 교육행정업무의 전산화 조항(제23조의2)의 신설
- 제4차 개정(2004. 1. 20.): 교육상 합리적 이유 없는 성별 참여, 혜택의 제한·차별 금지 조항(제17조의2 제2항)의 신설
- 제5차 개정(2004. 12. 30.): 지방교육양여금법의 폐지로 인한 관련 조항(제7조 제2항) 개정
- 제6차 개정(2005. 3. 24.): 의무교육 확대에 따른 단계 실시 단서 조항(제8조

제1항) 삭제, 학생 정보 보호 조항(제23조의 2 개정 및 3 신설), 행정업무에 학교 교무를 포함하기 위하여 '업무'로 개정

- 제7차 개정(2005. 11. 8.): 학생 및 교원의 윤리의식 확립 의무, 학생에 대한 윤리지도 및 적성 계발 노력 의무 조항(제12조 제3항, 제14조 제3항), 국가 및 지자체의 윤리의식 확립 관련 시책 수립 실시 의무 조항(제17조의3) 신설
- 제8차 개정(2007. 5. 11.): 국가 및 지자체의 학생 체력 증진과 학교체육 장려 시책 수립 의무(제22조의2 신설)
- 제9차 개정(2007. 7. 27.): 국가 및 지자체의 교육여건 격차 최소화 시책(제4조 제2항), 건전한 성의식 함양 시책 및 성 특성 감안 교육, 편의시설 제공(제17조의4), 부모의 학생 정보를 제공받을 권리(제23조의3 제3항), 교육정보의 공개 및 교육정보법 제정의 근거 조항(제26조의2) 신설
- 제10차 개정(2007. 12. 21.): 알기 쉬운 법령 만들기 사업의 일환으로 개정, 한글화, 용어 순화 및 한글 맞춤법 등 어문 규범 준수
- 제11차 개정(2008. 2.2 9.): 교육과학기술부장관의 명칭 개칭에 따른 개정
- 제12차 개정(2008. 3. 21.): 국가 및 지자체의 학생 복지 주택 건설 시책 수립 실시 의무(제27조 제2항 신설)
- 제13차 개정(2013. 3. 23.): 교육부장관 명칭변경에 따른 개정
- 제14차 개정(2015. 1. 20.): 국가와 지자체의 안전사고예방시책 수립의무 규정(제17조의 5 신설)
- 제15차 개정(2016. 5. 29): 평화적 통일 지향 교육 실시(제17조의6 신설)
- 제16차 개정(2017. 6. 22): 교육통계조사 시책 마련(제26조의3 신설)
- 제17차 개정(2018.12.18.): 교육정보화 교육 내용 상세 규정
- 제18차 개정(2021. 3. 23.): 타법 개정으로 용어 변경
- 제19차 개정(2021. 9. 24.): 사회교육법의 평생교육법 개정에 따라 용어 변경
- 제20차 개정(2023. 9. 27.): 보모 등 보호자의 학교교육 협조 존중 의무 규정

위의 자료에서 알 수 있는 것처럼, 교육행정정보시스템 도입과 관련한 논란이 발생하거나 학생들이 전국 단위 시험에서 부정행위를 했을 때와 같이 어떤 교육정

책을 추진하려고 하거나, 교육문제에 대응하려고 할 때마다 교육기본법에 관련 조항을 삽입하는 형식의 개정이 계속되고 있다. 이에 대하여 고전(2008)은 교육기본법이 '교육법의 기본법'이 아닌 '교육정책 추진법'으로 변화되어 버렸다고 지적한 바 있다.

교육기본법이 너무 자주 개정되다보니 자연스럽게 교육기본법의 준헌법성은 퇴색하고, 더불어 교육기본법을 준수하여야 한다는 의식 역시 흐려지고 있다. 법에는 해석의 미학이 존재하며, 교육기본법과 같은 상위법의 경우에는 자주 개정하기보다는 가능하면 해석의 지혜를 발휘하여 정책적 필요에 대응하는 편이 바람직하다.

나. 법교육의 필요성

"법에 대한 무지는 용서받지 못한다."는 법언(法諺)이 전해 내려오는 것처럼, 법은 알지 못했다고 해서 지키지 않아도 되는 것이 아니며, 또 알아야만 지킬 수 있는 것이다. 법은 반드시 처벌을 피하기 위하여 공부할 필요가 있는 것만은 아니며, 교육 당사자로서 자신의 권리를 보호함은 물론 다른 사람의 권리를 보호하기 위해서도 공부할 필요가 있다.

나아가, 어떤 교육문제에 대하여 정부가 어떤 기구를 만들거나 어떤 절차를 동원하여 문제 해결에 접근하기보다 교육당사자들이 교육법의 내용을 깊이 숙고하도록 하는 방식으로 문제 해결은 물론, 문제 예방에 접근하는 편이 훨씬 바람직하며 효과적이기까지 하다. 어떤 규정이나 절차는 반드시 특정한 사안에 대하여만 적용될 뿐이지만, 교육법을 공부하여 법의 정신을 이해한다면, 훨씬 보편적인 행위의 준칙이라고 할 수 있는 것을 스스로 발견하고 적용할 수 있게 된다.

예를 들어, 체벌에 관하여 복잡한 절차를 규정하고, 그 규정에 부합하는 범위에서 체벌을 허용하거나, 체벌을 전면 금지하여 교사들의 묵종을 요구하는 것보다는 교사들이 헌법상의 기본권, 특히 신체의 자유 조항을 공부하고 그 의미를 숙고하도록 하는 편이 바람직하다. 학생의 복장이나 용의(容儀)와 관련해서도 여러 가지 복잡한 상황을 상정하고, 그 각각의 경우에 대처할 수 있는 방안을 모색하기보다는 헌법상의 표현의 자유, 신체의 자유, 사생활의 자유 등의 허용 범위와 한계 등에 관하여 생각하고 대화를 통하여 허용 범위를 설정하는 편이 바람직하다. 교사들이 교직을 시작하기 전이나 교직을 수행하면서 최소한 헌법의 기본권에 관한 부분은 착실하게 공부하고 그 내용을 이해할 필요가 있다.

교육법 공부는 학생들에게도 필요하다. 법이 기본적으로 공동 생활의 규범이라고 하는 사실을 상기하면, 학생들은 학교에서 어떻게 행동하여야 하는가에 관한 답을 법에서 발견할 수 있다. 오늘날 학생들의 방종이 문제가 되는 경우가 종종 있는데, 이런 경우에 학생이 헌법에서 자신의 자유와 권리를 생각해보고, 자신의 자유와 권리에 한계가 있다는 사실도 생각할 수 있다면 학교 현장의 문제는 크게 개선될 수 있을 것이다.

학교 행정가가 교육법에 관한 지식이나 소양을 가져야 함은 두말할 나위가 없다. 행정가는 학생과 교직원 등 모든 학교 구성원의 자유와 권리를 수호하면서 학교를 교육행정의 원리에 부합하게 운영할 소임을 지기 때문이다.

교육법에 대한 공부가 충실히 이루어지고, 교육 당사자 모두가 법 정신을 체화할 수 있다면, 이들은 아무리 정교하게 설계된 제도 하에서 살아가는 사람들보다도 훨씬 도덕적이고 교육적인 삶을 영위할 수 있을 것이다.

참고문헌

강석봉, 주철안(2008). 의원 발의 교육 법률안 증가와 그 영향 요인 분석. 교육행정학연구, 26(4). 293-317.

고 전(2008). 교육기본법의 제 · 개정과 교육입법의 과제. 교육법학연구, 20(2). 1-25.

교육과학기술부(2009. 6. 11.). 학교 현장 중심 자율화로 다양하고 더 좋은 학교 만든다. 보도자료.

김 용(2008). 국가의 대입 관여 방식의 변화: 법규 분석을 중심으로. 한국교육, 35(1). 279-303.

김 용(2009). 한국과 일본의 교육특구 비교: 교육법상 '특례'의 활용과 쟁점을 중심으로. 교육행정학연구, 27(3). 229-252.

김 용(2010). 교육규제완화에 대한 헌법적 통제. 법학박사학위논문, 충북대학교, 청주.

김 용(2017). 법화사회의 진전과 학교 생활세계의 변용. 교육행정학연구, 35(1). 87-112.

김 용(2023). 교육자유특구: 지역 맞춤형 공교육을 선도할까? 교육생태계를 교란할까? 교육비평, 51. 8-36.

김유환, 황태희(2008). 규제 방식의 유형과 개선 방안에 관한 연구. 서울: 규제개혁위원회.

박세일(1995). 세계화 시대의 교육을 위한 발상의 전환: 규제에서 탈규제로. 나라정책연구회(편), 소비자 주권의 교육대개혁론 (pp. 15-35). 서울: 길벗.

박영도 외(1992). 특례법의 현황과 정비 방향. (연구보고서 92-5호). 서울: 한국법제연구원.

이상돈(2002). 법학입문. 서울: 법문사.

이종근(2009). 미국의 연방고등교육법(Higher Education Act)의 변천 과정과 최근 동향. 대한교육법학회 제13차 비교교육법 연구포럼 발표논문.

이차영(2008). 한국과 미국의 고등교육법 비교. 교육행정학연구, 26(4). 1-21.

표시열(2008). 한국 학교에서 아동권리협약의 적용과 과제: 체벌, 징계 절차, 표현의 자유를 중심으로. 교육법학연구, 20(2). 151-172.

허 영(2003). 헌법이론과 헌법(신정 8판). 서울: 박영사.

허 영(2004). 한국헌법론(전정 5판). 서울: 박영사.

홍정선(2009). 행정법원론(상). 서울: 박영사.

平原春好(1993). 教育行政學. 東京: 東京大學出版會.

PART 03

교육 거버넌스

CHAPTER

06 교육행정과 거버넌스 개념의 등장

공교육제도의 운영 주체와 운영 방식을 나타내는 개념으로 '거버넌스(governance)'가 있다. 교육학에서 이는 다소 생소한 개념이다. 이 개념을 개략적으로 이해하면, '다양한 이해관계 당사자들이 사회적 조직의 공동 목표를 달성하기 위해 상호 작용하면서 조직을 다스려나가는 체제 혹은 방식'이라고 볼 수 있다. 그러나 '거버넌스 개념의 의미'가 무엇인가를 정확히 알기 위해서는 다소 심층적인 논의가 필요하다. 이 장에서는 거버넌스에 대한 일반적 이해를 높이는 차원에서 다음 내용들을 각 절에서 논의한다.

- 거버넌스의 의미
- 거버넌스 개념의 등장 배경
- 거버넌스의 유형
- 교육 거버넌스의 현실과 발전과제

1. 거버넌스의 의미

우리나라의 참여정부 초기에 교원인사제도의 현안 해결을 위해 새로운 시도를 한 적이 있다. 즉, '교원 승진 제도'나 '교장 임용제도'와 같은 교육행정의 주요 현안에 대해, 정부 주도의 '전통적인 정책 입안 방식'이 아닌, 현장의 교육 관련 '단체와 연구소 및 전문가들'이 참여하고 그들 사이의 '협의'를 통해 정책방안을 도출하려 했다. 정책 당국이 주도하던 '종래의 결정 방식'에서 벗어나 '교육관련 당사자의 협의를 바탕'으로 정책결정을 시도했다는 뜻이다.

이런 시도를 했던 까닭은, 정부의 교육정책이 실제 교육현장의 동의를 얻지 못해 시행착오만 반복하던 잘못을 줄이고, 다양한 이해관계 집단의 협의를 통해 동의 수준이 높은 정책 방안을 수립하려는 목적 때문이었다. 이에 따라, 정책 협의 및 여론 수렴을 위해 2003년 중반부터 2004년 상반기까지 다양한 조직체를 통해 많은 활동들이 이루어졌다. '교원단체, 시민단체, 학부모단체, 관계전문가 및 연구진행자들'은 현안에 대해 협의하고 토론하면서 쟁점을 명료화하고, 합의 도출을 위한 대안을 점검하면서, '참여형 정책 수립'의 가능성을 모색하였다.

이 시도는 결과적으로 합의안 도출까지는 이르지 못했지만, 정책입안의 패러다임을 '정부 주도'로부터 '다양한 관련 주체의 참여와 협력'으로 전환하려 했다는 점에서 중요한 의미를 지니는 것이었다.[1] 그리고 이 사례는 교육행정의 실제에서 거버넌스 개념을 숙고하게 하는 계기가 되었다고 판단할 수 있다.

거버넌스의 의미를 밝히려는 논의들은 주로, 다스림(governing)[2]의 과정에 누가 주체로 참여하는지, 그리고 그들이 어떤 방식으로 다스리는지와 같은, '주체'와 '방식'이라는 두 가지 측면에 관심을 집중해왔다. 여기에서는 '거버넌스의 주체'와 '거버넌스의 방식'에 대한 검토를 통해 거버넌스 개념을 논의한다.

가. 거버넌스의 주체

1980년대 이후 최근까지, 정치학・행정학・경영학 등의 학계와, 기업・정부의 관리자 사이에 핵심적인 개념으로 많이 등장하는 용어가 '거버넌스'이다. 통상적으로 거버넌스는 수직적 위계에 의해 정부가 일방적으로 통치하는 것에 대비되는 개념이며, 정부만이 아닌 여러 사회적 행위자가 긴밀한 상호작용을 하면서 '공동의 문제를 해결하는, 새로운 관리 방식'을 가리킨다(Meuleman, 2006). 예컨대, 거버넌스의 의미를 "고정된 규칙 체계나 행정적 위계를 벗어나, 다양한 주체의 참여와 그들 사이의 상호의존적 관계망 속에서 조정이 이루어지는 양식(Slaughter, 2004)"

1) 이 사례에 대한 자세한 내용은 이차영(2005), "현장출발형" 교원정책 수립 시도 사례의 비판적 검토, 한국교원교육학회(편), 한국교원교육연구 제22권 제1호, pp. 267-283에 소개되어 있다.

2) 다스린다는 말에 대해, 교육계에서는 거부반응이 있을 수 있다. 교육은 무엇보다도 상호 자발적인 교섭과 인격적 관계를 인간관계상의 특성으로 삼기 때문이다. 다스림의 대상을 사람으로 본다면 그런 거부반응을 충분히 이해할 여지가 있다. 그러나 만약 다스림의 대상을 사태나 현상으로 본다면 그런 거부반응은 한결 약화된다. 우리의 전통에는, 자연현상이나 문제 사태를 다스림의 대상으로 삼았음을 보여주는 흔적들이 있다. 예를 들면 치산(治山)이나 치수(治水)라는 개념이 그것이다. 이렇게 본다면 교육문제를 교육 당사자들에게 이롭게 다스린다는 말이 하등 이상할 것도 없고, 폭압적 뉘앙스를 가진 개념으로 이해할 필요도 없다.

으로 정의하는 것은 거버넌스에 대한 통상적 용법의 전형이다. 거버넌스의 의미는 한편으로는 과거의 정부 주도 방식에 대한 불만이나 반성과 관련되며, 다른 한편으로는 민간기업과 시민사회와 같이 정부의 권한을 분점(分占)하려는 유력한 행위자들이 등장한 것과 관련된다. 이를 배경으로, '정부로부터 거버넌스로(from government to governance)'[3] 혹은 '정부 없는 거버넌스(governance without government)'[4]라는 용어까지 이제는 등장하는 실정이다. 과거와 같은 정부의 계층제도나 국가의 절대적 권위가 중요하게 취급되던 시대로부터, 시민 사회와 시장의 영향력이 증대하는 시대로 변한다는 뜻이다.

그러나 '거버넌스'의 개념에 대한 학문적 합의는 아직 없다. 우선 개념의 적용범위에 있어서, 일반 조직 전체의 업무로 확장하여 사용할 것인가, 아니면 국가 혹은 정부의 공공적 업무에 대해서만 제한적으로 사용할 것인가 하는 점에 대해 견해가 나뉜다. '확장론자들'은 거버넌스를 "어떤 조직 전체의 문제를 해결하기 위한 사회적 조정 양식"(Rhodes, 2000)으로 정의한다. 이에 따르자면, 굳이 국가나 정부의 공적 업무에만 거버넌스 개념을 한정할 필요는 없다. 그리고 민간 기업에서 이미 보편적으로 사용하는 기업 지배구조(corporate governance)라는 개념의 용법도 성립하게 된다. 반면, '제한론자들'은 민간 영역에 대해서까지 거버넌스 개념을 쓰는 것은 적합하지 않고, 국가(정부)의 공적 업무에 대해서만 적용되는 개념이라고 한정한다. 즉, 거버넌스 개념을 "정부기관의 내부운영 방식과 행정서비스 전달방식" 혹은 "공공 재원으로 충당하는 용역의 공급을 조절하는 행정 처리의 체계" 정도로 이해하는 것이다.

그런데 이런 제한적 용법을 따를 때는, 공공적 업무의 처리 주체가 과거처럼 국가나 정부로 한정되는 것이 아니라 시민사회, 민간기업, 국제기구 등으로 다변화되는 현실을 도외시하는 난점이 생긴다. 공적 업무의 조정 기능을 담당하는 주체가

3) 거버넌스(governance)는 정부(government)와 어원을 같이하지만, 그 의미는 상당히 다르다. 정부(government)는 법과 제도에 의해 부여받은 통치권의 주체로서 위계적인 권위를 통해 질서를 유지하고 강제 집행력을 행사한다. 반면, 거버넌스(governance)는 다양한 이해관계 당사자들이 공공적인 공동의 목적을 달성하기 위해 역동적으로 상호작용하면서 문제를 해결하려는 통치방식이다.

4) 거버넌스는 자율적으로 규범을 설정하고 규칙을 규제하는 메커니즘(mechanism)이기 때문에, 반드시 집권화된 정부나 권위체가 존재하지 않더라도 성립할 수 있다.

정부영역의 행위자에서 민간의 다양한 행위자는 물론 국제기구, 다국적 기업, 초국가적 이익단체 등으로 이미 다변화되고 있기 때문이다(Kooiman, 2003). 그리고 또한 많은 연구자들은 사회적 조정의 주체를 특정하기보다는 다양한 행위자들로 그 범위를 확대하고 있다.

거버넌스 개념은 다양하게 이해될 수 있다. 예컨대, Bevir(2007: xxi)는 "사회적 조정/관리의 양상"으로, Osborne과 Gabler(1992: xi)는 "사회 문제를 해결하고 사회 수요를 충족시키는 과정"으로, 그리고 Meuleman(2006: 2)은 "사회적 문제를 해결하기 위해 정부, 공공 기관, 사적 부문 및 시민 사회가 동참하는 상호작용의 총체"라고 각각 규정한 바 있다.

거버넌스를 정부의 공적 업무를 포함한 일반적인 사회문제 전체에 대한 다양한 행위자의 상호작용으로 정의할 때, 거버넌스는 새로운 현상이 아니라 오래 전부터 존재해온 것임을 알 수 있다. 사회문제 해결과 갈등의 조정은 어떤 사회에서나 언제나 수행되는 기능이기 때문이다. 변한 것은 이러한 기능을 수행하는 과정에서 활용되는 관리의 "방식"이다.

나. 거버넌스의 방식

사회적 문제를 해결하고 갈등을 관리하는 조정 방식은 수없이 다양하나, 그 방식을 크게 유형화하면 다음의 셋으로 구분할 수 있다. 즉, 1) 법규상의 근거에 따라 계층제적 위계에 의해 조정하는 방식, 2) 고객 만족과 효율성을 주요 가치로 추구하면서 참여자의 자율과 자유경쟁 원리에 따라 조절되게 하는 방식, 3) 다양한 조직들이 자발적으로 상호 의존하면서 사회문제 해결에 협력하는 방식의 셋이 그것이다. 이 세 방식의 특징은 각각 '계층제', '시장', '네트워크'로 명명할 수 있다. 이 셋 가운데 무엇이 주도적인 방식으로 통용되는가 하는 점은 시기적으로 차이가 있다. 즉, 서구 공공행정의 진화를 세 단계로 구분한 바에 따르면(Meuleman, 2006), 1950년대 이후 1980년대 초까지를 '계층제 거버넌스'의 시대, 1980년대 초에서 1990년대 중반까지를 '시장 거버넌스'의 시대, 1990년대 중반 이후를 '네트워크 거버넌스'의 시대로 각기 규정한다.

그렇지만, 거버넌스 방식의 변화 궤적이 모든 경우에 항상 '계층제 → 시장 → 네트워크'의 순서로 진행된 것은 아니다. 그 궤적은 정치 시스템이나 정책의 영역에 따라 다른 모습으로 나타났기 때문이다(Jordan *et al.*, 2005). 마찬가지로, 특정 거버넌스 방식이 다른 거버넌스 방식을 완전히 대체하고 독점적으로 통용된 적은 없으며, 항상 세 가지 거버넌스 양식이 혼재해 왔다(Exworthy *et al.*, 1999). 하지만, 모든 정치 시스템에서 공통적으로 나타나는 현상은 시장과 네트워크가 계층제의 대안으로 대두되고 있다는 점이다. 이러한 이유로, '계층제 거버넌스'를 '구 거버넌스'(old governance)로, '시장 거버넌스와 네트워크 거버넌스'를 '신 거버넌스'(new modes of governance)라고 칭하기도 한다(Pierre, 2000).

'신 거버넌스'론에서는 시민의 역할이 소극적 소비자로부터 적극적 행위자로 변화되었음을 강조한다.[5] 또한, '계층제적인 조정' 대신 '다양한 조직 사이의 상호의존성과 호혜성 및 수평적 자치 조직'을 상정한다. 달리 말하자면, 법적 권한이나 공식적 통제 권한으로 움직이는 국가로부터 '상당한 정도의 자율성'을 갖는 다양한 참여 주체가 공동 목표 달성을 위해 벌이는 '비공식적 · 유동적 협상과 상호작용'이 '신 거버넌스의 특징'이라는 뜻이다. 신 거버넌스를 '정부를 포함한 사회의 다원적 주체 간의 신뢰와 자발적 네트워크, 공통의 목적, 자원의 교환, 게임의 규칙, 국가로부터의 자율성' 등으로 정의(Rhodes, 1997: 15; 염재호, 2002: 139)하는 데에서 그러한 특징을 발견할 수 있다.

그런데 일부의 학자들은 이 '신 거버넌스'를 가리켜 거버넌스라고 하기도 하고(Jessop, 2000; Stoker, 1998), '네트워크 거버넌스'를 가리켜 거버넌스라 칭하기도 한다(Slaughter, 2004). 예를 들어, Slaughter는 고정된 규칙 체계나 행정적 위계에 의해 통치가 이루어지기보다는 '다양한 주체의 참여와 그들 사이의 상호의존적 관계망 속에서 통치가 이루어지는 양식'을 거버넌스로 보았다. 이것은 '네트워크 거버넌스'를 거버넌스로 보는 견해의 대표적 예이다. 이 때문에 사회적 조정의 "방식"과 관련하여 거버넌스 개념에 혼란이 온다.

5) 거버넌스론에서는 정부와 시민사회 사이의 상호작용을 중요한 요소로 취급한다. 만약 이 상호작용이 전통적인 형태를 유지하는 경우 정부(government)와 거버넌스(governance)는 같은 개념이 된다. 그렇지만 일반적으로 말하는 거버넌스는 그 상호작용 양상이 시민사회의 역할이 강화된 쪽으로 새롭게 달라진 경우에 쓰인다.

다. 거버넌스의 개념

이상에서 살펴본 것처럼, 거버넌스의 개념에 대해 혼란이 생기는 것은 공동 문제의 해결을 위한 사회적 조정의 주체와 방식을 어떻게 상정할 것인가 하는 점에 있어 견해가 서로 다르기 때문이다. 한쪽에서는, '정부와 민간기업 및 시민사회를 포함한 다양한 행위 주체의 네트워크를 통한 사회적 조정방식에 국한'하여 거버넌스 개념을 사용하는가 하면, 다른 한쪽에서는 '거버넌스의 주체와 방식이 다양한데도 네트워크 거버넌스만을 가리켜 거버넌스라 부르는 것은 적절하지 않다'고 본다.

'교육 거버넌스'에 있어서도 그 개념의 의미는 사용하는 사람에 따라서 다양하게 이해되고 있다. 일부 학자는 '교육 거버넌스'를 '교육에 대한 국정운영'으로 번역하여 사용할 것을 제안한 바 있다(안기성, 1997: 1-3; 이일용, 2004: 30). 교육에 대한 중앙정부의 전반적인 관여나 통제를 말하는 것으로서, 정부가 교육에 대해 적극적으로 운영·관리하게 된 것을 가리키는 의미라는 뜻이다. 그리고 다른 한편에서는 교육 거버넌스를 '교육통치'라고 번역하여 사용하기도 한다(서남수, 1997: 1-2). 말하자면, '교육 거버넌스'란 교육에 관해 누가 무엇을 결정하는가 하는 문제를 중심으로 발전된 교육정치학적 개념이라고 설명하면서, 분권적 경향이 강한 미국에서는 '교육행정'과 '교육통치'를 구분하여, 전자는 학교경영에 초점을 두는 것이고 후자는 정부 차원의 교육문제를 다룰 때 사용한다는 것이다. 그러나 한국의 경우, 집권적 경향이 강하여 교육행정의 개념 속에 국가 차원의 정치적·정책적 과정에 주목하는 교육통치의 개념이 포함되는 것으로 보아야 한다는 것이다.

또한, '네트워크 거버넌스'의 관점에 입각하여 '교육 거버넌스'를 이해하는 견해도 있다(송지광·한상연, 2005: 354-355). 거버넌스는 사회의 요구에 부응하는 방향으로 문제를 해결해 나가는 과정인데, 특히 국가의 기능과 역할이 최소화되면서 시장과 시민사회 등 사회의 다양한 주체들이 네트워크에 기초를 두고 집단적으로 의사결정을 내리는 유동적인 과정을 거버넌스라고 한다는 것이다. 이들은 '자율성, 상호의존성, 네트워크, 파트너십' 등이 교육 거버넌스의 기본 요소라고 본다.

거버넌스를 '국정운영'으로 이해하게 되면 행위 주체를 국가나 정부에 한정하고, 국제기구나 시민단체 등 다양한 행위 주체의 위상과 역할을 부당하게 제한하는 결과가 되어 적합하지 않다. 반면 거버넌스를 '통치'라고 이해하면 정부 혹은 국가의 권한 행사 가운데에서도 일상적 관리 운영의 범위를 벗어나는 '고도의 정치적·정책적 행위'라는 느낌을 주어, 행위 주체와 대상 업무의 범위를 과도하게 제한하는 문제가 있다. 또한, 교육 거버넌스를 기업 거버넌스처럼 '지배구조'로 해석할 수도 있으나, '지배'라는 개념이 일방적·강제적 통제의 의미를 지니고 있어 교육이라는 개념과 어울리기 어렵고, '구조'라고 못 박음으로써 거버넌스 속에 들어 있는 동태적 의사결정의 '과정'을 도외시한다는 난점이 있다.

이런 점들을 고려하여, 이 책에서는 거버넌스를 "조직 공동의 문제 해결을 위한 다양한 참여 주체의 사회적 조정 방식"으로 정의하고, 후속 논의를 진행한다. 여기서, '조직'이라 함은 공동목적을 추구하는 구성원 사이의 모든 결합체를 통칭하는 것이다. 그러므로 전통적인 공공 조직인 국가나 정부뿐만 아니라, 개별 국가나 정부를 구성원으로 하는 UN과 같은 '초국가 조직'과 EU나 APEC 같은 '지역국가 조직'을 포함한다. 이들 조직에서는 환경이나 인권 같은 전 지구적인 문제나 지역 국가 간의 협력 문제를 주요 의제로 삼아 조정 기제를 작동하는데, 이를 이른 바 '국제적 수준의 거버넌스(global or regional governance)'라고 한다.

또한, '개별 국가 수준의 거버넌스(national governance)' 내에서도 행정권한의 분권화에 따라 각 지방이 자체 문제의 해결을 위해 관련 주체들의 상호작용을 조정할 필요가 높아지고 있는데, 이를 '지방 수준의 거버넌스(local governance)'라고 한다. 나아가 하나의 민간 기업이나 대학과 같은 조직처럼 정부의 업무라고 볼 수 없는 업무를 처리하는 개별 조직에 대해서까지 그 자신의 내부 문제를 해결하는 사회적 조정 기제를 가리켜 거버넌스라는 말을 사용하기도 한다(corporate governance 혹은 university governance). 요컨대, 거버넌스 개념이 적용되는 조직을 국가나 지방으로 한정하지 않고, 모든 조직으로 개방하는 것은 이 개념의 현실적 용례를 수용한다는 뜻이다. 이런 까닭으로 거버넌스를 '국정 관리'나 '국정 관리 체제' 혹은 '국가 경영'으로 번역하는 것을 여기서는 받아들이지 않는다.

다음으로, '공동의 문제'라 함은 하나의 조직을 운영하고 관리하는 과정에서 대두되는 여러 문제 가운데 조직 전체의 공통 관심사와 관련된 문제를 가리킨다. 그러므로 적어도 조직의 일부 분파나 구성원에 국한된 문제를 해결하기 위해 동원하는 조정

기제에 대해서는 거버넌스 개념이 적용되지 않는 것으로 본다. 예를 들면, 'A' 지방에 있는 '가' 학교의 중요한 문제는 당연히 '가' 학교의 거버넌스 문제지만, 그것이 'A' 지방 전체에 영향을 미치기 전까지는 'A' 지방의 거버넌스 문제가 되지 않는다는 뜻이다.

그리고 '다양한 참여 주체'라 함은, 그 공동의 문제를 해결하는 일과 관련하여 제도적인 권한이나 전문적 식견을 가지고 그 해결과정에 참여하는 모든 집단이나 구성원을 가리킨다. 그러므로 과거처럼 제도적 권한을 지닌 자가 다스림의 주체가 되고 그 나머지는 다스림의 대상이 되는, '주객 분리'를 거버넌스에서는 수용하지 않는다. 물론 참여주체가 다양하기 때문에, 그들이 모두 동일한 수준과 범위에서 권한을 행사하고 책임을 져야 한다는 뜻은 아니다. 각기 합당한 정도만큼 참여하고 그 정도만큼의 권한과 책임을 지는 것으로 충분하다.

끝으로, '사회적 조정 방식'은 문제해결 과정에 참여하는 다양한 집단과 구성원의 사고와 행위를 규율하고 안내하는 여러 가지 방식을 함께 가리킨다. 가장 이상적인 조정 방식으로 말하자면, 자율적인 참여자들이 호혜적인 의존성에 기반을 두어 자발적으로 협력하는 것이다. 그러나 이러한 조정 방식이 실제로 얼마나 실현 가능한가에 대해서는 확실히 말하기 어렵다. 그리고 또한 사회적 조정이 오직 그러한 호혜적 협력으로만 이루어진다고 말하기도 어렵다. 그러므로 거버넌스를 '협력에 의한 통치[協治]'라고 하거나, '공동 통치[共治]'라고 하는 것은 거버넌스의 일부 특징만을 부각시킨 것이다. 아무리 거버넌스라는 개념이, 흔히 통치로 번역되는 '전통적 다스림(government 혹은 governing)'의 강제적 이미지를 불식하기 위한 대안으로 등장한 것이라 하더라도, 다양한 참여 주체가 상호 협력만 하는 것은 아니기 때문이다. 여기에서는 그 상호 작용과 사회적 조정이 손익 계량, 정치적 협상, 회유와 설득 등을 포함하여 다양하고 복합적으로 이루어진다고 본다.

거버넌스라는 용어를 번역하기 위해 그간 국정 관리, 국가 경영, 지배구조, 협치, 공치 등의 표현이 사용되기도 하였다.[6] 그러나 그러한 번역어들은 전술한 바와

6) 거버넌스라는 용어는 학문분야에 따라 약간씩 다른 의미로 쓰이고 있다. '정치학'에서는 정치 주체간의 다원적 · 협력적 통치방식으로 이해하며, '경제학'에서는 민간기업과 시장의 자율관리체제로 이해하고, '행정학'에서는 정부가 시장이나 시민사회를 관리하는 새로운 국가 운영방식으로 이해하며, '사회학'에서는 시민사회의 자율 조정 양식이나 협력체제로 정의하고 있다(김석준 외, 2000: 41-42).

같이 거버넌스가 의미하는 바를 온전하게 드러내는 데에 제한점이 있다. 이러한 판단에 따라, 이 책에서는 특별한 경우를 제외하고는 '거버넌스'라는 외래어를 그대로 사용한다.

2. 거버넌스 개념의 등장 배경

가. 국가 중심주의의 퇴조와 다원주의의 등장

20세기의 출발과 함께 본격화된 국가운영의 논리는 대체로 '발전국가, 복지국가, 행정국가' 등으로 정리된다. '발전국가'는 주로 경제적 성장이라는 목표를 달성하기 위해, '복지국가'는 주로 경제적 분배와 사회적 복지 향상이라는 목표를 달성하기 위해, '행정국가'는 성장과 분배 및 복지를 국가의 행정력으로 추구하기 위해 각각 내세운 국가운영의 논리였다. 이들 국가는 자신의 과업을 수행하는 방식으로서, 정부가 시장이나 시민사회에 대해 적극적으로 개입하였을 뿐만 아니라, 그러한 개입을 쉽게 하는 수단으로서 정부의 양적 팽창과 관료제적 통치방식의 확대를 초래하였다.

그러나 국가가 시장과 시민사회를 주도하고 견인하던 이런 방식은 20세기 후반부로 접어들면서 조금씩 균열의 조짐을 보이다가, 1980년대를 전후해서는 심각한 문제에 봉착한다. 국가 중심주의에 대한 비판적 성찰이 대두되었다는 뜻이다. 즉, 경제적 · 사회적 환경이 달라져서 '전통적인 국민국가 중심의 통치방식'에 의문이 제기되었고, 나아가 전통적 통치를 대체하는 '대안적 운영체제'가 필요하다는 인식이 확산되었다. 대다수 국가의 정부 주도적 운영 방식이 생산성이 낮고 성숙된 시민사회를 주도하기에 더 이상 적합하지 않으므로, 새로운 패러다임의 국가 운영체제가 필요하다는 것이다. 종전에 국가나 정부가 독점적으로 담당하던 기능들이 시민사회로 흡수되거나 그와 공유되고, 그 결과 시민사회의 다양한 조직들이 정책결정 과정에 활발히 참여하게 된 것도 그러한 새로운 패러다임에 대한 수요와 직결된다.

국가나 정부의 역할과 그에 대한 기대가 달라진 배후에는 '정부 실패의 확산, 정부 재정의 위기, 세계화와 지방화 및 정보화 추세의 심화, 시민사회의 성장' 등이 그 원인으로 지목된다(김정렬, 2001: 500~512). 정부가 다루어야 할 사회적 쟁점은 사회의 각 영역에 걸쳐 있고 그 성격도 복잡해졌기 때문에, 정부 혼자만의 힘으로 추진하는 정책은 실패할 가능성이 높아졌다. 나아가, 각국에서 재정 위기까지 나타나면서 정부 업무를 민간에 일부 위탁하거나, 비정부 부문과의 연계를 강화하는 방식을 통해 비효율과 부패의 문제를 해결하려 했다. 그리고 '세계화'는 국제기구의 영향력 증대로, '지방화'는 국가 권력의 지방 이양 촉진으로, '정보화'는 민간 부문과의 협력 필요성 증대로 이어지게 되었다. 그리고 시민사회의 역량 증대는 정책의 성공을 위한 협력의 파트너를 다변화하는 데에 기여하였다.

이러한 여러 상황적 요인으로 말미암아 전통적인 통치는 점차 거버넌스로 대체되고, 그에 따라 국제적 기구, 중앙정부, 지방정부, 민간 기구, 시민사회 등의 다양한 행위 주체가 정책 의제에 따라 복합적으로 상호 작용하면서 조직의 공동 문제를 해결하기 위해 사회적 조정을 거치는 양상이 뚜렷해지게 된 것이다.

나. 다원주의와 교육행정체제의 대응

개인과 사회 사이의 서로 다른 가치관이나 사고방식이 병존하는 다원주의 경향은, 문화권 사이의 접촉면이 확대되고 접변 속도가 빨라지는 상황에서는 더욱 뚜렷하게 드러난다. 그리고 개인의 다양한 가치관과 요구는 곧장 교육적 요구로 나타나고, 교육기관으로 하여금 그러한 요구에 부응할 것을 주장하는 식으로 전환된다. 학생과 학부모의 다양한 교육적 요구는 교육기관 및 교육 프로그램을 다양하게 만드는 핵심적 원인으로 작용한다.

한편, 집단별 다원주의 경향은 사안에 따라 자발적 결사체를 활성화하는 힘으로 작용하는데, 이는 집단 사이의 갈등이 첨예해질 가능성을 높인다. 다원주의 경향은 긍정적으로는 '자율과 창의성의 발현, 정치사회적 민주주의의 발전, 문화적 수용성의 제고' 등에 기여하지만, 부정적으로는 '공동체의 약화, 사회적 갈등과 혼란의 심화, 전통적 규범의 와해' 등을 초래한다. 다원주의 경향의 등장으로 인해 공공영역의 영위 과정에서 대두되는 핵심 가치는 다음과 같은 변화를 겪게 되었다(이차영, 2007: 9-27). 즉, '독점에서 경쟁으로', '규제에서 자율로', '성장에서 발전으로',

'중앙집권에서 분권으로', '계층구조에서 연계구조로', '통제에서 조력으로', '지휘계통에서 팀워크로', '단일 서비스 제공에서 다양한 서비스 제공으로' 등과 같은 변화가 그것이다.

교육 부문에서 다원주의 경향은 교육적 요구를 다변화하고 교육관련 집단의 분화를 초래하므로, 그들 사이의 유기적 네트워크를 통해 역량 결집을 이루어내야 하는 과제를 제기한다. 네트워크 시대에는 분야별로 특화된 각 기관들이 유기적으로 협력하여 지역주민의 삶을 향상시키는 공동 노력이 중요해진다. 예를 들면, 육아와 취학전 교육 및 보건과 공연문화 등을 담당하는 각 기관들이 서비스 네트워크를 구축하여, 한 아동과 그 가정의 생활을 함께 돌보는 일이 중요하다는 뜻이다. 민간기업과 산업계는 교육받은 인력을 필요로 하는 기관으로서 교육 분야에 대해 발언권을 행사할 뿐만 아니라, 자신들이 생산하는 새로운 기술과 소프트웨어를 활용하려는 교육 분야의 동향을 주목해야 하는 상황에 놓이게 된다. 인터넷 기반의 확충과 직업기술 교육은 기업의 파트너십이 중요한 대표적 분야로서, 정부에서 감당할 수 없는 규모와 융통성으로 교육 투자가 가능하다.

결국 공공기관 사이에서, 그리고 공공 부문과 민간 부문 사이에서, 광범한 네트워크를 구축하고, 변화하는 수요에 탄력적으로 대응하는 일이 중요해진다. 교육행정기관과 교육기관 사이, 다양한 형태와 수준의 학교 사이, 학교와 학교 외의 교육기관 사이, 학교와 학부모 조직 사이에서 네트워크를 형성하는 일은 이제 피할 수 없는 시대적 요청으로 보인다. 이 네트워크는 '네트워크 관리자의 관리 능력'과 '네트워크 참여자의 지속적 관심'을 통해 유지・강화된다.

네트워크 시대로 진입함에 따라 교육행정 체제는 다음과 같은 변화된 원리를 요구받고, 또한 그러한 변화된 원리로 상황적 대응력을 확보하게 된다. 네트워크 시대와 거버넌스의 등장에 따라 교육행정 체제는 다음과 같은 방향으로 변화한다.

- '기계적 조직'에서 '유기적 조직'으로
- 각 집단의 '개별 목표 추구'에서 집단 사이의 '연계된 목표 추구'로
- 조직 내 하위 단위 사이의 '분절된 독립성'에서 '상호 의존성'으로
- '합의의 일방적 요구'에서 '참여의 요청'으로
- '갈등의 억제'에서 '갈등의 대처'로

- '일방적 의사소통'에서 '양방적 교신'으로
- '지속성, 안정성, 형식성의 중시'에서 '가변성, 융통성, 비형식성의 중시'로

3. 거버넌스의 유형

거버넌스는 매우 다양한 차원에서 적용될 수 있는 개념이다. 모든 유형론이 그렇듯, 거버넌스 유형론 역시 연구자가 채택하는 분류의 기준과 방법에 따라 다양한 유형 구분이 가능하다. 거버넌스가 적용되는 사회적 "문제 영역"에 따라 거버넌스를 구분하면 국제 금융시장의 거버넌스, 사회복지 분야의 거버넌스, 교육 부문의 거버넌스 등과 같은 구분이 가능하고, 교육 거버넌스 속에서도 고등교육 거버넌스, 특수교육 거버넌스 등의 유형화가 가능하다.

거버넌스 논의에서, 해결되어야 할 사회적 "문제의 수준"은 국가의 차원을 넘어서 전 인류를 포함하는 것으로부터 한 지방에 소재하는 작은 조직체에 이르기까지 다양한 수준에 걸쳐있다. 이 점에 주목하여 거버넌스의 유형을 '국제수준, 국가수준, 지방수준, 개별기관 수준의 거버넌스'로 구분할 수 있다. '국제 수준의 글로벌 거버넌스'는 개별 국가 혹은 초국가적 행위 주체들 사이의 상호작용을 통해 세계적 문제를 다루며, '국가 수준의 거버넌스'는 개별 국가 단위에서 전국적 규모의 문제를 해결하려 한다. '지방 수준의 거버넌스'는 지방정부나 지역사회 수준의 공동 문제에 대해 대응하며, '개별 기관 수준의 거버넌스'는 대학이나 학교 등과 같은 기관 차원의 공동 문제를 해결하는 데에 초점을 맞추고 있다. 이 유형에 따른 각 수준의 거버넌스에 대한 구체적인 논의는 후속하는 제7장과 제8장의 몫이다.

다음으로, 거버넌스의 주요 개념 요소인 사회적 "조정 양식"에 초점을 맞추어 그 양식의 특징에 따른 거버넌스의 유형론이 있을 수 있다. 이 절에서는, 가장 보편적인 유형론을 따라[7] 거버넌스의 유형을 '계층제 거버넌스', '시장 거버넌스',

7) 사회적 조정의 양식에 따른 거버넌스 유형론에서, Beetham(1996)은 '관료제, 시장, 민주주의'로 구분하였고, 김석준 등(2000)은 '국가 중심, 시장 중심, 시민사회 중심'으로 구분하였으며, Newman(2001)은 '계층제 유형, 합리적 목표 유형, 개방체제 유형, 자치 유형' 등으로 구분한 바 있다. 이들의 개념 가운데 '민주주의, 시민사회 중심, 개방체제 유형, 자치 유형' 등은 이 절의 네트워크 거버넌스 유형과 내용상 거의 공통적이라 해도 좋다.

'네트워크 거버넌스'의 셋으로 구분하고 각 유형에 대해 설명한다. 세 유형 가운데 '계층제 거버넌스'라는 개념이 성립할 수 있는가에 대해 의문이 있을 수 있다. 그 까닭은 거버넌스의 등장 배경에서 살펴보았듯이, 거버넌스 개념 자체가 국가(정부) 위주의 행정 관리적 통제방식에 대한 대안으로 등장한 것이며, 행정 관리적 통제방식이란 다름 아닌 계층제적 통제를 그 특징으로 하고 있기 때문이다. 그러나 정부 부문 이외의 다양한 행위 주체가 사회적 조정 과정에 참여한다고 하더라도, 정책의 공식적 결정권이 정책 당국에 남아있는 한 전체적인 조정의 과정에 계층제적 조정의 요소가 포함될 가능성이 있으므로, 거버넌스의 이념형을 구분하여 소개하는 논의의 목적상 여기에서는 '계층제 거버넌스'를 별도의 유형으로 설명한다.

가. '계층제 거버넌스'의 특성

계층제 거버넌스는 조직의 운영에 필요한 사회적 조정의 원천으로서 합리적-합법적 권위를 강조하고, 그 권위의 위계에 따라 통일적이고 안정적인 조직운영이 이루어지게 하는 것을 기본 특성으로 한다. 합법적 권위와 권위의 위계는 Weberian 관료제의 핵심 개념이라는 점에서 계층제적 거버넌스를 일명 '관료제적 관리(bureaucratic management)'라고 할 수도 있다. 계층제 거버넌스에서 조직은 분업화되고 전문화된 하위 조직들로 구성되어 있다고 본다. 분업과 전문화는 조직 전체의 효율성과 질서를 위해 요구된다.

계층제 거버넌스에서는 경우에 따라 국외자의 참여를 허용하더라도 그것을 최종적으로는 조직 내부의 계층제적 원리에 따라 조정하고 결정하는 것이 마땅하다고 본다. 계층제 원리에서 조직의 상위자는 하위자에 비해 더 많은 권한을 갖는데, 이는 그에게 더 중요한 업무를 맡겼기 때문에 허용된 합리적 차별로 인식된다. 계층제 내에서도 상·하위자간 논의를 거치는 것은 미덕으로 권장되지만, 궁극적인 판단과 결정은 상위자가 내린다. 경우에 따라 하위자가 판단을 내리더라도 상위자가 그것을 허용하거나 수용하지 않으면 조직의 결정으로 의미가 없기 때문에, 어떤 경우이든 상위자가 그 판단과 결정의 책임을 면할 수는 없다.

'계층제 거버넌스'의 특징은 조직의 구성원들이 규정과 규칙에 따라 업무를 처리한다는 점이다. 규정과 규칙에 따른 업무처리 방식인 규정주의는 공공조직으로 하여금 그 조직의 고객을 차별하지 못하도록 억제하면서, 조직이 제공하는 서비스의 공공성을 확보하는 데에 기여한다. 더 나아가 규정주의는 행정의 안정성, 보편성, 공정성 및 예측 가능성의 확보에 기여하기 때문에, 조직 구성원은 반복적으로 발생하는 업무를 가급적 프로그램화하려 한다. 이러한 결과, '계층제 거버넌스'에서는 프로그램, 매뉴얼, 규정 등이 업무수행의 기준이 된다. 이 기준에 능통한 구성원은 전문성과 능력을 인정받는다.

체제적 관점에서 보았을 때, '계층제 거버넌스'에서는 투입과 과정이 산출의 성과를 좌우한다고 본다. 즉 조직의 업무를 처리하는 데에 필요한 인적·물적 자원을 충분히 확보하고, 그 업무를 처리하는 올바른 과정을 잘 프로그램화해 놓으면 조직체제에 들어가는 투입은 자동적으로 바람직한 성과로 전환될 것이라고 본다. 투입 및 과정 중심적 사고가 지배하는 조직에서 조직 구성원은 투입을 극대화하거나 과정을 표준화하는 데에 더 많은 관심을 기울인다. 반면, 산출과 성과를 적극적으로 관리하는 데에는 소극적이다. 훌륭한 산출은 충분한 투입과 표준화된 절차에 의해 보장된다고 생각하기 때문이다. 그러므로 '계층제 거버넌스'에서는 조직 구성원이 투입 요소인 예산과 직원을 극대화하려는 전략을 구사하는 것이다.

계층제 거버넌스의 특징은 대규모로 운영되는 거의 모든 조직에서 나타나고 있으며, 교육조직이나 교육행정 조직이라고 하여 예외가 아니다. 학교 및 교육행정기관에서 발견할 수 있는 '계층제 거버넌스'의 특징은 다음과 같다.

첫째, 기관의 조직 원리는 분업과 전문화 및 조정을 기초로 하고 있다. 학교를 예로 들면, 각 학년이나 교과별로, 또는 행정사무의 성격별로 분업과 전문화에 기초한 하위 조직을 두고 있으며, 하위 조직의 분화된 업무들을 조정하는 협의체나 상위 직급을 두고 있다. 교육행정기관에서 보이는 실·국, 과·팀 등은 행정사무의 성격에 따른 하위 조직이며, 이들 조직의 업무는 차 상위 조직에 의해 조정된다.

둘째, 학교조직이든 교육행정기관이든 권위의 위계에 기초한 계층이 형성되어 있고, 행정 업무는 계층상의 계통을 따라 처리된다. 지시, 명령, 보고, 수용이 수직적 의사소통에서 흔히 나타난다. 다양한 의사의 수렴 차원에서 협의회, 위원회, 기타 참모조직 등을 활용하더라도, 궁극적으로 조직 내의 위계적 계통에 따라 의사가 결정된다면 '계층제 거버넌스'의 특성을 보인다고 할 수 있다.

셋째, 조직 운영상의 공공성과 법규에 기초한 조직 운영에서도 '계층제 거버넌스'의 특징을 찾을 수 있다. 학교와 교육행정기관의 운영도 공식적인 규칙과 규정에 입각하도록 하는 정도만큼 '계층제 거버넌스'의 특징을 보인다. 주요 교육제도를 법으로 정하여 운영하게 하는, 이른바 교육제도 법정주의는 '계층제 거버넌스'의 다른 이름인 '관료제적 거버넌스'를 강화하는 구실을 한다.

넷째, 공교육제도의 운영을 위한 행정적 계통이 국가-지방-지역사회-개별학교 순으로 형성되어 있고, 이들이 상위기관-하위기관의 관계를 이루면서 상위기관이 하위기관을 지도·감독한다고 생각하는 정도만큼, 공교육 행정체계는 '계층제 거버넌스'의 특성을 보인다.

나. '시장 거버넌스'의 특성

종래의 국가주의적 국정운영의 많은 문제를 해결해줄 수 있는 대안으로 주목받은 것이 시장의 자율성과 효율성, 즉 시장원리의 장점을 행정에 도입하는 것이었다. 시장원리는 경쟁을 통하여 생산적 노력을 하도록 인센티브를 제공하고 최소 비용으로 최대 효과를 기대한다. 시장에서 생산적인 거래가 이루어지고 자율조정을 통한 균형이 이루어지기 위해서는 시장체제의 가치중립성과 객관성에 대한 신뢰가 바탕이 되어야 한다. 이처럼 민간 영역에서 이루어지는, '자유로운 경쟁과 자율 조정' 방식을 원용하여 공공 영역을 영위하려는 거버넌스를 '시장 거버넌스'라고 한다.

'계층제 거버넌스'가 관료제적 관리 모형에 입각하고 있다면, '시장 거버넌스'는 '신공공관리 모형'이나 '신자유주의' 또는 '민영화론'에 입각하고 있다. '신공공관리 모형'이란 민간 부문의 경영관리 기법들을 도입하여 공공관리 방식을 혁신하되, 공공 조직의 주체적 지위를 유지하는 관리 모형을 말한다. '신자유주의'에서는 민간 부문의 자율적 조절 역량을 신뢰하여 자유 경쟁과 시장 선택에 따른 사회적 조정이 이루어지게 하되, 시장 실패에 대해서는 정부가 적극 개입하여 자유 경쟁의 조건을 정비하는 것이 바람직하다는 입장을 취한다. 그리고 '민영화론'에서는 공공 업무를 가급적 모두 민간 영역에 위탁·전환하여 시장으로 대체하되, 정부의 개입은 최소화한다는 입장을 취한다. 이렇게 보면 정부와 시장의 상대적 영향력 면에서, '신공공관리 모형'은 시장의 원리와 기법을 원용하되 정부의 영향력은 그대로 남아 있는 반면, '신자유주의'는 시장 위탁을 기반으로 필요한 범위의 정부 개입을 인정하고, '민영화론'에 이르면 시장의 영향력은 극대화하고 정부의 영향력은 최소화하는 차이가 있다. 그러나 이 세 가지 이론적 입장은 모두 시장 기제의 효율성과 반응성을 신뢰하고 있다는 점에서 공통적이다.

'시장 거버넌스'는 분권과 자율성을 강조한다. 시장 거버넌스를 옹호하는 연구자들(Hughes, 2003; Donahue & Nye Jr, 2002)은 조직 구성원에게 부여된 자율성과 재량이 정책 혁신과 고객의 요구에 대한 신축적 대응을 가능하게 하는 원동력이라고 주장한다. '계층제 거버넌스'가 전술한 바와 같이 투입과 과정을 강조하여 규정과 절차에 집착한다면, '시장 거버넌스'에서는 그보다 산출과 성과를 강조한다(Rhodes, 1999; Hughes, 2003). 절차와 규정의 준수 여부보다 성과와 산출이 중요하다고 보기 때문이다. '계층제 거버넌스'가 적법·공정한 업무 처리를 유도하려는 시스템이라면, '시장 거버넌스'는 정책 목표의 구현과 성과 달성에 대한 책임을 확보하려는 시스템으로 비교할 수 있다.

'시장 거버넌스'에서는 때로 공공 서비스의 생산과 구매를 경쟁에 노출시키거나 서비스 구매권(voucher)을 활용하여 공공부문을 시장화하려 한다(Donahue & Nye Jr., 2002; Osborne & Gabler, 1992). 신자유주의적 관리기법들을 포함하여 다양한 시장 개입방법을 활용함으로써, 고객 만족과 창출 서비스의 최적화에 기여한다고 생각하기 때문이다. 시장화의 기대 목표는 공공부문을 소비적인 조직에서 생산적인 조직으로 전환하고, 돈을 쓰는 조직에서 가치를 창출하는 조직으로 전환하는 데에 있다(Osborne & Gabler, 1992). 이러한 원리에 따라 공공부문을 운영하여 정책 참여의 활성화, 참여자 사이의 자유로운 경쟁과 협상, 비용의 최소화와 효과의 최대화, 사회적 조정의 효율화를 이룬다는 것이다.

교육 분야에 '시장 거버넌스'를 적용하려는 논리 가운데에는, 공교육체제를 완전히 민영화하여 교육시장에서 교육상품이 자유롭게 교환되도록 하자는 견해가 있는가 하면, 현재와 같은 공교육체제의 기본 틀은 그대로 유지하되 단지 학습자의 권한을 확대하자는 견해도 있다. 전자를 '극단적 자유주의'라고 명명한다면, 후자는 '개량적 공교육주의'라고 말할 수 있다. '극단적 자유주의'는 아직 실현되고 있지는 않지만 일부 이론가에 의해 주장되고 있고, '개량적 공교육주의'는 영국, 미국, 우리나라 등에서 실지로 이루어진 교육개혁 작업의 기본 논리가 되기도 하였다.

'극단적 자유주의'의 기본 전제는, 학교교육은 공공재가 아니기 때문에 그 비용을 공적으로 부담하는 것은 합당하지 않고, 공교육의 강화가 교육의 기회균등을 증진시키는 것은 아니기 때문에 교육을 통해 사회평등을 도모해야 한다는 압박으로부터 벗어나야 한다는 것이다. 교육의 공급 측면에서는, 공교육을 민영화하고 교육의 공급을 민간자율에 맡길 것을 주장한다. 수요 측면에서는, 학부모와 학생의 교육선택권을 제약하는 일체의 장애를 철폐해야 한다고 본다. 교육비용은 학부모와 학생이 전적으로 부담하고, 정부는 교육서비스의 구매에 관한 계약의 자유를 보증하는 데서 끝나야 한다고 인식한다.

반면, '개량적 공교육주의'는 공교육제도와 의무교육제도의 필요성을 인정하며, 교육활동이 공익에 기여하는 정도만큼 교육비의 공비 부담 원칙을 수용하되 교육수요자의 권한을 확대하는 쪽으로 교육체제를 개혁하려 한다는 점에서 앞의 '극단적 자유주의'와 구별된다. 그동안 국가 독점적 관리로부터 배태된 부작용을 개혁하려 하는데, 그 개혁의 핵심적 아이디어는 다음과 같다. 즉, 교육에 대한 국가의 불필요한 간섭 억제와 교육기관의 자율성 존중, 학교형태의 다양화를 통한 선택의 기회 확대와 경쟁체제의 도입, 교육제도 운영의 획일성과 경직성 탈피, 학교와 교육 프로그램의 내용 공개와 그에 기초한 수요자의 선택 기회 확대 등이다. 우리나라에서는 1995년에 대통령 직속 자문기구였던 교육개혁위원회가 '교육수요자의 선택권 강화'라는 기조에 따라 일련의 교육개혁방안을 발표함으로써 '시장 거버넌스' 논리가 한층 체계화되었다고 할 수 있다.

앞의 두 입장의 차이는 교육제도의 운영에 있어 시장경제의 원리를 어느 정도까지 적용할 것인가 하는 점에 있다. 그렇지만 정도의 차이는 있을지언정 시장경제 원리를 적용하려는 점에 있어서는 공통적이다. 교육 분야 '시장 거버넌스'의 핵심 논리는 교육시장에 대한 정부의 과도한 개입 억제, 교육기관의 다양화와 경쟁체제의 도입, 교육기관에 대한 평가와 정보공개, 교육수요자의 선택 기회 확대 등으로 요약할 수 있다.

다. '네트워크 거버넌스'의 특성

오늘날 대부분의 조직이 당면하는 많은 문제들은 그 속성 자체가 복잡하고 이해관계가 얽혀있어 특정 행위주체 홀로 해결하기 어려운 경우가 많다(Agranoff & McGuire, 2003). 그리고 또한 오늘날의 조직은 전문화에 따른 분화를 지속해온 결과로, 어느 행위주체든 그가 당면한 사회문제를 해결하는 데 필요한 자원과 권한을 충분히 갖지 못한 경우가 많다. 이처럼 복잡다단한 사회문제를 효율적이고 효과적으로 해결하기 위해서는 공·사 부문 사이의 영역을 초월하여 다양한 행위주체들이 공조하는 관계를 형성하는 것이 중요하다. 이러한 공조 관계는 '상호의존성', '파트너십', '네트워크' 등을 기본 요소로 한다.

'상호의존성'은 개별 행위주체들이 각기 활동하는 것보다 서로를 보완하며 역량을 결집할 때 보다 큰 성과를 낼 수 있다는 믿음과 경험에서 나온다. 다양한 행위주체들이 의사결정과정에 참여하여 서로의 가치와 이해관계를 학습하고 경험과 지식, 정보를 공유하면 결정의 질을 높일 수 있을 것이다. 이렇게 상호 성찰적 학습 과정을 두게 되면 공동의 합의에 기초하여 보다 나은 대안을 탐색하는 능력을 갖출 수 있을 것이다.

'파트너십'은 정부를 중심으로 한 공공부문 뿐만 아니라 사기업의 민간부문, 시민사회의 자발적 부문 등 3자가 서로의 차이를 인정하면서도 공동 문제의 해결을 위해 파트너로 참여하여 협력을 통해 그 문제를 처리하는 데에 유용한 요소이다(Healey, 1997). 파트너십은 공공조직과 민간조직 간의 경계가 약화되면서 나타난 새로운 형태의 상호협력적인 조정양식을 의미하는 것으로, 주로 국가와 비 국가 행위자들 간의 협의 과정을 통한 협력의 공식적인 규칙을 강조한다(Sabel, 2001). 사회적으로 필요한 공공재를 파트너십에 따라 함께 생산하고 관리하면 사회-제도적 역량이 함께 상승한다는 기대와도 부합하는 것이다. 파트너십의 형성을 위해 우리 현실에서 요구되는 과제는 중앙정부 중심에서 지방정부 중심으로, 그리고 관료 및 전문가 중심에서 일반 시민과 지역주민 중심으로 분권을 확장하고 심화시키는 것이라 할 수 있다.

'네트워크'는 문제해결에 필요한 자원과 권한이 여러 행위주체들에게 분산되어 있으며, 문제가 복잡하게 얽혀있어 이해 당사자들의 공동 대처를 요구할 때 효과적이다(Bevir, 2007). 문제해결에 필요한 전문성을 지닌 주체가 누구인가는 사안에 따라 다르다. 최종적인 권한을 갖고 있는 주체가 누구인지가 항상 명확한 것은 아니다. 그러므로 네트워크 구성원 간에 상호주의에 입각한 신뢰 관계가 폭넓게 형성될 경우 네트워크 작동의 효율성이 더욱 높아진다고 할 수 있다. 상호 신뢰의 중요성으로 인해, 네트워크의 참여자나 관리자는 네트워크 내부의 구성원은 물론 외부의 고객 및 경쟁자들과도 원만하고 협력적인 관계를 유지하려 한다. '네트워크 거버넌스'는 합의에 의해 작동하는 시스템이기 때문에, 네트워크에 의한 문제해결이 의미 있는 성과를 거두기 위해서는 구성원들 간의 다양한 입장을 조정하고 절충하는 노력이 중요하다. '계층제 거버넌스'는 명령과 권위를 주요 조정기제로 활용한다. 그에 비해, '시장 거버넌스'에서는 경쟁과 선택이 중요한 조정 기제가 되고, '네트워크 거버넌스'에서는 상호 신뢰 및 협상과 절충의 외교정신(diplomacy)이 주요 조정 수단이 된다(Rhodes, 2000).

'상호의존성과 파트너십 및 네트워크'를 핵심 요소로 하는 '네트워크 거버넌스'는 다양한 행위 주체의 역동적 의사결정 과정에 주목한다. 이 거버넌스는 공식적 권위 없이도 구성원들의 자발적 참여와 합의에 기반을 두고 공동의 문제를 해결하기 위한 협력적 행동을 이끌어 내는 새로운 운영원리로서 의미를 가진다. 자발적인 자원 동원과 집합적 참여는 사적 이해관계에 기반을 둔 개별적 참여를 넘어서는 것이다.

'네트워크 거버넌스'에서 중시하는 가치는 '자율과 책임', '경쟁과 타협', '협상과 조정', '반응성과 투명성' 등이다(박영주, 2000: 33~34).[8] '자율과 책임'이라는 가치는 참여 민주주의를 지켜주는 핵심적 가치로서 동전의 양면과 같다. 자율을 통하여 각 주체는 다양한 정책적 요구와 내면에 충실한 의사표현을 할 수 있고, 그에 관하여 자발적인 책임을 진다. '자발적인 책임'은 개별 주체가 누리고 싶은 이익의 일부를 공동체의 이익을 위해서, 사회질서 유지를 위해서, 보다 좋은 미래를 위해서,

8) 이와 유사하게, 김석준 등(2000: 22-25)은 네트워크 거버넌스가 추구하는 핵심적 가치로 '자율과 창의, 경쟁과 협상, 능률과 성과, 조정과 파트너십, 분권화와 수평적 연계, 참여주의와 공동체주의' 등을 지적하고 있다.

그리고 무엇보다 자기 규율을 위해서 투자한다.

'경쟁과 타협'은 다양한 이해가 분출하는 다원주의적 사회구조와 자유 시장 경제 체제에서 필요한 가치이다. 경쟁이 개인이나 사회의 발전에 인센티브를 제공하기 위해서는 공정한 규칙에 따른 냉철한 이성이 작용해야 한다. 또한 경쟁적 관계에서 자기 이익과 공익을 비교함으로써 합의에 이르는 타협의 기술은 갈등을 줄이고 공동체를 유지할 수 있는 현실적 가치이다.

'협상과 조정' 역시 상호 신뢰를 형성하기 위한 실제적 가치이다. 개인과 조직의 이기적인 본성은 자본주의 사회의 발전 원동력이지만 갈등과 충돌의 원천이기도 하다. 이러한 상황에서, 협상과 조정은 각 주체간의 극단적인 이기주의를 억제하고 중용과 절충의 미학을 발휘하여 모두를 승자로 만드는 가치이다.

'반응성과 투명성'은 각 참여 주체의 신뢰를 확보할 수 있는 덕목으로 무엇보다 중요하다. 반응성은 조직이 봉사하려는 고객의 요구와 필요에 민감하게 대응하고 반응하는 성향으로서, 고객의 만족과 조직의 존재 이유를 충족시키는 가치가 된다. 그리고 투명성은 각종 부패와 도덕적 해이를 여과할 수 있는 장치로서 각 주체의 자기 규율과 주체 사이의 신뢰 형성에 꼭 필요한 가치이다.

교육 분야 '네트워크 거버넌스'는 학교의 형태 및 기능 변화와 밀접한 관련이 있다. 앞으로 학교가 어떤 모습으로 변할 것인가에 대한 전망은 OECD 보고서(2001)에서 다음 〈표 6-1〉과 같은 여섯 가지 시나리오로 제시한 바 있다.[9]

9) 이 OECD의 시나리오를 토대로 하여 유사한 시나리오가 후속되었는데, 다음은 그 중 대표적인 하나이다. 이 자료에서는 시나리오 3인 '핵심적 사회센터로서의 학교'에 대한 전망과 선호가 높게 나타났다.

학교 체제의 변화	특징
현 체제 유지(Status quo)	시나리오 1: 관료제적 체제 유지
학교의 재구조화(Re-schooling)	시나리오 2: 학습조직으로서의 학교
	시나리오 3: 핵심적인 사회센터로서의 학교
학교의 약화(De-schooling)	시나리오 4: 확대된 시장 모델
	시나리오 5: 학습 네트워크
학교제도 붕괴(System meltdown)	시나리오 6: 학교제도 붕괴

* 자료: CERI(2006). The starter pack: Futures thinking in action. OECD.

〈표 6-1〉 OECD의 미래학교 시나리오

현 학교 체제 유지	학교 재구조화	학교 붕괴(탈학교화)
시나리오 1 견고한 관료제 유지	시나리오 3 사회 센터로서의 학교	시나리오 5 학습자 네트워크 형성
시나리오 2 시장 모델의 확대	시나리오 4 학습조직으로서의 학교	시나리오 6 대규모 교사 이직 - 학교 해체

이 가운데 학교 해체라는 '시나리오 6'은 가까운 장래에 실현되기 어렵겠지만, 시나리오 3, 4, 5는 모두 학교 및 학습이 네트워크 속에서 존재하는 양상을 그리고 있다. 시나리오 3은 다양한 사회적 요구를 학교가 수용하여 학교의 기능이 종합서비스 기관(탁아소, 문화센터, 직업훈련소)처럼 변화될 것이라는 전망에 기초하고 있다. 시나리오 4는 새로운 지식과 기술을 활용하여 수준 높은 연구와 교육이 이루어지는 곳으로서 학교가 연구소나 대학 등과 연계되는 형태를 상정하고 있다. 그리고 시나리오 5는 다양한 문화/종교 기관이나 지역사회 단체들이 학습과정의 전위조직이 되고, 그들이 다면적인 학습 네트워크를 형성한다는 시나리오이다. 학교에만 의존하던 교육 요구는 학교 밖의 여러 기관으로 이동하고, 학교 밖 기관의 교육기능은 지금보다 더욱 다양하게, 그리고 공공공연하게 나타날 것으로 본다. 이처럼 OECD의 전망은 학교와 학습을 둘러싼 네트워킹이 대두되는 현실 진단을 토대로 그 경향이 더욱 강화될 것이라는 추정을 반영하고 있다.

학교와 학습의 형태 변화는 그에 합당한 운영체제의 변화를 요구한다. 학교 재구조화와 네트워크의 비중이 점증하면서, 관료제적 · 수직적 위계 구조를 대체/보완하는 새로운 구조가 미래 사회에서 요청된다. 이 새로운 구조는 참여적 · 수평적 특성을 지니며, '네트워크'와 '파트너십'의 형성으로 나타난다. 이 네트워크는 학교와 학교 사이, 학교와 교육행정기관 사이, 학교와 지역사회 사이, 공공 부문과 민간부문 사이에서 다양한 형태로 형성될 수 있다. '네트워크'와 '파트너십'은 전통적 권위의 약화에 따라 초래될 수 있는 각 기관의 고립과 책무성 약화를 예방하는 방파제 구실을 한다.

교육 분야의 '네트워크 거버넌스'에서 정부의 역할은 다음과 같은 일에 집중될 것이다.

① 개별 학교에 대한 직접적인 통제는 줄이고 단위 기관의 자율과 혁신을 지원하는 일
② 국가 목표의 범위 안에서는 단위 기관의 어떤 실험적 시도도 격려하며, 실험의 실패를 학습의 한 과정으로 용인하는 일
③ 네트워크의 형성을 지원하고 그를 통해 구축된 광범한 연계망을 통해 성공적 개혁을 확산시키는 일
④ 단위 기관 혹은 정부 자신이 사회에 대해 약속한 교육적 성취의 표준을 지키도록 점검하고 요구하는 일

4. '교육 거버넌스'의 현실과 발전 과제

거버넌스는 아직 개념상의 내포와 외연에 대해 충분한 합의가 이루어지지 않았다는 점에서 형성 중에 있는 개념이며, 마땅한 번역 용어도 찾지 못하여 외래어로 쓰이고 있는 실정이다. 그러므로 이 개념에 대한 명료화 작업이 후속되기를 기대하며, 거버넌스 개념을 적용한 교육행정의 '실제' 면과 '연구' 면에서 추후 발전이 이루어져야 할 과제를 제시한다.

가. 거버넌스 '실제' 측면의 발전 과제

교육행정의 실제 면에서는, 거버넌스의 활성화와 현장 착근을 위해 다음과 같은 여러 과제들이 제시된다.

첫째는, 거버넌스의 원리를 적용하여 교육문제를 해결하는 경험을 쌓아나가는 것이 중요하다. 거버넌스 개념의 등장 배경을 생각할 때, 거버넌스의 원리 가운데 가장 중요한 것은 '참여의 확대'와 '심의의 확장'이라 할 수 있다. '참여의 확대'는 결정과정에 참여할 합법적 자격이 누구에게 있는지를 사전에 구획하는 관례를 극복하는 원리이다. 관료 및 전문가 중심의 문제해결 방식에서 벗어나서, 다양한 참여 주체의 경험과 지식을 활용함으로써 정책의 질을 높이는 것이 중요하다. 참여의 확대는 오류를 사전에 수정하고, 당면 문제에 대한 사회적 조정을 통해 결속을

강하게 한다. 그리고 '심의의 확장'은 참여 주체 사이의 갈등을 극복하고, 정책 대안을 확장하며, 중지를 결집하는 데에 도움이 된다. 참여와 심의를 확장함으로써, 소통구조를 쌍방향적으로 전환하고 이해 당사자 사이의 합의 기반을 보다 원활하게 마련할 수 있다(Beierle & Cayford, 2003: 55-56).

둘째는, 거버넌스의 원리를 뒷받침하는 제도적 장치를 마련할 필요가 있다. 참여와 심의의 확장을 위해 각종 협의기구를 운영하는 사례에서 흔히 드러나듯이, 그러한 협의기구들의 위상이 분명하지 않을 때 참여와 심의는 형식적인 겉치레만으로 끝나고 만다. 거버넌스 제도에서 다양한 행위 주체의 역할과 위상이 불분명할 때, 일방적 통치의 위기를 극복하는 것이 아니라 오히려 그 자신이 극복 대상이 되는, '거버넌스의 실패에 대한 경고'(Meuleman, 2010)가 있다는 점을 염두에 둘 필요가 있다. 갈등 문제를 해결하는 역할을 어떤 협의회에 기대하더라도, 그 역할을 뒷받침할 만한 제도적 근거를 확보하지 못해서 그 협의회의 권한과 책임에 대한 논란이 지속되는 경우를 흔히 볼 수 있다. 따라서 다양한 참여 주체 사이의 사회적 조정을 원만하게 이끌어내기 위해서는, 참여자 사이의 역할과 권한관계 및 책임의 범위 등을 가급적 명료하게 하고 그를 제도적으로 뒷받침할 필요가 있다.

셋째는, 거버넌스 방식을 통한 갈등 해결 역량을 강화하는 다양한 방안들이 필요하다. 참여와 심의를 확장하고 그를 제도적으로 뒷받침한다 하더라도, 문제를 해결하고 결정의 질을 높이는 것은 결국 '참여 주체의 역량'이라고 할 수 있다. 역량 강화를 위해서는 다양한 방안들이 강구될 수 있다. 유력한 방안의 예로는, 각 행위자의 자율성 존중 및 행위자 사이의 신뢰 구축, 문제 해결에 도움이 되는 충분한 정보의 제공, 사안별 전문가 풀을 중심으로 한 시민조직 형성, 모의상황 등을 통한 문제해결 실험, 성공적 거버넌스 경험의 축적을 통한 자신감 형성, 유사 사례의 분석을 통한 교훈과 시사점 도출 등을 지적할 수 있다.

넷째는, 참여와 심의의 확산에 따른 '책무성 확보 장치'를 마련하는 것이 중요하다. 전통적 의미의 책무성은 특정 행위 주체가 일정한 역할을 수행할 권한을 갖고 있을 경우에 그에 대해 요구하는 것이다. 그런데 거버넌스는 제도적 권한을 갖지 못한 자의 참여를 허용하는 것이므로 권한 없는 자, 곧 책임을 물을 수 없는 자를 행정에 끌어들임으로써 전통적 의미의 책무성 확보를 어렵게 만드는 문제가 있다.

따라서 거버넌스 개념을 적용하는 경우, 정부와 시장 및 시민 등 다양한 행위 주체의 책무성을 어떻게 확보할 것인가에 대한 세심한 배려가 필요하다.

거버넌스 체제의 책무성에서, 정부는 교육의 질을 높이기 위한 정책적 노력을 해야 하고, 정책과정에 대한 참여 주체의 이해관계를 조절하며, 민간 영역의 자유시장적 질서가 왜곡되지 않게 하는 역할과 책임으로부터 자유로울 수 없다. 국가 전체의 교육수준을 높게 유지하고, 교육 소외 계층의 복지 향상을 위해 노력하는 것은 아무리 거버넌스 시대라고 하더라도 정부의 핵심 책무가 될 것이다.

시장은 변화하는 환경에 적응하여 스스로 경쟁력을 갖출 수 있도록 자신을 자율적으로 다스려야 하는 책무를 진다. 교육의 효과를 향상시킬 목적으로 경쟁의 인센티브를 적절히 활용해야 하지만, 경쟁의 방법과 그 결과를 분배하는 방식은 공정해야 한다. 인위적인 규제와 장벽을 철폐하는 대신, 투명하고 이성적인 경쟁 기제를 갖춤으로써 시민사회와 정부로부터 신용을 확보하고 유지해야 하는 책무를 진다.

시민은 과거에는 합법적 권위에 의해 수립된 정부의 정책에 순응할 책무만 있었고 안정된 사회에서 그 권리를 보장받을 수 있었다. 그러나 달라진 거버넌스 체제에서는, 공동체 구현을 위한 윤리적 가치에 헌신하고, 정부와 시장 및 다른 시민단체 등과 같은 정책 파트너들과 조화로운 견제(혹은 협력) 관계를 적극 유지하는 역할을 요구받는다.

요컨대, 거버넌스의 주요 참여 주체인 정부, 시장, 시민 사이의 새로운 역학관계에 합당한 각 주체별 역할과 책임에 대한 기준과 질서가 필요하다. 기본적으로는 각 주체의 자율 범위를 폭넓게 인정하되, 상호 조정이 필요할 경우에는 그들이 동의한 공동체 운영 규칙을 기준으로 하여 '상호 타협과 협상, 그리고 파트너십'을 형성하는 일이 중요하다.

나. 거버넌스 '연구' 측면의 발전과제

거버넌스에 대한 연구가 추후 더욱 발전하기 위해서는 거버넌스의 실제 작동방식에 대한 실증적 연구의 축적이 필요하다. 거버넌스 개념이 학술적 개념으로 등장한 이후, 다양한 행위자의 존재와 그 작용에 대한 원론 수준의 이론적 논의나 처방

성격의 논의는 많이 이루어지고 있다. 그러나 어떤 의제에 누가 어떤 방식으로 참여하여 그 결과가 어떻게 나타나는지를 추적하는 실증적 연구는 상대적으로 미흡하다. 특히, 교육 문제와 관련하여 사회적 논쟁의 대상이 되는 의제가 다양하고, 관련 집단 사이에서 영향력을 행사하려는 실제적인 현상은 끊임없이 일어나는 데 비해, 거버넌스 개념을 활용하여 그러한 현상을 설명·분석하려는 연구는 상대적으로 많이 부족한 편이다.

본 장에서 제시한 거버넌스의 여러 유형 가운데, '계층제 거버넌스'나 '시장 거버넌스'보다 '네트워크 거버넌스'가 교육 문제에 대한 다양한 이해관계 집단들의 역학을 보다 잘 보여 줄 수 있는 여지가 크다. 그럼에도 불구하고, 이 점에 대한 보다 심층적인 연구는 아직 부족한 상황이다. 이 부분에 대한 추가적인 연구가 축적되기를 기대한다.

그리고 거버넌스에 대한 이론적 연구에 있어서도, 거버넌스 자체에 대한 객관적 시각의 확보가 필요하다. 거버넌스라는 개념의 등장 배경이 아무리 국가 위주의 전통적 통치에 대한 거부 혹은 대안으로 제시되었고 시민사회의 성장에 뿌리를 둔 것이라 할지라도, 거버넌스를 통해 사회적 문제가 저절로 해결되는 것은 아니기 때문이다.[10] 거버넌스의 유형에서 언급한 것처럼 사회적 조정의 양식은 거버넌스 내에서도 다양하며, '네트워크 거버넌스'에 국한하여 보더라도 참여하는 행위 주체 사이의 균형과 협력이 언제나 가능한 것도 아니다. 사회적 문제의 성격이 복잡하고 이해관계 집단이 다양할수록 행위 주체 사이의 갈등과 세력 경합이 존재하는 것은 일견 자연스러운 현실이며, 사안의 성격과 상황의 특성에 따라 참여와 심의의 범위를 일정 수준에서 제한해야 할 경우도 얼마든지 있다는 뜻이다. 그러므로 연구자는, 다양한 행위 주체 사이의 협력이 사회적 문제의 해결에 중요하고 바람직하다는 생각에 경도되어, 현실과 맥락으로부터 이탈된 처방적 시각만을 가지고 거버넌스 연구를 수행하는 일은 경계해야 한다. 요컨대, 거버넌스에 대한 낙관적 기대에 입각한 처방적 연구 이전에 거버넌스 실제에 대한 실증적·객관적 연구가 요구되는 것이다.

10) 그런데도, 거버넌스가 '행정개혁에 필요한 바람직한 모든 변화'를 포괄적으로 지칭하는 개념으로 사용되기도 한다(Stoker, 1998). 거버넌스라는 개념을 마치 '불신의 대상이 되는 과거의 행정을 극복하는 무언가 새로운 것', '개혁적인 것', '변화하는 시대에 맞고 민주적인 행정 방식' 등을 의미하는, 그 자체가 선(善)인 것처럼 사용하는 경향이 있다.

참고문헌

김석준 외(2000). 뉴 거버넌스 연구. 서울: 대영문화사.

김정렬(2001). 거버넌스와 행정국가, 한국행정학회(편). 21세기 한국행정 및 행정학회 비전 발표 논문집. 500-521.

문인수·이종열(2002). 거버넌스 패러다임으로서 파트너십 전략의 활용방안, 한국정책학회보, 6(3). 53-76.

박영주(2000). 뉴거버넌스와 사회계약: 시민, 정부, 시장간 역할과 책임의 모색, 한국행정학보, 34(4). 19-39.

송지광 · 한상연(2005). 한국 대학의 거버넌스 체계 개선방향, 교육행정학연구, 23(3). 353-378.

서남수(1997). 국가이론의 관점에서 본 교육과 국가의 관계, 교육행정학연구, 15(2). 1-23.

염재호(2002). 한국 시민단체의 성장과 뉴 거버넌스의 가능성, 아시아연구, 45(3). 113-147.

유재원·소순창(2005). 정부인가 거버넌스인가? 계층제인가 네트워크인가? 한국행정학보, 39(1). 41-63.

이명석(2002). 거버넌스의 개념화: '사회적 조정'으로서의 거버넌스, 한국행정학보, 36(4). 321-338.

이차영(2005). "현장출발형" 교원정책 수립 시도 사례의 비판적 검토, 한국교원교육연구, 22(1). 267-283.

이차영(2007). 행정지원체제의 미래 전망과 과제, 대통령자문 교육혁신위원회 연구보고서.

정용덕 외 역(2003). 거버넌스, 정치 그리고 국가. 서울: 법문사. Jon Pierre & B. Guy Peters(2000). *Governance, Politics and the State*. New York: St. Martin's Press.

최성욱(2004). 거버넌스 개념에 대한 비판적 고찰, 정부학연구, 10(1). 239-261.

Agranoff, R. & McGuire, M.(2003). *Collaborative Public Management: New Strategies for Local Governments*. Washington, DC: Georgetown University Press.

Beetham, D. (1996). *Bureaucracy(2nd ed.)*. Buckingham: Open University Press.

Beierle, T. C. & Cayford, J.(2003). Dispute resolution as a method of public participation. In Rosemary O'Leary & Bingham, Lisa B. (eds.). *The Promise and Performance of Environmental Conflict Resolution*. Washington, DC: Resource for the Future.

Bevir, M. (2007). What is governance? In M. Bevir. (ed.), *Public Governance, Vol 1: Theories of Governance*. London: Sage.

Byron, G. M.(1969). *Education and the Political System*. MA.: Addison-Wesley. 안기성 외 (역) (1997). 교육정치학. 서울: 양서원.

CERI(2006). *The Starter Pack: Futures Thinking in Action*. Paris: OECD.

Donahue, J. & Nye, J. S. Jr. (2002). *Market-Based Governance: Supply Side, Demand Side, Upside, and Downside.* Washington, DC: Brookings Institution Press.

Exworthy, M. *et al*. (1999). The NHS: Quasi-market, quasi-hierarchy and quasi-network? *Public Money & Management,* 19(4). 15-22.

Healey, P. (1997). *Collaborative Planning: Shaping Places in Fragmented Societies*. UBC Press.

Hughes, O. E. (2003). *Public Management and Administration: An Introduction*. New York: St. Martin's Press.

Jessop, B. (2000). Government failure. In Gery Storker(ed.), *The New Politics of British Local Governance.* London: Macmillan Press.

Jordan, A. *et al*. (2005). The rise of 'new' policy instruments in comparative pPerspective: Has Governance Eclipsed Government? *Political Studies,* 53. 477-496.

Kooiman, J. (2003). *Governing as Governance*. London: Sage Publications.

Meuleman, L. (2006). Internal meta-governance as a new challenge for management development in public administration. paper presented at the *2006 EFMD Conference Post Bureaucratic Management: A New Age for Public Services?* Aix-en-Provence, 14-16 June 2006.

____________. (2010). The cultural dimension of metagovernance: Why governance doctrines may fail. *Public organization review,* 10(1). 49-70.

Newman, J. (2001). *Modernizing Governance: New labour, Policy and Society*. London: Sage.

OECD(2001). *What Schools for the Future?* Paris: OECD.

Osborne, D. & Gabler, T. (1992). *Reinventing Government*. MA: Addison-Wesley.

Pierre, J. (2000). *Debating Governance.* Oxford: Oxford University Press.

Rhodes, R. A. W. (1997). *Understanding Governance: policy network, governance, reflectivity and accountability*. Buckingham: Open University Press.

______________. (1999). Traditions and public sector reform: Comparing Britain and Denmark. *Scandinavian Political Studies,* 22(4). 341-370.

______________. (2000). Governance and public administration. In J. Pierre. (ed.), *Debating Governance*. Oxford: Oxford University Press.

Sabel, C. (2001). A quiet revolution of democratic governance: Towards democratic experimentalism. In OECD(ed.). *Governance in the 21st Century*. Paris: OECD.

Slaughter, A. M. (2004). *A New World Order*. Princeton, NJ: Princeton University Press.

Stoker, G. (1997). Redefining local governance. In I. Pratchett & D. Wilson (eds.) *Local Democracy and Local Governmen*t. Basingstoke: Macmillan.

_________ (1998). Governance as theory: five propositions. *International Social Science Journal,* 155. Paris: UNESCO.

CHAPTER

07 국제 및 국가 수준의 교육 거버넌스

앞 장에서 설명한대로, 거버넌스를 통해 해결해야 할 공교육 문제의 수준은 전 지구적 차원의 문제로부터 개별 교육기관 차원의 문제에 이르기까지 다양하다. 그러한 다양한 수준의 거버넌스 가운데, 이 장에서는 '국제 수준의 거버넌스'와 '국가 수준의 거버넌스'에 대해 각각 논의를 전개한다. 예를 들면, OECD가 각국 학생들의 학업성취도를 비교하는 PISA(Programme for International Student Assesement) 프로그램을 통해 각국의 교육과정 운영에 영향을 미치고 학교 교육의 책무성을 확보하도록 하는 데에 영향을 미치는 것은 '국제 수준의 교육 거버넌스' 사례라고 할 수 있다. 그리고 우리나라의 교육내용에 관한 행정에서, '학교는 교육과정을 운영해야 하며, 학교의 교과는 대통령령으로 정한다.'는 초중등교육법의 규정에 따라 정부가 국가수준의 교육과정 기준을 고시할 때 각급학교 관계자, 교육관련 시민단체, 학부모, 언론기관, 교과 전문가, 학계 전문가 등의 참여와 협의를 통해 최대공약수 형태의 방안을 도출하는 것은 '국가 수준의 교육 거버넌스' 사례라고 할 수 있다. 이 장에서는 국제 및 국가 수준의 교육 거버넌스의 문제와 향후 발전해 나갈 방향과 과제에 대해 검토한다.

- 국제 수준의 교육 거버넌스
- 국가 수준의 교육 거버넌스
- 국제 및 국가 수준 거버넌스의 발전 과제

1. 국제 수준의 교육 거버넌스

가. '글로벌 거버넌스'의 개념과 그 등장

전통적으로는 거버넌스라고 하면 주로 한 국가 내부에서만 이루어지는 일로 간주하고, 거버넌스에 대한 연구 역시 국내적 관점에서만 이루어지는 특징을 보여왔다. 그러나 최근에는 세계화 추세의 진전에 따라 거버넌스에 영향을 미치는 국제적 기구가 다양하게 등장하고 그 역할이 증대되면서 거버넌스를 국제적 시각에서 다루려는 연구의 관심 역시 늘어나고 있다. 세계화라는 변화는 인류의 생활양식에 지대한 변화를 초래하였는데, 그것은 생활에 미치는 영향 변수가 한 국가의 수준을 넘어서서 국제적 성격을 띠게 되었다는 점이다. 이에 따라, 국가의 경계를 초월하는 문제들을 관리하고 통제하는 일 역시 개별 국가 수준을 넘어서는 새로운 형태를 띠게 된다. 이 새로운 형태의 거버넌스를 '국제 수준의 거버넌스' 혹은 '글로벌 거버넌스'라고 부른다.

'글로벌 거버넌스'는 개별 국가의 영역을 초월한 지구적 문제를 해결하기 위해 다양한 행위 주체들이 참여하는 사회적 조정 방식으로 정의한다. 그러므로 '글로벌 거버넌스'에서는 글로벌 이슈를 해결하는 데에 관심을 둔 정부와 다른 행위자들 사이의 공동 노력 혹은 공조의 필요성을 강조한다. 지구적 차원에서 제기되는 다양한 문제들은 어떤 특정 국가의 개별적 노력에 의해 해결되기 힘들며, 다양한 집합체의 협력과 상호 조율에 의해 점진적으로 해결될 수밖에 없다고 보기 때문이다. '글로벌 거버넌스'에서는 협력과 상호조율이 강조되므로, 정부 간의 상대적 역량에 따른 수직적 위계보다는 정부 및 비정부 행위자 사이의 수평적 네트워크가 더 중요해진다. 결과적으로 '글로벌 거버넌스'는 국가와 정부 및 그들로 이루어지는 국제기구뿐만 아니라 국제 비정부단체, 국내 비정부단체, 다국적 기업 등 다양한 행위자 사이의 다자간 협력을 통해 공동의 문제를 해결하려는 사회적 조정 양식을 취한다.

'글로벌 거버넌스'라는 용어가 본격적으로 등장하게 된 것은 국제환경이 세계화라는 새로운 추세에 따라 크게 달라졌기 때문이다. 세계화로 인해 등장하고 파생되는 문제들은 개별 국가 차원에서 해결할 수 없기 때문에, 그러한 문제들을 관리하고 해결하기 위한 '글로벌 거버넌스'의 등장을 요구한다. 또한 세계화와 함께 그 영향력을 키워온 초국가적 행위자들, 특히 초국가적 비정부단체(NGO)들은 지구적 문제에 대한 공통의 관심이라는 연대의식을 바탕으로 결속력을 키우며 국민국가의 경계를 느슨하게 하고 있다. 그리고 정보 통신 분야의 혁명적 발전은 세계화를 촉진하는 기술적 기반이 되었고, 이 기반을 활용하여 초국가적 NGO들은 효과적으로 자신의 주장과 요구를 조직화할 수 있게 되었다. 과학기술의 진보와 경제적 교류의 증대는 세계화의 속도를 더욱 빠르게 하고 있는데, 이로 인해 한 국가가 자기 국경 내의 국정에 대해 누렸던 독점적 지위는 상대적으로 약해지는 대신 국제적 조직의 영향력은 점차 증대되는 추세이다.

나. '글로벌 거버넌스'의 행위 주체

'글로벌 거버넌스'에서 국제적 문제의 관리주체가 누구인가 하는 점은 중요하다. 주권을 지닌 개별 국가는 가장 쉽게 생각할 수 있는 행위 주체이다. 그러나 개별 국가 외에도 국제기구나 초국가적 NGO 및 다국적 기업들은 그 위상과 역할을 점차 강화하면서 '글로벌 거버넌스'의 주요 주체로 부각되고 있다. 세계화를 강조하는 학자들은 세계화와 함께 지구적 문제에 대한 관리가 더 이상 개별 국가를 중심으로 하는 국제체제에 의해 효율적으로 관리될 수 없으며, 국제적 시민사회가 참여하는 가운데 관리될 수밖에 없다고 주장한다. 반면 현실주의자들은 주권 국가가 아직도 국제관계의 핵심적 위치를 차지하고 있고, 국제기구나 국제적 시민사회의 역할은 국가의 자율성을 침해하지 않는 범위에서 보조적인 역할을 할 뿐이라고 설명한다. 주권 국가 이외의 행위 주체가 '글로벌 거버넌스'에서 개별 국가와 비교하여 어떤 정도의 영향력을 갖는가 하는 문제는 행위 주체별로, 그리고 이슈별로 다를 것이기 때문에 실증적 검토 없이 일률적으로 말하기는 어렵다. 그럼에도, 국가 이외 행위자의 영향력을 개별 국가의 영향력과 비교한다는 사고 자체가 이미 '글로벌 거버넌스'에서 차지하는 비국가 행위자의 비중이 과거에 비해 대폭 늘어났음을 방증하는 것이다.

주권 국가를 구성원 혹은 회원으로 하고 있는 국제기구의 역할은 냉전의 종식과 경제의 세계화를 배경으로 더욱 강화되었다. 개별 국가들은 국제적 문제의 관리와 해결을 위해 다양한 국제기구를 구성하였다. 개별 국가가 국제기구에서 협력을 통해 자기 이익을 얻는 것만큼 자신의 행동에 제약을 받는 것에 대해 동의하기 때문에 국제기구의 존재감이 드러나는 것이다. '글로벌 거버넌스'를 수행하는 국제기구 가운데 경제 부문의 국제통화기금(IMF)과 세계은행(World Bank) 및 세계무

역기구(WTO), 안보 부문의 UN 안전보장이사회는 대표적 국제기구들이다. 이 중 UN은 단일의 국제기구로는 가장 크고 가장 광범위한 영역의 문제들을 다루는 기구로서 '글로벌 거버넌스'의 핵심 행위주체라는 위상을 갖는다.

'글로벌 거버넌스'에서는 비국가 행위자의 역할이 중요한 요소로 자리 잡고 있다. 국제기구, 다국적 기업들과 함께 국제적 NGO의 참여와 협력은 '글로벌 거버넌스'의 핵심적 특징이다. 비정부단체 자체가 세계화되고, 세계화된 비정부단체가 다양한 경로를 통해 세계적 수준의 정책결정 과정에 영향력을 행사하고 있다. '글로벌 거버넌스'의 중요한 행위 주체인 국제 NGO는 각국 NGO와의 연합을 통해 조직의 규모를 키우고, 연대를 강화하며, 영역별 이슈에 대한 영향력을 높이려 한다. '글로벌 거버넌스'에서 NGO가 주요 행위 주체로 등장하게 된 배경에는 전술한 바와 같이 세계화의 진전과 정보통신 혁명에 힘입은 바 크다. 과학기술의 발달로 인한 정보의 자유로운 유통과 인터넷과 같은 의사소통 수단의 등장은 NGO의 활동 무대를 한 국가로부터 국제사회로 확장하는 동력이 되었다. 이들은 지구적 차원의 문제, 특히 환경이나 인권 및 교육과 복지 등과 같은 인류 공통의 삶에 관련된 문제들에 대해 활발하게 참여하고 있다. NGO가 중요한 역할을 수행하고 영향력을 확대할 수 있는 배경에는 NGO가 지니는 장점이 작용한 것으로 보인다. 국가나 정부는 복합적인 기능을 수행해야 하는 데에 비해 NGO는 특정 관심 영역에 집중할 수 있고, 현안이 발생했을 때 국가나 정부는 정책 우선순위나 외교상의 필요상 그 현안을 소홀히 다룰 여지가 있는 데에 반해 NGO는 바로 그 현안에 집중하여 실천할 수 있다는 장점을 지니기 때문이다.

그렇기는 하지만 '글로벌 거버넌스'에서 차지하는 국제기구의 위상에 비해 비국가 행위자의 그것은 아직 상대적으로 비조직적이다(유현석, 2005: 339-340). 현재 시점으로 보았을 때 NGO의 참여와 주장이 수용되는 경우는, 그렇게 하는 것이 '글로벌 거버넌스'의 정통성 확보에 도움이 된다고 국제기구가 판단하는 경우가 대부분이다. 그렇기 때문에 NGO의 역할과 위상이 높아졌기는 하나, NGO가 국가들의 주권 영역을 위협하는 정도로까지 진행할 가능성은 별로 없어 보인다. 달리 말하자면, NGO가 '글로벌 거버넌스'의 형성에 참여하더라도 그 수준은 개별 국가의 존재를 위협하는 차원으로까지 진행되고 있지는 않다.

다. 교육 분야의 '글로벌 거버넌스'

교육 분야의 '글로벌 거버넌스' 역시 주요 행위 주체는 국제기구와 비국가 행위자들이다. 국제기구의 예를 들면, 국제노동기구(ILO; International Labour Organization)는 학습권을 가진 어린이의 노동에 관한 문제, 성인 근로자에 대한 교육기회 제공 문제, 근로자로서의 교사의 권리를 보호하는 문제 등에 대해 관심을 기울이고 국제적 기준을 권고하는 역할을 수행해 왔다. 또한 유엔교육과학문화기구(UNESCO)는 국가의 경계를 초월하여 교육에서 차별을 철폐하고, 문맹을 퇴치하며, 성인의 계속 교육을 강화하고, 모든 사람의 문화적 삶을 향유할 권리에 대한 인식을 제고하기 위해 노력해왔다. 그리고 경제협력개발기구(OECD)는 회원국 교육체제에 대한 상호 이해와 교육성과의 비교 및 선진적 제도의 확산에 주력하고 있다. 이외에도 UNICEF나 World Bank는 개발도상국의 교육체제 발전을 위한 정보 제공과 경제적 지원을 주된 활동내용으로 삼고 있다.

다음 〈표 7-1〉은 현재 시점을 기준으로, 교육 분야의 '글로벌 거버넌스'에서 정책 결정에 영향을 미치는 주요 국제적 기구들을 예시적으로 보여주고 있다.

〈표 7-1〉 교육정책에 영향을 미치는 주요 국제적 기구(Mundy, 2009: 720을 재구성)

국제기구	World Bank, OECD, WTO(World Trade Organization) UN 기구(UNESCO, UNICEF, UNDP, ILO 등) 지역별 국가협의체(EU, ASEAN, APEC, G20, G8 등)
비국가 행위자	Education International(기타, 교원조직 및 노조의 연합체) 법인 형태의 비정부조직(Save the Children, CARE, World Vision 등) 자선재단(Soros Foundation, Hewlett and Gates Partnership for Education) 민간기구(World Economic Forum, Microsoft, CISCO 등)

이러한 기구들의 등장과 역할 증대는 세계화 추세와 궤를 같이 한다. 그리고 세계화 추세는 교통과 정보 통신 기술의 발달로 인해 더욱 가속화되고 있다. 이에 따라 이제 아이디어와 사람과 상품 및 자본이 국가 간의 지리적 경계를 거의 아무런 제약 없이 이동하는 시대를 맞고 있다. 이러한 상황을 배경으로 하여 국제적 기구의 역할은 더욱 중요해졌으며, 그만큼 그 역할에 대한 각국의 관심도 높아지게

된 것이다.

예를 들면, World Bank는 '모든 이를 위한 교육'이라는 이상 실현을 위해 기초교육의 확산을 위한 재정 지원에 초점을 맞추던 초기 방식에서 벗어나, 교육개혁을 위한 표준적 정책 개발, 공공서비스의 재구조화, 교육평가 프로그램의 표준화 등과 같은 다양한 분야로까지 관심과 역할을 확대하고 있다(Alexander, 2001). 그리고 OECD는 각국 학생들의 학업성취를 비교하는 PISA 프로그램과 각국의 교육현황을 보여주는 연례 보고서인 'Education at a Glance'를 통해 각국 교육정책의 방향과 연구 개발에 중요한 영향을 미치고 있다. 1990년대를 거치면서 OECD는 교육 평등을 지향하던 초기의 기조에서 벗어나 민영화와 선택 및 표준이라는 핵심 개념을 동원하여 경제적 세계화에 적합한 교육개혁에 관심을 집중하였는데, 최근에는 다시 교육과 사회통합에 대한 관심을 환기시키고 있다(Rinne *et al.*, 2004; Green *et al.*, 2006). 특히 OECD가 주관하는 PISA 결과는 증거 기반 교육행정의 가장 중요한 '증거'로 활용되며, 각국 교육정책을 논의하는 일종의 인식 공동체(epistemic community)를 형성한다(Haas, 2009). 이를 통해서 각국은 교육정책을 차용하거나 대부하고, 이 과정에서 각국 교육정책의 수렴 현상이 나타나기도 한다(Steiner-Khamsi and Waldow, 2012).

국제적 기구는 국가 간의 협정을 통해 각국 교육체제에 영향을 미치기도 한다. 예를 들면, 고등교육 체제에 영향을 미치는 국가간 협정으로 '자격 인정에 관한 유네스코 협약(UNESCO Conventions on the Recognition of Qualifications)'과 '유네스코/오이시디 고등교육 질 보장 기준(UNESCO/OECD Guidelines on Quality Provision in Cross-Border Higher Education)'이 있다(채재은, 2009: 217). 전자는 1960년 유네스코에 의해 마련된 국제협약으로, 고등교육의 질 향상을 도모하기 위하여 대학(원)생들과 전문가들이 자국에서 획득한 자격이나 학위가 다른 회원국에서도 통용되도록 고등교육의 수학, 졸업증서 및 학위에 대한 '상호 인정 제도'를 마련하는 것을 목적으로 한다. 그리고 후자는 국가 간 고등교육 서비스 공급과 관련된 기관과 단체를 6개(정부, 고등교육기관, 학생단체, 질 보장과 인증기관, 학위·자격인정기관 및 전문단체)로 분류하고, 단체별로 고등교육 질 관리와 상호 자격 인증을 위한 권고안을 제시하고 있다. 이러한 협정에 대해 우리나라도

UNESCO와 OECD의 회원국으로서 준수 의무가 있으며, 따라서 협약이행 등과 관련하여 국내 후속조치가 이루어질 경우 국내 고등교육기관들은 개별적 참여의사 유무에 상관없이 자동적으로 그 영향을 받게 되는 것이다.

유럽지역의 국가협의체인 유럽연합(EU)은 예컨대 Erasmus(EuRopean Community Action Scheme for the Mobility of University Students) 프로그램을 통해 유럽지역의 대학생들이 추가 재정부담 없이 다른 나라를 방문 수학할 수 있게 지원함으로써 문화의 교류와 통합에 기여하고 있다. 또한, 어느 한 회원국에서 취득한 교원자격증이 일정한 조건에서 다른 회원국에서도 유효한 것으로 인정받게 함으로써, 교육분야 글로벌 거버넌스 주체로서의 위상을 확인시켜주고 있다.

비국가 행위자 가운데 하나인 세계교원단체총연합회(EI; Education International)는 최근에 한국의 교육문제에 대해 영향을 미칠 수 있는 가능성을 보여주었다. 2010년 4월에 한국의 한 국회의원이 특정 교원단체에 가입한 교원의 명단을 자신의 홈페이지에 공개한 사건을 두고, 한국교총이 EI에 대해 "외국의 교원단체 명단 공개 여부 및 사례"를 묻는 서한을 보냈다. 이에 대해 EI는 사무총장 명의의 서한을 통해 "그러한 사례가 없으며, 명단공개는 교원단체의 권리 및 사람의 권리(사생활의 권리를 포함)를 매우 심각하게 침해하는 것"이므로, "한국 쪽의 요청이 있을 경우, EI는 국제노동기구(ILO)의 결사의자유위원회(CFA; the Committee on Freedom of Association)와 경제협력개발기구(OECD)의 노동조합자문위원회(TAUC)에 제소를 준비할 것이고, 그와 함께 한국 당국에 보낼 항의서한을 준비하겠다."는 뜻을 밝힌 것이다. 이는, 국제적 교원기구가 개별 국가의 교원인사 정책에 영향을 미침을 보여주는 사례이다.

그리고 국제적 기구는 아니면서도, '글로벌 거버넌스'에 영향을 미치는 국내 기구가 있다는 점을 상기할 필요가 있다. 예를 들면, 세계의 대학들을 여러 가지 기준을 적용하여 평가하고 그 순위를 공표하는 일을 하는 기관이 있는데 상하이 자오퉁 대학, 영국의 〈더 타임스〉, 미국의 〈뉴스위크〉 등과 같은 기구가 그것이다. 이들은 전 세계의 대학들을 일정한 기준에 따라 순서매기는 일을 하는데, 이 일을 통해 고등교육분야의 '글로벌 거버넌스'에 매우 심대한 영향을 미치고 있다. 이와 유사하게, 스위스 국제경영개발원(IMD; International Institute for Management Development)에서는 정치, 경제, 교육 분야 등의 경쟁력을 종합하여 국가별 순위를 매긴 국가경쟁력연감(WCY; World Competitiveness Yearbook)을 매년 출간한다. 그리고 여러 나라의 교육행정 당국에서 IMD가 발표하는 교육경쟁력지수를 국정점검을 위한 주요 정책지표로 삼고 있다. 이렇게 보면 IMD 역시 교육 분야 '글로벌 거버넌스'에 상당한 영향을 미치는 기구라 할 수 있다.

라. 국제적 기구와 '글로벌 거버넌스'의 성격에 대한 평가

'글로벌 거버넌스'의 핵심 행위 주체인 국제적 기구의 역할과 위상을 어떻게 평가할 것인가 하는 문제에 대해서는 이론적 입장이 나누어진다(Mundy, 2009: 725-726).

첫째는 세계 자본주의 체제에 대한 비판적 시각을 견지하는 입장으로서, 이는 다양한 '비판사회학'적 전통을 그 뿌리로 하고 있다. 예를 들면 세계체제이론, 종속이론, 후기식민주의론, Gramsci나 Foucault 혹은 Jessop 등의 연구들이 그러한 비판사회학적 전통을 형성하고 있다. 이 입장에 따르는 연구들은 국제적 기구들이 어떻게 세계 자본주의 체제 내에서 불평등한 관계를 유지하고 착취구조를 고착시키며, 특정 국가와 자본가 세력의 이익이나 주도권에 봉사하는지를 드러내는 데에 초점을 맞춘다. 기존의 국제적 기구들이 서방 선진국의 영향력을 과다하게 반영함으로써, 그들의 국내 거버넌스 구조를 국제적으로 확대하는 매개체 구실을 할 뿐이라고 비판한다.

주요 20개국(G20) 정상회의가 열리는 시기와 장소에서 '세계화의 그늘'을 지적하면서 대규모의 반세계화, 반자본주의 시위가 열리는 것도 이러한 비판적 시각을 반영하는 사례이다. 이 비판적 입장을 취하는 연구에서는, 국제적 기구가 평등지향적, 진보적 교육 정책을 간혹 추구하더라도 그것은 주변국과 취약 계층의 요구를 진정시키는 역할을 하는 데에 불과하다고 설명한다. 이에 따라, 비판사회학적 입장에서는 국제적 기구들이 주변국 및 NGO의 참여와 그 영향력을 적극 수용하고 내부 운영을 민주화해야 한다고 주장한다. 그렇게 해야 지구적 문제를 공공적으로 해결하는 진실한 '글로벌 거버넌스' 체제가 구축된다고 본다.

둘째는 Meyer 등의 '사회학적 제도주의'를 따르는 입장인데, 이 입장에서는 학교교육이 어느 나라에서나 유사한 형태를 띠게 되는 까닭은 세계의 문화 자체가 합리성과 과학적 진보 및 인간성 존중이라는 공통의 가치를 지향하기 때문이라고 설명한다(Meyer *et al.*, 1997). 앞의 첫째 입장과는 달리, 국제적 기구가 특정 국가나 세력의 정치경제적 이해관계를 대변하는 것이 아니라, 세계 공통의 가치를 전달하는 역할을 하므로 학교교육의 형태적 유사성이 국제적 수준에서 나타난다고 본다.

앞의 '비판사회학적 입장'이 자본주의 체제에 대한 비판적 시각에 경도된 나머지 교육정책 결정과정에 대한 국제기구의 긍정적 영향을 간과하는 한계를 지닌다면, 뒤의 '제도주의적 입장'은 국제기구 사이에서 나타나는 노선의 차이나 개별 국가 교육 체제의 다양성을 소홀히 취급하는 한계를 지닌다. 그리고 이 두 이론적 입장은 모두, 자신들의 견해와 주장에 입각한 연구결과들을 내 놓을 뿐, 경쟁관계에 있는 각 견해의 타당성 정도를 점검할 경험적 증거를 거의 보여주지 못하고 있다. 그리고 또한 그들은, 국제적 정치역학과 제도변화 같은 거시적 질문에만 관심을 기울임으로써, 특정의 국제적 기구가 어떤 기능과 작용을 통해 특정 국가의 교육정책에 영향을 미치는지를 세밀히 살피지 못하는 한계를 함께 지닌다. 달리 말하자면, 국제적 기구가 제안하는 여러 교육정책 가운데 왜 어떤 정책은 다른 정책에 비해 더 쉽게 확산되는지, 또한 동일한 교육정책이 왜 어떤 나라에서는 다른 나라에서보다 더 쉽게 수용되는지 등에 대해 알려주는 바가 거의 없다는 뜻이다.

이러한 한계를 감안하여, 최근에 이루어지는 연구에서는 국제적 기구의 역할과 그에 대한 개별 국가의 기능을 함께 고려하는 특징이 나타나기도 한다. 예를 들면, 국제적 기구를 구성하는 여러 나라 가운데 어떤 나라가 그 기구의 교육정책 방향을 정하는 데에 있어서 주도적인 영향을 미치는지, 그리고 국제적 기구가 중요하게 생각하는 교육정책의 방향과 노선이 개별 국가에서는 어떻게 변용되고 확산되는지에 대해 구체적 자료에 입각하여 살펴보려는 연구들이 등장하였다(Green, 2006; Ozga & Jones, 2006; Steiner-Khamsi, 2006). 이러한 연구의 경향은, 국제적 기구의 활동이 참여국과 국제기구들 사이의 복합적 관계망－즉, 국제적 수준의 거버넌스－에 의해 이루어진다는 인식을 반영하는 것이다.

이러한 경향에 포함되는 연구들 가운데에는, 국제적으로 중요한 이슈가 되는 특정의 주제에 초점을 맞추어 그러한 관계망이 어떻게 작동하는지를 살피기도 하는데, 예를 들면 평생학습, 교육권, 인권교육, 학생의 학업성취와 학교의 책무 등이 그러한 주제가 된다. 그리고 국제적 기구들은 그러한 연구들을 지원함으로써, 그 연구에서 드러난 자신의 역할을 보다 명확하게 이해한 바탕에서 스스로의 정책을 더욱 정교하게 만들기도 한다. 말하자면, 국제적 기구에 대한 연구와 그 연구를 지원하는 국제적 기구의 역할 사이에 서로 도움을 주고받는 관계가 만들어진다는 뜻이다.

그렇지만 현재 상황으로는, 국제적 수준의 거버넌스가 증대되고 그에 대한 공공의 관심이 늘어나는 추세인 데에 비해, 그 거버넌스가 어떻게 작동하며 특정 맥락에서 어떤 거버넌스가 좋은 거버넌스의 모델이 될 수 있는지에 대한 연구는 아직 부족하다.

그리고 미국의 '아동낙오방지법(No Child Left Behind, NCLB)'에서부터 유럽을 비롯한 여타 지역의 국제학업성취도평가(Programme for International Student Assessment, PISA)에 이르기까지, 대부분의 학교 시스템에서 연구과제로 선정되는 것들은 대규모의 표준화시험 구상으로부터 나오는 것들이다.

이런 연구계획들은 귀중한 데이터를 제공하기는 하지만, 다른 협동연구에서 추구하는 표준에는 한참 미치지 못한다. 학교교육의 효과, 특히 교육계의 의과대학 부속병원에 해당하는 소위 '연구학교(research school)'에서는 연구자, 교사, 학생 모두가 연구 설계에 기여하는 가운데 실제 교육현장과 동일한 조건에서 평가되어야 한다(Fischer, 2009). 말하자면, 학교교육이 어떤 결과로 나타나는지에 대한 연구에서 다양한 참여자들의 관점과 입장이 반영될 필요가 있다는 뜻이다.

그런데, 우리나라의 경우에는 이와 같이 '학생의 낙오를 방지하려는 국가적 차원의 시도'나 그에 따른 '법적 · 제도적 장치'가 아직 마련되어 있지 않다. 말하자면, 취약 계층의 학생에 대한 관심과 대책이 매우 부족하다는 뜻이다. 이 문제에 대한 관심과 대책이 국가적 차원에서 경주될 필요가 있다.

2. 국가 수준의 교육 거버넌스

개별 국가 수준에서 이루어지는 거버넌스에서 중요한 행위 주체는 '국가기관과 비 국가기관'으로 구분하여 살펴볼 필요가 있다. 교육문제에 관한 거버넌스를 형성하는 국가기관으로 입법부, 행정부 및 사법부의 기능과 상호작용을 검토하며, 국가기관 이외의 행위 주체와 상호작용을 이어서 검토한다.

가. 입법부의 권한과 상호작용

국가 수준의 거버넌스가 국정운영이라는 말로 가장 적절히 번역되는 경우가 있다. 법치국가에서 국정운영의 기본 틀은 국민의 대의기구인 입법부에서 정하는 법과 의회활동으로부터 도출된다. 입법부로서 국회는 입법에 관한 권한을 당연히 가지지만 그 외에도 재정에 관한 권한, 일반 국정에 관한 권한 등을 통해 교육분야 거버넌스에 영향을 미친다. 각 권한의 종류 및 그 내용은 다음 〈표 7-2〉와 같다.

〈표 7-2〉 국회의 주요 권한

입법에 관한 권한	헌법 개정 제안 및 의결권 법률의 제정 및 개정권 조약 체결 · 비준 동의권
재정에 관한 권한	예산안의 심의 · 의결권 결산 심사권
국정에 관한 권한	국정 감사 및 조사권 탄핵 소추권 행정부 견제권(국무위원 출석 요구 및 해임 건의권 등)

입법에 관한 권한으로서 중요한 것은 헌법 개정에 관한 권한, 법률의 제정 및 개정권, 조약체결에 관한 권한 등이다. 이 책의 제3장에서 검토한 것처럼 헌법은 최고의 법으로서 교육에 관한 기본적이고도 중요한 원리를 포함하고 있는데, 국회는 헌법 개정안을 제안하고 제안된 개정안을 의결하는 권한을 갖는다.

그리고 국회는 헌법의 범위 안에서, 헌법에서 정한 이념과 정신을 구현하는 차원에서 교육에 관한 여러 법률을 제정하거나 개정하는 권한도 갖는다. 교육제도에 관한 현행 법률의 정신과 기본 얼개에 대해서는 이 책의 제4장에서 다룬 바 있다. 헌법과 법률은 행정부에서 정하는 명령이나 행정행위 및 자치단체의 법규에 대해 기준 역할을 할 뿐만 아니라, 사법부에서 행하는 심판의 판단기준이 된다. 국회의 입법 작용은 헌법의 정신이나 취지, 비례와 평등 및 명확성의 원칙과 같은 일반적 입법원칙에 벗어나지 않는 한도에서는 상당히 폭넓은 입법재량이 허용된다. 그렇기 때문에, 예를 들어 교육 관계 법률의 위헌성 여부가 사법적 심판의 대상이 되었다 할지라도, 그 법의 내용이 이렇게 해도 좋고 저렇게 해도 좋은 정도의 것이라면, 국회가 정한 바를 입법 재량의 문제라고 하여 헌법재판소에서 합헌성을 인정하는 경향을 보인다.

국회는 또한 대통령이 외국과 조약을 체결하고 비준하는 과정에서 동의를 하는 권한을 갖는다. 국회가 조약의 체결·비준에 대한 동의권을 행사하는 것은 조약이 국민의 권리·의무와 국가재정에 상당한 영향을 미칠 뿐만 아니라 국내법과 동일한 효력을 지니므로 이에 대한 국민적 합의를 형성하기 위해서이다. 가령, 외국교육기관의 설치 혹은 교육서비스의 국제적 교류 등에 관한 조약을 체결하고 비준하려면 국회의 동의를 받아야 한다. 이 경우 교육 분야 자유무역협정(FTA: Free Trade Agreement) 등이 출현할 수 있다.

재정에 관한 국회의 권한 가운데에는, 예산안을 심의하고 확정하는 권한과 함께 집행한 예산에 대해 심사할 수 있는 권한이 중요한 권한에 해당한다. 예산은 회계연도 동안의 세입 세출에 관한 국가의 계획인데 국민의 부담인 조세를 전제로 하고 있으며, 그 규모가 방대하고 국민생활 전체에 미치는 영향이 지대하다. 국회가 예산을 심의·확정하는 것은 예산 결정 과정에 국민의 의사를 반영하는 것이며, 국가의 중대한 재정작용을 적절히 통제하여 그 효율성과 적정성을 확보하기 위해서이다. 그리고 결산은 국가의 수입 지출 실적을 확정적인 수치로 표시한 것인데, 국회는 결산 심사를 통해 정부의 예산 집행에 대한 책임을 밝히고, 장래의 재정 운영에 대한 참고가 되게 한다. 정부가 어떤 교육 관련 사업을 수행하려 할 때 대부분 예산이 수반되어야 하는데, 왜 그렇게 해야 하는지, 그 일에 반드시 그 정도의 예산이 필요한 것인지, 그렇게 배정된 예산은 합법적으로 목적에 맞게 집행이 되었는지 등을 국회가 점검하고 필요한 경우 개선을 요구함으로써 행정부를 통제하는 것이다.

국정에 관한 국회의 권한에는 '국정 감사권, 탄핵 소추권, 행정부 견제권' 등이 있다. 국회는 국정을 감사하거나 조사할 수 있다. 국정운영의 실태를 정확하게 파악하고 국정의 미흡한 부분을 지적·시정함으로써 국정 통제 기능을 수행하기 위해 감사·조사를 한다. 국정감사는 정기회 기간 중에 국정 전반에 대하여 실시하며, 국정조사는 국정의 특정 사안을 대상으로 수시로 실시할 수 있다. 탄핵소추권을 통해 대통령이나 교육부장관 등이 헌법이나 법률을 위반하여 직무를 집행하였을 경우에 헌법재판소에 탄핵심판을 청구할 수 있다. 그리고 행정부의 국정 수행에 대해 사전에 동의하거나 사후에 승인하기도 하고, 일정한 요구와 건의를 하는 권한도 가지고 있다. 국무총리나 교육부장관 등을 국회에 출석시켜 질문할 수 있고, 그 해임을 대통령에게 건의할 수도 있다.

국회가 이러한 여러 권한을 어떻게 행사하는가 하는 점은 정치권력의 성격과 국회의 구성 양상 등에 의해 영향을 받는다(최정원, 2001: 129-151). 우리 현대사를 통해서 보았을 때, 정치권력이 대통령에게 집중되고 국회에서 야당이 미약하면 입법부의 자율성과 행정부 견제 기능이 미미하였다. 한편, 정치권력이 분산된 경우라도 국회 내 특정 정당이 독주하는 상황에서는 국회의 입법 활동이 경직되고 국정 운영이 원활하지 못하였다. 그러나 권위주의적 정치권력 하에 있더라도 정당 간 권력관계에서 강력한 야당이 존재하는 경우에는, 국회가 어느 정도는 자율적으로 활동하고 행정부를 견제하는 역할을 하였다. 국회의 활동이 가장 활발했던 경우는, 정치권력이 상대적으로 분산된 민주주의 체제이면서 동시에 국회의 구성에 있어서도 여야 간 세력 균형이 이루어져 있는 상황이었다.

나. 행정부의 국정 운영과 상호작용

우리나라와 같은 대통령중심제인 경우 국정운영의 최고 책임자는 대통령이다. 대통령의 입법부와 사법부에 대한 권한 및 중앙교육행정기관(교육부)의 임무는 다음 〈표 7-3〉과 같다.

〈표 7-3〉 **대통령의 권한과 중앙교육행정기관의 임무**

대통령의 권한	법률안 거부권, 국회 출석 발언권 국회 임시회의 소집 요구권 사면권 및 헌법기관 구성권
중앙교육행정기관의 임무	교육정책의 연구 및 자료 조사 교육 및 학술에 관한 주요 정책의 수립과 집행

행정부의 수반인 대통령의 권한에 대해 입법적·사법적 견제 장치를 두는 것과 마찬가지로, 대통령 역시 다른 통치기구들을 견제하는 권한을 갖는다. 우선, 대통령은 국회에서 의결한 법률안의 공포를 거부할 수 있는 권한을 갖는다. 대통령은 정부로 이송된 법률안이 헌법에 위배되거나 집행이 불가능하다고 판단하는 경우, 혹은 국가이익에 반하는 내용이라고 생각하는 경우에는 그 공포를 거부할 수 있다. 국회에서 의결된 법률안에 대해 이의가 있을 경우, 대통령은 국회에 재의(再議)를 요구할 수 있다. 법률안 거부권은 대통령제 정부 형태에서 행정부의 수반인 대통령이 입법부인 의회를 견제할 수 있는 대표적인 제도이다. 이외에도 국회 임시회의 소집을 요구할 수 있으며, 국회에 출석하여 발언하거나 서면으로 의견을 표시할 수 있다. 사법부에 영향을 미치는 대통령의 권한으로는, 사면·감형·복권을 명하는 권한과 헌법기관 구성권을 들 수 있다. 대통령은 사법적 결정이 이루어진 사안에 대해 사면 등을 행함으로써 그 결정의 내용을 변경시킬 수 있다. 그리고 대통령은 국회의 동의를 얻어 대법원장, 헌법재판소장, 대법관 등을 임명하고, 헌법재판소 재판관 9인을 임명하는 권한을 통해 사법부에 영향을 미친다.

대통령을 수반으로 하는 행정부의 임무는 국민의 대표기관인 의회에서 정한 법의 테두리 내에서 그 법의 정신을 구현하는 행정, 즉 '법치행정'을 하는 것이다. 그러므로 중앙 행정부서의 하나로서 교육부를 두는 것은 '정부조직법'이라는 법률에 근거해서이다. 교육문제에 관한 중앙의 행정기관인 교육부가 구체적으로 어떤 내부조직을 구성하여 어떤 업무를 수행하는가 하는 점은 '교육부와 그 소속기관 직제'라는 대통령령을 살펴보면 알 수 있다.

중앙의 교육행정기관으로서 국가교육위원회와 교육부가 존재한다. 한국의 교육정책은 매우 불안정하다는 비판을 받아왔고, 백년대계로서의 교육을 희구하는 열망은 그만큼 강했다. 또, 과거와 달리 전문가나 관료 중심의 교육행정이 아니라 사회적 합의에 기반한 교육이 중요한 과제가 되었다. 특히 사회 집단 간 갈등이 심화하는 상황에서 교육정책의 사회적 합의는 중요하다. 이런 배경에서 2021년 「국가교육위원회 설치 및 운영에 관한 법률」을 제정하고 이듬해 제1대 국가교육위원회를 발족시켰다. 위원은 21명으로 구성되어 있고, 국가교육발전계획 수립, 국가교육과정의 기준과 내용 고시, 교육정책에 대한 국민의견 수렴·조정 등 사무를 관장한다. 향후 국가교육위원회가 제 기능을 수행하게 된다면 교육정책 기획은 국가교육위원회가, 교육정책 집행 관리는 교육부가 관장하는 이원 체제가 형성될 것이다.

중앙의 교육행정기관인 교육부는 교육정책의 수립과 집행 업무를 담당한다. 국가 차원의 교육정책은 주로 이 기관에 의해 이루어지지만, 그 정책 방향은 국민의 대표기관인 입법부에서 만든 법률을 통해 결정되거나 법률의 영향을 받아 정해진다. 또한 법에 근거하여 행정이 이루어지는지를 심사하여 결정하는 사법부의 판단도 그에 영향을 미친다. 그러므로 정부의 교육정책 수립 기능과 그 정책의 집행을 위한 복잡하고 다양한 행정 활동은, 헌법상 통치기구에 해당하는 입법부와 사법기관들에 의해 견제를 받는 관계에 있다. 언론기관이나 시민단체 등이 정부의 활동에 대해 감시하고 집단적 의사를 표시하는 등의 방법으로 정부 활동에 영향을 미치는 것은 물론이다.

다. 사법부의 권한과 상호작용

사법기관에서는 각종 심판 혹은 재판권을 통해 입법부와 행정부를 견제한다. 입법 및 행정기관에 영향을 미치는 사법기관의 심판권과 재판권은 다음 〈표 7-4〉과 같다.

〈표 7-4〉 사법기관의 주요 권한

심판권	재판권
위헌법률심판권 탄핵심판권 권한쟁의 심판권 헌법소원 심판권	명령규칙심사권 쟁송재판권(특히, 행정재판권)

'위헌법률심판권'은 국회에서 정한 법률이 헌법의 원리에 어긋나는지 여부를 판단하는 권한으로서, 국회의 입법권에 대한 견제장치가 된다. 법원의 심사 제청에 따라 헌법재판소에서 법률의 위헌 여부를 심판하는 것이다. 또 공무원이 헌법이나 법률을 위반하여 직무를 집행하였을 경우 '탄핵심판권'을 행사함으로써 행정부의 작용을 견제할 수도 있다. 이 외에도 행정부나 입법부의 작용을 견제하는 권한으로, '권한쟁의 심판권'과 '헌법소원 심판권'을 들 수 있다. '권한쟁의 심판'은 국가기관 상호간이나 국가기관과 지방자치단체 및 지방자치단체 상호간에 권한과 의무의 범위와 내용에 관하여 다툼이 생긴 경우, 이를 조정하고 그 한계를 명백히 밝히는 심판을 말한다. '헌법소원 심판'이란 공권력의 행사 또는 불행사로 인하여 헌법에 보장된 기본권을 침해당한 국민이 그 권리를 구제받기 위하여 헌법소원을 제기한 경우 그것을 심판하는 것을 말한다.

법원은 주로 행정기관을 통해 이루어지는 명령·규칙 또는 처분이 헌법이나 법률에 위반되는지 여부가 재판의 전제가 된 경우에 이를 심사할 권한을 갖는다. 심사의 대상인 명령은 법규명령을 말하며 기관내규의 성격을 갖는 행정명령은 제외된다. 규칙은 국민에 대하여 일반적 구속력을 가지는 규칙만 심사의 대상으로 삼는다. 지방자치단체의 조례와 규칙도 심사의 대상이 된다. 그리고 법원이 갖는 쟁송재판권 가운데, 행정 법규의 적용이나 공법상의 법률관계에 관한 분쟁을 해결하기 위해 행사하는 '행정재판권'은 민사재판권이나 형사재판권과는 달리 주로 행정기관의 정책이나 그 집행에 영향을 미친다. 명령규칙심사권과 쟁송재판권 외에 위헌법률심사청구권도 법원의 주요 권한인 점은 앞에서 본 바와 같다.

헌법재판소와 법원에서 행사하는 사법에 관한 권한 외에, 행정부에서도 실질적 의미의 사법에 관한 권한을 일부 행사하게 하고 있는데 '행정심판'이 그것이다. 우리 헌법은 재판의 전심절차로서 행정심판을 할 수 있다고 하였는데, 이 심판의 절차는 법률로 정하되 사법절차가 준용되게 하고 있다. 행정심판은 행정기관의 위법 또는 부당한 처분 기타 공권력의 행사(行事) 및 불행사(不行事) 등으로 인한 국민의 권리나 이익의 침해를 구제하는 제도이다. 교원이 자신에게 내려진 불이익처분에 대해 불복이 있는 경우에 소청을 제기할 수 있는데, 이를 심사하는 '교원소청심사위원회'는 '교원지위 향상을 위한 특별법'에서 규정하고 있는 '특별행정심판기관'에 해당한다.

여기에서는 사법적 심사의 결과가 입법부 및 행정부의 기능을 어떻게 견제하는가를 보이기 위한 목적으로, 우리나라 헌법재판소에서 이루어진 두 건의 '위헌결정 사건'을 소개한다. 그리고 참고적으로 미국의 연방대법원에서 이루어진 교육관련 판례도 함께 소개한다.

1) 사례1: 국 · 공립 사대 출신자 우선 임용의 위헌 결정(1990. 10. 8. 89헌마89)

1990년 이전 교육공무원법의 내용 가운데 "교사의 신규채용에 있어서는 국립 또는 공립의 교원 양성기관 출신자를 우선하여 채용하여야 한다."는 규정이 있었다. 이 때문에 사립 양성기관 출신자가 교원 임용에서 차별받고 있다는 이유로 이 법률 조항의 위헌 여부가 법적 판단의 대상이 되었다. 이 사건에 대하여 헌법재판소는 그 조항의 내용이 헌법상 평등의 원칙에 위반된다고 판결하였다.

이 사건은 헌법재판소가 교육정책과 관련된 사건에서 처음으로 위헌 판결한 사건으로서, 법률상의 차별과 부적절한 행정 관행에 의심을 품지 않던 당시의 사회적 풍토를 근본적으로 변혁시킨 이정표적 사건이다. 헌법재판소에서 위헌 결정된 당시 교육공무원법 제11조 제1항은 위헌결정이 있은 지 두 달 후인 1990년 12월 31일 국회를 통해 개정되었다. 개정된 내용은 "교사의 신규채용은 공개전형에 의한다."이다. 이 개정 법률에 따라, 교육행정의 실제에서도 교사 신규 채용에 있어 출신대학의 설립주체에 따른 차별이 사라지게 되었다.

2) 사례2: 지역소재 사대 출신자에 대한 가산점 부여의 위헌 결정(2004. 3. 25. 2001헌마882)

A시 교육감은 2002학년도 공립중등학교 교사 신규임용을 위한 '시험 시행 요강'을 공고하였는데, 그에 따르면 제1차 시험에서 지역 소재 사범계 대학 졸업(예정)자에게 제1차 시험 배점의 5%에 해당하는 가산점을 주고, 한편 이와 별도로 부전공 교사자격증 소지자 또는 복수전공 교사자격증 소지자에게는 제1차 시험 배점의 3~5%에 해당하는 가산점을 주도록 되어 있었다. 그런데 이러한 가산점 항목에

대하여, 공립중등학교 교사 임용에 있어 사범계대학 출신자와 비사범계대학 출신자를 차별하고 헌법상 보장된 평등권 및 공무담임권을 침해한다는 반론이 제기되었다.

이 반론에 따른 헌법소원심판 청구 사건에서, 헌법재판소는 위 가산점 항목들이 청구인의 공무담임권을 침해한 것이므로 위헌이라고 결정하였다. 헌법재판소의 이 결정은 요컨대, 가산점 부여가 국민의 권리에 중대한 영향을 미치는 내용인데도 법률의 근거 없이 행정 편의적으로 정한 것에 불과하기 때문에 위헌이라는 것이다. 이러한 결정에 따라, 국회에서는 2004.10.15 교육공무원법을 개정하여 교원 신규채용을 위한 공개전형에 있어서 임용권자는 일정 대상자에게 제1차 시험성적 만점의 10% 이내의 범위에서 가산점을 부여할 수 있다는 조항을 신설하였다. 이렇게 하여 지역 교대 및 사대 출신자, 복수전공 및 부전공 이수자 등에 대한 가산점 부여가 법률적 근거를 지니게 되었다.

3) 사례 3: 미국 연방대법원의 교육관련 주요 판례

많은 판례 가운데 여기에서는 교육의 기회균등과 학생의 기본권 보장에 관한 주요 판례 둘을 간략히 소개한다. 교육의 기회균등에 대해서는 'Brown 사건'이, 학생의 기본권 보장에 대해서는 'Tinker 사건'이 대표적 예라고 할 만하다.

미국 교육당국의 흑인학교와 백인학교 분리정책에 관하여 미국 법원의 초기 입장은 '분리하더라도 동등한 조건이면 합헌'이라는 원칙을 고수해왔다. 이 분리정책이 사법부에서 최초로 부인된 것이 1954년의 'Brown 사건'이다. 이 사건의 쟁점은 학교시설 등 교육의 물리적 조건이 동등할 경우 흑백 인종 차이에 따른 학교분리정책이 연방헌법의 평등권에 위반되느냐 여부였다. 연방대법원은 오직 인종을 근거로 하여 흑인아동을 백인아동과 분리하여 서로 다른 학교에서 배우게 하는 것은 본질적으로 불평등하다고 판결하였다(Brown v. Board of Education of Topeka, 347 U.S. 483. 1954). 이 판결은 그동안 여러 형태로 정부가 지원 내지 방조한 흑인차별 정책을 재검토하는 촉매제 역할을 하였다.

그리고 'Tinker 사건'은 학생에게도 표현의 자유가 보장되어야 함을 천명한 이정표적 사건이다. 이 사건은 1965년 아이오와 주의 공립학교 학생들이 월남전에 반대하는 의사표시로 검은 완장을 두르고 학교에 등교하자 학교당국에서 완장을 떼도록 요구하였고, 학생들이 이에 따르지 않자 정학 처분을 내려 그 부모들이 소송을 제기한 것이다. 대법원은 학생도 학교 밖에서는 물론 학교 안에서도 헌법상의 표현의 자유를 향유하는데, 단순히 소란의 우려가 있다는 이유만으로 헌법상 기본권을 제한할 수 없다고 판결하였다(Tinker v. Desmoines Independent Community School, 393 U.S. 503. 1968). 그동안 교사는 '학부모의 지위에 있다(in loco parentis)'는 전통 아래 학생을 포괄적으로 지도하는 특권을 인정받아 왔으나, 이 판결을 통해 교사의 재량권 행사에 한계가 있으며, 학생 역시 헌법상의 권리주체라는 인식을 새롭게 하는 계기가 되었다.

라. 국가기관 이외의 행위 주체와 상호작용

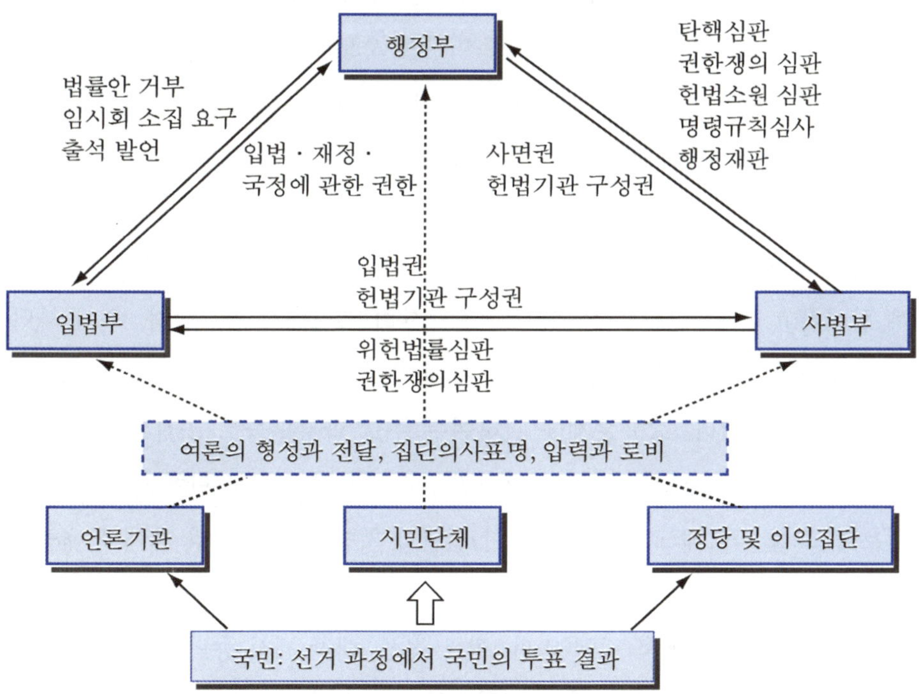

[그림 7-1] 국가 수준 거버넌스에서의 국가기관과 비국가기관의 상호작용

'교육 거버넌스'를 이루는 주요 행위 주체에 이상과 같은 국가기관 이외에도, 언론기관과 시민단체, 정당 및 이익집단' 등이 있다. 이들은 다음 [그림 7-1] 이

나타내는 바와 같이 여론의 형성과 전달, 집단 의사 표명, 압력, 로비 등 다양한 방법으로 국가기관의 국정에 영향을 미친다. 그리고 이들 영향의 배경에는 국민들이 선거과정에서 투표를 통해 영향을 행사하는 힘이 있다. 이 영향력은 언론기관, 시민단체, 정당, 이익집단 등에 대해 모두 행사되는 근본 배경이 된다.

교육 문제를 포함하여 사회 문제에 관한 주요 쟁점에 대하여 다수의 사회구성원이 가지는 공통된 의견을 여론이라 하는데, 여론 형성에 큰 영향을 미치는 것이 언론매체와 의견집단이다. 의견집단으로는 시민단체, 정당, 이익단체들이 있으나, 이들의 의견을 전달하는 언론매체를 보유한 '언론기관'은 여론 형성에 그만큼 절대적 힘을 갖고 있다고 볼 수 있다. 그러므로 정부나 각 집단은 자신에게 유리한 방향으로 여론을 이끌기 위해 노력하더라도, 언론기관은 공정하고 객관적인 자세에서 정보를 제공하고 여론을 형성하기 위해 노력해야 할 책무를 지닌다. 그런데 언론기관이 그 자신 이익 집단화하여 사실을 왜곡하고 불공정한 해설과 비판을 통해 자신의 입장에 부합하는 방향으로 여론을 오도하거나 조작하는 경우가 있다. 대중매체의 활동을 감시하고 비판하는 노력이 필요한 까닭이 여기에 있다.

'시민단체'는 공익성(公益性), 비정부(非政府), 비당파(非黨派), 비영리(非營利)라는 기준을 지니면서 다수 시민의 자발적 참여를 전제로 세부적 이해관계를 초월하여 사회적 공공선의 확립을 목적으로 하는 단체이다. 대부분 공동선과 공익을 위해 참여하고, 기본적으로 국가나 자본으로부터 독립해서 활동한다. 우리 사회에서는 1980년대 민주화 운동 이후 시민운동에 대한 관심이 높아졌으며 다양한 시민단체들이 조직되었다. 교육문제에 관하여는 주로 학부모들로 조직된 시민단체들이 적극 활동하였으나, 최근에는 일반시민들로 구성된 소규모 단체들이 많이 등장하였는데, 그들 사이에 교육문제에 대한 진단과 처방이 서로 달라 때때로 대립하는 양상을 보이기도 한다. 이들은 국민의 일상생활에 깊이 연관된 교육 분야의 변화와 개선을 추구하는 과정에서 정책 비판, 여론 형성, 대안 제시 등의 활동을 전개하고 있다. 이 시민단체의 발전과 분화가 '네트워크 거버넌스'가 등장하는 배경과 계기가 되었다는 점은 이 책 6장에서 강조한 바와 같다. 우리나라 교육 분야 시민단체의 활동은 주로 공교육의 공공성 강화, 학교 및 교육행정기관의 책무성 증진, 교육정책 감시, 학습자의 인권 및 학습권 보호 등의 주제에 관심을 집중하면서 교육행정 활동에 시민 의사가 반영되게 노력하고 있다. 그러나 이들 단체 가운데 일부는 시민들의 의견을 반영하기보다 자기 단체의 지도층을 중심으로 아이디어를 내고 이를 언론을 통해 여론화하여 '시민 없는 시민단체'라는 비판을 받기도 한다.

'정당'은 국민의 이익을 위하여 책임 있는 정치적 주장이나 정책을 추진하고 공직 선거의 후보자를 추천 또는 지지함으로써 국민의 정치적 의사 형성에 참여함을 목적으로 하는 국민의 자발적 조직이다. 정당이 공익 추구를 우선으로 한다는 점에서, 경제·종교·학술 등 특정 영역의 이해를 대변하거나 자기 집단만의 이익을 추구하는 이익집단과 구별된다. 교육문제에 관하여서도 정당은 여론을 형성하고 국민의 참여를 유도하는 등 여러 가지 중요한 역할을 수행한다. 그러나 정당 내부의 민주화가 더욱 진전되어야 하고, 일반 당원의 의사가 반영되는 통로를 확립하며, 연고보다는 정책의 내용을 통해 국민의 지지를 얻어야 한다는 과제를 안고 있기도 하다.

'이익집단'은 이해관계를 같이하는 사람들끼리 모여 그들의 공동 이익을 실현하기 위하여 만든 일정한 단체를 가리킨다. 이들은 자신들의 이익을 실현하기 위하여 국회나 정부의 입법과정과 정책 결정 및 집행 과정에 영향력을 행사하려 하므로 압력단체라고도 한다. 이익집단은 정치과정에 영향력을 행사한다는 점에서 정당과 같으나, 정권 획득이 아닌 추구하는 이익의 실현을 목표로 한다는 점에서 정당과 구별된다.

교육 분야의 대표적 이익집단으로는 노동자단체에 해당하는 전국교직원노동조합, 전문가단체에 해당하는 한국교원단체총연합회, 민주화를 위한 전국교수협의회 등이 있다. 이익집단은 정당의 부족한 점을 보충하여 다양한 의견을 정치에 반영하는 기능을 하는데, 특정 집단이 자기이익을 추구하는 과정에서 다른 이익집단과 충돌하거나 공익과 충돌을 일으켜 심각한 사회적 혼란과 갈등을 일으키기도 한다. 이익집단에 대한 비판적 감시와 견제가 필요한 까닭이 여기에 있다. 그리고 이 단체들 가운데, 전국교직원노동조합(전교조)과 한국교원단체총연합회(교총)는 교원의 권익을 향상시키려 한다는 점에서는 동일한 목적을 추구하는 집단이지만, 노동자단체와 전문가단체라는 단체의 성격이 다른 이유 때문에 때로 경쟁하는 관계에 있는 집단이기도 하다.

3. 국제 및 국가 수준 거버넌스의 발전 과제

가. 거버넌스 '실제' 측면의 발전과제

국제 및 국가 수준의 거버넌스 실제를 개선하는 과제는 무궁하다. 먼저 국제 수준에서 생각하자면, 거버넌스라고는 하지만 여전히 주권국가들의 영향력이 압도적이고 그 가운데에서도 소위 선진국의 영향력이 압도적인 상황에서 비국가 행위자의 책임 있는 참여 및 주권국가 사이의 평등한 영향력 행사를 여하히 도출해낼 것인가 하는 점이 핵심과제가 될 것이다. 이는 '세계화의 그늘'을 극복하면서 진정한 '글로벌 거버넌스'를 구축하는 길이기도 하다.

다음으로 국가 수준의 과제를 생각한다면, 교육문제에 관한 다양한 행위 주체의 상호작용을 규율하는 합의된 규칙을 어떻게 마련할 것인가 하는 점이 핵심 과제가 될 것으로 보인다. 민주주의의 확산과 자기주장의 노출 시대를 맞아 국가 정책과정에 대한 참여주체가 늘어나고 주체 사이의 접촉면이 확대됨에 따라 사회 갈등의 개연성은 더욱 커지고 있다. 이를 조정하는 데에 있어, 각 주체의 적정 역할과 책임의 경계가 어디까지인지를 알려주는 규칙 체계를 마련하는 일이 중요해지는 것이다. 자율과 책임 및 공익과 사익의 조화를 도모하는 덕성의 발현을 사회구성원에게 요구하는 것과 함께, 그와 같은 요구의 뒷받침이 되는 논거를 확보하는 일이 필요하다.

예를 들면, 전술한 헌법재판소의 지역 사범계 대학 출신자의 가산점 위헌 판결에 있어 헌재의 다수의견은 법률에 근거하지 않은 기본권 제한이기 때문에 위헌이라는 것이었고, 소수의견에서는 사범계 출신이 비사범계 출신보다 교사로서 우수하다는 증거가 없고 오히려 비사범계 출신자가 자격발급 정원 할당제 등으로 우수할 수 있다는 개연성을 들어 사대 가산점 부여가 실체적으로도 위헌이라는 지적을 하였다. 이 소수의견에 따르자면, 가산점 부여의 법률적 근거가 있더라도 그 법률 근거 자체가 헌법의 평등권을 위반하는 것이라는 설명이다. 어떤 의견을 따르든 결국, 사범계 출신자와 비사범계 출신자를 동일하게 혹은 다르게 대우할 근거가 무엇인가 하는 점이 판단의 기준이 되어야 하는데, 안타깝게도 아직은 양자의 교직 적격성에 어떤 차이가 있는지를 알려주는 사실적 연구가 미흡한 상황이다. 이처럼 상충하는 입장이 있는데도 그 배경이 되는 각각의 근거가 희박할 경우에는, 거버넌스의 발전을 관련 당사자의 덕성 발현에만 의지할 수밖에 없다. 그러므로 이러한 사실적 근거를 확보하는 일은 상충하는 입장을 조정하는 실제적 기준이 될 뿐만 아니라 거버넌스에 대한 연구 측면의 발전과제로 자연스럽게 연결된다.

나. 거버넌스 '연구' 측면의 발전과제

국제 혹은 국가 수준의 교육 거버넌스에 대해서 그간 이루어진 연구의 내용을 보면 대체로 다음과 같다. 즉, 국제기구와 국가의 성격에 관한 거시 이론적 입장의 개진, 국가를 이루는 통치기구들의 지위와 권한에 관한 '정태적 · 법 해석론적 설명', 국가 권한의 지방 위임 혹은 이양이 필요하다는 식의 '처방적 제안' 등이 주류를 이루고 있다.

국가 권한의 지방 이양 문제 하나만 놓고 보더라도 그간 우리의 연구는 권위주의적 국가 시절의 집권적 정책결정이 교육 당사자의 자율 역량을 저해하기 때문에 적절한 수준에서 분권화되어야 한다는 식의 원칙론적인 제안을 되풀이해온 경향이 있다. 이러한 '처방적 제안'을 비슷한 수준에서 계속 반복하기보다는, 오히려 중앙정부 차원의 관여가 왜 쉽게 줄어들지 않는지, 혹은 국가수준의 교육정책이 어떤 기제를 통해 지방에서 수용 · 해석 · 변용되는지를 분석적으로 보여주는 연구가 축적될 필요가 있는 것이다. 다음에 소개하는 바와 같은 미국 연방정부 차원의 교육정책 결정과정에 대한 논의들은 이 대목에서 중요한 참고가 된다.

미국의 경우 학교교육제도의 구성과 운영은 주로 주정부의 소관사항이며, 연방정부의 관여는 최소한의 필수 범위로 제한되어 있었다. 즉, 국가 차원에서 교육의 질적 수준을 제고하고 전국적 차원에서 교육의 기회 균등을 확보하는 일을 연방교육부의 사명으로 삼았던 것이다. 이러한 업무 외에, 국가 수준에서 개별 교육기관의 교육과정, 인사, 행정 등에 대해 어떤 지시나 감독 혹은 통제를 하는 것은 부적절한 것으로 인식되어 왔다.

그러나 최근 연방정부는 교육 문제에 대해 국가적 수준에서 점차 더 많은 관심을 갖고 개입하는 방향을 취하고 있다. 미국의 교육정책연구소는 연방정부의 국가적 관여 문제를 역사적 관점에서 추적하였다(Center on Education Policy, 1999). 여기에서는 연방정부의 개입이 증대되는 핵심적인 이유로 교육의 기회균등 보장 및 생산성 증진에 대한 국가의 역할 기대 고조를 꼽고 있다. 한편 Cross(2004)는 교육에 대한 연방정부의 역할을 추적하였는데, 1940~50년대만 하더라도 연방정부의 개입이 사회적 저항에 직면하였으나, 21세기 시작 즈음에는 대통령이 교육개혁을 자신의 첫째 업적으로 꼽을 정도로 상황이 변하였다고 한다. 상황이 이렇게 변한 데에는 주요 정치적 사건의 영향이 컸다고 그는 보았는데, 예를 들면 스푸트니크 발사, '위기에 처한 국가'(A Nation at Risk)의 발간 등이 주요 사건으로 꼽혔다. 다른 한편, 2001년의 'No Child Left Behind(NCLB)' 법 제정을 주요 사건으로 간주하여 그 법의 시행 전후로 연방정부의 역할이 강화되었음을 밝히려는 연구들도 있었다(McDonnell, 2005; McGuinn, 2006; Abernathy, 2007). 이 연구들에서는 교육에 대한 국가 개입이 강화된 배경을 정치권의 선거전략, 연방정부와 주정부 사이의 권한조정, 교육정책의 기조 변화 등으로 조금씩 다르게 진단하고 있다. 그러나 대체로는 학교교육의 성과와 책무를 점검해야 한다는 기조가 정치적 배경과 결합하여 나타난 변화라고 정리하고 있다.

연방정부 차원의 교육정책이 변화되는 과정을 설명하는 연구들은 국가 수준의 교육 거버넌스를 이해하는 데에 도움이 된다. Kingdon(1995)은 '왜 어떤 주제는 정부의 정책 의제로 채택이 되는 반면, 다른 주제는 그렇게 되지 못하는가?'와 같은, 정책의제의 선정과 변화를 설명하는 문제에 관심을 기울였다. 그는 설명을 위해 "복합적 흐름(multiple streams)"이라는 개념을 고안하였다. 문제의 흐름, 정책의 흐름, 정치의 흐름이라는 세 가지 흐름이 복합적으로 출렁거리다가 이들이 결합되는 거시적 상황이 조성되면(p. 165) "기회의 창"이 열리게 되어 국가 수준의 정책 결정이 이루어진다는 것이다.

정책 변화의 원인을 설명하는 또 하나의 설명방식으로서 정치 체제 모형(policy regime framework)이 있다. Wilson(2000)에 의하면, 정치체제는 환경 · 인권 · 교육 등과 같은 특정 주제영역을 중심으로 조직되고, '권력 장치 · 정책 패러다임 · 조직 구조'의 세 측면으로 이루어져 있다. '권력 장치'는 정부나 비정부기구의 활동가, 우호적이거나 경쟁적인 다양한 이해집단, 정책 수혜자 등을 포함한다. '정책 패러다임'은 문제 상황을 규정하고 해결책을 모색하는 방식에 대해 영향을 미치며, '조직 구조'는 정책의 결정과 집행이 이루어지는 제도적 · 절차적 맥락을 말한다. 결국 정책이란 정치체제의 주요 구성원들이 특정 조직구조 아래에서 무엇을 목표와 방도로 삼고 있는지에 따라 정해진다는 것이다. 이 세 측면은 본래 안정 지향성을 띄나, "기존 체제에 부하가 걸리고, 대안적 정책 패러다임이 부상하며, 권력관계의 변화조짐이 생기면(p. 266)" 정치 체제의 변화가 이루어진다고 본다. 선거는 이러한 변화를 반영하거나 유발하는 계기이다. McGuinn(2006) 역시 이 정치체제 모형을 지지하는 주장을 하였다. 그는 NCLB 법이 교육문제에 관한 연방정부의 개입에 있어 중대한 변화를 나타내는데, 그 법의 제정 과정을 살펴보면 한 정치체제의 몰락과 새로운 체제의 재건에 관한 이야기를 읽을 수 있다고 보았다.

위와 같이 국가수준의 교육정책 결정과정이 실제로 어떠한가를 심층적으로 설명하는 이론적 연구 이외에도, 국제 및 국가 수준의 거버넌스 일반론을 더욱 발전시키는 연구들이 다음과 같이 필요하다(김선혁, 2004: 97-99).

첫째, 국제 및 국가 수준의 거버넌스 이론은 기본적으로 초국가적 혹은 국가적 협력을 초래하고 촉진시키는 다양한 제도들이 어떻게 생성, 발전, 변화하는가를 분석적으로 검토하고, 또한 더 좋은 제도를 어떻게 설계할 수 있는가에 초점을 맞춘 연구들을 축적할 필요가 있다. 예를 들면 동아시아 지역의 국가를 중심으로 하는 국제기구들(APEC, ASEAN, ARF)은 대체로 개방적이고 비공식적이며 제도화의 수준이 낮은 데에 비해, 유럽의 국제기구는 폐쇄적이고 공식적이며 제도화의 수준이 높다고 알려져 있다. 그렇다면 이와 같은 제도화의 양태와 정도가 지역에 따라 차이가 나는 것은 무엇 때문인가 하는 의문을 중요한 연구의 주제로 삼을 수 있을 것이다. 그리고 국가 수준에서 정부출연 연구기관의 역할과 기능도 중요하다. 이 연구기관은 한편으로는 자신의 연구능력을 동원하여 국가가 추구해야 할 거버넌스의 지향점을 제시하기도 하며, 다른 한편으로는 국민들이 거버넌스에 대하여 어떤 아쉬움과 희망을 갖고 있는지를 밝히기도 한다.

둘째, 국가적 수준의 거버넌스와 국제적 수준의 거버넌스는 '거버넌스'라는 공통점을 갖고 있으므로 양자를 통합적으로 분석 · 설명하는 이론적 틀을 개발할 필요가 있다. 상대적으로 많은 이론적 · 실증적 연구가 축적되어 있는 국가 · 국내 거버넌스에 관한 연구를 국제·초국가 영역에 적용·확대하려는 시도를 계속함으로써, 국가 및 국제 행정을 통합적인 시각에서 설명할 수 있어야 한다는 뜻이다. 예를 들면, 국가 수준의 거버넌스 논의에서는 정책결정 과정에 대한 시민사회의 점증하는 관여가 정책결과에 미치는 영향에 관한 연구가 많은데, 국제적 수준에서 범지구적 시민사회의 확대된 영향력이 의사결정의 질에 어떤 영향을 미치는가 하는 연구가 아울러 축적되고, 두 분야의 연구를 종합한 이론체계를 만들 수 있을 것이다. 아울러 점차 세력이 강화되고 있는 국내 및 국제 NGO들의 민주성과 책임성은 어떻게 담보할 것인가도 이 맥락에 따른 연구주제가 될 수 있다.

셋째, 거버넌스의 발전을 위한 규범적 의제들을 연구에서 다룰 필요가 있다. 거버넌스에 관한 연구에서는 가치중립적인 분석적 질문을 다루는 것과 함께, 어떤 제도가 더 좋은 제도인가 하는 규범적 질문을 피할 이유가 없다. 국제행정 분야에서 주목을 요구하는 현상의 하나로, 국가 수준의 거버넌스 체제와 국제 수준의 거버넌스 체제 사이에 괴리가 크다는 점이 흔히 지적된다. 개별 국가 수준에서는 행정의 민주성, 책무성, 분권화가 상당히 확보·진척되었는데도, 국제적 수준에서는 그와 같은 진척이 별로 눈에 띄지 않는다는 뜻이다. 그렇다면, 국제적 수준에서 민주성의 심각한 결핍이라는 문제를 어떻게 극복하고, 효율성과 아울러 민주적 정당성을 갖춘 제도를 어떻게 구현할 것인가 하는 질문이 중요해진다. 이런 질문은 거버넌스의 발전을 위해 이론과 실천의 양면에 함께 걸쳐 있는 중요한 연구 주제가 될 것이다.

참고문헌

김선혁(2004). 국제행정과 초국가 거버넌스. 한국행정학보, 38(2). 87-102.

유현석(2005). 글로벌 거버넌스에서 국가와 지구시민사회. 한국정치학회보, 39(3). 331-352.

진보교육연구소 교육과정연구모임(2022). 대전환시대 변혁의 교육학. 서울: 살림터.

채재은(2009). 고등교육 선진화를 위한 규제완화. 한국교육개발원(편). 대학선진화 정책의 방향과 과제. 207-241.

최정원(2001). 국회 입법과정의 변화와 특징. 한국정치학회보, 35(3). 129-151.

표시열(2007). 교육 거버넌스: 사법부의 권한과 역할. 한국의 교육 거버넌스와 권한 배분

(한국교육행정학회 제143차 학술대회 자료집). 109-142.

한국교육정치학회(1997). 한국교육에서 Governance의 문제(한국교육정치학회 1997년도 연차 학술대회 자료집).

허종렬(2007). 교육 거버넌스: 입법부의 권한과 역할. 한국의 교육 거버넌스와 권한 배분(한국교육행정학회 제143차 학술대회 자료집). 57-101.

교육부 홈페이지 https: //www.moe.go.kr

서울시교육청 홈페이지 https: //www.sen.go.kr

아이돌봄서비스 홈페이지 https: //www.idolbom.go.kr

통계청 홈페이지 https: //www.kostat.go.kr

한겨레신문 홈페이지 http://www.hani.co.kr

헌법재판소 홈페이지 http://www.ccourt.go.kr

Abernathy, S. (2007). *No Child Left Behind and The Public Schools*. Ann Arbor: The University of Michigan Press.

Ablin, J. L. (2008). Learning as problem design versus problem solving: Making the connection between cognitive neuroscience and educational practice. *Mind, Brain and Education*, 2(2). 52-54.

Alexander, N. C. (2001). Paying for education: How the World Bank and International Monetary Fund influence education in developing countries. *Peabody Journal of Education,* 76(3&4). 285-338.

Center on Education Policy(1999). *A Brief History of The Federal Role in Education: Why it began and why it's still needed*. Washing, DC: Author.

Cross, C. T. (2004). *Political Education: National policy comes on age*. New York: Teachers College Press.

Darder, A. (2015). *Freire and Education*. New York: Routledge.

_________ (2017). *Reinventing Paulo Freire: A Pedegogy of Love*. 유성상 외 (역). 사랑의 교육학. 서울: 살림터. 2021.

Fischer, K. W. (2009). Building a Scientific groundwork for learning and teaching. *Mind, Brain, and Education*, 3(1). 2-15.

Graham, E. (2014). NEA Report: Lack of teacher diversity jeopardizes student achievement. *NEA Today*. Washington, DC: NEA.

Green, A. *et al*. (2006). *Education, Equality, and Social Cohesion: A comparative analysis*. New York: Palgrave Macmillan.

Green, A. (2006). Models of lifelong learning and the "knowledge society." *Compare,* 36. 307-325.

Haas, P. (1992). Introduction: Epistemic communities and international policy coordination. *International Organization*, 46(1). 1-35.

Hackman, D. A. & Farah, M. J. (2009). Socioeconomic status of the developing brain. *Trends in*

Cognitive Sciences, 13(2). 65-73.

Heibroner R. L. (2023). *The Worldly Philosophers*. 장상환 (역). 세속의 철학자들. 서울: 도서출판 더 테라스. 2023.

Kingdon, J. W. (1995). *Agendas, Alternatives, and Public Policies* (2nd ed.). New York: Harper Collins.

McDonnell, L. (2005). No Child Left Behind and the federal role in education. *Peabody Journal of Education,* 80(2). 19-38.

McGuinn, P. J. (2006). *No Child Left Behind and The Transformation of Federal Education Policy, 1965-2005*. Lawrence: University Press of Kansas.

McNeil, L. (2000). *Contradictions of school reform: Educational costs of standardized testing*. New York: Routledge.

Meyer, J. *et al*., (1997). World society and the nation-state. *American Journal of Sociology,* 103. 144-181.

Mundy, K. & Ghali, M. (2009). International and transnational policy actors in education. In Sykes, G. *et al*. (eds.) *Handbook of Education Policy Research.* New York: Routledge.

Ozga, J. & Jones, R. (2006). Traveling and embedded policy: The case of knowledge transfer. *Journal of Education Policy*, 21. 1-17.

Paraskeva, J. (2014). *Conflicts in Curriculum Theory: Challenging Hegemonic Epistemologies*. New York: Palgrave.

Posner, M. I. (2008). *Evolution and Development of Self-regulation*. 77th Arthur Lecture on Human Brain Evolution. New York: American Museum of National History.

Riley, P. (2011). *Attachment Theory and the Teacher-Student Relationship*. 김현수 (역). 교사-학생 애착의 심리학, 관계의 교실. (2023). 서울: 한국방송통신대학교출판문화원.

Rinne, R. *et al*. (2004). Too eager to comply? OECD education policies and the Finish response. *European Educational Research Journal*, 3. 454-485.

Rotherham, A. J. & Willingham, D. (2009). 21th century skills: The challenges ahead. *Educational Leadership*, 67(1). 16-21.

Schor, J. B. (2014). *Born to Buy: The Commercialized Child and the New Consumer Cult*. New York: Scribner.

Slaughter, A. M. (2004). *A New World Order*. Princeton, NJ: Princeton University Press.

Steiner-Khamsi, G. (2006). The economics of policy borrowing and lending: A study of late adopters. *Oxford Review of Education*, 32. 665-678.

Steiner-Khamsi, G. & Waldow, F.(eds.). *Policy Borrowing and Lending in Education*. World Yearbook of Education 2012. London: Routledge.

Warren, R. (2016). U.S. undocumented population drops below 11million in 2014, with continued declines in the Mexican undocumented population. *Journal on Migration and Human Security*. 4(1). 1-15.

Wilson, C. (2000). Policy regimes and policy change. *Journal of Public Policy,* 20. 247-274.

CHAPTER

08 지방 및 학교 수준의 교육 거버넌스

교육 문제에 관한 거버넌스 가운데 이 장에서는 지방 및 학교 수준의 거버넌스 문제를 검토한다. 우리나라나의 전통에서 보면 교육 행정 업무는 국가 공동체의 기본 질서를 전승하고 공인(公人)을 충원하는 국가적 사무였다. 그러나 지방자치의 전통이 강한 서양에서 그 업무는 생활에 밀착된, 지역 혹은 지방의 사무였다. 우리나라에서 교육 행정 업무를 지방의 사무로 차츰 인식하게 된 데에는 이 서양 문화의 영향, 풀뿌리 민주주의와 지방자치제의 발전, 외교나 국방과는 다른 교육 문제의 성격 등이 복합적으로 작용하였다. 한편, 개별 학교는 교육 관련 당사자가 직접 만나 상호작용하면서 교육 행위를 전개하는 장이다. 과거에 비해 오늘날의 학교는 교육 관련 당사자의 다양한 입장이 표출되고 이해관계가 교차하는 사회적 조정의 장으로서 거버넌스 문제가 중시되고 있다. 이러한 지방수준과 개별 학교의 거버넌스 문제를 이 장에서는 다룬다.

- 지방 수준의 교육 거버넌스
- 학교 수준의 교육 거버넌스
- 지방 및 학교 수준 교육 거버넌스의 발전 과제

1. 지방 수준의 교육 거버넌스

한 국가 내에서 이루어지는 교육이라 하더라도 지역별로 교육의 여건과 상황이 다르므로, 각 지역의 특성에 적합한 교육을 실시하고 교육제도의 영위 과정에 지역 주민이 참여하여 그 의사를 반영할 수 있는 통로를 만드는 것은 지방 수준의 교육 거버넌스를 위해 중요하다. 여기서 지방이란 지리적 · 문화적 근접성을 기초로 한 생활권을 의미하는 것이지만, 우리나라의 행정 체제와 관련하여서는 시 · 도와 같이 행정구역으로 구획된 하나의 자치 단위를 지방으로 보는 것이 일반적이다.

가. 지방과 중앙의 관계

한 지방의 교육 문제에 영향을 미치는 주요 행위 주체는 다양하다. 가장 먼저 생각할 수 있는 주체는 중앙정부이다. 교육에 관한 행정권한의 수직적 분배에 있어 기준이 될 만한 주요 원리로 일찍이 '적도 집권(適度集權)의 원리'가 지적된 바 있다(김종철, 1982). 이 원리는 집권주의와 분권주의 사이에 적절한 균형점을 취하는 것을 말한다. 대체로 집권주의는 현대사회에 있어서 행정의 능률을 올리는 데 필요하며, 분권주의는 참여 기회의 확대와 민주적 조정을 가능하게 하는 의미를 지닌다. 그러나 양 극단의 어느 하나에 편중되는 것이 좋은 상황은 거의 없으므로, 적도의 균형을 얻는다는 것은 현대 행정의 절실한 요청인 것이다. 그런데 적도 집권이라고 할 때 과연 어느 정도가 그 적절한 정도에 해당하는가 하는 점을 구체적으로 말하기는 어렵다. 그것은 논자마다 적절함의 수준에 대한 판단 기준이 다르고, 어디가 균형점인가는 교육의 영역과 사회적 여건에 따라 달라지는 문제이기 때문이다.

국가적 공교육 체제 확립 시기 이후로부터, 지방의 교육체제는 국가 전체 교육체제의 일부로서 중앙정부 차원의 법규와 정책 테두리를 벗어날 수 없다. 이 점에서 중앙정부는 지방 교육 거버넌스의 주요 행위주체가 된다. 중앙정부와 지방교육의 관계에서 예를 들면, 이명박 정부의 교육정책은 자율과 경쟁을 강조하면서 그 수단으로 학업성취도 평가와 성적 공개, 고교 다양화, 교원 평가 등을 추진하고 있다. 이러한 방향과 수단을 지방교육행정의 책임자가 수용하는 경우에는 정부 정책이 해당 지방으로 용이하게 파급되겠지만, 지방교육 책임자의 정책 방향이 그와 다를 때에는 정부 정책의 집행이 난관에 부딪힐 수 있다. 정부에서는 자율형 사립학교를 확대하여 고교 다양화 정책을 추진하고 싶어도 그 지정 권한을 가진 교육감이 반대하면 정부의 확대 계획은 차질이 불가피하다. 실제로 2010년 6월 지방선거를 통해 선출된 진보성향의 교육감 6명은 한목소리로 "임기 중에 자율형 사립고등학교의 추가 지정은 없을 것"이라고 강조한 바 있다.[1)]

거버넌스에 참여하는 행위주체 사이의 상호작용에 있어 권한은 자신이 행사하

1) 한겨레신문 2010. 6. 5.

고 부담은 상대편이 지기를 희망하는 경우가 종종 있다. 국가기관 상호간이나 국가기관과 지방자치단체 및 지방자치단체 상호간에 권한과 의무의 범위와 내용에 관하여 다툼이 생긴 경우, 이를 조정하고 그 한계를 정하는 심판을 헌법재판소가 담당한다. 교육문제에 대한 권한쟁의 심판의 전형적인 사례로서, 서울특별시와 중앙정부 사이의 의무교육 경비부담 주체에 관한 헌법재판소의 권한쟁의 심판 사건(2005. 12. 22, 2004헌라3)을 살펴볼 필요가 있다. 이를 통해, 지방 수준의 교육 거버넌스에 중앙의 국가기관이 어떤 영향을 미칠 수 있는지를 확인할 수 있다.

이 사건은, 의무교육에 관련되는 경비를 국가가 부담하고 단지 중학교 의무교육 경비의 일부를 지방자치단체로 하여금 부담시킬 수 있도록 하고 있던 당시의 지방교육자치에관한법률 제39조 제1항을 개정하여, 의무교육 관련 경비의 부담주체를 국가 및 지방자치단체로 변경하는 법률안을 2004년 11월 정부가 국회에 제출하고 국회가 유사한 취지의 개정 법률을 공포하자, 청구인인 서울특별시가 피청구인인 정부와 국회를 상대로 헌법재판소에 권한쟁의심판을 청구한 사건이다.

이 사건의 심판을 청구한 서울특별시의 입장은, 의무교육 비용부담의 주체가 국가라는 것은 당연하고, 따라서 중학교 의무교육이 전면 시행되는 2005년부터는 마땅히 국가가 중학교 교원의 보수를 부담하여야 함에도 불구하고, 피청구인들은 법 개정을 통해 의무교육비용인 중학교 교원의 보수액 전부 또는 일부를 지방자치단체로 하여금 계속 부담하도록 하고 있는데, 이는 헌법정신에 위반된다는 것이다. 또한 국・공립학교 교원의 법적 지위는 국가공무원이므로 그 교원의 봉급도 국가가 부담함이 마땅하다고 주장하였다.

이에 대해 피청구인인 정부에서는, 교육・학예에 관한 지방자치단체의 사무에 관하여는 서울특별시 교육감이 권한쟁의심판의 당사자가 되어야 하는데도 서울특별시가 당사자가 되어 잘못이고, 청구인의 권한은 법률안에 의해서가 아니라 공포되는 법률에 의해 비로소 침해될 수 있고 법률 개정권은 국회에 있는 것인데도 정부를 상대방 당사자로 삼은 것은 잘못된 것이라고 주장하였다. 그리고 내용에 있어서도, 의무교육 경비를 국가가 부담하여야 한다는 헌법의 규정이나 원칙은 없고 법률로써 지방자치단체에 그 경비를 부담케 할 수 있으며, 지방자치법에 의하면 교육에 관한 사무와 공립학교의 설립・운영・지도는 지방자치단체의 고유사무

이므로 그 재원을 지방자치단체가 부담함이 원칙이고, 교원이 국가공무원 신분이라는 이유만으로 국가가 그 봉급을 부담하여야 하는 것은 아니라고 보았다. 또 다른 피청구인인 국회의 답변 내용은 정부의 그것과 대체로 같았다.

헌법재판소는 이 사건에서 서울특별시가 권한쟁의심판의 당사자가 될 수는 있지만, 정부가 법률안을 제출하는 행위는 입법을 위한 하나의 사전 준비행위에 불과하고, 권한쟁의심판의 독자적 대상이 되기 위한 법적 중요성을 지닌 '처분'행위로 볼 수 없기 때문에, 정부를 대상으로 하는 심판청구는 각하한다고 결정하였다. 그리고 의무교육 경비 부담 주체 문제에 대해서는, 의무교육 경비를 중앙정부로서의 국가가 부담하여야 한다는 결론이 헌법의 규정으로부터 직접 도출되는 것이 아니므로, 법률로써 의무교육 경비에 대한 지자체의 부담을 정하고 있다는 점만으로는 헌법에 위반되지 않는다고 결정하였다. 헌법재판소에서는 또한, 우리 헌법 제31조 제4항과 제6항이 교육제도와 교육재정제도의 형성에 관하여 헌법이 직접 규정한 사항 외에는 입법자에게 위임하고 있으므로, 입법자가 교육 및 교육재정의 충실을 위한 여러 정책적 방안들을 구상하고 그 중의 하나를 선택하는 권한이 인정된다고 보았다. 이러한 근거에 따라 헌법재판소는 피청구인 국회에 대한 서울특별시의 심판청구를 기각했다.

나. 지방과 개별 학교의 관계

지방의 교육행정 기관은 관할 지방의 개별 학교에 대하여 행·재정적인 지원을 하면서 동시에 그 학교들을 지도·감독하는 위치에 있다. 공교육기관으로서의 개별 학교들이 자기 책무를 성실히 수행했는가를 점검하고, 책무의 수행을 위해 필요한 사항에 대해서는 행·재정적 지원을 통해 자기 책무를 다하도록 지원하는 것이 지방교육행정기관의 책무이기 때문이다.

그러나 개별 학교가 처한 상황은 각기 다르고, 교육행정기관이 교육기관 위에 군림하는 방식으로는 교육의 성과가 충분히 나타날 수 없다는 반성에 따라, 지방의 학교행정 기조는 일방적 통제에서 학교 자율의 존중으로 전환되는 추세에 있다. 최근에 각 지역교육청의 명칭을 교육"지원"청으로 변경하고, 학교에 대한 관료제적 관리 업무보다 학교 자율 지원 업무에 초점을 두고자 한 것은 이러한 전환의 한 예에 해당한다. 그렇지만 시·도 교육청이 학교 교원의 인사권, 예산권, 평가권 등을 장악하고 있는 마당에, 학교 자율을 지원한다는 기조가 저절로 지속되거나 실현되기는 어려울 수도 있다. 학교가 교육행정기관에 일방적으로 종속되지 않을 제도적 안전판을 만들 이유가 여기에 있다. 결국, 개별 학교의 자율을 존중하면서 그들의 교육활동을 지원하는 것이 지방 수준 교육 거버넌스의 지향점이라 할 수 있다.

다. 지방의 여러 행위 주체와 상호작용

각 지방의 교육행정을 담당하는 공식적인 기구의 구성은 나라마다 다양하지만, 대체로는 교육문제에 관해 지역주민의 의사를 대변하는 사람들이 모여 협의하는 기구와 그 협의하고 결정한 바를 집행하는 기구를 두어 처리하고 있다. 우리나라에서는 그 협의기구를 교육위원회라 하고, 지방 교육행정의 집행 책임자를 교육감이라 한다. 교육행정의 집행을 위해 각 지방에 교육청을 두어 사무를 처리하게 하고 있다. 교육위원회의 위상과 기능 및 그 구성방법이나 교육감의 자격과 권한 및 그 선임방법 등에 관한 사항은 "지방교육자치에 관한 법률", "초중등교육법", 그리고 전술한 각 법률의 시행령 등을 살펴보면 자세히 알 수 있다. 각 지방의 교육행정을 얼마나 자율적으로 처리하게 할 것인가는 각국의 정치문화와 지방의 자치역량에 좌우되는데, 우리나라는 1991년부터 중앙정부의 통제 일변도에서 벗어나 '지방교육자치제도'가 본격 시행되었다. 이 제도에 대해서는 후술한다.

지방 교육행정의 집행 책임자인 '교육감'은 다음 그림과 같은 다면적 상호관계 속에 놓인다. 이 그림에서 '교육위원회'는 별도의 독립된 자치기관처럼 표시되어 있으나 이는 설명의 편의를 위한 것일 뿐, 현 제도상으로는 시·도 의회 내에 설치된 상임위원회의 위상을 지니고 있다(다음 [그림 8-1]에서 ①의 관계). 이 위상을 변경하여 교육위원회를 교육 문제에 관한 독립적 의결기관으로 조정할 필요가 있다는 주장이 제기되기도 한다. 이 그림에서 시·도 교육감은 해당 지방의 교육·학예 사무에 관한 집행의 책임자로서, 일반 행정 사무에 관한 시·도 지사와 독립된 위상을 지님을 나타내고 있다(다음 [그림 8-1]에서 ②의 관계). 이 위상에 대해서는 지방행정의 통합을 위해 집행 책임을 시·도 지사로 단일화해야 한다는 주장도 있다.

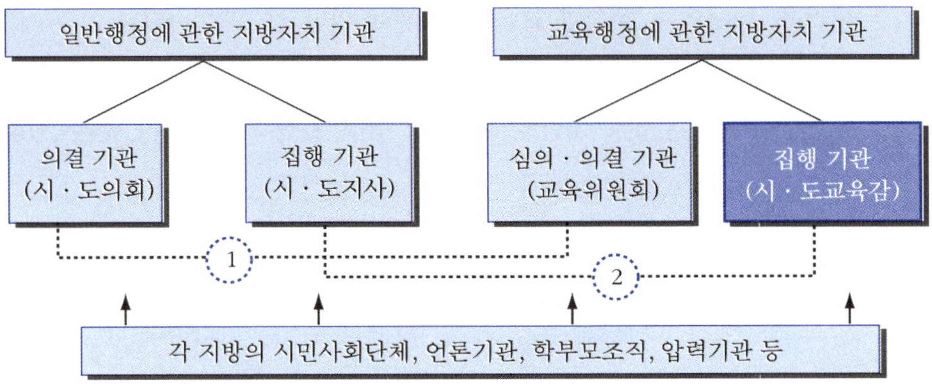

[그림 8-1] **지방 수준의 교육 거버넌스와 주요 행위주체**

현재 '교육감'은 종적으로는 관할 지역의 유·초·중등학교들을 지원하면서, 동시에 중앙정부와 상호작용해야 한다. 횡적으로는 시·도지사 및 시·도 의회의 협력을 이끌어내야 하는 동시에 그들로부터 견제를 받을 수도 있는 위치에 있다. 특히 일반 행정 기관으로부터 교육재정 지원을 받아야 하는 상황에서 그러하며, 최근의 무상급식 논란은 그 대표적 사례에 해당한다.

현행법상 교육감은 정당에 소속될 수 없기 때문에 그들의 정치적 성향을 일반 지방자치단체장이나 지방의회 의원들의 그것과 평면적으로 비교하기는 어렵지만, 그들 역시 선호하는 정책적 지향이나 교육 이념이 없을 수는 없다. 만일 교육감의 정책 방향이 시·도지사, 지방의회 등의 그것과 일치한다면 지방교육 정책의 구상과 선택에 특별한 갈등은 생기지 않을 것이다. 그러나 만약, 그것이 일치하지 않는다면 상호 마찰과 갈등을 피하기 어려울 수도 있다. 지방 수준의 '교육 거버넌스'에 영향을 미치는 주요 행위 주체 사이의 횡적 관계의 내용을 검토하는 데에는 경기도 의회와 교육감 사이의 상호작용이 좋은 사례가 될 수 있다.

경기도 교육감은 2009년부터 무상급식 확대정책을 본격 추진하려 했으나, 경기도 의회가 도내 학교의 급식예산을 모두 삭감하였다. 당시 도의회의 다수 의원은 교육감과 정치적 성향을 달리하였기 때문이었다. 그런데 2010년 6월 이루어진 지방선거로 이 상황은 역전되어 무상급식에 우호적인 정당이 의회의 다수당이 되었고, 교육감은 재선됨으로써 무상급식 확대정책이 도의회의 지원을 받을 가능성이 높아진 것이다. 그러나 무상급식 전면 시행에 비판적이었던 경기도지사 역시 재선에 성공하면서, 교육감과 의회가 급식예산을 책정하더라도 도지사가 이를 견제할 수도 있는 복잡한 구도가 형성되었다.

2010년 6월 지방선거 결과로 형성된, '여당 시・도지사－야당 광역 의회－진보 교육감'이라는 삼각구도가 서울과 경기도에서 함께 나타났는데, 서울의 경우 교육감의 무상급식 확대 정책을 서울시장이 반대하면서 주민투표까지 실시하고 결국 시장이 물러나는 일까지 있었다. 이들이 정책적 지향을 공유하는 관계에 있었다면 교육감이나 시・도지사의 정책이 일관되게 집행될 수 있었겠지만, 지방 수준에서 권력을 나눠 갖는 상황이 되면서 본격적인 지방정치의 실험이 시작된 것이다. 거버넌스의 관점에서 보면, 과거에 비해 오히려 견제와 협력을 주고받는 소통의 거버넌스가 더욱 절실해진 시대가 되었다고 해석할 수 있다.

교육감이나 교육위원회가 지방교육행정에 관한 공식적 권한을 가진 기관이라면 그에 영향을 미치는 해당 지방의 교육관련 단체는 앞의 [그림 8－1]에서처럼 다양하게 존재할 수 있다. 행정기관이 지방조직을 가지는 것과 마찬가지로, 전국적 교원단체의 지방조직이나 각 지방의 자생적인 시민단체들, 그리고 지역여론을 수렴하는 언론기관과 지역의 문화・학술・교육 관련 단체들이 얼마든지 존재하기 때문이다. 시・도 단위의 교원노동조합이 교육감과 교원의 근무조건 등에 관해 단체 협약을 체결하거나, 지역주민들이 연합하여 교육행정 당국에 대해 지역의 교육 현안에 대한 주민의 요구를 직접 전달하는 경우는 주변에서 흔히 발견할 수 있다.

지역의 시민단체나 주민 연합체들이 관심을 경주하는 지역의 교육 현안이란 대체로, 특수목적 고등학교나 자율형 사립학교의 유치 혹은 그 반대, 고등학교 평준화 정책 적용 대상 지역의 조정, 취약지역의 교육여건 개선 등에 집중되어 있다. 그러나 경우에 따라서는, 지역주민들의 자발적 결사로서 공동 육아조합 및 대안학교 운영, 지역문화기관과 연계한 네트워크형 주민교실 운영 등을 통해 제도교육 공간 바깥에서 독립적으로 이루어지는 지역교육 거버넌스의 가능성을 보이기도 한다. 우리나라에서는 '성미산 마을'[2]이 이에 해당하는 대표적 사례이다.

라. 지방교육자치제도

1) 교육자치제도의 개념(김종철, 1982: 174-176)

우리나라의 지방교육행정조직은 세계의 많은 민주주의 국가에 있어서의 지방교육행정조직과 마찬가지로 교육자치제도를 특징으로 하고 있다. 교육자치제도의 개념은 국가에 따라서 반드시 동일한 것이라고는 할 수 없을뿐더러 논자에 따라서도 그 뜻을 달리하는 경우가 많지만[3] 우리나라에서 교육자치제도라고 할 때는 대체로 네 가지 기본원리를 거점으로 하여 생각하는 것이 타당하다.

첫째로 지방분권의 원리이다. 교육행정상 민주화의 요청에 따라 중앙정부에 의한 획일적 통제와 처리를 지양하고 지방의 실정에 부합되는 교육정책 수립과 사무처리를 하려는 것이다. 지방적인 특수성을 살림으로써 '다양성을 토대로 하는 통일성(diversity in unity)'을 지향할 뿐만 아니라, 지방주민들의 교육활동을 통한 자율자치 정신을 배양하려는 데 뜻이 있다.

둘째로는, 민중통제의 원리이다. 지방분권의 원리와 더불어 민주성의 원리라고 부를 수 있는 것으로서, 곧 민중이 그들의 대표를 통하여 교육정책을 의결하는 것을 의미하며, 궁극적으로는 대의 민주정치의 이념과 상통하는 원리이다. 이 원리는 관료적 통제를 배제하고 공정한 민의를 존중한다는 데 그 의의가 있으며 구체적으로는 교육위원회제도에 구현되어 있다.

셋째로는 일반 행정으로부터의 분리·독립의 원리이다. 교육은 장기적 사업으로서 이른바, 국가백년대계에 속하는 것이며 단기적 평가를 불허한다. 그것은 또한 범국민적 사업으로서 정치적으로나 종교적으로 중립을 견지하고 계급적·인종적·

2) '성미산 마을'은 서울 마포구에 있는 작은 산인 성미산 자락에 위치한 마을을 가리키는데, 이 마을 주민들이 1994년에 20여 가구가 모여 한국 최초의 공동육아협동조합을 만든 이후, 생각을 같이 하는 사람들이 점점 늘어나고 2007년 정부의 '살고 싶은 도시 만들기' 시범마을로 선정되면서 유명해졌다. 이 마을은 공동 육아 어린이집, 마을학교, 대안학교인 성미산학교, 생활협동조합 등을 운영하는 생활문화공동체로서, 2011년 현재 400여 가구 1,000여 명이 거주하고 있다.

3) 논자에 따라서는 교육자치제도의 개념을 지방교육행정에 국한하지 않고 중앙교육행정에 있어서도 부분적으로 적용할 수 있는 것으로 생각하는 사람도 있으나, 필자의 견해로는 일반행정에 있어서 지방자치의 개념과 대비하여 지방교육행정에 국한하는 것이 타당하다고 생각한다.

지방적 이해관계를 초월하여 개인의 능력을 계발하고 국가사회의 이상을 구현하려는 노력이며 사실상 거의 전체 국민이 가장 광범위하게 참여하게 되는 일대 공기업이다. 이와 같은 특수성 때문에 교육 사업은 장기적인 견지와 범국민적인 관점에서 그 본래의 목적을 위하여 영위되어야 하며, 특수한 조직과 전문적인 인사를 갖추는 동시에 재정과 시설 면에서도 특수한 고려를 필요로 하며 특수한 방법에 의하여 운영되고 지도해 나가야 한다. 즉, 교육사업의 특수성이 교육행정의 특수성을 수반하게 된다. 요컨대 교육사업의 특수성을 인정하고 그 자주성과 정치적 중립성을 보장하기 위하여 교육행정을 일반 행정으로부터 분리 독립시켜야 한다는 것이다.

넷째로, 전문적 관리의 원리이다. 이것은 분리 독립의 원리와 더불어 포괄적으로 전문성의 원리라고 부를 수 있다. 교육활동의 본질과 특수성에 대한 이해를 가지고 복잡다기한 교육행정 기술면의 훈련을 쌓음으로써 교육활동을 효과적으로 관리할 수 있는 전문적인 지도 역량을 가진 인사들의 손으로 교육행정 활동이 운영되어야 한다는 것을 의미한다. 구체적으로는 교육감제도는 물론, 교육행정전문직에 의한 행정을 포함하여 그 효율적 운용을 말하는 것이다.

교육자치제도는 교육행정제도상 교육의 자주성을 보장하려는 것인 바, 한편으로는 민주성을 높이기 위하여 지방분권과 민중통제의 원리에 입각하며 또 다른 한편으로는 전문성을 확립하기 위하여 일반 행정으로부터의 분리 독립과 전문적 관리의 원칙을 고수하려 한다. 이 네 가지 기본원리는 여러 가지 문제점을 내포하고 있으며 그 적용상 스스로 한계점을 가지고 있다. 그러나 교육자치제도의 본질상 그 어느 한 가지도 빼놓을 수 없으며 교육자치제도는 이들 기본원리를 4대 지주로 하는 것이다.

따라서 교육자치제도의 본질을 그대로 살리는 순수한 원형을 상정한다면 교육자치제도는 다음과 같이 정의할 수 있다. 즉 교육행정에 있어서 지방분권의 원칙 아래 교육에 관한 의결기관으로서의 '교육위원회'와 교육위원회의 사무장 격으로 또는 의결된 교육정책의 집행기관으로서의 '교육감'제를 두고, 민주적 통제와 전문적 지도 사이에 조화와 균형을 얻게 하여 인사와 재정을 비롯하여 교육행정을 일반 행정으로부터 분리 독립시킴으로써 행정의 제도 조직 면에서 교육의 자주성을 보장하려는 것이 교육자치제도이다. 실질적으로 운영되고 있는 교육자치제도는 이와 같은 순수형과는 다른 점이 없지 않으나 교육자치제도라고 하면, 교육위원회와 교육감 제도의 운영에 의해서 구현되는 것이며 교육행정사무의 지방분권적 처리와 일반 행정으로부터 분리 독립된 자주적 운영 및 교육행정 요원의 전문화 등을 필수 조건으로 하는 것이라 말할 수 있다.

2) 교육자치제도 개념의 재음미(이종재, 2010: 27-32)

김종철 교수께서 제시한 지방교육자치의 원리는 지방교육자치를 논의할 때 참고하는 중요한 논거가 되어왔다. 이 원리는 지방교육을 진단하고 발전의 과제를 검토하는 기준이 되어 왔는데, 지방분권의 원리, 민중통제의 원리, 일반 행정으로부터 분리 독립의 원리, 그리고 전문적 관리의 원리 등이 그것이다. 그런데 거버넌스 개념의 대두는 지방교육제도의 운영에서 새로운 변화를 시사하며 교육자치제의 원리에 대한 검토를 요구하고 있다.

가) 지방분권의 원리

지방분권의 원리는 교육행정상 민주화의 요청에 따라 중앙정부에 의한 획일적 통제와 처리를 지양하고 지방의 실정에 부합되는 교육정책을 수립하고 집행하기 위한 원리이다. 지방분권은 원래 수직적 차원에서 중앙정부와 지방자치단체간의 분권을 중심으로 논의되어 왔다. 그러나 단위학교 운영의 자율화와 함께 수직적 차원의 분권은 중앙과 지방정부를 넘어서서 학교까지 확대되어야 하는 상황이다.

수직적 차원의 분권은 교육부－시·도 교육청－지역 교육청－학교로 이어지는 수직적 통제의 관계에서 통제권을 나누어 행사하는 원리이다. 수평적 차원에서의 분권은 시·도 교육청과 지방자치단체 및 지방의회와 교육위원회간의 분권을 의미한다. 수평적 차원에서의 분권은 후술하는 '일반 행정으로부터의 분리 독립의 원칙'에서 검토할 수 있다.

지방교육자치의 권한이 확대됨에 따라 시·도 교육청이 실질적인 지방교육의 집행기관으로 등장하게 되었다. 시·도 교육청이 지방교육에 대한 권한 행사의 주체와 책임의 주체가 되었다. 최근 경기도 교육청이 특정 교원단체에 편향된 정책을 결정하고 집행하여 교육부의 정책과 갈등을 빚는 문제를 야기하였다. 문제는 이러한 결정에 대한 책임을 지는 책무성의 문제라고 생각한다. 시·도 교육청이 지역교육을 위하여 자율적으로 정책을 결정하고 추진하고 그 결과에 대하여 책임을 지는 것이 중요하다. 이 과정에서 다양한 실험적 접근도 필요하고, 선의의 경쟁도 필요하다.

교육지원청의 역할에 대한 검토도 필요하다. 지역교육청을 지역교육을 지원하는 교육지원 센터와 이러한 센터의 집합체(cluster)로 활용하는 모형(김홍주 외, 2005)에 대해서는 가능성과 타당성이 있다고 평가된다.

분권의 원리는 학교운영의 자율화까지 연장된다. 분권의 맥락에서 학교자율 운영을 검토할 필요가 있다. 사립학교의 경우에 학교의 운영모형의 선택에 따라서 자율 운영 학교로의 전환을 추진할 필요가 있다. 학교 자율운영에서 "자율 운영의 주체가 누구인가?", 그리고 "운영모형은 무엇인가?"라는 문제가 제기된다. 현 정부가 추진하고 있는 학교자율화 조치에는 자율 운영의 주체와 운영모형이 분명하지 않다. 학교장 중심모형, 학교운영위원회 중심모형, 협약학교(Charter School) 모형 등 다양한 운영모형 중에서 우리의 지방교육에 적합한 운영모형에 대한 검토가 필요하다.

나) 민중통제의 원리

이 원리는 주민의 뜻을 반영하여 교육정책을 결정하는 것을 의미한다. 주민자치의 원리 혹은 민주주의의 원리라고도 한다. 교육에 대한 통제에서 민주적 통제에 해당한다. 민중통제의 원리는 주민이 대의기구를 선출하여 지역교육에 대한 민주적 통제를 행사하는 것으로 소비자의 선택과는 다르다. 소비자 선택은 시장통제를 통하여 교육운영에 통제력을 행사한다.

지역주민은 교육감과 교육위원의 선출을 통하여 지방교육 운영에 관한 원칙, 목표, 우선순위, 방향 등에 관하여 정책선택의 기회로 활용할 수 있다. 교육감과 교육위원의 선출을 통하여, 주요 쟁점에 대한 공적 논의과정을 활성화하고 이에 대한 결정을 도출하는 과정이 될 수 있다. 교육감 선거과정에서 제기되는 이슈들은 주요 문제와 결정사항에 대한 주민통제의 기회를 제공한다고 볼 수 있다. 무상급식의 전면 확대가 옳은지, 교원평가를 해야 하는지, 학교 선택과 맞춤형 학교교육을 해야 하는지, 지방 교육행정 과정을 투명하고 청렴하게 할 수 있는지 등에 관하여 논의하고 정책 대안을 평가하는 기회를 제공한다.

최근 교육부와 다른 정책입장을 보여 온 경기교육청의 경우는 무상급식의 전면 확대와 같은 주민통제 상의 대중주의(populism)의 문제가능성을 보여주고 있으나 장기적으로 볼 때, 선거과정을 통하여 교육운영의 원칙에 대한 장기적 접근과 시각 및 호흡이 필요함을 보여주고 있다. 결국 주민통제 과정은 주민들이 주인 노릇을 할 수 있는 역량을 개발할 수 있는 학습과정이 있어야 함을 보여주고 있다.

주민통제의 원리를 적용함에 있어 교육감의 선출과정은 문제를 제기하고 있다. 그동안 교육감의 선출은 임명제, 교육위원에 의한 선출, 학교운영위원회 위원에 의한 선출에서 이제 주민직선에 의한 선출체제로 전개되어 왔다. 문제는 새로운 대안을 요구하고, 새로운 대안은 새로운 문제를 야기하여 왔다. 광역지역에서 정당 기반이 없는 후보가 주민을 대상으로 선거운동을 하기는 사실 어렵다. 선거운동 비용을 감당할 수 있는 후보만이 출마할 수 있는 현실적 제약에서 적격의 인사를 선출하는 데 제약이 따른다. 또한 주민의 무관심과 낮은 투표율로 대표성에 문제가 제기된다. 교육에 대한 주민의 관심을 높이고, 지방교육행정과 지역주민의 관심과의 거리를 단축할 수 있는 과정이 필요하다. 제도로 될 수 있기보다는 학습과정과 경험을 축적할 수 있는 시간이 필요한 상황이다.

교육감 선출과정은 고비용 저효율의 문제를 안고 있다. 역량 있는 인사가 단독으로 선거운동을 하는 데에는 무리가 있다. 정당 추천과 연계 문제가 제기될 것으로 전망된다. 이때 교육의 정치적 중립성 원칙에 대한 해석이 문제로 제기될 것이다. 교육의 정치적 중립성은 교육본연의 질서와 작용을 추구하는 교육의 자주성을 정당적 이해관계를 위하여 훼손하는 정치적 개입으로부터 교육을 보호하려는 원칙으로 이해할 수 있다.

교육이 이미 중요한 정치적 이슈가 되고 있다. 교육이슈는 정당의 중요한 정강 정책의 대상이 되고 있다. 교육의 주요 문제에 대한 논의와 사회적 합의를 선거과정을 통하여 결정해 갈 수 있을까? 이것이 교육의 정치적 중립성과는 어떤 관계를 가질까? 이러한 문제에 대한 학계의 검토가 필요하다.

다) 일반 행정으로부터의 분리 · 독립의 원리

김종철 교수는 정부수립 이후 1950년대의 지방교육자치에 대한 경험을 토대로 지방교육자치의 원칙으로 "일반 행정으로부터 분리 독립 원칙"을 제시하였다. 이 원칙은 지방교육행정의 인사와 재정에 대한 지방자치단체의 부당한 개입과 간섭으로부터 보호하고, 교육사업의 특수성을 보장하기 위한 방편으로 설정하였다. 이 논지는 교육행정학계에 일반적으로 수용하여 온 원칙으로 이해한다.

지방교육행정의 운영에서 이 원칙은 수평적 차원에서 지방교육행정의 분리와 독립적 운영을 지원하여 왔다. 그러나 이 원칙이 시대 적합성을 지니고 있는지 검토할 필요가 있다. 지방교육은 지역발전과 지역주민을 위한 가장 중요한 사업으로 인식되고 있다. 지방교육 사업은 불요불급한 사업이 아니라, 이제는 우선적 투자 대상이 되고 있다. 지역인재 육성을 위한 지방자치단체의 노력은 지역의 활력을 높이는 중요한 전략적 사업이 되고 있다. 순창군의 '기숙사형 공부숙'이나 경기도의 '영어 마을' 등은 이러한 노력의 한 예라고 할 수 있다.

이제 교육행정과 일반 행정 사이에 소통과 협력이 요구되는 시대가 왔다. '교육행정협력관제도'나 '교육행정협의회' 운영 등은 지방교육의 새로운 운영모형을 제시하고 있다(박수정 외, 2009). 지방교육의 운영조직에 대한 통합 분리 논쟁을 뛰어넘어, 지방자치단체와 협력적으로 운영하는 방식은 필요하다. 이 맥락에서 일반 행정으로부터의 분리 독립의 원칙은 재검토가 필요하다.[4)]

라) 전문적 관리의 원리

김종철 교수는 전문적 관리의 원리를 일반 행정으로부터의 분리 · 독립의 원리와 함께 전문성의 원리에 포함시켜 이해하고 있다. 교육행정의 전문성과 전문적 지도

4) 교육행정이 일반행정으로부터 분리 · 독립되어야 한다는 이 원칙의 대척점에, 교육행정이 일반행정 속으로 통합되어야 한다는 입장이 자리하고 있다. 교육행정의 중요성은 아무리 강조해도 지나치지 않으나 그 역시 일반행정의 한 영역으로 보아야 하기 때문에, 행정의 통일성과 효율성을 위하여 일반행정의 체제와 틀 속에서 교육행정이 이루어지게 해야 한다는 것이 통합론의 요지이다. 이 때문에 분리 · 독립의 원칙에 대한 재검토를 요구하는 필자의 견해를 통합론으로 오해할 수도 있으나, 실은 그렇지 않다. 필자의 견해를 다시 명확히 한다면, 교육행정과 일반행정 사이의 기능적 분업과 대승적 협력을 강조하는 것으로서, 분리론과 통합론의 고식적인 대립이 극복되기를 주문하는 것이다.

역량에 의한 행정을 실시하기 위한 원리로 제시되었다. 교육행정조직의 '전문직과 일반직 간의 갈등'과 함께 교육행정의 전문성의 개념과 내용에 대한 문제도 제기되어 왔다.

지방교육에 대한 통제의 작용으로 행정관리, 민주적 통제, 전문적 관리, 시장통제 방식 등을 생각할 수 있다. 교육행정의 발달과정에서 행정관리의 한계를 경험하여 왔다. 지방자치는 통제의 주체를 중앙과 지방으로 2원화하고 분권통제를 제도화한 것이다. 민주적 통제는 여기에 주민의 의사를 반영하는 통제방식을 반영한 것이다. 시장통제는 여기에 소비자의 통제를 반영한 것이다. 전문적 관리는 진정한 전문성의 발휘를 통한 관리로서, 이것은 직무수행의 전문성과 역량발휘로 드러나야 할 일이다. 업무수행에서 전문적 가치와 규범, 기준, 윤리강령, 전문적 식견과 능력이 발휘되어야 한다는 일반원칙으로 이해되어야 할 것이다. 전문성의 원리가 지방교육행정에서 배제하는 원리가 되기보다는 성취의 기준으로 작용하여야 할 것이다. 이제는 지방교육의 통제에서 '통제의 분점과 통제 주체간의 협동'을 요구하고 있다. 이것이 거버넌스 개념이 등장한 배경이다.

이 점에서 지방교육자치의 원리로서 전문적 관리의 원칙은 재검토되어야 한다. 출신배경으로 전문직을 구분하는 시대를 넘어서서 전문 역량을 발휘하는 것으로 전문성의 원리를 이해해야 할 것으로 본다. 지방행정조직은 이 점에서 '학습하는 조직(Learning organization)'이 되어야 하며 '조직 학습(Organizational learning)'을 만들어내야 할 것이다. 그리고 일을 수행하는 과정에서 지식을 공유・활용하는 네트워크를 구축할 필요가 있다.

요컨대, 지방분권의 원리는 종래의 중앙과 지방의 2원적 분권으로부터 다층적 분권으로, 민중통제의 원리는 학습된 민중의 정치적 선택으로 각각 그 의미가 확장될 필요가 있다. 그리고 일반 행정으로부터의 분리 독립의 원리는 일반 행정에 대한 개방과 연계와 협력의 원리로 수정되어야 하며, 전문적 관리의 원리는 출신배경에 기초한 분리 배제의 논리가 아닌 과업 수행의 질과 수준을 향상시키는 논리로 활용되어야 한다.

3) 교육자치제도의 변천과정(김태완, 2009: 438-444)

1948년 정부 수립을 계기로 제헌국회는 1949년 "지방자치법"을 제정하였으며, 이에 따라 우리나라의 지방교육은 지방자치의 체제 아래에서 운영되었다. 1961년 군사정부는 지방의회를 해산하면서 모든 행정체제를 중앙정부 중심으로 운영하였고, 지방교육도 중앙정부의 통제 하에 운영하였다. 1991년 "지방교육자치에 관한 법률"의 제정을 통해 새롭게 지방교육자치를 시작하였으나, 그동안 형식적이고 명목에 치우친 지방교육행정을 해 왔다고 할 수 있다. 정부수립 이후 현재까지의 교육자치제 변천과정은 지방교육의 통제 주체가 누구인가에 따라 편의상 '지방자율기', '중앙정부 통제기', '지방의회 통제기', '학교운영위원회 통제기', 그리고 '주민 통제기'로 나누어볼 수 있다.

가) 지방 자율기(1949~1961)

대한민국 정부 수립 후부터 제3공화국 전까지의 기간을 지방 자율기라고 명명한 것은 이 기간 동안은 비교적 자유롭게 각 지방에서 다양한 형태의 교육자치가 이루어졌기 때문이다. 즉, 시장, 도지사, 군수 등이 당연직 교육위원이 되고 교육구, 특별시 및 시·도 등 지역에 따라 다양하게 교육위원을 선출하여 교육위원회를 구성하였다. 군 단위의 교육감은 집행기관이었으며, 특별시·시 단위의 교육감은 교육위원회의 사무장이었다.

이 기간은 기초 자치단체 수준에서 지방자치가 이루어져 중앙과 지방에서 민주적인 국가운영을 하려고 노력한 시기로 볼 수 있으며, 교육행정도 자연스럽게 여기에 발맞추어 비교적 민주적으로 이루어졌다.

나) 중앙정부 통제기(1962~1991)

제3공화국부터 1990년대 초반까지는 모든 국가의 운영이 집권적으로 이루어졌다. 군사정부는 지방의회를 해산하고 시장, 도지사, 군수 등 모든 지방자치단체장을 중앙에서 임명함으로써 강력한 중앙의 통제 하에 국가가 운영되었다. 이 기간 동안 교육자치도 법적으로는 지방자치의 형식을 갖추었지만 지방의회가 구성되지 않아 실질적으로는 강력한 중앙의 통제 하에 지방교육이 운영되었다.

다) 지방의회 통제기(1991~1997)

1991년 공포된 "지방교육자치에 관한 법률"에 의해 비로소 본격적인 지방교육자치의 시대가 시작되었다. 그러나 지방교육자치는 광역자치단체 수준에서만 이루어졌으며, 기초자치단체 수준의 교육자치는 추후 과제로 미루어졌다. 오랜 동안의 중앙 통제에서 벗어나 처음으로 구성된 기초의회와 광역의회는 교육위원을 선출하였고, 교육위원회는 교육감을 선출하였다. 이로써 지방의회를 통해 주민의 의사를 간접적으로 반영한 교육위원회와 교육감이 지방교육을 운영하기에 이르렀다.

라) 학교운영위원회 통제기(1998~2006)

지방의회가 교육위원을 선출하는 과정에서 야기한 과열 혼탁의 문제를 해결하기 위해 지방의회를 대신해서 학교운영위원회가 그 권한을 행사하도록 법 개정이 이루어졌다. 이 제도의 도입 후 학교운영위원회가 교육위원과 교육감을 선출하는 것이 과연 법적으로 정당한 것인가 하는 문제는 계속 논란의 여지가 있었다. 지방의회는 주민의 대표성을 갖지만 학교운영위원회도 주민 대표성을 가질 수 있는가 하는 문제 때문이었다. 결국 주민의 의견을 수렴하거나 대표할 수 없는 문제를 해소하기 위해 2006년 12월 주민이 직접 통제하는 방향으로 법 개정이 이루어졌다.

마) 주민 통제기(2007년~현재)

2006년 말의 법 개정으로 인해, 교육위원회는 지방의회에 소속된 상임위원회로 그 위상이 변경되었고 그 구성원을 당해 지역 주민이 직접 선출하게 되었다. 그리고 지방교육행정의 최고 집행기관인 교육감 역시 주민이 직선하게 되었다. 이에 따라, 2010년 6월에는 전국 16개 시도의 교육감과 교육의원이 주민에 의해 직접 선출되었다.

4) 현행 교육자치제의 얼개와 지방교육행정 조직

현행 지방교육자치제도는 시·도의 광역단위에서 이루어지고 있으며, 해당 지방의 교육·학예에 관한 의안과 청원 등을 심사·의결하는 교육위원회와 교육·학예에 관한 집행기관인 교육감이 따로 존재하는 기관 분리형[5)]을 특징으로 한다. 교육위원회와 교육감은 의결기관과 집행기관으로 상호 견제와 균형의 관계에 있다고 볼 수 있다. 한편 교육위원회와 지방의회 사이의 관계에서 보면, 과거에는 교육위원회를 지방의회와 구분된 별도의 심의·의결기구로 삼았던 데에 비해, 지금은 지방의회에 소속된 상임위원회로 만들어 기관 통합형의 특징을 보인다. 요컨대, 지방의회와 교육위원회는 통합되어 있고, 교육위원회와 교육감은 별도 기관으로 구분되어 있다는 뜻이다.

교육감의 권한 등에 관한 자세한 사항은 "지방교육자치에 관한 법률"과 그 시행령에 나와 있으나, 주요 항목만을 정리하여 제시하면 다음과 같다. 단, 「지방자치법」은 주민투표를 통하여 교육감 선임 방법과 지방의회 구성 방법을 법률과 달리 정할 수 있도록 했다. 따라서 아래에서 살펴보는 교육감 선임 방법과 달리 교육감을 선출할 수도 있다. 근래 확대되고 있는 특구 또는 특별자치시·도에서 지방자치단체장과 교육감의 러닝메이트제나 교육감 임명제 등 새로운 선출 방식이 등장할 수도 있다.

가) 교육감

- 지위: 시·도의 교육·학예에 관한 사무의 집행기관으로서, 교육감은 교육·학예에 관한 소관 사무로 인한 소송이나 재산의 등기 등에 대하여 당해 시·도를 대표한다.
- 자격과 선출: 교육감 후보자가 되려는 사람은 당해 시·도지사의 피선거권이 있는 사람으로서 교육(행정)경력이 3년 이상 있고 과거 1년 동안 정당의 당원이 아닌 사람이어야 한다. 지역주민의 직접 선거로 선출하며, 임기는 4년이다. 주민은 교육감을 소환할 권리를 가진다.
- 관장 사무: 교육감은 학교의 설치·폐지, 학교 교육과정의 운영, 소속 공무원의 인사, 교육재정 운용, 교육규칙 제정 등 광범위한 사항에 대한 교육·학예 사무를 관장한다.

5) 기관 분리형에 상대되는 기관 통합형은 교육위원회를 합의제 집행기관으로 하고 교육감을 그 교육위원회의 사무장으로 삼아, 교육위원회 한 곳에서 의결과 집행이 동시에 이루어지게 하는 형태를 띤다. 우리나라에서 한 때 이 형태를 취한 적이 있으며, 현재 일본의 교육위원회는 합의제 집행기관이고 교육장이 그 사무장 역할을 하고 있다.

- 주요 권한
  - 교육규칙 제정권: 법령 또는 조례의 범위 안에서 그 권한에 속하는 사무에 관하여 교육규칙을 제정할 수 있다.
  - 사무 처리권: 관장 사무를 전문적·자율적으로 처리하며, 조례 또는 교육규칙이 정하는 바에 따라 그 권한에 속하는 사무의 일부를 위임하거나 위탁하여 처리할 수 있다.
  - 직원 인사권: 소속 공무원을 지휘·감독하고, 법령과 조례·교육규칙이 정하는 바에 따라 그 임용·교육훈련·복무·징계 등에 관한 사항을 처리한다.
  - 시·도 의회의 의결에 대한 재의(再議) 요구 및 제소권(提訴權): 교육·학예에 관한 시·도 의회의 의결이 법령에 위반되거나 공익을 현저히 저해한다고 판단될 때에는 교육감이 재의를 요구할 수 있다. 시·도 의회에서 재의결된 사항이 법령에 위반된다고 판단될 때에는 교육감은 대법원에 제소할 수 있다.
  - 선결처분권: 교육감은 소관 사무 중 시·도 의회의 의결을 요하는 사항에 대하여 시·도의회가 성립되지 않았거나 긴급한 사정이 있는 경우에는 선결처분을 할 수 있다.

나) 교육위원회

2010년까지는 시·도 의회에 두는 상임위원회로서, 당해 시·도의 교육·학예에 관한 의안과 청원 등을 심사·의결하는 기구로서 교육위원회를 두었다. 2010년까지는 교육경력이 있는 사람들로 교육위원회를 구성했지만, 2010년 7월부터 2014년 6월까지는 시·도의회 의원과 주민의 직접 선거로 선출된 교육의원으로 구성하되, 교육의원이 과반수가 되도록 했다. 2014년 7월부터는 교육의원 제도를 폐지하고 시·도의회 의원으로 교육위원회를 구성하도록 했으며, 교육위원회를 두지 않아도 무방하다. 다만, 제주특별자치도는 교육의원 일몰제에도 불구하고 교육의원 제도를 유지해왔으나, 2026년 6월 말에는 제도를 폐지할 예정이다.

다) 지방 교육행정 조직

지방 교육행정 기관으로는 시・도의 교육・학예에 관한 사무를 담당하기 위하여 설치된 행정기관으로서 시・도 교육청이 있고, 시・도의 교육・학예 사무를 분장하기 위하여 1개 또는 2개 이상의 시・군・자치구를 관할구역으로 하여 설치된 지역교육지원청이 있다.

이 가운데, 시・도 교육청은 교육감을 보조하는 행정기관이며, 지역교육지원청은 시・도의 교육・학예 사무에 관한 하급 교육행정기관이다. 교육청과 교육지원청은 모두 교육을 위한 행정관청이기는 하지만 그 성격이 이렇게 서로 다르다는 점을 염두에 둘 필요가 있다. 이는 광역단위 교육자치제를 실시하기 때문에 빚어지는 현실인데, 그 현실을 수용하더라도 교육청과 교육지원청이 업무를 서로 어떻게 분담하고, 각기 어떤 권한과 책임으로 그 업무를 수행하게 할 것인지가 앞으로의 해결 과제라고 할 수 있다.

2. 학교 수준의 교육 거버넌스

가. 학교 거버넌스의 대두 배경

학생과 학부모의 요구를 학교가 더 잘 충족시키려면 학교에 더 많은 자율권이 부여되어야 한다는 생각이 최근까지 지속적으로 늘어나고 있다(OECD, 2006). 이러한 생각을 반영한 결과로, 의사결정권이 개별 학교 수준으로 분권화되는 현상을 여러 교육체제에서 발견할 수 있다(OECD 2008). 학교 자율권 확대의 근본적인 이유는 교육체제의 정보 불균형에서 찾아볼 수 있다(Hoxby, 2003). 학생과 학부모 및 지역사회의 교육적 요구사항 등은 정부나 시도교육청보다 학교 차원에서 가장 잘 파악될 수 있다는 의미이다.

이에 따라, 우리나라에서도 학교교육에 관한 주요 행정 기능들이 중앙에서 지방으로, 지방에서 다시 개별 학교로 옮아가도록 하는 조치가 강구되고 있다. 이명박 정부 출범준비 단계에서는 중앙의 교육행정기관을 폐지하고 유・초・중등 교육에 대한 행정기능을 모두 시・도로 이관하는 방향을 검토했을 정도로 분권화・자율화 추세는 거스를 수 없는 흐름으로 정착되고 있다. 그리고 각 지방 수준에서 이루어지는 행정기관의 기능도 종래의 관리 감독 기능 위주에서 학교에 대한 지원 기능 위주로 재편되어야 한다는 논의가 본격화하였다.[6] 그러나 개별 학교 수준에서 보면 교육청의 학교지원 기능은 아직 미약하고 관리, 지도, 감독 기능이 여전히 가장 많은 부분을 차지하고 있다(최영출 외, 2008: 68-73). 이는 학교가 공교육제도를 구성하는 하나의 단위 기관으로서 국가에서 정한 법규의 테두리와 정부에서 정한 정책의 방향 아래에서 자기 역할을 수행하도록 제도적으로 요구받아 나타나는 불가피한 측면이다.

한편, 사회 전반의 민주화와 행정권한의 분권화 및 개별 학교의 자율화가 진전되는 것과 아울러, 개별 학교 구성 집단 사이의 상호 조정의 필요성은 더욱 증가하는 추세에 있다. 교육부나 교육청이 중심이 되어 학교를 관리하던 방식에서는 교장이나 교감이 교사들과 함께 외부의 관리에 대해 순응하거나 방어하는 자세를 취할 수 있었던 데에 비하여, 학교 자율로 업무를 처리하고 그에 대해 책임을 묻는 방식으로 바뀌게 되면 교장이나 교감은 경영적 관점을 지니면서 교사집단과 다른 처지에 놓일 가능성이 있다. 그리고 교원집단은 예전과 같이 단일의 단체에 속해 있는 것이 아니라 이념과 지향을 달리하는 다양한 교원단체에 소속하면서 복합적 관계 양상을 보이고 있다.

교원단체 이외에도 각종 학부모단체와 시민사회단체 역시 다양하게 조직되어 있으며, 그들은 사안에 따라 학교 운영에 대해 일치된 혹은 대립된 목소리를 내며 영향력을 행사하려 하고 있다. 그에 비하면 학생은 아직 단합된 힘을 행사할 만한 상황에 있지 않으나, 적어도 자신의 자치활동이나 교내 생활에서의 복지 문제에 대해서는 그들의 참여 기회를 확대하는 방향을 취할 필요가 있다는 지적도 제기되고 있다(허종렬, 2003: 135-138).

말하자면, 학교의 운영과 관련하여 학교는 내·외부적으로 수많은 행위 주체와 영향 집단의 상호작용 속에 있고, 그 상호작용의 복합성은 학교 환경의 민주화,

6) 교육부가 2008년 4월 15일에 발표한 학교자율화 계획에서는 학교의 자율적 판단에 따라 교육활동이 전개될 수 있는 여지를 폭넓게 인정하는 방향을 취하고 있으며, 교육행정기관의 역할을 학교에 대한 관리 감독 위주에서 학교지원 위주로 개편하는 차원에서 2010년에는 '지역교육청'을 '교육지원청'으로 개편하였다.

분권화, 자율화와 더불어 증대하고 있는 추세이다. 이것이 학교 수준의 거버넌스가 주요 문제로 대두되는 배경이다.

나. 학교교육에 대한 주요 행위 주체와 다양한 교육관[7)]

학교 운영에 관한 집단 간 상호작용에서 때로 대립과 갈등이 나타나더라도 그것을 자연스러운 현상으로 인정하면서 조정해나가려는 자세가 교육 거버넌스에서 요구된다. 학교 운영에 영향을 미치는 다양한 집단들은 자신의 역할과 입장에 따라 다음과 같이 서로 다른 교육관을 지니면서 긴장의 역학관계를 만들어낸다. 학교 운영에 영향을 미치는 관련 집단은 분류에 따라서 여러 가지가 있을 수 있으나 크게 셋으로 구분할 수 있다.

첫째의 집단은 제도적 형태의 교육을 계획하고 운영하는 주체가 되는 집단이다. 현대적 공교육제도에서는 국가 혹은 이에 대응하는 자치단체, 그리고 사학(私學)의 학원법인이 이에 해당하며, 이러한 실체로부터 위임받은 권한을 행사하는 교육경영자 집단은 이에 속한다고 할 수 있다. 이 집단은 교육의 기본적인 조건을 조성해야 하며 실패에 대한 공적인 책임을 져야 한다. 이 집단이 표방하는 교육관은 주로 법령, 정책, 규정 등에 의해 제도화·공식화된다.

둘째의 집단은 그러한 제도적 과정에서 공인받은 전문적 능력으로 교육의 실천적 행위를 직접적으로 수행하고 있는 집단으로서 교원들이 이에 속한다. 이 집단은 교육의 행위에 있어서 전문적 지식과 기술을 동원하여 소정의 교육목표를 달성하고, 그 결과가 최선의 상태에 이르도록 하는 데에 있어서 필요한 지식과 기술을 발휘한다.

그리고 셋째의 집단은 교육적 필요를 충족시키는 집단으로서 학생, 학부모, 지역사회의 구성원 등 교육의 수요자 집단이다. 제도적 형태의 교육을 직접적으로 받고 있는 학생, 혹은 그 후견자, 그리고 그 교육으로부터 인력의 공급이나 다른 사회적 가치의 실현을 기대하는 사회 일반이 이 집단에 포함된다.

이 세 집단은 공식적 교육관, 전문적 교육관, 통속적 교육관을 지니며, 각기 정치

7) 이 부분은 이돈희(2003: 4~12)의 연구 내용을 압축하여 제시한 것이다.

적 힘을 행사하는 것을 정당화할 수 있는 근거를 가지고 있다. 우선 국가는 교육을 계획하고 운영하는 주체이며 제도적 교육의 실패에 대하여 그 보완이나 개선을 할 책임을 지니고 있다. 반면에 교원들은 실제적 사태에서 발생하는 모든 문제들에 대한 교육적 판단의 권위자로서 발언권을 행사할 수가 있다. 그리고 교육의 대상과 그 후견자 집단은 교육의 제도와 활동에 관련된 의사결정의 과정에 참여할 기회를 확대하고자 한다. 한 집단이 다른 집단에 비해 정치적으로나 사회적으로 우월한 발언권을 행사하려 할 때 긴장과 갈등이 초래될 수 있다. 이 상황에서 상호 이해를 증진시키고, 갈등을 해결하고, 계획과 실천을 조정하면서, 인내로써 교육공동체의 의지를 결집시키는 일이 거버넌스에 해당한다.

다. 학교운영위원회 제도

1) 제도의 도입 배경과 취지

전술한 바와 같이 학교교육에 영향을 미치려는 집단은 다양하고 그들이 갖는 교육관과 신념은 단일하지 않다. 말하자면 학교는 학교 내외에 존재하는 온갖 교육관과 이해관계 및 신념이 복합적으로 존재하면서 그들이 서로 맞부딪혀 소용돌이를 일으킬 수 있는 지점에 위치해 있다. 이러한 상황에서는, 학교가 자율적으로 그 소용돌이의 와중에서 다양한 의견과 신념을 조정하면서 교육활동을 영위할 수 있도록 하는 것이 중요하다. 바로 이 목적으로 1996년에 우리나라의 학교 현장에 도입된 제도가 학교운영위원회(이하, '학운위'라 한다.) 제도이다. 이 학운위는, 그 구성과 기능 면에서 동일하지는 않지만, 영국의 학교운영위원회(school council)나 독일의 학교협의회(schulkonferenz) 등과 유사한 개별 학교 거버넌스 기구이다.

학운위는 초·중등학교 교육의 효과를 극대화하기 위하여 교직원, 학부모, 지역사회 인사 등이 자율적이면서도 책임 있게 학교를 운영하는 제도적 장치로서 도입된 것이다. 말하자면 자율적이고 민주적인 학교운영을 위해 새롭게 도입된 거버넌스 모형의 하나로 학운위 제도를 이해할 수 있다는 뜻이다. 즉, 교장 중심의 학교운영 체제를 넘어서서, 학운위를 통해 다양한 관련 집단들이 상호 협의하면서 학교운영의 주요 방향을 조정·결정할 수 있게 한 것이다.

학교운영의 자율성을 높이고 지역의 실정과 특성에 맞는 다양한 교육을 창의적으로 실시한다는 취지에 따라 도입된 학운위 제도의 기본적 틀은 "초중등교육법"과 그 시행령의 관련 조항을 통해 확인할 수 있다. 학교는 그 설립의 주체에 따라 국립, 공립, 사립 등으로 구분되는데, 국·공립학교에 두는 학운위와 사립학교에 두는 학운위 사이에는 그 구성과 기능 면에서 약간의 차이가 있다. 이는 사립학교의 특수성을 감안한 결과이다.

2) 학교운영위원회의 구성

국·공립 및 사립의 초등학교·중학교·고등학교 및 특수학교에서는 반드시 학운위를 구성·운영해야 한다. 학운위는 당해 학교의 교원대표·학부모대표 및 지역사회 인사로 구성하는데, 위원의 정수는 5인 이상 15인 이내의 범위 안에서 학교의 규모 등을 고려하여 대통령령으로 정한다.

국·공립학교에 두는 학운위에서 해당 학교장은 당연직 교원위원이 되며, 나머지 교원위원은 교원 중에서 선출한다. 학부모위원은 학부모 중에서 민주적 대의절차에 따라 선출한다. 지역위원은 학부모위원 또는 교원위원의 추천을 받아 학부모위원 및 교원위원이 무기명투표로 선출한다. 학운위의 위원장은 교원위원이 아닌 위원 중에서 무기명투표로 선출한다. 사립학교에 두는 학운위의 위원 구성 비율과 선출 방법 등은 국·공립학교에 준하되 구체적인 내용은 해당 학교법인의 정관으로 정할 수 있다. 근래에는 학생 대표를 학운위 위원으로 포함하는 방안에 관한 논의가 활발하다.

3) 학교운영위원회의 기능

학운위의 기능을 어떻게 정할 것인가 하는 점은 학운위 제도를 도입하는 단계에서부터 논쟁의 대상이 되었다. 그 기능을 가장 강화하여 의결기능을 부여하자는 견해가 있었으나, 학교교육의 최종 책임자인 교장의 권한을 침해할 여지가 있고 학운위에 대해 행정적 책임을 물을 방법이 없다는 반론이 제기되기도 했다. 그 기능을 가장 약화하여 자문기능만 수행하게 하자는 견해가 있었으나, 그렇게 되면 학운위가 유명무실해져 교장의 들러리 역할만 하게 될 것이라는 비판이 일기도 하였다. 또 한편, 사립학교는 이미 합의제 의결기구로 이사회가 존재하는데, 거기에 학운위와 같은 별도의 협의기구를 또 둔다면 노력의 중복, 비용의 낭비, 학교경영의 난맥이 우려된다는 견해가 대두되기도 하였다. 결국 이견의 조정 과정을 거쳐, 학교의 설립 형태와 사안에 따라 학운위는 의결, 심의, 자문의 기능을 각기 수행하는 것으로 일단락되었다.

국·공립학교에 두는 학운위는 심의기구로서의 역할을 기본적으로 수행한다. 학운위는 주로 다음과 같은 사항들에 대하여 심의한다. ① 학교헌장 및 학칙의 제정 또는 개정, ② 학교의 예산안 및 결산, ③ 학교 교육과정의 운영 방법, ④ 교과용도서 및 교육 자료의 선정, ⑤ 방과 후 또는 방학 중의 교육/수련 활동, ⑥ 학교운영지원비의 조성·운용 및 사용, ⑦ 초빙 교원의 추천, ⑧ 학교 급식 등이다. 학교장이 이 학운위의 심의 결과에 반드시 구속되는 것은 아니지만, 심의 결과를 최대한 존중하여야 한다. 학교장이 심의결과와 다르게 시행하고자 하는 경우에는 이를 학운위와 관할청에 서면으로 보고해야 하고, 관할청은 그렇게 다르게 시행하는 것에 정당한 사유가 없다고 판단할 경우 시정을 명할 수 있기 때문이다.

사립학교의 학운위는 자문기구로서, 사립학교의 장은 위의 각 사항(⑦의 초빙교원 추천에 관한 사항은 제외)에 대하여 학운위의 자문을 거쳐야 한다. 다만, 학교헌장 및 학칙의 제정 또는 개정에 관한 사항에 대하여는 학교법인의 요청이 있는 경우에 한하여 자문을 거친다. 사립학교의 장은 학운위의 자문 결과를 최대한 존중하여야 한다.

그렇지만, 학교발전기금의 조성·운용 및 사용에 관한 사항에 대하여는 학교의 설립형태를 막론하고 학운위가 심의, 의결 기능까지 가진다. 관할청은 학교장이 정당한 사유 없이 학교발전기금의 조성·운용 및 사용에 관한 사항에 대하여 학운위의 심의·의결을 거치지 않거나 심의·의결의 결과와 다르게 시행하는 경우 또는 심의·의결의 결과를 시행하지 않는 경우 등에는 시정을 명할 수 있다.

4) 학교운영위원회 이외의 학교 구성 집단 조직

학교 내부 거버넌스와 관련하여, 학운위 이외의 학교 구성 집단에 대한 논의가 있을 수 있다. 교사회, 학생회, 학부모회 등이 그것이다. 이들 조직의 집단 의사는 학운위를 통해 반영될 여지가 있다는 견해가 일견 가능하다. 학운위에 교원대표 및 학부모 대표가 참여할 수 있고, 학생의 의사는 그를 보호하는 학부모에 의해 표출될 수 있다고 보기 때문이다. 그러나 교사회, 학생회, 학부모회 등의 조직은 학운위와 별도로, 사실상 활동하는 학교의 구성 집단일 수 있는데 아직 그 위상이 법제화되어 있지 않기 때문에 향후 법제화와 관련된 검토가 필요하다는 견해도 있다(허종렬, 2003).

3. 지방 및 학교 수준 교육 거버넌스의 발전 과제

가. 거버넌스 '실제' 측면의 발전과제

학교교육제도의 운영을 거버넌스의 관점에서 보면 분권화, 자율화라는 큰 방향 아래에서 발전하는 궤적을 그리고 있는 것으로 보인다. 그렇지만 이처럼 타당해 보이는 방향 속에서도 교육행정의 실제 면에서 세부적인 발전의 과제들을 다음과 같이 지목할 수 있다.

첫째, 적도집권의 구체적 내용을 개발하고 발전시키는 일이 필요하다. 교육행정 권한의 "수직적 분배"에 있어서 집권과 분권 사이의 균형점이 어디에 형성되어야 하는가를 찾는 것은 쉽지 않은 문제이다. 중앙정부(교육부) – 지방교육청(지역별 교육지원청 포함) – 학교로 이어지는 수직적 연계망에서 각 주체가 어떤 범위의 권한을 행사하게 할 것인가 하는 점에 대해 여전히 논쟁이 분분한 실정이다. 권한의 수직적 배분에 관한 일반적인 기준을 정하기는 쉬우나, 그 수준에서 한 발짝만 깊이 들어가면 세부적인 면에서 의견이 분분해진다. 말하자면, 적도집권의 원리 자체에 대해서는 누구도 부인하지 않으면서 그것을 구체화하는 단계에서는 저마다 '적도(適度)'의 내용이 다른 형국이다. 이 문제는 교육행정의 오랜 경험과 시행착오를 거치면서 조금씩 상호 합의하는 개선점을 찾을 수밖에 없을 것이다.

둘째, 교육행정 권한의 수직적 배분도 중요한 문제이지만 거버넌스의 관점에서 보면 교육기관과 교육행정 기관 사이의 "계통적 협력"관계를 구축하는 일도 중요하다. 권한의 배분이 '지방교육자치제도'를 내실화하고 개별학교의 자율권을 확대하는 방향을 취하는 것은 바람직한 일이지만, 그것이 자칫 상호 분절과 무관심으로 비화하는 것을 경계할 필요가 있다는 뜻이다. 권한을 아무리 깔끔하게 나눈다고 하더라도 그것이 교육제도 운영의 현실에서 말처럼 쉬운 일은 아니며, 설혹 그렇게 된다 하더라도 각 기관은 전체 교육체제를 구성하는 하위체제들로서 유기적으로 결합되어 있기 때문에, 권한의 배분은 계통적 협력을 원활히 하는 토대로서 의미를 지니는 것이다.

셋째, 교육기관이나 교육행정기관이 지역사회의 여타 기관과 "횡적 연계"를 활성화하면서 교육발전을 위한 자원을 보다 개방적인 자세로 확보할 필요가 있다. 지방교육의 자치, 학교운영의 자율, 교육의 자주성 등과 같은 가치를 소중하게 여기는 것은 중요하지만, 그 가치가 교육관련 기관들이 사회에서 고립된 섬처럼 영위되는 것을 정당화하는 논리가 될 수는 없다. 전술한 바와 같이, 교육기관 혹은 교육행정기관은 주변의 여러 제도적 기관과 정치적 세력의 영향 속에서 활동하고, 자기 존립을 위한 인적·물적 토대를 지역사회로부터 제공받기 때문에 그들과 단절되는 것은 가능하지도 바람직하지도 않다. 그러므로 오직 교육자들만이 오직 교육예산만 가지고 교육제도를 영위해야 한다는 소박한 순혈주의 사고에서 나아가, 외부와 상호 교섭해야 하는 현실을 인정하면서 그 속에서 교육 본질을 구현해 나간다는 자세를 지닐 필요가 있다.

나. 거버넌스 '연구' 측면의 발전과제

다음으로, 지방과 학교 수준의 거버넌스를 주제로 하는 연구에 있어서는, 좀 더 실증적이고 분석적인 연구를 보완할 필요가 있다. 교육행정학 분야의 연구에서 교육행정 조직과 학교조직의 운영 실제에서 제기되는 문제에 대한 즉답을 제공하는 연구도 중요하지만, 그러한 연구의 토대가 되는 실증적 연구를 축적하는 전통이 필요하다. 예를 들면, 그간 지방 및 학교 수준의 거버넌스를 주제로 하는 교육행정학 분야의 많은 국내 연구들은 지방교육자치제도를 어떻게 개선해야 하는지, 또는 학교운영위원회 제도에 대해 제기된 문제점들을 어떻게 극복할 수 있는지 하는 문제들을 놓고 현실적인 처방을 내리는 데에 치중해왔다. 그리고 이런 연구에서 채택된 방법들은 주로 연구자 개인의 신념이나 연구자 집단의 관행적 논조를 답습하는 방식이 주류를 이루었다. 물론 전문가 집단이 연구를 통해 현실의 개선에 참여하는 것은 필요한 일이지만, 연구의 질적 수준 향상을 도모한다는 점에서 보면 실증적 분석 연구를 보완할 필요가 있다.

지방 수준의 거버넌스에 대한 연구를 한다고 가정할 경우, 예를 들면 지방의회와 교육감 및 지방자치단체장 사이의 상호작용이나, 교직단체(예를 들면, 시・도 교원단체총연합회, 교원노조 시・도 지부 등), 학부모단체, 시민단체 사이의 상호작용 양상의 유형이 어떠하며, 그러한 유형에서 어떤 특성이 나타나고, 그러한 특성은 학교의 교육 자원 획득이나 학생의 학업성취에 어떤 영향을 미치는가 하는 등의 문제를 놓고 증거를 수집하는 연구들이 축적될 필요가 있다는 뜻이다. 개별 학교 수준의 거버넌스에 대한 연구에 있어서도 이는 마찬가지이다. 말하자면, 학교를 구성하는 다양한 집단과 구성원들이 상호 갈등하고 협력하는 양상의 유형은 무엇이며, 각 유형에 따라 학생의 학교 만족도나 학업성취가 어떻게 달라지는가 하는 등의 문제를 놓고 증거를 수집하는 연구가 축적될 필요가 있다.

참고문헌

가라타니 고진(柄谷行人) (저). 송태욱 (역). (2005). 트랜스크리틱: 칸트와 마르크스 넘어서기. 파주: 한길사.

김성열(2006). 학교운영위원회의 법제화의 성과와 전망. 교육법학연구, 18(1). 45-70.

김종철(1982). 교육행정의 이론과 실제. 서울: 교육과학사.

김태완(2009). 한국교육의 통치체제(governance). 이종재 외. 한국교육 60년 -성취와 과제-. 한국교육과정평가원. 436-455.

김흥주 외(2005). 교육행정체제 혁신방안 연구. 한국교육개발원.

박수정 외(2009). 교육행정과 일반 행정의 협력체제 연구: 교육행정협의회를 중심으로, 한국지방교육연구센터.

백민정(2007). 강의실에 찾아온 유학자들. 파주: 사계절 출판사.

신현석(2009). 학교교육 운영에서의 거버넌스적인 접근. 한림대학교 한림학술원 발표 논문.

이돈희(2003). 학교운영에서의 구성원 참여구조 혁신방안. 한국교육개발원. 학교운영에서의 구성원 참여구조 혁신 방안(RM 2003-15). 4-12.

이종재(2010). 한국 지방교육의 진단과 발전과제. 한국지방교육연구센터(편). 한국 지방교육의 진단과 발전과제. 11-34.

정제영(2008). 학교 자율화의 쟁점과 주요과제. 교육행정학연구, 26(2). 415-435.

허종렬(2003). 교사회, 학부모회, 학생회 법제화의 필요성과 한계. 한국교육개발원. 학교운영에서의 구성원 참여구조 혁신 방안(RM 2003-15). 117-149.

Deal, E. T. & Peterson, D. K.(1999). *Shaping School Culture: The Heart of Leadership*. Jossey- Bass Inc.

Georges, B. 조한경(역) (2000). 저주의 몫. 파주: 문학동네.

Hoxby, C. (2003). *The Economics of School Choice,* National Bureau of Economic Research Conference Report. University of Chicago Press.

Lee, C. J. (2008). Education in the Republic of Korea: Approaches, achievement and current challenges. In Birger, Fredriksen & Tan Jee Peng(ed.), *An African Exploration of the East Asian Education Experience*. Washington, DC: World Bank.

OECD (2006). *Demand Sensitive Schooling? Evidence and Issues.* Paris: OECD.

OECD (2008). *Education at a Glance - OECD Indicators 2008.* Paris: OECD.

PART

04

교육정책

CHAPTER

09 교육정책의 과정

교육은 더 이상 교실과 학교에서만 일어나는 일에만 집중하지 않고, 정부 정책이 학생들의 학문적 성취와 사회적 능력을 어떻게 향상시키는지에 대해 많은 관심을 기울이고 있다(Sykes, Schneider, Plank, 2009). 이제 교육의 본질인 교수-학습 과정이 단순히 학교환경에 국한되지 않고, 교육정책의 영향을 미시적이고 거시적인 관점에서 받아들이고 있는 것이다. 지방정부와 중앙정부가 수립하는 교육정책은 학교 체계와 학교 구성원들의 삶에 중대한 변화를 가져올 정도로 중요한 역할을 한다. 교육정책은 학습 분위기를 개선하거나 해칠 수 있고, 교사와 학생들 사이의 사기를 높이거나 만족도와 관심을 떨어뜨릴 수 있다. 교수-학습 과정은 학교정책에 의해 직접적이고 간접적으로 영향을 받는다. 이 장에서는 교육정책의 속성을 살펴본 후 교육정책이 어떻게 탄생하는지에 대해 알아보고, 관련 이론들을 탐색한다.

- 교육정책이란 무엇인가
- 교육정책의 과정
- 교육정책 과정의 제이론
- 한국의 교육정책 과정: 일반적 논의
- 교육정책의 합리성 회복을 위한 과제

1. 교육정책이란 무엇인가

가. 교육정책의 개념과 성격

학자들의 교육정책에 대한 개념정의를 종합하여 볼 때, 교육정책의 세 가지 중요한 속성을 살펴볼 수 있다. 첫째, 교육정책은 교육의 목표 달성을 위해 존재한다. 교육 문제를 해결하기 위해 최적의 대안을 선택하는 활동이 교육정책이라고 볼 수 있다(김종철 · 진동섭 · 허병기, 1994). 따라서 반성적 사고방식과 과학적인 문제해결방식을 활용하여 교육의 문제를 효과적으로 해결해 나가는 것이 교육정책의 기본적인 성격이라고 볼 수 있다. 둘째, 교육정책은 국가와 공공단체에 의해서 수립되고 집행된다. 교육정책이 해결해야 할 교육의 문제는 사적인 영역의 문제가 아니라 공적인 문제이다. 국가나 공공단체는 공권력을 바탕으로 공적인 영역에서의 교육 문제를 해결하기 위해 교육정책을 수립하게 된다. 이러한 성격으로 인해 교육정책은 상당한 강제성을 지니게 된다. 셋째, 비록 교육정책이 국가 공권력의 속성을 지니고 있지만, 국민의 동의를 바탕으로 수립되고, 집행된다. 민주주의 사회에서 교육정책은 국가권력에 의한 독단적 결정으로 이루어질 수 없다. 교육정책이 존재하는 근본적인 이유는 국민에게 혜택을 주기 위한 것이기 때문에 국민과 주민의 동의를 가장 기본으로 해야 하는 것이다.

김종철(1989)은 교육정책의 세 가지 성격을 규정한 바 있는데, 이는 교육정책의 속성을 이해하는데 도움이 된다. 첫째, 교육정책은 공공적 성격을 지닌다. 공공성이라는 의미는 교육이 단순히 개인의 이해관계를 넘어서서 사회의 일반적인 이익을 우선시한다는 점을 뜻한다. 교육의 활동은 단순히 교육수혜자 개인에게만 이익이 귀속되지 않고, 사회전반으로까지 그 혜택이 귀속되며 이해관계가 얽혀 있으므로 이러한 교육활동을 결정하는 교육정책은 공공적 성격을 지니게 된다. 둘째, 교육정책은 사회적 성격을 지닌다. 교육정책의 대상이 되는 교육활동이 교사와 학생 또는 학생 상호간에 있어 상호작용이라는 사회적 관계를 통해서 이루어지며, 제도화된 사회활동의 틀 속에서 문화적 가치와 가치관의 전수 및 발전을 중심으로 이루어지므로 이러한 교육활동에 대한 행정적 결정으로서 교육정책은 사회적 성격을 지닌다고 할 수 있다. 셋째, 교육정책은 조직적 성격을 지닌다. 조직적 성격이란 공동의 목표를 달성하기 위해 다수가 협력관계를 바탕으로 분업화 등을 통해 공동의 목표를 달성하는 것을 의미한다. 교육의 활동은 점차 개인적이기 보다는 공동의 목적을 추구하며 상호간의 역할분담을 통해 공동의 목적을 추구한다는 점에서 조직적 성격을 지니며, 이를 결정하는 교육정책의 성격은 결국 조직적이라고 할 수 있다.

나. 교육정책의 범위

교육정책을 이해하기 위하여 범주화하여 살펴보는 것은 해당정책들이 어떻게 다양한 수준과 분야에 적용되는지 명확하게 파악하는데 도움이 된다. 이 절에서는 〈표 9-1〉과 같이 정책의 대상, 내용, 과정 단계, 그리고 지역적 적용 범위 등으로 구분하여 설명한다. 첫째, 교육정책은 정책 대상에 따라 분류할 수 있다. 유아교육에서부터 고등교육, 특수교육, 직업교육에 이르기까지 광범위하며, 각 단계는 학습자의 나이와 필요에 따라 구분된다. 예를 들어, 유아교육은 취학 전 아동을 위한 프로그램을, 직업교육은 특정 직업 기술을 습득하고자 하는 이들을 위한 교육 과정을 제공한다. 둘째, 교육정책은 정책의 내용에 따라서도 구분해 볼 수 있다. 교육내용과 관련한 정책, 학생과 관련한 정책, 재정 및 시설과 관련한 정책 등이 대표적인 예가 될 수 있다. 셋째, 교육정책은 정책의 과정 단계에 따라서도 구분할 수 있다. 교육정책은 형성, 결정, 집행, 평가의 과정을 거치며, 각 단계는 정책의 효과적인 수행을 위해 필수적이다. 정책형성 단계에서는 문제를 인식하고 정책 아이디어를 개발하며, 결정 단계에서는 다양한 대안 중 최적의 선택을 한다. 집행단계에서는 정책을 실제로 적용하고, 평가단계에서는 그 효과를 검토한다. 넷째, 교육정책은 지역적 적용범위에 따라 구분해 볼 수 있다. 예를 들어, 미국에서는 연방, 주, 지방 수준에서 각각 독립적인 교육정책을 수립하고 집행한다. 반면, 한국에서는 교육정책이 오랫동안 국가적 차원에서 획일적으로 적용되어 왔으나, 최근 지방교육자치제도의 활성화로 시・도 교육청마다 고유한 교육정책을 수립하고 집행하고 있어 교육정책의 적용범위가 교육부뿐만 아니라 17개 시・도 교육청의 독자적인 교육정책으로 점차 확대되고 있는 추세이다.

〈표 9-1〉 교육정책의 범주별 분류

범주화 기준	구분 예시
교육정책의 대상	유아교육(취학전 교육), 초등교육, 중등교육, 고등교육, 특수교육, 학교밖 교육, 직업교육, 해외교육
교육정책의 내용	교육과정 및 교육내용 관련 정책, 학생선발 및 평가 관련 정책, 교사자격 및 능력개발 정책, 학교재정 및 시설 관련 정책, 디지털 교육관련 정책

범주화 기준	구분 예시
교육정책의 과정단계	정책형성(교육문제의 인식 및 정책으로의 채택), 정책결정(대안의 평가 및 선택), 정책집행(정책 대안의 실현 및 구체화), 정책평가(정책의 효과성 및 영향 평가)
지역적 적용범위	한국의 경우: 중앙정부(교육부) 교육정책, 지방정부(교육청) 교육정책 미국의 경우: 연방정부 교육정책, 주정부 교육정책, 지방교육구 교육정책

2. 교육정책의 과정

교육정책은 마치 유기체와 같이 탄생－진화－소멸의 과정을 거친다. 이를 정책의 생애주기(life-cycle)라고 하는데, 교육정책은 이 생애주기를 통해 형성되고, 채택되며, 집행되고, 그리고 평가하여 재결정되거나 혹은 사멸하게 된다. 정책의 생애주기는 일반적으로 [그림 9－1]과 같이 진행된다.

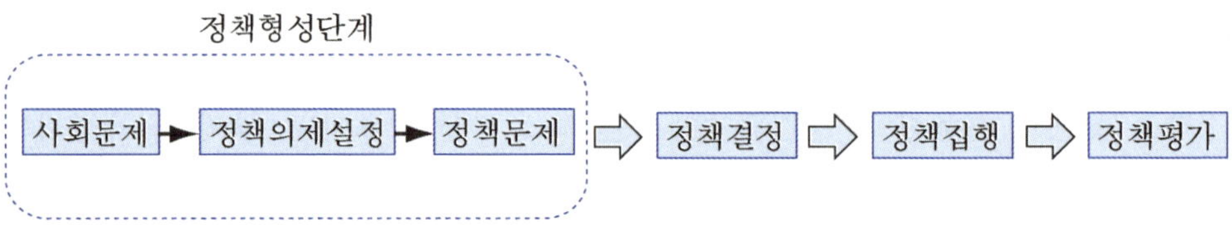

[그림 9-1] 교육정책의 생애주기

가. 교육정책 형성과정: 정책문제로의 전환 과정

교육정책 형성단계는 교육의 문제를 공식적인 정책 문제로 전환하는 과정이다. 이는 여러 교육 문제 중에서 정부가 관심을 가지고 공식적으로 검토하여 해결하는 행위를 의미한다. 교육정책이 형성되는 단계는 정책 과정의 시작이자, 교육 문제 해결의 첫 번째 관문이므로, 문제가 어떻게 정책 의제화되느냐에 따라 전체 정책 과정에 큰 영향을 미칠 수 있다. 예를 들어, 정책의제 설정 단계에서는 이미 여러 정책수단에 대한 비교나 특정 수단을 둘러싼 정치적 타협이 이루어진다. 특히, 정책 대안의 범위나 선택은 정치적 실현 가능성에 크게 좌우된다. 따라서 교육정책 형성단계는 정책 문제를 정의하고, 정책 목표를 설정하며, 정책수단을 선택하는 기본적인 틀을 결정하는 단계라고 할 수 있다. 교육정책이 형성되는 일반적인 과정은 [그림 9-2]와 같다.

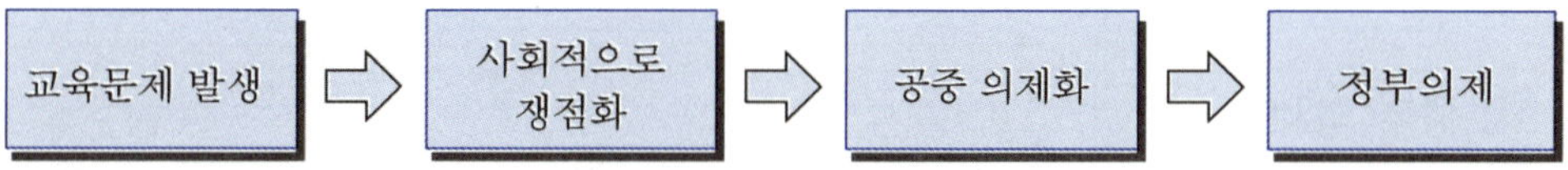

[그림 9-2] 교육정책형성과정

1) 교육 문제 발생

이 단계는 교육정책 형성의 출발점이다. 특정 교육 문제가 발생하면 이를 해결해야 할 필요성이 대두된다. 이 문제는 다양한 형태로 나타날 수 있는데, 예를 들어, 국제학업성취도 평가결과에서 학생 성적 저하, 학교 폭력 증가, 교육비 부담 증가로 경제적 부담 호소 등의 문제이다. 이러한 문제들은 처음에는 개별 사건으로 인식될 수 있지만, 시간이 지남에 따라 더 많은 사례가 누적되면서 사회적 문제로 부각될 수 있다.

2) 사회적 쟁점화

교육 문제가 널리 인식되기 시작하면, 이는 사회적으로 중요한 쟁점으로 발전한다. 이 단계에서는 주요 언론 매체가 교육 문제를 집중적으로 다루며, 사회적 관심을 끌기 시작하거나, 국민들이 이 문제에 대해 다양한 의견을 제시하며, 사회적 담론을 형성한다. 또한 교사 단체, 학부모 협회, 교육 전문가 그룹 등이 문제 해결을 촉구하며, 정부와 교육 당국에 대해 압력을 행사한다.

3) 공중 의제화

이 단계에서는 문제가 더 이상 특정 집단의 관심사가 아니라, 전체 사회의 주요 의제가 된다. 공중 의제화 과정은 교육 문제에 대한 논의가 점차 광범위한 관심을 얻게 되면서, 정책 결정자들도 이를 주목하기 시작한다. 예를 들어, 지속적인 학교 폭력 문제는 결국 교육 당국과 정치인들의 주요 관심사가 된다. 국회, 시의회 등 공식적인 기관에서 문제에 대한 논의가 시작되며, 공청회나 토론회 등을 통해 문제의 심각성과 해결 방안이 검토된다. 예를 들어, 교육비 부담 문제에 대한 공청회가 열려 다양한 의견이 수렴된다. 또한 정책 연구 기관이나 학자들이 문제를 해결하기 위한 구체적인 제안을 제시하며, 정책 결정자들에게 전달된다.

4) 정부 의제화

교육 문제가 공중 의제화 단계에서 널리 인식되면, 정부는 이를 해결하기 위한 공식적인 정책으로 전환하게 된다. 정부 의제화 과정은 대통령, 국회의원, 장관 등 주요 정책 결정자들이 문제의 심각성을 인식하고 이를 해결하기 위한 필요성을 느낀다. 정부 내에서 정책을 구체적으로 개발하기 위한 팀이 구성되고, 다양한 정책 대안을 검토하여 최적의 해결 방안을 찾기 시작한다. 이는 정부 부처 간 협력과 전문가의 조언을 통해 이루어진다. 예를 들어, 교육부는 사교육비를 줄이기 위한 구체적인 계획을 마련한다. 정책이 실제로 집행되기 위해서는 법적 근거와 예산이 필요하다. 이를 위해 관련 법안이 국회에 상정되고, 예산이 확보되며, 정책이 실행될 수 있는 기반이 마련된다. 예를 들어, 고교 무상교육 정책을 위해 필요한 법안이 국회를 통과하고, 예산이 할당된다.

이러한 단계를 통해 교육 문제는 공식적인 정책으로 전환되며, 이는 교육정책의 형성과정에서 중요한 역할을 한다. 교육정책 형성과정은 여러 교육 문제 중에서 특정한 문제를 정부가 검토하게 되므로, 이는 일종의 정치적 과정(political process)으로 볼 수 있다. 국가마다 고유한 정치체제와 문화가 존재하므로, 정책이 형성되는 과정도 각기 다를 수밖에 없다. 즉, 정책이 형성되는 과정이나 영향을 미치는 요인들은 교육정책을 결정하는 주체와 환경, 정치 권력의 성격 등에 따라 다르다는 것이다.

그렇다면 어떤 문제는 정부의 의제가 되어 정책적 해결을 위해 신중하게 검토되는 반면, 다른 문제는 방치되는 이유는 무엇일까? 특정 교육 문제가 정책 의제로 설정되는데 영향을 미치는 요인은 크게 세 가지로 구분할 수 있다. 첫째, 교육정책 문제의 성격에 따라 의제화될 가능성이 달라진다. 예를 들어, 문제가 국가적 또는 사회적으로 큰 관심을 받거나, 단순하고 명확하게 표출될 경우, 정책 의제화가 쉽게 이루어진다. 한국의 사교육 문제는 사회적으로 큰 이슈가 되었고, 사교육비 경감을 위한 주장이 제기되면서 쉽게 정책 의제로 전환될 수 있었다. 또한, 선례가 있거나 극적인 사건이 발생한 경우에도 정책 의제화가 용이하다. 예를 들어, 학생 체벌금지정책은 최근의 학생폭력 사건과 인권침해 사례가 중요한 배경이 되었다. 둘째, 교육 문제를 주도하는 집단의 영향력에 따라 정책 의제화가 가능하다. 피해를 입은 집단이 문제 해결을 강력하게 요구하면, 정책 결정자들은 이 문제를 해결하기 위해 움직일 가능성이 높아진다. 예를 들어, 특정 교육 문제가 정부 차원에서 공식적으로 해결되도록 압력을 행사하는 경우, 정책의제로 설정될 가능성이 높다(Howlett, 2019). 셋째, 정치적 상황에 따라 교육정책 문제의 의제화 여부가 달라질 수 있다(Cairney, 2019). 예를 들어, 대통령 선거와 같은 정치적 사건으로 인해 정책을 채택하고 집행하는 정부의 성격이 변화하는 경우, 교육 문제는 쉽게 정책 의제로 채택될 수 있다. 정권 교체나 국민 여론의 변화 등으로 인해 정부의 의사 결정자들이 새로운 사회 문제에 관심을 갖게 되면, 정책의 창이 열리게 된다(Kingdon, 2003).

정치체제가 중앙집권적이고, 행정부가 우위를 점하며 특히 대통령에게 권력이 집중된 경우, 정부의 공식 결정자가 정책의제 설정에서 큰 영향력을 행사하게 된다. 예를 들어, 문재인 정부의 '고교 무상교육 정책'은 중앙정부의 강력한 의지와 대통령의 공약을 바탕으로 빠르게 추진된 대표적인 사례다. 문재인 대통령은 2017년 대선 공약에서 고교 무상교육을 주요 정책으로 제시하였는데, 이는 교육비 부담을 줄이고, 모든 학생이 경제적 이유로 교육 기회를 잃지 않도록 하기 위한 조치였다. 이후 고등학교 무상정책은 중앙정부의 강력한 주도로 이루어졌으며, 대통령의 강력한 공약에 따라 빠르게 의제로 설정되고 2019년부터 단계적으로 시행되기 시작하여, 빠른 속도로 전국적으로 확대되었다.

이와 같은 과정은 교육정책이 어떻게 형성되고, 의제화되는지를 보여주며, 정책 형성단계에서의 정치적 요인의 중요성을 설명한다.

나. 교육정책의 결정과정

교육정책의 결정 단계는 의제로 설정된 교육 문제를 해결하기 위해 명확한 목표를 설정하고, 이 목표를 달성하기 위한 구체적인 정책수단을 마련하는 과정이다. 이 과정은 단순히 문제를 해결하는 것을 넘어, 목표를 설정하고 이를 달성하기 위한 실행 가능한 계획을 마련하는 복합적인 과정을 포함한다. 교육정책의 결정과정은 분석적 접근과 정치적 요인의 복합적인 작용으로 이루어지며, 명확한 목표 설정과 효과적인 정책수단 마련이 정책의 성공을 보장하는 데 필수적이다. 이러한 점에서 Sabatier와 Weible(2014)는 정책 결정 과정이 단순한 문제해결이 아니라, 목표 설정과 정책 수단 마련의 복합적인 과정을 포함한다고 설명한다. 그들은 정책 결정과정이 정책 결정자가 다양한 이해관계자들과의 상호작용을 통해 정책 목표를 설정하고, 이를 달성하기 위한 구체적인 수단을 마련하는 과정을 강조한다. Kingdon(2003)도 같은 맥락하에서 정책 결정자들이 문제를 해결하기 위한 다양한 대안을 고려하고, 그 중에서 가장 효과적인 수단을 선택하는 과정이 정책 결정의 핵심이라고 주장한다.

교육정책 결정 단계는 합리적 분석과 정치적 요인이 복합적으로 작용하는 특성을 가지고 있다. 먼저, 교육문제의 해결방안을 모색하는 과정은 합리적 분석을 요구한다. 정책 결정 과정은 단순한 임기응변식 해결이 아니라, 과학적이고 체계적인 근거를 바탕으로 문제를 해결하기 위한 고도의 지적 활동이다. 정책결정을 위한 합리적 분석 과정은 다음과 같은 단계로 이루어진다.

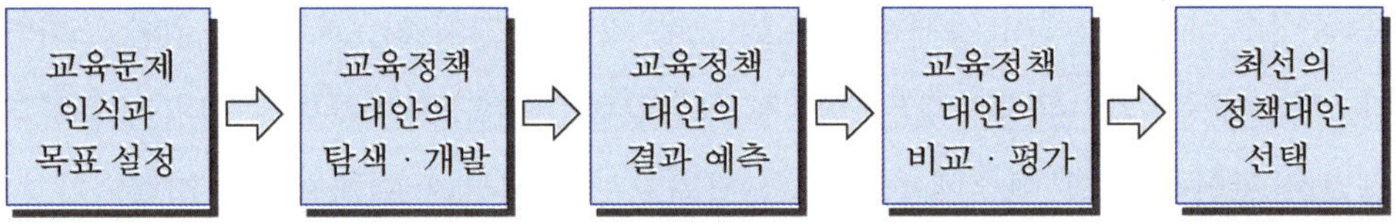

[그림 9-3] **교육정책결정의 과정**

1) 교육문제 인식과 목표 설정

문제 인식은 정책 결정 과정의 첫 단계로, 정책 결정자들이 어떤 교육 문제가 존재하는지 명확히 파악하고, 그 문제를 해결해야 할 필요성을 이해하는 과정이다. Dunn(2016)은 문제 인식이 정책 결정의 방향성을 제공한다고 설명한다. 이는 정책 문제의 본질과 원인을 이해하고, 문제를 해결하기 위한 명확한 목표를 설정하는 것이다. 예를 들어, 학교폭력 문제를 다룰 때, 결정자들은 이 문제가 얼마나 많은 학생들에게 영향을 미치고, 그 심각성이 어느 정도인지를 평가해야 한다. 이러한 분석은 객관적인 데이터와 정보를 기반으로 하며, 문제의 규모와 심각성을 정확하게 파악하는 데 도움을 준다. 문제 인식 후에는 이를 해결하기 위한 구체적인 목표를 설정하는 것이 필요하다. 목표 설정은 정책의 성공 여부를 평가하는 기준을 제공하며, 정책 수립 과정에서 일관성을 유지하는 데 중요한 역할을 한다. Dunn (2016)은 목표가 구체적이고 측정 가능해야 하며, 정책 결정 과정의 모든 단계에서 일관성을 유지할 수 있는 기준을 제공해야 한다고 강조한다. 예를 들어, 학교폭력 문제를 해결하기 위한 목표로 "학교 내 폭력 사건을 50% 감소시키겠다"와 같은 명확하고 구체적인 목표를 설정할 수 있다.

2) 교육정책 대안 탐색 및 개발

교육정책의 문제를 해결하기 위해 다양한 대안을 탐색하고 개발하는 과정은 정책 결정의 핵심 단계 중 하나다. 이 과정에서는 문제를 해결할 수 있는 다양한 정책 수단을 탐색하고, 각 대안의 장단점을 평가하여 최선의 해결책을 선택하게 된다. 교육정책의 문제를 효과적으로 해결하기 위해서는 하나의 해결책만을 고집하기보다는 여러 가지 대안을 탐색하는 것이 중요하다. 이는 정책 결정자가 주어진 문제를 다양한 시각에서 접근하고, 가능한 모든 해결책을 고려하도록 한다.

정책 대안을 탐색하는 과정에서는 창의적인 아이디어와 다른 국가의 사례와 학계의 연구결과가 중요한 역할을 한다. 예를 들어, 한국의 사교육비 경감 정책의 대안을 개발하는 과정에는 공교육의 질을 높이기 위한 혁신적인 프로그램 개발(예: 방과 후 학교 프로그램을 강화하거나, 온라인 학습 자원을 무료로 제공하는 것 등)이 포함될 수 있다. 이와 동시에 핀란드와 같은 교육 선진국의 사례를 분석하여, 그들이 어떻게 사교육 의존도를 낮추고 공교육의 질을 높였는지를 연구할 수 있다. 또한 사교육비 경감에 대한 연구와 정책 보고서를 분석하여, 사교육비를 줄이기 위한 실질적인 방안을 도출할 수 있다.

정책 대안을 탐색한 후에는 각 대안의 장단점을 평가하고, 문제를 해결할 수 있는 최선의 대안을 선택해야 한다. 이 과정에서는 효과성, 효율성, 형평성, 정치적 실현 가능성 등과 같은 평가 기준을 통해 정책 결정자는 가장 적합한 대안을 선택할 수 있다.

3) 교육정책 대안의 결과 예측

교육정책 결정 과정에서 대안을 탐색한 후, 각 대안이 가져올 결과를 예측하는 단계는 매우 중요하다. 이 단계에서는 제시된 정책 대안들이 실제로 어떤 영향을 미칠지에 대한 구체적인 예측을 통해, 가장 효과적이고 실행 가능한 대안을 선택할 수 있도록 충분한 정보를 제공해야 한다. 결과 예측은 각 정책 대안이 현실에서 어떻게 구현될지를 미리 파악하고, 그 결과가 교육 시스템과 사회에 어떤 영향을 미칠지를 평가하는 과정이다. 이는 정책 결정자가 보다 합리적이고 근거에 기반한 결정을 내릴 수 있도록 도와준다. 예를 들어, 사교육비 경감 정책을 고려할 때, 각 대안이 실제로 사교육비를 얼마나 감소시킬 수 있는지, 그리고 그로 인해 공교육과 사교육 시장에 어떤 변화가 일어날지를 예측하는 것이 중요한 것이다.

교육정책 대안의 결과 예측은 다양한 방법을 통해 수행될 수 있다. 여기에는 정량적 방법과 정성적 방법이 모두 포함될 수 있다. 예를 들어, 시뮬레이션 모델링, 비용－편익 분석, 시나리오 분석 등이 있다.

4) 정책대안의 비교 · 평가

교육정책 결정 과정에서 대안을 탐색하고 결과를 예측한 후, 각 대안을 비교·평가하는 단계는 최종적으로 가장 우수한 정책 대안을 선택하기 위한 핵심적인 과정이다. 이 단계에서는 예측된 결과를 토대로 각 정책 대안의 상대적인 우월성을 평가하고, 다양한 기준을 통해 어떤 대안이 목표 달성에 가장 효과적이고 공정하며 실행 가능한지를 판단한다. 정책 대안을 비교·평가하기 위해서는 다양한 방법을 사용할 수 있다. 정량적 평가방법으로는 각 대안의 비용과 예상되는 효과를 비교하여, 가장 경제적인 해결책을 평가하는 비용－효과 분석(Cost-Effectiveness Analysis), 여러 평가 기준을 설정하고, 각 대안을 종합적으로 평가하여 점수를 매기는 방법으로 다기준 의사결정 분석(Multi-Criteria Decision Analysis)이 있다. 정성적 평가방법으로는 정책 대안이 다양한 이해관계자들에게 어떤 영향을 미치는지를 분석하는 이해관계자 분석(Stakeholder Analysis)과 정책 전문가들의 의견을 통해 각 대안의 가능성과 잠재적인 문제를 평가하는 전문가 의견 수렴(Expert Consultation)을 활용할 수 있다.

5) 최선의 정책대안 선택

교육정책 결정 과정의 마지막 단계는 다양한 정책 대안 중에서 최선의 대안을 최종적으로 선택하는 것이다. 이 과정에서는 이전 단계에서 비교·평가한 결과를 바탕으로, 각 대안의 실현 가능성, 효과성, 효율성, 그리고 공평성을 종합적으로 검토하여 가장 우수한 정책 대안을 선택한다. 정책 대안을 선택할 때 가장 먼저 고려해야 할 것은 실현 가능성이다. 실현 가능성은 정치적, 재정적, 조직적 측면에서 각 대안이 실제로 실행 가능한지를 평가하는 것이다. 정치적, 재정적, 조직적으로 실현 불가능한 것으로 판단된 대안은 선별 과정에서 제외된다. 이 과정은 실현 가능한 대안만을 남기기 위한 중요한 단계이다. 실현 가능한 대안들 중에서 최선의 대안을 선택하기 위해서는 효과성, 효율성, 공평성 등의 가치판단 기준을 적용하여 평가한다. 이 과정은 교육정책의 문제해결이 과학적이고 체계적으로 접근되어야 함을 강조한다.

그러나, 현실에서의 교육정책 결정은 단순히 합리적 분석에만 의존하지 않는다. 정치적 요인들이 강력하게 작용하기 때문이다. 결정 과정에 참여하는 사람들의 영향력, 정치적 이해관계, 그리고 정책 결정자의 개인적 신념과 제한된 정보 등이 정책 결정에 큰 영향을 미친다. 이처럼, 교육정책의 결정 과정은 고도의 지적 활동을 통해 문제를 해결하려는 분석적 접근과 이해관계자들의 영향력과 정치적 요인들이 복합적으로 작용하는 정치적 요소를 모두 포함한다. 이 두 가지 성격을 균형 있게 조화시켜야만 효과적이고 현실성 있는 교육정책을 수립할 수 있게 된다.

다. 교육정책 집행과정

교육정책이 의제로 설정된 후, 이를 현실에서 실행하는 단계가 바로 교육정책 집행 과정이다. 이 과정에서는 채택된 정책 대안을 어떻게 구체적으로 실현할 것인지가 다뤄지며, 정책의 성공과 실패는 대부분 이 집행 단계에서 판가름난다. 정책 목표는 정책 집행을 통해 비로소 달성되므로, 정책 집행은 정책의도를 구체화하고 실현하는 핵심적인 역할을 한다. 집행 과정에서 추상적으로 결정된 정책은 보다 구체적이고 실질적인 형태를 갖추게 된다. 이 단계는 교육 문제에 대해 정부가 제시한 해결 방안을 일반 국민들이 실제로 경험하고 체감할 수 있는 중요한 시점이라 할 수 있다.

그런데, 정책이 채택되었더라도 그 모든 내용이 반드시 성공적으로 현실화되는 것은 아니다. 어떤 정책 대안은 교육 문제를 해결하지만, 다른 대안은 오히려 문제를 악화시킬 수도 있다. 따라서 정책집행의 성공을 결정짓는 요인들을 이해하는 것이 중요하다. 정책 집행의 성패를 결정하는 요인들을 살펴보면 다음과 같다.

첫째, 교육정책의 목표가 명확하지 않거나 구체적이지 않으면, 정책 집행자들이 정책의 최종 목적을 이해하기 어렵다. 정책 집행자들이 무엇을 달성해야 하는지 명확하지 않으면, 각기 다른 방식으로 정책을 집행하게 되고, 이는 일관성 있는 결과를 기대하기 어렵게 만든다. 이는 교육 현장에서 다양한 해석을 낳고, 학교마다 서로 다른 접근 방식으로 목표를 추구하게 되어, 정책의 효과가 분산될 수 있다. 이와 동시에 정책 목표가 명확하지 않으면 일관성 있는 집행이 어렵다. 각 정책 집행자는 목표를 다르게 해석하고 적용할 수 있기 때문이다. 정책 목표가 불명확하면 성과를 측정하는 것 또한 어렵다. 목표가 구체적이고 명확해야만, 정책이 성공했는지 실패했는지를 평가할 수 있는 기준이 생긴다. 목표가 모호할 경우, 성과를 평가하기 위한 구체적인 지표를 설정하기 힘들고, 따라서 정책의 효과를 제대로 측정할 수 없다. 정책목표가 모호한 대표적인 예로서 한국의 교육 정책 중 하나였던 '사교육비 경감' 정책을 생각해 보자. 이 정책의 목표는 사교육비를 줄이는 것이었지만, 이를 구체적으로 어떻게 달성할 것인지에 대한 명확한 지침이 부족했다. 방과 후 수업을 강화하기도 하고, 직접적으로 사교육 시장을 규제하려고도 했지만, 이와 같은 다양한 접근은 일관된 정책 효과를 가져오기 어렵고, 정책의 성과를 제대로 측정할 수 없게 만든다. 결과적으로, 정책 목표의 불명확성은 정책집행의 혼란을 초래했고, 기대했던 사교육비 감소 효과를 충분히 달성하지 못한 것으로 보인다.

둘째, 정책 집행자의 이해 능력이 중요하다. 교육정책의 집행자, 특히 교사와 같은 일선 집행자(street-level bureaucrats)들이 정책의 내용을 정확하게 이해하는 것이 필수적이다. 이들은 정책 문제의 본질과 목표, 그리고 이를 달성하기 위한 구체적인 정책수단을 명확하게 알아야 한다. 관료 조직에서는 정책이 최전선의 집행자에게 전달될 때쯤, 내용이 왜곡되거나 굴절되어 정책 목표의 일관성이 떨어질 수 있다. 따라서 정책의 일관성을 유지하기 위해서는 집행자들의 높은 이해 능력이 필수적이다. 2001년에 제정된 미국의 No Child Left Behind(NCLB)법의 주요 목표는 모든 학생들이 읽기와 수학에서 기본적인 학력을 갖추도록 하고, 특히 저소득층과 소수민족 학생들의 성취도를 높이는 것이었다. 이를 위해 NCLB하에서 학생들의 학업 성취도를 평가하고, 학교의 성과를 측정하기 위해 표준화된 시험을 도입했다. 하지만 시험 결과가 학교 성과의 주요 지표로 사용되면서, 일부 교사들은 교육의 질을 높이기보다 단순히 시험 성적을 높이기 위한 전략에 집중하게 되었다. 또한 NCLB는 학교가 실패한 학생들을 위해 추가 지원을 제공하도록 했지만, 많은 학교에서는 이 지원이 어떻게 이루어져야 하는지를 명확하게 이해하지 못했다. 그 결과, 일부 학교에서는 추가적인 보충 수업이나 튜터링보다는 단순히 행정적인 조치나 학생을 다른 학교로 전학시키는 방식으로 문제를 해결하려 했다. 이는 정책 목표인 학생들의 실질적인 학업 성취도 향상보다는 표면적인 문제해결에 그치게 된 것이다.

셋째, 정책집행의 성공을 위해서는 정책 집행자의 동의와 순응 의지(will)가 중요하다. 정책의 성공적인 집행은 집행자들이 정책의 필요성을 이해하고, 이를 기꺼이 따르려는 의지가 있을 때 가능하다. 집행자들이 정책을 바람직하다고 인식하고, 이를 실현하고자 할 때, 정책 집행의 성공 가능성은 매우 높아진다. 반대로, 정책의 필요성을 인식하지 못하고, 오히려 해가 된다고 생각하면, 정책 집행은 어려워진다. 일찍이 Lipsky(1980)는 그의 저서 "Street-Level Bureaucracy: Dilemmas of the Individual in Public Services."을 통해 교육을 포함하여 공공영역의 최전선에서 일하는 '현장 관료'들이 정책 집행에 있어 결정적인 역할을 한다고 주장한다. 그는 이러한 현장 관료들이 정책의 최종 해석자이자 실행자이며, 그들의 이해와 동의 없이는 정책이 효과적으로 집행될 수 없다고 강조한다. 이들은 정책의 실제 실행과정에서 상당한 재량권을 가지고 있으며, 정책의 성공 여부는 이들의 동의와 순응에 크게 의존하였다. 교육 정책 분야에서도 교사들이 교육정책을 단순히 수동적으로 따르는 것이 아니라, 자신의 지식과 경험을 바탕으로 정책을 재해석하고 조정하는 중요한 역할을 한다는 점을 강조한 다수 선행연구 결과들이 있다. 대표적으로, Datnow와 Castellano(2000)의 연구 "Teachers' Responses to Success for All: How Beliefs, Experiences, and Adaptations Shape Implementation."에 따르면, "성공을 위한 모든 사람(Success for All)" 프로그램에서 교사들은 자신의 교육 신념과 경험을 바탕으로 정책을 해석하고, 이를 자신의 교육 활동에 통합한다. 교사들이 정책을 자신의 방식으로 적응하고 조정하는 능력이 정책 집행의 성공 여부를 결정짓는 중요한 요소라는 것을 강조한다. 이와 같은 연구들에 따르면, 교육정책의 성공적인 집행을 위해서는 교사들이 정책의 목표와 필요성을 충분히 이해하고, 이를 실천할 수 있는 자원과 지원을 제공받는 것이 필수적인 것이다.

넷째, 정책집행의 성공을 위해서는 충분한 자원이 확보되어야 한다. 교육정책을 성공적으로 집행하기 위해서는 인적, 물적, 사회적 자원의 지원이 필요하다. 정책 집행에는 전문 지식을 가진 인력이 필요하며, 집행 조직 간의 협업과 문제해결을 위한 빠른 의사소통 체계가 중요하다. 또한, 정책을 효과적으로 집행하기 위해 필요한 물리적 자원도 충분히 확보되어야 한다. 이처럼 정책 집행에서 충분한 자원의 확보는 정책의 성공적인 실현에 필수적인데, 충분한 자원의 확보가 어떻게 정책 집행의 성공에 기여하는지를 보여주는 좋은 사례 중 하나가 핀란드의 교육혁신이다. 핀란드는 세계에서 교육 성취도가 가장 높은 국가 중 하나로 꼽히며, 그 배경에는 충분한 자원의 확보와 전략적인 자원 사용이 있었다. 특히, 교육 혁신을 위한 정책 집행에서의 인적, 물적 자원의 역할이 컸다. Sahlberg(2011)의 연구에 따르면, 핀란드에서 충분한 인적 자원(특히, 잘 훈련된 교사들)과 물적 자원(최신 교육 기술 및 시설)이 교육 정책 집행의 성공에 중요한 역할을 했다는 것을 보여준다. 핀란드는 교사 교육과 학교 시설 개선에 많은 투자를 하여, 교육 정책이 효과적으로 집행될 수 있는 기반을 마련한 것이다. 영국에서 사회적 자원과 인프라를 통해 저소득층 가정의 어린이들에게 초기 교육 및 보육 서비스를 제공하는 프로그램인 Sure Start 또한 다양한 자원의 확보가 정책 집행의 성공에 어떻게 기여하는지를 잘 보여준다. Melhuish와 그의 동료 연구(2008)에 따르면, Sure Start 프로그램이

3세 어린이들의 발달과 그 가족들의 복지에 긍정적인 영향을 미쳤다고 결론지었다. Sure Start 프로그램이 시행된 지역의 3세 어린이들과 그 가족들을 프로그램이 시행되지 않은 유사한 지역의 어린이들과 비교하였는데, 충분한 인적, 물적, 사회적 자원의 지원이 프로그램의 성공에 중요한 역할을 했으며, 이는 정책 집행 과정에서 자원 확보의 중요성을 잘 보여주는 사례이다.

끝으로, 정책 집행의 성공에는 정책 결정자와 관련 집단의 강력한 추진 의지가 필수적이다. 정책 결정자가 정책의 성공을 중요하게 여기고, 이를 강력하게 추진하려는 의지를 보일 때, 정책 집행자들도 더 큰 열정을 가지고 정책을 실행하게 된다. 정책 결정자와 관련 집단의 강력한 추진 의지가 정책 집행의 성공에 얼마나 중요한지를 보여주는 사례는 여러 연구에서 다루어져 왔다. 이와 같은 연구들은 정책 결정자들이 정책의 성공에 대해 강력한 의지를 보일 때, 정책 집행자들이 이를 따르고 정책을 성공적으로 실행하게 만드는 동기를 제공한다고 보고 있다. 대표적으로, 흔히 오바마케어로 불리는 Affordable Care Act(ACA)는 미국 전 국민에게 의료 보험을 제공하기 위한 법안으로 이 법안의 성공적인 집행에는 정책 결정자와 관련 집단의 강력한 추진 의지가 결정적 역할을 했다. Patashnik과 Zelizer(2013)의 연구 에 따르면, 오바마 대통령과 민주당의 강력한 추진 의지가 ACA의 성공적인 집행에 중요한 역할을 했음을 강조한다. 오바마 대통령은 정책 집행 과정에서 발생한 다양한 정치적 장애물을 극복하기 위해 지속적으로 노력했으며, 이는 정책 집행자들과 대중에게 강력한 메시지를 전달하며 정책의 성공을 촉진했다. 또한, 매체의 광범위한 보도와 대중의 관심도 정책의 성공에 긍정적인 영향을 미쳤다.

라. 교육정책 평가과정

교육정책평가란 정책이 집행된 후, 본래 의도했던 목표에 비추어 그 결과를 검토하는 중요하는 활동이다. 이 과정에서는 의도한 결과가 제대로 달성되었는지, 그렇지 않다면 그 이유가 무엇인지 체계적으로 파악한다. 정책 평가 과정은 정책 결정이 잘못되었는지, 아니면 정책 집행에 문제가 있었는지를 구분하여 차후 정책 결정과 집행 과정에 유용한 정보를 제공하는 데 목적이 있다(정정길, 2010; Alkin &

Christie, 2019). 평가과정은 정책집행 과정의 여러 측면을 검토하여 보다 바람직한 집행 전략을 제시하고, 이후 정책 수정에 필요한 지식을 제공함으로써 정책 결정에 기여한다.

교육정책의 과정에서 정책평가의 중요성을 다음과 같이 몇 가지 살펴볼 수 있다. 첫째, 정부가 의도한 목적이 효과적이고 능률적으로 달성되었는지를 철저하게 검토하는 것이 중요하다. 정책의 효과를 검증하지 않은 채 지속적으로 추진하면, 정부의 한정된 자원을 낭비할 뿐만 아니라(정정길, 2010), 정책 집행자들과 국민들의 정책에 대한 신뢰를 떨어뜨릴 수 있다(Bovens, Goodin, & Schillemans, 2014). 따라서 정책 평가는 자원 낭비를 방지하고, 정책 집행자들의 의견을 수렴하는 중요한 과정이 된다. 둘째, 정책 평가 과정을 통해, 정책 집행이 법규와 회계 규칙에 맞게 이루어졌는지를 점검한다. 이를 통해 법적 책임성을 확보하고, 집행 업무의 효율적인 관리가 가능해진다. 또한, 국민에게 정책의 효과와 효율성을 보장하는 정치적 책임도 확보할 수 있다. 셋째, 정책 평가는 그 결과를 바탕으로 정책 결정이나 집행 과정에 필요한 정보를 제공하여, 정책의 과정을 바람직한 방향으로 이끌어 나가는 환류 기능을 수행한다. 이는 정책의 지속적인 개선과 발전을 가능하게 한다. 넷째, 정책 평가 과정의 투명성을 강화하는 것이 중요하다. 평가 과정이 투명하게 이루어지면, 평가결과에 대한 신뢰도가 높아지고, 정책 수립 및 집행의 개선에 대한 적극적인 참여를 유도할 수 있다(Brandon, K. & Smith, N. L., 2021).

정책평가의 중요성을 보여주는 대표적인 사례: “Head Start” 프로그램의 평가연구(Puma, et al., 2010)

Head Start 프로그램은 1965년에 도입된 미국의 대표적인 유아교육 프로그램으로, 주로 저소득층 가정의 어린이들에게 포괄적인 교육, 건강, 영양, 부모 참여 서비스를 제공하여 아동의 전반적인 발달을 지원하는 것을 목표로 한다. Puma와 그의 동료들(2010)은 Head Start 프로그램이 아동들에게 미치는 영향을 평가하기 위해 미국 보건복지부의 지시에 따라 대규모 연구를 실시하였는데, 프로그램의 장기적인 효과를 분석하고, 정책이 얼마나 효과적으로 실행되고 있는지를 평가하였다. 이 연구에서 Head Start 프로그램은 유아들의 초기 학업 성취도와 사회적 발달에 긍정적인 영향을 미쳤지만, 그 효과는 시간이 지남에 따라 감소하는 경향이 있었다. 따라서 해당 연구진들은 정책이 어떻게 개선될 수 있는지를 제안하면서, 프로그램의 지속적인 개선을 위한 피드백을 제공한다.

우선, Head Start 프로그램의 평가 과정은 프로그램이 의도한 목적을 얼마나 효과적이고 효율적으로 달성하고 있는지를 철저히 검토하는 과정이었다. 연구진들의 평가과정에서는 프로그램이 법규와 규정을 준수하면서 효과적으로 집행되고 있는지도 점검되었다. Head Start 프로그램은 연방정부의 지원을 받는 만큼, 평가과정에서 프로그램이 법적 요구사항을 충족하고 있는지, 재정 관리가 적절하게 이루어지고 있는지를 확인할 필요가 있었던 것이다. 또한 Puma et al.(2010)의 평가연구에서는 Head Start 프로그램의 평가결과를 바탕으로 정책 개선에 필요한 정보를 제공한다. 프로그램의 장기적인 효과가 약화되는 경향을 파악하고, 이를 개선하기 위한 권고 사항을 제시함으로써, 정책의 지속적인 개선과 발전을 도모할 수 있는 피드백을 제공했다. 이는 정책 평가가 정책 과정에서 중요한 환류 기능을 수행한다는 것을 잘 보여준다. 이와 같은 정책평가 사례는 정책 평가가 자원 낭비를 방지하고, 정책 집행자들과 국민들의 신뢰를 유지하며, 정책의 지속적인 개선을 위한 중요한 과정임을 잘 보여준다.

이상에서 살펴본 바와 같이, 정책평가는 단순히 정책의 성과를 검토하는 것 이상의 중요한 기능을 한다. 이는 정책의 효율성과 효과성을 보장하고, 자원의 낭비를 막으며, 정책에 대한 신뢰를 구축하는 데 필수적이다. 또한, 평가결과를 바탕으로 정책을 지속적으로 개선하고 발전시켜 나갈 수 있도록 환류 기능을 수행한다. 일반적으로 정책평가과정은 아래 [그림 9-4]와 같은 절차로 진행된다.

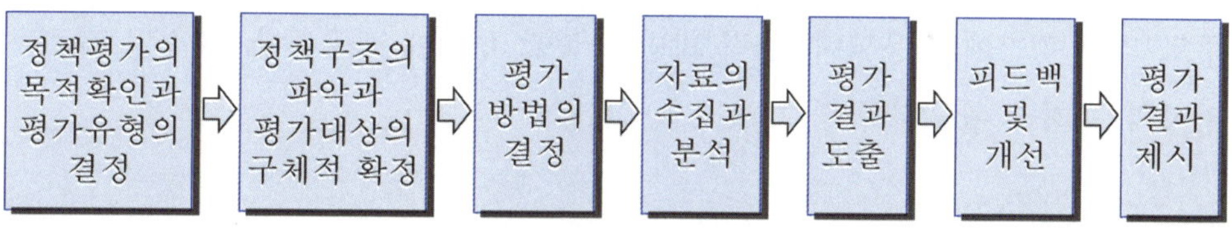

[그림 9-4] 교육정책평가의 과정

1) 정책평가의 목적 확인과 평가 유형의 결정

정책 평가 과정에서 가장 먼저 해야 할 일은, 평가를 통해 무엇을 알고자 하는지 명확히 파악하는 것이다. 예를 들어, 평가결과가 정보 제공을 위한 것인지, 정책 집행에 대한 책임을 확인하기 위한 것인지, 아니면 학문적 기여를 목적으로 하는 것인지를 구체적으로 정의해야 한다(정정길, 2010). 평가의 목적에 따라 평가의 초점과 방법이 결정되기 때문이다.

2) 정책구조의 파악과 평가대상의 구체적 확정

평가해야 할 정책이나 사업의 범위를 명확히 규정하고, 무엇을 평가대상으로 할 것인지 분명히 해야 한다. 정책의 전반적인 구조를 파악하고, 평가대상의 구체적인 내용(예: 사업 목표와 사업 수단)을 정확하게 이해하는 것이 중요하다.

3) 평가방법의 결정

어떻게 평가할 것인지, 자료 수집과 분석을 어떻게 할 것인지 결정하는 단계이다. 이 과정에서는 질적 방법과 양적 방법의 조합을 고려하고, 적절한 조사 설계를 선택해야 한다. 이는 평가의 정확성을 높이고, 정책 평가가 다각적 시각에서 이루어질 수 있도록 한다.

4) 자료의 수집과 분석

객관적이고 신뢰성 있는 평가를 위해, 평가 대상과 관련된 양적 자료와 질적 자료를 충분히 수집해야 한다. 질적 방법(예: 심층 면담, 단체 면담, 참여자 관찰)은 주로 과정 평가에 사용되며, 양적 방법은 총괄 평가에 사용된다. 수집된 자료는 평가의 근거로 활용된다.

5) 평가결과의 도출

수집된 데이터를 바탕으로 정책의 성과와 문제점을 평가하는 단계이다. 이 과정에서 정책이 의도한 결과를 달성했는지, 그리고 어떤 문제점이 발생했는지를 분석한다. 이는 정책의 효과를 명확히 이해하고, 성과를 평가하며, 개선이 필요한 부분을 식별하는 데 중요하다.

6) 피드백 및 개선

평가 결과를 정책 결정자와 집행자에게 전달하고, 이를 바탕으로 정책을 수정 및 개선하는 단계이다. 이 과정은 평가 결과가 실제 정책 개선에 반영될 수 있도록 하고, 정책의 지속적인 발전을 도모하는 데 필수적이다. 이를 통해 정책의 품질을 높이고, 미래의 정책 결정에 유용한 정보를 제공할 수 있다.

7) 평가결과의 제시

평가 결과는 실질적으로 활용될 수 있도록 명확하고 체계적인 형태로 제시되어야 한다. 문서화된 공식 보고서 형태로 결과를 제공함으로써, 정책 결정자들이 이를 바탕으로 정책을 수정하고 개선할 수 있도록 돕는다.

3. 교육정책 과정의 제이론

위에서 살펴본 교육정책의 과정을 연구하고 이를 이론화한 것이 교육정책과정이론이다. 이 절에서는 교육정책과정의 단계별로 대표적인 교육정책과정이론을 살펴본다.

가. 교육정책 형성단계의 대표이론: 정책의 창 이론(Policy Window Theory)

정책형성단계는 교육 문제를 인식하고 이를 정책적 의제로 전환하는 과정이다. 이 단계에서는 정책 문제의 본질을 이해하고, 이를 해결하기 위한 잠재적인 대안들을 탐색한다. 정책의 창 이론(Policy Window Theory)은 John W. Kingdon이 그의 저서 "Agendas, Alternatives, and Public Policies(2003)"에서 제안한 이론으로, 정책이 형성되는 과정에 대해 설명한다. 이 이론은 특정 시점에서 정책이 효과적으로 형성되기 위해 문제, 정책 대안, 정치적 기회가 결합되어야 한다는 것을 강조한다. Kingdon은 이를 "정책 창(policy window)"이라고 부르며, 이 창이 열릴 때 새로운 정책이 형성될 가능성이 높아진다고 주장한다. 이 이론은 교육정책 형성과정에서 정책의제가 어떻게 설정되고, 어떤 조건에서 정책이 효과적으로 형성될 수 있는지를 설명하는 데 유용하다.

정책의 창 이론은 정책형성과정에서 세 가지 주요 흐름이 동시에 결합될 때 정책 창이 열리며, 이때 정책이 효과적으로 형성될 수 있다고 설명한다. 이 세 가지 흐름은 문제 흐름(Problem Stream), 정책 흐름(Policy Stream), 정치 흐름(Political Stream)이다.

첫째, 문제 흐름(Problem Stream)은 정책 결정자들이 특정 문제를 중요한 사안으로 인식하고 이를 정책의제로 설정하는 과정을 의미한다. 이는 교육 문제의 인식과 공론화 과정을 포함한다. 문제의 인식과 공론화는 정책형성과정에서 문제의 심각성과 긴급성을 인식하는 것이 첫 단계다. 예를 들어, 교육 성취도 격차나 학교 폭력과 같은 문제가 언론에 보도되고 사회적 관심을 받게 되면, 이는 정책 결정자들이 이를 중요한 문제로 인식하게 만드는 계기가 된다. 문제의 우선순위 설정은 교육 문제의 중요성이 인식되고, 이에 대한 사회적 요구가 높아질 때, 정책 결정자들은 이 문제를 해결해야 할 우선 과제로 설정한다. 이는 정책의제 설정의 중요한 단계로, 문제의 심각성과 사회적 영향력에 따라 결정된다.

둘째, 정책 흐름(Policy Stream)은 문제를 해결하기 위한 다양한 정책 대안들이 탐색되고 개발되는 과정을 의미한다. 이는 정책 커뮤니티 내의 전문가, 연구자, 그리고 정책 분석가들이 문제를 해결하기 위한 창의적인 해결책을 제시하고 논의하는 단계다. 정책형성과정에서는 다양한 교육 문제를 해결하기 위한 가능한 대안들을 탐색하고 개발한다. 예를 들어, 교육 불평등 문제를 해결하기 위한 다양한 프로그램이나 정책 개혁 방안이 제시될 수 있다. 제시된 대안들 중에서 실현 가능성이 높고 효과적인 해결책이 부각될 때, 이들은 정책 커뮤니티에서 중요한 논의의 대상이 된다. 이 과정에서는 정책 대안이 기술적으로 실행 가능하고, 재정적으로 지속 가능하며, 정치적으로 수용 가능한지를 평가한다.

셋째, 정치 흐름(Political Stream)은 정책 결정에 영향을 미치는 정치적 상황의 변화를 의미한다. 이는 정치적 환경과 공공의 관심이 정책형성과정에 어떻게 영향을 미치는지를 설명한다. 정책형성과정에서 정치적 기회는 정책 창을 여는 중요한 요소다. 이는 정부의 변화, 선거 결과, 정치적 연합의 형성 등으로 인해 새로운 정책을 도입할 수 있는 기회가 마련되는 것을 의미한다. 예를 들어, 새로운 정부가 들어서면서 교육 개혁을 우선순위로 설정할 때 정치적 흐름이 활성화된다. 정책형성과정에서 정치적 지지를 얻는 것도 중요하다. 이는 정책 결정자들이 새로운 정책을 추진하기 위해 정치적 지지를 확보하고, 이를 통해 정책을 실현할 수 있는 기반을 마련하는 과정을 포함한다.

세 가지 흐름 들은 우연한 계기에 만나게 되어 사회적 이슈가 정책대안들과 결합하게 되고, 정치적 상황이 맞아떨어질 때 정책의 창이 열리게 된다. 정책 활동가들이 해당 문제에 대해 정책결정자들의 관심을 유도하여 정책대안을 결정짓는 기회이다. 그렇다면, 정책의 창은 언제 열리는가? 정책 창이 열리는 중요한 상황 중 하나는 정치적 변화다. 정권이 교체되거나, 의회 내에서 정당 의석의 배분이 변화하거나, 국민 여론이 변화할 때, 정부의 의사 결정자들이 새로운 사회 문제에 대한 관심을 가지게 된다. 예를 들어, 정권 교체가 이루어지면 새로운 정부는 이전 정부와 다른 정책 우선순위를 설정하게 되고, 이는 새로운 정책 대안을 도입할 수 있는 기회를 제공한다. 또한, 국민 여론이 특정 사회 문제에 집중되면, 정책 결정자들은 이 문제를 해결하기 위해 정책 대안을 적극적으로 검토하게 된다. 정책 창은 예상치 못한 극적인 사건으로 인해 열릴 수 있다. 이러한 사건은 특정 문제의 심각성을 부각시키고, 정책 결정자들이 그 문제를 해결하기 위한 대안을 마련하도록 유도한다. 예를 들어, 사교육비의 급증으로 인해 가계 부담이 커지고 국민들의 불만이 높아지는 상황에서, 관련 사건이 언론의 주목을 받으면 이 문제가 심각하게 부각된다. 이러한 상황은 정책 활동가들이 사교육비 경감을 위한 다양한 정책 대안을 제시하고 의제화할 수 있는 기회를 제공한다.

반대로 정책의 창은 언제 닫히게 되는가? 제기된 사회 문제가 해결되면 정책 창은 닫힌다. 이는 문제를 제기했던 정책 활동가들이 해당 문제가 정책 의사결정이나 입법 과정에서 충분히 다루어졌다고 판단하거나, 정책이 집행된 후 어느 정도 성과가 있어 만족을 느낄 때 발생한다. 예를 들어, 사교육비 경감을 위한 정책이 실행되고 가시적인 성과를 나타내면, 그 문제에 대한 관심은 줄어들고 정책 창은 닫히게 된다. 모든 사회 문제가 해결될 때까지 정책 창이 계속 열려 있는 것은 아니다. 이슈가 정책 문제로 이슈화되고 의제화되더라도, 시간이 지나면서 국민의 관심에서 벗어나게 되면 정책 창은 닫힐 수 있다. 또한, 문제를 해결할 만한 정책 대안이 없거나, 정책 활동가들이 정부의 행동을 유도하지 못했을 경우에도 정책 창은 닫히게 된다. 정책 창이 닫히면, 다음 기회가 올 때까지 정책을 추진하기 위한 시간과 에너지를 절약할 수 있다. 따라서 정책 결정자들은 정책 창이 열릴 때 그 기회를 최대한 활용해야 한다.

위에서 살펴본 바와 같이, 정책 창 이론은 정책 형성 과정이 단순한 의사결정이나 행정적 절차에 의한 것이 아니라, 다양한 요소들의 복잡한 상호작용에 의해 결정된다는 것을 강조한다. 이는 정책 결정자들이 다양한 사회적, 정치적, 그리고 기술적 요인들을 고려해야 한다는 것을 보여준다.

나. 교육정책결정이론

정책결정과정은 주로 정부기관이 장래의 주요한 행동지침을 정하기 때문에 매우 복잡한 동태적 과정을 거쳐 결정하게 된다. 실제에서 정책이 결정되는 복잡한 과정을 보다 단순하고 쉽게 이해할 수 있도록 이론모형으로 정립되었다. 정책결정이론은 크게 바람직한 정책결정이 합리적이고 분석적으로 수행될 수 있다는 합리적 접근과 인간의 능력에는 한계가 있기 때문에 합리모형에서와 같은 의사결정이 이루어질 수 없고 현실적이고 실증적인 측면이 강조되어야 한다는 인지적 접근으로 구분하여 볼 수 있다. 이 절에서 정책결정과정의 합리적 접근으로서 합리모형과 인지적 접근으로서 점증모형에 대해서 살펴본다. 이와 함께 최근 등장한 정책네트워크 이론에 대해서도 간략히 살펴본다.

1) 합리적 선택 이론(Rational Choice Theory)

합리적 선택 이론(Rational Choice Theory)은 경제학과 정치학에서 유래된 이론으로, 정책 결정 과정에서 의사 결정자들이 합리적인 방식으로 행동한다고 가정한다. 즉, 정책 결정 과정에서 정책 결정자들이 논리적이고 체계적인 방법으로 최선의 대안을 선택한다고 가정하는 이론이다. 이 이론에 따르면, 정책 결정자들은 고도의 인지적 능력을 지니고 있으며, 복잡하고 불확실한 환경 속에서도 합리적이고 분석적인 결정을 내릴 수 있다. 합리적 선택 이론은 정책 결정자가 제시된 모든 대안을 충분히 이해하고, 각각의 대안이 가져올 결과를 예측할 수 있는 능력을 갖추고 있다고 전제한다(Simon, 1957). 이를 통해 정책 결정자는 체계적이고 안정적인 선택을 할 수 있다는 것이다.

정책결정자에 대한 이와 같은 가정 하에 합리적 선택 이론은 정책 결정 과정에서 논리적이고 체계적인 접근을 강조하며, 정책을 결정하는 과정이 다음과 같은 절차를 거친다고 설명한다. 첫째, 문제 인식과 목표 설정이다. 정책 결정자는 먼저 해결해야 할 문제를 명확하게 정의하고, 달성하고자 하는 목표를 설정한다. 이는 정책 결정 과정의 첫 단계로, 문제의 본질을 이해하고 이를 구체적으로 표현하는 것이 중요하다. 둘째, 대안 탐색이다. 정책 결정자는 문제를 해결할 수 있는 다양한 대안을 광범위하게 탐색한다. 가능한 모든 해결책을 고려하며, 각 대안의 장단점과 실행 가능성을 평가한다. 셋째, 미래 예측이다. 선택한 대안에 대해 가치나 효용을 판단하기 위해 미래 결과를 예측한다. 이는 각 대안이 가져올 가능성 있는 결과를 분석하고, 예상되는 효과를 평가하는 과정이다. 넷째, 대안 평가이다. 예측된 결과를 바탕으로 각 대안을 비교하고 평가한다. 이는 대안들이 목표 달성에 얼마나 효과적이고, 비용 대비 얼마나 효율적인지를 판단하는 단계이다. 다섯째, 최선의 대안 선택이다. 비교와 평가 결과를 바탕으로, 정책 결정자는 목표를 가장 잘 달성할 수 있는 최선의 대안을 선택한다. 이는 정책 결정자가 다양한 요인들을 종합적으로 고려하여 가장 바람직한 해결책을 선택하는 과정이다. 예를 들어, 학업 성취도 격차를 해결하기 위한 교육 정책을 고려해보자. 정책 결정자는 먼저 문제를 명확하게 정의하고, 학업 성취도 격차의 원인을 파악한다. 그런 다음, 이를 해결할 수 있는 다양한 대안을 탐색하고, 각 대안이 가져올 결과를 예측한다. 예를 들어, 학생들에게 추가 학습 지원 프로그램을 제공하거나, 교사의 교육 역량을 강화하는 프로그램이 대안으로 고려될 수 있다. 이후, 각 대안을 비교하고, 비용 대비 효과를 분석하며, 가장 적합한 해결책을 선택한다. 이러한 과정은 합리적 선택 이론에 따라 논리적이고 체계적인 분석을 통해 이루어진다.

합리적 선택 이론은 이상적인 정책 결정 과정을 설명하지만, 현실에서는 이 이론의 논리를 그대로 따르기 어려운 경우가 많다. 실제 상황은 불확실하고 복잡하며, 모든 가능한 대안을 인지하고 미래를 정확하게 예측하는 것은 매우 어렵다. 이러한 한계 때문에, 정책 결정자는 미래 결과를 예측하는 데 있어 주관적 판단에 의존하게 되며, 이는 체계적인 오류를 초래할 수 있다. 즉, 현실에서는 정보의 제한성, 시간과 자원의 제약, 인간 행동의 복잡성 등 다양한 요인들이 합리적 선택을 방해할 수 있다. 그럼에도 불구하고, 합리적 선택 이론은 정책 결정 과정의 중요한 틀을 제공하며, 다양한 정책 문제를 해결하는 데 유용한 기본적 도구로 활용될 수 있다.

2) 점증모형: 정책 결정 과정의 대안적 접근

Charles E. Lindblom은 그의 저서 "The Science of Muddling Through"(1959)에서 합리적 선택 이론이 가진 기본 가정, 즉 정책결정자가 모든 정보를 완벽하게 분석하고 합리적인 결정을 내릴 수 있다는 점의 한계를 지적하면서, 정책 결정 과정에 대한 대안적인 접근을 제안했다. 그는 인간의 능력에는 한계가 있으며, 정책결정자는 제한된 시간과 정보 속에서 활동한다고 주장한다. 이러한 맥락에서, Lindblom(1959)은 정책결정자가 모든 대안을 객관적으로 비교할 수 없고, 많은 경우 주관적인 판단에 의존할 수밖에 없다는 점을 강조했다. 이와 같은 제약 속에서, 그는 점진적이고 소규모의 변화를 통해 정책을 발전시키는 방법인 점증모형(Incrementalism)을 제안한다.

점증모형은 기존의 정책에서 작은 변화를 추구하는 접근법을 제시한다. 이는 급격한 변화를 시도하기보다는, 현재의 정책에 소폭의 조정을 가함으로써 정책을 점차적으로 개선해 나가는 방식이다. 점증모형에서는 "나무의 뿌리는 건드리지 않고 가지들만 건드리는" 방법을 사용하여, 기존의 정책에 큰 틀은 유지하면서 작은 부분만을 수정하거나 추가하는 것을 선호한다(Lindblom & Woodhouse, 1993). 점증모형의 절차를 살펴보면, 먼저, 현재 시행 중인 정책을 분석하고, 그 성과와 문제점을 파악한다. 이는 정책의 초기 단계에서 수집된 정보와 데이터를 바탕으로 이루어진다. 둘째, 기존 정책에서 크게 벗어나지 않는 범위 내에서 소폭의 변화를 제안한다. 이는 정책의 일부 요소를 수정하거나, 새로운 요소를 추가하는 방식으로 이루어진다. 셋째, 변경된 정책이 시행된 후, 그 성과를 다시 평가한다. 이는 정책 변경이 얼마나 효과적이었는지, 그리고 추가적인 조정이 필요한지를 파악하는 과정이다. 넷째, 성과 평가를 바탕으로, 필요할 경우 추가적인 작은 변화를 다시 제안하고 시행한다. 이러한 과정은 반복되며, 정책이 점진적으로 개선된다.

점증모형의 장점 중 하나는 예측가능성이다. 점진적인 변화는 급격한 변화보다 결과를 예측하기 쉽다. 이는 정책 변경이 소규모로 이루어지기 때문에, 예상치 못한 부작용을 최소화할 수 있다. 둘째, 작은 변화는 정책 결정자뿐만 아니라, 관련 이해관계자들이 쉽게 동의할 수 있는 경향이 있다. 이는 정책 결정 과정에서 합의를 도출하기 용이하게 만든다. 셋째, 점증모형은 정책 변경이 실패할 경우에도 쉽게 되돌릴 수 있는 장점을 가지고 있다. 이는 큰 틀의 정책을 유지하면서도, 필요한 조정을 통해 점진적으로 발전해 나갈 수 있게 한다.

반면, 점증모형은 현재의 정책에 작은 변화를 가하는 데 초점을 맞추기 때문에, 근본적인 문제가 있는 경우 이를 해결하기 어렵다. 예를 들어, 정책의 기본 틀 자체가 잘못되어 있는 경우, 점진적인 변화만으로는 문제를 바로잡을 수 없다. 또한 점증모형은 급격한 변화를 지양하기 때문에, 혁신적이고 획기적인 정책 변화를 도입하기 어렵다. 이는 중요한 정책 전환이 필요한 상황에서 비효율적일 수 있다. 역사적으로 중요한 많은 정책 결정들은 점증모형의 방식이 아니라 급격하고 획기적인 결정에 의해 이루어졌다. 예를 들어, 케네디 대통령의 급속한 우주 개발 프로그램이나 루즈벨트 대통령의 뉴딜 정책은 점증모형보다는 급진적인 결정이었다.

요약하자면, 점증모형은 정책 결정자가 불확실하고 복잡한 환경 속에서 소규모의 점진적 변화를 통해 정책을 개선해 나가는 접근법을 제시한다. 이는 기존 정책을 바탕으로 작은 조정을 통해 정책을 점차적으로 발전시켜 나가는 방식이다. 이 모형은 정책의 예측 가능성을 높이고, 정치적 합의를 쉽게 도출할 수 있는 장점을 가지고 있다. 그러나 근본적인 문제를 해결하거나 혁신적 변화를 도입하는 데는 한계가 있다. 이러한 점에서, 점증모형은 안정적인 정책 개선이 필요한 상황에서는 유용하지만, 급격한 변화를 요구하는 상황에서는 적절하지 않을 수 있다.

3) 정책 네트워크 이론(Policy Network Theory)

정책 네트워크 이론(Policy Network Theory)은 정책 결정 과정에서 다양한 이해관계자들이 상호작용하는 방식과 그 결과를 설명하는 최신 이론이다. 이 이론은 정책 결정이 단일 행위자나 조직에 의해 이루어지는 것이 아니라, 다양한 이해관계자들 간의 복잡한 네트워크를 통해 이루어진다고 주장한다(Rhodes, 1997). 정책 네트워크 이론은 특히 현대 사회에서 정책 결정 과정이 어떻게 구성되고 작동하는지 이해하는 데 중요한 틀을 제공한다.

해당 이론에서 다루고 있는 주요 개념 중 하나는 정책 네트워크(Policy Network)이다. 정책 네트워크는 특정 정책 문제를 다루기 위해 형성된 이해관계자들의 집합체다. 이 네트워크는 정부 기관, 비정부 조직, 민간 기업, 학계, 그리고 시민사회 등 다양한 주체들로 구성된다(Rhodes, 1997). 이들은 정책 문제에 대해 공동의 관심을 가지고 있으며, 정책 형성, 결정, 집행 및 평가 과정에 적극적으로 참여한다. 둘째, 이해관계자(Stakeholders)이다. 이해관계자는 정책 문제와 관련된 다양한 개인이나 조직을 말한다. 이들은 정책의 영향을 받거나, 정책 형성 과정에 영향을 미칠 수 있는 입장에 있는 사람들이다. 정책 네트워크 이론에서는 이해관계자들이 서로 협력하고 경쟁하며, 네트워크 내에서 다양한 역할을 수행한다고 본다. 셋째, 네트워크 구조(Network Structure)이다. 정책 네트워크의 구조는 네트워크 내 이해관계자들 간의 관계와 상호작용 방식을 설명한다. 이 구조는 네트워크의 연결성, 권력 분포, 그리고 의사소통 패턴 등을 포함한다. 네트워크 구조는 정책 결정 과정에서 중요한 역할을 하며, 정책의 효과성과 효율성에 영향을 미친다. 넷째, 네트워크 거버넌스(Network Governance)이다. 네트워크 거버넌스는 정책 네트워크 내에서 의사결정과 조정이 어떻게 이루어지는지를 설명한다. 이는 네트워크 내 다양한 이해관계자들이 어떻게 협력하고, 갈등을 해결하며, 공동의 목표를 달성하는지를 포함한다. 네트워크 거버넌스는 전통적인 위계적 조직 모델과는 달리, 분산된 의사결정 구조와 상호 협력적 관계를 강조한다.

정책 네트워크는 다양한 형태로 나타날 수 있으며, 각 네트워크 유형은 정책 결정 과정에서 다른 역할과 기능을 수행한다. 대표적인 정책 네트워크 유형으로 첫째, 이슈 네트워크(Issue Network)가 있다. 이슈 네트워크는 특정 정책 문제를 다루기 위해 형성된 넓고 개방된 네트워크다. 이 유형의 네트워크는 많은 이해관계자들이 자유롭게 참여하고, 의견을 제시하며, 정보를 교환하는 특징이 있다. 이슈 네트워크는 정책 문제에 대한 다양한 관점을 반영하고, 정책 결정 과정에서 다양한 이해관계자들의 참여를 장려한다. 둘째, 정책 커뮤니티(Policy Community)가 있다. 정책 커뮤니티는 특정 정책 분야에서 장기적으로 협력하는 이해관계자들로 구성된 더 안정적이고 밀접한 네트워크다. 이들은 지속적인 상호작용과 협력을 통해 정책 문제를 해결하려고 하며, 종종 깊은 전문 지식과 강한 관계를 공유한다.

정책 커뮤니티는 특정 분야에서의 전문성과 안정성을 강조한다. 셋째, 파트너십 네트워크(Partnership Network)이다. 파트너십 네트워크는 특정 목표를 달성하기 위해 다양한 이해관계자들이 협력하는 네트워크다. 이는 공공 및 민간 부문, 비정부 조직 등이 공동의 목표를 위해 협력하는 형태로 나타난다(Sullivan & Skelcher, 2002). 파트너십 네트워크는 자원의 공유와 협력적 거버넌스를 강조하며, 정책 목표 달성을 위한 효율적인 협력 모델을 제공한다.

정책 네트워크 이론은 현대 정책 결정 과정의 복잡성과 다면성을 이해하는 데 중요한 시사점을 제공한다. 이 이론은 정책 결정이 단순히 정부 기관이나 특정 조직에 의해 이루어지는 것이 아니라, 다양한 이해관계자들이 상호작용하는 네트워크를 통해 이루어진다는 점을 강조한다.

다. 교육정책집행이론

정책 과정의 세 번째 단계인 정책 집행에 대한 연구는 다른 단계들에 비해 비교적 늦게 시작되었다. 초기의 정책 집행에 대한 관점은 정책 결정자가 집행 과정에서 모든 것을 통제할 수 있으며, 분명하고 일관된 정책 목표만 세워지면 집행이 자동으로 이루어질 것이라는 기대에 기반했다(Pressman & Wildavsky, 1973). 이 접근은 정책 집행을 단순히 정책 목표를 달성하기 위한 수단적 행위로 간주했다. 그러나 최근의 연구는 집행 과정에서 가장 큰 영향력을 행사하는 집단이 정책 결정권자가 아니라, 정책 문제 해결에 필요한 전문성과 지식을 가진 현장의 정책 집행자임을 강조한다. 정책 집행자는 실제로 정책을 구현하고 목표를 달성하는 데 중요한 역할을 한다. 따라서 정책 집행 과정을 이해하기 위해서는 정책결정자와 집행자 간의 상호 적응(mutual adaptation)과 정책 집행자와 정책 대상 집단 간의 대응 행태를 분석하는 것이 중요하다(McLaughlin, 1987). 이 절에서는 정책 집행의 초기 접근으로서 Lipsky(1980)의 일선집행관료이론(street-level bureaucracy)과 대안적 접근으로 Elmore의 상향적 접근(bottom-up approach)에 대해 살펴본다.

1) 일선집행관료이론(Street-Level Bureaucracy Theory)

Michael Lipsky는 그의 저서 'Street-Level Bureaucracy: Dilemmas of the Individual in Public Services'(1980)에서 일선 집행관료 이론을 제시했다. 이 이론은 정부 정책이 실제로 현장에서 어떻게 집행되고 있는지를 설명하며, 정책 집행의 중요한 측면을 이해하는 데 초점을 맞추고 있다. Lipsky에 따르면, 일선집행관료(Street-Level Bureaucrats)는 정책을 현장에서 직접 실행하는 공무원들로, 교사, 경찰, 사회복지사 등이 이에 해당한다. 이들은 정부가 수립한 정책을 가장 하위단위에서 집행하며, 시민들과 직접 상호작용한다. 이 과정에서 이들은 상당한 자율성과 재량권을 가지며, 정책 결정의 실제 영향력을 행사한다.

우선, Lipsky는 정책 집행 환경의 특징에 대해서 살펴보았는데, 일선집행관료는 항상 시간, 정보, 기술적 지원이 부족한 상태에서 일한다. 예를 들어, 교사는 많은 학생들을 관리하면서도 개별적인 지도를 할 시간이 부족하다. 이러한 자원의 제약은 정책 집행의 효율성과 효과에 큰 영향을 미치게 된다. 둘째, 일선집행관료는 직무 수행 중 육체적, 정신적 위협을 자주 경험한다. 경찰관은 범죄자와의 대치 상황에서 위험에 노출되고, 교사는 문제 학생들과의 상호작용에서 권위에 도전을 받을 수 있다. 이러한 도전들은 일선집행관료의 업무에 큰 스트레스를 주게 된다. 셋째, 일선집행관료는 정책을 공정하게 집행해야 하는 동시에, 개별 상황에 맞게 조정해야 하는 딜레마를 겪는다. 이는 종종 모호하고 상충하는 기대 속에서 정책을 집행해야 하는 어려움을 초래한다. 예를 들어, 교사는 학교 규칙을 엄격하게 지키면서도 학생들의 개별적 필요를 고려해야 한다.

Lipsky는 일선집행관료들이 이러한 불안정한 정책 환경에 대응하기 위해 적응 메커니즘(Coping Mechanisms)을 개발한다고 주장했다. 이들은 자신의 직무를 보다 쉽게 수행하기 위해 다음과 같은 전략을 사용한다.

- 단순화(Simplifications): 일선집행관료는 복잡한 환경을 자신이 이해하고 다룰 수 있는 방식으로 단순화한다. 예를 들어, 교사는 많은 학생들을 개별적으로 관리하는 대신, 학급 전체를 대상으로 일괄적인 규칙을 적용할 수 있다. 이는 심리적 불안을 줄이고, 업무를 보다 효율적으로 수행하는 데 도움이 된다.

- 일상화(Routines): 일선집행관료는 업무를 규칙적이고 습관적인 방식으로 패턴화한다. 이는 일관된 업무 처리 방식을 개발하여 예측 가능한 방식으로 정책을 집행하는 데 도움을 준다. 예를 들어, 교사는 정해진 수업 일정과 규칙에 따라 일상적인 수업을 진행함으로써 교육 목표를 달성하려고 한다.
- 편법과 회피(Evasion and Simplification): 자원이 부족한 상황에서, 일선집행관료는 종종 편법적으로 정책을 집행하거나, 최소한의 관여를 통해 갈등을 피하려고 한다. 예를 들어, 교사는 시간이 부족할 때 개별 상담 대신 일괄적인 지시를 내리거나, 정책 집행에 대한 책임을 정책결정자에게 돌리려 할 수 있다.
- 권위 강화와 통제(Authority and Control): 육체적 및 정신적 위협에 대처하기 위해, 일선집행관료는 자신들의 권위를 강화하고, 정책 대상 집단에 대한 강력한 통제를 시도한다. 예를 들어, 경찰관은 잠재적인 위협 요인을 사전에 정의하고, 이를 통해 업무의 복잡성을 줄이려고 한다. 학교에서는 교무실의 공식적 분위기와 학생들의 교복 등이 교사의 권위를 유지하려는 장치로 작용한다.
- 역할 재정의(Role Redefinition): 일선집행관료는 자신들의 역할을 재정의함으로써, 외부의 기대와 실제 역할 간의 간극을 좁히려 한다. 예를 들어, 교사는 가난한 학생들을 위해 헌신하는 영웅적인 이미지를 통해 자신의 역할을 긍정적으로 정의하려 할 수 있다. 이는 실제로 요구되는 일보다는 자신이 원하는 역할을 수행하는 결과를 초래할 수 있다.
- 편견과 차별(Bias and Discrimination): 일선집행관료는 자신의 편견과 선입견에 기반하여 집단을 판단하고 차별할 수 있다. 이는 정책 집행에서 특정 집단에 대한 부정확한 처우로 이어질 수 있으며, 이를 통해 자신들을 합리화한다. 고객들은 이러한 차별을 공정하지 못하다고 느끼지만, 일선집행관료들은 이를 중립적이고 공정한 조치로 인식할 수 있다.

Lipsky의 이론은 정책이 현장에서 어떻게 실제로 집행되는지를 이해하는 데 중요한 통찰을 제공한다. 이 이론은 일선집행관료들이 정책의 최종 집행자로서 중요한 역할을 하며, 그들의 재량권과 적응 메커니즘이 정책의 성공에 큰 영향을 미친다는 점을 강조한다. 또한, 이 이론은 정책 결정과 집행 간의 간극을 좁히기 위해 일선집행관료의 역할과 그들이 직면한 현실적인 어려움을 이해하고 지원하는 것이 중요하다는 시사점을 제공한다.

2) 상향식 접근(Bottom-up approach)

Richard F. Elmore는 정책 집행 연구에서 상향적 접근(Bottom-up Approach)을 제안하여, 정책이 어떻게 실제로 집행되고 실행되는지를 이해하는 데 중요한 시사점을 제공했다. 이 접근법은 정책 결정과 집행의 중심이 주로 현장에서 시작되며, 정책 집행 과정에서 일선 집행자들의 역할과 현장의 상황을 중시한다는 점에서 기존의 하향적 접근(top-down approach)과는 차별화된다.

하향식 접근은 정책 결정자가 정책 집행 과정의 모든 단계를 통제할 수 있다고 가정한다. 이 접근은 중앙에서 명확히 정의된 목표와 지침이 하달되고, 집행 단계에서 이를 충실히 따르는 것이 중요하다고 본다. 정책 결정자들은 정책 목표를 설정하고, 이를 달성하기 위한 구체적인 역할 기대 사항을 일선 집행자들에게 전달하며, 최종적으로 집행 결과를 원래 의도한 목표와 비교하여 평가한다. 하향식 접근은 위계적 명령에 기반한 강력한 통제와 일관된 집행을 중시하며, 상위 결정자의 의도를 충실히 반영하는 것을 목표로 한다. 그러나 이 접근은 집행 과정에서 발생할 수 있는 현장의 다양성과 복잡성을 충분히 고려하지 못할 수 있다는 한계가 있다.

이와 같은 한계를 극복하기 위하여, 상향식 접근은 정책 집행이 현장에서 시작된다고 보고, 일선 집행자들의 역할과 현장 환경을 중시한다. Elmore(1979)는 상향식 접근에서 정책 집행의 성공은 현장의 일선 집행자들의 지식과 전문성에 달려 있다고 주장한다. 이 접근은 정책 결정자가 모든 것을 통제할 수 없으며, 현장에서 정책을 실제로 집행하는 사람들이 중요한 역할을 한다고 본다. 상향식 접근의 단계는 다음과 같이 이루어진다.

- 일선 집행자들의 행동 서술: 정책 집행자들이 집행 문제를 해결하기 위해 어떤 행동을 해야 하는지를 서술한다.
- 조직 환경과 운용 절차 파악: 이러한 행동을 도출시키는 조직의 환경과 운용 절차가 무엇인지를 파악한다.

- **재량과 자원 파악:** 바람직한 행동과 조직 운용 절차를 유발하기 위해 필요한 재량과 자원을 파악한다.
- **재량과 자원 집중:** 정책 집행에 가장 큰 영향력을 행사하는 조직 단위에게 재량과 자원을 집중시킨다.

상향식 접근에서는 정책 집행과정에서 일선 집행자들의 역할이 중요하며, 이들이 정책 문제를 해결하기 위해 필요한 자율성과 자원을 제공받아야 한다고 본다. 이 접근은 정책의 유연성과 적응성을 강조하며, 현장에서의 피드백을 통해 지속적으로 정책을 개선하고 조정하는 것을 중시한다.

Elmore(1979)는 상향식 접근에서 정책 집행이 성공하기 위해 두 가지 전략이 필수적이라고 강조한다. 첫째, 일선 집행관료들이 그들의 지식과 전문성을 충분히 발휘할 수 있도록 적절한 재량과 자원을 부여해야 한다. 이는 이들이 현장에서 정책 문제를 효과적으로 해결할 수 있도록 하는 핵심 요소다. 둘째, 정책 집행의 성공 또는 실패는 정책 결정권자의 의도에 대한 순응 정도가 아니라, 일선 집행관료들이 얼마나 바람직한 행동을 유도했는가에 달려 있다. 이들은 정책 목표를 실현하기 위해 현장에서 실제로 어떤 행동을 취했는지를 분석한다.

상향식 접근은 현장에서 정책이 실제로 어떻게 집행되는지를 이해하고, 일선 집행자들의 역할을 중요시하는 접근법이다. 이는 정책 집행이 성공하려면 현장의 일선 집행자들이 자율적으로 정책 문제를 해결할 수 있도록 충분한 재량과 자원을 제공받아야 한다는 점을 강조한다. 이러한 접근은 정책 집행의 유연성과 적응성을 강화하고, 현장의 피드백을 통해 지속적으로 정책을 개선하는 데 중요한 시사점을 제공할 수 있다.

라. 교육정책평가이론: CIPP(맥락: Context, 투입: Input, 과정: Process, 성과: Product) 모형

교육정책평가는 정책이 의도한 목표를 얼마나 효과적으로 달성했는지, 그리고 정책의 결과가 기대했던 것과 일치하는지 평가하는 중요한 과정이다. 평가 결과는 정책의 성과를 검토하고, 향후 정책 결정과 집행 과정에서 개선점을 찾는 데 중요한 역할을 한다. 이와 관련된 대표적인 교육정책평가 이론 중 하나로 CIPP 모델(Context, Input, Process, Product)이 있다. 이 모형은 교육정책을 평가하는 데 있어서 포괄적이고 체계적인 접근을 제공한다.

CIPP 모델은 Daniel Stufflebeam(2003)에 의해 개발된 평가 프레임워크로, 교육정책 및 프로그램의 평가를 네 가지 주요 영역으로 나누어 분석한다. 각 영역은 정책의 다른 측면을 평가하는 데 중점을 두며, 이를 통해 정책의 전반적인 성과를 종합적으로 이해할 수 있다.

첫째, 상황평가(Context Evaluation)이다. 이 단계 평가의 목적은 정책이 수립된 환경과 배경을 이해하고, 정책이 해결하고자 하는 문제와 목표를 명확히 하는 것이다. 이때 평가를 위한 주요 질문은 정책의 목표는 무엇인가? 정책이 해결하려는 문제는 무엇이며, 그 문제의 심각성은 어느 정도인가? 정책을 수립할 때의 상황적 요인은 무엇인가이다. 혁신학교 정책에 대한 평가를 예시로 들자면, 기존 학교의 교육 환경과 문제점을 평가하여, 혁신학교 정책의 필요성을 확인하고 목표를 설정하기 위한 평가인 것이다.

둘째, 투입평가(Input Evaluation)이다. 이 단계 평가의 목적은 정책 목표를 달성하기 위해 사용된 자원과 전략을 평가하는 것이다. 이때 주요 질문은 정책 목표를 달성하기 위해 필요한 자원과 지원은 무엇인가? 정책 집행에 필요한 인력, 예산, 기술은 충분히 제공되었는가? 등이다. 학교폭력예방정책을 예시로 든다면, 해당 프로그램을 운영하기 위한 인력과 예산, 교육자료 등이 충분히 제공되었는지를 평가하는 것이다.

셋째, 과정평가(Process Evaluation)이다. 이는 정책이 실행되는 과정을 평가하고, 정책 집행 과정에서 발생한 문제와 개선점을 파악하는 것이 목적이다. 평가를 위한 주요 질문은 정책이 계획된 대로 실행되고 있는가? 정책 집행 과정에서 발생한 문제는 무엇이며, 이를 어떻게 해결할 수 있는가? 정책 집행 과정이 일관되고 효율적인가? 등이다. 혁신학교 정책에서 학교의 자율적 운영 과정이 계획된 대로 잘 진행되고 있는지를 평가하는 것이다. 예를 들어, 혁신학교에서 각 학교가 독자적인 교육 프로그램을 개발하고, 교사와 학부모의 참여를 통해 자율적으로 운영되고 있는지를 이 단계 평가에서 검토한다.

넷째, 성과평가(Product Evaluation)이다. 이 단계 평가에서는 정책의 최종 결과를 평가하고, 정책 목표가 얼마나 효과적으로 달성되었는지를 측정한다. 이를 위해 정책 목표는 달성되었는가? 정책의 결과는 기대했던 것과 일치하는가? 정책이 장기적으로 긍정적인 영향을 미쳤는가? 등을 평가에서 질문하게 된다. 예를 들어, 학교폭력 예방 프로그램에서는 프로그램 도입 이후 학교폭력 사건의 발생률이 감소했는지를 평가하는 것이다. 학교폭력 예방 프로그램의 결과로 학교폭력 사건이 얼마나 줄어들었고, 학생들의 안전과 학교 분위기가 어떻게 개선되었는지를 분석한다.

CIPP 모델은 교육정책 평가에 있어 포괄적이고 체계적인 접근을 제공한다. 이 모델은 정책의 모든 단계를 평가하며, 이를 통해 정책의 성과를 종합적으로 이해할 수 있다. 또한, CIPP 모델은 정책의 과정뿐만 아니라 결과도 중시하며, 이는 정책의 개선과 발전을 위한 중요한 피드백을 제공할 수 있다.

4. 한국의 교육정책 과정: 일반적 논의

가. 교육정책 형성과정

김종철(1989: 736-740)은 교육정책의 형성과정에 관한 이론모형을 다음 네 가지로 구분하여 소개한 바 있다.

첫째는 특정 교육정책의 결정이 이루어지기까지 그 계기가 되는 힘이 어떤 단계로 변화하는가를 추적한 Campbell의 모형이다. Campbell은 다음과 같은 도식을 통해 민주국가의 교육정책이 형성되는 일반적인 과정을 네 단계로 구분하였다. 이 도식이 나타내는 바와 같이, 정책형성의 계기가 될 만한 기본적 힘의 작용이 일어나는 단계부터 그 힘이 점차 성숙・변형되면서 공식적인 정책으로 결정되는 단계까지 몇 차례 국면의 전환이 일어난다는 설명이다. 그러나 이 도식은 정책형성 과정의 윤곽만을 알려줄 뿐, 단계적 변화의 역동성 및 그 변화과정에 작용하는 구체적 요인이 무엇인지를 알려주는 바가 없다.

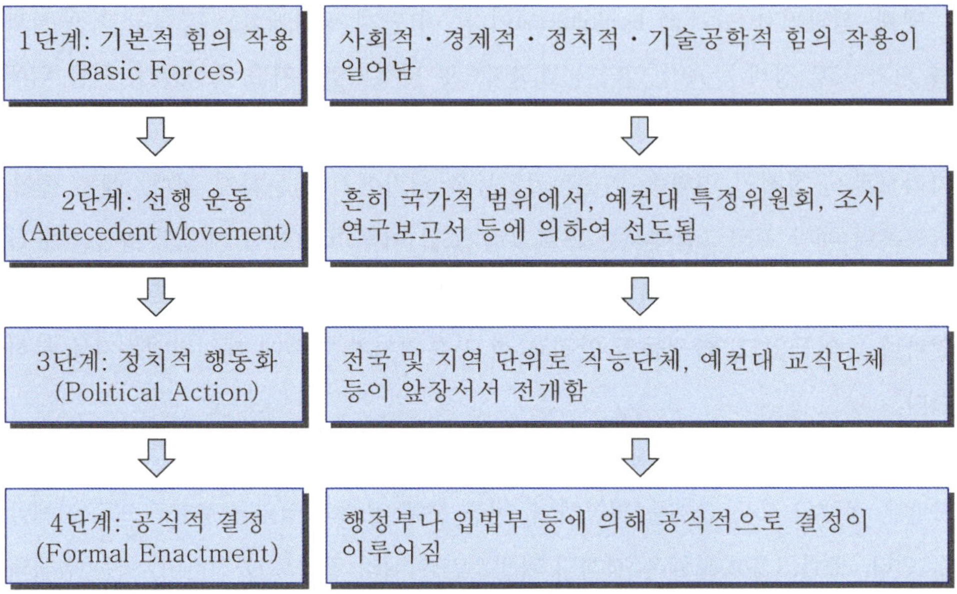

[그림 9-5] Campbell의 교육정책 형성 과정 모형

출처: Ronald F. Campbell et al., *Introduction to Educational Administration*, Boston: Allyn & Bacon, 1964, p. 247.

둘째는 교육정책의 결정과정을 합리적 문제해결 과정의 일환으로 파악한 Griffiths 모형이다. 그는 문제해결을 위한 의사결정의 과정이 여섯 단계를 거치는 것으로 보았다(1958, 제6장). 즉, 1) 문제의 인식, 2) 문제의 분석과 평가, 3) 문제해결방안의 판단과 평가를 위한 기준 설정, 4) 자료의 수집, 5) 보다 바람직한 해결방안의 선택, 6) 해결방안의 집행이 그것이다. 이 모형은 합리적 문제해결 방식을 교육정책의 결정과정에 적용했다는 점에서 의의가 있으나, 일반적인 의사결정 과정과 교육정책 형성과정 사이의 차이를 드러내는 데에는 미흡한 개념모형이라 할 수 있다.

셋째는 교육정책의 형성을 투입-과정-산출 및 환경 요인 사이의 관계로서 설명하고자 한 김명한의 체제모형이다. 이 모형은 다음 그림과 같이 도식화할 수 있다. 이 도식에 따르면, 사회 환경으로부터 나타나는 요구와 자원 및 지원 등이 정치(혹은 교육)체제에 투입되고, 정치(혹은 교육)체제는 그 체제의 독특한 구조와 의사결정의 절차 및 정책결정 참여자의 성향 등에 의해 역동적 정책 과정을 거치며, 이를 통해 교육 당사자에게 영향을 미치는 특정 교육정책이 결정된다는 것이다. 이 모형은 정책결정의 영향 요인들을 포괄하는 외형적 틀을 제시하는 것이므로, 개별 정책의 형성과정상 특성을 드러내기 위해서는 별도의 구체적 연구들을 필요로 한다.

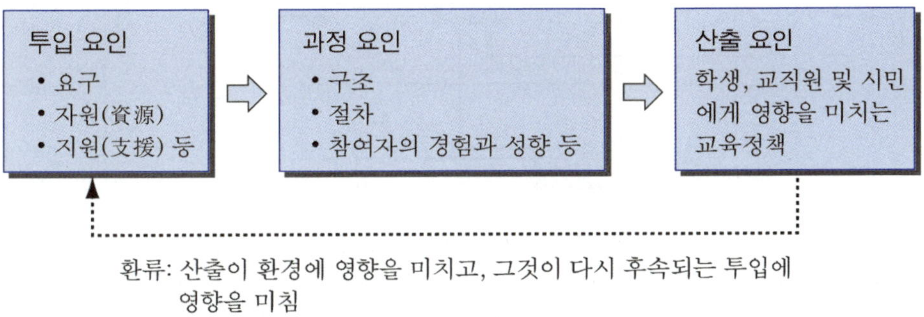

[그림 9-6] 교육정책 형성과정에 대한 김명한의 체제모형

출처: Myung Han Kim, *A System Framework for Analysis of Educational Policy-making*, 1976년 2월 한국교육학회 월례발표회 논문, p. 12.

넷째는 한국 교육정책 형성과정을 투입-과정-산출 및 환경 요인으로 설명하되 정책형성에 영향을 미치는 주요 행위자를 부각시킨 김윤태의 체제모형이다. 이 모형에서는 7개의 주요 행위자를 상정하고, 그들 사이의 상호작용과 권력관계를 기초로 하여 교육정책의 형성이 이루어진다고 보았다. 주요 행위자에는 환경, 정부, 국회와 정당, 이익집단, 매스컴, 연구기관과 학자, 국민과 학부모가 포함된다. 이 모형에 등장하는 주요 행위자 간의 상호작용 관계는 다음 그림과 같이 표현된다. 교육정책의 형성과정에 영향을 미치는 주요 행위자 및 참여자가 누구이며, 그들이 어떤 상호작용 관계에 있는가를 알려주는 일반 모형으로서의 가치를 지닌다고 평가할 수 있다.

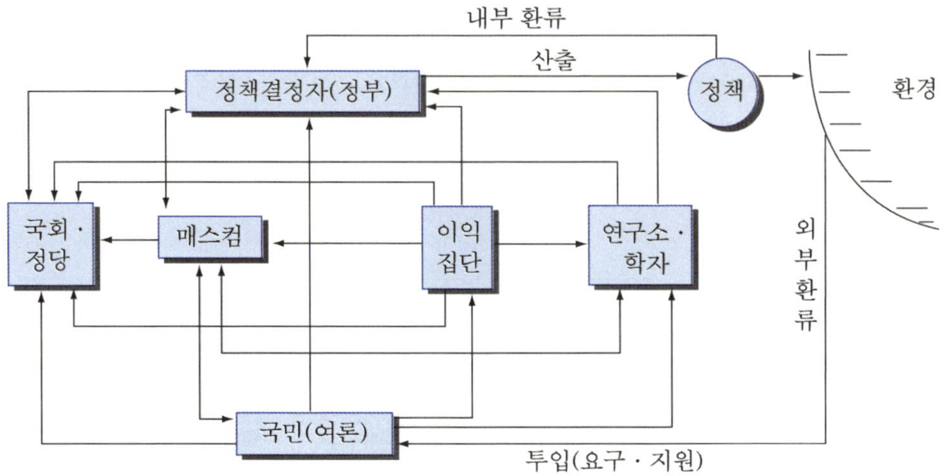

[그림 9-7] 한국교육정책 형성과정에 대한 김윤태의 체제모형

출처: 김윤태, "한국교육정책형성과정모형", 김영식 외 (편), 한국교육행정의 과제와 이론적 접근(김종철 교수 회갑 기념 논문집), 서울: 교육과학사, 1983, p. 383.

나. 한국의 교육정책 과정과 주요 참여자

교육정책 형성과정의 특성은 나라마다 그 정치체제가 다른 만큼 다양하나, 현대 행정국가 개념의 대두에서 보듯 행정부가 정책형성의 주된 역할을 수행하는 것이 일반적인 경향이다. 우리나라도 예외가 아니며, 교육정책에 대해서도 마찬가지이다. 우리나라는 정책 형성 기능에 있어 중앙 정부가 주요 결정권을 행사하는 집권적 전통을 지녀왔으나, 민주정부의 수립 및 지방자치제의 실질적 실시를 계기로 1990년대부터 지방정부의 역할과 권한을 차츰 강화하는 추세에 있다. 중앙정부이든 지방정부이든 교육행정기구는 단순히 교육정책을 집행하는 기능만 수행하는 것이 아니라 그 정책의 형성과 계획 기능까지 함께 수행하고 있는 것이 현실이다. 그러므로 정부는 정책 과정의 핵심 주체로서의 지위를 지닌다.

입법부나 사법부는, 비록 행정부만큼은 아니라고 하더라도 권력분립제도가 정착된 정도만큼, 정책 형성 과정에 영향을 미친다. 입법부는 입법, 예산 편성, 국정감사 활동 등을 통해 정책에 형성에 영향을 미친다. 그리고 사법부는 각종 심판과 판결을 통해 제한된 범위에서 정책 형성에 영향을 미친다.

신문 방송을 포함한 언론기관은 각 매체를 통하여 공교육에 관한 정보를 제공하고 여론을 형성하는 기능을 한다. 언론의 정보 제공과 여론 형성 기능은 결코 과소평가될 수 없다. 언론기관은 여론을 가감 없이 전달하는 기능에서 나아가 경우에 따라서는 여론을 특정 방향으로 유도하는 기능까지 수행하기 때문에 공기(公器)로서의 막중한 책무를 지고 있다. 최근에는 언론기관이 사회 각계의 여론을 수렴하고 공론을 올바로 형성하는 노력을 기울여야 함에도 불구하고, 특정의 이념에 편향된 보도를 함으로써, 사회적 갈등을 유발하고 여론을 오도하며 조정을 어렵게 하는 문제를 드러내기도 한다.

교육정책의 형성에 관한 각종 단체의 영향력은 과거에 비해 증대되는 추세에 있다. 과거 권위주의 정부 시절에는 친정부 성향의 단체를 제외하고는 단체의 결성 및 활동이 극히 제약되어 있었다. 반면, 사회 전반의 민주화 경향이 진전됨에 따라 각종 단체의 결성이 자유로워지고 다양한 활동이 왕성해지는 변화가 나타난 것이다. 한국교원단체총연합회(교총) 일변도의 교원단체는 전교조 등 교원노조의 등장으로 복합적 성격을 갖게 되었다. 학부모들은 예전의 개별적 학교 지원자 위치에서 벗어나, 다양한 성향의 학부모 단체를 결성하고 자기 주장을 선명히 하고 있다. 좋은교사운동이나 한국사학법인연합회 등과 같은 교육관련 시민단체·이익단체들 역시 마찬가지이다. 이들 단체들은 쟁점에 따라 서로 협력하거나 대립하면서 자기 노선에 부합하는 교육정책이 형성되도록 영향력을 행사하는데, 이들의 활동을 건설적으로 조정하는 것이 향후 정책 당국의 주요 과제로 부각될 것이다.

교육관련 연구단체와 개별 학자는 교육정책의 형성에 집단적 혹은 개별적으로 영향을 미친다. 정부의 교육정책에 참고가 되는 실질적 연구 수행을 존립 목적으로 하는 연구기관으로는 한국교육개발원, 한국교육과정평가원, 한국교육학술정보원, 직업능력개발원 등이 있다. 이 기관들은 교육관련 연구기관으로서 주로 공공재원의 지원을 받아 국책연구를 수행하는 역할을 담당하고 있다. 그리고 각 대학의 교육관련 부설 연구소와 한국교육학회를 비롯한 교육학 관련 학회는 정부의 교육정책을 직접 뒷받침하는 연구단체는 아니나, 그 고유의 목적에 따른 독자적 연구활동을 축적함으로써 결과적으로 교육정책 형성에 유용한 자료를 제공하는 단체이다. 또한 개별 학자는 자신의 전문적 역량을 바탕으로 정책연구를 수행하거나 정부의 교육정책 관련 위원회 등에 참여하는 방식으로 정책형성에 영향을 미친다.

이 모든 정책 형성 참여자의 바탕에 국민이 존재한다. 국민의 여론은 전술한 모든 참여자의 정책형성 기능에 영향을 미치는 근본적 변인이라 할 수 있다. 정치권이나 정부 당국 등에서 여론의 향배를 예의 주시하는 것도 이 때문이다.

이 참여자들이 영향을 주고받는 양상은 매우 다양하다. 긴장과 갈등, 대립과 배척, 협력과 공조, 협상과 타협, 설득과 권고, 지시와 명령, 주장과 여론화, 보고와 요구, 자료제공과 제안, 평가와 지원 등은 그러한 양상의 목록들이다.

다. 정책과정에 대한 연구의 과제

교육정책의 형성과정에 대한 이론 모형으로 소개된 앞의 모형들과 한국 상황에서 정책형성에 영향을 미치는 주요 참여자가 누구인지를 드러내는 앞의 논의들은 모두 일반론에 해당한다. 그러므로 모형에 포함되는 요소와 요소들의 상호관계 및 주요 참여자와 그들의 상호관계는 아주 포괄적·개략적으로만 표현되어 있다.

이 일반론은 모든 정책의 형성 과정을 바라보는 렌즈와 같은 구실을 하지만, 개별적이고 구체적인 교육정책이 형성되어가는 독특한 특성을 드러내는 데에는 미흡하다는 한계를 동시에 지닌다. 그런 의미에서, 초점을 한정한 상태에서 정책형성 과정의 특성을 드러내는 개별 연구들이 더욱 축적될 필요가 있다. 이 초점의 한정은 다양하게 이루어질 수 있다. 예를 들면, 특정의 정치 상황, 특정의 시기, 특정의 교육정책 등에 한정하여 정책형성 과정에 주된 참여자가 누구인지, 그들이 구체적으로 어떤 영향을 주고받아 정책을 산출하는지, 그 정책은 교육당사자들에게 어떤 영향을 주는지, 교육당사자들은 그 정책에 어떤 주체적 대응을 하는지 등에 초점을 맞춘 다양한 연구들이 가능하다는 뜻이다.

이처럼 초점을 한정한 연구들이 없는 것은 아니다. 이를테면, 김종철은 한국교육정책의 과정을 드러내기 위한 작업의 일환으로, 중학교무시험진학정책으로부터 시작하여 대학졸업정원제 정책에 이르기까지 여러 정책 사례를 선정하여 각 사례별 정책과정의 특성을 드러낸 바 있다(1988: 559-648). 또한 정기오는 1995년의 5.31 교육개혁안 이후 참여정부까지의 교육개혁정책을 중심으로 정책 유형별 정책의 형성과정과 참여자들간의 권력관계를 드러내려는 시도를 한 바 있다(2011:

331-356). 이는, 시기와 정책의 유형을 한정하고 참여자의 상호작용 양상을 보다 풍부하게 드러내려 했다는 점에서 의의를 갖는 연구이다.

이 외에도 중앙정부의 교육정책 당국 장・차관의 경험을 토대로 한국 통치 구조 속에서의 교육부의 위상이나 장관의 역할을 조명한 연구들도 있다. 예를 들면, 안병영은 교육부 장관 경험을 바탕으로 장관과 국회 상임위원회의 상호관계를 분석하면서, 장관과 위원의 개인적 성향뿐만 아니라 부처내 토론, 유관부처와의 협의, 당정협의, 공청회, 이익집단과의 조정, 언론과의 관계 등 사회 전반적 상황과 복합적으로 상호작용하면서 정책결정이 이루어짐을 밝힌 바 있다(2001: 94-143). 그는 또한 대통령/비서실－장관－고위관료 사이의 역학관계를 살피면서, 장관의 정책 영향력을 정책수준별, 정책유형별, 정책단계별로 논의하기도 하였다(2003: 1-26). 그리고 서남수는 교육부 차관의 경험을 바탕으로, 교육정책 결정에 관여하는 기관 혹은 세력이 굉장히 다양한데, 교육부는 이 세력의 장(場) 속에서 교육정책 형성의 중심축이 될 수도 있고 사면초가의 상황에 놓일 수도 있음을 드러내고 있다(2010). 이 논의는, 교육부의 위상이 복합적 참여자의 영향력 속에서 국가 통치구조 상의 이념과 가치를 반영할 수밖에 없기 때문에, 참여자의 협력관계 구축을 토대로 교육부가 정책형성의 중심을 맡되 권한과 책임을 일치시킬 필요가 있음을 지적한 것으로 해석할 수 있다.

이상에서 예시한 연구들은 한국 상황에서 교육정책이 형성되는 과정상의 특성을 몇 가지 문제에 초점을 맞추어 조명하고 있다는 공통점을 지닌다. 이러한 개별 연구들이 더욱 축적되면 정책사안별로 그 형성과정의 특성들이 보다 자세히 드러나게 되고, 그 결과에 기초하여 '어떤 상황에서는 어떤 과정으로 정책이 형성된다.'는 식의 보다 발전된 일반 이론이 형성될 수도 있을 것이다. 이것이 한국 교육정책의 과정에 대한 향후 연구의 과제이다.

5. 교육정책의 합리성 회복을 위한 과제

최근 중앙정부와 시도교육청 수준에서 추진되고 있는 교육정책들은 앞에서 언급한 정책이론의 합리적 결정과정과는 다르게 추진되고 있는 사례를 종종 접할 수 있다. 특히, 대통령의 5년 임기와 교육감의 4년 직선제 임기라는 제한된 시간 안에서 실적을 내야 하는 압박은 교육부와 시 · 도교육청의 정책형성과정에 큰 영향을 미치고 있다. 이로 인해 공약이 정책의제로 바로 전환되는 현상이 발생하고 있으며, 이는 정책의 합리성과 일관성을 왜곡하는 결과를 낳고 있다.

한국의 선거 과정에서는 정책 아이디어가 주로 짧은 시간 안에, 비슷한 이념적 성향을 가진 사람들끼리 모여 발굴된다. 이러한 상황에서는 대안의 타당성과 실현 가능성이 충분히 검토되지 않으며, 실행 예산을 고려하는 경우도 드물다. 이로 인해 조직화된 이익이 과대 대표되어, 미완성된 정책 아이디어가 공약으로 만들어질 가능성이 높아진다. 이러한 상황에도 불구하고, 대통령이 당선된 후 이러한 공약들은 별다른 검증 절차 없이 국민적 지지를 받은 것으로 간주되어, 급하게 정책으로 채택된다. 특히, 교육감 직선제도입 이후, 시도교육청과 지방의회는 합리적 정책결정 과정을 따르지 않는 경향이 더욱 두드러지게 나타나고 있다.

하지만, 정책의 합리성을 확보하기 위한 충분한 과정이 마련되지 못한 경우, 다음의 몇 가지 문제를 가져올 수 있다. 첫째, 대통령이나 교육감의 교육공약이 정책의제로 전환될 때 충분한 연구와 검토가 이루어지지 않은 채 단기적인 성과를 내기 위한 목적으로 즉시 집행되는 경우가 많다. 이는 정책의 질을 떨어뜨리고, 장기적인 교육 목표와의 일관성을 상실하게 만들고, 단기적인 정치적 이익에 치중함으로써 정책의 질을 저하시킬 수 있다. 둘째, 단기적인 성과에 집착한 정책들은 임기 내에 실적을 내기 위해 빠르게 시행되지만, 그 효과가 오래 지속되지 않거나, 오히려 교육 시스템에 혼란을 초래할 수 있다. 새로운 리더십이 들어설 때마다 정책이 변경되거나 철회되는 상황이 반복될 수 있다. 셋째, 정치적 목표와 단기적인 성과에 중점을 두는 '작은 정치'의 영향은 교육정책의 일관성을 해친다. 이는 교육 시스템 전체에 부정적인 영향을 미치고, 교육의 질을 떨어뜨리는 결과를 초래한다.

따라서 교육정책의 합리성을 회복하기 위해 몇 가지 과제가 필요하다. 우선, 시 · 도교육청과 교육부는 교육정책 결정과정에서 합리적이고 체계적인 접근을 취해야 한다. 이를 위해 정책 결정 과정에서의 전문가 참여를 확대하고, 교육 현장의 목소리를 충분히 반영할 수 있는 구조를 마련해야 한다. 이를 위해 시도교육청 부속 교육연구소를 운영하거나, 교육부는 대학의 중점연구소를 활용하여 전문적인 연구 기반의 교육정책 결정을 하려는 모양새이다. 하지만, 이와 같은 연구소들이 종종 이미 결정된 정책내용을 데이터로 뒷받침하는 역할을 수행한다는 비판적 목소리도 적지 않다. 한편, 교육정책의 효과를 지속적으로 평가하고, 피드백을 통해 정책을 개선하는 시스템을 강화해야 한다. 우리나라에서 교육정책은 결정과정이 중요하지만, 집행과 평가과정에 대한 관심은 부족하다. 특히, 정책평가를 통해 정책의 질을 향상시킬 수 있을 뿐만 아니라 정책수립에 대한 정책가의 책임감도 높일 수 있을 것이다. 끝으로 교육정책이 정치적 압력이나 특정 이익 집단의 요구에 의해 왜곡되지 않도록, 교육정책 결정 과정의 독립성을 확보해야 한다. 이는 정책의 합리성을 유지하고, 교육의 공공성을 보호하는 데 필수적이다. 이를 위해 최근 국가교육위원회를 설치하여 운영 중이지만, 여전히 정치적 독립성 확보를 위해 추가적으로 해결해야 하는 과제들이 존재한다.

결론적으로, 중앙정부와 시 · 도교육청의 교육정책이 단기적인 성과와 정치적 이익에 좌우되는 현재의 상황은 교육의 장기적인 발전과 질 향상에 큰 장애가 된다. 이를 극복하기 위해서는 합리적이고 체계적인 정책 결정을 통해 교육의 질을 높이는 데 기여할 수 있어야 할 것이다.

참고문헌

김윤태(1997). 교육행정 · 경영신론. 서울: 배영사.

김종철(1982). 교육행정의 이론과 실제. 서울: 교육과학사.

김종철(1988). 한국교육정책연구. 서울: 교육과학사.

김종철(1989). 한국교육정책연구. 서울: 교육과학사.

김종철 · 이종재(1994). 교육행정의 이론과 실제. 서울: 교육과학사.

김종철 · 진동섭 · 허병기(1994). 교육정책. 서울: 한국방송통신대학출판부.

서남수(2010). 한국 교육통치 구조에서 교육부의 위상에 관한 교육정치학적 시론. (2010.2.5 발표 미출판 ppt 자료).

안병영(2001). 입법 및 정책결정과정에서 장관과 국회상임위원회의 상호관계. 의정연구 제11권. 94-143.

안병영(2003). 한국 장관의 역할, 유형, 그리고 정책영향력. 사회과학논집 제33권. 1-26.

정기오(2011). 국가교육개혁의 구조와 메카니즘, 한국교육행정학회 제161차 학술대회 자료집.

331-356.
정정길(2010). 정책학원론. 서울: 대명출판사.
정태범(1999). 교육정책분석론. 서울: 원미사.

Alkin, M. C., & Christie, C. A. (2019). *Evaluation Roots: A Wider Perspective of Theorists' Views and Influences*(2nd ed.). SAGE Publications.

Bovens, M., Goodin, R. E., & Schillemans, T. (Eds.). (2014). *The Oxford Handbook of Public Accountability*. Oxford University Press.

Brandon, K., & Smith, N. L. (2021). Evaluation and evidence-based decision making in public policy. *Public Administration Review, 81*(2). 221-232.

Cohen, M. D., March, J. G., & Olsen, J. P.(1972). A garbage can model of organizational choice. *Administrative Science Quarterly*, 17(1). 1-25.

Datnow, A., & Castellano, M. (2000). "Teachers' responses to success for all: How beliefs, experiences, and adaptations Shape Implementation." *American Educational Research Journal, 37*(3). 775-799.

Dunn, W. N. (2016). *Public Policy Analysis: An Introduction*(6th ed.). Routledge.

Elmore, R. (1979). Backward mapping. *Political Science Quarterly*, 94(4). 601-616.

Howlett, M. (2019). *Designing Public Policies: Principles and Instruments*. Routledge.

Kingdon, J. W. (2003). *Agendas, Alternatives, and Public Policies*(2nd ed.). Longman.

Lindblom, C. E. (1959). The science of "muddling through". *Public Administration Review, 19*(2). 79-88.

Lindblom, C. E., & Woodhouse, E. J. (1993). *The Policy-Making Process*(3rd ed.). Prentice Hall.

Lipsky, M.(1980). *Street-level Bureaucracy; Dilemmas of the Individual in Public Services*, New York: Russell Sage Foundation.

McLaughlin, M. (1987) Learning from experience: Lessons from policy implementation. *Educational Evaluation and Policy Analysis,* 9: (2). 171-178.

Melhuish, E., Belsky, J., Leyland, A. H., & Barnes, J. (2008). "Effects of Fully-Established Sure Start Local Programmes on 3-Year-Old Children and Their Families Living in England: A Quasi-Experimental Observational Study." *The Lancet, 372*(9650). 1641-1647.

Patton, M. Q. (2017). *Principles-Focused Evaluation: The GUIDE*. Guilford Press.

Patashnik, E. M., & Zelizer, J. E. (2013). "The struggle to remake politics: Liberal reform and the limits of policy feedback in the contemporary American state." *Perspectives on Politics, 11*(4), 1071-1087.

Pressman, J. L. and Wildavsky, A. (1973). *Implementation*. Los Angeles: University of California Press, Ltd.

Puma, M., Bell, S., Cook, R., & Heid, C. (2010). *Head Start Impact Study: Final Report. Office of Planning, Research and Evaluation, Administration for Children and Families,*

U.S. Department of Health and Human Services.

Rhodes, R. A. W. (1997). *Understanding Governance: Policy Networks, Governance, Reflexivity and Accountability*. Open University Press.

Sabatier, P. A., & Weible, C. M. (Eds.). (2014). *Theories of the Policy Process*(3rd ed.). Westview Press.

Sahlberg, P. (2011). "The fourth way of Finland." *Journal of Educational Change, 12*(2). 173-185.

Simon, H. A. (1957). *Models of Man*. John Wiley & Sons.

Stufflebeam, D. L. (2003). The CIPP model for evaluation. In T. Kellaghan, D. L. Stufflebeam, & L. A. Wingate (Eds.), *International Handbook of Educational Evaluation* (pp. 31-62). Dordrecht

Sullivan, H., & Skelcher, C. (2002). *Working across Boundaries: Collaboration in Public Services*. Palgrave Macmillan.

Sykes, G., Schneider, B., Plank, D., & Ford, T. (2009). *Handbook of Education Policy Research, American Educational Research Association*. Routledge: NewYork and London.

CHAPTER

10 한국교육정책의 전개과정

한국은 100여 년 전 1910년 이후에 일본에 합병되어 36년 동안 일본의 식민지 지배를 받았다. 제2차 세계대전 이후 한국은 남북분단으로 인한 어려움과 한국전쟁의 폐허 위에 지난 60년 동안에 경제발전과 정치적 민주화를 이룩한 국가로 평가받고 있다. 한국의 경제성장은 세계적으로 인정받고 있으며, 비교적 단기간에 산업화와 민주화를 이룩한 "발전의 모델 사례"로 평가받고 있다. 한국은 50년 전인 1960년대 초에 1인당 국민소득이 100불에 이르지 못하였다. 1970년대 초에 한국은 수출 10억 불 달성을 기념하였다. 2008년에 한국은 1인당 국민소득이 20,000불을 초과하였고 3,500억 불 규모의 수출을 하였다. 한국은 경제성장과 소득분배면에서 균형을 이룩한 국가로 평가받고 있다. 이 장에서는 한국의 발전과 병행하여 온 지난 60년 동안의 한국의 발전과정에서 한국적 교육발전 모형과 전략을 탐색하고, 이 맥락에서 한국교육의 선진화 과제를 생각해 보고자 한다.

- 한국교육의 발전단계
- 새로운 과제를 제기하는 맥락
- 새로운 대응: 학생 중심, 협치, 수평적 다양화와 공동체 접근

1. 한국교육의 발전단계

한국의 경제성장과정의 맥락에서 한국교육의 발전단계를 살펴볼 수 있다. 한국 경제발전과정 50년을 개관한 KDI의 연구(KDI, 1997)는 한국의 경제발전과정을 다음 네 단계로 나누어 단계별 상황과 이에 대한 정책적 대응을 분석하고 있다.

- 경제의 붕괴와 회복(Economic disruption and recovery): 1945~1960
- 수출 지향적 고도성장전략시기(Export-Oriented, High Growth Strategy of The Park Regime): 1961~1979

- 경제의 구조조정과 안정적 성장기(Structural Adjustment and Growth with Stability): 1980~1997
- 지식경제로의 전환기(Transition Knowledge-based Economy): 1998~현재

한국교육은 1960년 이전이 초등교육의 완전취학을 성취하려고 노력한 시기라면, 1960~1980년 동안은 중등교육기회를 확대하기 위한 양적 성장을 이룩한 기간으로 규정할 수 있다. 1980년 이후는 교육의 질적 발전을 위한 새로운 접근과 제도의 발전을 시도한 기간으로 볼 수 있다. 1998년 이후 한국의 경제와 사회가 지식기반사회로 이행하는 과정에서 한국교육은 새로운 도전을 받고 있다. 이 도전을 한국교육의 선진화 과제라고 명명한다.

- 1948~1960: 교육재건과 초등교육의 완전취학
- 1960~1980: 중등교육기회의 확충과 직업교육의 확충
- 1980~1998: 교육의 질적 개선과 고등교육의 확충, 교육운영체제개혁
- 1998~현재: 지식기반사회의 인재육성을 위한 학업성취의 적합성 제고와 교육기관 운영에서 자율과 협치의 제도화

가. 한국교육의 출발지점[1]: 1948~1960

1945년에 제2차 세계대전의 종식과 함께 한국은 일본의 식민지 통치로부터 해방되었으나, 곧 남한과 북한으로 양분되었다. 남한에서는 1948년까지 미군정청(USAMG)이 UN의 신탁통치를 집행하였다. 미군정청은 한국인으로 구성된 "조선교육위원회"와 함께 당면한 교육기관의 운영을 지원하였고, 교육의 기초를 세우기 위하여 문맹퇴치사업, 학제연구, 초등교육확대, 국립 서울대학교 설립 등을 추진하였다. 이 당시 13세 이상 인구 1,500만 명 중 초등학교 이상 학력소지자는 12.6%에 불과하였다. 문맹자는 53%로서 800만 명에 이르렀다. 1948년에 남한지역 안에서 UN이 승인하는 총선거에 의하여 대한민국정부가 수립되었다. 정부는 두 가지 과제를 우선적으로 추진하였다. 새로운 학교제도를 세우는 일과 6년제 초등의무교육의

1) 오천석, 한국신교육사, 현대교육총서출판사, 1964. pp. 397-407; 한국교육10년사간행위원회, 한국교육10년사, 1960. pp. 70-128

수용 능력을 확충하는 일이었다.

미군정 당시의 조선교육위원회가 기초한 학교제도 방안을 대한민국의 학제로 채택하였다. 교육받은 인간의 모습으로 "홍익인간"을 설정하였다. 홍익인간은 "인간의 복리를 증진하기 위하여 헌신하는 사람"을 의미한다. 홍익인간을 한국의 교육의 이념으로 설정하고 학교제도의 틀을 세웠다. 당시 학교제도를 구상할 때, 우리나라의 학교제도가 갖추어야 할 기준으로서 다음 세 가지 기준을 설정하였다. 우리 국민들이 보다 쉽게 학교에 취학할 수 있을 것(Access to education), 학생들에게 보다 적합한 교육기회를 제공할 수 있을 것(relevance), 그리고 학교제도 운영에 관한 세계적 동향과 흐름을 같이 하고 국제적으로 통용될 수 있는 제도를 만들 것 등이다. 교육이념을 정립하고 학제를 정하고 교육제도 운영의 기본 틀을 정하여 1950년에 교육법을 제정하였다. 한국은 6-3-3-4의 학교제도를 지금까지 유지하고 있다. 학교제도의 기본골격 위에서 지난 60여 년 동안 학교제도의 보완적 발전을 위한 부분적 개편을 해 왔다.

이 시기의 가장 중요한 정책과제는 파괴된 교육시설을 복구하는 것이고, 한국전쟁으로 지연된 초등의무교육의 완전취학을 달성하는 것이었다. 초등의무교육완성 6개년계획을 수립하고, 1954년부터 추진하여 1957년에 초등학교 취학률을 90%이상으로 높였다. 전쟁 직후의 상황에서 취학대상이 되는 학생들을 최대한 수용한 결과, 지역에 따라 학급당 학생수는 100명을 초과하기도 하였다. 그러나 이러한 정책은 초등교육기회를 많은 학생들에게 학습해야 할 시기에 제공함으로써 이후 중등교육에 대한 수요를 형성하였다. 유엔한국재건단(United Nations Korean Reconstruction Agency, UNKRA) 등의 외국 원조를 활용하여 학교시설을 복구하고 초등교육 교과서 등을 공급할 수 있었다(김종철, 1989).

나. 교육기회의 확대와 한국적 모형: 1960~1980

1) 경제성장기의 교육: 1960~1980

제1차부터 제4차에 이르는 경제개발 5개년 계획을 수립하여 추진했던 시기이다. 이 시기는 20년에 이르는 한국의 개발시기로서 고도의 경제성장율, 인구증가율, 대도시로의 인구집중률, 교육에 대한 사회적 수요 증가 등의 특징을 갖는 시기이다. 1960년대 한국경제는 수출지향적인 경공업의 산업화를 이룩하였고, 1970년대에는 중화학공업화를 이룩하였다. 한편, 1973년에 오일쇼크를 맞아 정부의 긴축재정 편성으로 교육부문은 법정 교육재원을 제대로 받지 못하였다. 농촌의 발전을 위한 새마을운동이 전개되었으며, 1970년대부터 국가의 발전과제를 연구·개발하기 위한 정부의 씽크탱크로서 정부출연연구기관들을 설립하기 시작하였다(오원철, 2006).

경제개발과 경제의 고도성장을 이룩한 20년에 이르는 한국의 개발과정에 한국교육은 경제개발을 지원하기 위하여 직업교육을 확충하고 과학기술교육을 강화했으며 초등교육의 여건을 개선하였다. 이 시기에 한국교육은 중등교육에 대한 사회적 수요에 대응하여 중등교육기회를 확대하고 균등화해야 할 도전에 직면하였다.

직업교육확충과 초등교육 여건개선을 경제개발사업으로 추진하였다. 과학기술계 인력개발과 실업교육을 확충하였다. 1960년대에 들어서서 실업고교 중심의 직업교육을 본격적으로 확충하기 시작하였고, 대학에서의 과학기술교육을 지원하기 시작하였다. 1957년에 초등교육의 취학률을 90%이상으로 높였으나, 과대규모 학급과 2~3부제 수업편제로 초등학교의 교육여건은 매우 열악하였다. 이 기간에 정부는 경제개발사업의 일환으로 초등학교의 여건개선을 추진하였다. 제1차 경제개발 5개년 계획기간 중 교육부문 투자총액 112.9억원 중 79.7%를 초등교육의 시설개선에 배정하였다. 제2차 경제개발 5개년 계획 중 교육부문 투자총액 462억원 중 73.4%를 초등교육의 시설개선에 배정하였다.

1950년대의 초등학교의 취학률이 증가함에 따라 1960년대에 중학교 교육에 대한 수요는 증가하였고 중학교 입학을 위한 시험 경쟁은 매우 심하였다. 초등교육단계에서의 과중한 입시준비와 학부모의 과외 부담을 줄이기 위하여 1969년에 중학교 입학시험 제도를 폐지하고 무시험으로 진학하는 제도를 만들었다. 그 결과 초등학교에서 중학교로의 진학률은 급증하였다. 이는 고등학교 입학경쟁을 초래하여 1974년에 고등학교 입학시험 제도를 폐지하고, 무시험으로 고등학교를 추첨에 의하여 배정받는 고등학교 평준화 정책을 도입하였다. 이로써 상급학교 진학률이 90%를 초과하는 것을 완전취학이라고 규정할 경우에 중학교교육은 1979년에, 고등학교교육은 1985년에 완전취학에 이르게 되었다.

이 기간 중에 초등교육과 중등교육을 위한 재원을 법으로 규정하여 안정적으로 재원을 확보할 수 있는 제도적 장치를 만들었다(정태수 외, 2003). 내국세의 12.98%를 초·중등교육을 지원하기 위한 지방교육재정교부금 재원으로 법률로 규정하였다. 한국경제가 성장하는 과정에서 내국세가 증가함에 따라 지방교육재정교부금이 증가하여 지방교육을 확대하고, 학교교육의 질적 여건을 개선할 수 있는 역량을 갖게 되었다. 학교급별로 학생수의 증가상황, 학급의 증가, 교사충원의 증가면에서 볼 때, 이 기간 중에 양적 증가의 규모가 가장 컸다. 학교교육의 조건을 학급당 학생수와 교사당 학생수로 볼 때, 이 기간 중에 초등교육에서 실질적으로 교육조건의 개선을 이룩한 점을 발견할 수 있다. 그러나 중학교와 고등학교 교육에서는 양적 확대과정에서 교육여건이 악화되었다.

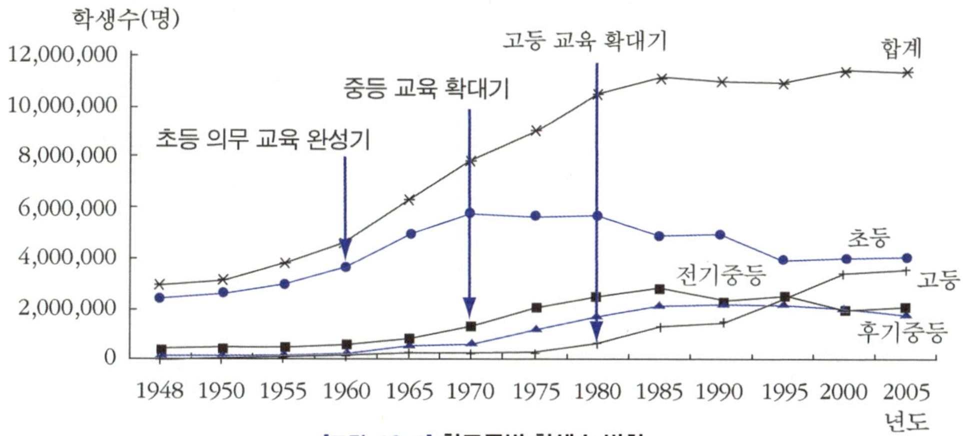

[그림 10-1] 학교급별 학생수 변화

〈표 10-1〉 학교급별 질적 변화 양상(1962~1979)

(단위: 명)

연도	초등학교		중학교		고등학교	
	학급당 학생수	교사당 학생수	학급당 학생수	교사당 학생수	학급당 학생수	교사당 학생수
1962	62.8	58.6	60.1	40.5	55.8	27.3
1965	65.4	62.4	60.7	39.4	57.0	30.2
1970	62.1	56.9	62.1	42.3	58.1	29.7
1975	56.7	51.8	64.5	43.2	58.6	31.4
1979	52.2	48.0	65.6	45.3	59.4	32.8

출처: 교육통계연보.

2) 교육기회 확대의 특징과 전략: 1960~1980

교육기회 확대와 교육의 양적 성장은 1950년대의 초등의무교육의 완성계획으로부터 출발하여, 1960년대와 1970년대의 중등교육의 확대를 거쳐, 1980년대 고등교육 확대로 교육의 양적 성장의 과업을 마감하게 되었다. 초등학교 취학률 90%, 중학교와 고등학교 진학률 90%를 기준으로 할 때, 한국에서 취학기회 보편화는 초등교육은 1957년에, 중학교교육은 1979년에, 고등학교 교육은 1985년에 완성하였다고 결론지을 수 있다. 고등교육은 1980년대부터 본격적으로 개방하여 1995년에 고교졸업자의 50%이상이 진학함으로써 보편화를 이루었다. 이 결과로 한국인의 학력은 고도화되었다. 평균 교육연수는 1965년의 5년에서 2001년에는 10.6년으로 향상하였다.

한국교육은 양적 성장과정에서 몇 가지 특징을 보인다. 이러한 특징은 교육의 양적 성장에 기여한 한국적 요인으로도 볼 수 있다.

- 6년제 초등교육의 완전취학(취학률 90%이상)을 단기간 안에 달성하였다.
- 초등교육부터 중학교 교육으로, 그리고 고등학교교육으로 순차적으로 확대하는 과정을 따라왔다(Sequential Bottom-up approach).
- 취학기회의 확대를 위하여 한시적, 제한적, 그리고 사후 질적 수준 복구를 전제로 하여 학교교육의 질적 조건의 희생을 택하였다(Low Cost Approach).
- 양적 확대기간 중 정부의 재정지원이 충분치 못한 시기에는 사립학교의 확충을 통하여 수용능력을 확대하였다.
- 상급학교 진학을 위한 "진학경쟁"에서 입학시험에 의한 진학제도와 이로 인한 과외와 사교육의 부담을 줄이기 위하여 입학시험을 폐지하고 추첨에 의하여 학교를 배정하는 평등지향적인 진학제도의 개혁을 하였다(Egalitarian Approach).
- 초·중등교육을 위한 법정재원을 확보하였다(지방교육재정교부금법).
- 한국인들의 "교육열"이 작용하였다. 한국인들의 교육열은 진학수요를 형성하였고, 중등학교 공교육비의 상당부분을 별도로 부담하는 교육비 지원을 가능하게 하였다(한국인의 교육열).
- 이 기간 동안한국경제의 고도성장은 법정재원의 규모를 확충함으로써 교육의 양적 성장을 가능하게 하였다(한국경제의 고도성장).

가) 초등교육 완전취학의 조기 완성

교육에서 평등추구는 1948년 정부수립 이후 계속해서 강조되어 왔다. 1948년 제정 헌법의 전문 및 제5조에 정치, 경제, 사회, 문화에서 국민의 자유와 평등을 명확히 기술하고 있다. 교육 평등을 위해서 국민 모두에게 최소한의 교육을 받게 하는 것이 국가의 주요 의무 중 하나가 되었으며, 6년의 의무교육을 제정헌법 및 제정교육법에 명시하였다. 그러나 한국전쟁으로 인해 초등학교의 의무교육은 1954년부터 실시될 수 있었다. "초등학교의무교육완성 6개년 계획(1954~59)"은 1959년까지 초등학교 취학률을 96%까지 높이는 것을 목표로 하였으며, 이를 위해 이 기간 동안 전체 교육예산의 80%를 초등학교 무상 의무교육에 배정하였다. "초등학교의무교육완성 6개년 계획"의 성공으로 1959년에 초등학교의 취학률은 96%에 이르게 되었다.

나) 중등교육기회의 순차적 확대와 경제발전과의 협응

한국은 초등교육의 기회 확대, 중등교육의 기회 확대, 그리고 고등교육의 기회 확대 등 순차적이고 단계적으로 교육기회를 확대하였다. 1950년대에는 초등의무교육 6개년계획의 성공적인 완성으로 초등교육이 보편화되었다. 1970년대에는 1969년의 중학교 무시험전형제도의 실시와 1974년의 고교평준화제도 도입으로 중등교육 보편화 계기를 마련하였다. 이와 더불어 1985년에는 저소득층 및 도서벽지 학생들의 납입금 면제제도를 도입함으로써 교육기회를 확대하였으며 2002년에 중학교 무상교육을 전면적으로 실시하였다. 고등교육은 1980년의 7·30교육개혁에 의해서 확대되었다. 중학교 무시험 전형제도의 도입, 고교평준화 정책, 그리고 1980년의 대학졸업정원제 도입 등의 조치는 과도한 사교육을 줄이는 것이 주요한 목적이었지만 결과적으로 교육기회를 순차적으로 확대하는 계기가 되었다(정태수, 1991).

인적자원개발 관점에서 볼 때, 교육기회 확대는 국가적 차원의 인적자원개발과 개인의 소득증대에 기여하였다. 한국교육은 일련의 경제발전 과정에서 필요한 인력을 공급하는데 기여하였다. 순차적 상향적 교육기회 확대는 각 경제발전단계에서 필요한 인력 수요와 잘 대응되었다. 한국에서 교육은 경제성장의 목표를 달성하는데 필요한 인력을 공급하는 것이 주요 기능의 하나로 인식되었으며, 1960년대 이후 국가차원의 교육발전전략은 경제발전 지원을 고려하여 수립되었다(김영화, 1997). 1960년대 노동집약형 수출산업 위주의 경제체제에서는 초등의무교육의 완성으로 이에 필요한 충분한 인력을 양성하였으며, 1970년대 중화학공업으로 산업의 중심이 옮겨간 경제발전의 두 번째 단계에서는 실업계 고등학교를 중화학공업에 필요한 인력양성 중심으로 재편하였다. 1980년대 이후에는 정보화 산업 및 지식기반사회의 도래에 따라서 고등교육에 대한 기회를 확대하였다.

다) 저비용 정책

1950년 초등의무교육의 확대는 저비용정책으로 가능하였다. 늘어나는 초등교육의 수요에 대한 대응으로 저비용정책의 추진은 불가피한 선택이라고 할 수 있다. 늘어나는 수요를 감당하기 위해서 정부는 과밀학급을 용인하고, 2부제 또는 3부제 학교를 운영하게 되었다. 농촌에서 도시로 인구가 유입되는 대도시에서 일부 학급들은 학급당 학생수가 90명이 넘었다. 1954년부터 1959년까지 추진된 초등의무교육 6개년 계획의 실행 당시 전체 학급의 40%가 2부제 또는 3부제 학교로 운영되었다.

〈표 10-2〉 학급당 학생수 및 교원1인당 학생수의 변화

연도	초등학교		중학교		고등학교	
	학급당 학생수	교원1인당 학생수	학급당 학생수	교원1인당 학생수	학급당 학생수	교원1인당 학생수
1945	-	69.0	-	26.3	-	-
1955	-	62.7	-	42.5	-	-
1965	65.4	62.4	60.7	39.4	59.8	32.2
1975	56.7	51.8	64.5	43.2	59.8	31.7
1985	44.7	38.3	61.7	40.0	58.0	31.6
1995	36.4	28.2	48.2	24.8	48.0	22.1
2005	31.8	25.1	35.3	19.4	33.9	15.9

출처: 교육통계연보(교육인적자원부 · 한국교육개발원, 2005b)

1950년대 이후로 교육에 대한 지속적인 투자로 교육여건이 계속해서 나아지고 있었지만, 교육예산의 부족 및 취학아동 증가로 1990년대 중반까지 교육여건은 열악하였다. 1970년대 이후로 교육예산은 계속해서 증가하고 있다.

〈표 10-3〉 학생1인당 중앙정부 교육예산의 변화

연도	중앙정부교육예산 (단위: 1,000USD)	초 · 중 · 고 학생수	학생1인당 교육예산 (명목) (단위: USD)	학생1인당 교육예산 (실질) (단위: USD)
1970	82,608	7,658,491	11	146
1980	1,157,009	9,826,791	118	355
1990	5,328,876	9,428,077	565	928
2000	20,181,082	7,951,998	2,538	2,538

출처: 한국 교육 60년 성장에 대한 교육지표 분석 p. 203.
주: 실질 학생 1인당 중앙정부교육예산은 통계청자료인 소비자물가지수(기준년도: 2000년=100)를 고려하여 조정한 값임. 1USD=950원.

라) 사립학교의 역할

한국의 사립학교 및 학부모 등의 민간부문은 한국교육 성장에 크게 기여하였다. 한국은 교육발전과정에서 공교육의 상당부분을 사립학교에 의존하였으며, 공교육 재정의 상당부분을 학생 납입금으로 충당하였다. 한국교육에서 사립학교 비중은 매우 크다. 1965년에 사립학교 학생 수가 중학교는 전체의 44.4%, 고등학교는 50.7%를 차지하였다. 2005년에 사립중학교 학생의 비율은 18.9%로 크게 줄었지만, 사립고등학교 학생수는 49.3%로 거의 줄지 않았다. 사립중학교 학생의 비율감소는 이촌향도 현상과 신도시 개발과 관련이 있다. 이촌향도 현상으로 시골에 위치한 사립중학교 학생수가 감소한 반면, 신도시 건설시 새로운 공립중학교를 신설하였기 때문에 사립중학교 학생수의 비율이 감소하게 되었다. 교육예산에서 학부모의 입학금과 수업료의 비중은 점차로 낮아지고 있다. 1985년 24.2%에서 점차 감소하여 2005년에는 9.8%를 차지하고 있다.

〈표 10-4〉 중학교 학생수의 변화

연도	계	공립학교	사립학교
1965	751,341	418,059(55.6)	333,282(44.4)
1970	1,318,808	677,518(51.4)	641,290(48.6)
1980	2,471,997	1,513,894(61.2)	958.103(38.8)
1990	2,275,751	1,625,344(71.4)	650,407(28.6)
2000	1,860,539	1,449,031(77.9)	411,508(22.1)
2005	2,010,704	1,630,512(81.1)	380,192(18.9)

출처: 한국 교육 60년 성장에 대한 교육지표 분석(강성국 외, 2005, pp. 169-170).
주: 괄호안의 수치는 공립학교와 사립학교 학생수의 상대적 비율(%)임.

〈표 10-5〉 고등학교 학생수의 변화

연도	계	공립학교	사립학교
1965	426,531	210,193(49.3)	216,338(50.7)
1970	590,382	267,697(45.3)	322,685(54.7)
1980	1,696,792	688,645(40.6)	1,008,147(59.4)
1990	2,283,806	875,090(38.3)	1,408,716(61.7)
2000	2,071,468	934,309(45.1)	1,137,159(54.9)
2005	1,762,896	893,588(50.7)	869,308(49.3)

출처: 한국 교육 60년 성장에 대한 교육지표 분석(강성국 외, 2005, pp. 178-179).
주: 괄호안의 수치는 공립학교와 사립학교 학생수의 상대적 비율(%)임.

마) 진학제도의 개혁: 중학교 무시험 진학제도와 고교평준화정책

초등학교 의무교육으로 대부분 아동들이 초등학교에 취학하였으나 중등학교진학에서는 학생은 자신이 원하는 학교를 지원하고, 학교는 학교별로 주관하는 입학성적에 의해 학생을 선발하였다. 이러한 학교선택제 하에서 학교간 학업성취도 차이가 심했으며 학교들은 소위 일류학교 또는 삼류학교 등의 사회적 낙인이 찍히게 되었다. 일류학교에 진학하기 위한 과도한 경쟁이 유발된 것이다. 학생 선발이 입학시험 점수로 결정됨에 따라 많은 초등학교와 중학교는 교수학습의 중점을 상급학교의 입학시험 준비에 두었다. 또한 학부모에게는 과외에 따른 사교육비 부담이 있었다.

당시에 입시위주 교육과 사교육에 대한 부담은 주요한 사회문제 중 하나였다. 학교간 격차를 해소하기 위해 정부는 1968년 7.15입시개혁안을 통해서 1969년에 서울부터 시작해서 1971년에는 전국적으로 사립을 포함한 모든 중학교 입학시험을 폐지하였다. 중학교 무시험 전형제도 도입으로 3년 동안 전국적으로 386개 중학교가 신설되었고, 기존 중학교에는 모두 5,230개 학급이 추가로 설치되었다. 중학교 무시험 전형제도 도입으로 인해 중학교 취학률은 1968년부터 1971년까지 3년이란 짧은 기간에 59%에서 70%로 11%가 증가하게 되었다.

중학교 무시험 입학제도에 이어 고등학교의 평준화제도(추첨배정제)로 각 고등학교에서 실시하던 입학시험은 시·도에서 주관하는 시험으로 바뀌었으며, 학생들을 추첨에 의해 배정하기 시작하였다. 그리고 고등학교 교육여건의 평준화를 위해서 부실학교 정리 및 학교시설 정비, 교원 자질 향상 및 처우개선, 사립학교 육성 및 지원, 도심지 학교 외곽 이전 및 학군 세분화, 학교 및 교사의 과외금지, 농・어촌지역 학교 육성정책 등을 시행하기로 하였다.

중학교 입학시험의 폐지 및 고등학교 평준화제도 도입은 추첨을 통해서 학교간 학생의 학업성취수준 및 학부모의 사회경제적 배경 차이를 줄이고, 이와 함께 학교 간 시설 차이를 개선하고, 교원순환보직제를 도입하여 교원의 질을 균등하게 함으로써 교육평등에 기여하였다.

바) 법정재원의 확보

한국은 경제성장 과정에서 인력개발이 경제성장을 지원하는 중요한 과제임을 천명하고, 인력개발과제로서 초등의무교육의 질적 수준 향상과 직업교육을 위한 실업계고교와 전문대학 확충을 지원하였다. 이를 위하여 특별회계를 편성하여 재정지원을 하였으며, 초등교육과 중등교육의 확충과 질적 개선을 위하여 필요한 재원으로 내국세의 일정비율(2010년 현재 20.27%임)을 법으로 정하여 확보하였다. 교육발전 지원을 위한 안정적 재원을 확보함으로써 학교교육 여건을 개선하고 교육체제를 정비할 수 있었다. 한국 경제성장이 있었기 때문에 교육발전이 가능하였다.

다. 교육의 질적 발전을 위한 투입 확대와 행정적 관리모형: 1980~1998

1980년대 이후에 한국교육은 새로운 도전을 받게 되었다. 정치적으로 민주화에 대한 요구는 교육에서 민주화 과제를 제기하였다. 한국교육의 양적 확대가 가지는 한계에서 질적 발전을 모색해야 했다. 한국교육에 대한 새로운 도전으로서 민주화, 질적 발전, 그리고 운영체제 변화는 양적 성장기에 적용하여 왔던 접근방법에 대한 검토를 요구하였다.

대학생 수를 제외하면, 인구 감소로 양적 성장은 1980년대에 그 성장의 최대치에 이르러 한계에 도달하였다. 학생 수를 기준으로 할 때, 초등학교 경우에 1971년에 최대치에 이르렀고 중학교 경우에는 1985년, 고등학교의 경우에는 1989년을 최대치로 하여 이후에 감소추세로 들어갔다. 1980년부터 1990년대 후반에 이르는 시기에 교육여건 개선을 이룩하였다. 이 시기는 양적 성장에서 질적 개선을 모색하는 시기이고, 교육의 질적 적합성과 책무성을 제고해야 하는 도전을 받는 시기였다. 이 시기는 경제적으로는 안정적 성장과 구조적 조정을 이룩한 시기이다. 정치적으로 1980년대 초의 군사정부 시기를 지나 민주화 요구를 수용하여 1990년대에는 정치적 민주화를 이룩한 시기이다.

1980년 대학입학경쟁을 준비하기 위하여 과외를 받지 않으면 대학진학 경쟁에 나설 수 없다는 상대적 박탈감으로 인해 "과열과외"가 사회적 쟁점으로 등장하였다. 교육부문에서는 당시 군사정부가 "과열과외"를 금지하고, 대학입학정원을 실질적으로 증가시킨 결과를 초래한 7.30교육개혁조치를 취하였다. 이 조치로 인하여 대학정책은 지난 20여 년 동안 대학입학정원의 증가를 억제해온 정책에서 대학개방정책으로 방향을 전환하였다(정태수, 1991).

민주화에 대한 요구는 교육부문에서도 학교운영의 민주화와 지방교육자치에 대한 요구로 제기되었다. 정치적으로 지방자치가 복원되는 맥락에서 특별시・직할시・도를 단위로 하는 지방자치가 시행되면서(1995), 특별시・도 수준에서 교육자치제를 시행하게 되었다(교육부, 1998). 학교운영에서 권위주의적 행정이 도전을 받고 학교운영의 민주화, 학교운영의 자율화, 학교교육의 책무성에 대한 요구가 제기되었다. 1980년대 후반 "참교육"을 표방하는 교원노조가 결성되었으나 불법단체로 규정되어, 교원노조에 참여하는 교사가 대량해고되는 사건이 발생하였다(교육부, 1998).

교육의 질적 적합성과 책무성의 제고를 요구하는 목소리가 커졌다. 교육의 질적 변화 모색기에서는 경제의 고도성장기와는 달리, 양적 성장으로부터 질적 개선으로, 효율성보다는 적합성을, 행정적 통제보다는 자율성의 부여와 책무성을 제고하는 방향으로 교육체제 운영에서 틀의 변화를 모색하는 시기였다.

1980년 이후는 교육의 질적 발전을 위한 새로운 접근과 제도의 발전을 시도한 기간으로 볼 수 있다. 질적 발전을 위하여 투입 확대를 통하여 교육의 질적 개선을 시도하였고, 질적 발전을 위한 새로운 접근을 시도하였다. 투입확대는 (1) 교직여건의 개선과 교사 역량 계발을 지원하고, (2) 교수학습과정에 교육정보화 지원체제를 구축하고, (3) 교육재원의 안정적 확보를 통해 공교육 수준을 높였다. 교육의 질적 발전을 위한 투입확대를 통한 여건개선과 더불어 행정적 관리모형을 적용하였다. 대통령 자문위원회로서 교육개혁위원회를 설치・운영・유지하였고, 평준화 접근을 유지하였고, 사교육 문제에 대해서는 공교육 내실화 전략으로 대응하였다. 돌이켜 보면 1980년~1990년대 접근은 교육의 질적 개선과 교육운영체제의 혁신을 추구하기 위한 중간단계를 구축했다는 의의를 가진다.

이러한 도전에 대하여 1980년대 7.30교육개혁조치 이후 교육발전 방향을 설정하고 국민 참여 속에 전문적 검토를 거쳐 교육정책의 틀을 정립하기 위하여 대통령 자문기구로서 "교육개혁심의회"(Presidential Committee for Educational Reform)를 운영하였다. 이후에 명칭은 달리하였어도 대통령 자문기구로서 위원회(Presidential Committee)의 위상을 유지하여 왔다(교육개혁심의회, 1987). 교육개혁심의회는 다양한 교육개혁 방안을 제안하였다.

1) 투입 확대를 통한 교육의 질적 개선: 교사, 교육과정, 재정, 평가

가) 교직여건 개선과 교사역량계발 지원

교사양성을 위한 교육기관은 교육대학과 사범대학이 중심을 이룬다. 교육대학은 1962년에 초급대학 수준의 교육대학으로 개편하였고, 1982년에 4년제 대학으로 격상하였다. 중등학교 교사는 사범대학과 일반대학의 교과 관련학과와 교직과정을 이수함으로써 교사자격을 취득할 수 있다. 중등교사 양성은 현재 수요를 훨씬 초과하여 교사자격취득자를 양성하고 있다. 양성과정의 격상과 교원급여수준 개선으로 1990년대 이후부터 교직은 가장 선호하는 직종으로 등장하였다.

나) 교육의 정보화지원체제(Roles of ICT)

1990년대 후반 들어 한국의 정보·통신기술은 상당히 발전하였고, 정부의 학교교육의 정보화 지원사업에 힘입어, 학교운영과 교수-학습과정에서 ICT를 광범위하게 활용하고 있다. 교육 정보화지원체제는 전국차원에서 (1) NEIS(National Education Information System) (2) KERIS와 각 시·도교육청의 교육정보화센터설립, (3) 학교차원의 교실정보화지원시설, (4) EBS의 e-learning 시스템 등을 들 수 있다.

정부는 1999년 교육부 직속기관으로 교육학술정보 지원을 목적으로 하는 전문연구개발기관으로 KERIS(Korean Education Research Information System)을 설립하였다. KERIS는 학교의 교수학습을 지원하기 위하여 "Edunet"을 개발하여 ICT를 활용한 교수학습자료를 수집, 저장, 활용한다. 여기에 각 시도 교육청 소속의 "교육정보화센터"가 연결되어 학교의 교실수업을 지원한다. 학생들도 필요한 학습자료를 Edunet을 통하여 제공받을 수 있다. 대학에서 학술연구에 필요한 자료들도 KERIS를 통하여 세계의 주요한 학술자료 Sources와 연결한 정보망을 통해 이용할 수 있다. 하드웨어 차원에서는 정보활용을 할 수 있는 시스템을 갖추었으나, 좋은 내용의 교수-학습자료를 개발하는 소프트웨어를 개발해야 하는 과제를 안고 있다.

교육부는 학교의 교육정보화를 지원하기 위하여 전국 학교의 모든 교실마다 인터넷에 연결할 수 있는 컴퓨터 시스템과 빔프로젝터를 연결한 시스템을 구비하였다. 교사의 활용능력, 좋은 컨텐츠, 사용방법 등의 문제들이 제기되고 있으나, ppt를 통한 수업은 보편화되고 있다. 수업장면에서 교수학습자료 활용도 중요하나, 학생들이 학습과정에 활용할 수 있는 소프트웨어 개발과 활용이 더 큰 교육적 가치를 내포하고 있다는 평가를 받는다. 최근에 국내에서 개발된 좋은 소프트웨어도 있고, 국제적으로 개발된 소프트웨어를 번역하여 활용하는 좋은 사례를 발견할 수 있다.

- EBS(Educational Broadcasting System)의 역할: 교육방송 EBS는 초・중등 학교에서 교수-학습과정에 활용할 수 있는 교수자료를 방영할 수 있는 방송 체제를 구축하기 위하여 설립되었다. 그러나 다양한 교육프로그램을 방송하는 기능을 설정하였다. 교육 분야에서 과외가 사회문제로 제기되고 사교육비가 문제가 될 때마다 정부는 교육방송을 통하여 전국적으로 과외방송을 제공하는 정책을 선택하여 왔다. 1980년과 1995년에 과외문제가 제기되었을 때 교육방송을 통한 교육비 절감을 문제해결 방안으로 택하였다. 2003년 사교육비문제에 대해서는 교육방송과 인터넷을 연결하는 시스템을 개발하여 ICT가 사교육에 활용되는 계기를 이루었다. 민간 사교육기관에서도 과외교육내용을 인터넷에 탑재하여 운영하는 e-learning 시스템을 개발하여 운영하고 있다. "Mega-study"가 이 방면 대표주자로서 역할을 하고 있다(http://www.megastudy.net).

국가적인 ICT 활용 시스템으로서 정부는 NEIS(National Educational Information system)를 개발하여 2003년부터 운영하고 있다. NEIS는 전국 모든 학교와 교육행정기관을 연결한 교육정보체제로서 학교의 학생, 교무, 학사행정결과, 학교행정, 재정운영 등 모든 정보를 연결하고 그 결과를 공유하는 시스템이다. 시행 초기에는 학생의 개인정보유출가능성에 대하여 문제가 제기되었으나, 개인정보유출 가능성이 있는 부분을 제외하고 운영하고 있다. 종래 추진하여 왔던 학교행정의 업무를 전산화하고 그 정보자료를 전국적으로 공유·활용할 수 있는 시스템으로 발전시켰다. 한국의 교육정보화사업은 개발도상국이 도입하고자 하는 매우 중요한 교육시스템모델이 되고 있다.

다) 교육재원의 안정적 확보와 공교육비 수준

한국 공교육비 규모는 2005년에 GNP 6.2%에 이르고, 이 중 정부가 부담하는 공부담 공교육비는 3.5%, 개인이 부담하는 사부담 공교육비는 2.7%에 이른다. 전체 공교육비에서 개인 부담은 43%에 이른다. 최근 한국은 공부담 교육비 규모를 GDP의 6%까지 확대하는 것을 정치적 목표로 삼고 있다. 정부예산 대비 교육예산의 규모와 GDP 대비 교육예산 규모는 다음과 같다.

〈표 10-6〉 국내총생산(GDP), 정부예산 대비 교육부예산

(단위: 억원)

연도	GDP (A)	정부예산 (B)	교육부예산 (C)	C/A (%)	C/B (%)	총 공교육비(D)	D/A (%)
1950	-	2	0.1	-	5.7	-	-
1955	1,131	281	26	2.3	9.3	-	-
1960	2,431	420	64	2.6	15.2	-	-
1965	7,981	947	153	1.9	16.2	-	-
1970	27,639	4,463	785	2.8	17.5	-	-
1975	103,861	15,869	2,279	2.2	14.3	-	-
1980	387,749	58,041	10,992	2.8	18.9	27,320	7.0
1985	840,610	122,524	24,923	3.0	19.9	46,000	5.5
1990	1,866,909	226,894	50,624	2.7	22.3	85,240	4.6
1995	3,988,377	548,450	124,958	3.1	22.8	192,150	4.8
2000	5,786,645	939,371	191,720	3.3	20.4	310,870	5.4
2005	8,066,219	1,343,704	279,820	3.5	20.8	495,250	6.2

주: 정부예산: 일반회계+지방양여금관리특별회계+지방교육양여금관리특별회계
교육부예산=일반회계+특별회계

출처: 통계청; 한국교육개발원 각 년도 교육통계연보; 한국교육 50년사.

한국 교육은 1950년대에 초등의무교육을 완성하는 과정과 중학교 교육기회를 확대하는 과정에서 1인당 교육비를 낮춰 가면서 양적 확대를 시도하였다. 국가안보와 경제개발을 추진해야 하는 한국 상황에서 한국교육은 교육재원을 안정적으로 확보하기 위한 제도적 장치를 개발하여 왔다. 2010년 현재는 국세 교육세 전액과 내국세 총액의 20.27%에 이른다.

- 지방교육재정 규모: 대체적으로 교육부는 교육예산의 70~85%를 지방교육재정으로 확보하여 각 시도 교육청에 교부한다. 교육예산 중에서 지방교육재정지원금이 차지하는 비율은 다음 표와 같다. 지방교육재정교부금과 지방교육양여금 등의 국고부담이 상대적으로 감소하여 2005년의 경우에 70%의 분포를 보이고, 학부모가 부담하는 중·고등학교의 수업료는 9.8%, 지방자치단체가 부담하는 전입금은 급증하여 19.8% 수준에 이르고 있다.

〈표 10-7〉 **연도별 지방교육비 특별회계 재원 내역**

(단위: 백만원, %)

연도	합계	국고부담					지방 부담		
		계	지방교육재정교부금	지방교육양여금	교육환경개선지원금	보조금	계	자체수입	전입금
1965	13,656	10,975(80.4)	66.5	3.9	-	10.0	2,681(19.6)	16.4	3.2
1970	80,989	67,354(83.2)	72.2	5.1	-	5.9	13,635(16.8)	14.3	2.5
1975	220,073	163,788(74.4)	74.2	-		0.2	56,284(25.6)	22.7	2.9
1980	1,074,163	845,271(78.7)	77.6	-		1.1	228,892(21.3)	18.9	2.4
1985	2,644,861	1,949,389(73.7)	73.7	-		0.0	695,472(26.3)	24.2	2.1
1990	5,023,490	3,797,099(75.6)	75.5	-		0.1	1,226,391(24.4)	17.7	6.7
1995	12,251,423	10,269,367(83.8)	58.8	24.4	-	0.6	1,982,057(16.2)	10.6	5.6
2000	19,318,097	14,513,794(75.1)	44.4	26.7	3.6	0.4	4,804,304(24.9)	19.1	5.8
2005	30,637,008	21,568,424(70.4)	57.1	13.0	-	0.3	9,068,584(29.6)	9.8	19.8

출처: MOE & KEDI(Each year). Statistical Year Book of Education.

2) 교육의 질 개선을 위한 행정적 통제

가) 중앙집권적 교육행정체제

한국교육은 강력한 중앙집권적 교육체제를 중심으로 운영되었다. 이는 헌법수준에서 교육에 대한 국가 의무를 규정하고 있으며, 교육이 국민들의 가장 큰 관심사항 중의 하나이며 교육과 관련된 문제해결에 대한 국민들의 요구가 가장 큰 정치적 이슈가 되는 상황과 밀접히 관련된다. 또한 지역별로 교육여건에 대한 차이가 큰 상황에서 중앙정부 차원의 조정과 개입이 요구된다. 강력한 중앙집권체제 운영은 지역간에 경제 문화적으로 큰 격차가 있는 상황에서 국가 전체적으로 교육의 조건을 균등하게 하는 데 기여할 수 있다. 그러나 교육체제 운영에서 타율적 규제의 전통을 남겼다.

나) 대통령자문 교육개혁위원회를 활용한 접근(PCER Approach)

1980년의 7.30교육개혁 이후, 교육을 주요 국정과제로 추진하기 위하여 "교육에 관한 대통령자문위원회"를 운영하였다. 1980년대 "교육개혁심의회"와 "교육정책자문위원회"는 교육정책의 개발과 심의과정에 사회의 폭 넓은 참여와 전문적 검토, 공론화 과정을 제도화한 계기를 이루었다. 1990년대 문민정부의 "교육개혁심의회"는 세계화 흐름에서 지식정보사회로 이행을 전망하여 "교육체제를 운영하기 위한 새로운 틀"을 제시했다는 평가를 받고 있다. 이 교육개혁안은 국민의 정부와 참여정부에서도 교육정책의 기본지침으로 수용되었다.

1995년에 교육개혁위원회는 "신 교육체제수립을 위한 교육개혁방안"을 발표하였다. 여기서 "새로운 교육체제" 특징은 다음과 같다.

- 학습자중심교육, 교육의 다양화, 학교운영의 자율과 책무성, 자유와 평등이 조화된 교육, 교육의 정보화, 질 높은 교육으로 신교육체제의 특성을 규정하고,
- 이를 위한 제도개선과 교육체제 운영에서 자율성을 부여하고 책무성을 확보하며, 평가기제를 활용하는 새로운 운영방법 도입을 제안하였다(교육개혁위원회, 1997).

이후 1998년부터 시작한 김대중 대통령의 "국민의 정부"와 노무현 대통령의 "참여정부"에서도 1995년 교육개혁위원회가 수립한 "신 교육체제수립을 위한 교육개혁방안"은 교육개혁 추진의 청사진으로 설정되었다. 그러나 여러 가지 교육정책과 중요사업을 전개하는 과정에서 교육개혁의 핵심가치와 정책방향, 전략적 접근 등 교육개혁의 정체성은 모호해졌다.

다) 평준화 접근(Egalitarian model)의 유지

교육의 평등지향성은 교육의 기본조건에서 "균등한 교육기회"를 보장한다. 교육기회균등과 관련하여 문제가 되는 사항은 가정배경 차이에 따라 학업성취수준의 차이가 발생하는 점이다. 이러한 현상은 삶의 한 단면으로 볼 수도 있다. 문제는 교육의 기회 균등성이 훼손되는 문제이다. 평준화 논리는 학교 간에 차이가 적은 "평준화"된 학교교육을 보장하려는 것이다. 평준화정책에 대한 찬반론의 대립 속에서, 정부는 평준화정책의 기본방침은 유지하되 보완을 위한 과제는 추진한다는 입장을 취하여 왔다. 평준화정책 해체는 고등학교 진학을 위한 입시경쟁을 유발하고, 이것이 과외를 조장하여 "교육에서의 불평등"을 심화하게 될 것이라는 우려를 고려하여 평준화체제의 전면적 해체를 반대하는 논리를 취하여 왔다.

라) 교육성과 평가체제의 한계

1990년대 이후 교육의 질적 수준을 평가하고 그 결과에 따라 차등적 보상을 제공하는 "질 관리방식"을 적용하여 왔다. 학교평가, 시도 교육청 평가, 대학평가, 교육개혁평가사업 등이 여기에 속한다. "실적"에 대한 객관적 자료 분석보다도 기준을 설정하고 기준부합 여부에 대한 위원회의 평가방식을 적용하기 때문에 평가의 임의성이 높고, 평가를 통하여 개선의 과제를 설정하기 어려운 점이 있다. 평가를 통한 교육의 질 관리방식은 종전의 "투입과 과정"에 대한 행정감사적 통제보다 개선되었으나, 본질상 행정적 통제유형을 벗어나기 어렵다. 평가에 의한 교육의 질관리 체제를 만들어 가면서도 교육의 질을 점검하는 장치(monitoring system)는 빈약하다.

라. 한국교육의 과제(1998년 이후): 교육 선진화를 지향하는 자율과 협치(Governance)의 접근

1) 재구조화 시기: 1998~현재

1998년 이후 현재까지의 시기는 1997년 한국이 겪었던 금융위기와 이를 극복하고, 사회·경제 모든 면에서 국제경쟁력을 확보하고, 지식기반경제로 변환을 하기 위한 "재구조화"의 도전에 대응해온 시기였다(World Bank, 2000). 정치적으로는

진보 정부인 '국민의 정부', '참여정부'가 10년간 이끌었고, 이후 보수 정부인 '이명박 정부'와 '박근혜 정부'가 약 9년간 국가를 운영하였다. 이후 다시 진보 정부인 '문재인 정부'가 5년을 이끌었고, 현재는 보수 정부인 '윤석열 정부'가 이끌고 있어 이념적으로 좌우의 정책이 팽팽하게 경쟁하는 시기이다.

교육부문에서는 두 가지 도전을 받게 되었다. 세계화 추세 속에서 국가의 경쟁력 확보를 지원하고, 한국경제가 지식기반경제로 변환하는 과정에서 요구되는 지식기반사회형 학업성취와 국민의 역량을 개발하는 인적자원개발형 교육체제를 수립해야 하는 도전을 받고 있다. 교육은 이를 위한 평생학습체제의 구축과 인적자원개발을 위한 교육체제 구축의 과제를 안고 있다. 정부는 2002년에 교육부를 국가인적자원개발을 총괄하는 부총리급의 "교육인적자원개발부"(Ministry of Education and HRD: MOE-HRD)로 격상함에 따라 인적자원개발정책을 조정하는 책임을 맡게 되었다(교육인적자원부, 2003).

교육부는 우선적으로 고등교육의 개혁을 중점적으로 추진하여왔다. 고등교육기관이 교육의 적합성을 높여 사회수요에 부응하는 교육프로그램을 운영하도록 하고, 연구역량을 높여 대학의 연구에서 국제경쟁력을 갖추도록 하고, 지역혁신을 선도할 수 있는 인재양성을 지원해 왔다. 대학의 연구를 지원하기 위하여 학술연구비를 대폭 확충하고, 연구와 교육을 통한 인재육성을 위하여 BK21(Brain Korea) 프로젝트와 NURI(New University for Regional Innovation) 프로젝트를 통하여 대학을 지원하는 체제를 구축하였다(교육인적자원부, 2003).

이후 교육부는 평생학습의 진흥을 위한 정책과제를 설정하였다. 세계화 추세 속에서 한국이 국제경쟁력을 확보하고, 지식기반경제체제 운영을 위한 국민역량계발을 위하여 학교교육의 토대 위에서 평생학습을 지원하는 체제를 개발하고 있다. 성인학습자의 학습과 학력취득·자격취득을 지원하기 위한 학점은행제, 사내대학 인정, 원격학습 지원과 원격대학 설립, 고등교육기관의 평생교육기능 확대 등을 추진하고 있다.

사교육이 제도화(Shadow Educational Systems)(Mark Bray, 1999) 되어가는 경향을 보이고 있다. 이 시기에 들어 대학진학을 위한 입시경쟁에서 뿐만 아니라 초등학교 단계에서도 학교교육 이외의 과외를 받는 학생들이 증가하였다. 과외가 학교교육에 대한 보충교육 기능을 수행하는 준교육활동으로 등장하게 된 것이다. 한편, 국내 공교육에 대한 대안으로서 "외국학교 교육"을 선택하기 시작하였다. 초·중등 교육 단계에서도 외국 학교로 유학하는 소위 "조기유학"이 증가하였다. 이 과정에서 공교육에 대한 학부모들의 신뢰가 손상되었다. 학교교육은 활력을 잃고 공교육의 실패, 교실위기에 대한 문제가 제기되었다. 이 시기 이후로 정부는 사교육비 경감을 위하여 공교육 내실화 대책을 추진하였다. 공교육의 내실화와 사교육에 대한 의존도를 줄이는 것을 정책의 중요한 기준으로 삼고 있다. 과외에 대한 높은 의존도와 계층 간 교육기회 불균등 조장 가능성에 대한 우려가 초등교육과 중등교육에서 "교육의 평등"을 강조하는 가장 중요한 이유가 되었다. 과외와 이로 인한 계층 간 교육기회 불균등에 대한 우려가 교육정책결정의 주요 준거로 작용하고 있다(교육인적자원부, 2002).

박근혜 정부(2013~2017)에서는 공교육 내실화를 위해 '자유학기제 정책'도입을 추진하였다. 자유학기제는 중학교에서 한 학기 동안 시험 부담없이 다양한 활동을 통해 학생들이 자신의 진로와 적성을 탐색할 수 있도록 하는 취지로 추진되었고, 정치 성향과 관계없이 정책적으로 큰 호응을 받아 전국적으로 전면 도입될 수 있었다. 박근혜 정부에서는 교육의 국제경쟁력 강화를 위해 세계적 수준의 연구중심 대학 육성을 추진하였다. 이를 위해 정부 재정지원을 확대하고, 대학의 자율성을 강화하는 정책을 추진한다. 다른 한편으로 외국인 유학생 유치 확대와 해외 교류 프로그램을 활성화하였다.

문재인 정부(2017~2022)의 교육정책은 교육기회의 평등화, 교육의 공공성 강화, 그리고 혁신적인 교육환경 조성에 중점을 두었다. 문재인 정부에서 고등학교 무상교육을 단계적으로 도입하여 고등학교 학생들에게도 교육 기회를 공평하게 제공하고자 하였다. 사립 유치원의 공공성 강화를 위하여 사립유치원의 회계 투명성을 강화하고, 국공립유치원 확충을 통해 유아교육의 공공성을 높이고자 하였다. 다른 한편, 고교 학점제 도입과 디지털 교육 강화를 통해 혁신적인 교육 환경을 조성하고자 하였다. 고교 학점제를 통해 학생들이 자신이 원하는 과목을 선택하여 이수할 수 있도록 고등학교 교육과정을 유연화하고, 학생의 개별 학습 요구를 충족시키고자 하였다. 코로나 팬데믹 상황을 경험하며, 디지털 교육환경 조성을 위한 스마트

기기 보급과 AI 교육 강화가 시급히 추진되었다.

2022년부터 시작한 윤석열 정부의 교육정책은 고등교육과 평생교육의 재정 지원을 강화하기 위해 특별회계를 신설하는 방안을 추진하여 고등교육기관의 재정 건전성을 높이고자 하였다. 또한, 전자 교과서와 같은 첨단 기술을 활용한 교육혁신을 추진하고 있으며, 특히 디지털 인재 양성을 위한 교육환경 조성에 주목하고 있다. 이와 동시에 지역사회와의 연계를 강화하여 지역혁신 기반의 교육을 강화하고자 하는 노력이 추진되고 있다.

이제 21세기에 들어서 한국교육은 교육 외적인 도전과 교육 내적인 과제를 안고 있다. 경제적으로 한국경제가 지식기반경제로 이행하기 위한 인적자원개발의 과제를 안고 있다. 정치적으로는 한국의 정체성을 지켜나가며 남북관계에 대응할 수 있는 역량을 가진 주권자로서 국민교육을 해야 한다. 교육은 사회적으로 "저출산-고령화사회 문제"와 지식기반사회로 이행하는 과정에서 드러나는 "사회양극화 현상" 문제에 대응하기 위한 가장 중요한 방안이 된다. 또한 한국의 국가경쟁력을 높이는 데 크게 기여할 것이다.

2. 새로운 과제를 제기하는 맥락

가. 교육의 질 문제: 교육 적합성과 경쟁력

교육의 질(Quality) 향상 과제는 "의미 있고 적합한 교육기회를 수준 높게" 제공하는 것이다. 교육의 질은 양이 아닌 속성이다. 속성으로서 적합성과 다양성, 그리고 그 속성에서 질적 수준이 높아져야 할 것이다. 교육의 질적 적합성과 다양성은 학습자 교육의 필요에 의해 규정된다. 학습자 교육의 필요는 다양하고 개인차가 있고 수준이 다르기 때문에 교육프로그램이 다양해야 하며 학습자 필요에 따라 선택할 수 있어야 한다. "의미 있고 적합한 교육기회"를 제공해야 하는 점에서 한국교육은 "다양한 교육프로그램의 개발"과 "선택을 허용"해야 하는 과제를 안고 있다. 이 문제는 기초교육으로서 공통교육을 중심으로 하는 초등학교・중학교보다는 고등학교 단계에서 특히 요청된다. 교육의 질은 교육 프로그램의 다양성 속에서 적합성과 질적 수준의 향상과 교육의 본질에 속하는 보살핌(caring)이라는 속성을 포함한다(Beck, 1994). 교육의 질적 수준을 규정하는 학교교육의 여건은 OECD 수준에 이르렀다. 그러나 한국교육은 다양성, 선택의 허용, 보살핌의 면에서는 질적 향상의 과제를 안고 있다.

나. 산출성과(Outcomes)

한국교육의 산출성과를 여러 가지 "실적평가지표"를 중심으로 검토할 수 있다. 한국 학생들의 학업성취뿐만 아니라 습득해야 할 핵심역량(Core Competency), 그리고 대학의 연구역량과 실적도 산출성과로서 검토할 수 있다. 한국교육은 교육제도 운영에서 투입이나 과정의 관리에 중점을 두는 "행정관리와 통제" 중심의 교육행정을 해 왔다. 이제는 산출성과를 관리 점검해야 할 때이다. 교육의 질적 발전을 기하기 위해서는 산출성과를 규정하고 점검할 수 있어야 할 것이다. 교육의 성과를 모니터할 수 있는 학생의 학업성취도 평가체제가 있어야 한다. 이 결과는 분석되어 그 의미가 공개되어야 한다. 그리고 학교의 교육성과에 대한 평가와 교사의 실적에 대한 평가도 이루어져야 한다. 산출성과에 대한 점검은 교육의 질적 발전을 추진하는 중요한 과제가 된다.

다. 자율과 책임을 중시하는 학교운영의 패러다임 변화

한국교육 문제를 규정하고, 문제해결의 방향을 모색하고, 적합한 방법을 논의할 때 그 기준이 되는 것이 학업성취 기준이다. 이 점에서 지식기반사회에서 더욱 요구하는 학업성취를 "참된 학업성취(Authentic Achievement)라고 할 때 이러한 학업성취를 이끌어내기 위한 "학교의 변화"를 만들어내는 일이 중요하다(이종재, 2006). 이를 조성하기 위하여 "학교를 어떻게 운영해야 할 것인가?"라는 문제가 제기된다. 학교운영의 패러다임을 행정통제로부터 단위기관운영의 자율과 책임, 그리고 소비자로서 학부모와 학생 선택을 주로 하는 시장적 통제로 전환하는 문제가 쟁점이 되고 있다.

라. 과외의 영향과 교육의 기회균등 문제

교육기회균등의 핵심이 되는 기준을 "부적합한 기준에 의한 차별적 관행이나 결과적 차별"로 규정할 경우에 한국교육은 부적합한 기준에 의한 차별 관행은 없다고 평가할 수 있다. 교육기회에 접근하는 데 심각한 제약요인이 있다고 볼 수 없다. 이제는 교육비 부담능력이 중요한 제약요인이 되지 않는다. 그러나 대학입학전형에서 사용하는 시험성적 평가에서 본인 이외 요인에 의한 영향으로 성적 차이가 발생한다. 가정배경의 영향, 학교간 차이, 그리고 과외학습의 영향 등이 교육 기회 불균등에 영향을 주는 중요한 요인으로 평가되고 있다. 한국교육에서 과외의 영향은 상당한 것으로 인식되어 왔다.

마. 고등교육의 역량강화를 위한 대학의 혁신

한국 고등교육은 몇 가지 문제와 과제를 앞에 두고 있다. 지식기반사회에서 요구하는 역량 있는 인재를 양성해야 하며 한국 대학의 연구역량을 높여야 한다. 한국 경제와 산업계가 필요로 하는 지식과 기술을 공급할 수 있는 지식연구·개발센터(center for research and development of knowledge)로서 역할을 수행해야 한다. 고등교육기관의 교육과 연구에 있어 경쟁력을 높여야 하다. 교수 개인차원에서뿐만 아니라 프로그램, 그리고 대학을 단위로 하여 수준을 높일 것을 요청받고 있다. 한국 고등교육은 이미 국내뿐만 아니라 국제적인 경쟁 속에 던져졌다. 고등학교 졸업자의 감소 추세 속에서 고등교육기관은 학생충원을 위하여 경쟁해야 하며, 교육과 연구 성과에 근거하여 정부의 "인재육성을 위한" BK21, NURI 사업 등의 재정지원사업에 의한 지원을 받는다. 정부 재정지원에 대한 대학간 경쟁은 치열하다. 대학은 경쟁력 있는 연구 및 교육 사업단을 구성하기 위하여 연구 및 교육 실적을 제시해야 하며 이를 위하여 역량 있는 교수와 학생을 충원해야 한다. 이 과정에서 고등교육 혁신이 진행되고 있다.

3. 새로운 대응: 학생중심, 협치(Governance), 수평적 다양화와 공동체 접근

한국 정부는 이념적으로는 자유민주주의와 시장경제를 기조로 정부의 사회통합적 역할을 규정한 헌법의 토대위에서, 자유와 책임, 개방사회, 개인과 사회의 발전을 추구하며, 작은 정부, 큰 시장과 상생의 공동체적 접근을 지향한다. 제도 운영에서 "자율"을 지향하며, 정부의 통제적 작용을 줄이는 한편 관련주체들과의 협치(協治: governance)를 지향한다.

정부는 중도실용을 국정운영의 기조로 삼아왔는데, 이는 한국 발전과정에서 산업화와 민주화 이후 "선진화"를 이루기 위한 국정운영 방법론으로 제기된 것으로 이해된다. 중도실용의 관점에서는 창의적 인재육성과 선진교육체제의 구축을 교육정책의 목표로 설정한다. 인재육성은 역량과 성품을 계발하여 인격(人格) 함양과 국격(國格) 향상을 추구한다. 인격 함양은 전인교육의 토대 위에서 공인의식을 함양하고(정범모, 2009), 이 토대 위에서 개성의 신장을 의미한다.

창의적 인재육성을 위하여 모든 학생들이 학교교육을 통하여 지식기반사회에서 요구되는 역량을 계발하고 전인적 품성을 함양하는 "참된 학업성취"를 이룩할 것을 목표로 한다. 이 맥락에서 학습 과정에서 뒤쳐진 학생 없이 모든 학생들의 학업성취를 보장하여 전 국민의 역량계발을 추구한다. 교육에 대한 중도실용의 접근은 다음 4개의 접근으로 구성되어 있다고 볼 수 있다. 이 접근이 내포하는 문제점과 추구해야 할 중심을 검토한다.

- 소비자 중심 교육개혁의 추진
- 자율의 원칙 적용
- 평등과 수월성간의 균형 추진
- 친 서민적 배려와 공동체적 접근이다.

가. 소비자중심 교육개혁의 추진: 시장통제로부터 학생중심으로

학교교육을 혁신하기 위하여 정책이 추구하는 핵심가치를 "평준화"와 이에 대비

되는 가치로서 수월성을 말할 수 있으나 그 의미가 다양하기 때문에 여러 가능성을 생각할 수 있다. (1)교육의 질적 수준 향상, (2)우수학교 육성 혹은 (3)다양화를 이루기 위한 특성화를 들 수 있다. 또한 추진방법으로서 정부의 지침과 규제에 의한 타율적 통제와 자율과 학생의 선택에 의한 통제로 구분할 때, 다음 그림과 같이 4개의 상한을 상정할 수 있다. 이렇게 볼 때, 정부의 교육정책은 제3상한의 정부규제에 의한 평준화의 추구에서 제1상한의 자율과 선택에 의한 수월성의 추구로 이동하고 있다고 볼 수 있다. 단지 평준화와 대비되는 정책목표로서 수월성 내용으로 무엇을 설정하는가에 따라서 현정부의 교육정책 지향이 '서열화 지향'인지 '다양화 지향'인지가 결정될 것이다.

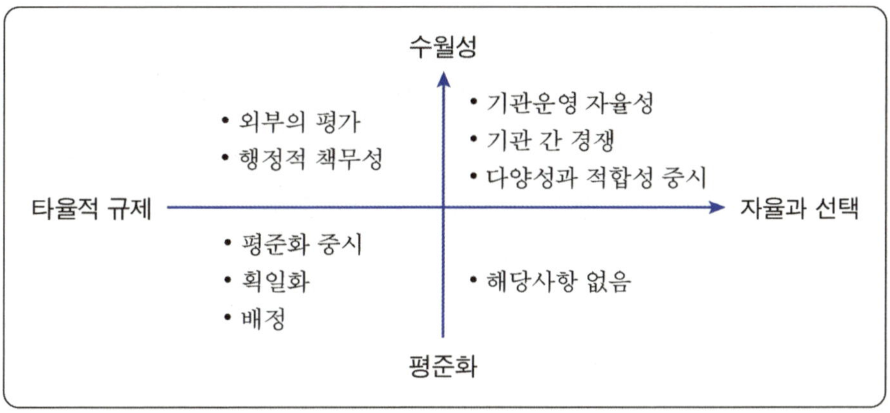

[그림 10-2] **교육정책의 지향에 따른 교육제도 운영유형의 특성**

정부는 교육정책을 추진하는 전략적 접근의 한 축으로 "수요자 중심"을 추구한다. 소비자 중심 교육개혁 추진은 교육에 대한 가치판단에서 소비자의 평가와 선택에 의하여 교육개혁을 추진하는 방식이다. 이 방식은 교육에 대한 시장통제 기제를 활용하는 데 중점을 두고 있다. 시장통제에 중심을 둘 경우에 학부모의 학교선택을 통하여 교육을 혁신하려는 접근을 의미한다. 교사와 학교교육의 실적에 대한 평가와 정보공개 그리고 학교선택이 주요 방법이 된다.

이러한 정책방향에 대하여 비판적 문제제기와 우려도 있다. 수월성을 상대적으로 우수한 학교를 육성하는 것으로 규정할 경우, 정부의 자율화와 다양화 정책은 학교 간 서열화를 초래할 수 있으며, 이는 교육의 공공성을 포기하고 시장논리를 적용하는 것으로 평가될 수 있다. 결과적으로 "학교서열화와 이로 인한 진학경쟁과 사교육비 부담의 증가"라는 우려가 제기된다. 또한 사회적 약자에 대한 배려가 적고 교육체제를 지나치게 경쟁체제로 끌고 갈 지 모른다는 오해도 있다. 교육의 평등성 문제, 교육 복지 문제, 사교육비 증가 문제는 정부 교육정책에 있어서도 외면하기 어려운 과제이다. 따라서 이와 같은 정부 기조의 교육정책 추진과정에서 교육의 형평성과 수월성을 조화롭고 균형있게 이루는 문제가 주요 교육쟁점으로 종종 떠올랐다.

그 접근의 목적을 생각해볼 때, 수요자 중심은 학생을 중심으로 하여 교육의 가치와 성과를 평가하는 관점으로 볼 수 있다. 따라서 정책적 관심은 학생의 학업성취에 집중된다. 이러한 관점을 '학생중심주의'라고 할 수 있다. 이 관점에서는 모든 학생들이 각각의 상황에서 지식기반사회가. 요구하는 학업성취로서 품성과 능력을 계발할 수 있도록 교육받아야 하며, 최소한의 학습성과는 보장되어야 한다고 규정한다. 전인적 성장(全人的 成長)과 공인의식(公人意識)의 함양(정범모, 2009), 그리고 이 토대위에서 개성(個性) 신장을 요구한다. 학생중심주의는 학업성취에서 뒤쳐진 교육소외계층에 대한 배려를 중시한다. 소비자중심 교육개혁의 추진이 교육개혁에서 시장통제만을 중시하는지 아니면 학생중심까지 포함하는지에 따라 정부 정책의 성격을 규정할 수 있다.

나. 교육제도운영에서 자율의 원칙: 자율에서 협치에 이르기까지

정부의 교육개혁을 추진하는 전략적 추진방법으로 "교육운영의 자율성 확대"를 생각해볼 수 있다. "학교교육의 자율화"는 정부규제로 인한 교육획일화를 극복하고 단위학교운영의 자율성을 확대하여 교육의 다양성과 교육수요자에 대한 책무성 제고를 지향한다. 교육기관 운영의 자율성 확대가 교육프로그램의 다양성을 확대하고, 공교육의 질적 수준 향상으로 이어지는 학교혁신의 "선 순환구조"를 창출하기 위한 정책으로 설정된다.

자율성 확보는 책무성을 확보하기 위한 기본 전제조건이 된다. 창의적이고 자율적 운영 결과에 대하여 운영 주체가 책임을 지도록 함으로써 운영주체들의 주인의식과 헌신, 그리고 창의적 탐구와 혁신을 조장할 수 있다. 자율운영 과정을 통하여 소비자의 요구에 부응하는 경쟁력 있는 프로그램을 만들어 가는 과정에서 교육내용의 다양화를 이루어 갈 수 있을 것이다. 자율이 확대됨에 따라 개인의 선택과 단위학교의 운영 자율성, 그리고 지역 차원의 교육자치가 확대되면서 중앙정부의 통제는 상대적으로 줄어들 것이다. 이에 따라 교육 통치에서 정부의 통제 모델이 자율적 협력 관계로 변화하여 '협치'(From Government to Governance)를 이루게 될 것이다. 이를 위하여 자율을 기반으로 한 운영체제(Governance)의 혁신과 중앙정부의 역할의 재조정이 필요하다. 자율을 확대하려면 단위 조직이 자율의 주체가 되어야 하며, 자율의 권한과 업무 내용이 설정되어야 한다. 자율의 원칙은 개인의 자율적 선택에서부터 단위 기관 운영의 자율성, 사학 운영의 자율성, 그리고 교육의 자주성까지 확대되는 개념적 원칙으로 볼 수 있다. 그러나 정부가 추진하는 자율의 원칙은 그 범위와 깊이가 제한적이다. 단순한 규제 완화를 넘어자율의 주체들이 적극적으로 자율권을 행사할 수 있는 체제를 조성할 필요가 있다.

다. 교육의 평등성과 수월성의 균형적 추구: 수직적 서열화에서 수평적 다양화로

우리나라 교육의 발전과정에서 "학교 차이"가 형성되었다. 학교 차이는 중등교육에서 어려운 문제를 제기한다. 좋은 학교를 찾기 위한 교육경쟁과 사교육 경쟁으로 발생하는 문제를 해결하기 위해 평준화정책이 도입되었다. 교육의 평등을 수직적 서열의 격차를 최소화하는 "평준화"로 생각해 왔다. 이제는 교육에서 평등과 수월성의 관계설정이 필요하다. 학교 간의 차이를 수직적 서열 구조에서 수평적 다원적(多元的) 선택구조로 전환할 필요가 있다. 이를 위해 평등과 수월성에 대한 관점을 새롭게 할 필요가 있다.

교육에서의 평등은 당연히 추구되어야 하는 가치이다. 그러나 교육의 평등은 획일(劃一)을 의미하지 않는다. 교육에서 평등에 대한 새로운 관점을 세울 필요가 있다. 교육의 평등을 다음과 같이 정의할 수 있다.

- 부당한 차별을 금지하고,

- 지역 간, 학교 간 교육여건의 균등성을 보장하며,
- 교육 성취 수준에서 최소 필수적 학업성취를 보장하고 교육 취약 계층에 대한 실질적인 "보살핌(caring)"을 제공함으로써 실질적인 학업성취와 역량을 계발할 수 있도록 도와주며,
- 교육기회의 배분에서 특별한 배려를 통해 경쟁에서 낙후되지 않도록 지원하고,
- 교육의 다양성을 제공하고 선택권을 보장하며, 각기 다른 학생들이 자신에게 적합한 학습 기회를 선택할 수 있도록 도와주는 것이 교육에서의 평등을 실질적으로 지향하는 길이다.

교육에서의 평등을 "획일"과 "평준"으로 규정하기 보다는 "다양성 속의 적합성"으로 재정의할 필요가 있다. 마찬가지로 수월성에 대해서도 새로운 관점을 설정해야 한다. 지식기반사회에서 학업성취는 모든 사람이 자신의 방향에 맞춰 교육의 수월성을 추구할 것을 요구한다(Excellence for All). 교육에서의 평등과 같이 수월성을 수직적 차원의 상위 서열로 보는 관점에서는, 수월성의 추구가 서열경쟁을 의미하게 된다. 이 경우, 수월성의 추구는 교육의 불평등을 초래하고, 사회 불평등을 야기하는 요인으로 잘못 해석될 수 있다. 그러나 수월성을 "모든 학생들에게", "그들의 재능 계발을 위한", "다양하고", "실질적으로 적합한 기회를 활용할 수 있게 하는", "최선을 향한 노력"이라고 정의할 때, 수월성을 수평적 차원에서 다양한 영역별로 재능 있는 인재를 양성하기 위한 최선의 노력으로 이해할 수 있다.

이렇게 볼 때, 수월성을 평등성과 대립적 관계로 보기보다는, 수월성과 평등성이 함께 연결된 구조로 이해할 수 있다. 수평적 차원에서 다양한 영역을 포함하는 V자 모양의 열린 체제는 평등성을 바탕으로 수월성을 지향하는 구조로 파악될 수 있다. 평등성은 기회의 균등, 최소 수준의 보장, 배려와 교육기회의 적합성을 높이는 개념이라면, 수월성은 각 개인이 최선을 다할 수 있도록 지원하는 노력으로 이해할 수 있다.

따라서 정부의 수월성 추구가 상위 서열의 차별화된 교육으로 나아갈지, 아니면 교육 기회의 서열화보다는 다양화를 통한 특성화와 그 질적 수준의 향상을 지향할지에 따라 정부의 교육정책 지향이 정해질 것이다.

라. "친서민적 배려"와 공동체적 접근

한국교육은 함께하는 교육 공동체 형성의 전통을 가지고 있다. 지난 60년간 한국교육의 성취는 초등 의무교육 단계에서 어느 누구도 학습 기회로부터 소외되지 않도록 배려하는 데서 출발하였다. 경제적 여건이 어려웠던 시기도 천막교실, '콩나물교실', 2부제 학급 등을 통해 취학 기회를 확대하는 정책(Lee, 2008)으로 교육 발전의 기틀을 마련했다.

"어느 누구도 학습의 기회로부터 소외되지 않도록 배려"하는 함께 하는 교육공동체 정신은 우리나라 학교 교육을 이끌고 가는 원칙이 될 수 있을 것이다. "친서민적 관점"은 교육에서 어려운 처지에 있는 계층, 지역, 학교에 대해 교육과 학습 복지의 향상을 위하여 공교육 제도 운영에서 "최약 보완의 원리"[2]를 적용하여 약한 부분을 보완하고, 차등적 보상의 원칙을 적용해 우선적으로 지원하는 복지 관점이다. 학생의 성장과 역량의 개발을 목적으로 "교학상장"을 실천하면 교육공동체를 이룰 수 있을 것이다.

참고문헌

강성국 외(2005). 한국 교육 60년 성장에 대한 교육지표 분석. 한국교육개발원.
교육개혁위원회(1996, 1997). 신교육체제수립을 위한 교육개혁방안.
교육인적자원부(1998). 한국교육 50년.
교육인적자원부(2000). 한국교육개혁의 흐름과 향후 발전방향(1995~2010).
교육인적자원부(2001). 국가인적자원개발 기본계획: 사람, 지식 그리고 도약.
교육인적자원부(2003). 국민의 정부 교육인적자원백서.
교육인적자원부(2006). 2006 대학입학전형 기본계획.
교육인적자원정책위원회(2002). 교육개혁추진 평가연구.
교육재정백서연구위원회(1999). 교육재정백서.
김영화(1997). 한국의 경제발전과 교육의 역할. 교육재정 · 경제연구 6(1).
김종철(1989). 한국교육정책연구. 서울: 교육과학사.

2) 한국의 새마을 운동의 원칙으로서 사회의 가장 약한 부분을 지원해 줌으로써 사회 전체의 역량을 확충하려는 전략적 운영방식을 말함.

대통령자문 정책기획위원회(2005). 참여정부 2년 평가와 3년 전망 심포지엄: 민주적 발전 모델과 선진한국의 진로.

문교부. 문교통계연보 1965~1996.

오원철(2006). 박정희는 어떻게 경제강국을 만들었나. 서울: 동서문화사.

오천석(1964). 한국신교육사. 서울: 현대교육총서출판사.

이종재(2006). The Development of Education in Korea: Past Achievement and Current.

이종재(2006). 지식기반사회의 학업성취와 학교혁신, 서울대학교 교육학과 교육포럼발표 자료. PPT presentation 자료.

정태수(1991). 7.30 교육개혁. 서울: 예지각.

정태수, 안길성, 윤정일, 유용식(2000). 교육행정재정사. 한국교육사학회.

한국교육개발원(1998). 한국교육평론 1997. 서울: 교육과학사.

한국교육개발원(2004). 평생교육체제 구축을 통한 학교교육 개혁방안 연구. 서울: 가람문화사.

한국교육개발원(1998). 국난극복과 21세기 재도약을 위한 교육전략.

한국교육십년사간행회(1960). 한국교육십년사. 서울: 동문사.

한국교육재정경제학회(2001). 교육재정경제학 백과사전. 서울: 하우동설.

한국교육재정경제학회(2003). 새정부 교육재정 정책의 방향과 과제. 2003년 한국교육재정경제학회 연차대회 자료집.

한국교육학회(1984). 韓國敎育三十年史. 서울: 교육출판사.

한국은행조사부(1960~1963). 경제통계연보 각 년도.

KDI(1997). *The Korean Economy 1945-1995: Performance and Vision for the 21st Century.*

Lynn, B.(1994). *Reclaiming Educational Administration as a Caring Profession*. NY: Teachers College Press.

Mark, B.(1999). *The Shadow Educational System: Private Tutoring and its Implications for Planners*. UNESCO, IIEP.

Ministry of Education & Human Resource Development(2005). *International Conference on 60 years of Korean Education: Achievements and Challenge.* Edu Expo 2005(June 13, in Kintex) 자료집.

OECD(2001). *The Well-Being of Nations: The Role of Human and Social Capital.* Paris: Organization for Economic Co-operation and Development.

OECD(2004). *Education at a Glance.*

World Bank(2000). *Republic of Korea: Transition to a Knowledge-Based Economy*. Report No.20346-KO.

World Bank(2004). *Republic of Korea: Four Decades of Equitable Growth*, no.30781,

World Bank(2005). *Expanding opportunities and Building Competencies for Young people: A New Agenda for Secondary Education*. Washington: World Bank.

PART

05

학교운영

CHAPTER

11 학교의 특성-학교란 무엇인가?

교육행정의 기본적인 역할은 교사와 학생이 대부분의 시간을 보내는 학교를 어떻게 지원할 것인지를 고민하는 것이다. 교육행정은 교장의 리더십을 뒷받침하고, 교사들의 근무 여건을 조성하며, 교육 환경을 개선함으로써 학교를 지원한다. 이 장에서는 학교의 의미를 다각도로 탐구한다. 먼저, 학교를 법적, 정치경제적, 조직행위론적 측면에서 살펴본다. 이러한 접근은 학교의 본질을 이해하는 데 도움이 될 것이다. 이후 Bolman과 Deal이 제시한 네 가지 조직 관점을 통해 학교 조직이 어떻게 운영되는지를 분석함으로써 학교에 대한 통찰을 얻을 수 있다. 현대 사회의 급격한 변화와 함께 학교에 대한 관점도 변하고 있다. 학교는 단순히 지식을 전달하는 장소가 아니라, 학생들의 전인적 성장을 지원하고, 미래 사회에서 필요한 다양한 역량을 배양하는 공간으로 진화하고 있다. 이 장에서는 이러한 변화하는 학교의 관점에 대해서 함께 살펴본다.

- 학교의 의미
- 학교조직을 바라보는 관점
- 학교에 대한 변화된 관점

1. 학교의 의미

가. 법적인 측면

학교는 공교육을 실현하기 위해 존재하는 중요한 공공시설이다. 법적인 측면에서 학교는 국가가 교육이라는 특정 목적을 달성하기 위해 설립한 영조물(營造物)로 정의된다. 영조물이란, 국가 또는 국가로부터 권한을 받은 자가 공공 목적을 달성하기 위해 설치한 인적·물적 요소로 구성된 공공시설을 의미한다. 이때 인적 요소는 교사와 행정직원 같은 공무원을 포함하고, 물적 요소는 학교 건물, 교실, 도서관 등 물리적 시설을 포함한다.

학교는 공공시설로서 매우 중요한 공공성을 지닌다. 교육기본법 제9조 2항에서는 "학교는 공공성을 가지며, 학생의 교육 외에도 학술과 문화적 전통을 유지·발전시키고, 주민의 평생교육을 위해 노력해야 한다."고 명시하고 있다. 이는 국립, 공립, 사립학교를 불문하고 모든 학교가 공공의 이익을 위해 운영되어야 함을 의미한다. 공공 영조물로서의 학교는 국가적 틀 내에서 운영되며, 공교육의 이념을 실현하고 전인적 교육을 제공하는 역할을 해야 한다. 따라서 학교교육이 공공성을 배제하고 사적으로만 운영될 경우 학생들의 성장과 발달이 왜곡될 위험이 있다. 따라서 학교는 국가가 설정한 교육 목표와 가치에 따라 운영되어야 하는 것이다.

법적인 관점에서 사립학교 또한 법인(法人)으로서의 지위를 가진다. 법인이란 자연인 이외의 단체나 재산으로서, 법률에 의해 권리와 의무가 인정된 주체를 말한다. 학교법인은 사립학교를 설립하고 운영하는 비영리 공익법인으로, 주로 재단법인의 형태를 취한다. 이러한 법인은 교육을 위한 물적 조건을 마련하기 위해 존재하며, 사립학교가 특정 집단의 재산을 출연하여 설립되더라도 그 재산은 교육 목적을 위해 사용된다. 따라서 사립학교는 법적인 틀 내에서 운영되며, 교육이라는 본질적 목적을 우선시해야 한다. 비록 사립학교가 특정 재산을 출연하여 시작되었다 하더라도, 그 재산은 교육적 목적을 달성하기 위한 수단일 뿐이다. 즉, 사립학교 또한 국공립학교와 마찬가지로 사적 이익보다는 공공의 교육 목표를 달성하기 위해 운영되어야 하며, 사유재산권이 교육의 목적을 넘어설 수 없다.

결론적으로, 법적 관점에서 학교는 공교육의 공공성을 실현하는 데 중점을 둔 기관이다. 국립, 공립, 사립을 불문하고 학교는 공공의 이익을 위해 존재하며, 사적 이익보다는 교육적 원리에 따라 운영되어야 한다. 학교는 교육기본법에 의해 규제되며, 학교가 학생들에게 공정하고 질 높은 교육을 제공하도록 정해두고 있다.

나. 정치경제학적 측면

정치경제학적 관점에서 학교는 공공재로서 의미를 지닌다. 공공재(公共財)란 특정 경제 주체가 생산하면 그 혜택을 사회 구성원 모두가 누릴 수 있는 재화나 서비스를 의미한다. 공공재의 두 가지 주요 특성은 비배재성과 비경합성이다. 비배재성은 특정 개인이 그 재화를 소비하지 못하게 막을 수 없는 특성을 말하고, 비경합성은 한 개인이 그 재화를 소비한다고 해서 다른 사람의 소비가 줄어들지 않는 특성을 뜻한다. 학교에서 제공하는 교육은 이러한 공공재의 특성을 잘 보여준다. 예를 들어, 학교 수업은 한 학생이 듣는다고 해서 다른 학생들이 그 수업을 듣지 못하게 할 수 없으며, 한 학생의 학습이 다른 학생의 학습 기회를 제한하지 않는다. 즉, 교육은 모든 학생들이 평등하게 접근할 수 있는 공공재로 작용하며, 이는 학교가 사회에 제공하는 주요 기능 중 하나이다.

정치경제학적 측면에서 학교 교육이 공공재로 간주되는 주요 이유 중 하나는 그 교육이 사회에 미치는 외부경제효과가 크기 때문이다. 외부경제효과란 특정 활동이나 서비스가 그 활동에 직접적으로 관여하지 않은 사람들에게도 혜택을 주는 현상을 말한다(Musgrave & Musgrave, 1989). 예를 들어, 학교 교육을 받은 학생이 성장하여 사회적, 경제적 활동에 적극적으로 참여하고, 이러한 활동이 다른 사람들에게 긍정적인 영향을 미칠 때, 그 교육은 외부경제효과를 발생시킨다고 할 수 있다. 학교 교육은 특히 저소득층 학생들에게 매우 중요한 영향을 미친다. 저소득층 가정의 학생들이 양질의 교육을 무료 또는 저렴한 비용으로 받을 수 있다면, 이들은 성장하여 사회적, 경제적 발전에 기여하고, 또 다른 저소득층을 돕는 역할을 할 수 있다. 이러한 외부효과는 사회 전체의 안정성과 발전에 기여하며, 이는 국가가 학교를 설립하고 운영하여 공교육을 제공하는 중요한 이유 중 하나이다.

학교 교육을 공공재로 보는 관점에서는 국가가 학교를 설립하고 운영하여 모든 사람들에게 교육의 기회를 제공하는 것이 매우 중요하다. 이는 교육의 혜택이 특정 계층이나 개인에게만 국한되지 않고, 사회 전반에 걸쳐 고루 퍼지도록 하는 데 중점을 둔다. 교육의 공공재로서의 특성은 '기회의 균등'이라는 원칙에 기반을 둔다. 모든 사람이 경제적 여건에 관계없이 동등한 교육 기회를 가질 수 있도록 하는 것이 중요하다. 무상교육 원리 역시 학교 교육을 공공재로 간주하는 시각에서 비롯된다. 수익자 부담 원칙, 즉 교육을 받는 사람이 그 비용을 부담해야 한다는 생각보다는, 교육을 사회적 기회로 보고 모든 사람에게 평등하게 제공해야 한다는 기회의 균등 원칙이 더 중시된다. 따라서 국가가 학교 교육을 무료로 제공하거나 최소한의 비용으로 제공하는 것이 바람직한 방향이다.

결론적으로, 정치경제학적 관점에서 학교는 공공재로서의 역할을 하며, 이로 인해 사회적 외부효과를 극대화하는 중요한 기관으로 자리매김하고 있다. 국가가 공교육을 통해 학교를 운영하고 무상교육을 제공하는 것은 이러한 교육의 공공재적 특성을 반영한 것으로, 모든 국민에게 교육의 기회를 평등하게 제공하고 사회적, 경제적 발전을 도모하는 중요한 정책적 수단이다. 따라서, 학교는 단순히 학생들이 공부하는 장소를 넘어, 사회적 자본을 형성하고, 경제적 성장을 촉진하며, 사회적 통합을 이끌어내는 핵심적인 공공재로 이해될 수 있다.

다. 조직행위론적 측면

조직행위론적 측면에서 학교는 공교육이라는 공동 목표를 달성하기 위해 사람들이 모인 집합체로 볼 수 있다. 이 관점에서 조직은 특정 목표를 달성하기 위해 구성원들이 정해진 규칙과 규정에 따라 역할을 분업하고 협력하는 구조를 갖춘다. 학교 역시 이러한 조직의 특성을 지니고 있으며, 공교육을 실현하기 위한 복잡한 상호작용 속에서 운영된다.

학교조직을 살펴보면, 공식조직과 비공식 조직이라는 두 가지 구조가 공존하고 있음을 알 수 있다. 공식조직은 학교의 기구표에 나타난 조직, 직무, 책임, 권한을 중심으로 구성되며, 이는 명확한 위계구조와 역할 분담을 특징으로 한다. 예를 들어, 학교의 직제는 일반적으로 학교장, 교감, 부장교사, 평교사 등으로 나뉘며, 이들의 역할과 책임은 명확하게 정의되어 있다. 이와 동시에, 학교 내에서는 공식적인 구조 외에도 자연스럽게 형성되는 비공식 조직이 존재한다. 비공식 조직은 교사들 간의 동호회나 친목 모임과 같이 정서적 유대와 소속감을 기반으로 형성된다. 이러한 비공식 조직은 구성원 간의 친밀감을 높이고, 공식조직에서 해결되지 않는 문제들을 보완하는 역할을 한다.

학교는 일반적으로 상하위계가 뚜렷한 계선조직으로 운영된다. 이는 학교장이 중심이 되어 명령과 지휘 체계가 하위로 전달되는 구조를 의미한다. 이러한 구조는 신속한 의사결정과 명확한 지휘를 가능하게 하지만, 동시에 조직을 경직되게 만들 수 있다. 이를 보완하기 위해 학교는 계선조직 외에도 참모조직의 구조를 갖추고 있다. 참모조직은 학교의 목표를 달성하는 데 필요한 지원을 제공하며, 다양한 정보와 자원을 학교에 공급한다. 예를 들어, 학부모 모임이나 동문회는 학교 운영에 필요한 정보와 물적 자원을 제공하는 중요한 참모조직으로 작용한다.

조직행위론에서는 조직을 다양한 기준에 따라 분류할 수 있다. 그 중 하나는 조직의 1차 수혜자가 누구인가에 따라 분류하는 것이다. 학교는 학생들을 기본 수혜자로 간주하므로, 봉사조직으로 분류할 수 있다. 이는 학교가 이윤을 추구하기보다는 교육이라는 공공의 이익을 제공하는 데 중점을 둔다는 것을 의미한다(Etzioni, 1961). 또한, 학교는 사회의 안정성을 유지하고, 구성원들의 사회화를 촉진하는 유지조직으로 볼 수 있다. 이는 학교가 사회적 규범과 가치를 전수하며, 학생들이 사회의 일원으로 성장할 수 있도록 돕는 기능을 한다. 학교는 규범에 의해 행동하는 규범적 조직으로서, 구성원들이 내재적인 규범과 가치에 따라 자발적으로 행동하고 책무를 다하도록 이끈다.

Carson(1962)은 조직을 조직이 고객을 선발할 수 있는 권리와 개인이 조직에 참여할 수 있는 권리에 따라 분류했다. 이에 따르면, 한국의 초・중등학교는 학생을 선택하지 않고, 학생도 학교를 선택할 수 없는 배정 방식을 띠고 있어 '온상조직'으로 볼 수 있다. 반면, 대학은 학생을 선발하고, 학생도 대학을 선택할 수 있으므로 '야생조직'의 성격을 지닌다. 최근에는 자율형 사립고등학교나 국제중학교와 같이 초・중등학교단계에서도 일부 학교 선택권이 가능해지면서, 초・중등학교 조직도 점차 야생조직의 성격을 강화하고 있다. 이러한 변화는 학교가 공교육의 본질을 유지하면서도 선택과 경쟁의 요소를 도입하려는 시도의 일환이다.

요약하자면, 조직행위론적 관점에서 학교는 공공의 이익을 추구하며, 봉사를 중심으로 운영되는 봉사조직이다. 학교는 단순히 명령과 지휘 체계에 의한 경직된 조직이 아니라, 구성원들이 자발적으로 규범과 가치를 공유하고 협력하는 공간이다. 또한, 학교는 사회적 안정과 통합을 유지하고, 학생들을 사회의 일원으로 성장시키는 중요한 유지조직으로 작용한다. 이러한 특성은 학교가 교육이라는 본질적 목적을 실현하기 위해 다양한 형태의 조직구조와 운영 방식을 도입하고 있다는 것을 보여준다. 결국, 학교는 이윤추구보다는 공공의 이익을 위해 존재하며, 법적 보호 아래에서 그 역할을 충실히 수행하는 중요한 사회적 조직으로 이해될 수 있다.

2. 학교조직을 바라보는 관점

학교조직을 어떻게 이해할 것인가? 이는 학교의 운영과 문제해결에 중요한 질문이다. 학교조직의 복잡성을 이해하기 위해서는 이론적 모형과 관점을 사용하는 것이 필요하다. Bolman과 Deal(1997)은 조직을 이해하는 데 유용한 네 가지 관점 -구조적, 인간관계론적, 정치적, 그리고 상징적 관점을 제시하였다. 이 절에서는 각 관점을 통해 학교를 어떻게 바라볼 수 있는지를 구체적으로 설명한다.

가. 구조적 관점(Structural Frame)

구조적 관점에서 조직은 일정한 목표를 달성하기 위해 설계된 체계적이고 합리적인 구조를 지닌다. 이 관점은 조직이 효율적이고 효과적으로 운영되기 위해서는 명확한 역할 분담과 규칙, 절차가 필요하다고 본다. 학교조직을 이 관점에서 바라보면, 학생의 학업 성취를 최대화하기 위해 교사, 행정가, 학생 각각의 역할과 책임이 명확히 정의되고, 이들이 효율적으로 상호작용할 수 있도록 구조화되는 것이 중요하다. 구조적 관점에서 학교는 주어진 목표, 즉 학생의 학업 성취 향상을 달성하기 위해 존재한다.

이를 위해 학교는 다음과 같은 방식으로 조직되어야 한다. 첫째, 학교 내에서 교장과 교감은 행정적 역할을 수행하고, 교사들은 각 교과목에 맞는 교육적 역할을 담당한다. 이러한 명확한 역할 분담은 학교 내 노동의 분업화를 촉진하고, 각 구성원이 자신의 책임을 명확히 이해하게 한다. 둘째, 학교는 교수-학습 활동을 지원하는 명확한 규칙과 절차를 마련해야 한다. 예를 들어, 교칙, 교사 복무 규정, 수업 시간표, 평가 기준 등이 이에 해당한다. 이러한 규칙과 절차는 조직 내의 일관성을 유지하고, 구성원들이 기대되는 행동을 명확히 이해하도록 돕는다. 셋째, 학교는 다양한 활동을 조정하고 표준화된 절차를 통해 운영되어야 한다. 예를 들어, 교사의 교수 방법에 대한 표준화된 지침이나 학생 행동에 대한 명확한 규칙이 필요하다. 이러한 표준화는 조직의 일관성과 예측 가능성을 높인다. 넷째, 구조적 관점에서는 교사들이 합리적이고 경제적인 존재로 간주된다. 따라서, 교사들의 동기를 유발하고 행동을 통제하기 위해 경제적 보상을 효과적으로 활용할 수 있다. 예를 들어, 성과급 제도나 추가 보너스 등이 이에 해당한다.

이러한 구조적 접근은 학교가 효율적이고 효과적으로 운영될 수 있도록 돕는다. 그러나 지나치게 경직된 구조는 학교의 유연성을 저해할 수 있으므로, 조직의 목표와 환경에 맞는 적절한 구조화를 지속적으로 평가하고 조정하는 것이 필요하다.

나. 인간관계론적 관점(Human Relations Frame)

인간관계론적 관점에서는 조직을 구성하는 개인들의 욕구와 감정, 그리고 상호작용을 중시한다. 이 관점은 조직이 단순히 효율성을 추구하는 기계적인 구조가 아니라, 사람들 간의 관계와 상호작용에 의해 운영되는 생명체와 같다고 본다. 인간관계론적 접근은 구성원들의 심리적 욕구와 사회적 관계가 조직의 성과에 결정적인 영향을 미친다고 강조한다. 따라서 조직의 성공은 구성원들이 느끼는 심리적 만족과 인간관계의 질에 크게 좌우된다.

인간관계론적 관점에서 학교는 학생과 교사, 그리고 다른 구성원들이 상호작용하는 살아있는 공동체로 이해할 수 있다. 이 관점은 학교의 성공이 구성원 간의 긍정적인 인간관계와 심리적 만족에 달려 있다고 본다. 인간관계론적 관점에서 학교의 특징을 몇 가지 살펴보면 다음과 같다.

첫째, 학교 내에서 교사와 학생의 관계는 단순히 지식 전달의 차원을 넘어서, 정서적 지지와 사회적 관계 형성의 중요한 요소로 작용한다. 교사는 학생들에게 지식뿐만 아니라 정서적 지지와 롤모델로서의 역할을 제공하며, 학생들은 이러한 관계를 통해 자신감을 얻고 성장하게 된다. 이러한 관계는 학생들의 학업 성취뿐만 아니라 전반적인 학교생활의 질에도 큰 영향을 미친다.

둘째, 인간관계론적 관점에서는 학교의 생산성과 성공이 교사들의 사기 진작, 직무 만족, 그리고 원활한 인간관계와 의사소통에 달려 있다고 본다. 교사들이 자신이 하는 일에 대해 자부심을 느끼고, 동료들과 긍정적인 관계를 맺고 있으며, 자신의 의견이 학교운영에 반영된다고 느낄 때, 그들은 더 열정적으로 일하고, 학생들에게 더 나은 교육을 제공할 가능성이 높다.

셋째, 학교 내에서 비공식적인 조직이나 관계도 중요한 역할을 한다. 비공식 조직은 공식적인 구조에서 얻기 어려운 심리적 지원과 만족을 제공한다. 예를 들어, 교사들 간의 친목 모임이나 교사-학생 간의 비공식적인 상호작용은 구성원들이 직무 스트레스를 줄이고, 보다 긍정적인 학교생활을 할 수 있도록 돕는다. 이러한 비공식적 관계는 교사들이 서로 지원하고, 지식을 공유하며, 문제를 해결하는 데 중요한 역할을 한다. 이는 학교가 공식적인 목표를 달성하는 데 필요한 심리적 자원을 제공하며, 구성원들의 만족도와 참여도를 높이는 데 기여할 수 있다.

넷째, 인간관계론적 관점에서 행정의 역할은 학교 내 인간관계를 지원하고, 구성원들의 의견을 반영하며, 교사들의 참여를 높이는 데 있다. 민주적 지도성은 교사들이 학교운영에 적극적으로 참여하고, 자신의 목소리가 반영될 수 있는 환경을 조성하는 것을 의미한다. 이는 교사들이 자신의 역할에 대해 더 큰 만족감을 느끼고, 학교의 성공을 위해 적극적으로 기여하도록 하는 데 중요한 역할을 한다. 예를 들어, 학교는 교사들이 의사결정 과정에 참여할 수 있는 기회를 제공하고, 그들의 의견을 존중하며 반영하는 절차를 마련해야 한다. 이는 교사들이 자신이 하는 일에 대해 자부심을 느끼고, 학교의 목표 달성에 기여하고자 하는 동기를 부여할 수 있다.

요약하자면, 인간관계론적 관점에서 학교는 구성원 간의 관계와 상호작용이 중요한 역할을 하는 공동체로 볼 수 있다. 학교는 교사와 학생들이 정서적 유대와 관계를 통해 성장하고, 이러한 관계는 학교의 목표 달성에 중요한 영향을 미친다. 따라서, 학교는 구성원들의 욕구와 감정을 존중하고, 이들이 적극적으로 참여하고 만족할 수 있는 환경을 조성하는 것이 중요하다. 이는 학교가 단순히 효율성을 추구하는 구조적 조직이 아니라, 사람 중심의 관계와 상호작용을 중시하는 공동체임을 의미한다.

다. 정치적 관점(Political Frame)

전통적인 조직 관점에서는 조직이 합법적인 권위에 의해 세워지고 유지된다고 본다. 이 관점에 따르면, 조직의 목표는 명확히 설정되고, 조직구조는 계획되며, 인력은 합리적으로 채용된다. 그러나 정치적 관점에서는 조직의 권위와 목표가 단순히 합법성에 의해서가 아니라, 다양한 이해관계자들 간의 끊임없는 경쟁과 협상의 결과로 형성된다고 본다(Bolman & Deal, 1994). 정치적 관점에서 조직은 다양한 이해관계자들이 제한된 자원을 두고 경쟁하는 무대이다. 조직 내에서 다양한 신념과 가치를 가진 집단들이 각자의 이익을 극대화하기 위해 상호작용하며, 이 과정에서 갈등과 협상이 지속적으로 발생한다. 따라서 조직의 목표와 구조, 정책은 주요 이해관계자들간의 협상의 결과물이다. 정치적 관점은 권력의 획득과 사용이 조직 성장의 자연스러운 과정이라고 본다.

정치적 관점에서 학교는 단순한 교육기관이 아니라, 정치적 환경에 둘러싸여 있으며 내부에서도 정치적 긴장이 존재하는 곳이다. 학교는 다양한 이해관계자들, 즉 학생, 교사, 학부모, 교육청, 지역사회, 그리고 교육부 등과의 상호작용을 통해 운영된다. 이러한 이해관계자들은 각자의 이익과 가치를 가지고 있으며, 학교 내외에서의 자원 배분과 정책 결정 과정에서 경쟁하고 협상한다.

첫째, 학교는 외부의 다양한 정치적 환경과 상호작용한다. 예를 들어, 교육청과 정부는 학교에 자원을 배분하고 정책을 수립하며, 지역사회는 학교의 교육 방향과 운영에 영향을 미친다. 이러한 외부 환경에서 학교는 자원을 확보하고 정책을 실행하기 위해 다양한 이해관계자들과 협상하고 타협해야 한다.

둘째, 학교 내부에서도 다양한 이해관계자들 간의 정치적 긴장이 존재한다. 교사, 학부모, 학생, 행정 직원 등은 각각의 이해관계와 가치를 가지고 있으며, 이들은 제한된 자원을 두고 경쟁한다. 예를 들어, 특정 교육 프로그램의 운영 여부나 자원의 배분 방식에 대해 서로 다른 의견을 가질 수 있으며, 이를 조율하기 위한 협상과 타협이 필요하다. 따라서 학교 내에서의 중요한 의사결정은 단순히 합리적인 분석과 계획에 의해서만 이루어지는 것이 아니라, 이해관계자들 간의 정치적 과정의 결과로 나타난다. 이는 특정 프로그램을 추진하거나 자원을 배분할 때,

각 이해관계자가 자신의 이익을 극대화하기 위해 경쟁하고, 이를 통해 최종 결정이 내려진다는 것을 의미한다.

셋째, 정치적 관점에서는 갈등과 협상이 조직의 발전을 위한 자연스러운 현상으로 간주된다. 학교 조직 내에서의 갈등은 다양한 가치와 목표를 가진 구성원들이 자원을 두고 경쟁하는 과정에서 발생하며, 이는 협상과 타협을 통해 해결된다. 예를 들어, 교사들 간의 교육 철학의 차이나 학부모들 간의 자녀 교육 방식에 대한 의견 차이는 학교조직 내에서 갈등을 일으킬 수 있다. 이러한 갈등은 상호 협상과 타협을 통해 해결될 수 있으며, 이는 조직의 목표를 조정하고 발전시키는 데 중요한 역할을 한다.

넷째, 정치적 관점에서 성공적인 조직 운영을 위해서는 중재자의 정치적 기술이 매우 중요하다. 현명한 중재자는 정치적 현실을 빠르게 이해하고, 합리적인 문제 해결 방안을 제시하며, 자신을 지지할 수 있는 네트워크를 구축하고, 효과적으로 협상과 타협을 이끌어낼 수 있는 능력을 가지고 있어야 한다. 이러한 측면에서 정치적 기술을 지닌 학교장은 학교조직 내외부의 다양한 이해관계자들 사이에서 갈등을 중재하고, 협상 과정을 통해 공정하고 합리적인 결정을 내리도록 도울 수 있다. 또한, 학교장은 교육적 가치와 윤리적 원칙을 지키며, 학교의 전체적인 이익과 교육적 목표를 수호하는 지도력을 발휘해야 한다.

지금까지 살펴본 내용을 요약하자면, 정치적 관점에서 학교는 다양한 이해관계자들이 각자의 이익을 추구하며 경쟁하고 협상하는 정치적 장으로 볼 수 있다. 학교 내외에서의 자원 배분과 정책 결정은 이해관계자들 간의 협상과 타협을 통해 이루어지며, 이러한 정치적 과정은 학교의 목표 달성과 발전에 중요한 역할을 한다.

라. 상징적 관점(Symbolic Frame)

상징적 관점에서 조직은 객관적으로 존재하는 실체라기보다는 조직 구성원들이 주관적으로 체험하고 해석하는 의미의 집합체로 이해된다. 이 관점은 조직의 경험이 구성원들에게 어떤 의미를 가지는지가 중요하며, 특히 구성원들 사이에 공유되는 가치와 의미로서의 문화가 조직의 중요한 요소라고 본다. 상징적 접근은 합리성이나 객관성에 중점을 두기보다는, 조직 내에서 발생하는 사건과 행동의 상징적 의미에 주목한다. 조직은 규율, 정책, 통제 가능한 권위에 의해 움직이는 것이 아니라, 조직 구성원들이 공유하는 의식, 이야기, 신화 등에 의해 추동된다.

따라서 상징적 관점에서 학교는 합리성과 객관성을 중시하는 전통적인 조직 관점과 달리, 상징적이고 문화적인 측면을 강조한다. 학교 조직의 여러 현상에서 복합적이고 모호한 의미를 이해하고, 조직 내에서 일어나는 사건과 행동들을 상징적으로 해석하는 것이 중요하다. 학교문화는 구성원들이 공유하는 가치, 의미, 상징, 신념 등을 포함하며, 이들은 학교가 어떤 방향으로 나아가야 하는지에 대한 지침을 제공한다. 예를 들어, 학교의 교훈이나 전통은 학생들에게 중요한 가치와 행동 지침을 전달하며, 새로운 구성원들에게는 조직의 문화를 이해하고 수용하는 데 중요한 역할을 한다. 학교의 문화적 요소들은 학생, 교사, 학부모, 지역사회 등이 공유하고 있는 가치관을 반영하며, 이들이 학교생활에서 어떤 행동을 해야 하는지에 대한 지침을 제공한다. 예를 들어, 학교 내에서 공통적으로 사용되는 상징이나 의례는 구성원들에게 조직의 비전과 목표를 명확히 하고, 이들이 공동체의 일원으로서 가야 할 길을 제시한다.

학교 조직 내에서 흘러다니는 신화나 이야기는 구성원들 간의 응집력과 비전을 제공하는 중요한 요소이다. 예를 들어, 학교의 설립자에 대한 이야기나, 과거의 중요한 사건들은 조직 구성원들에게 자부심과 정체성을 부여하며, 현재와 미래의 행동에 대한 지침을 제공한다. 상징적 관점에서는 학교의 다양한 의식과 의례들이 혼돈과 불확실성 속에서 구성원들에게 방향을 제시하고, 조직의 결속력을 강화하는 역할을 한다. 예를 들어, 입학식이나 졸업식과 같은 의식은 학생들에게 조직의 일원이 되는 의미를 부여하고, 공동체의 일원으로서의 역할을 인식하게 만든다. 학교의 교육적 상징들은 종종 현실의 상태와 상관없이 구성원들의 믿음과 행동을 특정한 방향으로 이끈다. 예를 들어, 수학이나 과학 과목은 공식 교육과정에 포함되어 있기 때문에, 실제로 어떻게 가르치고 있는지와 상관없이 학생들이 중요한 학습을 하고 있다는 믿음을 심어준다. 이러한 상징은 종종 현실을 왜곡하거나 위장할 수 있으며, 의심 없이 받아들여질 때 하나의 신화로 자리잡게 된다.

따라서 상징적 관점에서 조직의 문제는 자원의 부족이나 권력 투쟁에서 기인하는 것이 아니라, 조직 구성원들이 공유하는 의미와 가치에서 비롯된다. 예를 들어, 교사들이 학교의 비전이나 가치를 공유하지 않는다면, 이는 조직의 목표 달성과 구성원 간의 협력을 방해할 수 있다. 이를 해결하기 위해서는 상징과 이야기를 통해 구성원들에게 조직의 비전과 가치를 전달하고, 이들이 이를 받아들이도록 하는 것이 중요하다.

결론적으로, 상징적 관점에서 학교는 구성원들이 공유하는 문화와 상징, 신화에 의해 운영되는 조직으로 볼 수 있다. 학교 내에서 발생하는 사건과 행동들은 단순한 활동을 넘어, 구성원들에게 중요한 의미와 지침을 제공하는 상징적 표현으로 이해된다. 따라서, 학교 조직의 성공은 구성원들이 공유하는 가치와 의미를 이해하고, 이를 바탕으로 조직의 비전과 목표를 달성하는 데 있다.

3. 학교에 대한 변화된 관점

현대 사회의 급격한 변화와 함께 학교에 대한 관점 또한 변하고 있다. 전통적인 학교의 역할은 지식 전달과 학업 성취에 주로 초점이 맞춰졌으나, 이제는 다양한 측면에서 재평가되고 있다. 학교는 단순히 지식을 전달하는 장소가 아니라, 학생들의 전인적 성장을 지원하고, 미래 사회에서 필요한 역량을 키우는 공간으로 인식되고 있다. 이 절에서는 최근 학교에 대한 변화된 관점들에 대해 살펴보고자 한다.

가. 보살핌의 공간으로서 학교

전통적으로 학교는 주로 지식을 전달하고 학문적 성취를 이끌어내는 장소로 여겨져 왔다. 그러나 현대 사회에서 학교의 역할은 단순한 교육을 넘어서 학생들의 전반적인 성장과 복지를 지원하는 보살핌의 공간으로 확장될 필요성을 요구한다. 현대 사회는 급격한 변화와 함께 가족 구조의 변화를 겪고 있다. 맞벌이 가정의 증가, 한부모 가정의 확대, 조부모와의 공동 거주 등 다양한 가족 형태가 나타나면서, 전통적인 가정 내 보살핌 기능이 약화되고 있는 것이다. 부모들이 직장과 가정의 균형을 맞추기 어려워지면서, 자녀들이 방과 후나 학교 외 시간에 충분한 보살핌을 받지 못하는 경우가 많아졌다. 따라서 학교가 이러한 보살핌의 역할을 보완하게 되면서 학생들은 더 안전하고 안정적인 환경에서 성장할 수 있을 것이라는 요구가 높아지고 있다. 학교가 제공하는 돌봄 프로그램은 학생들이 방과 후에도 보호받고, 사회적 상호작용을 지속하며, 학습을 이어갈 수 있는 기회를 제공하게 되는 것이다.

이와 동시에 학교는 사회적 불평등을 해소하는 중요한 수단이 될 수 있다. 모든 학생이 경제적 배경에 관계없이 동등한 교육 기회를 가져야 한다는 원칙은 중요하다. 그러나 현실에서는 가정 환경의 차이가 학생들의 교육 경험과 학습 성과에 큰 영향을 미친다. 따라서 학교가 보살핌의 기능을 강화함으로써, 경제적 여건이 열악한 학생들도 양질의 교육과 복지 서비스를 받을 수 있게 된다. 예를 들어, 학교에서 제공하는 방과 후 프로그램, 급식 지원, 상담 서비스 등은 경제적 어려움이 있는 가정의 학생들에게 큰 도움이 될 수 있는 것이다.

보살핌의 공간으로서 학교 사례 1. 한국의 돌봄학교

한국에서는 돌봄이 필요한 학생들을 지원하기 위해 학교에서 돌봄교실을 운영하고 있다. 돌봄교실은 방과 후 시간에 학생들이 안전하게 머물며 학습과 놀이를 병행할 수 있는 공간을 제공한다. 특히 맞벌이 가정이나 한부모 가정의 자녀들에게 큰 도움이 되며, 정서적 안정과 학습지원을 동시에 제공하는 역할을 한다. 돌봄교실에서는 다양한 프로그램을 통해 학생들의 사회성 발달과 정서적 지지를 강화하고 있다.

보살핌의 공간으로서 학교 사례 2. 핀란드의 학교 복지 시스템

핀란드는 학생들의 정서적, 사회적 복지를 위해 종합적인 학교 복지 시스템을 운영하고 있다. 학교 내에는 상담사, 심리학자, 사회복지사가 상주하며, 학생들이 학업 외에도 심리적, 정서적 지원을 받을 수 있다. 핀란드 학교는 학습 환경뿐만 아니라 학생들의 전인적 성장을 지원하기 위해 다양한 프로그램을 운영하고 있다.

나. 교육격차 해소를 위한 학교의 역할 강조

학교에게 요구되는 또 다른 관점은 교육격차 해소를 위한 학교의 역할 강화이다. 현재 한국 교육 현장에서 가장 시급한 과제 중 하나는 교육 격차를 줄이는 것이다. 학생들의 경제적, 사회적, 지역적 배경에 따라 교육 기회와 자원에 큰 차이가 존재한다. 특히, 부모의 학력 수준이나 직업적 배경은 학생들의 학습 환경에 지대한 영향을 미친다. 부모가 고학력자이거나 전문직에 종사하는 경우, 학생들은 자연스럽게 더 많은 학습 동기와 자원을 접하게 된다. 지역적 배경에 따른 격차 또한 심각한 문제로 대두되고 있다. 도시와 농어촌 지역 간의 교육 시설과 자원의 불균형이 학생들의 학업 성취에 직접적인 영향을 미치고 있는 것이다. 수도권과 광역시에 위치한 학교들은 다양한 프로그램과 시설을 제공하는 반면, 중소규모의 학교들은 자원과 기회가 제한적인 상황이다. 이는 학생들의 학업 성취도뿐만 아니라 전반적인 삶의 기회를 제한할 수 있다.

교육 격차는 사회적 통합에도 큰 영향을 미친다. 공정한 교육 기회가 제공되지 않으면, 사회의 계층 간 간극이 벌어지고, 세대 간 불평등이 지속된다. 이는 사회적 갈등을 초래하고, 궁극적으로 사회적 연대와 통합을 약화시킬 위험이 있다. 교육이 공정하게 제공되어야만, 모든 사람이 자신의 잠재력을 최대한 발휘하고 사회에 긍정적으로 기여할 수 있다. 모든 학생이 동등한 교육 기회를 통해 자신의 재능을 발휘할 수 있을 때, 우리는 혁신과 창의성을 촉진하고, 지속 가능한 발전을 이룰 수 있다.

이와 같은 관점에서 학교는 교육 격차를 해소를 위해 노력할 것을 요청하고 있다. 특히, 모든 학생들이 학교 제도에 부합하는 단계별 학업 성취 목표를 달성하는 것이 필요하다. 초등학교 단계는 학생들의 학업 생활의 기초를 다지는 시기로, 모든 학생들이 읽기, 쓰기, 수학과 같은 기본적인 학습 능력을 균등하게 습득할 수 있도록 해야 한다. 따라서 초등학교는 독서와 기본 수학 능력을 향상시키기 위한 다양한 프로그램을 운영할 필요가 있다. 중학교 단계는 학생들이 기초 교육을 바탕으로 더 깊이 있는 학습을 시작하는 시기이다. 따라서 모든 중학생이 비판적 사고와 문제 해결 능력을 키울 수 있도록 도와야 한다. 특히, 중학교는 수학, 과학 등의 과목을 통해 복잡한 문제를 해결하는 능력을 개발할 수 있는 다양한 경험을 제공할 수 있어야 하는 것이다. 고등학교 단계는 학생들이 자신의 진로와 전문성을 탐구하고 발전시키는 시기이다. 따라서 이 시기에 모든 학생들은 자신이 관심 있는 분야에서 깊이 있는 학습을 진행하고, 미래의 진로를 구체적으로 설계할 수 있도록 지도받을 수 있어야 한다. 과학, 인문학, 예술, 그리고 기술 분야에서 선택할 수 있는 다양한 과목이 제공될 수 있어야 하고, 학생들이 자신의 흥미와 적성에 맞는 진로를 탐색하고 준비할 수 있도록 직업체험 기회 등을 제공해야 한다.

향후 학교는 교육적 기회가 모든 학생에게 동등하게 제공되어야 한다는 원칙을 실현하기 위해 다양한 지원 프로그램과 정책을 도입해야 한다. 특히, 핀란드와 같은 학교 간 교육 격차가 적은 국가의 사례를 참고하여, 개별 맞춤형 학습 계획과 특별한 교육적 필요를 가진 학생들을 위한 지원이 체계적으로 이루어질 필요가 있다.

다. 다양한 형태의 학업성취를 인정하는 학교

학업성취의 개념이 단순히 성적에 국한되지 않고, 다양한 형태의 성공을 인정하고 격려하는 방향으로 변화하고 있다. 이는 학생들이 전인적으로 성장할 수 있도록 진정한 의미의 학력(學力)과 역량, 그리고 품성을 학생들이 학교에서 달성해야 하는 학업성취로 바라보기 시작했기 때문이다. 이러한 변화는 학교의 교육적 접근과 평가 방식에 여러 가지 중요한 변화를 유도한다. 전통적인 학업 성취는 주로 시험 성적과 같은 정량적 성과에 중점을 두었지만, 이제는 학생들의 다양한 역량을 평가하는 방식이 중요해지고 있다. 다양한 학업성취 개념은 학생들이 창의성, 문제 해결 능력, 협업 능력 등 다양한 측면에서 자신의 잠재력을 발휘할 수 있는 기회를 제공한다. 이를 위해 학교는 포트폴리오 평가, 프로젝트 기반 학습, 성과 공유 세션 등을 도입해야 한다. 학생들이 자신의 학습 과정을 기록하고, 중요한 성취를 포트폴리오에 담아 제시할 수 있는 기회를 제공해야 하는 것이다. 이 과정에서 창의력과 문제 해결 능력을 발휘할 수 있다. 예를 들어, 환경 문제를 해결하는 프로젝트를 통해 학생들은 팀으로 협력하고, 자신의 아이디어를 실제로 적용해보는 경험을 할 수 있을 것이다.

학교는 다양한 활동과 프로그램을 제공하여 학생들이 자신의 능력을 발휘하고 성취감을 느낄 수 있는 기회를 제공해야 한다. 학술대회, 스포츠 경기, 예술 공연 등 다양한 분야에서 학생들이 자신의 재능을 발휘할 수 있는 장을 마련해야 한다. 학생들이 자신이 연구한 내용을 발표하고, 다른 학생들과 지식을 공유할 수 있는 기회를 제공한다. 이를 통해 학생들은 자신의 학문적 성취를 인정받고, 다른 학생들과 협력하며 학습할 수 있다. 체육 활동을 통해 학생들이 팀워크와 경쟁을 경험하고, 자신의 신체적 능력을 발휘할 수 있다. 이는 학생들의 신체적 건강뿐만 아니라 사회적 기술을 개발하는 데에도 중요한 역할을 한다. 음악, 미술, 연극 등 다양한 예술 활동을 통해 학생들이 자신의 창의성과 예술적 재능을 표현할 수 있는 기회를 제공한다. 이는 학생들의 자아 표현 능력을 강화하고, 예술적 성취를 통해 자신감을 키울 수 있도록 돕는다. 이러한 활동과 프로그램은 학생들이 교실 밖에서도 다양한 경험을 통해 성장할 수 있는 기회를 제공하며, 학습의 즐거움과 성취감을 높여준다.

변화된 학업 성취 개념 하에서는 학교가 학생들의 개성을 존중하고, 이를 발휘할 수 있는 공간이 되어야 한다. 한국의 교육 시스템은 그동안 성적 중심의 과도한 경쟁으로 인해 학생들에게 큰 스트레스와 불안을 초래해왔다. 이제는 학생들이 자신의 잠재력을 최대한 발휘할 수 있도록 돕고, 더 나은 성취를 이루기 위한 노력을 장려할 수 있는 환경을 조성하는 것이 중요하다. 학교는 학생들이 서로 경쟁하는 대신 협력하고, 서로의 성장을 도울 수 있는 문화를 조성해야 한다. 이를 위해 협력 학습 프로젝트나 공동 목표를 위한 팀 활동 등을 도입할 수 있다. 학생들이 자신의 강점을 인정받고, 약점을 개선할 수 있는 기회를 제공하는 공정한 평가 체계를 구축해야 할 것이다.

> 다양한 학업성취를 인정하는 학교 사례 1. 영국의 듀크 오브 에딘버러 어워드(Duke of Edinburgh Award)
>
> 영국에서는 듀크 오브 에딘버러 어워드 프로그램을 통해 학생들이 학업 외에도 다양한 도전을 경험하며 성취감을 느낄 수 있도록 지원하고 있다. 이 프로그램은 봉사 활동, 신체 활동, 기술 학습 등 다양한 영역에서 목표를 설정하고 성취하는 과정을 통해 학생들의 자기주도성과 성취감을 강화한다.

라. 배움의 공동체로서 학교

학교는 배움의 공동체로 전환되고 있다. 배움의 공동체 문화가 자리 잡은 학교에서는 상호 협력과 소통을 통해 교육의 질을 높이고, 공동의 목표를 향해 나아가는 것이 중요하다. 이러한 환경 속에서 학생들은 더욱 풍부하고 다양한 학습 경험을 누릴 수 있게 된다. 배움의 공동체로서의 학교는 다양화를 통해 교육 프로그램과 활동의 범위를 넓히는데, 이는 학생들이 다양한 학문 분야와 직업 세계를 탐색할 수 있도록 도와준다. 예술, 체육, 과학, 인문학 등 여러 영역에서의 교육 기회는 학생들이 자신의 흥미와 적성에 맞는 분야를 찾고, 다각적인 사고력을 기르는 데 기여한다. 예를 들어, 예술 수업에서는 학생들이 창의성을 발휘할 수 있고, 체육 수업에서는 신체적 건강과 팀워크를 배우며, 과학 수업에서는 문제 해결 능력을 키울 수 있게 된다.

또한, 배움의 공동체는 다양한 문화적 배경을 가진 학생들이 서로 이해하고 존중하는 법을 배우는 환경을 제공한다. 다양한 문화적 배경을 가진 학생들이 공존하는 학교에서, 다문화 행사나 문화 교환 프로그램, 언어 교육 등의 활동을 통해 학생들은 서로의 문화를 체험하고 배울 수 있는 기회를 갖는다. 이러한 활동은 타문화에 대한 이해와 존중을 깊게 하는 데 중요한 역할을 할 수 있다. 이와 동시에, 배움의 공동체로서의 학교는 포용적 문화를 조성하여 모든 학생이 존중받고 포함된다고 느낄 수 있도록 해야 한다. 반편견 교육과 차별 방지 정책, 포용적 활동 등을 도입함으로써 학생들이 차별 없이 학습하고 성장할 수 있는 환경을 마련해야 한다. 예를 들어, 학교는 성평등 교육을 통해 학생들이 성에 대한 고정관념을 벗어나고, 성평등을 실천할 수 있도록 돕는다. 이를 통해 학생들은 성평등 문화를 형성하고, 일상생활에서 이를 실천하게 된다.

배움의 공동체로서의 학교는 학생들뿐만 아니라 교사, 학부모, 지역사회 모두가 함께 학습하고 성장할 수 있는 기회를 제공해야 한다. 교사들은 협력과 학습 공동체를 통해 서로의 전문성을 공유하고, 이를 바탕으로 교육의 질을 향상시키기 위해 노력한다. 예를 들어, 교사들은 정기적인 협력 회의나 워크숍을 통해 새로운 교육 방법과 기술을 공유하고, 이를 수업에 적용하는 방법을 논의할 수 있을 것이다. 학교는 또한 자기 평가와 피드백을 통해 학습 환경을 지속적으로 개선하고, 새로운 교육 방법과 기술을 도입하여 학생들의 학습 효과를 극대화해야 한다. 이는 학교가 학습 조직으로 성장하는 데 필수적이다. 학교는 전문성 개발, 교육 과정의 혁신, 학교 문화의 개선 등을 통해 학습 조직으로서의 역량을 강화할 수 있다.

이와 더불어, 배움의 공동체로서의 학교는 학부모 참여 프로그램과 지역사회 연계 프로젝트를 통해 학습 조직으로 성장한다. 학부모와 지역사회는 학교 교육의 중요한 파트너로, 그들의 참여는 학생들의 학습 경험을 더욱 풍부하게 한다. 예를 들어, 학부모들은 자원봉사자로서 학교 활동에 참여하거나, 지역사회 전문가들이 학교에서 강의를 하며 학생들에게 실제 사회의 다양한 직업과 기술을 소개할 수 있을 것이다.

배움의 공동체로서 학교 사례 1. 싱가포르의 인종 화합 교육 사례
싱가포르는 다인종 국가로서, 학교에서는 학생들이 서로 다른 인종과 문화적 배경을 이해하고 협력할 수 있도록 인종 화합 활동을 장려하고 있다. 학생들은 다양한 문화 행사에 참여하고, 공동 프로젝트를 통해 협력하며, 이를 통해 다문화 감수성을 기르고 있다.

마. 유연하고 개방적인 학습공간으로서 학교

최근 학교는 유연하고 개방적인 학습 환경을 제공하는 방향으로 빠르게 변화하고 있다. 과거의 전통적인 교실 구조는 고정된 시간표와 교실 배치로 구성되어 있었으나, 오늘날의 교육 환경은 학생들의 다양한 학습 스타일과 요구에 맞춘 유연한 학습 공간을 필요로 한다. 학교는 이제 학생들이 자유롭게 학습하고 협력할 수 있는 환경을 제공해야 한다. 이를 위해, 열린 교실, 학습 공동체, 협력 공간 등 다양한 형태의 학습 환경을 도입하여 학생들이 최적의 학습 경험을 할 수 있도록 지원한다. 예전에는 일률적인 학습 스타일과 속도에 학생들이 따라야 했지만, 이제는 학교가 학생들의 다양성을 존중하고, 각자의 학습 속도에 맞춰 학습할 수 있도록 유연한 학습 구조를 제공하는 것이 중요하게 되었다. 예를 들어, 온라인 학습 플랫폼, 개별 학습 계획, 맞춤형 지도 등의 도입은 이러한 유연한 학습 구조를 실현하는 방법이 될 수 있다. 학생들은 자신의 학습 속도와 스타일에 맞춰 학습을 진행할 수 있으며, 이는 개인의 학습 효율성을 높이는 데 도움이 될 것이다.

학교는 또한 디지털 기술을 활용하여 학습 경험을 혁신하는 방향으로 변화하고 있다. 종이 교과서 대신 디지털 교과서가 도입되고 있으며, AI(인공지능), VR(가상현실), AR(증강현실), 빅데이터 등의 최신 기술을 활용하여 학생들은 더 깊이 있는 학습 경험을 할 수 있게 된다. 이러한 기술들은 학생들의 학습을 더 흥미롭고 효과적으로 만들고 있다. 디지털 학습 도구의 도입은 학생들의 학습을 더욱 지원할 수 있는 중요한 요소이다. 온라인 학습 플랫폼과 디지털 교재는 학생들이 언제 어디서나 학습할 수 있는 환경을 제공한다. 학생들은 집에서도, 이동 중에도 디지털 교재와 온라인 학습 플랫폼을 통해 학습을 계속할 수 있다.

유연하고 개방적인 학습공간으로서의 학교는 이제 단순히 물리적인 공간의 변화뿐만 아니라, 디지털 기술과 맞춤형 학습 접근 방식을 통합하여 학생들의 다양한 학습 요구를 충족시키는 포괄적인 변화를 의미한다. 이를 통해, 학교는 모든 학생이 자신의 잠재력을 최대한 발휘할 수 있는 환경을 제공할 수 있을 것이다.

유연하고 개방적인 학습공간으로서 학교사례 1. 호주의 플렉서블 러닝 센터(Flexible Learning Centre)

호주의 플렉서블 러닝 센터는 전통적인 학교 환경에서 벗어난 학생들을 위해 유연한 학습 환경을 제공한다. 이 센터에서는 학생들이 자신에게 맞는 학습 경로를 선택하고, 개별 학습 계획을 세워 학습할 수 있다. 이를 통해 다양한 학습 스타일과 속도에 맞춘 교육을 제공한다.

유연하고 개방적인 학습공간으로서 학교사례 2. 한국의 스마트 교육

한국의 많은 학교에서는 스마트 교육을 도입하여 태블릿, 스마트보드 등 최신 디지털 기기를 활용한 수업을 진행하고 있다. 이러한 기술은 학생들의 학습 참여도를 높이고, 다양한 멀티미디어 자료를 통해 학습 내용을 더욱 이해하기 쉽게 만든다.

바. 지역과 협력을 통한 교육 허브로서 학교

학교는 보다 포괄적이고 통합적인 교육 시스템을 구축하는 방향으로 변화하고 있다. 이는 학교가 지역사회, 가정, 다양한 교육기관과의 협력을 통해 학생들의 학습을 전방위적으로 지원하는 것을 의미한다. 교육 허브로서의 학교는 지역사회의 자원을 적극 활용하여 학생들의 학습을 지원한다. 학생들이 교실 밖에서도 실질적인 학습 경험을 쌓을 수 있는 기회를 제공하는 것이다. 예를 들어, 지역사회의 전문가를 초청하여 강연을 듣는 것은 학생들이 다양한 분야의 실무 경험과 지식을 접할 수 있는 중요한 기회가 된다. 또한, 현장 학습을 통해 학생들은 교과서에서

배운 이론을 실제로 적용해 보고, 학문적 지식을 생활 속에서 체험할 수 있다. 지역 봉사 활동에 참여하는 것도 학생들에게 사회적 책임감과 공동체 의식을 키우는 데 중요한 역할을 할 수 있다. 이처럼 학교는 지역사회와의 긴밀한 협력을 통해 학생의 학습 기회를 지속적으로 확대해나갈 수 있다. 지역의 과학관, 박물관, 도서관 등과 협력하여 정기적인 탐방 프로그램을 운영하거나, 지역 축제와 연계한 문화체험프로그램을 개발할 수 있다. 이러한 프로그램들을 통해 학생들은 지역사회의 다양한 자원을 활용하여 학습할 수 있게 된다.

교육허브로서 학교는 대학, 연구소, 기업 등 다양한 교육기관과의 협력을 통해서도 학생들에게 보다 다양한 학습 기회를 제공하고, 실제 세계와 연결된 학습 경험을 제공하는 데 중요한 역할을 하게 된다. 예컨대, 고등학교와 대학 간의 협력을 통해 학생들은 고등학교 수준을 넘어서 대학 수준의 심화 학습을 경험할 수 있다. 고등학교 학생들이 대학 강의를 청강하거나, 대학의 연구 프로젝트에 참여하는 기회를 제공받을 수 있다. 이는 학생들이 자신이 관심 있는 분야에서 더 깊이 있는 지식을 탐구하고, 진로를 구체적으로 계획하는 데 도움을 줄 수 있다. 또한 과학기술 분야의 연구소와의 협력은 학생들이 최신 기술과 연구 동향을 접할 수 있는 기회를 제공할 수 있다. 예를 들어, 학생들이 연구소에서 진행하는 워크숍이나 실험에 참여하여, 실험 과정을 직접 체험하고, 과학적 사고를 발전시킬 수 있다. 이와 동시에 학교는 기업과의 협력을 통해 학생들은 실제 직업 세계를 경험하고, 직업 기술을 배우는 기회를 얻을 수 있다. 예를 들어, 기업 방문 프로그램이나 직업 체험 프로그램을 통해 학생들은 다양한 산업 분야에서의 직업 기회를 탐색하고, 실제 업무 환경을 경험할 수 있다. 또한, 기업 인턴십 프로그램을 통해 학생들은 실무 경험을 쌓고, 자신의 경력 목표를 설정하는 데 도움을 받을 수 있을 것이다.

지역과 협력을 통한 교육허브로서 학교 사례 1. 미국의 커뮤니티 스쿨 모델

미국의 커뮤니티 스쿨 모델은 학교가 지역사회와 긴밀히 협력하여 학생들의 학습을 지원하는 시스템이다. 학교는 지역 사회의 자원과 서비스를 통합하여 학생들에게 종합적인 지원을 제공한다. 예를 들어, 방과 후 프로그램, 건강 서비스, 가족 지원 프로그램 등을 통해 학생들의 전반적인 복지를 도모한다.

참고문헌

Argyris, C., & Schon, D. (1978) *Organisational Learning: A Theory of Action Perspective*. Reading, Mass: Addison Wesley.

Barr, N. (2004). *Economics of the Welfare State*. Oxford University Press.

Bolman, L. G. & Deal, T. E.(2008). *Reframing Organizations: Artistry, Choice and Leadership*, 4th edition. San Francisco: Jossey-Bass.

Carson, P. P. (1962). Organizational models: Comparative analysis of private and public schools. *Administrative Science Quarterly*, 7(3). 375-392.

Etzioni, A. (1961). *A Comparative Analysis of Complex Organizations: On Power, Involvement, and Their Correlates*. Free Press.

Musgrave, R. A., & Musgrave, P. B. (1989). *Public Finance in Theory and Practice*. McGraw-Hill.

Samuelson, P. A. (1954). The pure theory of public expenditure. *Review of Economics and Statistics*, 36(4). 387-389.

CHAPTER

12 교육 리더십

21세기를 관통하는 열쇳말 중 하나는 리더십이다. 교육 운영에서 자율성이 강조되고, 학교 스스로 학생의 삶에 의미있는 영향을 미치고자 할 때, 반드시 필요한 요소가 리더십이다. 이런 배경에서 리더십에 관한 연구와 논의가 활발하게 이루어지고 있다. 이 장에서는 다음 내용을 중심으로 교육리더십 연구의 과거와 현재를 살펴본다.

- 교육 리더십의 의의
- 교육 리더십 연구의 전개
- 교육 리더십 연구의 새로운 동향
- 교육 리더십의 구성 요소
- 한국의 교육 현실과 리더십

1. 교육 리더십의 의의

학교는 학교장은 물론 여러 명의 교사와 학생으로 이루어진 조직이다. 학부모나 지역사회 인사들과 같이 학교의 직접 구성원은 아니지만, 학교교육 활동에 긴밀히 관련되어 있는 사람들까지 포함하면 학교는 비교적 큰 규모의 조직이라고 할 수도 있다.

어떤 조직이나 마찬가지이지만, 조직 구성원들이 개별적인 목표를 추구한다면, 그 집단은 조직이라기보다는 낱낱의 사람들이 그저 모여 있는 상태에 불과할 것이다. 그러나, 어떤 집단의 구성원들이 공동의 목표를 추구하고, 그 과정에서 각자가 해야 할 역할을 유기적으로 수행한다면 그 집단은 명실상부한 조직이 될 수 있다.

리더십은 낱낱의 사람들의 모임을 조직으로 변화시키는 열쇠이다. 리더십은 목표를 설정하고 목표 설정을 지향하도록 집단 행위에 영향력을 행사하는 과정으로 정의된다(Stogdill, 1974). 집단에서 누군가가, 또는 어떤 사람들이 어떤 과정을 통하여 리더십을 발휘할 때, 그 집단은 조직으로서의 생명을 얻는다. 학교가 여러 구성원의 단순 집합에 머무르지 않고, 배움의 공동체로서 살아 움직이기 위하여 리더십은 반드시 필요한 요소이다.

근래 들어, 교육행정과 학교경영에서 리더십은 매우 중요한 실천이자 연구 주제로 떠오르고 있다. 과거 학교는 교육행정 체계의 하위 기관에 불과하여 학교를 조직이나 공동체로 생각하는 경우는 많지 않았다. 그러나, 학교 단위 책임 경영제를 필두로 학교의 자율을 강화하는 교육개혁이 계속되면서 학교를 하나의 조직 또는 공동체로서 파악하는 인식이 확산되고, 실제로 학교를 활력이 넘치는 조직이나 배움의 공동체로 만드는 것이 교육행정과 학교경영의 주요한 과업이 되고 있다. 이와 같은 맥락에서 리더십, 특히 학교장의 교육 리더십에 대한 강조와 연구가 거듭되고 있다.

'학교장이 바뀌면 학교가 바뀐다.'는 이야기가 오래 전부터 내려오는 것에서 알 수 있는 것처럼, 리더십의 중요성에 대한 인식이 새삼스러운 것은 아니다. 그러나, 오늘날 리더십에 대한 강조는 과거에 비하여 확실히 차이가 있다. 또, 단순히 어떤 조직의 지도자가 아니라 학교라는 가르침과 배움의 공동체에 적합한 리더십에 대한 인식이 심화되고 있는 것도 사실이다. 아울러, 학교장 한 사람의 지도성이 아니라 교사의 지도성을 포함하여 학교 조직 전체에 존재하는 지도성에 대하여 새롭게 인식하고 있는 것도 최근의 경향이다.

2. 교육적 리더십의 연구

교육 리더십 연구를 개관하면, 초기에는 교육 이외 분야의 리더십 연구 결과를 교육 분야에서 수용하던 시기가 있었고, 그 후, 교육 현장에 적합한 리더십, 다시 말하여 교육적 리더십을 본격적으로 연구하기 시작한 시기로 구분할 수 있다. 이 절에서는 각 시기별로 중요한 연구 결과를 소개한다.

가. 교육 이외 분야 리더십 연구 결과의 수용

리더십은 교육 부문뿐만 아니라, 다른 분야, 대표적으로 군사나 경영과 같이 리더의 역할이 중요한 부문에서 활발하게 연구되어 왔다. 그 연구 결과는 교육 연구에도 소개되어 영향을 미쳤으나, 본격적인 교육 리더십 연구라고는 할 수 없는 것이어서 여기에서는 간단히 소개하는 것에 그친다.

리더십 연구는 리더의 특성을 찾아보는 일에서 출발하였다. 이른 바, '특성 이론(trait theory)'이라고 부르는 것으로서, 신체적 특성이나 태도, 성향 등 여러 가지 면에서 리더의 특성을 찾고자 하였다. 당시 연구는 리더는 유머가 풍부하다거나 언변이 뛰어나다는 등의 특성을 갖고 있다는 식의 결론을 내렸다.

그러나, 연구가 거듭될수록 모든 리더가 가지고 있는 단일한 특성을 찾기는 어렵다는 사실이 드러났고, 리더의 행동에 관심을 갖고, 여러 가지 실험적 연구를 통해서 리더가 나타내는 행동을 연구하기 시작하였다. 이 과정에서 발생한 리더십 이론을 '행위 이론(behavior theory)'이라고 부른다. 리더는 자신의 일에 몰두하는 행동 특성을 보인다거나, 조직 구성원들을 배려하는 행동을 한다는 등의 연구 결과가 산출되었다. 이를 각각 과업 중심적 리더와 인간 관계 중심적 리더로 분류하였는데, 이 구분은 향후 리더십 연구에서 기본적인 틀로 활용되었다.

그런데, 리더는 여러 가지 다양한 상황에서 여러 가지 과업을 수행하며, 결국 리더가 수행하는 과업의 성격이나 리더가 몸담고 있는 조직의 특성에 따라 리더 행동이 달라져야 한다는 관점이 형성되고, 이것이 '상황 이론(contingency theory)'으로 나타났다. 과업의 특성이나 조직의 특성 등을 포함한 어떤 상황에서는 어떤 리더 행동이, 다른 상황에서는 다른 행동이 효과적이라는 식의 결론이 도출되었다. 이런 맥락에서 과업의 성격과 조직의 특성을 다양한 관점에서 분류하고, 그 각각의 경우에 행사하여야 할 리더의 행동을 체계적으로 제시하고자 하였다.

나. 수업 지도성

1980년대 이후의 교육 리더십 연구를 체계적으로 개관한 바 있는 Hallinger(2003)는 교육 리더십 연구를 지배한 대표적인 이론적 모형으로 수업 지도성(Instructional

Leadership)과 변혁적 리더십(Transformational Leadership)을 들고 있다. 차례대로 연구의 주요 내용을 소개하고자 한다.

수업 지도성은 1980년대 미국에서 효과적인 학교(effective school)를 연구하는 과정에서 등장한 개념이다. 당시 미국의 대도시의 작은 공립학교 가운데 높은 성취를 나타내는 효과적인 학교를 연구하는 과정에서, 효과적인 학교에는 수업과 교육과정에 초점을 두어 강력하고 직접적으로 리더십을 행사하는 교장이 있다는 사실이 주목을 끌게 되었고, 이 과정에서 이들 교장이 행사하는 리더십을 표상화하기 위하여 수업 지도성이라는 개념이 탄생하였다.

수업 지도성은 학생의 성취에 직접적으로 영향을 미치는 교장의 리더십 행위이다. 교장은 교사 수업에 대한 장학이나 교원 능력 개발, 교육과정 개발을 통해서 학생의 학업 성취에 영향을 줄 수 있다(Blase & Blase, 1998: 11). 연구자들 중에는 앞의 것들 외에도 학교 사명을 명확히 하고 학교 문화를 조성하는 일도 수업 지도자의 과업이며, 교장은 이와 같은 일을 통하여 간접적으로 학생의 성취에 영향을 미칠 수 있다고 생각하는 입장을 가진 사람들도 있었다. 수업 지도성의 정의 내지 과업 범위에 관한 이와 같은 인식 차에 주목하여 수업 지도성을 협의의 관점과 광의의 관점(Sheppard, 1996; Southworth, 2002: 77에서 인용), 또는 직접적 수업 지도성과 간접적 수업 지도성(Kliene-Kracht, 1993; Southworth, 2002: 77에서 인용)으로 구분하기도 한다. 수업 지도성의 구성 요소는 다음과 같이 정리될 수 있다(Hallinger & Murpht, 1995; Hallinger, 2003: 336에서 재인용).

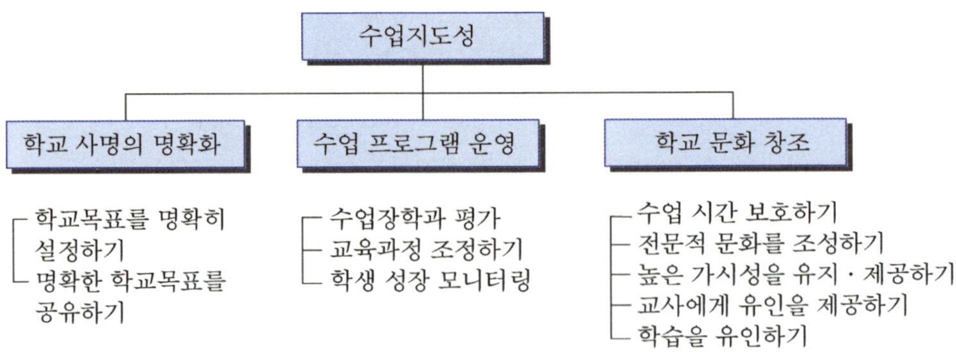

[그림 12-1] **수업 지도성의 구성 요소**

교장의 리더십과 학생의 학업 성취 간의 관계는 다양하게 나타날 수 있다. Hallinger와 Heck(1997)는 여러 편의 연구를 개관하면서, 학생의 학업 성취에 관련된 교장 효과를 다음과 같이 세 가지로 유형화하였다.

1. 직접 효과: 교장 행동이 학생 성취에 직접 영향을 미친다.
2. 매개 효과: 교장 행동이 다른 변인을 통해서 학생 성취에 간접적으로 영향을 준다.
3. 상호 효과: 교장은 교사에게, 교사는 교장에게 서로 영향을 미치며, 이 과정에서 학교 산출이 영향을 받는다.

이들은 이들 유형에 따른 연구 결과를 검토하면서, 교장 리더십은 학교 산출에 공헌하지만, 그 공헌은 반드시 사람, 사건, 교사 헌신이나 수업 실천, 학교 문화와 같은 조직 변인들에 의하여 매개된다. 다시 말하여 리더는 어떤 성과든 다른 누군가를 통하여 달성한다는 결론을 내렸다(p. 167).

Hallinger(2003: 331-332)는 수업 지도성에 관한 여러 문헌을 개관하면서, 다음과 같은 공통점을 수업 지도성의 특성으로 들고 있다.

- 수업 지도성은 교장이 학교에서 수업과 교육과정을 조정, 통제, 장학, 개발하는 역할에 주로 초점을 맞춘다.
- 수업 지도성은 일반적으로 초등학교 교장의 단일한 역할로 생각되어 왔다.
- 수업 지도자로서의 교장은 강하고 지시적인 교장으로 생각되어 왔다.
- 수업 지도자로서의 교장은 전문성과 카리스마로 조직을 이끈다.
- 수업 지도자로서의 교장은 학생의 학업 성취를 향상시키는 일에 전념하는, 목적 지향적이다.
- 수업 지도자는 학생은 물론 교사에게도 높은 기대와 표준을 전달하여 '학업 지향적인' 문화를 만들어내는 존재이다.

한편, 수업 지도성에 관하여 다음과 같은 몇 가지 문제가 제기된 바 있다 Hallinger, 2003: 334-335).

첫째, 교장은 수업 지도성 외에도 경영적, 정치적, 제도적, 인간 관계적, 상징적 리더십을 행사하여야 하는 존재이므로, 수업 지도성만을 지나치게 강조하는 경우

교장의 총체적인 리더십 행사에 역효과가 날 수 있다.

둘째, 수업 지도성은 소규모의 초등학교에서 발휘될 수 있는 리더십 유형으로, 대규모 학교나 중등학교에서는 현실적으로 발휘되기 어렵다.

셋째, 수업 지도성을 행사하는 교장 간에도, 학교나 지역사회 여건에 따라서 수업 지도성의 내용은 다르다.

넷째, 수업 지도성이 주장을 넘어 현실적으로 행사될 수 있는가에 대하여 의문이 제기된다. 대다수의 교장은 관리적 또는 경영적 역할을 교장의 소임으로 생각하고, 그 생각이 유전자에 박혀있을 정도로 강하기 때문에, 수업 지도성을 현실적으로 행사할 수 있는가는 의심스럽다는 것이다.

다. 변혁적 지도성

변혁적 지도성(Transformational Leadership) 이론은 수업 지도성의 뒤를 잇는 개념이다. 다시 말하여, 1980년대 국가 주도의 하향식 교육개혁이 한창일 때 효과적인 학교 연구 과정에서 수업 지도성 이론이 등장하였다면, 변혁적 지도성 이론은 1990년대 미국에서 일어난 학교 재구조화 운동(School Restructuring)을 배경으로 등장하였다. 이 운동 당시 교사 전문성, 학습 공동체, 전문성 개발 학교(professional development school: PDS) 등이 각광을 받았는데, 이런 아이디어에는 과거의 지시적 리더십이 아니라, 새로운 리더십 개념이 어울렸고, 이런 배경에서 변혁적 지도성 이론이 등장하였다(Hallinger, 2003: 341).

변혁적 지도성은 종래의 지배적 지도성 개념이라고 할 수 있는 거래적 지도성(Transactional Leadership)과의 대비를 통하여, 지도성의 새로운 패러다임으로 대두하였다. 거래적 지도자들은 하급자들이 제공한 서비스와 그 서비스에 대한 보상을 교환하여 하급자들을 동기화시킨다. 거래적 지도자들은 보상과 노력에 대한 댓가를 추종자들에게 약속하고, 추종자들은 즉시적 이익에 반응하여 행동한다. 반면, 변혁적 지도자는 조직 구성원들이 조직의 목적에 헌신하도록 하며, 단순히 인센티브나 보상을 제공하는 것이 아니라 권한을 부여하여 조직의 목적을 성취할 수 있도록 한다(Hoy & Miskel, 1996: 393).

변혁적 지도성은 조직 구성원의 역량을 개발하고 조직 목적에 헌신하도록 하여, 결과적으로 조직의 생산성을 제고하고자 하는데 초점을 맞춘다. 변혁적 지도성의 구성 요소, 즉 변혁적 지도자의 과업 또는 행동 특성에 관해서는 연구자에 따라 여러 가지 논의가 있으나, Leithwood 등(1999: 454)은 학교 비전과 목적의 창조, 지적 자극 제공, 개별화된 지원, 전문직적 실천과 가치의 상징화, 높은 수행 기준 보여주기, 학교 의사결정에 참여를 제고할 수 있는 구조를 만들기 등을 개념 요소로 들고 있다. 또, 그들은 이 요인들의 관계를 다음과 같은 그림(Hallinger, 2003: 336에서 재인용)으로 요약하기도 하였다.

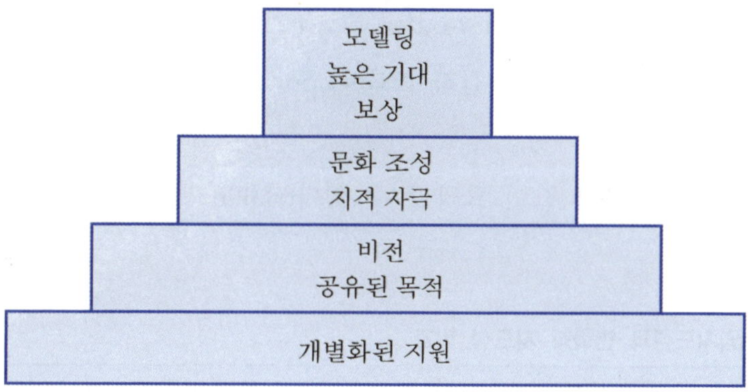

[그림 12-2] 변혁적 지도성 모델

Hallinger(2003: 337-338)은 수업 지도성과의 대비를 통하여 변혁적 지도성의 특징을 다음과 같이 정리하고 있다.

첫째, 변혁적 지도성은 리더십이 온전히 교장에게만 귀속되는 것이라고 보기보다는 조직 구성원에게 공유될 수 있고, 교장은 물론 교사들도 행사할 수 있는 것이라고 본다. 수업 지도성이 교장의 단일한 리더십 행사를 강조하였던 사실과 대비된다. 또, 수업지도성에서는 리더가 조직 구성원을 적절히 통제하거나 조정하여 동기를 유발하였다면, 변혁적 지도성은 조직 구성원의 필요를 이해하는 일로부터 동기 유발을 시작한다. 개별화된 지원이나 지적 자극 등은 이와 같은 특성을 잘 보여준다. 한마디로, 수업 지도성이 학교 개선을 위하여 하향식 접근(top-down approach)을 취하였다면, 변혁적 지도성은 상향적 접근(bottom-up approach)을 취한다고 할 수 있다.

둘째, 수업 지도성은 학교 개선에 중점을 두기는 하지만, 조직 구성원들이 미리 정해진 목표를 향하여 움직이도록 관리하고 조정하려고 한다는 점에서는 리더와 구성원이 거래적 관계(transactional relation)를 형성하고 있다고 할 수 있다. 이에 비하여 변혁적 지도성은 조직 구성원의 열망을 확장하고 통합하여 미래를 밝히고 창조하려고 한다는 점에서, 말 그대로 변혁적 관계(transformational relation)를 형성한다고 할 수 있다.

셋째, 수업지도성은 리더가 교육과정이나 수업에 직접 영향을 미치거나 변화를 이끌어내어 학생의 학업 성취를 제고하려고 하지만, 변혁적 지도성은 학교 구성원의 역량을 배가하여, 그들이 배가된 역량으로 조직에 공헌하도록 한다. 전자가 1차적 효과, 또는 직접적 효과(first-order, direct effect)를 산출하는데 특징이 있다면, 후자는 2차적 효과, 또는 간접적 효과(second-order, indirect effect)를 산출하는데 특징이 있다.

이상의 내용을 다음과 같이 요약할 수 있다(Hallinger, 2003: 337면의 내용을 수정).

〈표 12-1〉 수업지도성과 변혁적 지도성 비교

수업 지도성	변혁적 지도성
하향적 학교 개선 접근	상향적 학교 개선 접근
거래적 관계	변혁적 관계
1차적, 직접적 효과	2차적, 간접적 효과

변혁적 지도성에 대하여, 이론의 내용은 규범적으로 타당할지라도, 이것이 현실화될 수 있는 것인가에 대해서는 회의적 시작도 대두되고 있다. 오히려 수업 지도성에 비하여 실천하기 어려운 것이며, 변혁적 리더십을 뒷받침할 수 있는 실증적 연구 결과 역시 충분하지 않다는 지적이다(Hallinger, 2003: 341-342).

한국의 교육지도성 연구에서 변혁적 지도성의 효과는 교사의 수업 수행이나 직무 만족, 학교 풍토나 학교 효과성 등과의 관계에서 널리 연구되고 있으나, 연구 결과는 일관되기보다는 다소간 혼란스러운 상태에 있다(박상완 · 윤미숙, 2007; 김현진 · 김상훈, 2009; 박균열, 2009; 유길한, 2005).

3. 교육 리더십의 새로운 동향

근래 들어 학교 자율화 정책이나 학교 단위 책임 경영제 등의 사례에서 볼 수 있는 바와 같이 교육정책 운용에서 '자율'이 강조되면서 조직 운영에서 리더십의 중요성이 크게 부상하고 있다. 교육 리더십에 관한 연구 역시 이에 발맞추어 증대되고 있는데, 그 동안의 리더십 연구에 대하여 근본적 질문을 제기하거나, 새로운 시각을 제공하는 리더십 논의가 이루어지고 있다.

가. 협응적 리더십

수업 지도성이나 변혁적 지도성의 공통점을 들라고 하면, 이 둘은 모두 교육 리더십에 관한 규범적 논의라고 하는 점이다. 다시 말하여, 리더십이 실제로 행사되는 상황을 정밀하게 기술하여 이론화한 것이라기보다는 리더십을 행사할 사람, 즉 교장이 어떤 일을 어떻게 하여야 하는가에 관한 당위적 주장을 상당 부분 포함하고 있는 논의라고 할 수 있다.

이에 비하여 협응적 리더십(distributed leadership)[1) 이론은 조직 내에서 리더십이 행사되는 과정을 사실 그대로 보여준다는 점에서 새로운 논의이다(Gronn, 2002). 수업 지도성이나 변혁적 지도성은 본질적으로 리더 중심적 이론(leader centrism)이다. 리더가 무엇을 어떻게 하여야 하는가에 관하여 논의할 뿐, 다른 조직 구성원(부하 또는 추종자)은 안중에 두지 않는다. 그러나, 실제로 조직 내에서 리더십이 행사되는 과정을 보면, 교장이 혼자서 모든 정보를 알고 무엇인가를 결정하기보다는 끊임없이 교감이나 교사, 때로는 학부모나 학생과도 이야기를 나누고 묻고 숙고하는 과정을 통하여 무엇인가를 결정한다. 또 교장이 결정하고 그 후에 교사는 집행하는 것이 아니라, 사실상 집행 과정에서도 끊임없이 결정이 이루어지고, 이 과정은 교장만의 몫이 아니라 교사를 포함한 학교 구성원 전부의 몫이다. 이와 같은 조직 운영의 실제와 리더 중심적 리더십 이론은 부합하지 않는다.

1) 국내 많은 문헌에서는 Distributed Leadership을 '분산적 리더십'으로 번역하여 소개하고 있다. 그런데, 이 책에서는 '협응적 리더십'이라고 번역하는 편이 이 이론의 내용을 더 적확하게 표현할 수 있다고 판단하였다.

또, 리더 대체물(leader substitutes)이라는 개념도 전통적 리더십 연구를 재고하도록 하고 있다. 전통적 리더십 연구에서 리더가 없는 조직은 상상할 수 없다. 그러나, 현실적으로는 리더가 없이도 운영될 수 있는 경우가 있다. 구체적으로, 조직 구성원 모두가 대단히 동기화되어 있는 경우나 조직 내에 자율적 노동 규범이 확립되어 있는 경우, 그리고 과업이 굉장히 프로그램화되어 있거나 일상화되어버린 경우에는 리더가 필요 없다. 즉, 조직 구성원의 성향이나 과업 수행 과정, 마지막으로 과업의 특성은 리더의 대체물이 될 수 있다(Jermier & Kerr, 1997; Gronn, 2002: 663에서 재인용).

실제가 이렇다면, 영웅적 리더의 영도에 따르는 것이 아니라, 많은 조직 구성원의 아이디어나 창의적인 생각, 기술 등을 동원하여 조직의 변화를 꾀할 필요가 있고, 리더십은 한 사람이 아니라 조직 전체에 분산되어 있는 것이라고 보는 편이 훨씬 사실에 부합한다(Gronn, 2002; Spillane, 2006).

Gronn(2002)은 협응적 리더십 개념을 두 가지로 나누어 설명하고 있다. 첫째, 리더십이 한 사람이 아니라 다수의 조직 구성원, 또는 조직 구성원 전부에게 분산되어 있다고 보는 것이다. 리더십이 집중되어 있는 것이 아니라 분산되어 있으며, 한 사람이 점유하고 있는 것이 아니라 다수가 공유하고 있다는 의미이기도 하다. 이를 수량적, 또는 가법적(numerical or additive) 관점의 협응적 리더십, 또는 분산적 리더십이라고 한다. 이 경우 리더십은 여러 사람의 다양한 행동의 총화로서 이해될 수 있는데, 더 적확하게 말하면 조직을 구성하는 모든 사람들이 리더와 같이 생각하고 행동하도록 하는 활동이다.

그런데, Gronn(2002: 656)은 앞과 다른, 두 번째 관점에 주목하고 있다. 협응적 지도성이라고 하는 것은, 여러 사람의 여러 행동의 단순한 합을 의미하는 것이 아니라, 단순 합 그 이상의 것으로서, 이런 활동들을 더 전체적(holistic) 관점에서 파악할 때 협응적 지도성의 진면목을 파악할 수 있다는 것이다. 마치 오케스트라의 연주를 한 사람 한 사람 연주자의 연주를 분리하여 그 각각을 따로 들어서는 감상할 수 없고, 전체로서의 협연이 이루어질 때에만 제대로 감상할 수 있는 것과 같은 이치이다. 이런 의미에서 협응적 지도성은 총합적 행동(aggregated behavior)이 아니라 협응적 행위(concertive action)에 관심을 갖는다.

이 관점에서는 다음과 같은 세 가지 양상에 관심을 갖는다. 조직에서 자발적으로 발생하는 열정적 참여(engagement)가 협력적으로 어우러지는 형식(spontaneous collaboration), 조직 구성원 사이에서 시너지(synergy)가 발생하여 동료들 간의 친밀한 노동 관계를 공고하게 발전시키는 과정(intuitive working relation), 협응적 행위들이 적절히 규제되는 구조적 관계와 제도화된 구조(institutionalised practices). 이것들은 모두 실제의 노동 과정을 사실 그대로 표현한 것이며, 어떤 것도 전능한 리더의 존재를 상정하는지 않는다(656-657).

협응적 지도성의 문제점을 지적하는 연구도 이루어진 바 있다(Wright, 2008; 김규태 · 주영효, 2009: 355-356에서 재인용). 협응적 지도성은 상향적 참여와 공유방식을 지향하고는 있으나, 실질적으로는 하향식 접근으로 이루어지기 때문에 조직 하부 조직에 잘못된 지도성 이양이나 분산을 강요할 가능성을 배제할 수 없다. 또, 조직 내에 권력 갈등을 야기하거나 불이행과 불복종을 야기할 가능성이 있다. 지도자가 보수적 성향과 편협한 신념을 띠게 될 경우 구성원들에 대하여 새로운 정보에 접근하는 것을 차단하고 새로운 정보의 수용을 제한할 가능성이 있다. 마지막으로, 협응적 리더십은 지도성 실행에서 학교장의 법적 의무와 책무성 이행에 주의를 기울이지 않을 수도 있다.

협응적 리더십은 이론적으로 상당한 위치에 있으며, 영국이나 미국 등에서는 이 개념을 교장 양성 또는 연수 프로그램에 적용하고자 하고 있다. 그러나, 한국의 경우 실천적 프로그램 개발로는 연결되지 않고 있는 상태에서, 이론적으로만 간단히 소개되어 있을 뿐이다(이성은 · 이상희 · 임영애, 2009; 라연재, 2009).

나. 민주적 리더십

협응적 리더십은 한 사람의 리더를 전제하지 않고 다수의 조직 구성원에게 리더십이 분산되어 있다고 보는 점에서 민주적 리더십이라고 할 수 있다. 과거의 리더십이 일종의 영웅주의와 깊이 관련된 것이었다면, 오늘날 리더십은 민주적이어야 한다. 다음과 같은 주장은 경청할 필요가 있다.

> "민주주의는 불가피하다. 심지어 직장에서도 ... 위계적 조직은 너무 경직되어 있어서 오늘날 경영 환경에서는 효과적으로 경쟁할 수 없다. 이런 조직은 조직에 꼭 필요한 사람을 유인하지도 못하고, 핵심 역량과 조직 역량을 배양할 수도 없다. 결과적으로, 위계적 조직은 팀이나 정보 기술, 네트워크, 공유된 지도성, 종업원 참여 등에 의존하는 방계조직으로 대체될 필요가 있다. 이런 조직은 수평적이며 기민한 구조, 개방된 정보, 전문성에서 생기는 힘, 조직 전체에서 실력있는 노동자를 만들어내는 체제를 가진다(Lawler, 2001: 16-17. Woods, 2004: 4에서 인용)."

민주적 리더십(Democratic Leadership)은 협응적 리더십의 비민주성을 공격하면서, 진정한 의미의 민주적 리더십을 강조하고 있다. Woods(2004: 4)는 협응적 리더십의 민주주의는 수단적이며 탈정치화된 것이라는 점을 지적한다. 즉, 협응적 리더십에서 구성원들의 참여에 주목하는 것은, 그렇게 할 때에 조직의 생산성이 높아진다고 보기 때문이다. 여기에서는 구성원에 대한 인간으로서의 존중이나 구성원의 권리에 대한 사고는 찾아보기 어렵다.

그러나, Woods(2004: 4)는 도덕적 과업을 수행하는 교육 조직에서는 훨씬 내용이 풍부하며 도전적 의미의 민주적 리더십을 구현할 필요가 있다고 주장한다. 민주적 리더십은 조직 구성원 모두가 윤리적 존재로서 조직의 과업에 의미있게 참여할 권리를 가지며, 마땅히 그들에게 기대를 가지고 존중하여야 한다는 생각을 요체로 한다.

Woods(2004)는 민주적 리더십과 협응적 리더십을 다음과 같이 비교하는 과정에서, 민주적 리더십의 특징을 밝히고 있다. 첫째, 협응적 리더십은 분석적 개념일 뿐이지만, 민주적 리더십은 분석적 개념이면서 동시에 규범적 개념이기도 하다. 둘째, 협응적 리더십과 민주적 리더십은 모두 협응적 행위에 관심을 둔다는 점에서 공통적이지만, 협응적 리더십은 리더의 단독 행동을 부정하는 데 반하여, 민주적 리더십은 리더의 단독 행동의 가능성을 열어둔다. 셋째, 구성원의 참여 범위 면에서, 협응적 리더십은 조직의 필요나 우선 순위가 중요하게 고려된다면, 민주적 리더십은 구성원 개개인의 내・외적 권위와 자부심, 목소리 등을 균등하게 분배한다는 관점에서 훨씬 개방적이다. 넷째, 협응적 리더십은 자본주의 경제 질서에 어느 정도 순응적이거나 최소한 중립적이다. 협응적 리더십은 시장에 봉사할 수 있다거나 수단적 합리성을 강조한다거나 시장이나 기능적 범주에 따라 인간의 역량을 분리하거나 평가하는 데 대하여 침묵하거나 다소간 동조한다. 이에 비하여 민주적 리더십은 이와 같은 생각에 반대한다. 인간의 존엄이라는 절대 가치와 상충한다고 보기 때문이다.

민주적 리더십은 아직은 소수의 주장에 불과할 뿐이지만, 도덕적 과업을 수행하는 교육조직의 성격을 염두에 둘 때, 계속해서 숙고하고 실천할 만한 가치가 충분한 개념이라고 할 수 있다.

다. 도덕적 리더십

도덕적 리더십(Moral Leadership)은 아직까지는 학문적으로 높은 위상을 확보하지 못한 개념으로 보인다. 리더십에 관한 각종 연구서를 살펴보면, 도덕적 리더십에 관한 이론적 논의나 실증적 연구가 활발하게 이루어지고 있지 않은 것으로 보인다. 그러나, 교육리더십을 논의할 때, 도덕적 리더십 개념이 함의하고 있는 바는 상당히 크며, 어떻게 보면 교육리더십의 본질에 가장 근접한 리더십 개념으로 파악할 수도 있다.

도덕적 리더십은 교장이 수행하는 과업이 본질적으로 도덕적 기예(moral craft)라는 사실에서 생성된 개념이다. 도덕적 리더십 개념을 주창하고 있는 Sergiovanni (2006: 3-7)는 다음과 같은 점을 들어 교장이 수행하는 과업이 본질적으로 도덕적인 것이라고 주장한다.

첫째, 교장은 학교를 단순한 조직(organization)을 넘어 학습 공동체(learning community)로 만드는 일을 한다. 교장이 주어진 일을 올바로 하기만 하면(doing thing right) 조직으로서의 학교를 관리할 수 있지만, 학교를 학습 공동체로 만들고자 하면 교장이 학교에 목적을 불어넣고, 학교 구성원들이 그 목적에 헌신할 수 있도록 만들어야 한다. 교장이 올바른 일을 하여야 하는(doing right thing) 것이다. 이 일은 본질적으로 도덕적이다.

둘째, 학교교육의 주요 내용인 지(知)와 덕(德)은 개념상 분리되는 것일 뿐, 사실상 분리되지 않는다. 학교에서 일어나는 일은 기술적 측면과 도덕적 측면을 동시에 갖는다. 예컨대, 교장과 교사의 학생 생활지도 행위는 학교 운영의 기술적 측면에서도 의미가 있지만, 동시에 그 행위에는 도덕적 성격이 내포되어 있다.

셋째, 교육 활동은 불가피하게 '기준(standard)'을 수반한다. '좋은' 수업이나 '효과적인' 생활 지도는 어떤 기준을 상정할 때에만 판단하고 논의할 수 있다. '기준'은 실증적 분석이 아니라 규범적 논증을 활용한 도덕적 진술을 통하여 정립할 수 있다. 예컨대, 어떤 생활지도 방식을 활용한 후에 훈육 문제가 크게 감소하였다는 주장이 그 지도 방식의 정당성을 보증하지는 않는다. 그 지도 방식의 목적, 그 안에 포함된 학생상 등에 대한 도덕적 논증이 필요하다.

넷째, 교사와 학생의 관계와 마찬가지로 교장과 교사 관계 역시 본질적으로 평등하지 않다. 불평등한 관계에서 우위에 있는 사람은 하위에 있는 사람들을 굴복시키려고 권력을 행사할 것이 아니라, 그들이 더 행복해지도록 권력을 행사하여야 한다. 리더십은 권리가 아니라 책임이며, 누군가에 대하여 리더십을 행사하는 일은 도덕적이다.

다섯째, 교장은 많은 일에 대하여 재량(discretion)을 행사할 수밖에 없으며, 재량을 행사할 때에는 도덕적 사고를 피할 수 없다. "선택할 수 있을 때에만 자율적일 수 있다. 자율은 리더십이 발현될 수 있는 필수 조건이다. 자율적이지 않을 때 리더십은 존재할 수 없다(Cuban, 1988: xxii, Sergiovanni, 2006: 6-7에서 재인용)."

리더십을 행사한다고 하는 일은 표면적으로는 리더가 권력을 행사하여 상대방(부하 또는 추종자)의 동기를 유발하고, 상대방이 어떤 일을 하게 되는 과정을 일컫는다. 어떤 리더십 논의든 리더의 권력의 내용이나 행사 방법, 상대방의 동기 유발 등에 관한 이론을 포함하고 있다. 도덕적 리더십 역시 마찬가지인데, 동기 유발에 관한 기존 관념을 변화시키고 교장의 권력(power), 더 정확히 말하면 권위(authority)의 새로운 원천에 주목하여야 한다는 점에서 특징을 가지고 있다.

Sergiovanni(2006)에 따르면, 전통적인 리더십은 동기 유발에 관하여 '사람은 보상받게 되는 일을 한다.'는 법칙을 기본으로 하였다. 이런 맥락에서 교장은 교사의 동기를 유발하기 위하여 승진이나 성과급과 같이 교사들이 추구하려고 하는 유인을 적절히 활용하였다. 이 경우, 교사는 외재적 강화물에 의하여 동기가 유발되는 바, 교장이 어떤 유인을 제공할 때, 그것이 만족스러운 것인가 아닌가를 판단하여 자신에게 이로우면 교장의 지시에 순응하고 그렇지 않으면 불응하는, 타산적 관여(calculative involvement)를 하게 된다. 교장은 누구에게 어떤 유인을 어떻게 활용하여야 하는가를 적절히 판단하여, 교사가 자신이 제공하는 유인에 순응할 수 있도록 하여야 하며, 교사의 업무 수행을 솜씨있게 파악하고 통제할 수 있어야 한다. 이런 업무를 잘 수행하는 교장이 능력 있는 교장이다.

그러나, 도덕적 리더십은 전통적 규칙에 문제를 제기하며, 새로운 법칙을 제시한다(Sergiovanni, 1992). '사람은 보상받고 있는 일을 한다.'와 '사람은 좋은, 올바른 일을 한다.'는 것이 동기 유발에 관한 대안적 법칙이라는 것이다. 어떤 교사가 교원평가에서 우수한 평가를 받기 위하여 업무를 열심히 수행하는 경우와 자신이 하고 있는 일이 너무 즐거워서 자신도 모르게 일에 몰입하게 되어 일을 하는 경우를 비교할 때, 어떤 경우가 더 효과적이며, 나아가 더 바람직한 것인가는 분명하다. 후자의 경우는 자신이 보상받고 있는 일을 하고 있는 것이다. 이 경우 교사의 내재적 동기가 유발된 것이다. 더 나아가, 교사가 자신이 하고 있는 일이 올바른 일이라고 하는 도덕적 의무감에서 일을 수행할 수도 있다. 이 경우 역시 교사가 외재적 동기에 의하여 과업을 수행할 때와는 비교할 수 없는 결과를 초래할 것임은 명약관화하다. 만약 교장이 교사들의 도덕적 책무감을 이끌어낼 수 있다면 교장은 교사에게 도덕적으로 개입한 것이 된다.

Segiovanni(1992: 30-35)은 그동안 리더 권위의 원천이 되었던 것은 관료적 권위(bureaucratic authority)나 심리적 권위(psychological authority), 또는 기술-합리적 권위(techno-rational authority)였다고 지적한다. 관료적 권위는 교장이라는 직위에서 비롯되며, 심리적 권위는 원만한 인간 관계를 형성할 때 나타난다. 기술-합리적 권위는 교장으로서 수업 장학이나 교육법 등에 관하여 지식을 가지고 있을 때 발휘된다. 어떤 권위를 행사하든 리더로서의 교장의 행동은 교사들의 행동을 모니터링하고, 적절한 유인을 제공하는 것이다. 그런데, 이와 같은 교장의 행위는 교사의 순응을 이끌어낼 수는 있을지언정 헌신을 유발하지는 못한다.

도덕적 리더십은 기존의 권위의 원천 외에, 더 정확히는 이들 권위에 앞서 전문적 권위(professional authority)와 도덕적 권위(moral authority)를 발휘할 것을 요청한다. 전문적 권위는 교사의 수업이나 생활지도에 실질적으로 도움을 줄 수 있는, 교직 경험에서 형성되고 체현된 암묵지를 소유하고 발휘할 때 발생하는 권위이며, 도덕적 권위는 목적 공동체로서의 학교에 널리 공유되고 있는 가치나 이상을 앞장서서 실천하고, 학교 구성원들이 자주적으로 삶을 영위하고 학교에 헌신할 수 있도록 도와줄 때 발생한다.

도덕적 리더십은 교장이 학교 공동체 구성원에게 공동의 목적을 불어넣고, 학생과 교사 등 구성원 개개인이 저마다 의미감을 충분히 만끽하며, 학교를 전문직적 규범이 살아 숨쉬는 공간으로 만들고, 궁극적으로는 학교 조직을 배움의 공동체로 변화시키는 과업을 수행할 것을 요청한다. 이를 위하여 리더 스스로 공동체의 가치에 헌신하여, 공동체 구성원의 자아 실현에 솔선수범을 하여야 하는 바, 이 일은 리더가 공동체 구성원을 섬기지 않고서는 이루어질 수 없다.

일찍이, Etzioni(1961)가 리더가 행사하는 권력의 내용과 부하 또는 추종자의 순응 유형에 따라 조직을 강제 조직과 공리 조직, 규범적 조직으로 구분한 바 있는데, 도덕적 리더십은 학교를 규범적 조직으로 변화시키기 위하여 리더가 행사하여야 하는 리더십이라고 요약할 수도 있을 것이다.

라. 감성 리더십

인간의 지능에 대하여 전통적인 지능과는 독립적인 실제로서 감성 지능이 등장한 것은 주지의 사실이다. 개인 차원의 감성 지능을 조직 차원의 감성 역량으로 해석하고자 하는 움직임이 교육 지도성 연구에서 일어나고 있다. 감성 지능이 높은 사람이 있는 것처럼, 감성적으로 뛰어난 조직(emotionally intelligent organization)이 존재할 수 있는가(Ashkanasy, Hartel, & Daus, 2002. 이석열, 2006: 54에서 재인용), 조직이 높은 감성 지능을 갖추기 위해서 조직의 지도자는 어떤 리더십을 발휘하여야 하는가, 감성 능력을 갖춘 조직은 과연 효과적인가 등의 문제가 감성 리더십의 주요한 연구 문제가 되고 있다.

이와 관련하여 Goleman(2002)은 조직에도 감성과 욕구가 존재하며, 조직이 높은 감성 지능을 보유하기 위해서는 감성 지능이 뛰어난 개인들이 보여주는 자기 인식 능력, 자기 관리 능력, 사회적 인식 능력 등이 필요하며, 감성 능력이 높은 조직은 그렇지 않은 조직에 비하여 조직 효과성이 높다는 주장을 한 바 있다(이석열, 2006: 54에서 재인용).

이들은 "리더 스스로 자신의 내면을 이해하고, 구성원의 감성 및 필요를 배려함과 동시에 조직의 구성원들과의 관계를 자연스럽게 형성하여 조직의 감성 역량을 높이는 능력"을 감성 리더십으로 정의하였다(이석열, 2006: 55에서 재인용). '1인 기업'이 될 수도 있는 교사 한 사람 한 사람의 동기를 유발하고, 교사 간의 협력을 유도하는 일이 학교 행정가의 중요한 과업이라는 사실은 감성 리더십의 중요성을 환기시킨다.

Goleman(2002)은 자신(personal)과 타인(social), 자각(awareness)과 관리(management)를 중심 축으로 자기 인식 능력, 자기 관리 능력, 사회적 인식 능력과 관계 관리 능력을 감성 리더십의 구성 요소로 들고 있다. 이들은 각각 자기의 감성을 명확히 이해하는 능력, 자기 자신의 감성을 효과적으로 관리하는 능력, 다른 사람의 감성을 명확히 이해하는 능력과 다른 사람의 감성을 효과적으로 관리하는 능력이다.

감성 리더십에 관하여 여러 가지 연구가 이루어지고 있다. 감성 리더십 진단 척도가 개발되기기도 하고(이석열, 2006), 감성 리더십과 교사의 교직 헌신, 교사 효능감, 학교 조직 몰입 등과의 관계가 규명되기도 하였다(강경석 · 강철구, 2007; 신동한, 2008; 신중식 · 김현진 · 김상돈, 2009).

그렇지만, 학교 조직에서 감성 리더십이 어떤 의의를 지니는지, 다른 리더십과의 관계 등에 관하여 더 많은 연구와 프로그램 개발이 요청된다.

4. 교육 리더십의 개념과 구성 요소

가. 교육 리더십의 개념

지금까지 리더십 연구를 개관하고, 교육 리더십 분야의 새로운 동향을 살펴보았다. 많은 연구들이 교육 분야에서 이루어진 것은 사실이지만, 그 연구들을 '교육 리더십' 연구라고 하기 어려운 면도 없지 않다. 다른 분야에서 이루어진 연구를 교육에 들여온 연구들이 매우 많기 때문이다. 사실 '교육 리더십에 관련된 연구'는 많아도 '교육 리더십' 연구는 매우 드물다. 이 절에서는 시론적으로 교육 리더십의 개념을 정리하고, 구성 요소를 살펴본다.

교육 리더십을 한 마디로 정의하기는 대단히 어렵다. 오랫동안 교육 리더십 연구에 매달려왔던 이병진(2003)은 교육 리더십을 정의하기가 어렵다는 사실을 토로하면서, '교육을 위한 리더십'으로 정의하고, 교육행정당국자(장관, 교육감, 교육장 등), 학교장, 그리고 교사가 교육의 목적 달성을 발휘하는 리더십이라고 보충 설명을 한 바 있다. 교육 리더십의 개념 요소로서 주체, 목적, 방법(기술) 등이 포함되어야 한다면, 잠정적으로 "교육자가 교육자로서의 권위와 기술을 발휘하여 구성원의 배움을 자극하고 학교 또는 특정 조직을 학습 공동체로 만드는 활동"으로 정의할 수 있을 것이다. 이 정의 속에 포함된 요소를 나누어 설명하면 다음과 같다.

첫째, 교육 리더십의 주체는 교육자이다. 종래 많은 교육 리더십 연구는 학교장을 리더십 행사의 주체로서 상정하고 있다. 그런데, 학교장뿐만 아니라 교사 역시 리더십을 행사하는 주체이다. 리더십이야말로 교사의 중요한 자질이 된다. 더 나아가 교육행정을 관장하는 행정가들에게도 교육 리더십이 요청된다. 리더십의 소유 여부에 따라 '교육' 장관이 될 수도 있고, '장관'에 머무를 수도 있다. '교육자'를 이들을 포괄하는 범주로 삼는다. 교육에 종사하지 않는 사람이 교육 리더가 될 수도 있다.

둘째, 교육 리더십의 목적은 개인 차원과 기관 차원에서 설정할 수 있다. 교육의 궁극적인 목적은 끊임없는 학습을 유발하는 것이다. 과거의 교육에 관한 리더십은 학생의 학습만을 관심 범위에 두었지만, 교육 리더십은 학생은 물론이고 자기 자신을 포함한 모든 조직 구성원의 배움에 관심을 둔다. 또, 개인을 넘어 공동체 내에서 학습이 인간 관계를 매개하고 조직 운영에 학습이 깊이 들어올 수 있도록 하는 일에 관심을 갖는다. 교육 리더십은 학교 밖에서도 발휘될 수 있다.

셋째, 교육 리더는 교육자로서의 권위와 기술을 활용하여 목적 달성에 접근한다. 교육자로서의 권위는 자기 학습에 철저하고 타인의 배움에 도움을 줄 때 인정받는다. 배움에 도움을 주는 일은 대개 가르치는 일을 통하여 이루어지기 때문에, 교육자로서의 권위는 잘 가르치거나, 잘 가르칠 수 있도록 하는 일로 입증된다. 교육자는 사람을 대상으로 배움을 자극하는 일을 하기 때문에, 인간 관계에 관한 기술과 배우고 가르치는 일에 관한 기술은 교육자에게 필수적이다. 그렇지만, 교육자에게 요청되는 기술은 흔히 말하는 '기술'이 아니라, 사람에 대한 사랑과 앎의 가치에 대한 존중과 결합될 때 의미를 갖는 '인격화된 기술'이다.

나. 교육 리더십의 구성 요소

이병진(2003)은 교육 리더십의 영역 또는 교육 리더가 수행해야 할 기본 역할에 관한 다양한 선행 연구를 개관하면서, 교육 리더십의 구성 요소 또는 교육 리더의 역할을 학교의 목적과 기능에 관계된 일, 학교 조직과 관리 개선, 학교 교육과정의 개선, 학교의 봉사적 역할 개선, 학교 내외의 교육적 인간관계, 학교의 평가 개선 등으로 정리한 바 있다. 선행 논의를 참고하면서 교육 리더십의 정의에 충실하게 교육 리더십의 구성 요소를 설정하고자 한다.

첫째, 자기 학습(self learning)은 교육 리더십에 필수적이다. 교육 리더의 중요한 역할은 타인의 학습을 자극하고 지원하는 일이다. 타인의 학습을 독려하는 최선의 방법은 자신이 학습의 본을 보이는 것이다. 또, 교육 리더는 복잡 다기한 상황에서 원칙적이면서도 융통성있게 대응할 수 있어야 하는데, 이 능력은 학습을 통해서 배양된다.

둘째, 교육 리더는 개인과 조직에 목적의식을 불어넣는다(purposing). 교육 리더는 배움을 통하여 개인의 삶의 변화를 도모하고, 학교를 단순한 조직이 아닌 가치 공동체(value community)로 변화시킨다. 교육 리더는 '나는 어떤 삶을 살고자 하는가?', '우리 학교는 어디로 나아가야 하는가?'라는 질문을 통하여 조직의 비전(vision)을 설정하고, 개인과 학교 조직의 변화를 꾀한다. 이 과정에서 필수적인 활동이 목적 의식을 불어넣는 것이다. 목적 의식이 있는 개인과 학교는 장래의 방향을 정립할 수 있다.

셋째, 교육 리더에게는 교육 프로그램을 개발하는 능력이 요청된다. 사람마다 다양한 교육적 요구가 있고, 학교(기관)의 발전 방향에 부합하는 다양한 교육 프로그램이 있을 수 있다. 교육 리더는 개인과 학교(기관)의 발전 요구에 부합하는 교육 프로그램을 개발하고 운용할 수 있어야 한다.

넷째, 교육 리더에게는 인간 관계 능력(human relation skill)이 요청된다. 교육은 사람 간의 인격적 결합에 다름 아니며, 교육 리더는 단순히 원만한 인간 관계를 유지하는 수준을 넘어서 교육적 인간 관계를 형성하면서 리더십을 형성한다. 교장은 학교 내에서 배움과 가르침을 통한 인격적 결합의 중심 축이 되며, 흔히 리더십의 중요한 요소로 일컬어지는 동기 유발은 리더와 추종자 간 인간 관계의 내용이기도 하다.

다섯째, 기술적(관리적) 능력(managerial skill) 역시 교육 리더에게 필요하다. 학교 조직을 효율적으로 운영하는 일과 학교 내에서 교육적 가치를 정립하는 일이 반드시 상충 관계에 있는 것은 아니다. 관리 능력은 학교의 교육 리더에게도 필요하다.

여섯째, 교육 리더는 문화 형성자이어야 한다. '교육적인' 학교는 '사람'이 아니라 '공동체의 규범과 문화'에 의하여 운영된다. 최고의 교육 리더는 학생들 간의 학습 문화와 교사들 간의 전문적 공동체 문화, 학교의 독특한 풍토를 형성한다. 최고의 교육 조직에는 문화가 사람을, 공유된 규범이 지시와 감독을 대체한다.

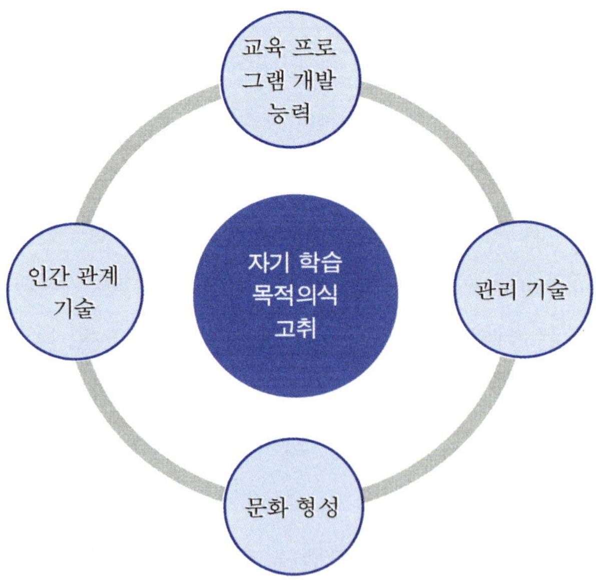

[그림 12-3] **교육 리더십의 구성 요소**

위의 요소들은 일정한 구조적 관계를 형성한다. 자기 학습과 목적 의식 고취를 핵심으로 하고, 교육 프로그램 개발, 문화 형성, 인간 관계, 관리적 기술 능력 등을 연결 고리로 삼아 교육 리더십을 형성한다. 이상의 내용을 정리하면 [그림 12-3]과 같다.

한편, 앞에서 언급한 바와 같이, 리더십을 행사하는 주체는 학교장에 국한되지 않는다. 교육행정가와 교사도 교육 리더십을 행사할 수 있다. 지방교육자치가 활성화된 지금 시점에서는 시도교육감의 리더십이 매우 중요하다. 이들이 행사하는 리더십 영역과 리더십 요소는 차이를 보인다. 교육행정가는 정책 개발에서 리더십을 발휘하며, 비전을 제시하고 목적 의식을 고취하는 리더십 행위를 한다. 학교장은 가장 중요한 교육 리더십 주체로서, 학교 경영은 물론 정책 개발과 교수(teaching)에서도 리더십을 행사한다. 비전 제시는 물론 문화 창조, 교육 프로그램 개발, 동기 부여 등 인간 관계 능력, 관리적 능력 모두를 학교장은 갖추어야 한다. 한편, 교사는 학생을 대상으로 리더십을 행사하며, 이들에게 비전을 제시하고, 동기를 유발하고 교육 프로그램을 개발하는 방식으로 교육리더십을 행사한다. 이를 그림으로 나타내면 [그림 12-4]와 같다.

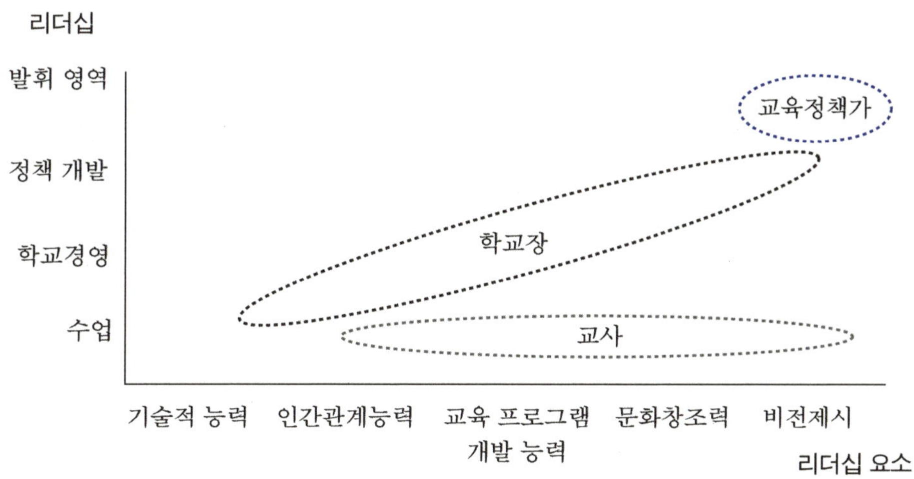

[그림 12-4] 교육 리더의 리더십 발휘 영역과 요소

5. 한국의 교육 현실과 교육 리더십 전망

가. 교육개혁과 교육 리더십 환경의 변화

지난 1995년 교육개혁 이래로 한국 교육개혁의 핵심어는 자율과 자율의 이면(裏面)이라고 할 수 있는 책임으로 요약할 수 있다. 학교 단위 책임 경영 체제를 정착시키기 위한 제반 정책과 근래의 학교 자율화 조치는 이를 잘 보여준다. 교육을 자율적으로 운영한다고 하는 것은, 학교 공동체 구성원이 교육행정당국을 중심으로 한 학교 조직 외부의 개입에서 자유롭게 학교의 일을 수행한다는 의미로서, 자율적 학교와 교육에는 리더십의 존재가 필수적이다.

굳이 교육개혁 국면이 아니라고 하더라도, 교육조직 운영에서 리더십은 필수적인 요소이다. 사람들이 모인 조직, 더구나 정형화된 일이 아니라 전문적이고 창의적이며, 협력적인 일을 하는 조직에서는 리더십이 거대한 기계 장치를 움직이는 기름과 같은 것이어서, 조직의 성패를 좌우하는데 리더십의 비중은 절대적이다. 이런 점에서 리더십에 주목할 필요가 있다.

그런데, 근래의 교육정책의 현실을 살펴보면 교육 리더십의 의의가 상대적으로 약화되고 있거나, 교육 리더십이 제대로 발휘되기 어려운 상황이 조성되고 있는 것은 아닌가라는 생각을 하게 된다. 예컨대, 전국 단위 학업성취도 평가와 교육정보공개제도는 학교 조직의 성격을 상당히 빠른 속도로 단단한 결합 체제(tight coupling system)로 변화시키고 있다. 성적(成績)이라는 분명한 목표 아래 교장과 교사의 관계가 수직적으로 변모하고 거래적 관계가 형성되고 있다. 또, 학교의 교육 프로그램이 단순화되고 있으며 교사들의 수업 방식의 획일성은 강화되고 있다. 한 마디로, 목표와 구성원, 과업과 기술 간에 단단한 결합이 형성되고 있는 것이다. 본래 교육 리더십이 강조되었던 이유 가운데 중요한 것은, 교육조직이 느슨한 결합의 성격을 지닌다는 점이었다. 느슨한 결합 조직의 예상 가능한 문제, 즉, 교사들의 개별화와 고립이라는 문제를 지양하기 위하여 리더십의 중요성이 강조될 수 있기 때문이다. 그러나, 학교조직의 성격이 급속히 변화하는 상황을 지켜볼 때, 과연 교육 리더십이 발휘될 수 있는 것인가라는 생각을 하게 된다.

한편, 위와 같은 교육정책 환경은 교육 리더십 연구나 실천의 흐름을 바꿔놓을 가능성이 크다. 앞에서 수업지도성에서 변혁적 지도성을 거쳐, 최근 협응적 지도성, 민주적 지도성, 도덕적 지도성, 감성적 리더십에 이르기까지 교육 리더십의 변화 과정을 살펴보았는데, 교육의 질, 또는 책무성을 강조하는 교육정책이 계속되면, 수업 지도성이 다시 전면에 부상할 것으로 전망된다. 이미 미국에서는 수업 지도성이 부활하였다는 주장이 일고 있다. 그런데, 과거의 수업 지도성이 효과적인 학교 연구에서 비롯된 것이었다면, 근래의 수업 지도성은 교장의 생존, 즉 학업 성취도 평가에서 좋은 결과를 얻지 못하면 해고될 수 있기 때문에 어떻게든 시험 성적을 높여야 한다는 생각에서 각광을 받고 있다는 사실이 상황의 변화를 잘 보여준다(English & Steffy, 2005).

다른 한편으로, 2000년대 후반부터 진행된 학교혁신 정책 학교장 리더십의 관계를 검토할 필요가 있다. 학교혁신 과정에서 '학교자치' 논의가 활발했는데, 많은 교사들에게 '학교자치'는 교사 중심적 학교 운영을 의미했다. 이것은 '교장 배제적 학교 운영'을 의미할 수도 있는 것이었다. 실제로 여러 시·도교육청에서 진행된 학교혁신 운동 과정에서 학교장에 대한 언급은 거의 찾아보기 어려웠다(김용, 2021). 이 시기에 학교장 사기가 저하하고, 리더십을 발휘하기 곤란한 조건이 형성되었다.

이와 함께, 다양한 교육공무직원이 학교에 들어오고 학교 구성원 사이의 갈등이 심화하면서 교장이 중재자로서의 역할을 수행하는 일에 대한 기대가 커지고 있지만, 오히려 상당수 학교장은 갈등 해결에 적극적으로 나서기보다는 문제가 발생하지 않기를 바라거나 문제 발생 후에는 소극적 대응에 그치고 있는 것이 현실이다.

나. 교육 리더십의 변화 방향

사회가 변화하고 있으며, 학교 역시 빠르게 변화하는 현실에서 교육 리더들이 행사하는 리더십의 내용과 방향 역시 변화할 필요가 있다.

첫째, 교육 리더들은 학교의 역할 변화에 민감하여야 한다. 전통적으로 학교는 학력을 신장하는 곳이었으나, 사회 양극화에 따라 위기 학생(at risk students)이

속출하는 상황에서, 이들을 보살펴야 하는(caring) 과제를 중요하게 부과 받고 있다. 또, 학생들이 지식기반사회와 정보화 사회에서 활동할 주체라는 사실을 상기하면, 학생들의 다양한 적성과 소질에 부합하는 다양한 교육 프로그램을 제공하여야 할 교육적 과제 역시 중요하게 부상하고 있다. 교육 리더들은 이와 같은 새로운 과제에 교육적으로 타당한 방식으로 대응하여야 한다.

둘째, 교육 리더들이 추종자들의 동기를 유발하는 관행을 개선하여야 한다. 과거에 인사권이나 근무 평정권을 수단으로 교사들의 동기를 유발하고자 한 학교장을 찾기가 그다지 어렵지 않았다. 교사들 중에는 스티커(sticker)와 화장실 청소로 상징되는 낮은 차원의 상벌 기제에 의존하는 경우가 적지 않다. 그런데, 이와 같은 동기 유발 방식으로는 교육과 학교의 혁신을 기대할 수 없다. 교사와 학생이 자신이 하고 있는 일과 공부의 의의를 자각하고, 그 일에 몰입할 수 있도록 하는 일, 그리고, 교사들이 보살핌의 덕을 실천하고 학생들이 참된 배움의 즐거움을 누리는 학교 문화를 창조하는 일을 교육 리더가 수행하여야 한다. 이 일은 곧 매우 높은 수준에서 교사와 학생들의 동기를 유발하는 일이기도 하다.

셋째, 교육 리더는 학교와 교육의 울타리를 넘나들며, 학교의 안과 밖을 연결하는 네트워크의 형성자가 되어야 한다. 교육 활동은 교사 외에도 많은 사람들의 힘과 도움을 필요로 하며, 학교 시설 외에도 많은 시설과 자원의 뒷받침이 있을 때 좋은 교육을 실천할 수 있다. 학교장은 학교와 지역 사회의 네트워킹을 통하여 학교 교육 활동을 풍부화하고, 지역 사회의 개선에 기여하여야 한다. 교육장 및 교육감과 같은 지역교육행정가는 일정한 지역을 기반으로 하는 학교 간의 네트워킹을 유도하고, 지역 사회와 학교의 유기적 연결에 기여하여야 한다. 교육행정당국의 최고 책임자는 자신이 중요한 교육 리더라는 사실을 자각하고, 교육과 다양한 사회적 요구 간에 유기적 관계를 형성하는 일에 기여하여야 한다.

다. 교육 리더십 연구의 반성과 과제

교육행정 실제에서 교육 리더십의 중요성이 증가하고 있는데 비하면, 교육행정 연구에서 교육 리더십은 아직 제 자리를 잡지 못하고 있다고 평가할 수 있다. 교육 리더십에 관한 여러 가지 연구물이 나오고는 있지만, 명확한 흐름을 형성하고 있지는 않다. 현재까지 이루어지고 있는 리더십 연구들은 교장의 리더십 유형과 다른 변인 간의 관계를 살펴보는 것이 대부분인데, 정작 리더십 그 자체나 리더십이 행사되는 과정에 대한 치밀한 분석은 충분하지 않은 것으로 보인다. 학술지에 실리는 리더십 연구물은 대개 양적 연구 방법을 활용하고 있는데, 상당수 연구물이 표본의 대표성을 확보하지 않고, 통계 방법을 잘못 활용하거나 요인들 간 관계를 잘못 해석하는 문제를 보이고 있다(주현준, 2020).

또 한국 교장의 일과 생활에 착목하여 교육 리더십을 연구한 사례도 찾아보기 어렵다는 사실도 지적할 수 있다. 한국의 우수 학교장을 대상으로 과업 추진과 과업 지속, 갈등 해결 단계에서 어떤 지도성 행위가 이루어지는가에 관한 연구가 이루어진 바 있지만(김이경 · 김도기 · 김갑성, 2008), 아직 충분하지 않다. 오히려 타 분야 리더십 이론을 맹목적으로 차용하여 '교육적' 리더십 연구의 성격을 상실하고 한국 교육리더십의 고유한 역사를 제대로 분석하지도 못한 것이 현실이다(주현준, 2018). 한편, 교육 지도자를 양성하는 일의 중요성이 새삼 부각되고 있다는 사실을 상기하면, 교육 리더십을 함양할 수 있는 실천적 프로그램을 개발하는 일도 대단히 긴급하다.

이와 함께, 지금까지 대부분의 교육 리더십은 명시적이든 묵시적이든 교육 리더십 연구라고 하면, 교장을 대상으로 한 것이 대부분이었다. 그런데, 앞으로는 리더십 연구 대상을 더 확장해야 한다. Sergiovanni(2006)가 설명하고 있는 교장이 처한 상황을 상기하면, 교사 역시 흡사한 상황에 처해 있음을 알게 된다. 다시 말하여, 교사가 수행하는 과업 역시 본질적으로 도덕적이며, 따라서 교사는 리더십을 발휘하여야 한다. 교사 리더십에도 관심을 가지고 연구할 필요가 있다. 또, 교육부장관과 시 · 도교육감, 대학 총장의 리더십 발휘가 국가와 지역의 교육 운영, 그리고 대학 경영에서 매우 중요하다. 이와 관련한 연구가 필요하다.

참고문헌

강경석, 강철구(2007). 학교장의 감성 리더십과 교사의 학교조직 몰입과의 관계 연구. 교육행정학연구, 25(4). 1-24.

김규태, 주영효(2009). 분산적 지도성 실행의 평가영역 및 준거 개발. 교육행정학연구, 27(3). 351-374.

김용(2021). 서울 '혁신 교육 정책 1.0'의 전개와 과제 - 체제론적 분석을 중심으로-. 교육비평, 47. 100-135.

김이경 외(2008). 우수 학교장의 리더십 특성에 관한 질적 사례 연구. 교육행정학연구, 26(3). 325-350.

김현진, 김상훈(2009). 학교장의 거래, 변혁, 감성적 지도성과 학교조직 효과성과의 관계 구조적 분석. 교육행정학연구, 27(1). 253-279.

라연재(2009). 디자인 순환 분석 모델을 통한 지도력 실행에 대한 이해. 교육행정학연구, 27(1). 303-326.

박균열(2009). 학교장의 변혁적 지도성과 학교풍토 및 교사 직무만족 간의 인과관계 분석. 교육행정학연구, 27(3). 205-228.

박상완, 윤미숙(2007). 학교장의 변혁적 지도성, 교사의 교직 수행 및 수업 간의 관계 구조 분석. 교육행정학연구, 25(1). 93-117.

신동한(2008). 학교장의 감성 리더십과 교사의 교직 헌신도 및 학교조직 효과성 간의 관계. 교육행정학연구, 26(3). 125-149.

신중식 외(2009). 학교장의 감성적 지도성과 학교조직 개방성이 학교조직 효과성에 미치는 영향. 교육행정학연구, 27(4). 199-224.

유길한(2005). 지도성, 정의, 신뢰에 관한 구조 분석. 교육행정학연구, 23(4). 1-27.

이병진(2003). 교육리더십: 새로운 교육의 패러다임. 서울: 학지사.

이석열(2006). 교장의 감성 리더십 진단 척도 개발. 교육행정학연구, 24(3). 51-78.

이성은 외(2009). 직무특성화 모형에서 나타난 초 · 중등교사의 분산적 지도력 실행 인식에 관한 연구. 교육행정학연구, 27(3). 1-21.

주현준(2018). 우리나라 교육리더십 연구의 쟁점과 과제. 한국교육행정학회 2018년도 춘계학술대회 발표논문.

주현준(2020). 교장리더십에 관한 양적연구의 문제와 과제: 연구방법을 중심으로. 교육행정학연구, 38(2). 113-136.

Blase, J., & Blase, J. (1998). *Handbook of Instructional Leadership: How Reeally Good Principals Promote Teaching and Learning*. Thousand Oaks, CA: Corwin Press.

Cuban, L. (1988). *The Managerial Imperative and the Practice of Leadership in Schools*. Albany: State University of New York Press.

English, F. W., & Steffy, B. E. (2005). Curriculum leadership: The administrative survival skill in a test-driven culture and a competitive educational marketplace. In W. F. English(Eds.), *The SAGE Handbook of Educational Leadership*(pp. 407-429). Thousand Oaks: SAGE.

Etzioni, A. (1961). *A Comparative Analysis of Complex Organizations*. New York: Free Press.

Gronn, P. (2002). Distributed leadership. In K. Leithwood & P. Hallinger (Eds.), *Second Handbook of Educational Leadership and Administration*. Norwell, MA: Kluwer.

Hallinger, P. (2003). Leading educational change: Reflections on the practice of instruction and transformational leadership. *Cambridge Journal of Education*, 33(3), 329-351.

Hoy, W. K., & Miskel, C. G. (1996). *Educational Administration: Theory, Research, and Practice*. New York: McGraw-Hill.

Jermier, J., & Kerr, S. (1997). Substitutes for leadership: Their meaning and measurement-contextual recollections and current observations. *Leadership Quarterly*, 8(1). 95-101.

Kloene-Kracht, P. (1993). Indirect instructional leadership: An administrator's choice, *Educational Administration Quarterly*, 18(4). 1-29.

Lawler, E. E. (2001). The era of human capital has family arrived. In W. Bennis, G. M. Spreitzer, & T. G. Cummings(Eds.), *The Future of Leadership*(pp. 14-25). San Francisco: Jossey-Bass.

Leithwood, K., & Jantzi, D. (1999). Transformational school leadership effects: a replication. *School Effectiveness and School Improvement*, 10(4). 451-479.

Sergiovanni, T. J. (1992). *Moral Leadership: Getting to the Heart of School Improvement*. San Francisco: Jossey-Bass. 주삼환 외(역)(2008). 도덕적 리더십: 학교교육 향상의 길잡이. 서울: 시그마프레스.

Sergiovanni, T. J. (2006). *The Principalship: A Reflective Practice Perspective* (5th ed.). Boston: Pearson.

Sheppard, B. (1996). Exploring the transformational nature of instructional leadership. *The Alberta Journal of Educational Research*, 42(4). 71-74.

Southworth, G. (2002). Instructional leadership in schools: Reflections and empirical evidence. *School Leadership & Management*, 22(1). 73-91.

Spillane, J. (2006). *Distributed Leadership*. San Fransisco: Jossey-Bass.

Stogdill, R. M. (1974). *Handbook of Leadership: A Survey of Theory and Research*. New York: The Free Press.

Woods, P. A. (2004). Democratic leadership: Drawing distinctions with distributed leadership. *International Journal of Leadership in Education*, 7(1), 3-26.

Wright(2008). Merits and limitations of distributed leadership: Experiences and understandings of school principals. *Canadian Journal of Educational Understandings and Policy,* 69. Retrieved (January 6, 2011), from http://www.umanitoba.ca/publications/cjeap/articles/wright.html.

CHAPTER

13 학교혁신모형

모든 유기체는 환경 변화에 적응하면서 서서히 진화하지만, 때로는 급진적인 변화가 혼란을 초래하기도 한다. 이러한 혼란 속에서 개인, 집단, 그리고 사회 전체는 체제를 재정돈하여 새로운 환경에 적응하려고 노력한다. 학교도 개방체제로서 환경과 상호작용하며, 생존과 발전을 위해 환경 변화에 맞춰 변화해야 한다. 최근 학교는 내부와 외부의 다양한 변화 압력에 더욱 크게 영향을 받고 있다. 이는 학교가 단순히 자연적으로 환경에 적응하는 것을 넘어서 계획적이고 전략적인 조직 변화를 시도하게 만들고 있다. 또한, 환경 변화가 없더라도 학교의 자생력과 성과를 높이기 위해 자생적인 변화의 필요성이 대두되고 있다. 이 장에서는 학교 혁신의 의의와 다양한 혁신 모델, 그리고 혁신 과정에서 직면하는 딜레마를 살펴본다. 또한, 변화하는 학교의 특징과 함께, 학교 혁신의 국내 사례를 통해 실제 혁신이 어떻게 구현되고 있는지를 탐구한다.

- 학교혁신의 의의
- 학교혁신의 다양한 접근
- 학교혁신의 딜레마: 변화의 어려움과 극복 방안
- 학교혁신의 국내 사례

1. 학교혁신의 의의

현대 사회는 급속한 기술 발전과 글로벌화, 사회경제적 변화, 지속가능한 발전을 향한 요구 등으로 인해 끊임없이 변화하고 있다. 이러한 변화는 교육 환경에도 큰 영향을 미치며, 학교 혁신을 더욱 요구한다. 학교 혁신은 단순히 교육 방법의 개선을 넘어, 학생들이 미래 사회에서 성공적으로 적응하고 성장할 수 있도록 돕는 포괄적인 변화과정이다. 최근에 학교혁신을 이끄는 몇 가지 주요 요인을 살펴보면 다음과 같다.

첫째, 학습자 중심의 교육은 현대 교육의 중요한 화두이다. 이는 학생 개개인의 특성과 학습 스타일을 고려하여 맞춤형 학습 경험을 제공하는 것을 목표로 한다. 프로젝트 기반 학습, 문제 기반 학습, 탐구 중심 학습 등 다양한 교육 방법을 도입함으로써 학생들이 스스로 학습 목표를 설정하고 문제를 해결하며 학습 과정을 주도적으로 이끌어 나가도록 돕는다. 이러한 학습 방식은 학생들의 능동적 학습을 촉진하고, 창의적 사고와 문제 해결 능력을 강화한다. 평가 방식에서도 변화가 필요하며, 단순한 지식 암기 평가를 넘어서 학생들의 종합적인 역량을 평가할 수 있는 방법을 도입해야 한다. 이는 학교가 학습자 중심의 교육 철학을 반영하여 혁신을 이루어야 함을 의미한다.

둘째, 글로벌화와 다문화주의 등 사회경제적 변화도 학교 혁신을 이끄는 중요한 요인이다. 글로벌화와 다문화주의의 확산은 다양한 문화적 배경을 가진 사람들이 함께 생활하고, 학습하는 환경을 조성한다. 이는 학교가 학생들에게 다양한 문화를 이해하고 존중할 수 있는 능력을 길러줘야 함을 의미한다. 다문화 교육의 강화는 학생들이 글로벌 시민으로 성장할 수 있도록 돕는다. 또한, 기술 발전과 함께 많은 직업이 자동화되고 새로운 직업이 생겨나는 상황에서, 학교는 학생들이 창의적 문제 해결 능력, 비판적 사고, 협업 능력 등을 기를 수 있도록 교육을 혁신해야 한다. 이는 학생들이 단순한 지식 전달을 넘어 실질적인 역량을 갖추게 하는 방향으로 학교교육이 변화해야 함을 의미한다.

셋째, 디지털 기술의 발전은 교육의 모습을 혁신적으로 변화시키고 있다. 인터넷, 인공지능, 가상현실과 증강현실 등의 첨단 기술은 학습자들이 언제 어디서나 학습할 수 있는 환경을 제공한다. 이러한 기술은 교사 중심의 강의식 교육에서 벗어나 학생 중심의 맞춤형 학습을 가능하게 한다. 예를 들어, AI는 개별 학습자의 학습 속도와 이해도를 분석하여 개인 맞춤형 교육을 제공할 수 있다. 이러한 기술적 도입은 교육의 질을 높이고, 학생들이 미래사회에서 필요한 디지털 리터러시와 기술적 역량을 갖추게 하는 데 필수적이다. 따라서 학교 혁신은 최신 기술을 적극적으로 도입하고 활용하는 방향으로 나아가야 한다.

끝으로, 지속가능한 발전 교육을 위해 학교혁신이 요구된다. 지속가능한 발전

교육은 학생들에게 지속가능한 사회를 만들기 위한 지식과 태도, 실천 능력을 기르는 것을 목표로 한다(UNESCO, 2005). 이는 환경 교육, 사회적 책임 교육, 경제적 지속가능성 교육 등을 포함한다. 학교는 학생들이 지속가능성에 대한 인식을 높이고, 지속가능한 삶을 실천할 수 있도록 돕는 역할을 해야 한다. 다른 한편, 사회적 책임 교육은 학생들이 지역사회와 글로벌 사회에서 책임 있는 시민으로 성장할 수 있도록 도와준다. 봉사 학습, 사회적 기업가 정신 교육, 인권 교육 등을 통해 학생들이 사회적 책임을 실천하고, 긍정적인 변화를 이끌어 나갈 수 있는 역량을 키울 수 있도록 지원해야 한다. 이는 학교 혁신을 통해 가능하며, 지속가능성과 사회적 책임을 교육의 중심에 두는 변화를 요구한다.

2. 학교혁신의 다양한 접근

학교혁신에 대한 요구가 높아짐에 따라 학교혁신에 대한 다양한 접근들이 시도되고 있다. 전통적으로 학교 혁신은 주로 정부 주도로 추진되는 경향을 보였으나, 최근에는 여러 다른 전략들이 주목받고 있다. 이 절에서는 교육의 변화를 주도하기 위해 국내외에서 시도되고 있는 학교혁신의 다양한 접근들에 대해서 살펴본다.

가. 정부 주도 접근: 학교 혁신의 전통적 모델

학교 혁신을 위한 첫 번째 접근 방식은 정부 주도 모델이다. 이 모델은 학교가 학생들에게 필요한 능력을 충분히 가르치지 못했다는 비판을 바탕으로 정부의 정책적 개입을 통해 학교 혁신을 추진해야 한다는 주장에 기초한다. 정부 주도 혁신은 전체 학교 조직이나 체제를 변화시키고 개선하기 위해 엄격한 평가와 개입을 강조한다.

공교육 개혁을 위한 정부주도 학교혁신의 초기 예는 1980년대 초반 미국의 레이건 정부에서 찾아볼 수 있다. 미국의 레이건 정부는 '위기에 처한 국가(A Nation at Risk)' 보고서를 통해 당시 미국 공교육의 위기를 경고했다. 이 보고서는 학생들의 학력 저하가 국가 경쟁력을 약화시킨다고 주장하며, 교육의 방향을 평등 중심에서 수월성 중심으로 전환할 것을 요구했다. 이에 따라, 1980년대의 정부 주도 학교 혁신 정책들은 학생, 교사, 그리고 지역 교육청에 새로운 하향식 방식을 도입하면서, 공교육에 대한 중앙집권적인 통제를 강화했다.

이후, 2002년 부시 행정부는 '낙오아동방지(No Child Left Behind, NCLB)' 법안을 통해 보다 강력한 정부 주도 학교 혁신을 추진했다. 이 정책은 학생들의 기초학력 미달의 원인을 학교와 교사의 책무성 부족에서 찾고, 학업 성취도에 따른 강력한 보상과 제재를 통해 고부담(high-stakes) 책무성 전략을 제안한다. 매년 3학년과 8학년 학생들에게 학업성취도 평가를 실시하고, 성적이 떨어지는 학교들을 집중 관리 대상으로 삼았다. 성적이 계속 낮은 학교와 교사는 학교 전환 또는 폐쇄와 같은 강력한 제재조치를 받았으며, 반대로 목표를 달성한 학교와 탁월한 성과를 낸 교사에게는 재정적 보상이 주어졌다.

한국에서도 정부 주도 학교 혁신은 주로 중앙 정부의 정책을 통해 추진되어 왔다. 1995년 5.31 교육개혁안은 한국의 학교 혁신의 초기 시도로, '신교육체제 수립을 위한 교육 개혁 방안(교육부, 1995)'을 통해 국가 경쟁력 강화를 위한 교육체제의 질적 확보와 단위 학교의 교육력 제고를 목표로 추진되었다. 이 개혁안은 교육 책무성 기제를 도입하여, 정부가 교육개혁의 수단으로서 학교 평가 정책을 본격적으로 운영하도록 권고했다.

이후, 공영형 학교에서 시작해 자율형 학교로 발전한 여러 학교 혁신 모형들 역시 교육부가 주도하는 혁신의 일환으로 볼 수 있다. 예를 들어, 자율형 공립고등학교는 학교 운영의 자율성을 확대하고, 교육 프로그램을 다양화하며, 학부모와 지역사회의 요구에 부응하는 학교 운영을 촉진하기 위한 목적으로 도입되었다. 이러한 혁신은 정부의 지침에 따라 이루어지지만, 학교의 자율성을 어느 정도 인정하는 방향으로 진화하고 있다.

이명박 정부하에서는 미국의 NCLB에 비해 책무성 부과 수준은 낮지만, 정부가 직접 개입하여 학생의 학업 성취에 대해 공교육의 주체들에게 책무성을 강조한 '기초학력 미달 제로 플랜' 정책이 추진되었는데, 이 또한 강력한 정부주도의 학교 혁신의 접근이라고 볼 수 있다. 이 정책은 기초학력 미달 학생의 비율을 줄이기 위한 것으로, 학습 부진 학생을 위한 맞춤형 지원과 평가를 강조하였다.

이러한 정부 주도 모델의 주요 특징은 중앙 정부가 교육 정책을 수립하고, 이를 전국적으로 적용함으로써 학교 간의 성과 격차를 줄이고, 전반적인 교육 수준을 향상시키려는 목적을 가진다. 특히, 정부 주도의 학교 혁신은 공교육의 책무성을 강화하고, 학업 성취에 대한 공적인 관심을 높이는 데 기여하였다. 정부가 직접 엄격한 책무성 시스템을 도입함으로써 교육 기관들의 성과와 책임을 강조하며, 개별 학생의 학업 성취를 개선하려는 노력이 강화된 것이다.

그러나, 이러한 접근 방식은 정부가 일방적으로 혁신 방향을 제시하고, 학교와 교사들의 자발적 노력을 간과하는 경향이 있다. 이는 개혁에 대한 구성원들의 저항을 불러일으킬 수 있으며, 학교 자체의 개선을 위한 자발적인 참여를 저해할 수 있다. 또한, 중앙집권적인 통제와 표준화된 평가 기준은 학교의 특성과 지역사회의 다양한 요구를 충분히 반영하지 못할 수 있다. 각 학교는 학생들의 다양한 배경과 필요에 맞춘 교육 프로그램을 개발할 수 있는 유연성을 가져야 하며, 정부 주도의 접근이 이러한 유연성을 제한할 경우, 혁신의 효과가 반감될 수 있다.

나. 시장주도 모델: 학교 혁신을 위한 경쟁 원리 도입

학교 혁신을 위한 또 다른 접근 방식으로 시장주도 모델이 제기되어 왔다. 이 모델은 공립학교의 문제를 경쟁이 없는 독점적 지위에서 비롯된다고 본다. 경쟁의 부재, 명확한 보상이 없는 교사 관리, 교육의 효과와 효율성을 판단하기 어려운 평가 시스템, 학교 선택권의 결여, 그리고 학생 모집에 대한 독점적 조건들이 공립학교의 실패를 초래한다고 주장한다(Chubb & Moe, 1990). 따라서 공립학교에 어느 정도 경쟁시스템을 도입하는 것은 불가피하다는 입장이다. 시장주도 모델 하에서는 학부모들이 부실한 공립학교를 벗어나 대안적인 교육 형태를 찾게 되며, 이는 학교에 엄격한 책무성을 부여하게 된다. 경쟁이 촉진되면, 현행의 독점적인 공립학교 체제가 사라지고, 다양한 교육 방식들이 경쟁하는 체제로 운영될 수 있다는 것이다. 따라서 이 접근에서는 학교 간 경쟁을 통해 교육의 질을 높이고, 학부모와 학생들에게 더 많은 선택권을 제공하는 것을 목표로 한다.

학교혁신을 위한 시장주도 모델은 1980년대 초반 영국의 대처 정부에서 시작하였다. 대처 정부는 교육의 질 향상이 학생과 학교 간의 경쟁을 통해 가능하다고 주장하며, 지방 교육위원회의 권한을 축소하고 사교육을 확대시켰다. 1988년 교육개혁법을 통해, 학교 간 경쟁체제 도입과 학교 운영에 기업의 참여를 허용하는 정책이 가시화되었다. 대처 정부의 교육정책은 국가 공통 교육 과정을 도입하여 연령별 평가를 실시하고, 시험 결과를 학교별로 공개하여 학부모가 학교를 선택할 수 있는 권한을 높이는 것을 핵심 내용으로 삼았다. 이는 학부모들에게 학교 선택권을 강화하여 더 나은 교육 기회를 제공하고, 학교 간의 성과를 공개함으로써 자연스러운 경쟁을 유도하려는 목적이었다.

이후 1990년대 초 미국의 경제학자인 Chubb & Moe(1995)는 공립학교의 독점적 지위를 폐지하고 교육의 시장화를 통해 학교 교육의 효율성을 높일 수 있다고 주장한다. 이후, 미국의 학교 혁신 과정은 학교 교육의 민영화, 그리고 학교 선택제 확대 등의 정책을 포함하게 되었다. 미국에서 학교 선택제는 다양한 형태로 나타났다. 교육비 지불 보증 제도(voucher system), 사립학교 장학금 프로그램, 공립학교 간 선택, 사립학교 선택, 헌장학교(charter school) 등이 대표적이다. 교육비 지불 보증 제도(Voucher System)는 정부가 학부모에게 교육비를 지원하여, 부모가 자녀를 공립학교 외의 사립학교에 보낼 수 있도록 하는 제도이다. 이를 통해 학부모는 다양한 학교를 선택할 수 있는 기회를 얻고, 공립학교는 경쟁을 통해 교육의 질을 향상시키도록 유도하고자 하였다. 헌장학교(Charter School)는 공립학교 시스템 내에서 운영되지만, 독립적인 관리 및 운영 방식을 가진 학교들이다. 이 학교들은 일반 공립학교보다 자율성이 높으며, 학부모와 학생들에게 새로운 교육 방식을 선택할 수 있는 기회를 제공하였다. 이와 같은 프로그램들은 학부모들이 자녀를 원하는 학교에 보낼 수 있는 선택의 폭을 넓히고, 공립학교 시스템의 문제점을 해결하려는 시도로 평가된다.

한국에서도 시장주도 모델을 통한 학교 혁신이 일부 도입되었다. 한국의 교육정책은 오랫동안 평준화 정책을 유지해 왔지만, 최근에는 학교 선택의 일부를 허용하는 방향으로 변화하고 있다. 대표적으로 특목고 정책과 자율형 사립고 정책에서 찾아볼 수 있다. 과학고, 외국어고, 예술고 등과 같은 특목고(특수 목적 고등학교)는 특정 분야의 우수한 학생들을 대상으로 하는 교육 프로그램을 제공하며, 학생들에게 다양한 선택권을 제공한다. 이는 학부모와 학생들이 자신의 관심사와 능력에 맞는 교육을 선택할 수 있는 기회를 확대하고자 하는 의도를 갖는다. 자율형사립고 정책은 자율적인 운영과 특화된 교육 프로그램을 제공하여, 학부모와 학생들이 일반 고등학교와는 다른 교육의 기회를 선택할 수 있게 하였다.

시장주도 접근은 교육의 질을 높이고, 학교 간의 경쟁을 통해 효율성을 증대시키는 데 기여할 수 있다. 학부모와 학생들이 다양한 학교와 교육 방식을 선택할 수 있게 됨으로써 학교는 교육의 질을 개선하고, 학생의 요구에 더 잘 부응하는 방향으로 발전할 수 있다. 또한, 이는 학교가 독창적이고 혁신적인 교육 프로그램을 개발하도록 자극하여, 전반적인 교육 환경을 향상시키는 데 기여할 수 있다.

그러나, 이 모델은 몇 가지 중요한 단점을 지니고 있다. 첫째, 과도한 경쟁은 학교 간의 격차를 심화시키고, 자원이 부족한 학교나 학생들에게 불리한 상황을 초래할 수 있다. 이는 사회적 불평등을 더욱 악화시킬 위험이 있다. 둘째, 학교 선택의 자유가 확대됨에 따라 일부 학부모들은 더 나은 자원을 가진 학교로 몰리게 되고, 이는 인기 있는 학교와 그렇지 않은 학교 간의 불균형을 초래할 수 있다. 이러한 현상은 교육 기회의 평등성을 저해할 수 있다. 따라서, 시장주도 모델을 도입할 때는 이러한 잠재적 문제들을 충분히 고려하고, 공정하고 평등한 교육 기회를 보장하기 위한 보완책이 필요하다.

다. 학교공동체 모델: 협력과 학습을 통한 학교 혁신

학교공동체 모델은 학습을 중심으로 협력이 조직화된 학교에서 교사와 학생의 적극적인 참여를 통해 바람직한 혁신을 이루는 것을 목표로 하는 학교혁신 접근이다. 이 모델은 미국과 유럽의 여러 국가에서 이론적으로 검토되고, 실제 학교현장에 적용되어 왔다(Kirk et al., 2020; Sato, 2010; Sergiovanni, 1994). 학교공동체 모델에서는 교사 간의 협동적 관계와 학교 내 사회적 규범이 핵심적인 역할을 한다. 특히, 학습에 대한 교사들의 공유된 가치와 교수-학습 활동에 관한 풍부한 대화와 협력이 이루어지는 학교 문화는 교사의 전문성 개발과 학생의 학업 성취 향상을 촉진할 수 있을 것으로 기대된다.

학교공동체 모델을 통한 학교혁신을 주장한 대표적인 학자로 Sergiovanni(1994)를 살펴볼 수 있다. Sergiovanni(1994)는 학교공동체 형성을 위해 학생들과 구성원들이 함께 성장할 수 있는 핵심 가치를 정하고 이를 공유하는 것이 중요하다고 주장한다. 그는 민주적인 공동체 형성을 강조하며, 학생들이 자신의 행동에 책임을 지고 타인을 배려하는 시민의식을 배우는 환경을 조성해야 한다고 강조한다. 이러한 학교공동체에서는 학생들이 공동생활의 규범을 스스로 만들고 실천하도록 동기 부여가 되며, 이는 학생들이 건강한 사회의 구성원으로 성장하는 데 중요한 역할을 한다.

이와 유사하게 일본의 사토 마나부 교수는 '배움의 공동체' 모형(2010)을 주창하며, 21세기의 학교는 배움의 공동체가 되어야 한다고 주장한다. 그는 배움의 공동체로서의 학교를 학생들이 서로 배우는 곳이자, 교사들이 교육 전문가로서 서로 배우는 학교이며, 학부모와 시민도 학교 개혁에 협력하여 함께 배우고 성장하는 학교로 정의한다(Sato, 2010). 배움의 공동체 모델은 수업을 중심으로 학교 혁신을 지향하며, 일본에서는 이 모델을 기반으로 하는 학교개혁이 주목받고 있다. 이 접근법은 학습 과정에서 학생들의 자발적 참여와 협력을 촉진하며, 교사들이 교육 전문가로서 지속적으로 학습하고 성장할 수 있는 환경을 조성한다.

학교혁신의 접근으로서 학교공동체 모델의 주요 특징을 다음과 같이 살펴볼 수 있다(Kirk et al., 2020). 첫째, 학교공동체 모델에서는 교사 간 협력과 공유된 가치를 강조한다. 학교공동체 모델에서는 교사들이 협력하고, 학습에 대한 공유된 가치를 바탕으로 협동적 관계를 구축하는 것이 중요하다. 이는 교사의 전문성 개발과 학생의 학업 성취를 증진시키는 데 필수적이다. 예를 들어, 교사들이 정기적으로 모여 교육 방법과 학생들의 학습 성과에 대해 논의하고, 이를 개선하기 위한 전략을 공유하는 것이 포함될 수 있다.

둘째, 학교공동체 모델에서는 민주적인 공동체 형성이 강조된다. 학생들이 스스로 규범을 만들고, 그 규범을 지키도록 동기부여하는 환경을 조성한다. 이는 학생들이 책임감 있고 배려심 있는 시민으로 성장하는 데 기여할 수 있다. 학생들이 학교생활의 규칙을 함께 정하고, 이를 실천하도록 하는 자치 활동을 통해 학생들의 참여와 책임감을 높일 수 있을 것이다.

셋째, 학교공동체 모델에서는 전문성 개발과 지속적인 학습을 강조한다. 교사들이 서로 배우고, 교육 전문가로서 성장할 수 있는 환경을 조성한다. 이는 교사들이 지속적으로 학습하고, 새로운 교육 방법을 탐구할 수 있는 기회를 제공한다. 예를 들어, 교사들이 워크숍이나 세미나에 참여하여 최신 교육 이론과 실천 방법을 배우고, 이를 교실에서 적용하는 것이 포함될 수 있다.

넷째, 학교공동체 모델에서는 학부모와 지역사회 참여를 강조한다. 학교는 학부모와 지역사회의 적극적인 참여를 유도하고, 이들이 학교의 학습 과정과 혁신에 기여할 수 있도록 한다. 이는 학교가 지역사회와 긴밀하게 연결되고, 다양한 교육 자원을 활용할 수 있게 한다. 학부모들이 학교 행사나 수업에 참여하고, 지역사회 전문가들이 학교에서 강연을 하거나 워크숍을 진행하는 것이 포함될 수 있다.

한국에서도 학교공동체 모델을 통한 학교 혁신이 점차 주목받고 있다. 국내의 경우, 학교 내 협력적 학습 환경을 조성하여 교사 간의 협력을 촉진하며, 학부모와 지역사회의 참여를 강화하는 방향으로 나아가고 있다. 이러한 접근은 학교 내에서 민주적이고 협력적인 문화를 구축하고, 학생들이 전인적으로 성장할 수 있는 환경을 제공하는 데 중요한 역할을 한다.

학교혁신으로서 학교공동체 모델은 학교 내에서 협력과 공유된 가치가 강조되며, 이는 교사와 학생 모두의 참여와 성장을 촉진한다. 이 모델은 교육의 질을 높이고, 학교 구성원들이 공동체 의식을 강화하며, 학생들이 책임감 있고 배려심 있는 시민으로 성장할 수 있는 환경을 조성할 수 있을 것으로 기대된다.

그러나, 이 모델은 교사 간의 협력과 참여를 유도하는 과정에서 시간이 많이 걸릴 수 있으며, 구성원 간의 갈등이 발생할 수 있는 잠재적 위험이 있다. 또한, 모든 교사와 학생들이 동일한 수준의 헌신과 참여를 보장하기 어려울 수 있다. 따라서, 학교공동체 모델을 성공적으로 구현하기 위해서는 충분한 지원과 자원이 필요하며, 구성원 간의 지속적인 대화와 조정이 필요하다.

라. 교사주도 모델: 학교 혁신의 중심으로서 교사의 역할

교사주도 모델은 학교 혁신의 새로운 접근 방식으로, 정부 주도 모델의 대안으로 부상하고 있다. 1980년대 중반 이후, 카네기 재단의 '준비된 국가: 21세기의 교사(A

Nation Prepared: Teachers for the 21st Century)' 보고서에서는 학교 혁신이 교사의 권한(empowerment)을 강화하고, 교수-학습 과정에서 교사의 자율권을 확대하는 방향으로 나아갈 것을 강조한 바 있다(Sykes, 1990). 성공적인 학교 변화를 위해서는 실제로 교육 현장에서 혁신을 이끄는 교사들이 개혁의 중심에 서야 한다는 것이다. 학교 혁신에서 교사의 역할을 강화하는 것은 교사들에게 자발적인 참여와 책임감을 부여하는 데 핵심적이다. 교사들이 공식적인 권한을 가지고 의사결정에 참여하고, 리더십을 행사함으로써, 학교 변화에 대한 헌신과 열정을 키울 수 있게 된다.

교사주도 모델은 학교 내 교사들에게 새로운 책임을 맡기는 기회를 제공하고, 기존의 학교 구조에서 교사의 역할을 재정립하는 방식으로 이루어진다(Darling-Hammond, 2010; Elmore, 2002). 대표적으로 수석교사제나 수업 리더 등 교사 리더십 강화 전략에서 살펴볼 수 있다. 초임 교사를 지도하고, 그들의 전문성을 개발하는 수석 교사의 역할을 통해, 경험 많은 교사가 교육 현장에서 중요한 리더십을 발휘하게 한다. 수석교사는 교육 프로그램의 개발과 교사의 지도에 중추적인 역할을 하며, 이는 교사의 교육적 능력을 극대화하는 데 기여한다. 또한 특별한 교육과정과 수업 개선을 주도하는 교사들에게 리더십 지위를 부여하여, 교사들이 교육 혁신의 주요 주체가 되도록 한다. 이와 같은 전략은 교사가 정부의 관리 대상이 아니라, 교육 전문가로서 학교 혁신을 이끄는 위치에 있음을 강조하는 것이다.

교사주도 모델의 두 번째 전략은 교사학습공동체 강화이다. 교사학습공동체는 교사들이 서로 협력하고, 새로운 교수-학습 활동을 시도하는 데 필요한 지원과 격려를 제공한다. Little(1999)은 캘리포니아의 학교 혁신 과정에서 교사학습공동체의 공유된 규범과 협력적 관계가 학교 혁신의 효과에 중요한 영향을 미친다는 점을 발견한 바 있다. 강력한 교사학습공동체에서는 교사들이 혁신에 개방적이며, 서로를 존경하고, 교육적 지원을 아끼지 않는 경향이 있다. 이러한 환경에서 교사들은 새로운 교수-학습 방법을 고안하고, 개혁 내용을 실천하는 데 필요한 자원과 정보를 공유하며, 전문적 학습을 추구하였다.

또한 교사학습공동체는 교사들이 자신의 전문성을 개발하고, 혁신적인 교육 방법을 시도할 수 있도록 지원한다. 교사들이 새로운 교수-학습 활동을 시도하고,

이를 동료들과 공유하며 발전시킬 수 있는 환경을 조성하는 것이 중요하다. 이러한 공동체에서는 교사들이 교육적 혁신을 주도하고, 그 과정에서 필요한 지원을 받을 수 있다.

교사주도의 학교혁신 모델의 또 다른 전략은 교사에게 자율성과 책임감을 강화하는 것이다. 교사들이 학교의 중요한 의사결정 과정에 공식적으로 참여하도록 하는 것은 학교 혁신의 성공에 필수적이다. 교사들은 학습 현장에서의 경험과 지식을 바탕으로, 학교 운영과 교육 프로그램의 방향을 결정하는 데 중요한 역할을 해야 한다. 또한 교사들에게 자율성을 부여하는 동시에, 그들이 학생들의 학업 성취와 학교 발전에 대해 책임을 지도록 하는 것이 중요하다. 이는 교사들이 교육의 질을 높이고, 학생들의 성과를 개선하기 위해 노력하는 동기를 부여한다.

교사주도의 학교혁신 모델의 성공적 사례는 캘리포니아 학교개혁에서 찾아볼 수 있다. 캘리포니아 일부 학교에서는 교사들이 혁신의 주체로서 교육 프로그램의 개발과 실행에 적극적으로 참여하였다. 교사들은 동료들과 협력하여 새로운 교육 방법을 개발하고, 이를 실천하면서 학교의 전반적인 교육 질을 향상시켰다(Little, 1999). 핀란드의 교육 시스템 또한 교사에게 높은 자율성과 권한을 부여한 학교혁신 모델로 유명하다. 핀란드의 교사들은 교육과정 개발, 수업 계획, 평가 방법 등에 대한 광범위한 자율권을 가지며, 이는 교육 혁신을 촉진하는 중요한 요소로 작용한다. 핀란드는 교사들이 전문가로서 존중받고, 학교 혁신의 중심에 서는 환경을 제공함으로써, 학생들의 학업 성취를 높이고 있다(Sahlberg, 2011).

교사주도 모델은 한국에서도 적용 가능성이 크다. 국내에서도 교사들의 자율성과 권한을 확대하고, 학교 운영과 교육 프로그램에 대한 교사의 참여를 강화하는 방향으로 나아가고 있다. 이는 교사들이 교육 혁신의 주체로서 자신의 전문성을 발휘하고, 학생들의 학업 성취를 높이는 데 중요한 역할을 할 수 있도록 지원한다.

대표적인 예로 한국에서는 수석교사제와 같은 리더십 프로그램을 통해, 교사들이 교육 현장에서 중요한 리더십을 발휘할 수 있는 기회를 제공하고 있다. 이러한 프로그램은 교사들의 전문성 개발과 학교 혁신을 촉진하는 데 중요한 역할을 한다. 또한 교사들이 협력하고, 새로운 교육 방법을 시도할 수 있는 교사학습공동체를 강화하는 노력도 이루어지고 있다. 이는 교사들이 서로의 경험과 지식을 공유하고,

교육적 혁신을 함께 추진하는 환경을 조성하는 데 기여할 수 있다.

학교혁신 전략으로서 교사주도 모델은 교사들이 직접 혁신의 주체가 되면 현장 경험과 전문성이 반영된 실질적인 변화가 이루어질 것으로 가정한다. 이는 학교 운영과 교육 프로그램이 보다 학생 중심적이고, 교육적 요구에 부합하는 방향으로 발전하는 데 기여할 수 있을 것이다. 교사들이 의사결정에 참여하고, 자율성을 가지게 되면, 교육적 목표에 대한 책임감을 느끼고, 학교 발전을 위해 더욱 적극적으로 노력하게 될 것이라는 기대이다.

하지만, 교사주도 모델은 교사들에게 많은 책임과 역할을 부여하므로, 이를 효과적으로 수행하기 위해서는 충분한 지원과 자원이 필요하다. 자원의 부족이나 지원의 미비는 교사들의 부담을 가중시키고, 혁신의 성과를 제한할 수 있다. 또한 교사들이 다양한 의견을 가지고 있을 때, 의사결정 과정에서 갈등이 발생할 수 있다. 이는 협력적 관계를 약화시키고, 혁신의 효율성을 저해할 수 있다.

마. 교육기관의 협력모델: 학교혁신을 위한 공동의 노력

학교 혁신을 위해 교육기관들 간의 협력을 강조하는 모델이 존재한다. 오늘날 학교는 다양한 외부적 위협에 직면하고 있다. 초·중등학교들은, 예산 삭감, 학습 성과 저조에 대한 책임, 공교육에 대한 신뢰 부족 등으로 어려움을 겪고 있다. 그러나 단위 학교 혼자서 이러한 변화의 위협을 감당하기에는 자원과 노하우가 부족하다. 따라서 단위 학교와 다른 교육기관들 간의 협력을 통해 현재 당면한 문제들을 해결하고, 학교 혁신을 도모하는 것이 이 모델의 핵심 아이디어이다 (Lieberman & Grolnick, 1999). 교육기관 협력모델은 특히 초·중등학교와 대학 간의 협력을 강조한다. 이러한 협력은 자원의 공유, 실천가와 이론가 간의 상호 교류, 그리고 공동 목표 설정을 통해 단위 학교의 전문성을 강화하는 데 도움을 준다. 이를 통해 학교는 보다 강력한 교육적 역량을 가지게 되고, 다양한 교육적 도전에 효과적으로 대응할 수 있게 된다.

미국의 Professional Development School(PDS)은 이러한 협력모델의 대표적인 예로, 미국의 Holmes Group이 'Tomorrow's Teachers' 보고서(1986)에서 제안하였

다. PDS는 대학과 학교가 공동의 과업을 수행하는 협력학교로, 대학교수와 초·중등 교원, 교육행정가들이 공동 주체로서 참여하는 협력 프로그램이다. 이는 이론과 실제를 결합하여 교원들의 전문적 성장을 촉진할 수 있는 중요한 수단으로 기능한다.

PDS의 주요 특징을 살펴보면 첫째, 공동의 의사결정과 관리가 이루어진다.

PDS는 대학과 학교 간의 협력적인 의사결정 구조를 가지고 있다. 이는 단순히 학교가 대학의 연구 및 교육 현장으로서의 역할을 넘어서, 교육 과정과 프로그램의 개발 및 실행에서 중요한 역할을 한다. 예를 들어, 새로운 교육 프로그램을 개발할 때, 학교와 대학이 공동으로 목표를 설정하고, 각 기관의 자원을 결합하여 프로그램을 설계하고 실행하는 방식이다.

둘째, PDS는 교사와 교수간 협력이 이루어진다. 현직 교사와 대학교수가 함께 일하면서 교사들이 전문적인 지식을 개발하고, 교육 방법을 개선할 수 있는 기회를 제공한다. 이는 신임 교사와 경력교사 모두에게 중요한 성장의 기회를 제공한다. 대학교수는 학교에서 교사들과 함께 수업을 진행하거나, 교사들의 수업을 관찰하고 피드백을 제공함으로써, 교사들이 새로운 교수법을 배우고 적용할 수 있도록 돕는다.

셋째, PDS는 상호탐구와 지속적인 학습이 이루어진다. PDS는 교사와 교수들이 교육의 여러 가지 문제를 함께 검토하고 해결책을 모색하는 협력적 탐구의 장을 제공한다. 이는 이론과 실제를 연결하여 교육적 문제를 해결하는 데 중요한 역할을 할 수 있다. 예를 들어, 교사와 교수들이 정기적으로 모여 교육적 도전과제들을 논의하고, 이를 바탕으로 새로운 교육 전략을 개발하고 실행하는 과정을 포함할 수 있다.

한국에서도 PDS와 같은 지역협력모델이 학교 혁신의 중요한 접근 방식으로 적용될 가능성이 크다. 최근 대학과 학교 간의 협력을 통해 교육의 질을 개선하고, 교사와 학생들의 성장을 지원하는 다양한 시도가 이루어지고 있다. 국내 여러 대학에서 초·중등학교와 협력하여 교사 연수 프로그램을 제공하고, 교육 연구 프로젝트를 공동으로 수행하기 시작하였다. 이는 교사들이 최신 교육 이론과 기술을 습득하고, 이를 교실에서 실천할 수 있는 기회를 제공한다. 학교가 교육 혁신을 추구하는 데 필요한 자원을 확보하고, 전문적인 지원 받는 것을 용이하게 해준다. 다른 한편, 지역 교육청과의 협력을 통해 학교들은 다양한 교육 프로그램을 개발하고, 교사와 학생들에게 추가적인 지원을 제공받기도 한다. 이는 학교가 지역사회와 긴밀하게 협력함으로써 교육의 질 향상에 노력하는 시도이다.

〈지역사회와 학교 간 협력모델: 경기도 '꿈의 학교' 프로젝트 사례〉

경기도교육청이 주도한 '꿈의 학교' 프로젝트는 지역사회와 학교 간의 협력을 강화하는 모델로, 학생들의 창의적 체험 활동을 지원하고자 하는 목적을 가지고 있다. '꿈의 학교'는 지역사회가 교육의 주체로 참여하여, 학생들이 다양한 경험을 쌓을 수 있는 창의적이고 자유로운 학습 환경을 제공하는 프로그램이다. 지역의 다양한 전문가, 기관, 기업들이 협력하여 학생들에게 다양한 활동 기회를 제공하며, 이를 통해 학생들의 자기주도적 학습 능력과 창의성을 개발하고자 한다. 이 프로그램은 학생들이 자신의 흥미와 적성에 맞는 다양한 활동에 참여할 수 있도록 지원하여, 학습 동기와 참여도가 크게 향상되었다. 또한, 지역사회와의 협력을 통해 학교는 풍부한 교육 자원을 확보하고, 교육의 질을 높일 수 있었다.

지역사회와 학교간 협력모델은 여러 가지 이점을 제공할 수 있다. 우선, 교사들은 PDS를 통해 자신들의 지적 성장과 전문성 개발에 필요한 시간과 공간을 제공받는다. 이는 교사들이 단순히 한 학교 내에서만이 아니라, 인근 지역 교사들과의 연계와 교류를 통해 더 큰 교육적 네트워크를 형성하는 데 기여한다. 예를 들어, 교사들은 PDS에서 개최되는 워크숍이나 세미나에 참여하여 최신 교육 이론과 실천 방법을 배우고, 이를 교실에서 적용할 수 있는 기회를 갖는다. 대학의 입장에서는, 교수들이 초·중등학생들과의 실질적인 접촉을 통해 그들의 요구와 필요를 보다 잘 이해할 수 있게 된다. 이는 대학의 교육 연구와 프로그램 개발에 중요한 통찰을 제공한다. 예를 들어, 교수들은 PDS에서 학생들과 직접 상호작용하며, 교육 이론이 실제로 어떻게 적용되고 있는지를 관찰하고 평가할 수 있게 된다.

3. 학교혁신의 딜레마: 변화의 어려움과 극복 방안

교육의 질을 향상시키고, 학생들의 학업 성취를 높이기 위해 다양한 전략들이 시도되고 있음에도 불구하고, 학교의 실제 모습은 크게 바뀌지 않는 경우가 많다.

이러한 현상에 대해 많은 학자들이 분석해 왔다. 예를 들어, Tyack & Cuban(1995)은 학교가 혁신적으로 바뀌기보다는 매우 더디고 점진적으로 발전한다고 주장한다. 이는 학교를 둘러싼 문화적 풍토와 지역사회 실정이 학교마다 다르기 때문에 근본적인 개혁의 청사진이 대부분 집행 과정에서 수정되어버린다. 오랜 시간에 걸쳐 발전한 학교 조직의 전통적 구조와 관행이 형성한 '학교 문법(grammar school)'은 학교에 새로운 교육 개혁이나 혁신을 도입하는 데 큰 장애가 된다. 학교 문법은 새로운 개혁이 도입될 때 이를 변형시키거나, 개혁이 성공적으로 적용되더라도 부분적이거나 피상적이게 된다. 따라서 Tyack & Cuban(1995)은 학교 문법을 근본적으로 변화시키기 위해 급격한 변화보다는 점진적이고 누적적인 변화를 추진해야 하고, 현장의 교사와 학교 관리자들이 적극적으로 참여하고 주도할 때 더 효과적이라고 주장한다. 개혁은 단일한 요소를 변화시키는 것보다는, 학교 문법의 여러 측면을 동시에 다루어야 함을 강조한다.

같은 맥락에서 Hess(2013)은 학교개혁의 어려움을 분석하면서, 교육 개혁이 일관되게 성공하지 못하는 이유는 교육 시스템의 복잡성과 그 안에 깊이 뿌리박힌 전통적인 관행 때문이라고 지적한다. 또한, Coburn *et al.*(2012)은 학교가 변화를 실행하는 과정에서 원래 계획했던 모습으로 유지되기 어렵다고 지적했다. 개혁이 진행됨에 따라 예기치 않은 방향으로 발전하거나, 기존의 틀을 완전히 바꾸지 못한 채 표면적인 변화만을 이루는 경우가 많다고 분석한 바 있다.

교사들의 신념과 역량 또한 학교혁신에 가장 결정적인 역할을 한다. McLaughlin(1987)은 제한된 혁신이 교사들에게 유의미하게 다가오고 동기를 부여하며, 이를 실행할 역량이 주어졌을 때만 교사들이 변화에 적극적으로 참여한다고 주장한다. 교사들은 개혁의 내용을 자신의 상황에 맞게 의도적으로 변형시켜 집행할 수 있는 '전략적 실행자'라는 개념을 제시했다.

또한, Fullan(2007)은 교사들이 혁신의 실제 실행자이기 때문에, 그들이 혁신에 대해 어떻게 느끼고 어떻게 반응하는지가 개혁의 성공에 결정적인 영향을 미친다고 주장한다. 교사들이 개혁에 동의하지 않거나 이를 실행할 역량이 없다면, 강압적인 책무성 부과나 경쟁에 의한 위협이 가해지더라도 교사들은 형식적으로만 움직일 뿐, 교실의 현장은 변하지 않는 것이다.

학교 혁신이 어려운 이유는 단지 학교 내부의 문제만이 아니라 교육 시스템 전체의 구조적 문제와도 관련이 있다. Elmore(2000)는 학교 혁신이 단순히 단위 학교의 노력으로 가능한 것이 아니라 학교시스템 전반이 재구조화되어야 하며, 학부모, 교육위원회, 지역사회의 전반적인 지원이 필요하다고 주장했다. 그는 현재의 공립 학교 체제가 개인주의적이고 이질적인 교수 활동을 촉진하도록 구성되어 있어 효과적인 혁신을 위해서는 이 체제를 재구성해야 한다고 강조한 바 있다. Darling-Hammond(2010) 또한 같은 맥락에서 학교가 혁신하기 위해서는 단순히 정책적 개입이나 학교 자체의 노력만으로는 충분하지 않다고 언급했다. 그녀는 시스템적 접근을 통해, 교육 정책, 학교 운영, 교사 교육 등이 통합적으로 이루어져야 하며, 이를 통해 지속 가능한 혁신을 이끌어낼 수 있다고 주장한다.

학교 혁신은 학교 내부의 노력만으로 이루어질 수 없다. 사토 마나부(2001)는 학교가 매우 완고한 조직이기 때문에, 학교 내부로부터의 개혁과 학교 밖의 지역사회 및 교육행정체제로부터의 지원이 동시에 연계되지 않으면 학교 혁신은 지속할 수 없다고 주장했다. 그는 지역사회와의 긴밀한 협력을 통해 학교 혁신을 촉진할 수 있는 방안을 제시한 바 있다. Hargreaves와 Fullan(2012)는 협력적 혁신의 중요성을 강조하며, 학교가 혁신을 위해서는 학부모, 지역사회, 교육 당국 등 다양한 이해 관계자들과의 협력이 필수적이라고 언급했다. 그들은 협력적 접근이 학교 혁신의 지속 가능성을 높이고, 교육의 질을 향상시키는 데 중요한 역할을 한다고 주장한다.

결론적으로, 학교 혁신의 방향은 다양한 주체들의 참여를 확대하여 협치(協治, governance)의 방식을 발전시킬 필요가 있다. 이는 교육 관련 당사자들이 참여하고 합의하여 관점을 공유해 나가는 '열린 생각의 틀'을 통해 이루어져야 한다. Reeves(2009)는 혁신이 성공하기 위해서는 협력적 리더십과 열린 대화가 필요하며, 이를 통해 교육체제 전반에 걸쳐 일관된 변화를 이끌어낼 수 있다고 강조했다. 이때, 국가는 규제적 역할을 축소하고, 지원과 조정의 역할을 담당해야 한다. 학교 혁신을 위해 단위 교육기관들이 자율화와 다양화, 그리고 특성화를 이루어갈 수 있도록 행정적 지원이 필요하다. 이를 통해 학교는 고유한 문화적 맥락을 반영하여, 자율적이고 창의적으로 혁신을 추진할 수 있게 될 것이다.

4. 학교혁신의 국내 사례

한국의 교육환경은 21세기 지식 기반 사회의 요구에 부응하기 위해 지속적인 변화를 추구해오고 있다. 이러한 변화의 중심에는 다양한 학교 혁신의 시도들이 있다. 이 절에서는 여러 사례 등을 통해 한국의 교육혁신이 어떻게 실현되고 있는지 살펴본다.

가. 혁신학교의 도입과 확산

혁신학교는 2009년 경기도교육청에서 처음 시작된 지역교육청 주도의 학교혁신 모델로 그간 중앙정부(교육부) 주도의 학교혁신 모형과는 달리 지역적 특성과 자율성을 강조하는 점에서 큰 의의를 지닌다. 이러한 혁신학교는 학생들의 자기주도적 삶을 강조하며, 학생들의 존엄한 성장을 도모하고, 행복한 교육공동체 문화를 조성하는 것을 목표로 한다. 2023년 기준으로 한국의 혁신학교는 현재 전국 17개 시도교육청 총 1,423개의 학교가 혁신학교로 지정되어 있어 전국적으로 매우 빠르게 확산된 학교혁신 정책이다.

혁신학교는 전통적인 교육 모델에서 벗어나 학생 중심의 교육을 실현하는 데 중점을 두고 있다. 한국에서 혁신학교는 교육 혁신의 중요한 모델로 자리잡고 있으며, 다음과 같은 특징을 가진다. 첫째, 혁신학교는 학급 인원을 25명 이하로 제한하여 소규모 학급을 운영한다. 이는 교사와 학생 간의 상호작용을 증대시키고, 개별 학생에 대한 집중적인 지도를 가능하게 한다. 소규모 학급 운영은 학생들의 학업 성취와 참여도를 높이는 데 긍정적인 영향을 미치는 것으로 보고되고 있는데, 혁신학교에서는 소규모 학급으로 운영하여 교사들이 학생 개개인의 학습 필요에 맞추어 더 많은 주의를 기울일 수 있도록 하였다.

둘째, 혁신학교는 학교 운영과 교육과정에서 자율성을 보장받는다. 교사들은 표준화된 교육과정에 얽매이지 않고, 학생들의 필요와 관심에 맞춘 다양한 학습 프로그램을 개발하고 실행할 수 있다. 자율적인 교육과정 운영은 학생들의 창의성과 자기주도적 학습 능력을 배양하는 데 큰 도움이 된다. 이는 교사들이 학습자 중심의 교육을 실현할 수 있는 중요한 요소로 작용하며, 학생들이 더 활발하게 참여하고 자신의 학습을 주도할 수 있는 환경을 조성하는데 기여하게 된다.

셋째, 혁신학교는 교직원의 안정적인 근무 환경을 조성하기 위해 행정 인력 지원 및 예산을 제공받는다. 이러한 지원은 교사들이 수업과 학생 지도에 집중할 수 있게 하여 교육의 질을 높이는 데 도움이 된다. 교사들이 안정적인 환경에서 창의적이고 혁신적인 교육 활동을 펼칠 수 있는 여건이 마련됨으로써, 전반적인 교육 성과가 향상될 수 있는 것이다.

넷째, 혁신학교는 민주적이고 개방적인 학교 운영 시스템을 구축하여, 학교 구성원 모두가 학교 운영에 참여할 수 있도록 장려한다. 이는 학생, 교사, 학부모 간의 협력을 증진시키고, 학교 공동체의 일체감을 강화한다. 혁신학교의 민주적 운영은 학부모와 지역사회의 참여를 촉진하고, 학생들의 책임감과 소속감을 강화하는 데 중요한 역할을 한다.

다섯째, 혁신학교는 창의적 교육과정을 통해 학생들이 다양한 경험을 할 수 있도록 한다. 이는 프로젝트 기반 학습이나 문제 중심 학습, 탐구 중심 학습 등 다양한 학습 방법을 도입하여 학생들의 비판적 사고와 문제 해결 능력을 기르는 데 중점을 둔다. 혁신학교의 창의적 교육과정은 학생들의 학습 동기와 참여도를 높이는 데 효과적이다. 혁신학교에서 도입된 다양한 학습 방법이 학생들이 학습에 더욱 적극적으로 참여하게 하고, 문제 해결 능력과 창의성을 향상하는데 도움이 될 것으로 기대된다.

혁신학교의 또 다른 중요한 측면은 지역교육청이 학교 혁신의 주체로서 역할을 한다는 점이다. 이는 중앙정부의 하향식 명령 구조에서 벗어나, 지역사회와 학교 구성원이 함께 참여하는 민주적이고 개방적인 학교 운영 시스템을 구축할 수 있도록 하였다. 지역교육청은 혁신학교의 자율적 운영을 지원하고, 학교 구성원들이 창의적이고 자발적으로 교육 활동을 계획하고 실행할 수 있도록 장려한다.

서울 혁신학교 사례 1.

서울에 위치한 A혁신중학교는 학교업무정상화를 통해 혁신적인 운영을 실천하고 있는 사례이다. 이 학교는 교사들이 수업을 중심에 두고 학교를 변화시키기 위해 교육지원팀 및 학년부 체제를 도입하였고, 행정업무 전담팀을 구성하여 운영하고 있다. 이러한 체제는 교사들이 수업과 생활지도에 더 집중할 수 있게 하여 전문성을 향상시키고 있다. 또한,

순환업무제를 통해 교사들의 역할을 다변화하고, 토론이 있는 교직원 회의를 통해 민주적인 학교 운영을 실현하고 있다.

경기도 혁신학교 사례2.

경기도 혁신학교들은 교사 공동체를 활성화하여 수업 혁신과 교사 전문성 신장을 도모하고 있다. 예를 들어, 다양한 교과의 교사들이 함께하는 수업연구회를 통해 교사들이 협력하여 학생 중심의 수업을 설계하고, 교직원 간의 소통과 협력 문화를 강화하고 있다. 이러한 노력은 교사들의 자발적인 참여와 공동체 의식을 바탕으로 이루어지며, 학생들의 학습 경험을 더욱 풍부하게 한다.

혁신학교는 여러 면에서 긍정적인 성과를 나타내고 있다. 학생들은 더 높은 자존감과 사회적 역량을 가지게 되었고, 교사들은 자신의 교육 철학과 방법을 자유롭게 실험할 수 있는 환경에서 자신감을 얻으며 학생들과의 관계를 더욱 깊게 발전시켰다. 이러한 변화는 학부모와 지역사회에도 긍정적인 영향을 미치며, 전체 교육공동체의 만족도를 높이는 결과를 이끌었다.

반면, 혁신학교는 여전히 몇 가지 도전에 직면해 있다. 첫째, 혁신학교의 성과가 모든 학교에서 동일하게 나타나는 것은 아니다. 일부 학교에서는 기초 학력 저하에 대한 우려가 제기되고 있으며, 이는 혁신학교 모델이 전국적으로 일관된 성과를 내기 위해 해결해야 할 과제 중 하나이다. 둘째, 혁신학교의 철학과 가치를 전국적으로 확산하고 지속가능하게 만드는 데에는 시간이 필요하다. 이를 위해 지속적인 평가와 개선이 필요하며, 교육 주체들의 지속적인 참여와 노력이 요구된다.

나. 그린스마트 미래학교 정책

교육부(2021)는 2021년 '미래교육을 향한 대전환'을 핵심 추진 과제로 설정하고, 그린스마트 미래학교(이하 '미래학교') 사업을 통해 새로운 교육 패러다임을 모색하고 있다. 미래학교는 한국 교육 시스템의 지속 가능한 발전과 혁신을 목표로 하며, 특히 디지털 전환과 환경적 지속 가능성을 강조하고 있다. 기존의 학교 환경과 교육 방식을 혁신하지 않고서는 학생들이 미래 사회에서 요구되는 역량을 갖추기 어렵다는 인식이 미래학교 추진의 주요 배경이 되었다. 팬데믹으로 인한 급격한 변화는 이러한 필요성을 더욱 부각시켰다. 이에 따라, 한국 교육부는 2021년부터 2025년까지 5년간, 약 18조 5천억 원을 투입하여 노후된 학교 건물을 대상으로 대규모 개혁을 추진하고 있다.

미래학교 정책은 세 가지 기본 방향을 중심으로 추진된다. 첫째, 교육과정, 교수학습 방식, 그리고 학교 시설을 종합적으로 혁신하는 것을 목표로 삼는다. 이는 특히 '2022 개정 교육과정'과 고교학점제의 전면 도입과 연계되어 진행될 예정이며, 2024년부터 본격적으로 미래학교로 전환된다.

둘째, 학생, 교직원, 학부모 등 학교 사용자들이 학교 환경과 교육 과정 설계에 적극적으로 참여하도록 유도하여, 그들의 요구를 반영한 맞춤형 학교를 조성한다. 이는 학교공동체가 사업 전반에 걸쳐 참여하고, 협업과 민주적 의사결정 능력을 향상시키는 데 중점을 둔 것이다.

셋째, 지역사회의 요구를 반영하고, 학교가 지역의 거점 역할을 할 수 있도록 설계한다. 도서관, 평생교육시설 등 지역 사회와 공유할 수 있는 복합 시설을 구축하여 학교의 기능을 확장하는 것을 포함한다.

미래학교는 공간혁신, 스마트 교실, 그린 학교, 학교복합화가 핵심적인 내용이다. 우선, 학생들이 다양한 학습과 융합적 경험을 할 수 있는 유연한 공간을 조성한다. 가변형 벽체, 소규모 학습 공간, 휴게 공간 등을 통해 학습 환경을 보다 다채롭게 구성하고, 메이커 스페이스와 같은 창의적 사고를 촉진하는 공간을 마련한다.

둘째, 디지털 전환 시대에 대응하여, 무선 인터넷과 첨단 디지털 기기를 기반으로 한 스마트 학습 환경을 구축한다. K-에듀 통합 플랫폼을 통해 맞춤형 학습을 지원하며, 다양한 디지털 도구를 활용해 시공간의 제약을 넘어서는 학습을 가능하게 한다. 이를 통해 학생들은 개인화된 학습 경로를 설계하고, 글로벌 협력 학습을 경험할 수 있다.

셋째, 에너지 절감과 환경 친화적인 설비를 갖춘 제로에너지 학교를 목표로 한다. 태양광 및 지열 발전 시스템을 도입하고, 친환경 자재를 사용하여 건강한 학습 환경을 제공한다.

넷째, 학교 텃밭과 실내 정원 등 생태 교육을 위한 공간을 마련하여, 학생들이 환경 문제에 대한 감수성과 책임감을 키울 수 있도록 한다. 학교를 지역사회의 거점으로 활용하여, 도서관, 체육 시설 등 다양한 복합 시설을 주민과 공유한다. 이를 통해 학생과 주민 모두가 혜택을 누릴 수 있는 공동체 연계형 교육 환경을 조성하고, 지역 연대감을 강화할 수 있게 된다.

그린스마트 미래학교는 단순히 물리적 공간의 개선을 넘어 학생과 지역사회의 성장과 발전을 위한 중요한 플랫폼으로 작용할 것으로 기대된다. 학생들이 다양한 학습 경험을 통해 창의적 사고와 문제 해결 능력을 키우고, 환경과 지역사회에 대한 책임감을 갖추게 하는 것이 이 프로젝트의 궁극적인 목표이다. 하지만 이러한 대규모 프로젝트의 성공을 위해서는 교육 공동체와 지역사회의 적극적인 참여와 지원이 필수적이라는 점이 해결해야 할 과제로 남는다.

다. 디지털 교육 혁신

최근 교육부는 디지털 교육 혁신을 통해 교육의 질을 향상시키고 미래 사회에서 필요한 역량을 학생들에게 길러주기 위해 다각적인 노력을 기울이고 있다. 특히, 디지털 기술의 급속한 발전에 발맞춰 다양한 정책과 프로그램이 추진되고 있는데, 대표적으로 AI 디지털 교과서 도입과 디지털 선도학교, 그리고 T.O.U.C.H 교사단과 맞춤형 학습 환경 제공 등이 있다.

우선, 교육부는 2025년부터 AI 디지털 교과서가 초등학교 3·4학년, 중학교 1학년, 고등학교 공통·일반선택 과목에 도입할 예정이다. 이 교과서는 AI 기술을 활용하여 맞춤형 학습을 지원하며, 예를 들어 수학 과목에서는 AI 튜터링 기술을 통해 학생들이 쉽게 이해할 수 있도록 돕고, 영어 과목에서는 AI 음성인식 기능을 통해 듣기와 말하기 연습을 지원한다. AI 디지털 교과서와 다양한 디지털 교육 도구를 시범적으로 도입하기 위하여 디지털 선도학교를 추진 중에 있다. 2023년부터 한국의 교육부는 약 300개의 디지털 선도학교를 운영하고 있다. 이 학교들은 AI 디지털 교과서, 스마트 교육 플랫폼, 가상현실(VR) 및 증강현실(AR) 등 다양한 디지털 도구들을 활용하여 학생들에게 혁신적인 학습 경험을 제공한다.

이와 함께 교육부는 디지털 수업 혁신을 선도할 교사들로 구성된 그룹으로 T.O.U.C.H 교사단(Teacher Of the Ubiquitous and Creative Hyperconnectivity)

을 운영한다. 이들은 집중적인 연수를 통해 디지털 기술과 교육 방법을 익히고, 이를 다른 교사들에게 확산시키는 역할을 담당한다.

디지털 교육 혁신의 중요한 측면 중 하나는 학생 개개인의 학습 스타일과 속도에 맞춘 맞춤형 학습 환경을 제공하는 것이다. 교육부가 추진하는 디지털 교육혁신에는 AI 기반 학습 분석 시스템이 도입되어, 학생들의 학습 패턴을 분석하고 개별 맞춤형 학습 경로를 제공하는 시범 프로젝트가 진행되고 있다. 이러한 기술은 학생들의 개인적인 학습 속도와 스타일에 맞추어 교육 콘텐츠를 제공하여 학습 효과를 극대화하는 데 도움을 줄 것으로 기대된다.

디지털 교육 혁신은 학생들의 학습 경험을 풍부하게 하고, 교사들이 보다 효과적으로 교육을 제공할 수 있도록 도와줄 것으로 기대되지만, 다른 한편으로 디지털 교육의 실질적인 효과, 그리고 디지털 격차 해소와 교사들의 디지털 역량 강화, 개인정보 보호 등은 여전히 풀어야 할 숙제이다.

라. IB(International Baccalaureate) 정책

한국의 일부 시·도교육청들은 글로벌 교육 역량을 강화하고, 교육의 다양성을 촉진하기 위해 IB 프로그램을 도입하였다. International Baccalaureate(IB)프로그램은 국제적으로 인정받는 교육 과정으로 학생들의 비판적 사고, 창의성, 그리고 국제적인 시각을 기르기 위해 설계되었다. IB 프로그램은 크게 세 가지 과정(Primary Years Programme, Middle Years Programme, Diploma Programme)으로 구성되는데, 한국에서는 주로 중등학교와 고등학교에서 Diploma Programme(DP)를 도입하여 학생들에게 다양한 학문적 도전을 제공하고 국제적인 자격을 취득할 수 있는 기회를 제공한다. 한국의 여러 시·도교육청, 특히 경기도와 대구 등이 IB 프로그램을 도입하거나 확대하려는 노력을 기울이고 있다.

이러한 시도는 한국 교육 시스템을 글로벌 기준에 맞추고, 학생들에게 더 넓은 교육적 기회를 제공하기 위한 것이다. IB 프로그램의 도입은 긍정적인 효과를 기대하게 하지만, 동시에 비용 및 접근성에 따른 교육의 불평등 심화, 충분한 준비 부족, 그리고 IB 프로그램 기존의 교육과정간의 차이 등이 여전히 해결해야 하는 숙제로 남는다. IB 프로그램의 도입이 한국 교육 시스템과 어떻게 조화를 이루고, 학생들에게 최상의 교육 경험을 제공할 수 있을지에 대한 지속적인 연구와 충분한 비판적 검토가 필요하다.

마. 공유교육과정과 공유대학: 대학 교육의 새로운 패러다임

공유교육과정과 공유대학은 고등교육 단계에서 학생들의 학습 기회를 확대하고, 자원의 효율적 활용을 도모하기 위해 등장한 혁신적인 개념이다. 이들은 학생들에게 더 다양한 학습 경험을 제공하고, 대학 간 협력을 촉진하며, 교육의 질을 향상시키는 것을 목표로 한다. 특히, 디지털 기술과 온라인 교육의 발달로 인해 이러한 공유 모델은 더욱 주목받고 있다.

공유교육과정은 여러 대학이 서로의 교육과정을 공유하고, 학생들이 소속 대학 외에도 다른 대학의 강의를 수강할 수 있도록 허용하는 제도이다. 이를 통해 학생들은 자신의 전공 분야나 관심사에 맞춘 폭넓은 교육 기회를 얻을 수 있으며, 각 대학은 전문성을 갖춘 다양한 과목을 제공할 수 있게 된다. 대학들은 고유의 강점을 지닌 교육과정을 공유함으로써, 학생들에게 폭넓은 학습 기회를 제공할 수 있다.

이는 대학 간의 자원을 효율적으로 활용하고, 중복되는 교육과정을 줄여 경제적 효과를 높일 수 있다. 예를 들어, 한 대학에서 제공하는 고급 수학 과정이 다른 대학의 학생들에게도 개방될 수 있다. 이를 통해 학생들은 자신의 학교에서 제공되지 않는 과목을 수강할 수 있게 된다. 현재 국내에서 시도되고 있는 공유 교육과정의 대표적인 사례가 K-MOOC(Korean Massive Open Online Course)이다. 한국형 무크(MOOC)는 여러 대학이 강의를 제공하고, 이를 모든 학습자가 무료로 수강할 수 있도록 하는 온라인 교육 플랫폼이다.

다른 한편, 공유대학은 대학들이 특정 분야에서 협력하여, 단일한 교육기관처럼 운영되는 모델이다. 공유대학은 여러 대학이 협력하여 학생들에게 공통의 교육 경험을 제공한다. 각 대학의 전문성을 결합하여 보다 강력한 교육 프로그램을 구성할 수 있게 한다. 예를 들어, 공학 분야에서 특정 대학이 기초 이론을, 다른 대학이 응용 기술을 가르치는 협력 구조를 통해 학생들은 포괄적이고 심화된 학습을 경험할 수 있게 되는 것이다. 이와 동시에 공유대학 모델은 학생들이 자신의 학습 경로를 보다 유연하게 설계할 수 있도록 지원한다. 이는 학생들이 자신의 학습 목표에 맞춰 다양한 과목을 선택하고, 학습 기간과 방법을 조정할 수 있는 기회를 제공한다.

이와 같은 학교혁신 모델은 디지털 기술의 발전과 더불어 더욱 확산되고 있으며, 대학 간 협력을 통해 교육의 새로운 가능성을 보여주고 있다. 이러한 변화는 학생들이 더 넓은 시각으로 세상을 이해하고, 다가올 미래에 대비할 수 있도록 하는 데 중요한 역할을 할 것으로 기대된다.

참고문헌

교육부. (1995). 신교육체제 수립을 위한 교육 개혁 방안: 5.31 교육개혁안. 서울: 교육부.

교육부. (2021). 그린스마트 미래학교 종합 추진계획. 세종: 교육부.

Chubb, J. E., & Moe, T. M. (1990). *Politics, Markets, and America's Schools*. Washington, DC: Brookings Institution Press.

Coburn, C. E., Toure, J., & Yamashita, M. (2012). Evidence, interpretation, and persuasion: Instructional decision making at the district central office. *Teachers College Record*, 114(4). 1-41.

Darling-Hammond, L. (2010). *The Flat World and Education: How America's Commitment to Equity Will Determine Our Future*. Teachers College Press.

Elmore, R. F. (2000). Building a new structure for school leadership. *American Educator*, 23(4). 6-13.

Elmore, R. F. (2002). *Bridging the Gap between Standards and Achievement: The Imperative for Professional Development in Education.* Washington, DC: Albert Shanker Institute.

Fullan, M. (2007). *The New Meaning of Educational Change*. Teachers College Press.

Hargreaves, A., & Fullan, M. (2012). *Professional Capital: Transforming Teaching in Every School*. Teachers College Press.

Hess, F. M. (2013). *Cage-Busting Leadership*. Harvard Education Press.

Holmes Group. (1986). *Tomorrow's Teachers: A Report of the Holmes Group.* East Lansing, MI: Holmes Group.

Kirk, J., Leithwood, K., & MacBeath, J. (2020). The effects of democratic school culture on student engagement and motivation. *Journal of Educational Change*, 21(3). 293-311.

Lieberman, A., & Grolnick, M. (1999). Networks, reform, and the professional development of teachers. In A. Hargreaves, A. Lieberman, M. Fullan, & D. Hopkins (Eds.), *International Handbook of Educational Change: Part 1*(pp. 710-729). Dordrecht, Netherlands: Kluwer Academic Publishers.

Little, J. W. (1999). Organizing schools for teacher learning. In L. Darling-Hammond & G. Sykes (Eds.), *Teaching as the Learning Profession: Handbook of Policy and Practice* (pp. 233-262). San Francisco, CA: Jossey-Bass.

McLaughlin, M. W. (1987). Learning from experience: Lessons from policy implementation. *Educational Evaluation and Policy Analysis*, 9(2). 171-178

Reeves, D. B. (2009). *Leading Change in Your School: How to Conquer Myths, Build Commitment, and Get Results*. ASCD.

Sahlberg, P. (2011). *Finnish Lessons: What can the World Learn from Educational Change in Finland?* New York, NY: Teachers College Press.

Sato, M. (2001). *Learning Communities in Practice*. Teachers College Press.

Sato, M. (2010). Learning communities in the 21st century. *Educational Leadership*, 67(7). 32-37.

Sergiovanni, T. J. (1994). *Building Community in Schools*. San Francisco, CA: Jossey-Bass.

Sykes, G. (1990). Fostering teacher professionalism in schools. In L. Darling-Hammond & G. Sykes (Eds.), *Teaching as the Learning Profession: Handbook of Policy and Practice* (pp. 69-91). San Francisco, CA: Jossey-Bass.

Tyack, B. D. & Cuban, L. (1995). *Tinkering toward Utopia: A Century of Public School Reform*. Harvard University Press.

UNESCO.(2005). *Education for Sustainable Development: An International Framework*. Retrieved from https: //unesdoc.unesco.org/ark: /48223/pf0000140987.

PART

06

교육행정의 주요 과제

CHAPTER

14 학생의 학업 성취

교육행정활동의 궁극적인 목적은 학생의 학업성취 달성에 있다. 한국에서는 그동안 학생의 학업성취를 과목별 성적으로만 이해하는 경향이 있었고, 실제 한국 학생들의 성적은 단기간 내에 주목받을 만큼 놀라운 성과를 보여주었다. 그럼에도 불구하고, 한국 학생들의 성적이 참된 학업성취인가에 대한 의문이 지속적으로 제기되어왔다. OECD 국가들과 비교해 보았을 때, 한국 학생들은 공부에 대한 자신감 등 정의적 성취 측면에서 불안정한 결과를 나타냈다. 21세기 지식기반사회는 학생들의 학업성취에 있어 새로운 관점을 요구하고 있어 한국 학생들이 획득하고 있는 학업성취에 대해서 다시 생각해보아야 할 시점이다. 이 장에서는 한국 학생의 학업성취 실태를 살펴보고, 국제적 비교를 통해 한국 학생의 학업성취에 대해 시사점을 얻은 후, 21세기를 맞이하여 새롭게 요구되는 학업성취에 대한 접근들을 조망해본다.

- 한국 학생의 학업성취 실태
- 학업성취에 대한 국제비교 시사점
- 학업성취에 영향을 미치는 요인
- 학생 학업성취에 대한 새로운 접근

1. 한국 학생의 학업성취 실태

세계 각국은 학교 교육의 성과와 그 변화 추이를 국제적 수준에서 파악하기 위해 PISA(Programme for International Student Assessment: 국제학업성취도평가)와 TIMSS(the Trends in International Mathematics and Science Study: 국제수학 및 과학성취도 추이연구)와 같은 국제 학업성취도 평가를 오래전부터 실시해왔다. 한국은 PISA와 TIMSS가 시작된 첫 주기부터 지속적으로 참여해 왔으며, 주목할 만한 결과를 나타냈다.

〈표 14-1〉에 나타난 바와 같이, 만 15세 학생들을 대상으로 실시한 PISA 평가에서 한국은 대체로 상위권을 유지하고 있다. PISA의 국가순위는 각 국가별로 평균 점수에 해당하는 등수를 제공하는 대신, 95% 신뢰수준에서 그 국가가 위치할 수 있는 최고 등수와 최하 등수를 추정하는데, 2022년 가장 최근 자료에 따르면 한국은 읽기 515점으로 1~7위(OECD 평균 476점), 수학 527점으로 1~2위(OECD 평균 472점), 과학 528점으로 2~5위(OECD 평균 485점)의 높은 성취를 나타냈다.

〈표 14-1〉 2012년부터 2022년까지 PISA평가에서 한국의 학업성취도 점수 및 국가순위

PISA 평가 (비교국 수)	읽기영역		수학영역		과학영역	
	평균	순위	평균	순위	평균	순위
PISA 2012(65개국)	536점	1~2위	554점	1위	538점	2~4위
PISA 2015(72개국)	517점	3~8위	524점	1~4위	516점	5~8위
PISA 2018(79개국)	514점	2~7위	526점	1~4위	519점	3~5위
PISA 2022(81개국)	515점	1~7위	527점	1~2위	528점	2~5위

중학생을 대상으로 수학과 과학 분야 학업성취를 평가하는 TIMSS(Trends in International Mathematics and Science Study) 자료에서도 한국 학생들은 다른 국가와 비교하여 높은 학업성취를 나타냈다. 평가 초기인 TIMSS 1999년 결과에 따르면, 한국 학생의 수학과 과학 국제비교 성적은 각각 2위와 5위를 나타낸 이후, TIMSS 2023년 최근 결과까지 꾸준히 높은 국제 순위를 나타냈다. TIMSS 평가결과에서도 한국 학생들이 수학과 과학 분야에서 지속적으로 높은 성취를 유지하고 있음을 보여주는 것이다.

〈표 14-2〉 TIMSS 평가에서 한국의 수학과 과학과목의 국가순위

구분	1999년	2003년	2007년	2019년	2023년
수학	2위	2위	2위	3위	2위
과학	5위	3위	4위	4위	3위

한국 학생의 학업성취 수준은 평균 학업성취 수준뿐만 아니라 최상위 수준 학생

의 비율에서도 우수한 수준인 것으로 확인되었다. 2022년 PISA 평가에서 최상위권(5~6수준) 학생 비율이 수학은 22.9%(80개 국가 중 6위), 읽기는 13.3%(80개 국가 중 5위), 과학은 15.7%(80개국 중 4위)로 PISA 참여국가 중 상당히 높은 수준을 나타냈다.

〈표 14-3〉 **PISA 2022 최상위 성취수준에 속하는 학생의 비율 및 순위**

읽기영역(5~6수준 학생)		수학영역(5~6수준 학생)		과학영역(5~6수준 학생)	
비율	순위	비율	순위	비율	순위
13.3%	5	22.9%	6	15.7%	4위

이상에서 살펴본 바와 같이, 국제 학업성취도 평가에 참여한 한국 학생들의 학업 성취 결과는 수학 및 과학 등 인지적 측면에서 상당히 우수한 성적을 보여준다. 하지만 한국 학생의 학업성취에는 빛과 함께 그림자가 존재한다.

첫째, 학업 부진 학생의 비율이 증가하고 있다. 학업 부진은 기초학력 미달 학생의 비율에서 찾아볼 수 있는데, 초등학교에서 고등학교 단계로 올라갈수록 기초학력 이하의 학습력을 가진 학생이 증가하는 경향을 보이고 있다. 국가에서 정한 교육과정에 근거해 학생들의 교육목표 달성 정도를 평가하는 국가수준 학업성취도 평가결과를 살펴보면, [그림 14－1]과 같이 중학교 3학년 교과별 성취수준에서 기초학력 미달 학생이 해마다 늘어나고 있는 것을 알 수 있다. 2022년 기준 기초학력 미달학생 비율은 수학은 13.2%, 과학 11.3%, 영어 8.5%로 나타났다.

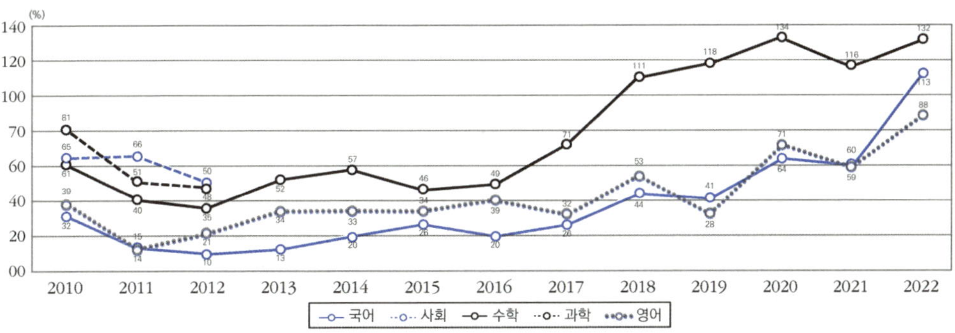

[그림 14-1] **중3 교과별 성취수준(기초학력미달)**

출처: 교육부 「국가수준 학업성취도 평가 결과」 e-나라지표(2023)

고등학교 2학년 교과별 성취수준에서 기초학력미달 비율도 마찬가지로 뚜렷한 증가세를 보이고 있는데, [그림 14-2]을 보면, 특히 2022년에 기초학력미달 비율이 수학 15.0%, 과학 8.0%, 영어 9.3%로 나타났다. 이와 같은 현상은 학년이 올라갈수록 학습 내용이 심화되고, 이에 따라 학습 부담이 커지면서 기초학력 미달 학생의 비율이 증가하는 것으로 보인다.

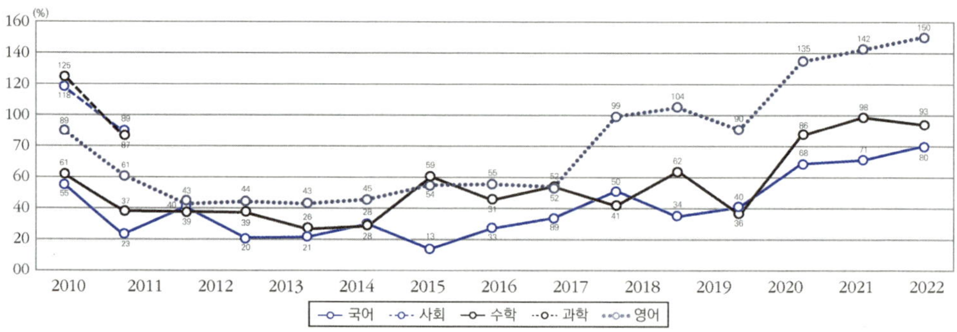

[그림 14-2] 고2(일반계) 교과별 성취수준(기초학력미달)

출처: 교육부 「국가수준 학업성취도 평가 결과」 e-나라지표(2023)

한국 교육의 두 번째 그림자는 한국 학생들이 학습에 있어 내재적 소외를 경험하고 있는 것으로 보인다. 지난 10여 년간 한국 학생들의 수학과 과학 시험점수는 OECD 국가들 중에서 상당히 높은 수준을 나타냈지만, 교과목에 대한 흥미와 자신감은 낮은 편이었다. 한국 학생들의 수학 흥미와 관련한 OECD 최근 자료(2022)에 따르면, 한국 학생들은 수학에 대한 흥미와 자신감에 있어 상대적으로 낮은 수준을 나타냈다. 즉, 한국 학생들의 수학에 대한 흥미는 OECD 평균보다 낮은 31위에 그쳤고, 학습동기 또한 35위로 낮은 수준을 나타냈다.

국제비교에서 나타난 이러한 결과는 한국 학생들이 과목별 문제풀이 능력은 뛰어나지만, 학습이 내면에 체화되지 않아 습득된 지식과 자아개념이 분리되는 경향을 보인다는 것을 의미한다. 다시 말해, 한국 학생들은 학습 과정에서 '학습의 기쁨'을 충분히 느끼지 못하고 있으며, 외부적 필요에 의해 학습을 하고 있는 경우가 많은 것이다. 이는 21세기에 요구되는 창의적이고 자기 주도적인 학습자와는 거리가 멀다. 창의적 인간의 주요 특징은 자기 주도적 학습과 긍정적인 자아개념이 강조된다. 이러한 관점에서 볼 때, 한국 학생들은 향후 자기 주도적으로 평생학습을 지속할 역량을 충분히 갖추고 있지 않은 것으로 보인다. 따라서, 한국 교육시스템은 학생들이 학습에 대한 흥미와 지적 도전감을 느낄 수 있도록 개선될 필요가 있다.

2. 학업성취에 대한 국제 비교 시사점

이 장에서는 한국과 유사하게 국제학업성취도평가에서 높은 점수를 받고 있는 핀란드를 비롯한 북유럽 국가들과의 학업성취도에 대한 다양한 비교를 통해 한국 학생의 새로운 학업성취를 위한 시사점을 얻고자 한다.

핀란드를 비롯하여 북유럽 국가들은 인지적 측면에서 취상위의 학업성취를 보이는 동시에 정의적 측면에서도 상당히 높은 수준을 보이고 있다. 특히, 핀란드의 경우 국제학업성취도 평가에서 꾸준하게 세계 최고 수준의 성과를 나타내며, 각국으로부터 주목을 받고 있다. 그런데, 한국과 달리 핀란드를 포함한 북유럽 국가들은 인지적 측면에서의 학업성적뿐만 아니라 학습을 중시하는 태도와 교과에 대한 흥미가 비교적 높아서 정의적 측면에서의 성취도 상당히 좋은 편이다.

핀란드의 학업성취에서 또 하나 흥미로운 사실은 학생과 학교간 학업성취에 있어서 편차가 작다는 점이다. 학교의 사회경제적 배경에 따른 학업성취도의 변화에 따른 분석(Schleicher, 2008)에서 핀란드의 경우 대체로 모든 학교들의 사회경제적 지위가 다른 국가에 비해 평균 이상이었다. 즉, 각 학교가 비슷한 성적을 내고 있고, 사회적 · 경제적 배경이 비슷했다. 이는 어느 학교를 다니든 간에 학생들이 비슷한 성적을 보여준다는 것을 의미한다(성열관, 2010). 또한 핀란드는 성적이 낮은 등급 학생 비율도 OECD 국가 중에서 가장 낮은 것으로 나타났다. 이는 학습부진학생이 적다는 것을 의미한다.

그렇다면, 인지적 측면뿐만 아니라 정의적 측면에서도 높은 성취를 나타내고, 학교간 변량에서도 거의 차이가 없으며, 학업부진학생 수준도 매우 낮은 수준을 보여주는 핀란드는 어떻게 이러한 학업성취가 가능할 수 있을까? 핀란드의 교육성취에 대해서 연구한 문헌들을 통해 몇 가지 시사점을 얻을 수 있었다.

첫째, 핀란드 공교육의 교육과정은 모든 학생들이 인간적 존엄과 가치를 중요시하고, 약자를 존중하고 배려할 수 있는 온전한 인격자를 양성한다는 교육철학 하에 이루어진다. 이를 위해 학생들의 학교에서의 공부시간을 최소한으로 줄이고, 대신 학생 자신의 계획 하에 특기를 살리고, 취미시간을 즐길 수 있도록 다양한 클럽, 지역사회 센터 등에서 각자만의 방식으로 시간을 보내도록 한다. 이들은 충분한 휴식을 통해 에너지를 발산해야 효과적인 학습이 가능하다는 믿음 하에 학생들에게 숙제에 대한 부담을 거의 주지 않고, 가정의 사회경제적 차이에 따라 학습의 차이가 생기지 않도록 정규시간 외에 별도 학습이 필요하지 않을 정도로 수업을 진행한다.

둘째, 핀란드의 학업성취는 경쟁과 효율을 통해 획득되기 보다는 배려와 협력을 통해 얻을 수 있도록 설계되어 있다. 핀란드는 학교교육에 시장원리 도입을 통해 소수 엘리트 학생들의 경쟁력 강화에 주력하지 않는다. 대신, 학생들간의 차이와 차별을 줄이는데 노력하고, 뒤처지는 학생들에 대해 배려하고 집중적으로 지원한다.

예컨대, 1학년에서 9학년까지의 종합학교 단계에서 뒤처지는 학생들에게 최대한 배려와 지원을 집중하여 성취도 편차를 줄인다. 보육교사 1인당 3~5명을 담당하여 보살펴주는 보육제도, 만 6세 아이들이 유치원에서 1년간 무상교육을 받으며 출발점 편차를 줄일 수 있게 하는 취학 직전 교육도 학생들 간의 성취도 편차를 줄이는데 기여한다.

또한 뒤쳐지는 학생들을 끌어올리고 부족함이 있는 학교나 지방자치단체들에게 특별한 지원을 아끼지 않는다. 학교 내에서도 배려와 협력을 강조하는 학업성취 전략은 이어진다. 즉, 수업 방법에 있어서 계열화나 능력별 집단화를 지양하고 이질집단편성을 원칙으로 삼는다. 빈곤 가정의 아이들은 집중 지원 대상 집단의 형식으로 따로 모아놓았을 때보다 다양한 계층의 아이들과 이질 집단에서 배울 때 자아효능감이 높아질 수 있게 된다. 부유한 계층의 아동들도 유아기에서부터 다양성에 대한 인식과 배려 능력이 신장될 수 있다고 믿는다.

셋째, 핀란드의 학업성취는 교육의 형평성에 기반을 두고 달성된다. 모든 국민은 차별없이 질 높은 교육을 받을 권리가 있기 때문에, 거주지, 경제형편, 성(性)이나 모국어와 관계없이 모든 학생들에게 질 높은 교육을 받을 수 있는 기회를 동등하게 제공하기 위해 유치원에서 대학원 박사까지 모두 무상교육을 실시한다. 정부와 지방자치단체는 그런 국민의 권리를 보장하기 위해서 최상의 교육 서비스를 제공할 책임이 있다. 이는 핀란드가 성과가 우수한 공립학교들이 전국에 골고루 존재함을 보여주는 것이다. 어떤 가정이든 집 근처에서 훌륭한 공립학교를 찾을 수 있다는 점은 1970년대 초부터 핀란드 부모들 사이에서 상당히 폭넓게 인정받아온 핀란드 교육시스템의 특징인 것이다.

결론적으로 핀란드와 북유럽 국가들의 교육 시스템은 한국에 많은 교훈을 제공할 수 있다. 이러한 시사점을 바탕으로, 한국 교육도 사회경제적 배경에 따른 교육 격차를 줄이고, 모든 학생들이 공정하게 교육받을 수 있는 환경을 조성해야 한다. 특히, 학교 간 격차를 줄이려는 노력이 필요하다. 또한 학생들의 학습 부담을 줄이고, 여가와 자기 개발에 더 많은 시간을 할애할 수 있도록 해야 한다. 이는 한국의 학업성취가 경쟁의 원리에서 벗어나 협력과 배려, 형평성 원리에 기반하여 운영할 때 지속 가능한 발전을 이룰 수 있을 것이다. 이를 통해, 학생들이 학문적으로 우수할 뿐만 아니라, 정서적으로도 건강하게 성장할 수 있는 교육 환경을 만들어 나갈 수 있게 된다.

3. 학업성취에 영향을 미치는 요인

학업성취는 학생의 학습 과정에서 나타나는 중요한 결과물로, 학생 개인의 삶에 큰 영향을 미친다. 학업성취를 높이기 위해서는 다양한 요인이 고려되어야 한다. 이 절에서는 학업성취에 영향을 미치는 주요 요인들을 살펴본다.

가. 개인적 요인

지능, 동기, 자기효능감, 학습 전략은 학업 성취에 상당한 영향을 미치는 개인적 요인으로, 각기 다른 방식으로 작용한다. 첫째, 지능은 학생이 학습 내용을 얼마나 신속하게 이해하고, 복잡한 문제를 효과적으로 해결하며, 새로운 정보를 얼마나 쉽게 습득할 수 있는지를 결정짓는 중요한 요소로 작용한다. 높은 지능을 가진 학생들은 학문적 과제에서 두드러진 성과를 나타내며, 이는 학업 성취도에서 뛰어난 결과를 도출한다.

둘째, 학습에 대한 동기는 학업성취에 직접적으로 영향을 미치는 중요한 변수이다. 동기는 내적 동기와 외적 동기로 구분되며, 내적 동기는 학습 자체에 대한 흥미와 열정에서 기인하고, 외적 동기는 보상이나 칭찬과 같은 외부 요인에 의해 촉진된다. 높은 학습 동기를 가진 학생은 학습 활동에 더욱 적극적으로 참여하며, 이로 인해 학업 성취도가 상승하는 경향을 보인다.

셋째, 자기효능감은 학생이 자신의 학습 능력에 대해 가지는 신념과 확신을 의미하며, 이는 학습 과정에서의 노력과 끈기, 그리고 최종적인 성취에 지대한 영향을 미친다. 자기효능감이 높은 학생들은 어려운 과제에 직면했을 때에도 포기하지 않고 도전하려는 태도를 유지하며, 이는 결국 학업 성취도의 향상으로 이어진다.

넷째, 학습 전략의 사용은 학업성취에 있어 중요한 역할을 한다. 효과적인 학습 전략을 구사하는 학생들은 그렇지 않은 학생들에 비해 우수한 학업 성과를 보여준다. 대표적인 학습 전략으로는 계획 수립, 시간 등이 있으며, 이러한 전략들은 학습 과정에서의 체계적 접근을 가능하게 하여 학습의 효율성을 극대화한다.

나. 가정 요인

가정 요인은 학생의 초기 학습 환경을 형성하며, 이로 인해 학업 성취에 중대한 영향을 미친다. 이들 요인은 부모의 교육 수준, 가정의 경제적 상태, 그리고 부모의 관심과 지원으로 구분할 수 있다.

첫째, 부모의 교육 수준은 자녀의 학습 성과에 직접적인 영향을 미친다. 고학력 부모는 일반적으로 자녀에게 더 높은 학업적 기대를 가지고 있으며, 학습에 필요한 지식과 정보를 효과적으로 제공할 수 있다. 이러한 교육적 자산은 자녀가 학습 동기를 갖도록 자극하며, 궁극적으로 학업 성취를 촉진한다. 고학력 부모는 자녀의 학습과 관련된 문제를 보다 잘 이해하고 지원할 수 있으며, 이는 자녀가 학습에서 높은 성과를 거두는 데 기여한다.

둘째, 가정의 경제적 상태는 학습에 필요한 자원을 제공하는 능력에 큰 영향을 미친다. 경제적으로 안정된 가정은 자녀에게 책, 컴퓨터, 다양한 교육 자료 등을 쉽게 제공할 수 있으며, 사교육이나 방과 후 활동을 통해 추가적인 학습 기회를 부여할 수 있다. 반면, 경제적 어려움은 이러한 자원의 접근성을 제한하며, 이는 자녀의 학습 환경을 열악하게 만들어 학업 성취를 저해할 수 있다. 경제적 상태는 학생이 학습에 필요한 물질적, 심리적 지원을 받을 수 있는지 여부를 결정하는 중요한 요인이다.

셋째, 부모의 관심과 지원은 학생의 학업성취에 긍정적인 영향을 미친다. 부모가 자녀의 학습 활동에 적극적으로 참여하고, 학업성취에 대해 긍정적인 피드백을 제공하는 경우, 학생은 더 높은 동기를 가지고 학습에 임하게 된다. 이는 학생의 자아효능감과 학습 태도에 긍정적인 영향을 미치며, 궁극적으로 학업성취를 향상시키는 중요한 요인으로 작용한다. 부모의 지속적인 관심과 지원은 학생이 학습 과정에서 직면하는 도전과 어려움을 극복하는 데 필수적인 역할을 한다.

다. 학교 요인

학교 요인은 학생들이 일상적으로 접하는 학습 환경을 구성하며, 이로 인해 학업성취에 중대한 영향을 미친다. 학교 요인들은 교사의 질, 교육 과정 및 프로그램, 학교 환경, 그리고 또래 영향으로 구분할 수 있다.

첫째, 교사의 질은 학생의 학업성취에 결정적인 영향을 미치는 요소로, 교사의 전문성, 교육 방법, 학생과의 상호작용 등이 포함된다. 우수한 교사는 학문적 지식을 깊이 이해하고, 이를 효과적으로 전달할 수 있는 능력을 가지고 있으며, 학생들이 복잡한 개념을 쉽게 이해하도록 돕고, 학습에 대한 흥미를 높여준다. 또한, 교사는 학생의 학습 동기를 촉진하고, 개별 학생의 요구에 맞춘 교육을 제공함으로써 학업성취를 극대화할 수 있다.

둘째, 교육과정 및 프로그램은 학업성취에 중요한 역할을 한다. 교육 커리큘럼의 설계와 운영, 특별 프로그램의 제공, 평가 방법의 다양성 등은 학생들의 학습 경험을 풍부하게 하고, 성취도를 높이는 데 기여한다. 학생 중심의 교육과정은 학생들이 주도적으로 학습할 수 있는 환경을 조성하며, 이는 학습의 효과성과 지속성을 높인다. 다양한 평가 방법과 특별 프로그램의 제공은 학생 개개인의 학습 요구를 충족시키고, 학업적 도전에 대한 긍정적 반응을 이끌어낼 수 있다.

셋째, 학교 환경은 학업성취에 중대한 영향을 미치는 요소로, 학교 시설, 학급 크기, 학교 문화 등이 포함된다. 학교 환경은 학생들이 학습하는 물리적 공간뿐만 아니라, 학교 내의 사회적, 정서적 분위기를 포함한다. 안전하고 긍정적인 학교 환경은 학생들이 학습에 몰입할 수 있는 기초를 제공하며, 학급 크기는 교사와 학생 간의 상호작용을 촉진하고, 개인화된 학습을 가능하게 한다. 예를 들어, 핀란드의 학교들은 학생들이 안전하고 긍정적인 환경에서 학습할 수 있도록 다양한 지원을 제공하며, 학교 내 상담 서비스, 방과 후 활동, 다양한 클럽 활동 등을 통해 학생들의 전반적인 만족도를 높이고, 학업 성취에도 긍정적인 영향을 미친다.

마지막으로, 또래 영향은 학업 성취에 중요한 영향을 미치는 요소로, 친구 관계, 학급 내 사회적 지위 등이 포함된다. 또래와의 상호작용은 학생들의 학습 태도와 동기, 학업 성취도에 중요한 영향을 미친다. 예를 들어, 노르웨이는 협동 학습과 그룹 프로젝트를 통해 또래 간의 긍정적인 상호작용을 촉진하고 있으며, 이러한 접근은 학생들이 서로의 학습을 지원하고, 공동의 학습 목표를 달성하는 데 기여한다.

라. 사회적 요인

사회적 요인은 학생들이 속한 사회의 전반적인 분위기와 구조를 반영하며, 학업 성취에 중요한 영향을 미친다. 이들 요인은 지역 사회 자원, 문화적 가치, 사회적 기대, 그리고 교육 정책으로 나눌 수 있다.

첫째, 지역사회 자원은 학생들의 학습을 지원하는 중요한 요소로, 교육 자원, 도서관, 학습 센터 등의 존재가 포함된다. 지역사회의 이러한 자원들은 학생들에게 추가적인 학습 기회를 제공하며, 학습 환경을 풍부하게 만든다. 예를 들어, 스웨덴은 지역 사회의 다양한 교육 자원을 적극적으로 활용하여 학생들의 학습을 지원하고, 학습 기회를 확대하고 있다. 이는 학생들이 공식적인 학교 교육 외에도 다양한 학습 자원을 접할 수 있게 하여, 학업 성취를 촉진한다.

둘째, 문화적 가치는 학업성취에 대한 사회적 기대를 형성하는 요소로 작용한다. 교육을 중시하는 문화적 배경을 가진 사회에서는 학생들이 높은 학업성취를 이루기 위해 노력하는 경향이 두드러진다. 이러한 문화적 가치관은 학생들이 학습에 대한 긍정적인 태도를 가지도록 자극하며, 교육에 대한 사회적 인식이 학생들의 학습 동기와 성취를 크게 좌우한다.

셋째, 사회적 기대는 학생들의 학업성취에 직접적인 영향을 미친다. 사회가 높은 학업성취를 기대할 때, 학생들은 그 기대에 부응하기 위해 더 열심히 학습하게 된다. 이러한 사회적 기대는 학습 동기를 부여하며, 학생들이 학업에 더욱 집중하고 노력하게 만드는 중요한 요인으로 작용한다. 사회적 기대는 학생들이 학업 목표를 설정하고, 그 목표를 달성하기 위해 필요한 노력을 기울이도록 장려한다.

넷째, 교육 정책은 정부의 지원과 제도로, 학생들이 양질의 교육을 받을 수 있도록 돕는 중요한 요소이다. 교육 기회의 평등을 보장하고, 학교에 필요한 자원을 제공하며, 교사들의 전문성을 강화하는 정책들은 학생들의 학업성취를 향상시키는데 중요한 역할을 한다. 예를 들어, 정부가 교육 기회를 공평하게 제공하고, 교육 인프라를 개선하며, 교사들의 지속적인 교육과 훈련을 지원하는 정책은 학생들이 보다 나은 학습 환경에서 학업에 집중할 수 있도록 돕는다.

이처럼 학생의 학업성취는 다양한 환경적 요인에 의해 영향을 받는다. 가정 요인, 학교 요인, 사회적 요인은 각각의 방식으로 학생들의 학습 경험과 성과에 중요한 역할을 한다. 따라서 학업성취를 높이기 위해서는 이들 요인을 종합적으로 고려하고, 학생들에게 적합한 지원과 환경을 제공하는 것이 필요하다. 이를 통해 학생들은 자신의 잠재력을 최대한 발휘하고, 학업성취를 높일 수 있을 것이다.

4. 학생 학업성취에 대한 새로운 접근

위에서 살펴본 바와 같이, 우리나라는 높은 학업성취에도 불구하고 교육격차의 심화와 학습으로부터의 내적 소외라는 문제에 직면해 있다. 국제비교를 통해 보았을 때, 핀란드를 비롯하여 여러 선진국들은 높은 학업성취도와 함께 학생 간, 학교 간 학업성취의 격차가 비교적 낮고, 자신의 학습에 대한 높은 만족감과 정의적 성취에서도 상당한 성과를 거두고 있었다. 한국의 경우에도 지금까지 인지적 성취만을 강조해왔던 학업성취 전략을 전면적으로 수정해야 할 시점이다. 이를 위해 한국교육이 앞으로 달성해야 할 학업성취의 방향을 고민해볼 시점이다.

이 절에서는 학력(學力)으로서 학업성취의 의미, 그리고 미국의 뉴먼 교수가 제시한 참된 학업성취(authentic achievement)와 OECD의 핵심역량 개발 중심의 학업성취, 그리고 마음 계발을 중심으로 하는 대안적 의미의 학업성취 개념들을 살펴보며, 미래지향적인 학생 학업성취에 대해 탐색한다.

가. 학력(學力)으로서 학업성취

한국 교육에서 '학력'은 오랫동안 중요한 가치로 여겨져 왔으며, 이는 학교 교육의 역사 속에서 오랜 전통으로 자리잡아왔다. 한국 사회에서 학력은 실력과 능력을 의미하며, 성공과 국가 발전의 토대로 여겨져 왔다. 그러나 학력이 무엇인지에 대한 명확한 정의나 합의는 부족한 실정이다. 학교 현장에서 학력은 주로 학과 성적이나 공부로만 인식된다.

일찍이 황정규(2000)는 학력을 학습자가 학교에서 배우는 것과 그 배움을 통해 얻는 능력으로 정의한 바 있다. 학력에는 두 가지 주요 요소가 포함되는데, 학(學)과 력(力)이다. 즉, 학(學)은 배움과 교육을 의미하는 것으로 학생이 학교에서 배우는 것과 사회가 교육하려는 모든 내용을 포함한다. 이는 국가가 학생의 성장을 위해 제공하는 교육적 노력을 의미하며, 학교에서 배우는 교과내용, 교육과정, 문화 내용뿐만 아니라 시대와 사회가 강조하는 정보, 지식, 기능, 습관, 태도, 가치, 도덕적 규범까지도 포함한다.

력(力)은 학습자가 배우는 능력과 학습하는 힘을 의미한다. 이 능력은 다양한 교과 학습에서 우수한 성취를 이루게 하는 보편적이고 안정된 능력이다. 학생은 장기간의 학습 경험을 통해 이 능력을 발달시키게 된다. 황정규(2000)은 '학력'을 '학'과 '력'이라는 두 가지 구성 요소의 복합체로 인식하여 학력을 평가하면, 학생의 종합적 학업성취와 잠재력을 보다 정확하게 이해할 수 있다고 언급한다. 즉, 학생의 학업성취를 평가할 때 이 두 요소를 어떻게 균형있게 평가하느냐가 중요하다는 것이다.

학력에 대한 이와 같은 논의를 바탕으로 몇 가지 주요한 시사점을 도출할 수 있다. 첫째, 학업성취의 정의와 이에 대한 평가를 재고할 필요가 있다. 학업성취를 단순히 학과 성적이나 시험점수로만 측정하는 기존의 방식은 한계가 있다. '학'과 '력'의 개념을 통합한 학력의 정의는 학습자가 학교에서 배우는 내용뿐만 아니라 이를 통해 얻는 능력을 포함한다. 이는 학생의 종합적인 성장을 평가하는 새로운 기준을 제시하며, 교육 현장에서 평가 방법의 다변화를 요구한다. 예를 들어, 학생의 창의력, 문제 해결 능력, 협력과 같은 소프트 스킬도 학업 성취의 중요한 요소로 고려해야 한다.

둘째, '학'의 개념은 학생들이 학교에서 배우는 다양한 지식과 기능을 포함한다. 이에 따라, 교육과정은 단순히 교과 지식 전달에 그치지 않고, 시대와 사회가 요구하는 다양한 정보, 기술, 가치, 도덕적 규범을 포함해야 한다. 이를 통해 학생들이 다양한 삶의 영역에서 필요로 하는 능력을 함양할 수 있도록 지원해야 한다. 예를 들어, 비판적 사고, 윤리적 판단, 사회적 책임감 등도 교육과정의 중요한 구성 요소로 통합될 필요가 있다.

셋째, '력'의 개념은 학생이 학습을 통해 발달시키는 능력을 강조한다. 이는 학생의 개별적 잠재력을 발견하고, 이를 최대한 발휘할 수 있도록 지원하는 교육 접근이 필요함을 시사한다. 학생마다 고유한 학습 스타일과 잠재력이 존재하기 때문에, 교육 시스템은 이를 고려한 맞춤형 학습 기회를 제공해야 한다. 이를 위해 학생의 강점과 관심사를 기반으로 한 다양한 학습 경험과 개별화된 지원이 필요하다.

넷째, 학업 성취를 평가할 때 '학'과 '력'을 균형 있게 고려해야 한다. 이는 단순한 지식 습득을 넘어서, 학생들이 실제로 어떻게 학습하고, 그 지식을 어떻게 활용하며, 학습 과정에서 어떤 능력을 개발하는지를 평가하는 것이다. 이는 평가 방법의 다변화를 촉진하고, 포트폴리오 평가, 프로젝트 기반 학습 평가, 자기 평가 등 다양한 평가 기법을 도입하여 학생의 종합적 성장을 반영할 수 있는 평가 시스템을 구축해야 한다는 의미이다.

끝으로, '학'과 '력'을 포괄하는 학력의 개념은 학생들이 사회에서 성공적으로 적응하고, 기여할 수 있는 능력을 갖추도록 돕는 전인적 교육의 중요성을 강조한다. 이는 교육이 단순히 지식 전달을 넘어서, 학생들이 도덕적, 사회적, 정서적 측면에서 균형 잡힌 성장을 이루도록 지원해야 함을 의미한다. 예를 들어, 협력적 학습,

리더십 훈련, 사회적 책임감 함양을 위한 프로그램 등이 포함될 수 있다.

결론적으로, '학력'의 개념을 학업 성취와 연계하여 보다 포괄적이고 균형적으로 이해하는 것은 한국 교육 시스템의 질적 향상을 위한 중요한 시사점을 제공한다. 이를 통해 학생들의 전인적 성장을 지원하고, 사회적 요구에 부응하는 교육을 실현할 수 있을 것이다.

나. Newmann의 참된 학업성취(authentic achievement)

미국의 교육학자 Fred Newmann은 학습자가 실제 삶에서 사용할 수 있는 지식과 기술을 습득하는 것을 강조하며, 이를 '참된 학업성취'라고 명명한다. 참된 학업성취는 학생들이 학습 내용을 단순히 암기하는 것을 넘어서, 깊이 이해하고 이를 실제 상황에 적용할 수 있는 능력을 키우는 것을 목표로 한다. 이 접근 방식은 학생들이 비판적 사고와 문제 해결 능력을 갖추게 하여, 실제 삶에서 직면하는 다양한 문제를 해결할 수 있도록 도울 수 있게 된다. Newmann(1996)이 제시한 참된 학업성취의 세 가지 요소를 구체적으로 살펴보면 다음과 같다.

첫째, 참된 학업성취는 탐구학습능력(Disciplined Inquiry)이다. 학생들은 학습 내용에 대해 심도깊게 이해하고, 이전 지식을 활용하는 능력을 키워야 한다. 이는 단순한 지식 습득을 넘어서, 다양한 개념을 연계하여 깊이 있는 이해를 추구하는 것을 의미한다. 교사와의 의미 있는 대화를 통해 학생들은 학습 내용을 효과적으로 구성하고 심도 깊은 이해를 할 수 있게 된다.

둘째, 참된 학업성취는 지식 구성 능력(Construction of Knowledge)이다. 학생들은 단순히 지식을 습득하는 것을 넘어서, 이전 지식을 바탕으로 새로운 지식을 창출할 수 있어야 한다. 이는 고차원적인 사고와 다양한 탐구 과정을 통해 이루어지며, 학생들이 스스로 학습 내용의 의미를 파악하고 비판적으로 사고하는 능력을 포함한다.

셋째, 참된 학업성취는 실생활 적용 능력(Application of Knowledge)이다. 학생들은 학습한 지식을 실생활에서 적용할 수 있어야 한다. 이는 학생들이 수업 시간에 배운 내용을 이용해 실제 문제를 분석하고 해결하는 능력을 의미한다. 수업

내용은 학생들의 개인적 경험과 연관 지어져야 하며, 평가 과제도 실제 생활과 연계되어야 한다.

뉴먼의 참된 학업성취의 사례

뉴욕의 한 고등학교에서는 Newmann의 참된 학업성취 개념을 적용하여 교육과정을 재구성하였다. 이 학교는 프로젝트 기반 학습을 도입하여 학생들이 실제 문제를 해결하는 경험을 쌓도록 했다. 예를 들어, 환경 과학 수업에서는 학생들이 지역의 환경 문제를 조사하고 해결 방안을 제안하는 프로젝트를 수행한다. 학생들은 팀을 구성하여 지역 하천의 오염 원인을 조사하고, 오염을 줄이기 위한 구체적인 방안을 제안하는 발표를 준비했다. 이 과정에서 학생들은 과학적 연구 방법을 적용하고, 데이터 분석을 통해 결론을 도출하는 경험을 하게 되었다.

또 다른 사례로, 시카고의 한 고등학교에서는 사회 과목에서 지역사회 문제를 다루는 프로젝트를 진행하였다. 학생들은 지역의 노숙자 문제를 조사하고, 이를 해결하기 위한 방안을 제안하는 활동을 하였다. 학생들은 지역사회의 다양한 이해관계자들과 인터뷰를 진행하고, 노숙자 지원 단체와 협력하여 실질적인 해결 방안을 모색하였다. 이 과정에서 학생들은 사회적 책임감을 느끼고, 문제 해결을 위해 협력하는 방법을 배울 수 있었다.

요약하자면, 참된 학업성취는 단순한 지식 습득을 넘어 학생들이 학습 내용을 깊이 이해하고 이를 실생활에 적용할 수 있는 능력을 키우는 데 중점을 둔다. 이러한 접근 방식은 학생들의 장기적인 성공을 위해 필수적이며, 현대 교육에서 중요한 목표로 인식되고 있다.

다. OECD의 핵심역량

최근 OECD는 급속한 과학기술 발전과 급변하는 정치경제적 환경 속에서 성공적인 개인의 삶과 사회를 유지·발전시키기 위해 세 가지 범주의 아홉 가지 핵심역량을 제시한다.

첫 번째 역량범주는 지식과 정보 활용 능력이다. 이 범주는 언어적 능력, 정보와 지식의 활용, 그리고 기술적 도구의 사용 능력을 포함한다. 이는 기술을 새로운 상황에 적용하고, 다양한 기술의 목적과 기능을 이해하며, 이를 비판적으로 성찰할 수 있는 능력을 의미한다.

두 번째 역량범주는 사회적 상호작용 능력이다. 이 범주에는 타인과의 협력, 관용, 그리고 사회적 책임감을 포함한다. 이는 서로의 다름을 인정하고 공존하며, 협력 과정에서 발생하는 갈등을 관리할 수 있는 능력을 강조한다.

세 번째 역량범주는 자율적 행동 능력으로 자기 주도적 학습, 자기 이해와 관리, 윤리적 판단과 행동을 포함한다. 개인은 세상을 바라보는 관점을 형성하고, 생애에 걸친 계획을 수립하며, 자신의 권리와 이해관계를 주장할 수 있어야 한다. 이러한 핵심역량들은 단순히 지식 습득을 넘어서, 성찰 과정을 통해 '앎의 과정(know-how)'을 확장시키는 데 중점을 둔다. 특히, 성찰은 반성적 사고를 통해 지식을 지속적으로 구성하게 하며, 지적 능력과 자율적 판단을 강조한다.

〈OECD 핵심역량을 학업성취로 적용한 사례〉

핀란드는 OECD의 핵심역량을 교육 시스템에 효과적으로 통합하여 학생들의 학업성취를 높이고 있다.

- 지식과 기술 활용 능력: 핀란드의 교육 과정은 이론과 실습을 결합하여 학생들이 배운 지식을 실제 상황에 적용할 수 있도록 한다. 예를 들어, 환경 과학 수업에서는 학생들이 지역의 환경 문제를 조사하고 해결 방안을 제시하는 프로젝트를 수행한다. 이를 통해 학생들은 학습한 지식을 실생활에 적용하는 능력을 키운다.
- 상호작용능력: 핀란드의 학교들은 협동 학습과 프로젝트 기반 학습을 통해 학생들이 서로 협력하고, 갈등을 해결하는 능력을 키운다. 예를 들어, 팀 프로젝트를 통해 학생들이 다양한 의견을 조율하고 공동의 목표를 달성하는 경험을 제공한다.
- 주체성과 자율성: 핀란드의 교육 시스템은 학생들이 자신의 학습을 주도할 수 있도록 지원한다. 학생들은 자신만의 학습 계획을 세우고, 스스로 목표를 설정하여 이를 달성할 수 있는 능력을 기른다. 이는 학생들이 자신감을 갖고 주체적으로 살아갈 수 있도록 돕는다.

이와 같은 접근 방식은 핀란드 학생들의 학업 성취도와 학습 만족도를 크게 향상시켰으며, 다른 국가들에게도 중요한 시사점을 제공한다.

라. 학업성취의 대안적 접근으로서의 마음계발

현대 사회에서 요구되는 학업성취는 단순히 지식의 습득과 핵심역량의 개발을 넘어, 인간의 전인적 성장을 도모하는 방향으로 재고되어야 한다. OECD가 제시한 핵심역량은 오늘날 사회에서 중요한 역할을 하지만, 이종재와 송경오(2008)는 이러한 역량의 기초가 되는 인간 존재, 즉 '마음계발'을 우선적인 학업 성취로 제시한다. 이들은 마음계발이 학생들의 전인적 성장을 촉진하고, 이를 통해 학생들이 핵심역량을 보다 잘 발휘할 수 있게 된다고 주장한다.

인간의 능력은 단순히 외부로부터 단계적으로 습득되는 것이 아니라, 내면의 마음을 깨우치고 다듬어 자연스럽게 여러 능력들이 발현되는 것이라고 이들은 설명한다. 이는 인간의 마음이 단순한 인지적 작용을 넘어, 삶을 창조하고 방향을 제시하는 주체로서의 역할을 한다는 것이다. 마음을 통해 인간은 참된 삶을 발견하고, 사회적 문제에 대해 깊이 통찰하며 이를 재창조하는 능력을 얻게 된다. 따라서 마음을 잘 다스릴 수 있는 능력은 다른 모든 능력의 발현을 자연스럽게 이끌어낼 수 있다.

유영모(1994)는 '중용'을 '뚫린 마음'의 상태로 설명하며, 이러한 상태는 마음이 위아래로 통하여 덕(德)으로 채워진다고 언급한다. 덕이 형성된 마음은 인간의 사고와 행동을 이끌며, 이는 욕망을 초월하고 도덕적으로 새롭게 태어난 존재로 변모하게 한다. 이러한 마음 상태는 중용지심(中庸之心)으로, 이는 마음을 다스리고 세상을 섬기는 능력을 의미한다.

이러한 논의는 마음을 기르는 교육이 핵심역량을 쌓는 교육보다 우선되어야 한다는 점을 강조한다. 현대 사회의 요구를 충족시키기 위해서는 학업 성취가 지식의 축적이나 시험 결과에 국한되지 않고, 전인적 성장을 목표로 하는 교육으로 설정되어야 한다. 이는 역량뿐만 아니라 성품을 키우는 방향으로의 전환을 의미한다. 성품을 기르는 교육은 지성(knowing), 인성(humanity), 덕성(morality)을 함양하여 인간을 계발하는 데 중점을 둔 교육이다. 이러한 교육은 시험 결과에 기반한 학업 성취 평가로는 충분히 반영되지 않는 이상(理想)을 지향한다.

현재의 교육은 주로 지식(knowledge) 습득과 기능적 인간 양성에 초점을 맞추고 있다. 그러나 이러한 접근은 학생들의 전인적 성장을 저해하고, 인간의 본질적인 가치와 능력을 충분히 개발하지 못한다는 한계가 있다. 따라서, 이러한 문제점을 극복하기 위해서는 성품과 역량을 겸비한 전인적 인간의 계발에 중점을 둔 교육이 필요하다(이종재 · 송경오, 2008).

결론적으로, 미래 사회에서의 학업 성취는 핵심역량의 개발뿐만 아니라 인간 존재의 계발을 포함한 통합적 관점을 필요로 한다. 핵심역량 논의 이전에, 인간이 갖추어야 할 마음을 먼저 고려하는 것이 중요하다. 마음을 기르는 교육이 함께 이루어질 때, 인간은 전인적이고 역량 있는 존재로 성장할 수 있다. 마음계발을 위한 교육 실천이 이루어질 때, 인간은 현상세계에 빼앗긴 마음을 되찾고, 자신의 몸과 마음을 올바르게 다스리며, 사람들과 조화롭게 살아갈 수 있는 원만한 전인(全人)으로 성장할 수 있다.

마. AI와 디지털시대에 학업성취

21세기에 접어들며 인공지능(AI)과 디지털 기술의 급격한 발전은 교육의 본질과 학습 방식에 근본적인 변화를 가져오고 있다. AI는 단순한 도구를 넘어 학생들의 학습 경험을 혁신하고 교육의 목표를 재정의하는 역할을 하고 있다. AI와 디지털 시대에 학업성취의 개념을 재정립하고, 학습자가 미래사회에서 성공적으로 살아가기 위한 필수 역량을 살펴볼 필요가 있다.

첫째, AI와 디지털 기술의 발전은 정보 접근성을 획기적으로 확장시켰다. 학생들은 인터넷과 다양한 디지털 플랫폼을 통해 과거와 비교할 수 없는 방대한 자료에 신속하게 접근할 수 있다. 따라서 현대 교육의 초점은 단순한 정보 전달에서 벗어나, 정보를 비판적으로 분석하고 실제 문제 해결에 적용할 수 있는 능력을 기르는 것으로 이동해야 한다. 정보의 홍수 속에서 학생들은 잘못된 정보나 가짜 뉴스에 대한 노출이 증가하고 있다. 그러므로 학생들이 이러한 정보를 비판적으로 평가하고 올바르게 활용할 수 있는 역량을 기르는 것이 중요하다.

AI와 상호작용하면서 창의적이고 비판적인 질문을 통해 최적의 결과를 도출하는 인간의 역할인 '호모 프롬프트(Homo Promptus)(김난도 외, 2023)'가 필요한 것이다. 호모 프롬프트(Homo Promptus)는 인간이 AI와 협력하여 새로운 지식과 통찰을 창출하는 능력을 의미한다. AI는 주어진 프롬프트(질문)에 따라 응답을 생성하므로, 사용자의 질문 품질이 결과의 질을 크게 좌우한다. 따라서, 호모 프롬프트는 단순한 질문을 넘어서, AI와의 상호작용을 통해 창의적이고 비판적인 사고를 촉진하는 역할을 한다. AI는 방대한 데이터를 분석하고 패턴을 발견하는 데 뛰어난 능력을 가지고 있지만, 인간의 창의성과 비판적 사고는 이러한 기술을 최적화하는 데 필수적이다.

둘째, 디지털 환경에서는 전 세계와의 소통과 협력이 중요해지고 있다. 학생들은 디지털 도구를 활용하여 효과적으로 소통하고, 협력할 수 있는 능력을 기르는 것이 필수적이다. 이는 글로벌 사회에서의 상호의존성이 증가함에 따라, 다양한 문화와 배경을 가진 사람들과의 협력 능력을 강화하는 교육이 필요함을 시사한다. 디지털 기술은 학생들이 협력적 학습 활동에 참여할 수 있는 다양한 기회를 제공할 수 있을 것이다.

예를 들어, 학생들은 온라인 협업 도구를 사용하여 전 세계의 다른 학생들과 프로젝트를 수행하거나, 공동으로 문제를 해결할 수 있다. 이러한 경험은 학생들이 디지털 시대에 필요한 협력적 문제 해결 능력을 기르는 데 중요한 역할을 한다. 디지털 시대의 협력은 단순히 정보 교환을 넘어, AI와의 상호작용을 통해 새로운 지식과 솔루션을 창출하는 능력을 필요로 하는 것이다. 이는 글로벌 사회에서의 상호의존성이 증가함에 따라, 다양한 문화와 배경을 가진 사람들과의 협력 능력을 강화하는 교육이 필요함을 시사한다.

셋째, 기술 발전 속도가 빨라짐에 따라, 새로운 지식을 '지속적으로 습득하는 능력'이 점점 더 중요해지고 있다. 이는 학생들이 학습 방법을 배우고, 새로운 지식을 빠르게 습득할 수 있는 역량을 키우는 것을 필요로 한다. 따라서 디지털 시대에서는 단기적인 학습 성과보다는 지속적인 학습과 자기개발이 중요하다. 이는 교육이 단순히 학업성취를 평가하는 것을 넘어, 학생들이 지속적으로 배우고 성장할 수 있는 능력을 배양하는 데 초점을 맞추어야 함을 의미한다.

또한 AI의 '프롬프트에 따른 답변'은 지속적인 학습 과정에서 중요한 역할을 한다. AI는 학습자가 필요로 하는 정보를 신속하게 제공하고, 새로운 지식을 탐구할 수 있는 기반을 마련해 준다. 이는 학생들이 평생 학습자로서 필요한 기술과 지식을 지속적으로 습득할 수 있게 한다. 이는 학습자들이 자신의 경력을 개발하고, 새로운 기회를 탐색하는 데 중요한 자원이 될 수 있다. 따라서 교육 시스템은 평생 학습의 중요성을 강조하며, 학생들이 끊임없이 배우고 적응할 수 있는 능력을 함양하는 데 중점을 두어야 한다.

결론적으로, AI와 디지털 시대는 교육과 학습의 패러다임을 근본적으로 변화시키고 있다. 정보 접근성의 획기적 확장, 디지털 소통과 협력 능력의 강화, 평생학습의 필요성 등은 미래 사회에서 학업성취의 새로운 기준을 제시한다. 이러한 변화 속에서 교육 시스템은 학생들이 단순히 지식을 습득하는 것을 넘어, 비판적 사고와 창의적 문제 해결 능력을 기르고, 전인적 성장을 이룰 수 있도록 지원하는 데 중점을 두어야 한다. 이를 통해 학생들은 미래사회에서 성공적으로 살아가고 변화를 주도할 수 있는 능력을 갖추게 될 것이다.

참고문헌

교육부. (2023). 국가 수준 학업성취도 평가 결과. e-나라지표.

류영모 (1994). 중용 에세이: 마음 길 밝히는 지혜. 박영호 풀이. 서울: 성천문화재단.

성열관. (2010). 핀란드 교육의 성과와 정책적 시사점. 교육비평, 26. 8-35.

김난도 외. (2023). 트렌드 코리아 2024. 미래의 창.

이종재, 송경오. (2008). 학업성취의 대안적 접근으로서의 마음계발. 교육철학연구, 22(1). 45-66.

황정규. (2000). 학력의 개념과 그 평가 방법. 교육학연구, 38(4). 19-44.

Newmann, F. M., Marks, H. M., & Gamoran, A. (1996). *Authentic pedagogy and student performance*. *American Journal of Education*, 104(4), 280-312. https://doi.org/10.1086/444136.

Schleicher, A. (2008). *PISA 2006: Science Competencies for Tomorrow's World*. Volume 1: Analysis. OECD Publishing. https: //doi.org/10.1787/9789264040014-en.

CHAPTER

15 교원의 역량개발

'교육의 질은 교사의 질을 넘을 수 없다'는 말은 교육에서 교사의 역할이 얼마나 중요한지를 명확히 보여준다. 교사 역량은 학생들의 학업성취뿐만 아니라 전인적 성장에도 직접적으로 영향을 미친다. 현대 사회의 빠른 변화와 기술 발전은 교사들에게 지속적인 역량개발과 학습을 요구한다. 이에 따라, 국내·외적으로 교원의 전문성 강화를 위한 다양한 전략과 프로그램이 시행되고 있다. 이 장에서는 교원 역량개발의 중요성과 개념, 그리고 국내·외에서 실시되고 있는 주요 정책과 프로그램을 살펴보고, 이를 통해 미래 지향적인 교원 역량개발의 방향에 대해 살펴보고자 한다.

- 교원 역량개발의 개념과 중요성
- 교원 역량개발을 위한 국내외 사례
- 교원 역량개발의 주요 유형
- 교원역량개발의 도전과제

1. 교원 역량개발의 개념과 중요성

가. 교원 역량개발의 개념

교원 역량개발이란 교사가 교육 현장에서 효과적으로 학생을 지도하고 교육의 질을 높이기 위해 필요한 지식, 기술, 태도 등을 지속적으로 향상시키는 과정을 의미한다. 최근 전 세계적으로 교원 역량개발은 단순히 교사 개인의 전문성 향상을 넘어서 교육 제도의 전반적인 개선과 발전에 기여하는 중요한 일로 인식되고 있다 (Darling-Hammond, 2006; OECD, 2005). 교원 역량개발은 교육 목표를 달성하기 위한 기본적인 교육 방법론에서부터 최신 기술과 교육학적 이론을 습득하고 적용하는 데 이르기까지 다양한 범위를 포함한다.

첫 번째 역량개발 영역은 교과 전문 지식(Subject Matter Knowledge)이다. 교과 전문 지식은 교사들이 자신이 가르치는 과목에 대한 깊이 있는 이해를 기반으로 교육을 제공할 수 있도록 한다(Shulman, 1986). 예를 들어, 수학 교사는 기초 수학 이론뿐만 아니라, 고급 수학 개념과 이를 가르치는 효과적인 방법을 이해해야 한다. 이는 교사가 학생들에게 정확하고 깊이 있는 지식을 전달할 수 있게 하며, 학생들이 학문적 탐구와 호기심을 자극하도록 돕는다. 교과 전문 지식이 부족한 교사는 학생들의 질문에 적절히 대응할 수 없으며, 이는 학생들의 학습 동기와 성취에 부정적인 영향을 미칠 수 있다. 따라서 교사들은 자신이 가르치는 과목에 대한 지속적인 학습과 업데이트를 통해 깊이 있는 교과 전문 지식을 유지해야 한다.

둘째, 교원의 핵심적인 역량개발 영역은 교수 기술(Pedagogical Skills)이다. 교수 기술은 학생들의 다양한 학습 스타일과 필요에 맞추어 효과적으로 교육을 제공할 수 있게 한다. 다양한 교수법과 학습 전략을 활용하는 것은 교사가 학생들의 이해도를 높이고, 학습 동기를 강화하는 데 필수적이다(Darling-Hammon & Bransford, 2005). 현대의 교실 환경은 점점 더 다변화되고 있으며, 이는 교사들이 더욱 창의적이고 유연한 교육 방법을 사용해야 함을 의미한다. 예를 들어, 교사는 협동 학습, 문제 중심 학습, 프로젝트 기반 학습 등의 다양한 교수법을 활용하여 학생들이 서로 배우고 성장할 수 있는 환경을 제공할 수 있다. 효과적인 교수 기술은 학생들이 능동적으로 학습에 참여하고, 자신감을 가지고 도전할 수 있는 학습 환경을 제공한다.

셋째, 교원의 핵심적인 역량개발 영역은 학생 관리 능력(Classroom Management)이다. 학생 관리 능력은 교실에서 긍정적이고 생산적인 학습 환경을 조성하는 데 필수적이다. 교사는 다양한 학생들의 요구와 행동을 이해하고, 이를 효과적으로 관리하여 모든 학생들이 안전하고 지원받는 환경에서 학습할 수 있도록 해야 한다. 이는 교사들이 규칙을 설정하고, 문제 행동을 관리하며, 학생들이 학습에 집중할 수 있는 분위기를 조성하는 능력을 필요로 한다. 교실 관리 능력이 부족한 교사는 효과적인 학습 환경을 유지하는 데 어려움을 겪을 수 있으며, 이는 학생들의 학습 성과에 부정적인 영향을 미칠 수 있다.

넷째, 교원의 핵심적인 역량개발 영역은 학생 평가 역량(Assessment Skills)이다. 학생 평가 역량은 학생들의 학업성취와 학습 과정을 정확하게 평가하는 능력을 의미한다. 이는 교사가 학생들의 강점과 약점을 파악하고, 이를 바탕으로 교육 전략을 조정하여 학생들의 성장을 지원하는 데 필수적이다. 예를 들어, 교사는 학생들이 다양한 형식의 평가(예: 형성 평가, 총괄 평가, 자기 평가 등)를 통해 자신의 학습 진도를 이해할 수 있도록 지원해야 한다. 또한 공정하고 포괄적인 평가 방법을 사용함으로써, 향후 학습 목표를 설정할 수 있도록 돕는다. 효과적인 평가 역량은 또한 교사들이 교육의 질을 지속적으로 향상시키고, 학생들이 성공적인 학습 경험을 가질 수 있도록 한다.

다섯 번째 역량개발 영역은 커뮤니케이션 및 협력 능력(Communication and Collaboration Skills)이다. 커뮤니케이션 및 협력 능력은 교사가 학생, 학부모, 동료 교사 및 지역사회와 효과적으로 소통하고 협력할 수 있는 능력을 의미한다. 이는 교육 목표 달성을 위한 협력적 관계를 구축하는 데 필수적이다. 교사는 학부모와의 정기적인 소통을 통해 학생의 학업 진행 상황을 공유하고, 교육 목표를 달성하기 위해 협력해야 한다. 또한, 동료 교사와의 협력은 교사들이 서로의 경험과 지식을 공유하고, 교육의 질을 향상시키는 데 중요한 역할을 한다.

결론적으로, 교원역량개발은 단순히 교사 개인의 전문성 향상을 넘어, 교육 시스템 전반의 개선과 발전에 중요한 역할을 한다. 위에서 언급한 다섯 가지 핵심 역량개발 영역인 교과 전문 지식, 교수 기술, 학생 관리 능력, 학생 평가 역량, 커뮤니케이션 및 협력 능력은 모든 교사가 갖추어야 할 필수적인 자질을 반영한다. 이러한 역량들은 교사들이 학생들의 학습 경험을 향상시키고, 학생들이 전인적으로 성장할 수 있도록 지원하는 데 중대한 기여를 할 수 있을 것이다.

나. 교원 역량개발의 중요성

교원의 역량개발은 교육의 질과 학생의 학업성취 향상을 위해 중요하다. 우선, 교사의 질은 학생들의 학업성취에 직접적인 영향을 미친다. 여러 연구에 따르면(예: Rivkin et al., 2001; Sanders & Rivers, 1996), 교사의 질이 학생의 학업 성적,

학습 태도 및 동기부여에 가장 중요한 요인 중 하나로 작용한다는 점이 지속적으로 입증되고 있다. 예를 들어, Rivkin et al.(2001)은 교사의 질이 높아질수록 학생들의 학업 성적이 개선된다는 점을 검증하였다. 교사의 질이 평균 수준에서 85% 수준까지 상승했을 때, 학생들의 성적이 4%씩 향상된다고 보고된 바 있다.

또한 역량 있는 교사는 교육적 불평등을 줄이는 데 중요한 역할을 할 수 있다. 교사의 질이 학생들의 학업성취에 미치는 영향이 클수록, 교육적 자원이 부족한 환경에서 학생들이 더욱 큰 혜택을 받을 수 있다. Sanders & Rivers(1996)는 상위 수준의 교사에게 배우는 학생들이 하위 수준의 교사에게 배우는 학생들에 비해 학업 성적에서 최대 4배의 차이를 나타냈다고 주장한다. 이는 특히 저소득 가정의 학생들에게 두드러진 효과를 나타냈으면, 따라서 교사의 역량 강화가 교육적 불평등을 줄이는 데 중요한 역할을 한다는 점을 강조한다.

둘째, 교원의 역량개발은 교육의 전반적인 질을 향상시키기 위해서도 필수적이다. 교사들은 지속적인 전문성 개발을 통해 최신 교육 방법과 기술을 습득하고, 이를 수업에 적용함으로써 학생들에게 더 나은 학습 경험을 제공할 수 있다. OECD(2005) 연구에 따르면, 모든 학생들이 높은 질의 교육을 받게 하기 위해서는 교사들이 지속적으로 자신의 전문성을 개발해야 한다고 강조한다. 이는 다양한 학생 요구에 부응하고, 교육의 질을 유지하는 데 필요한 것이다.

셋째, 교원 역량개발은 교육 혁신의 핵심 요소이기도 하다. 교사들이 새로운 교육 이론과 방법을 배우고 이를 실제로 적용할 수 있어야만, 교육 혁신이 효과적으로 이루어질 수 있다. 캘리포니아주에서는 1990년대 초반부터 교육 개혁에 상당한 재정 투자를 하였으나, 혁신적인 교육 개혁이 수업 현장에서 성공적으로 적용되지 못했던 David Cohen 교수의 '캘리포니아 교육개혁의 10년 연구(Cohen & Hill, 2001)'에 따르면, 캘리포니아의 교육 개혁 실패가 교사들이 새로운 교육 개혁의 내용을 충분히 이해하고 적용하지 못했기 때문이다. 즉, 캘리포니아주가 교육 개혁에 상당한 재정 투자를 했음에도 불구하고, 개혁이 수업 현장에서 성공적으로 적용되지 못한 이유는 교사가 새로운 교과 내용을 충분히 이해하고 체화하지 못했기 때문이었고, 결국 효과적인 교육 개혁으로 이어지기 어렵다는 결론을 내린다(Cohen & Hill, 2001). 그의 연구는 장기적이고 지속적인 교사 연수의 필요성을 강조하며, 교사의 지속적인 역량

개발이 교육 개혁의 성공에 필수적이라는 정책적 시사점을 제시하였다.

넷째, 교원 역량개발은 교육의 지속 가능한 발전을 위해 필수적이다. 교육 환경이 급변하는 시대에, 교사들이 지속적으로 학습하고 자신의 역량을 개발할 수 있는 기회를 제공함으로써, 교육 시스템의 유연성과 적응력을 강화할 수 있다. Darling-Hammond(2010)은 교사의 전문성 개발이 교육의 지속 가능성과 교육정책의 장기적인 성공에 중요한 역할을 한다고 주장한 바 있다. 이는 교사들이 변화하는 교육 요구에 효과적으로 대응할 수 있도록 지원할 수 있게 된다.

현대 사회는 빠르게 변화하고 있으며, 교육 환경도 이에 따라 변하고 있다. 기술의 발전, 글로벌화, 다양성 증대 등은 새로운 교육적 도전을 야기한다. 교사는 지속적인 전문성 개발을 통해 이러한 변화에 적응하고, 새로운 교육적 요구에 효과적으로 대응할 수 있는 능력을 갖추게 된다. 교사들이 자신의 교육 실천을 지속적으로 개선하고, 교육의 질을 유지하며, 학생들의 다양한 요구를 충족시키는 데 필요한 지식과 기술을 갖추도록 돕는다. 예를 들어, 환경 교육, 디지털 리터러시, 사회적 정서적 학습 등 새로운 교육 분야에서의 교사의 역할은 학생들이 미래 사회에서 성공적으로 살아갈 수 있는 역량을 기르는 데 중요하다. 교육제도의 장기적인 성공은 교사들이 지속적으로 자신의 역량을 개발하고, 변화하는 교육환경에 적응할 수 있는 능력에 달려 있다. 이는 교사들이 자신의 교육 실천을 혁신하고, 학생들에게 질 높은 교육을 제공하며, 교육제도의 목표를 달성하는 데 기여하게 한다.

결론적으로, 교원 역량개발은 교육의 질을 높이고, 학생들의 학업성취를 향상시킬 수 있으며, 교육 혁신을 촉진하는 데 핵심적인 역할을 한다. 따라서 교사들이 지속적으로 자신의 역량을 개발하고, 이를 실제 교육 현장에서 효과적으로 적용할 수 있도록 다양한 지원과 기회를 제공해야 할 것이다.

2. 교원 역량개발을 위한 국내외 사례

교원의 역량개발은 교육의 질을 높이는 핵심 요소로, 각국은 이를 위해 다양한 전략과 프로그램을 도입하고 있다. 한국은 교원 연수 프로그램, 온라인 교육 플랫폼, 멘토링 시스템 등을 통해 교사의 전문성을 강화하고 있으며, 미국, 핀란드,

싱가포르와 같은 교육 선진국들은 지속적인 전문성 개발, 교사 네트워킹, 국제 교육 교류 프로그램 등을 통해 교사 역량을 강화하고 있다. 이러한 국내외 사례는 교사 역량개발의 중요성과 효과적인 전략을 이해하는 데 중요한 시사점을 제공할 수 있을 것이다.

가. 해외 교원역량개발 사례

여기서는 미국, 핀란드, 싱가포르와 같은 국가들이 어떠한 교사 역량개발을 통해 교육체제의 전반적인 개선을 추구하고 있는지 살펴본다.

우선, 미국은 교사의 전문성 개발을 위해 지속적인 연수와 네트워킹을 중요시한다. 미국의 교사들은 다양한 연수 프로그램에 참여하여 교육 이론과 실습을 강화할 수 있다. 특히, 미국은 교사와 교육 지도자의 효과성에 중점을 두어, 이들을 위한 리더십 개발 프로그램도 운영하고 있다. 구체적으로 살펴보면, 미국의 교사들은 주기적으로 업데이트된 교육 연수 프로그램에 참여하여 교육 현장에서의 효과적인 교수법을 학습하고, 최신 교육 동향에 발맞춰 자신의 교육 방법을 개선하고 있다 (Darling-Hammond & Rothman, 2011). 이러한 연수 프로그램은 종종 학교 내외의 전문가와 협력하여 진행되며, 교사의 개별적인 성장과 전문성 강화를 목표로 한다.

둘째, 미국은 교사 간의 네트워크를 적극 권장하여 서로의 경험과 지식을 공유하고, 협력적인 교육 환경을 조성한다. 교사 네트워크는 지역 및 국가 수준에서 운영되며, 교사들은 이를 통해 다양한 교육 자료와 아이디어를 교환하고, 공통의 교육적 도전에 대한 해결책을 모색할 수 있다(Little, 2002).

셋째, 미국은 또한 교사들이 국제 교육 교류 프로그램에 참여하도록 장려한다. 이러한 프로그램은 교사들이 다른 나라의 교육 시스템과 문화를 경험하고, 글로벌 교육 환경에서의 교수법을 탐구할 수 있는 기회를 제공한다. 이는 교사들이 국제적인 시각을 가지게 하고, 이를 통해 자신들의 교육 방식을 혁신적으로 개선하는 데 도움을 줄 수 있을 것으로 기대된다.

한편, 핀란드는 세계적으로 인정받는 교육 시스템을 가지고 있으며, 교사들의 전문성 개발에 큰 비중을 두고 있다. 핀란드의 교사는 고도의 자율성을 가지고 수업을 설계하고 진행할 수 있으며, 이는 교사의 창의성과 전문성을 극대화하는 데 중요한 역할을 한다. 구체적으로 살펴보면, 핀란드의 교사들은 정기적으로 학습과 연수를 통해 자신의 전문성을 강화한다. 교사들은 연구 기반의 연수 프로그램에 참여하여 교육 이론과 실제를 결합하고, 이를 통해 새로운 교육 방법을 탐구하고 적용한다. 핀란드의 교육 시스템은 특히 교사들이 교육 연구(research)에 적극 참여하도록 장려하며, 이를 통해 교육 현장에서의 실천적 지식을 공유하고 확산한다(Sahlberg, 2011).

둘째, 핀란드는 교사 간의 협력을 중요시하며, 이를 위해 다양한 협력적 학습 커뮤니티를 운영한다. 이러한 커뮤니티는 교사들이 서로의 수업을 관찰하고 피드백을 제공하며, 공동으로 교육 프로젝트를 계획하고 실행하는 기회를 제공한다. 이를 통해 교사들은 서로의 전문성을 강화하고, 집단적 성장을 이루게 된다(Hargreaves, 2007).

이외에 싱가포르의 교사 역량개발 현황을 살펴보면, 교사 역량개발을 국가적 우선 과제로 삼아 체계적이고 구조화된 연수 프로그램을 통해 교사 전문성을 지속적으로 강화하고 있다. 구체적으로 살펴보면, 싱가포르의 교육부는 교사들의 전문성 개발을 위해 정교한 연수 프로그램을 제공한다. 이 프로그램들은 교사의 경력 단계에 따라 맞춤형으로 제공되며, 교사들이 교육 현장에서 필요로 하는 다양한 기술과 지식을 습득하도록 지원한다. 예를 들어, 신임 교사들은 기초 교육을 받고, 중견 교사들은 리더십 훈련과 심화 교육을 통해 더 높은 수준의 전문성을 쌓는다(Goh & Wong, 2014). 또한 싱가포르는 교사 평가 시스템을 통해 교사의 성과를 정기적으로 평가하고, 이를 바탕으로 맞춤형 피드백을 제공한다. 이 평가 시스템은 교사들이 자신의 강점과 개선점을 파악하고, 이를 토대로 지속적으로 발전할 수 있는 기회를 제공한다.

결론적으로, 미국, 핀란드, 싱가포르의 교원역량개발 전략은 각기 다른 문화적 그리고 정책적 배경 속에서 교사들의 전문성을 강화하는 데 중요한 역할을 하고 있다. 미국의 지속적인 연수와 네트워킹, 핀란드의 교사 대상의 교육연구와 협력적 학습 커뮤니티, 싱가포르의 체계적인 연수 프로그램과 평가 시스템은 모두 교사들이 자신의 교육 역량을 지속적으로 발전시킬 수 있도록 돕는 중요한 수단들이다.

나. 국내 교원역량개발 사례

한국의 교육부와 각 시도교육청은 교사의 전문성을 강화하기 위해 오랫동안 다양한 정책과 프로그램을 추진해오고 있다. 이들은 주로 교원 연수 프로그램, 온라인 교육 플랫폼, 멘토링 시스템 등을 중심으로 실시하였다.

구체적으로 살펴보면 첫째, 교육부와 교육청들은 교사의 전문성을 높이고 최신 교육 동향을 반영한 교수법을 습득할 수 있도록 다양한 교원 연수 프로그램을 제공한다. 이러한 프로그램은 교과목별 심화 교육, 정보통신기술(ICT) 활용 교육, 인성 교육 등을 포함한다. 예를 들어, 교과목 심화 연수는 교사들이 각자의 전공 분야에서 깊이 있는 지식을 쌓고 이를 교육 현장에서 효과적으로 활용할 수 있도록 지원한다.

둘째, 디지털 기술의 발전과 팬데믹 상황으로 인해 온라인 학습의 중요성이 부각되면서, 교사를 위한 다양한 온라인 연수 플랫폼이 개발되고 있다. 이러한 플랫폼은 교사들이 시간과 장소에 구애받지 않고 필요한 교육을 받을 수 있게 하며, 자율적이고 지속적인 학습을 촉진한다. '교사 연수 e-아카데미'와 같은 플랫폼은 교사들이 자신이 필요한 과목을 선택하여 수강할 수 있도록 다양한 콘텐츠를 제공한다.

〈한국의 교사 연수 e-아카데미 사례〉

- 아르떼 아카데미(ArtE Academy): 한국문화예술교육진흥원이 운영하는 아르떼 아카데미는 예술 교육에 중점을 둔 다양한 연수 프로그램을 제공한다. 교사들은 예술 교육의 이론과 실제를 결합한 연수 과정에 참여하여 자신의 전문성을 개발할 수 있다.
- e-국악아카데미: 국악 교육을 주제로 다양한 온라인 강좌를 제공하며, 교사들은 이를 통해 전통 음악에 대한 이해와 교육 역량을 강화할 수 있다. 강좌는 유아부터 일반인까지 폭넓게 제공되며, 특히 교사를 위한 직무 연수 프로그램도 운영한다.
- 한국사회복지협의회의 e-아카데미: 한국사회복지협의회는 보건복지 분야에서 종사하는 인력의 전문성 개발을 위한 다양한 연수 과정을 제공한다. 이 플랫폼을 통해 교사들은 복지와 관련된 교육을 받아 교육 현장에서의 복지 교육을 강화할 수 있다.

셋째, 신임 교사들이 교육 현장에서 적응하고 전문성을 쌓을 수 있도록 멘토링 시스템을 도입하고 있다. 경력이 풍부한 교사가 신임 교사의 멘토로서 역할을 수행하며, 교사들 간의 지식과 경험을 공유하고 협력하는 문화를 형성한다. 이러한 멘토링은 신임 교사의 초기 적응을 돕고, 교직 생활에서의 지속적인 성장을 지원하는 중요한 역할을 한다.

〈한국의 교사 멘토링 사례〉

나성중, 교사 멘토링으로 교육공동체 조성한다.

나성중학교는 저경력 교사의 적응을 돕는 2024년 저경력 - 고경력 교사 멘토링을 실시한다. 나성중은 1명의 멘티(5년 이하 저경력 교사)와 분야별 3명의 멘토(교과, 업무, 학급경영)로 7개의 조를 구성하여, 총 28명의 교사가 참여하는 멘토 - 멘티 결연식을 가졌다. 멘토 - 멘티는 서로가 배움으로 성장하는 시간을 마련하고 교실 수업 지도 방법, 학급 관리 등의 도움을 주면서 저경력 교사의 적응을 돕고 전문성 향상을 지원하게 된다. 또한, 멘토(고경력 교사)는 멘티(저경력 교사)에게 최신 교육 정보와 교육 기술 등 스마트 수업 방법 등을 배움으로써 교육공동체 모두가 성장하는 학교문화를 조성할 예정이다.

출처: 세종의소리(http://www.sjsori.com) 2024.04.09

3. 교원 역량개발의 주요 유형

교사의 역량은 학생의 학습성과에 직접적으로 영향을 미치며, 이는 교육체제의 성공 여부를 결정짓는 중요한 요소이다. 효과적인 교원 역량개발은 교사가 교육 현장에서 혁신적이고 유능한 교육을 제공할 수 있도록 돕는다. 이를 위해서는 다양한 유형의 역량개발이 필요하다. 본 절에서는 교원 역량개발의 주요 유형을 탐구하고, 각 유형의 특징과 효과를 상세히 살펴본다.

가. 공식적인 연수

교사의 전문성 개발을 위한 공식적인 연수는 교사의 지식과 기술을 향상시키기 위해 조직된 체계적인 교원 역량개발 프로그램이다. 이러한 프로그램은 교사가 최신 교육 이론과 실습을 습득하고, 이를 교육 현장에 적용하는 데 목적이 있다.

공식적인 연수는 몇 가지 특징을 가지는데 첫째, 구조화된 교육과정으로 운영된다. 전문성 개발 연수는 체계적으로 구성된 교육과정을 통해 교사의 전문성을 강화한다. 이는 다양한 주제와 방법을 포함하여, 교사가 필요한 기술과 지식을 습득할 수 있도록 지원한다.

둘째, 연수 프로그램은 워크숍, 세미나, 온라인 코스 등 다양한 형태로 제공된다. 이를 통해 교사는 자신의 일정과 필요에 맞춰 학습할 수 있다.

셋째, 연수 프로그램은 교사가 배운 내용을 실제 교육 현장에서 적용하고 실천할 수 있도록 돕는다. 이를 위해 연수 후 피드백과 지원을 제공하는 체계가 중요하다(Desimone, 2009).

이와 같은 교원의 전문성을 개발하기 위한 공식적인 연수는 교사의 교수 기술과 교육 방법을 향상시키는 데 효과적이다. 연구에 따르면, 지속적이고 체계적인 연수에 참여한 교사들은 학생의 학습 성과를 높이는 데 긍정적인 영향을 미친다(Yoon et al., 2007). 또한, 연수 프로그램은 교사들에게 최신 교육 동향을 소개하고, 이를 교육 현장에 효과적으로 통합할 수 있게 한다.

한국에서도 전문성 개발 연수는 현장교사들이 최신 교육 이론과 실습을 습득함으로써 역량을 강화하는데 중요한 역할을 수행한다. 교육부와 시도교육청은 다양한 연수 프로그램을 통해 교사들이 자신의 전문성을 지속적으로 개발할 수 있도록 지원하고 있다. 구체적으로, 한국에서는 교사들이 자신의 필요에 맞는 다양한 주제의 연수 프로그램에 참여할 수 있다. 이는 교사의 교육 수준과 관심사에 따라 맞춤형 학습 기회를 제공한다. 예를 들어, 교과목별 전문성 강화 연수는 특정 교과목의 교수법을 심화하는 데 중점을 둔다. 한국의 연수 프로그램은 온·오프라인 병행 교육을 통해 교사들에게 유연한 학습 환경을 제공하기도 한다. 온라인 연수는 교사가 시간과 장소에 구애받지 않고 학습할 수 있도록 지원하며, 오프라인 연수는 직접적인 참여와 실습을 통해 깊이 있는 학습을 가능하게 한다.

결론적으로, 교원의 전문성을 개발하기 위한 공식적인 연수는 교사의 교수 기술과 교육 방법을 향상시키는 데 중요한 역할을 한다. 한국의 다양한 연수 프로그램들은 교사가 자신의 전문성을 지속적으로 개발하고, 이를 교육 현장에 효과적으로 적용할 수 있도록 지원하고 있다.

나. 전문적 학습 공동체(Professional Learning Communities, PLC)

공식적인 연수 이외에 대안적으로 등장한 교원역량개발 전략이 전문적 학습공동체이다. 교원역량개발을 위한 전략 중 전문적 학습 공동체는 교사들이 정기적으로 모여 교육 실천을 개선하기 위해 협력하는 집단을 의미한다. 이 공동체의 핵심 목표는 교사의 전문성을 지속적으로 개발하고, 학생의 학습 성과를 높이는 데 있다.

전문적 학습공동체의 특징을 살펴보면 첫째, 전문적 학습공동체는 교사들 간의 협력을 중심으로 운영되며, 이를 통해 교사들은 서로의 경험과 지식을 공유하고, 교육 문제를 함께 해결한다. 이는 교사의 고립감을 줄이고, 집단적 책임감을 강화하는 효과를 가져온다.

둘째, 전문적 학습공동체는 학생 성과 데이터 및 교육 활동의 결과를 분석하여 의사결정을 내린다. 이를 통해 교육 활동의 효과성을 객관적으로 평가하고, 필요한 개선점을 식별할 수 있다(Schmoker, 2006).

셋째, 전문적 학습공동체는 교사의 지속적인 학습을 촉진한다. 교사들은 주기적인 회의를 통해 자신의 수업을 반성하고, 동료로부터 피드백을 받아 교육 실천을 지속적으로 개선할 수 있다.

관련 연구들에 따르면, 전문적 학습공동체는 교사의 전문성 강화에 있어 긍정적인 영향을 미치는 것으로 나타났다. 전문적 학습공동체에 참여하는 교사들은 교육 방법에 대한 깊은 이해를 바탕으로 학생의 학습 성취를 향상시키는 데 성공적이었던 것이다. 또한, 전문적 학습공동체는 교사의 직무 만족도를 높이고, 교육 혁신을 촉진하는 데에도 기여하는 것으로 나타났다(Johnson et al., 2014).

한국에서 전문적 학습공동체는 교사들이 자율적으로 모여 협력적으로 학습하고, 교육 현장에서의 문제를 함께 해결하는 구조를 갖추고 있다. 이는 교육부와 시도교육청이 주도적으로 추진하는 프로그램 중 하나로, 학교 단위에서 교사들이 정기적으로 모여 교육 방법을 개선하고 학생의 학습 성과를 향상시키기 위한 활동을 전개한다.

한국에서 실시하는 전문적 학습공동체를 통한 교원역량개발 전략은 몇 가지 특징을 가지는데 첫째, 한국의 전문적 학습공동체는 교사들이 자율적으로 운영하며, 이를 통해 교사들은 자신의 교육실천을 반성하고, 동료 교사들과의 협력을 통해 새로운 교육 방법을 모색한다. 예를 들어, 서울시 교육청은 '학교 혁신 프로젝트'의 일환으로 전문적 학습공동체를 활성화하고 있다.

둘째, 교사들은 교육 현장에서 직면하는 다양한 문제를 중심으로 전문적 학습공동체 활동을 구성하기도 한다. 이는 교사가 실제 교육 상황에서 겪는 어려움을 해결하는 데 중점을 두고 있는 것이다. 예를 들어, 특정 학습 주제나 학생의 행동 관리 문제를 다루는 전문적 학습공동체가 운영되고 있다.

셋째, 한국의 전문적 학습공동체는 지속적인 지원과 발전을 목표로 한다. 이를 위해 교사들에게는 정기적인 회의 시간과 자료가 제공되며, 학교 관리자는 이러한 활동을 적극 지원한다. 이처럼 한국에서의 전문적 학습공동체는 교사들의 협력적 문화를 촉진하고, 교육 질을 향상시키는 데 긍정적인 영향을 미치고 있다.

다. 멘토링 및 코칭

멘토링과 코칭은 경험 많은 교사가 신입 교사나 동료 교사를 지도하고 지원하는 과정이다. 이 과정은 교사 개개인의 성장을 지원하고, 교육 현장에서의 실질적인 문제 해결을 돕기 위한 것이다. 교원역량 개발을 위한 멘토링 및 코칭은 다음과 같은 특징을 갖는다.

첫째, 교사들에게 개별화된 지원이 가능하다. 멘토링과 코칭은 교사의 개별적인 필요와 목표에 맞추어 진행된다. 이를 통해 교사는 자신의 교육 방식과 전문성을 강화하는 데 집중할 수 있게 된다.

둘째, 직무 연계 학습을 중심으로 실시한다. 멘토링과 코칭은 교사의 일상 업무와 밀접하게 연관된 학습 활동을 포함한다. 이는 교사가 실제 교육 상황에서 얻은 경험을 바탕으로 자신의 교수법을 개선할 수 있게 도와줄 수 있다.

셋째, 멘토링과 코칭은 장기적인 관계 형성을 통해 수행된다. 멘토링은 멘토와 멘티 간의 장기적인 관계를 형성하여, 지속적인 지원과 피드백을 제공한다. 이는 교사의 지속적인 성장과 발전을 촉진한다. 멘토링과 코칭은 신입 교사의 초기 적응을 돕고, 경력 교사의 지속적인 발전을 지원하는 데 특히, 효과적이다(Feiman-Nemser, 2001; Hobson et al., 2009). Hobson과 동료들의 연구(2009)에 따르면, 멘토링 프로그램에 참여한 신입 교사들은 높은 직무 만족도를 보였고, 교육 효과성 또한 향상되는 것으로 나타났다.

한국에서 멘토링 및 코칭 프로그램은 주로 신임 교사나 교육에 어려움을 겪는 교사를 지원하기 위해 설계되었다. 교육부와 시도교육청은 이러한 프로그램을 통해 경험 많은 교사가 신심 교사나 동료 교사를 돕고, 그들의 교육 실천을 향상시키도록 지원하고 있다. 구체적으로 살펴보면, 한국에서는 신임 교사를 위한 체계적인 멘토링 프로그램이 운영되고 있다. 예를 들어, 신임 교사 맞춤형 멘토링 프로그램은 신임 교사들이 학교생활에 잘 적응하고, 효과적인 교육 방법을 배우도록 돕는다.

둘째, 한국의 코칭 프로그램은 경력 교사가 자신의 교육 실천을 지속적으로 개선할 수 있도록 지원하고 있다. 이를 위해 다양한 코칭 기법이 적용되며, 코칭 교사와의 정기적인 상담과 피드백을 통해 교사는 자신의 강점을 강화하고 약점을 보완할 수 있다. 한국에서의 사례들은 이러한 프로그램이 교사의 교육 실천 능력을 향상시키고, 교사의 직무 만족도를 높이는 데 기여하고 있음을 보여준다.

라. 온라인 학습

최근 교원역량개발을 위한 대안적인 전략 중 하나로 온라인 학습이 강조되고 있다. 온라인 학습은 교사가 자신의 필요와 일정에 따라 자율적으로 학습할 수 있는 방법을 제공한다. 이는 교사가 시간과 장소의 제약 없이 전문성을 개발할 수 있도록 돕는 데 목적이 있다. 구체적으로 그 특징을 살펴보면, 온라인 학습은 교사가 언제 어디서나 학습할 수 있는 유연한 환경을 제공한다. 이는 교사가 자신의 일정에 맞춰 학습할 수 있도록 지원하며, 다양한 온라인 자원을 통해 학습을 강화한다. 온라인 학습과 자기장학은 비디오 강의, e-러닝 모듈, 인터랙티브 학습 도구 등 다양한 형태로 제공된다. 이를 통해 교사는 자신의 학습 스타일에 맞는 도구를 선택하여 학습할 수 있다.

관련 연구들에 따르면, 온라인 학습에 참여한 교사들은 학습 만족도가 높으며,

이를 통해 자신의 교수법을 효과적으로 개선할 수 있게 되었다(McQuiggan, 2012). 온라인 학습과 자율 학습은 교사가 자신의 필요와 일정에 따라 자율적으로 학습할 수 있는 기회를 제공한다. 한국에서는 이러한 학습 방법을 지원하기 위해 다양한 온라인 플랫폼과 자율 학습 프로그램이 개발되고 운영되고 있다. 대표적인 예로 '에듀넷 티-클리어(EDUNET T-CLEAR)'에서는 교사를 위한 다양한 교육 콘텐츠와 학습 도구를 제공하고 있다. 이와 함께 '온라인 학습 모임'은 교사들이 특정 주제에 대해 함께 학습하고 토론할 수 있는 기회를 제공한다.

결론적으로, 교원 역량개발은 교육의 질을 향상시키기 위해 필수적인 요소이며, 이를 위한 다양한 유형의 프로그램과 전략이 존재한다. 이러한 다양한 유형의 교원 역량개발은 교사의 지속적인 성장을 촉진하고, 궁극적으로 학생의 학습 성과를 향상시키는 데 기여할 수 있을 것이다.

4. 교원역량개발의 도전과제

교원 역량개발은 교사의 전문성을 강화하고 교육의 질을 높이기 위한 필수적인 과정이다. 그러나 이러한 역량개발 과정은 여러 가지 도전에 직면해 있다. 이 절에서는 한국의 교원 역량개발에서 나타나는 주요 도전과제를 시간 부족과 업무 부담, 예산 제약 및 자원의 한계, 연수의 질과 실질적인 효과성의 문제를 중심으로 논의하고자 한다.

가. 교사의 시간 부족 및 업무 부담

한국의 교사들은 교육 활동 외에도 다양한 행정 업무와 학생 상담, 학부모 면담 등으로 인해 상당한 업무 부담을 안고 있다. 이러한 상황에서 시간 부족은 교원 역량개발에 큰 장애 요소로 작용한다. 교사들은 종종 바쁜 일과 속에서 추가적인 연수나 자기개발에 참여할 시간이 부족하다고 느낀다. 이는 과도한 행정 업무를 처리해야 하기 때문이다. 한국의 교사들은 수업 준비와 학생지도 외에도 많은 행정적 업무를 처리해야 하기 때문에 교사들이 전문성 개발에 필요한 시간과 에너지를 확보하는 데 어려움을 겪는 것이다.

또한 한국의 교육체제에서 교사들은 주당 많은 수업을 담당하고 있다. 이는 교사들이 수업 외 시간에 여유를 가지기 어렵게 만들고, 결국 역량개발 활동에 참여할 수 있는 시간을 제한하게 된다.

이를 해결하기 위해서는 우선적으로 교사의 행정적 업무를 경감해야 하는 것이 시급한데, 대표적인 방안으로 업무행정팀 구성이나 행정 지원 인력 확충을 고려해야 한다. 또한 교사의 과도한 수업시간을 줄이고, 보다 효과적인 수업시간 배분을 통해 교사가 자기개발에 더 많은 시간을 투자할 수 있도록 지원해야 한다. 이와 동시에 교사들이 시간과 장소에 구애받지 않고 참여할 수 있는 온라인 연수 프로그램을 확대하고, 교사의 일정을 고려한 맞춤형 연수를 제공할 필요가 있다.

나. 예산 제약 및 자원의 한계

교원 역량개발에는 상당한 재정적 자원과 인프라가 필요하다. 그러나 한국의 교육기관들은 예산 제약과 자원의 한계로 인해 교원역량개발 프로그램을 효과적으로 운영하는 데 어려움을 겪고 있다. 교육부와 시도교육청의 예산은 한정되어 있고, 이는 교원 연수 프로그램에 충분한 자금을 할당하는 데 제약을 준다. 특히, 교육 예산이 타 분야와 경쟁하는 상황에서는 교원 역량개발 예산이 우선순위에서 밀릴 수 있다. 따라서 제한된 예산을 보다 효율적으로 사용하기 위해 연수 프로그램의 우선순위를 명확히 하고, 효과적인 프로그램에 집중 투자해야 한다.

다른 한편, 지역 간의 교육 재정 불균형은 농어촌 및 소외 지역의 교사들이 양질의 연수 기회를 접하는 데 제한을 초래할 수 있다. 특히 소규모 학교나 농어촌 지역의 학교들은 최신 연수 시설이나 기술 장비의 부족으로 인해 교사들이 효과적인 연수를 받을 수 있는 환경을 조성하는데 어려움이 따른다. 따라서 학교 간의 협력과 자원의 공동 활용을 통해 연수 시설과 장비의 부족 문제를 해결해나가야 할 것이다. 예를 들어, 인근 학교와의 연계 프로그램을 운영하거나, 온라인 연수를 통해 지역 간 자원 격차를 줄일 수 있을 것이다.

다. 연수의 질과 실질적인 효과

교원 연수 프로그램의 질과 실질적인 효과성은 교사 역량개발의 성공 여부를 결정하는 중요한 요소이다. 그러나 현재의 많은 연수 프로그램은 형식적이고 이론 중심적이며, 실제 교육 현장에서의 적용 가능성이 낮다는 비판을 받고 있다. 구체적으로 살펴보면, 많은 연수 프로그램이 이론적인 내용에 치중되어 있어 교사들이 실제 교육 현장에서 활용할 수 있는 실질적인 기술이나 전략을 배우기 어려운 경우가 많다. 또한 전통적인 연수 프로그램은 주로 강의식 전달 방식으로 이루어져 있어 교사들이 적극적으로 참여하고 실습을 통해 학습할 기회가 부족하다. 이와 동시에 연수 후 교사들이 배운 내용을 실제로 적용하고 지속적으로 발전시킬 수 있는 지원 체계가 부족하다. 이는 연수의 효과성을 떨어뜨리는 주요 요인 중 하나이다.

따라서 연수의 질과 실질적인 효과성을 높이기 위해서는 이론적 지식 전달보다는 실습과 경험을 중심으로 한 연수 프로그램을 개발하여 교사들이 실제 교육 현장에서 적용할 수 있는 기술과 전략을 배우도록 해야 한다. 또한 교사들이 적극적으로 참여하고, 협력적으로 문제를 해결할 수 있는 연수 방식을 도입하여 연수의 몰입도를 높이고, 학습 효과를 극대화할 필요가 있다. 이와 동시에 연수 후 교사들이 배운 내용을 지속적으로 적용하고 발전시킬 수 있도록 학교 내에서의 멘토링이나 피드백 시스템을 강화하고, 후속 연수 프로그램을 제공해야 할 것이다.

5. 미래 지향적인 교원 역량개발의 방향

21세기는 급속한 변화와 불확실성의 시대이다. 이러한 환경에서 교육은 학생들이 미래의 도전에 대비할 수 있도록 준비시키는 중요한 역할을 수행한다. 이와 함께 교사들은 학생들에게 효과적으로 교육을 제공하기 위해 지속적으로 자신의 역량을 개발해야 한다. 전통적인 교원역량 개발 방식은 주로 외부 전문가에 의한 일방적인 교육에 의존해 왔으나, 이는 교사들의 실제 교육 현장에서의 문제를 해결하기에는 한계가 있었다. 이에 따라, 학교를 학습조직으로 전환하는 것이 교사들의 지속적인 역량개발을 촉진할 수 있는 효과적인 전략으로 주목받고 있다.

학습조직(Learning Organization)은 조직이 환경 변화에 적응하고 지속적으로 성장할 수 있도록 구성원들이 학습과 혁신을 추구하는 조직을 의미한다. Peter Senge(1990)는 학습조직을 '지속적으로 새로운 것을 배우고 창출하는 능력을 갖춘 조직'으로 정의한 바 있다. 학교를 학습조직으로 바라보게 되면, 교사들은 더 이상 지식을 전달하는 데 그치지 않고, 스스로 학습하고 동료들과 협력하여 교육의 질을 향상시키는 중요한 역할을 하게 된다.

Senge의 이론에 따르면, 학습조직은 교사들이 지속적으로 자신의 전문성을 발전시키고, 새로운 교육 방법을 학습하는 것을 장려하는 개인적 숙련(Personal Mastery)과 교사들이 자신의 사고방식과 신념을 반성하고, 이를 통해 더 나은 교육적 접근을 모색하도록 돕는 정신모형(Mental Models)을 강조한다. 또한 학교 공동체가 공통의 교육적 목표를 가지고 이를 달성하기 위해 협력하는 공유된 비전(Shared Vision)이 있다. 그리고 교사들이 팀 단위로 협력하여 문제를 해결하고, 학습을 통해 얻은 지식을 공유하는 팀 학습(Team Learning)을 수행한다. 마지막으로 학교 내의 다양한 요소들이 어떻게 상호작용하는지를 이해하고, 전체적인 관점에서 문제를 해결하는 시스템 사고(Systems Thinking)를 강조한다.

이와 같은 특징을 지닌 학습조직으로서 학교는 교원 역량개발에 있어 상당한 기여를 할 수 있다. 우선, 학습조직으로서 학교는 교사들이 지속적으로 자신의 전문성을 개발할 수 있는 환경을 제공한다. 교사들은 정기적인 연수와 워크숍에 참여하거나, 학습공동체(Professional Learning Community, PLC)를 통해 동료들과 협력하여 자신의 역량을 발전시킬 수 있다. 이러한 과정에서 교사들은 자신의 교육 실천을 반성하고, 이를 바탕으로 새로운 수업 전략을 개발하게 되는 것이다.

또한 학습조직으로서 학교에서는 교사들 간의 협력과 지식 공유를 촉진하게 된다. 교사들은 협력하여 교육 문제를 해결하고, 서로의 경험과 노하우를 공유함으로써 보다 효과적인 교육 방법을 개발할 수 있다. 예를 들어, 팀 학습을 통해 교사들은 새로운 교수법을 실험하고, 이를 통해 얻은 결과를 동료들과 공유하여 교육의 질을 향상시킬 수 있다.

이와 동시에 학습조직으로서 학교에서 교사들은 혁신적 사고를 가지고 새로운 교육 방법을 시도할 수 있다. 실패를 두려워하지 않고, 새로운 아이디어를 실험하는 문화가 조성될 때, 교사들은 교육의 질을 향상시키기 위한 다양한 접근을 시도할 수 있게 된다. 이는 학생들에게도 보다 창의적이고 참여적인 학습 경험을 제공하는 데 도움이 될 수 있을 것이다.

결론적으로 미래지향적인 교원역량개발의 방향은 학교를 학습조직으로 전환하는 데 있다. 학습조직으로서의 학교는 교사들이 지속적으로 전문성을 발전시키고, 협력과 지식 공유를 통해 교육의 질을 향상시킬 수 있는 환경을 제공한다. 이러한 학습조직으로서의 전환은 교사들이 자신의 수업을 발전시키고, 보다 나은 교육을 제공하기 위해 자발적으로 역량을 개발할 수 있도록 장려한다. 교사들이 자신의 전문성을 지속적으로 향상시키고, 변화하는 교육 환경에 효과적으로 대응할 수 있는 능력을 갖추게 될 때, 학교는 진정한 학습조직으로서의 역할을 수행하게 된다. 이를 통해 교육 시스템은 더욱 탄력적이고 혁신적으로 변화하며, 궁극적으로 학생들의 학업성취를 향상시킬 수 있을 것이다.

참고문헌

Cohen, D. K., & Hill, H. C. (2001). *Learning Policy: When State Education Reform Works*. Yale University Press.

Darling-Hammond, L. (2006). *Powerful Teacher Education: Lessons from Exemplary Programs*. Jossey-Bass.

Darling-Hammond, L. (2010). *The Flat World and Education: How America's Commitment to Equity will Determine our Future*. Teachers College Press.

Darling-Hammond, L., & Bransford, J. (Eds.). (2005). *Preparing Teachers for a Changing World: What Teachers should Learn and be able to Do*. Jossey-Bass.

Darling-Hammond, L., & Rothman, R. (2011). *Teacher and Leader Effectiveness in High-Performing Education Systems*. Alliance for Excellent Education and Stanford Center for Opportunity Policy in Education.

Desimone, L. M. (2009). Improving impact studies of teachers' professional development: Toward better conceptualizations and measures. *Educational Researcher, 38*(3), 181-199.

Feiman-Nemser, S. (2001). From preparation to practice: Designing a continuum to strengthen and sustain teaching. *Teachers College Record, 103*(6), 1013-1055.

Goh, C. B., & Wong, B. (2014). Teacher preparation in Singapore: The future of STEM. In L. E. R. Parker (Ed.), *The Global STEM Initiative: Challenges and Prospects*(pp. 83-98). Springer.

Hargreaves, A. (2007). Sustainable leadership and development in education: Creating the future, conserving the past. *European Journal of Education, 42*(2), 223-233.

Hobson, A. J., Ashby, P., Malderez, A., & Tomlinson, P. D. (2009). Mentoring beginning teachers: What we know and what we don't. *Teaching and Teacher Education, 25*(1), 207-216.

Johnson, S. M., Kraft, M. A., & Papay, J. P. (2014). How context matters in high-need schools: The effects of teachers' working conditions on their professional satisfaction and their students' achievement. *Teachers College Record, 116*(10), 1-39.

Little, J. W. (2002). Locating learning in teachers' communities of practice: Opening up problems of analysis in records of everyday work. *Teaching and Teacher Education, 18*(8), 917-946. https: //doi.org/10.1016/S0742-051X(02)00052-5

Organisation for Economic Co-operation and Development (OECD). (2005). *Teachers Matter: Attracting, Developing and Retaining Effective Teachers*. OECD Publishing. https: //doi.org/10.1787/9789264018044-en

Rivkin, S. G., Hanushek, A., Kain, J. (2001). Teachers, Schools, and Academic Achievement, Working Paper, 6691, National Bureau of Economic Research (revised).

Sahlberg, P. (2011). Finnish Lessons: What Can the World Learn from Educational Change in Finland?. *Teachers College Press*.

Sanders, W., & Rivers, J. (1996). Cumulative and residual effects of teachers on future student academic achievement (Research progress report). In *University of Tennessee Value-Added Assessment Center, Knoxville, TN.* Retrieved March 28, 2010, from http://mdk12.org/practices/ensure/tva/ tva_2.html

Schmoker, M. (2006). *Results Now: How We Can Achieve Unprecedented Improvements in Teaching and Learning*. ASCD.

Senge, P. M. (1990). *The Fifth Discipline: The Art and Practice of the Learning Organization*. Doubleday/Currency.

Shulman, L. S. (1986). Those who understand: Knowledge growth in teaching. *Educational Researcher, 15*(2), 4-14. https: //doi.org/10.3102/0013189X015002004

Yoon, K. S., Duncan, T., Lee, S. W. Y., Scarloss, B., & Shapley, K. L. (2007). Reviewing the Evidence on How Teacher Professional Development Affects Student Achievement. *Issues & Answers Report, REL 2007-No. 033*.

CHAPTER

16 교육과정 운영과 교육행정

교육 활동의 핵심에 교육과정이 있고, 교육을 위한 각종 지원 활동을 교육행정이라는 이름으로 수행한다면, 교육과정은 교육행정 행위와 연구의 중요한 영역이 된다. 실제로 교육과정은 일정한 법률 하에서 편성되고, 교육제도와 교원, 교육재정과 교육시설 등 각종 요소와 촘촘한 연관을 맺으며 운영된다. 이 장에서는 교육과정 행정의 개요를 설명하고, 근래의 교육과정 정책의 현황을 검토한다. 이 장에서 다루는 주제는 다음과 같다.

- 교육과정행정의 개념과 의의
- 교육과정행정의 구조와 조직
- 학교제도 설계와 교육과정
- 학교조직과 교육과정 운영의 표준 운영 절차
- 교육과정 정책의 전개와 현황

1. 교육과정행정의 개념과 의의

교육행정을 교육에 관한 행정으로 파악하든 교육을 위한 행정으로 파악하든 교육과정은 교육행정의 핵심 요소이다. 학교는 교사와 학생들이 교육과정을 매개로 결합한 조직이라고 할 수 있고, 국가의 교육정책 방향은 궁극적으로 교육과정 운영을 통하여 구현된다. 또, 교육과정 운영의 결과는 많은 교육제도 또는 교육정책을 평가하는 준거가 될 수 있다. 사실상 교육제도와 학교 조직은 교육과정을 중심으로 짜임새를 갖추고 있으며, 교육과정이야말로 얼핏 난삽해 보이는 학교 조직과 교육행정의 여러 요소를 엮는 핵심 고리이다.

사실이 이러함에도 불구하고, 한국의 교육행정 연구 전통에서 교육과정과 교육행정, 더 좁게는 교육정책은 외견상 별개의 것이거나, 관련이 있다고 하더라도 그 정도가 미미한 것으로 인식되어 왔다. 교육과정 연구자들 가운데 교육정책이나 교육행정에 민감성을 갖춘 경우가 많지 않으며, 교육행정이나 교육정책 연구자들 가운데 교육과정을 소재로 연구를 진행하는 경우는 찾아보기가 더 어렵다. 한국교육행정학회에서 교육과정을 소재로 학술행사를 개최한 예를 찾기가 쉽지 않고, 김종철과 이종재가 함께 쓴 교과서적 성격의 도서(1994) 외에 교육과정행정을 별도의 장으로 분리하여 다루고 있는 책을 찾기도 어렵다.

외국의 경우는 한국과 다소간 다른 흐름도 포착된다. 미국의 경우, Elmore와 Sykes(1992)는 일찍이 교육과정 행정 또는 정책에 관한 연구 문헌을 개관하면서, 교육과정 정책은 고유한 질문과 양질의 독특한 문헌을 가진, 잘 정의된 연구 분야가 아니라고 한 바 있다. 그러나, 미국에서 국가 교육과정 표준(national standard) 운동이 본격화되면서 교육과정에 대한 정책적 논의가 활성화되고 있다. 영국 역시 교육과정이 오랫동안 교사의 자율 영역에 속하였던 탓에 국가의 정책 대상이 되지는 않았다. 그러나, 1988년 교육개혁법 제정 이후 국가 교육과정(national curriculum)이 등장하면서 교육과정이 교육정책 논의에 중요한 소재로 부상하고 있다.

오늘날 학업 성취도 평가 정책이 널리 시행되는 상황에서 목격할 수 있는 것처럼, 교육행정이나 교육정책이 교육 산출에 관심을 가지게 되면, 교육과정은 당연히 교육정책의 대상 또는 소재가 된다. 김용(2005: 293-294)은 교육과정이 교육정책의 대상이 된다는 것의 의미를 다음과 같이 네 가지로 파악하고 있다.

첫째, 교육과정의 결정(또는 개발)이 사회적 수준에서 이루어진다. 교육이 개인의 책임 하에 이루어지던 때와 달리 국가가 관장하는 활동이 되면, 교육과정의 개발(또는 결정)은 사회적 관심사가 된다. 따라서 누가, 어떤 원칙에 의하여, 어떤 방법으로 교육과정을 개발(또는 결정)할 것인가는 중요한 정책 문제가 된다. 둘째, 교육과정 운영 과정이 조직화되며, 그 과정에 국가 및 공공 기관의 지원이 이루어진다. 교육과정이 사회적 관심사가 된 이상 운영 과정에서 조직화의 요구가 발생하는 것은 필연적이다. 따라서 교육과정 운영의 제도적 틀을 어떻게 형성할 것인가, 교육과정 운영을 지원할 때 어떤 원칙을 설정하고 구현할 것인가, 예를 들어, 교육과정 운영에서 효과성과 효율성 등을 제고하기 위한 방안은 무엇인가와 같은 문제가 제기된다. 셋째, 모든 정책이 정책 평가의 대상이 되는 것과 마찬가지로, 교육과정 운영은 평가의 대상이 된다. 평가 결과는 교육과정정책 논의에 환류된다. 넷째, 교육과정을 여타 정책과의 관련 하에서 사고하게 된다. 교육과정은 그것 자체가 정책의 관심사가 되는 동시에 다른 정책의 수단이 될 수도 있으며, 때로는 다른 정책의 환경이나 목표가 될 수도 있다. 따라서 교육과정과 다른 정책(대상) 간의 연관 관계에 대한 인식이 요청된다.

교육과정 편성과 운영에는 여러 가지 요소들이 관련되어 있다. 일례로, 홍후조(2002)는 국가 정책과 교육개혁, 교육과정 개정 관행, 교원, 학생, 교재, 시설과 설비, 교육평가, 시간, 재정과 여건 등을 교육과정 운영에 영향을 미치는 요인으로 들고 있다. 이와 같은 사실을 염두에 두고 교육과정행정의 범위와 성격을 설정할 필요가 있다.

일본의 교육행정 연구자인 히라하라 하루요시(平原春好, 2007: 170)는 교육행정은 교육과정의 기준을 작성하고, 그 기준에 근거한 교육과정 편성에 대하여 지도 조언을 하는 것을 임무로 삼는다고 한 바 있다. 이와 같은 진술이 교육과정행정의 핵심 과업과 성격을 잘 지적하고 있는 것은 사실이지만, 교육과정행정의 과업은 더 포괄적이다.

교육과정행정의 과업은 다음과 같다. 첫째, 교육 목표를 설정하는 일이다. 교육과정은 교육목표와 깊이 연관되어 있으며, 교육목표의 설정은 국가 사회적 과제이다. 교육과정행정은 각급 학교의 교육 목표를 설정하는 일을 통하여 국가 사회적 수준의 교육목적과 학교 교육과정을 연결한다. 둘째, 교육과정 편성과 운영의 기준을 정하는 일이다. 셋째, 교육과정을 효과적으로 운영하기 위하여 여러 가지 자원을 효율적으로 조직하는 활동, 예를 들어, 효과적인 교육과정 운영을 위하여 교원정책을 시행하고, 교육 시설을 교육과정 운영 친화적으로 변화시키는 일 등은 교육과정행정의 중요한 과제이다.

2. 교육과정 행정의 구조와 조직

가. 교육과정 관련 법률의 체계와 내용

교육과정의 개념을 다양하게 정의할 수 있는 것처럼, 교육과정 관련 법률의 범위

역시 다양하게 한정할 수 있다. 교육과정에 관하여 직접 규율하고 있는 조항은 초·중등교육법과 같은 법 시행령 상의 몇 조항에 불과하지만, 교육과정에 관하여 간접적으로 관련을 가지는 조항은 헌법과 교육기본법 등 여러 법률에 흩어져 있다. 교육과정과 간접적으로 관련을 가지는 조항은 교육과정 편성과 운영의 근간을 형성하는 것과 학교 내의 학사 운영에 관한 조항들로서 교육과정 편성과 운영에 영향을 미치는 조항들로 나누어볼 수 있다.

1) 직접 규율 조항

초·중등교육법 제23조 제1항에서는 "학교는 교육과정을 운영하여야 한다."고 규정하고 있다. 여기서 '운영'은 편성 이후의 과정으로 국한되는 것이 아니라 편성을 포함하는 것으로 해석하여야 한다. 이 조항은 교육과정 편성과 운영의 주체가 학교임을 명시하고 있다. 그런데, 여기서 '학교'는 구체적으로 무엇을 지칭하는가라는 질문을 제기할 수 있다. '학교'는 교육과정을 중심으로 교육 계획을 수립하고 활동을 전개하는 집단을 이르는 것으로서, 구체적으로 교장과 교감을 포함한 교직원 집단의 총의가 집약된 장인 교직원 회의를 지칭한다. 다만, 학교 교육과정 운영의 최고 결정권자 또는 책임자가 누군가라는 질문에 대하여 교직원회의를 들 수도 있으나, 교육 관계법상 교직원 회의가 법정 기구가 아닌 상황과 교무 통할자로서의 교장의 법적 위상을 염두에 둘 때, 학교장을 교육과정 편성과 운영의 최종 결정권자로 생각할 수 있다.

학교가 교육과정을 운영한다고 해도, 무제한의 자유를 향유할 수 있는 것은 아니다. 위의 법률 동조 제2항에서는 "국가교육위원회는 제1항에 따른 교육과정의 기준과 내용에 관한 기본적인 사항을 정하며, 교육감은 국가교육위원회가 정한 교육과정의 범위에서 지역의 실정에 맞는 기준과 내용을 정할 수 있다."고 규정하여 학교 교육과정 운영의 테두리를 정하는 권한의 소재를 밝히고 있다. 이 조항에 근거하여 '교육과정에 관한 기준과 내용에 관한 기본적 사항을 정한 것'이 국가교육위원회가 고시하는 「교육과정」이다. 종래에는 교육과정의 기준과 범위를 정하는 권한을 교육부장관이 행사했지만, 2021년부터 국가교육위원회가 결정권을 행사하기로 했고, 교육부장관은 교육과정이 안정적으로 운영될 수 있도록 지원하는 일을 관장하게 되었다.

통상 교육과정이라고 하면, 교과와 특별활동 및 재량활동 등을 포함한다. 이 중 교과는 대통령령으로 정한다(제23조 제4항). 초·중등교육법 시행령 제43조에서는 초등학교 및 공민학교, 중학교 및 고등공민학교, 고등학교, 특수학교 및 고등기술학교의 교과를 규정하고 있다. 현재는 국민공통기본교육과정 열 개 교과 외에 국가교육위원회가 필요하다고 인정하는 교과를 둘 수 있다고 규정하고 있다.

교과를 대통령령으로 규정하는 데 대하여 이견이 있을 수 있다. 교과를 법률에 규정함으로써 교사의 교육의 자유가 제한될 뿐만 아니라 학교가 교육과정을 탄력적으로 운영하는 데에도 장애를 초래한다는 비판이 가능하다. 이런 비판에도 일리가 있지만, 역사적으로 형성된 실체로서의 교과의 존재를 인정하며 교사 자격 부여와 임용 등 교육제도 운영의 필요에 의해서도 교과를 법률에 규정하는 현실은 긍정된다. 과거에 교사의 교육의 자유를 폭넓게 인정했던 영국과 미국의 많은 주에서도 현재는 법률에 교과를 명시하고 있다.

교사들의 수업 운영에 가장 직접적으로 영향을 발휘하는 「교육과정」은 국가교육위원장이 고시한 것이다. 「교육과정」은 제4차 교육과정까지는 법규 명령인 문교부령으로 공포되었으나, 제5차 교육과정 이후에는 행정 규칙의 하나인 '고시' 형식을 취하고 있다. 고시(告示)는 행정청이 결정한 사항 또는 기타의 일정한 사항을 행정 규칙의 형식으로 일반인에게 알리는 것을 말한다. 고시의 법적 성격에 대해서는 고시가 위임의 근거 규정과 결합하여 전체로서 외부적 효과를 발생하는 것으로서 법규성을 갖는다는 견해와 법치주의의 원칙상 법규명령 제정권자는 헌법 또는 법률에서 정해져야 하고, 법규명령의 형식을 취하지 않고 법규명령의 제정 절차를 거치지 않은 규범을 법규명령으로 볼 수 없기 때문에 고시는 법규성을 인정할 수 없다는 견해 등이 대립하고 있다(홍정선, 2006: 145-146).

비슷한 맥락에서 고시 문서로서의 「교육과정」의 법규성 인정 여부에 대해서도 견해가 대립하고 있다. 강인수(2003: 32-33)는 교육행정당국이 고시하는 교육과정은 교육제도 운영의 기준이 될 뿐만 아니라 교육행·재정, 교원 행정, 교육시설행정 등에 대한 정책 수립과 집행의 근거가 되는 '교육의 기본 설계도'로서 기능하기 때문에 법적 구속력을 가진다고 본다. 이에 대하여 노기호(1998: 108-109)는 고시 문서는 교육내용의 기준에 관한 제안으로서 지도조언적 문서에 불과하여 법적 구속력은 갖지 않는다고 한다.

한편, 초·중등교육법 제7조에서는 "교육감은 관할 구역의 학교를 대상으로 교육과정 운영과 교수학습 등에 대한 장학지도를 할 수 있다."고 규정하고 있으며, 지방교육자치에 관한 법률 제22조에서는 교육감의 관장 사무로서 교육과정의 운영에 관한 사항을 명기하여 학교 교육과정 운영의 통제 주체를 밝히고 있다.

한편, 국가교육과정 외에 각 정부부처나 국회의원 등이 발의하여 학교에 의무적으로 부과하는 범교과 학습 관련 내용이 과다하여 학교 교육과정 운영을 해친다는 비판이 제기되었다(김용 외, 2019). 예를 들면, 영양 식생활 교육, 흡연 음주 등 약물 오남용 예방교육, 학교폭력 예방교육, 독도사랑교육, 생명존중교육 등이다. 이 문제의 심각성이 공유되면서, 교육실시와 결과 보고 등을 의무적으로 부과하는 법정교육을 반영하는 내용의 법령을 제정하거나 개정하려는 경우에는 사전에 국가교육위원회와 협의하는 '교육과정 영향 사전협의' 제도를 운영하도록 했다(제23조의2).

2) 간접 규율 조항

교육과정 관련 제도 운용과 학교 교육과정 운영을 향도하는 규정은 헌법과 교육기본법에서 찾아볼 수 있다.

헌법 제31조 제1항에서는 국민의 능력에 따라 균등하게 교육받을 권리를 규정하고 있다. 이 조항은 동조 나머지 다섯 조항의 근거를 형성할 뿐만 아니라, 교육제도 운영과 교사들의 교육 활동에 지침이 되는 내용이다. 이 조항은 교육과정을 둘러싸고 교사의 교육권과 학생의 학습권이 대립하거나 교사의 교육의 자유와 국가의 교육권이 대립할 때, 대립하는 권리를 형량하는 기준으로도 활용된다. 아울러, 헌법 제31조 제4항에서는 교육의 자주성, 전문성, 정치적 중립성 등을 법률로 보장한다고 규정하고 있는데, 이는 국민의 교육받을 권리를 실질적으로 보장하기 위한 조항이다.

이 가운데 정치적 중립성은 교육과정과 관련된 법적 논쟁에서 특히 중요하다. 일례로, 2011 역사 교육과정 고시 과정에서 교육행정당국이 교육과정 개발안과 다른 내용을 고시함에 따라, 교육과정 개발에 참여하였던 인사들이 관련 위원회를 사퇴하는 일이 있었고, 이 문제는 국회 국정감사 등을 통하여 상당한 문제가 되었다.[1] 장관이 교육과정 고시 권한을 가지고 있는 것은 사실이지만, 교육과정 개발자들의 고시안을 자의적으로 수정하여 고시한 것은 교육의 정치적 중립성 논란을 불러일으키기에 충분했다고 할 수 있다.

한편, 교육기본법은 제2조에서 홍익인간을 교육 이념으로 제시하고 있으며, 교육목적을 규정하고 있다. 같은 법률 제6조 제1항에서는 "교육은 교육 본래의 목적에 따라 그 기능을 다하도록 운영되어야 하며, 어떠한 정치적, 파당적 또는 개인적 편견의 전파를 위한 방편으로 이용되어서는 아니 된다."고 규정하여 교육의 중립성을 다시 강조하고 있다.

아울러, 교육과정은 학교 내에서 운영되기 때문에, 학교의 학사 운영은 교육과정 편성과 운영에 영향을 미친다. 이런 이유에서 학사 운영에 관한 조항은 교육과정과 간접적 관계를 형성한다고 할 수 있다. 초・중등교육법에서는 각급 학교의 수업연한을 정하고 있고(제39, 42, 46조), 학년도와 주간, 전일제 수업의 원칙을 밝히고 있다(제24조). 학년제(제26조)와 학기(동법 시행령 제44조)와 운영 방침도 천명되어 있다.

나. 교과서 관련 법제

교과서가 곧 교육과정인 것은 아니지만, 교육과정 운영에서 교과서는 대단히 중요한 역할을 한다. 특히 한국에서는 '교육과정=교과서'라는 등식이 성립할 만큼 교과서는 중요한 의미를 갖는다.

모든 국가에 교과서가 존재하는 것은 아니지만, 교육용 자료 및 도서가 존재하는 것은 사실이며, 각국은 나름대로 교과서 제도를 운용하고 있다. 교과서 제도는

1) 당시 상황을 자세히 소개하면 다음과 같다. 2011 역사 교육과정을 개발하기 위하여 '역사교육과정개발추진위원회'를 구성하여 교육과정 시안을 마련하였다. 그런데, 장관이 교육과정을 고시하는 과정에서 당초의 '민주주의'를 '자유민주주의'로 대체하였다. 이에 대하여 교육과정 개발자 중 일부는 교육과학기술부장관이 대한민국의 헌법 정신과 역사학계의 학문적 성과를 팽개치고, 역사 교육을 정치 이념의 수단으로 전락시켰다고 항의하며 위원직을 사퇴하였다.

크게 국정제와 검정제, 인정제, 자유 발행제로 구분할 수 있다. 국정제는 국가가 직접 저작하거나 위탁하여 저작한 교과서 이외의 교재를 인정하지 않는 제도이며, 검정제는 국가가 사인이 저작한 도서에 대하여 교과서로서의 적부를 심사, 확인하여 교과서로서 사용될 수 있게 하는 제도이다. 인정제는 사인이 발행한 도서의 내용을 심사하여 그 사용을 허용하는 제도이다.

한국은 초·중·고교에 대해서는 위의 세 가지 제도를 혼용하고 있고, 대학의 교재에 대해서는 자유 발행제를 채택하고 있다. 초·중등학교 교과서의 경우 일본은 한국과 마찬가지 방식을 택하고 있으며, 미국은 인정제를, 영국은 자유 발행제를 택하고 있다.

교과서 제도에 관한 내용은 초·중등교육법과 교과용 도서에 관한 규정에서 규율되고 있다. 초·중등교육법 제29조 제1항에서는 국정, 검정 또는 인정 교과서 사용 의무를 규정하고 있고, 동조 제2항에서는 교과용 도서의 범위·저작·검정·인정·발행·공급·선정 및 가격 사정에 관하여 필요한 사항은 대통령령에 위임한다고 밝히고 있다. 이 조항에 근거하여 '교과용 도서에 관한 규정'이 제정되어 있다. 외국인 학교와 대안학교는 국·검·인정 교과서 사용 의무가 없으며, 자율학교는 한시적으로 교과서 사용의 특례를 인정받고 있다.

이 규정은 '교과서'를 학교에서 학생들의 교육을 위하여 사용되는 학생용의 서책·음반·영상 및 전자 저작물 등으로, '지도서'를 학교에서 학생들의 교육을 위하여 사용되는 교사용의 서책·음반·영상 및 전자 저작물 등으로 규정하고 있다(제2조). 교과서는 국정 교과서 사용을 원칙으로 하며, 예외적으로 검·인정 도서를 사용할 수 있도록 하고 있다(제3조 제1항). 국정 도서의 편찬, 검정 도서의 검정 신청, 검정 방법, 합격 결정, 인정 도서의 신청, 인정 기준, 인정 도서의 사용 범위 등에 관한 상세한 내용도 규정되어 있다(제2장).

교과서 제도와 관련하여 다음과 같은 법적 쟁점이 존재한다.

첫째, 교과서를 반드시 사용하여야 하는가, 즉 교사는 교과서 사용 의무를 지는가라는 문제를 제기할 수 있다. 일본에서는 이 문제에 대하여 '의무적 사용설'과 '제한적 의무 사용설'로 학설이 나뉜다. 전자는 교사는 반드시 교과서를 사용하여야 하며, 사용하는 교과서는 국·검·인정 도서에 국한한다는 견해이다. 후자는 교과서는 학생용의 '주된 교재'이므로, '주된 교재'로 사용하지 않는 한 국・검・인정 도서 이외의 도서도 사용할 수 있다고 보는 견해이다(안기성 외, 1994: 169). '제한적 의무 사용설'은 학생의 개성과 발달 단계에 조응하여 교육 활동을 하기 위해서는 교과서와 보조 교재의 관계를 다양하게 설정할 수 있다는 점과 외부에서 교과서 사용을 강제하는 것은 학생 학습권의 전문적 보장이라는 조리(條理)는 물론 교사의 교육의 자유를 침해한다는 사실을 강조한다(日本教育法, 1993. 황준성, 2006: 212에서 재인용). 교과서 사용을 교사의 선택에 맡기지 않고 의무화하고 있는 현행 법령의 태도에 대해서 재고가 필요하며, 교과서를 사용할 때에도 한 교과에 한 종류의 교과서를 사용하도록 제한하지 않고, 교사들이 다양한 교과서를 사용할 수 있도록 하여야 한다.

둘째, 국정 교과서 제도를 존치하여야 하는가에 대한 비판이 가능하다. 일례로, 신현직(1990: 202)은 국정제는 군국주의의 전통으로서 교육에 대한 국가 지배를 철저히 관철하는 제도로서 교육의 자주성을 심각하게 침해한다고 주장한다. 이에 대하여, 헌법재판소는 교과서 제도 운영에서 입법재량을 인정하여 국정제를 긍정한 바 있다(헌법재판소 1992. 11. 12. 선고 89헌마88 결정). 그러나, 같은 결정에서 검・인정제나 자유발행제의 확대가 바람직하다는 의견을 제출하기도 하였으며, 이후 검정 교과서가 확대되고 있다.

셋째, 교과서 검정 제도에 관하여 많은 쟁점이 존재한다. 교사의 교과서 저작, 발행의 자유는 헌법상의 출판의 자유, 학문의 자유와 어떤 관련이 있으며, 교사의 교육의 자유로서 인정될 수 있는가, 교과서 검정제가 헌법상 금지된 '검열'에 해당하는 것은 아닌가, 검정의 법적 성격은 무엇인가, 검정의 기준과 범위는 어디까지 인정되는가 등은 논란의 소지가 있는 문제들이다(양건 외, 2003: 134-135).

예컨대, 교과용도서에 관한 규정 제26조 제1항은 교육부장관이 교과용도서의 내용을 수정할 필요가 있다고 인정될 때에는 국정도서의 경우에는 이를 수정하고, 검정도서의 경우에는 저작자 또는 발행자에게 수정을 명할 수 있도록 규정하고 있는데, 이에 근거한 금성출판사 역사교과서 사건[2]에서 1심 법원은 장관이 교육과

2) 교육과학기술부는 2008년 금성출판사의 역사교과서가 고도 경제성장의 부정적인 면만을 강조하고 대한민국의 정통성을 부정하는 등 좌편향적인 부분이 있다고 하여 교과서 일부

정심의회의 심의를 거치지 않고 수정 명령을 내린 것은 절차상 하자가 있다고 판결한 데 비하여, 고등법원은 장관의 교과서 수정 명령권이 인정되며, 수정 명령시 반드시 교육과정심의회의 심의를 거쳐야 하는 것은 아니라고 한 바 있다.

또, 중학교용과 고등학교용 미술 교과서를 공동 저작하여 교육부에 검정 신청을 한 후 부적격 판정을 받은 교사들이 부적격 판정 취소를 구하는 행정소송에서, 서울고등법원(1986. 8. 12. 선고 83구910 판결)은 "검정 심사는 공적 교육을 유지하는 데 필요한 최소한도의 지도 조언에 그쳐야 할 것이며… 심사는 원칙적으로 오기(誤記), 오식(誤植), 기타 객관적으로 명백한 잘못, 제본, 기타 기술적 사항에 그쳐야 하며 저자의 교육적 견해 등의 당부(當否)는 국민 및 교육을 담당하고 있는 교사들에 의하여 평가되어야 할 것이며, 행정 당국의 판단에 맡겨져서는 안 된다."고 하여 검정, 심사의 범위를 제한하였다.

이에 대하여, 대법원(1988. 11. 8. 선고 86누618 판결)은 "검정은 그 책을 교과용 도서로 쓰게 할 것인가 아닌가를 정하는 것일 뿐, 그 책을 출판하는 것을 막는 것은 아니므로 출판의 자유를 침해하는 것은 아니며… 현행 교육 제도 하에서는 교과용 도서를 검정함에 있어서 그 저술한 내용이 교육에 적합한 것인지 여부를 심사할 수 있다."고 판시하였다.

대법원 판결에 대하여 양 건(1995: 426)은 출판의 자유에는 일반 도서 출판의 자유뿐만 아니라 교과용 도서 출판의 자유도 포함되며, 심사 범위에 저술 내용의 교육 적합성 여부를 인정하는 것은 검정의 법적 성격을 자유 재량 행위로 파악하는 것으로서, 이는 국가주의적 교육관에 입각한 것이라고 비판한 바 있다.

한편, 근래에는 디지털교과서 도입에 관한 움직임이 활발하다. 디지털교과서가 본격적으로 출현하고, 이 교과서가 인공지능과 결합하는 경우에는 과거에 없었던 새로운 쟁점이 제기될 것이다. 우선, 학습자들에게 디지털교과서와 서책 교과서 중 선택할 수 있는 권리를 부여할 것인가라는 문제를 검토할 필요가 있고, 교과서

수정 명령을 내렸다. 이에 따라 출판사에서는 저자의 동의 없이 교과서를 수정하였고, 저자들은 교육과학기술부장관의 수정 명령의 위법성을 들어 행정 소송을 제기하였다. 1심 법원에서는 교육과정심의회의 심의 절차를 거치지 않은 장관의 수정 명령은 절차상 하자가 있는 것으로서 위법이라고 판결하였으나, 고법에서는 장관의 교과서 검정 권한에는 수정 명령권도 포함되며, 이 경우 반드시 교육과정심의회의 심의를 거쳐야 한다는 명문 규정이 없으므로 절차상 하자는 없다고 판단하였다.

학습 과정에서 산출되는 학생의 개인정보를 어떻게 관리하고 보호할 것인가라는 문제도 중요해질 것이다.

다. 한국의 교육과정 및 교과서 관련 법규의 특징

이상에서 살펴 본 한국의 교육과정 및 교과서 관련 법규를 미국, 영국, 일본 등 외국의 교육과정 관련 법규와 비교하면, 다음과 같은 특징을 발견할 수 있다.

첫째, 미국이나 영국의 경우 교육과정 목적과 목표, 성취기준이 제시되고 있으나, 한국과 일본의 경우는 교육과정 목적과 목표, 교육과정 내용이 제시되고 있다. 미국과 영국의 경우는 산출을 명확히 하여 과정에서의 교사들의 책무성을 강조하고 있으며, 동시에 투입과 산출만을 규정하여 과정에서의 다양성을 도모하고 있다. 이에 비하여, 한국의 경우는 투입과 과정은 명확히 규정하지만 산출에서의 책무성은 약하게 규정되고, 과정에서의 다양성도 보장하지 못하는 측면이 없지 않다.

둘째, 미국이나 영국의 경우는 성취 목표 또는 기준이 제시되어 있는데, 이것의 주체는 학생이다. 따라서 교사는 "학생들이 이것만은 반드시 학습하여야 한다."는 생각을 가지게 되는데 비하여, 한국은 교육과정이 교사들에게 "이것은 반드시 가르쳐야 한다."는 생각을 가지게 한다.

셋째, 교사의 역할이라는 점에서 보면 한국은 교육과정과 교육과정 해설서, 교과서가 모두 갖추어져 있기 때문에 교사가 작은 부담으로 교수 활동을 시행할 수 있는 데 비하여, 미국이나 영국의 경우는 교육과정과 성취 목표만 주어져 있기 때문에 교육과정 구성, 교육자료 제작 등 면에서 상당히 부담스러운 활동을 하게 된다.

넷째, 모든 국가의 교육과정에는 교과가 규정되어 있다. 현행 교육 운영에 비판적 시각을 가진 사람들 중에는 교과를 전면적으로 재구조화하거나 기존 교과를 창조적으로 파괴하여야 한다는 입장을 피력하는 경우도 있으나, 제도적으로 현행 교과가 강력히 유지되고 있음을 확인할 수 있다.

다섯째, 한국과 일본에는 교과서에 관한 규정이 존재한다. 영국의 경우는 관련 규정을 찾아볼 수 없고, 미국의 경우는 주마다 차이가 있다. 예컨대, 플로리다 주의 경우는 교과서의 내용 중에 역사적 오류가 없을 것, 인종에 대한 편견을 반영하지 않을 것 같은 일반적 원칙 조문을 두고 있을 뿐이며, 뉴욕주의 경우는 교과서 채택권이 학교구 교육위원회에 있음을 밝히고 있는 조항만을 두고 있다.

라. 교육과정행정조직

앞의 법령에서 확인한 바와 같이, 2022개정 교육과정 이후부터는 국가교육위원회가 교육과정의 내용과 기준에 관한 기본적인 사항을 정하도록 하고 있는데, 국가교육위원회는 신생 조직으로 조직을 갖추어가고 있다. 과거에는 교육부과 교육과정행정을 관장했는데, 당시에는 교육부 학교정책실 내에 교육과정과를 두어 교육과정행정을 시행했었다. 2011년 당시 중앙교육행정기관의 교육과정행정 조직인 교육과정과는 대략 40여 명의 인력으로 구성되어 있었으며, 다음과 같은 일을 담당했다.

- 유치원, 특수학교, 초·중등학교의 교육과정 기본정책 수립
- 교과별 교육과정 및 교육과정평가의 기본정책 수립
- 교육과정심의회 설치·운영 및 포럼 운영
- 교과별 교육과정해설서, 성취기준 및 평가기준 개발 등 교육지원에 관한 사항
- 창의적 체험활동 교육과정 운영
- 교과용도서 개발 기본계획 수립 및 편찬상의 유의점·집필기준 수정·보완에 관한 사항
- 교과용도서 관련 법령 제·개정 및 제도 개선
- 교과용도서의 구분 고시 및 절차에 관한 사항
- 교과용도서심의회 구성·운영 및 감수기관 운영·지원
- 교과용도서의 발행·공급, 보상금·가격결정 및 재활용 정책에 관한 사항
- 국정도서의 편찬·검정도서의 검정·인정도서의 인정에 관한 기본계획 수립 및 지원
- 초·중등학교 국정도서 개발 및 관련 정책연구학교 운영
- 검정업무 위임·위탁기관 관리 및 지원
- 전자교과서(e-교과서) 개발에 관한 기본계획의 수립 및 지원

• 디지털교과서 개발 기본계획 수립 및 연구학교 운영·지원

한편, 지방교육자치에 관한 법률 제22조에서는 교육과정의 운영에 관한 사항을 교육감의 관장 사무로 열거하고 있다. 교육청에서는 교육국 내에 초등교육과와 중등교육과를 두어, 그 업무 중 하나로 교육과정 운영을 시행하고 있다. [그림 16-1]은 2024년 현재 서울시교육청의 교육과정행정조직을 보여준다. 이밖에 교육청에 따라 다소간 차이가 있지만, 대개 교육과학연구원과 교육연수원 등을 직속기관으로 설치하여 교육과정 운영을 지원하고 있다.

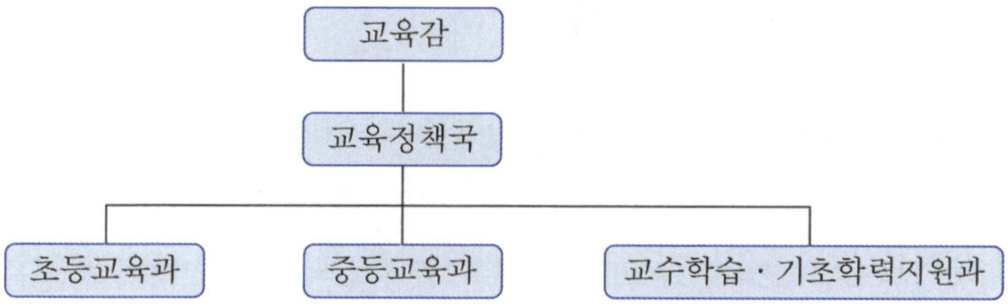

[그림 16-1] 지방교육행정기관의 교육과정행정조직

3. 학교제도 설계와 교육과정

가. 학제 개편에서 교육과정의 위치

교육제도의 핵심이라고 할 수 있는 학교제도를 설계 또는 개편할 때에 교육과정은 중요한 요소가 된다.[3] 대체로 교육과정 개편 시에 학교 외부 요인들은 학제와의 관계에서 독립 변수의 위치에 놓이고, 학교 내부 요인들은 종속 변수가 되지만, 학제와 교육과정의 관계는 단선적이지 않다. 학제와 교육과정이 각기 독립 변수와 종속 변수로 위치를 바꿀 수 있기 때문이다.

다시 말하여, 교육과정의 내적 논리에 충실하자면, 교육과정은 내용으로, 학제는 그 내용을 담는 그릇으로 이해할 수 있다. 이 경우, 현행 학제는 "각 학교 교육단계의 목표는 무엇이며, 이 목표를 달성하기 위하여 학습하여야 할 총량은 어느

3) 이 부분은 김 용(2006)의 논문에 상당히 의존하였다.

만큼이니, 그 만큼의 교육과정을 학습할 수 있는 교육 연한을 설정하여 학제를 구성하였다."는 형식으로 설명할 수 있게 된다.

그런데, 이와 달리, 학제를 단지 교육과정을 담기 위한 그릇이 아니라, 한 사회 구성원의 교육받을 권리를 보장하고 그 사회의 발전을 도모하기 위하여 사회 구성원의 총의의 결과로 형성된 제도로 이해하고, 교육과정을 그 제도를 채우는 알맹이로 파악할 수도 있다. 이 경우, 현행 학제는 "우리 사회의 구성원이 온전한 시민으로 각자의 생활을 영위할 뿐만 아니라, 사회 발전에 기여하기 위하여 어느 정도의 교육 기간이 필요하며, 그 교육 기간은 몇 단계로 나누어 구성하며, 각 단계에 부합하는 교육과정을 투입한 것이다."라고 설명할 수 있다.

나. 학제 개편에서 교육과정의 쟁점

위에서 살펴본 바와 같이, 학제와 교육과정의 관계를 서로 다른 순서로 파악할 수 있지만, 어떤 경우이든 중요한 문제는 동일하게 부상한다. 김 용(2006)은 가치로운 내용 가운데 무엇을 학교에서 배우고 가르칠 것인가, 그 총량은 어느 정도인가, 총량을 어떻게 배분할 것인가, 배분된 학습 내용을 학교에서 어떻게 제공할 것인가 등과 같이 교육과정의 내용, 총량과 배분, 그리고 운영으로 학제 개편 시의 교육과정 문제의 쟁점을 요약한 바 있다.

첫째, 교육과정의 내용은 학제를 구성하는 중요한 요인이 된다.[4] 예컨대, 학제 설계의 요소인 계통은 학교 제도에서 교육과정의 설정을 위한 기제이다. 학교에서 무엇을 가르치고 배울 것인가라는 문제에 대하여 당해 사회가 어떤 태도를 취하는가에 따라 단선형 학제와 복선형 학제, 그리고 분기형 학제를 형성할 수 있다. 복선형 학제는 학교 교육의 출발부터 교육내용을 달리 하는 학교 계통을 형성하는 형태이고, 단선형 학제는 이와 반대되는 개념이라면, 계통 설정이 교육과정의 내용과 관련된 문제라는 사실을 알 수 있다. 단선형 학제를 운영하는 경우는 교육과정의 내용을 차별화하지 않는 것이지만, 이 경우에도 상이한 학교 유형을 설치하는

4) 교육과정이 곧 모종의 내용을 뜻하기 때문에, 엄밀한 의미에서 본다면, '교육과정의 내용'은 잘못된 표현이다. 그런데, 후속하는 논의에서 총량, 배분, 운영 등과 차별되는 논의를 위하여 불가피하게 이와 같은 표현을 사용한다.

방식으로 교육과정의 내용을 차별화할 수 있다.

둘째, 교육과정의 총량은 학제를 구성하는 중요한 요인이다. 학제는 한 사회의 구성원, 또는 특정한 교육적 요구를 가진 사람이 학습하여야 할 총량을 설정하는 의의를 가진다. 예컨대, 보통교육과 전문교육 기간을 설정하는 일은 당해 사회의 구성원이 기본적으로 사회 생활을 영위할 수 있도록 하기 위해서는 어느 정도의 학습을 하여야 하는지, 그리고 특정 분야에서 전문적 삶을 영위할 수 있기 위해서는 최소 어느 정도의 학습을 하여야 하는지를 규정하는 의미가 있다.

특별히 학제 개편에서 의미를 가지는 기간은 보통교육 기간이다. 전문 교육을 위한 기간은 해당 전문가들의 합리적 판단에 의하여 설정할 수 있는 것이라고 한다면, 국가적 견지에서 중요한 것은 그 사회의 구성원에게 기본적인 삶을 영위할 수 있는 준비 기간으로서의 교육 기간이다.

셋째, 학제는 교육과정의 총량을 배분하는 문제와 관련된다. 한 사회의 구성원이 기본적인 생활을 영위하기 위하여 학습할 총량이 설정된다면, 곧이어 이를 몇 개의 단계로 나누어 제공할 필요가 있는지, 그 필요를 인정한다면 단계를 어떻게 설정할 것인지 등과 같은 문제가 제기되는 바, 이는 학교 단계 및 수업 연한 설정과 직결된다. 이는 교육과정의 배분에 관한 문제로서, 학제 구성에서 중요한 변수가 된다.

넷째, 교육과정의 운영 또한 학제 개편에서 쟁점이 되는 문제이다. 사실 교육과정을 어떻게 운영할 것인가라는 문제는 온전히 교육과정 자체의 문제이지 학제와는 관련이 없는 문제라고 생각할 수도 있다. 그러나, 교육과정의 운영은 학교가 교육과정을 제공하는 방식과 관련되며, 이 문제는 다시 학교가 어떤 학생을 대상으로 교육할 것인가라는 문제와 관련되어, 학제 구성에서 쟁점을 형성한다. 예컨대, 교육과정 운영에서 유급이나 속진 등을 도입하여 교육 대상 학생을 연령에 따라 등질화하지 않고, 다양화한다면, 이는 학제 운영에서 중요한 의미를 갖는다.

이처럼, 학교제도를 설계하는 데에서 교육과정은 핵심 요소가 된다.

4. 학교 조직과 교육과정 운영의 표준 운영 절차

많은 조직과 마찬가지로, 학교 역시 유사한 일을 반복적으로 수행한다. 매년

3월이면 신입생이 들어오고, 월별로 특별한 행사를 진행하며, 일정한 기간 동안 방학을 하고, 이듬해 2월이면 졸업을 한다. 이처럼 반복적인 일에 대하여 학교 구성원들은 매번 새로운 방식으로 결정하거나 행위를 하지 않고, 표준화된 일련의 작업 절차, 즉 표준 운영 절차(standard operating procedures: SOP)(Newman & Summer, 1961: 399-411)를 확립하고 있다.

학교에서 이루어지는 대다수 일은 표준 운영 절차에 따른다. 학생의 입학과 진급, 교사의 수급과 배치, 교육과정의 편성과 평가, 학교 교육 계획의 수립 등은 관행화된 일련의 절차에 따라 이루어진다. 이와 같은 일련의 절차는 매우 상세화될 수 있지만, 일상적인 과정에서는 거의 의식되지 않는다. 학교는 일상적인 활동의 경우 표준 운영 절차를 통하여 일을 수행하는데, 이 절차는 교육과정과 깊이 관련되어 있다. 김 용(2004)은 교육과정 운영을 둘러싼 학교 조직의 표준 운영 절차를 다음과 같이 분석한 바 있다.[5)]

학교급에 따라 약간 차이가 있지만, 교육과정 운영과 관련하여 주목하여야 할 부분은 교과와 과목의 선택, 이수 단위 결정, 학년・학기별 과목 배치, 특별 활동과 재량 활동 운영, 시간 자원 배분(시간표 작성) 등과 관련된 일련의 작업 과정이다.

학교가 나름의 교육 목표를 수립하고 이를 실행하고자 할 때, 교과목의 선택과 이수 단위 결정은 매우 중요한 의미를 갖는다. 학교의 교육 방침은 어떤 교과목을, 얼마나 학생에게 제공하는가로 나타날 수 있기 때문이다. 학교의 색깔이란 학교에서 제공하는 교육 프로그램의 내용에 다름 아니다.

이와 같은 중요성에도 불구하고, 학교에서 교과목을 결정하는 과정에는 별다른 절차가 존재하지 않는다. 국가 주도의 교육과정 편성 체제가 제도화되는 과정에서, 학교는 이미 결정된 교과목을 기준 단위만큼 실행하는 위치에 놓이기 때문이다. 다만, 선택 교육과정을 운영하는 고등학교에서는 교과협의회를 통하여 과목을 결정하고 배치한다. 예컨대, 국어과 협의회에서는 「국어생활」, 「문학」, 「독서」, 「작문」, 「문법」, 「화법」 등 과목 가운데, 어떤 과목을 학생들에게 제공할 것인가를 결정한다.

한편, 과목을 배치하는 문제도 중요한 검토 사항이다. 학생이 어떤 과목을 먼저 접하고, 어떤 과목을 나중에 접하게 되는가는 학생의 교육 경험 형성에서 중요한

5) 이하 내용은 김 용(2004)의 논문에 상당히 의존하였다.

의미가 있다. 「물리 I」, 「물리 II」와 같이 위계를 갖춘 교과목의 경우에는, 배치의 문제가 심각하게 제기되지 않는다. 그러나, 국어과나 사회과와 같이 위계성이 상대적으로 약한 교과의 경우에는 과목의 배치가 중요한 의미를 가질 수 있다. 이 과정에 대한 결정 역시 교과 협의회에서 이루어진다. 그런데, 과목의 학기별 배치와 관련된 논의는 심각하게 이루어지지 않는다.

교사별로 담당 학년과 학급, 과목이 정해지면 시간표가 작성되기 시작한다. 과거에는 시간표가 수작업으로 작성되었기 때문에, 작업 과정이 매우 어려웠다. 그러나, 현재는 많은 학교에서 시간표 작성 컴퓨터 프로그램을 활용하여, 그다지 어렵지 않게 작업을 수행한다. 이 프로그램을 통하여 시간표 초안이 작성되면, 담당 업무를 수행하는 교사가 모든 교사에게 초안을 회람하고, 요구 사항을 제기하는 교사가 나타나면, 수작업을 통하여 그 요구를 수렴한다.

대체로 이와 같은 과정을 통하여 교육과정이 편성되고 운영을 준비하게 된다. 많은 학교에 정착되어 있는 이상의 표준 운영 절차에 관하여 다음과 같은 세 가지 검토 과제가 존재한다. 첫째, 학교 교육과정 편성 과정에서 교과 공동체 내의 논의는 존재하지만, 교과 공동체 간 논의는 거의 이루어지지 않는다. 학생은 특정 학년에 소속되며, 그 학년에 제공되는 여러 교과의 수업을 받게 된다. 따라서 학생 중심적으로 사고할 때, 동일 학년에 제공되는 교과 담당 교사들의 교과를 초월한 협의가 필요할 것으로 생각되나, 이와 같은 시도를 하는 학교는 소수에 지나지 않는다.[6]

둘째, 교육과정의 편성과 운영에서 학생의 입장이 중시되거나, 교과의 성격이 중시되기보다는 교사 수급과 같은 현실 여건이 중시된다. 이것은 많은 경우 교사보다는 교육 행정에 그 원인이 있다. 그럼에도 불구하고, 여러 교과목을 매 학기 나누어서 반복적으로 제공하는 관행 등은 검토할 필요가 있다. 근래 고교학점제가 시행되고 있는데, 이 제도 시행 과정에서 학교조직의 표준운영절차가 어떻게 형성되고 있는지에 주목할 필요가 있다.

셋째, 교과 공동체간 통합과 조정 기제가 존재하지 않는다. 학교마다 학교 교육과정을 편성하여 운영한다는 사실은 교과 간 통합과 조정의 결과로 이해할 수 있

6) 초등학교의 경우는 학년 교육과정 편성으로 구체화되고 있다.

다. 그러나, 학교 교육과정 편성 과정에서 학교의 교육 목표를 중심으로 교과를 초월하여 교사들 간에 활발한 논의가 이루어지는 것은 아니다. 오히려 이 과정에서 느슨한 결합 조직(loosely coupled organization)으로서의 학교의 특성이 잘 나타난다(Weick, 1976: 1-19).

한편, 시간은 학교에서 교육과정 운영과 관련하여 활용할 수 있는 매우 중요한 자원이다. 어떤 과목을 언제 제공할 것인가, 수업 시간 단위를 50분으로 할 것인가, 아니면 두 시간 연속 수업이 이루어지도록 할 것인가, 시간표를 어떻게 구성할 것인가 등은 모두 시간 자원의 배분과 관련하여 중요한 의미를 갖는다. 그러나, 학교 교육과정 편성의 과정에서 시간 자원의 배분에 관한 고려는 거의 발견되지 않는다. 학생의 입장에서 직접적인 중요성을 가지는 시간표 작성의 경우도 그렇다. 한점숙(1996)은 시간표를 교육 활동을 가능하게 하는 신호등에 비유한 바 있는데, 현재는 보행자와 운전자의 안전과 편의를 별다른 고려 없이 기계적인 장치에 전적으로 의존하는 셈이다.

5. 교육과정정책의 전개와 현황

가. 학교 교육과정의 문제

한국 학생들의 학업 성취 수준이 높지만, 학교 교육과정은 여전히 많은 문제를 내포하고 있는 것으로 평가된다. 학교 교육과정의 문제에 관하여 대체로 공통된 문제 제기가 이루어지고 있다. 허경철(2002: 288-306)은 한국 학교 교육과정의 문제를 다음과 같이 요약한 바 있다.

첫째, 학생들이 배워야 할 내용과 실제로 배우는 내용 간의 괴리가 있다. 21세기 정보화·지식 기반 사회를 맞아 탐구력이나 창의력 등 고등 사고 능력, 비판적 사고력, 정보 처리 능력, 문제 해결력, 의사소통능력, 외국어 구사력, 논리적 표현력, 고도의 윤리 의식 등을 교사들이 가르치고 학생들이 학습하기를 기대한다. 그런데, 학생들은 이런 능력을 잘 배우지 못하고 있다.

둘째, 학생들이 학교에서 배우는 교육내용이 너무 많고 너무 어렵다. 많은 교사들은 주어진 시간에 비하여 가르쳐야 할 교육내용이 너무 많기 때문에 어떤 내용도 깊이 있게 다루지 못한다. 이에 따라 제5차 교육과정 개정 이후 줄곧 교육과정을 축소 조정하였고, 특히 제7차 교육과정 개정 시에는 교육내용의 30% 축소를 개정 지침으로 설정하기도 하였다. 그러나, 이 문제는 여전하다.

셋째, 학기당 이수 과목 수가 많다는 점이다. 허경철(1990, 허경철, 2002: 293면에서 재인용)의 연구에 따르면, 미국 고등학교의 경우 주당 이수 과목 수는 5~8과목, 프랑스는 6~11과목, 영국은 5~6과목, 독일은 9~11과목인 데 비하여, 한국의 고등학교는 훨씬 많은 과목을 이수하고 있다. 주당 이수 과목 수가 많으면 과목별로 배당되는 주당 시간 수는 최소화되며, 수업 간의 간격의 길어질 수밖에 없게 된다. 이는 학습의 효율성을 저하시킨다. 근래 국제바칼로레아(International Baccalaureate: IB)가 확산하고 있는데, IB에 대한 기대 중 하나가 너무 많은 교과를 몇 개의 주제로 단순화하여 학습의 효율을 제고할 수 있다는 점이다.

넷째, 교육내용의 획일화이다. 동일 학년 학생 간에 개인차가 존재한다고 하더라도 그들이 모두 동일한 학년 수준에 있다는 전제 하에 교육과정과 교과서가 개발되어 왔다. 한 학년에 속한 학생들은 그들 사이의 학력 차가 아무리 심각하다고 하더라도 동일한 교과서의 동일한 내용을 동일한 진도로 배워왔다. 제7차 교육과정에서는 이 문제를 지양하기 위하여 수준별 교육과정 운영을 시도하였으나, 학교 현장에서 잘 실천되지는 못하였다.

다섯째, 학교 교육과정이 미비하다. 학교별로 교육을 내실있게 운영하기 위해서는 정교한 학교 교육과정을 수립하여야 한다. 그러나, 그동안 학교 수준의 교육과정은 국가 교육과정의 그늘에 가리어 중요성이 부각되지 못하였으며, 결과적으로 학교 교육력이 약화되고 교사 집단이 비전문화되는 현상으로 귀결되었다.

나. 교육과정 정책의 전개와 현상

이상의 교육과정 문제를 개선하기 위한 본격적인 시도는 제6차 교육과정 개발 시부터 이루어졌다. 이 당시 교육부에서는 교육과정을 연구 개발하여 교과서를 편찬하면 곧바로 교사들이 이를 수업에 투입하는 '교과서 중심 학교교육 모형'을 교육부에서 국가 수준 교육과정을 개발하면 시·도교육청이 이를 근거로 시도별 편성·운영 지침을 만들고, 학교가 다시 이를 근거로 학교 교육과정을 만든 후, 교사들이 이를 근거로 교수·학습 계획을 수립하고 수업을 하는 '교육과정 중심 학교교육 모형'으로 변화시키고자 하였다(교육과정개정연구위원회, 1991).

제7차 교육과정 개정 시에는 교육과정 체제에 큰 변화가 일어났는데, 주요 내용은 다음과 같다(교육부, 1997).

- 국민공통기본 교육과정 편성
- 편제에서 교과군 개념 도입
- 수준별 교육과정 도입
- 재량활동 신설 및 확대
- 교과별 학습량의 최적화와 난이 수준 조정
- 학생 선택 교육과정 도입
- 교육과정 질 관리를 위한 평가 체제 도입
- 정보화 사회에 대비한 창의성 및 정보 능력 강조

이처럼 교육과정 운영 자율화를 위한 정책을 계속 시행하고 있으나, 학교 현장의 교육과정 운영 관행은 여전하다는 평가가 제기되었다. 이에 따라 교육부는 2009년부터 학교 단위 책임 경영을 위한 학교 자율화 추진 방안의 일환으로, 교육과정 자율화 정책을 시행하고 있다(교육과학기술부, 2009. 6. 11).

교육부는 교육과정 자율화 정책에 대하여, 학교별 여건에 따라 특색 있게 교육과정을 운영할 수 있도록 하고, 학생의 학습 부담을 경감하고 교육 효과를 극대화하기 위하여 학교 교육과정 편성 및 운영의 자율권을 대폭 확대하기 위하여 시행한다는 취지의 설명을 한 바 있다. 학교 단위 교육과정은 학교교육과정위원회에서 편성 초안을 마련하고, 학교운영위원회의 최종 심의를 거쳐 자율적으로 결정하도록 하였다. 교육과정 자율화 정책의 자세한 내용은 〈표 16-1〉과 같다.

이와 같은 교육과정 자율화 방안의 실행 실태에 대하여 교육과학기술부에서 조사한 결과에 따르면(교육과학기술부, 2010. 5.), 연간 수업시수 20% 증감은 98%의 초등학교와 61%의 중학교, 그리고, 45%의 고등학교에서 적용되고 있으며, 학교급을 불문하고 전체 학교의 78%에서 적용되고 있다. 초등학교만을 대상으로 교과별 증감 적용 비율을 보면, 수학(70.1%)과 국어(41.3%), 영어(32.3%)와 과학(18.3%),

〈표 16-1〉 **교육과정 자율화 방안의 개요**

구분	학년도	개선 내용	비고
교과활동	초1~고1	① 국민공통기본교과별로 연간 수업시수의 20% 범위 내에서 증감 운영 허용 ② 고교 1학년 교과의 이수 시기를 전 학년으로 확대(1학년부터 선택 과목 이수 가능)	⑥ 교과별로 학년, 학기 단위 집중 이수를 확대하여 학습부담 경감(중1~고3 공통)
	고2~고3	③ 학교에서 전 교과를 대상으로 선택과목 신설 허용(교육감 승인)	
		④ 일반 선택 과목과 심화 선택 과목의 구분을 없애 학생의 과목 선택권 확대	
재량·특별활동	초1~고1	⑤ 학교 재량으로 특색 있는 교육활동을 할 수 있도록 재량활동과 특별활동 통합 운영	

그리고, 사회(17.1%) 순으로 수업 시수가 증가되었으며, 체육(45.3%)과 실과(42.7%), 그리고 미술(42%) 순으로 수업 시수가 줄어들었다.

한국교육과정평가원의 조사(정영근, 2010) 역시 비슷한 결과를 보여주고 있다. 95% 이상의 초등학교에서 교과별 수업시수 20% 증감 자율화 방안을 활용하고 있으며, 수학(58.4%)과 국어(46.0%), 그리고 영어(23.9%) 등 교과의 수업시수가 증가한 반면, 체육(46.0%), 미술, 음악, 도덕, 사회 순으로 수업 시수가 감소되었다.

한편, 집중 이수 확대와 관련하여, 교육과학기술부의 조사에서는 초등학교의 적용 실태가 보고되어 있지 않으나, 한국교육과정평가원의 조사에서는 25% 정도의 학교에서 학년, 학기 집중 이수가 이루어졌다고 보고하고 있다. 재량, 특별활동의 통합 운영은 한국교육과정평가원 조사 결과 91% 학교에서 이루어지고 있는 것으로 나타났다.

이와 같은 보고를 토대로, 교육과정 자율화 정책의 현상을 다음과 같이 요약할 수 있다(김용, 2011). 첫째, 학교 공동체 구성원들이 자율권을 '자율적으로' 행사하지 못하고 있다. 학업 성취도 평가가 교육과정 운영에 대단히 중요한 억압 요인으로 작용하고 있는 바, 학교에서는 시험 대상 과중 중심으로 교육과정을 운영한다.

교사들이 교육과정 운영의 자율권을 사실상 행사하지 못하고 있다고 할 수 있다. 둘째, 전국적 차원에서 교육과정 운영의 획일성이 강화되고 있다. 과거부터 학교 교육과정 운영의 다양성은 이른 바 '주요 교과'가 아닌 교과와 특별, 재량 활동의 운영에서 나타나는 것이었으나, 교육과정 자율화 정책 이후 '주요 교과' 중심의 교육과정 운영이 강화되면서, 다양성은 퇴색하고 획일성이 강화되게 되었다.

교육과정 자율화 정책에 대하여 김재춘(2011)은 현재의 자율화 정책은 교육과정 운영 주체의 자율 결정이 교사들의 필요에 의하여 이루어지지 않고 외부의 강요, 즉 타율에 의하여 이루어진 '타율적인 자율화 정책'이며 기존의 통제의 틀 속에서 일부 규제를 제거하는 방식의 '네거티브 자율화 정책'이라는 점에서 교사가 자율성을 발휘한다고 하더라도 의미있는 교육적 경험을 하기가 쉽지 않다는 점을 비판하였다.

한편, 학교혁신 정책을 추진하는 과정에서 각 시도교육청이 고유한 교육과정을 만들어가는 과정에서 학교 자율을 확대하고, 특히 2022 개정 교육과정에서는 '학교 자율 시간'을 도입하여 학교 교육과정을 형성할 수 있는 계기를 만들고 있는 점은 주목할 만하다.

6. 교육과정행정의 과제

가. 교육과정행정 권한 및 사무의 배분

현행 법률에서는 교육과정에 관하여 중앙과 지방의 권한을 모두 규정하고 있으나, 현실적으로는 중앙의 권한과 사무는 비대하며, 지방의 권한과 사무는 약한 편이다. 중앙의 교육과정행정이 교육과정의 기준뿐만 아니라, 실제로 교육과정의 구체적인 내용을 정하는 일까지를 대상으로 하는 반면, 지방의 교육과정행정은 교육과정의 지역화에 관한 사무, 또는 교육과정의 운영 지원과 장학 지도(컨설팅)에 관한 것들이다.

그런데, 교육과정에 관한 권한과 사무의 재배분이 필요하다는 주장이 제기될 수 있다. 특히 지방교육자치가 진전되고 학교 단위 책임 경영이 강조되는 상황에서는 교육과정에 관한 지방의 권한과 사무를 확대하여야 한다는 주장을 할 수 있다. 실제로, 2008년의 학교 자율화와 2009년의 교육과정 자율화 조치는 중앙에서 지방으로 교육과정에 관한 권한을 이양하고자 하는 조치로 이해할 수 있다.

그런데, 지방교육자치가 진전될수록 중앙의 교육과정행정이 중요하다는 주장도 가능하다. 예컨대, 함수곤(2003: 6)은 지방자치가 활성화될수록 역설적으로 국가 수준 관여가 더 강화되어야 하는 부문이 있으며, 학교에서 학생들을 어떻게 기를 것이며, 이를 위하여 무엇을 어떻게 가르쳐야 할 것인가를 선택하고 결정하는 교육 내용의 문제야말로 국가 관여가 필요한 문제라고 주장한다.

지방교육자치가 진전된다고 하더라도 국가 수준의 교육과정행정을 완전히 폐지할 이유는 없다. 국가 수준의 교육 목표를 관리할 필요는 여전히 존재하기 때문이다. 그러나, 그동안 한국의 교육과정행정이 비판을 받았던 이유는 중앙의 권한과 사무가 너무 비대하였으며, 결과적으로 지방과 학교 수준에서 교육과정 운영의 창의가 발휘될 여지가 적었기 때문이다. 따라서, 국가의 교육과정행정 권한과 사무를 합리적으로 조정할 필요가 있다. 미국이나 영국의 경우처럼 교육과정 목적과 목표, 성취기준을 제시하고 관리하는 일을 중앙 정부의 사무로 확정하고, 종래의 사무 가운데 교육과정 내용에 관한 사무는 지방과 학교에 맡기는 것이 가장 현실적인 방안이 될 것이다.

나. 교육과정 자율화 정책의 재구조화

오랫동안 교육과정의 획일화가 한국 학교 교육과정의 심각한 큰 문제로 지적되면서, 교육과정의 자율화와 다양화가 교육과정 정책의 큰 방향이 되어 왔다. 교육과정을 개정할 때마다 교육과정을 지역화하거나 학교 단위 교육과정 운영의 책임을 강화하는 방식으로 교육과정 자율화를 꾀하였다. 특히 2009년의 교육과정 자율화 정책은 획기적 조치로 기획되었다. 학교에서 교육과정 편성·운영권을 행사할 수 있도록 하면, 교육과정 운영의 자율화가 이루어지고, 결과적으로 교육과정 운영이 다양화될 것이라는 기대가 일어났다.

그러나, 현실은 정책의 기대 효과와 상당히 달랐다. 학교들은 주어진 교육과정 운영에 관한 권한을 대단히 비슷한 방식으로 활용하여, 결과적으로 교육과정이 다양화되기보다는 오히려 획일화되어 버린 것이다. 앞에서 소개한 조사 결과(교육과학기술부, 2010. 5.; 정영근, 2010)와 같이 몇몇 주지 교과의 수업 시수는 증가하고, 예·체능 교과의 수업 시수는 그만큼 감소한 것이다. 이는 학교들이 학업 성취도 평가 결과와 대학 수학능력시험 결과를 기준으로 비교 대상이 되는 현실에서 불가피한 일이었다.

이와 같은 현실을 볼 때, 국가가 행사하던 권한을 학교에 이양하는 방식, 즉, 규제 완화 방식의 교육과정 자율화 정책은 재구조화할 필요가 있다. 교육과정이 자율화되지 않고 교육과정 운영이 획일성을 유지하는 이유는 오랫동안 교사들이 아닌 국가가 교육과정 편성권을 행사하였기 때문이지만, 그렇다고 하여 권한을 이양하기만 하면, 자연스럽게 교육과정 운영이 자율화되고 다양화되는 것은 아니다. 국가가 교육과정 편성을 주도하는 과정에서 교사들은 훈련된 무기력(trained incapacity)을 경험하게 되고, 결과적으로 '자율'이 외부에서 주어졌을 때, 교사들은 관행을 따르거나 모방을 할 수밖에 없다. 특히, 교육 운영에서 시장 원리가 작동하는 상황에서는 교육과정 운영에서 보수적 성격이 강화된다.

교육과정 자율화와 다양화를 이루기 위하여 우선 필요한 일은 규제를 완화하는 일이 아니라 교사 역량을 계발하는(capacity building) 일이다. 교사들이 교육과정 편성과 운영에 관하여 학습할 기회를 갖고, 학습을 통하여 교육과정 편성과 운영에 관하여 새로운 이미지를 창출할 수 있을 때, 비로소 교육과정 자율화가 이루어질 수 있다.

다. 교육과정 관련 법규의 개선

한국의 교육과정 관계 법령은 공·사립을 불문하고 모든 종류의 초·중등학교의 교육과정 운영을 규율한다. 초등학교 1학년에서 중학교 3학년에 이르는 9년간의 국민공통기본교육과정 운영에 관한 사항은 학교의 종류를 불문하고 예외 없이 준수되어야 한다. 이와 같은 현실은 몇몇 다른 나라의 경우와 비교하면 차이를 보인다.

미국의 경우 많은 주 법의 교육과정 관련 부분은 공립학교만을 대상으로 함을 밝히고 있어서 사립학교의 교육과정 운영은 법에서 자유롭다. 영국의 경우에도 교육법 상의 교육과정 관련 조항은 공립학교(Maintained School)에만 적용되며, 사립학교의 교육과정 운영은 자유를 보장받는다. 일본은 전통적으로 한국과 마찬가지로 비교적 경직적으로 교육과정을 운영하여 왔으나, 2000년대 초부터 시작된 소・중일관교육(小中一貫教育)[7]과 학교를 중퇴한 학생들을 위한 교육과정 운영 등 교육 특구 정책이 비교적 긍정적 평가를 얻으면서 2008년 학교교육법 시행규칙을 개정하여 학교에 따라서는 법령에 정한 교과 및 수업시수와 학습지도요령을 따르지 않아도 되는 내용의 교육과정 운영 특례를 인정하고 있다(제55조의 2 등).

이에 비하여, 교육 운영에서 많은 특례를 인정받는 자율학교의 경우에도 법적으로는 교과서 사용에 관한 특례만을 인정받을 뿐이다. 외국의 사례를 참고할 때, 교육과정 관련 법규의 적용 범위를 점차적으로 차별화하는 방안을 강구할 필요가 있다.

한편, 교육과정 관련 법규의 해석을 더욱 발전시킬 필요가 있다. 앞에서 살펴본 바와 같이, 교육과정 운영의 주체로서의 '학교'의 의미, 교육행정당국의 수장이 고시한 「교육과정」의 법적 성격, 교과서 검정의 범위와 한계, 교육과정의 정치적 중립성에 대한 해석은 여전히 논란 중이다. 이와 같은 문제에 대하여 정치한 해석을 발전시킬 필요가 있다.

라. 교과서 제도의 개선

교과서 제도는 국정제를 축소하고, 검・인정제를 확대하는 방향으로 변화해오고 있지만, 교과서를 더 자유롭게 활용할 수 있도록 제도를 개선할 필요가 있다. 이와 관련하여 황준성(2006)은 다음과 같은 입법적 개선 과제를 제시한 바 있다.

첫째, 교과용 도서에 관한 일체의 내용을 대통령령에 규정하는 것은 포괄적 백지

7) 초등학교와 중학교를 유기적으로 통합하여 교육을 하는 학교이다. 초등학교 교사가 일정 시간 중학교에서 가르치고, 마찬가지로 중학교 교사가 초등학교에서 학생을 지도하기도 한다. 일본의 경우 초등학교에서 중학교로 진급하는 과정에서 학교적응에 어려움을 겪는 학생들이 많아서, 이 문제에 대한 대응으로 소・중일관교육을 시행하고 있다.

위임 입법을 금지한 헌법 제75조에 위배되는 것이므로, 교과서 사용 원칙 등 중요 사항은 초·중등교육법에 규정하고, 나머지 내용만을 대통령령에 남겨두는 방안을 강구하여야 한다.

둘째, 초·중등교육법 제29조 제1항에서는 국·검·인정 교과서의 사용 의무만을 규정하고 있는데, 교과용 도서에 관한 규정 제3조는 국정－검정－인정 순으로 사용할 것을 강조하고 있는 바, 이는 상위법을 넘어서는 과도한 규제로 개정되어야 한다.

셋째, 현재의 교과서 사용 의무를 탄력적으로 적용할 필요가 큰 바, "학교는 교과용 도서 이외에 각급 학교의 교육 목적 및 교육부장관이 고시한 국가 교육과정 기준과 내용에 적합하고 민주적 기본 질서 및 정치적, 종교적 중립성에 위배되지 않는 도서와 기타 교재로서 교육에 필요한 자료를 사용할 수 있다."는 내용으로 현행 초·중등교육법 제29조 제2항과 교과용 도서에 관한 규정 제3조 제5항을 개정하여야 한다.

마지막으로, 디지털교과서가 사용되는 현상을 관찰하여 관련 문제와 쟁점을 도출하고, 이를 환류하여 디지털교과서 정책 실제를 개선하는 일이 중요하다.

참고문헌

강인수 외(2003). 교육과정 질 개선을 위한 법 체계 정비 방안 연구. 교육인적자원부 정책연구보고서(2003-지정-9).

교육과정개정연구위원회(1991). 초·중등학교 교육과정의 체제 및 구조 개선 연구. 교육부 연구보고서.

교육과학기술부(2009. 6. 11). 학교 단위 책임 경영을 위한 학교 자율화 추진 방안.

교육과학기술부(2010. 5.). 교육과정 자율화 실태 조사 자료.

교육부(1997). 초·중등학교 교육과정: 국민공통기본교육과정. 서울: 대한교과서주식회사.

김 용(2004). 학교 조직의 표준 운영 절차와 학교 교육과정 운영-평준화 지역 공립 일반계 고등학교를 중심으로-. 교육과정연구, 22(3). 123-147.

김 용(2005). 교육정책과 교육과정. 교육과정연구, 23(1). 283-303.

김 용(2006). 학제 개편과 교육과정: 쟁점과 그 해결 가능성. 교육행정학연구, 24(4). 289-312.

김 용(2011). 교육과정 자율화 정책의 실효화 방안 탐색. 한국교육과정학회 2011년 춘계학술대회(교육과정 자율화 정책과 학교의 교육과정 운영) 발표논문.

김용, 박신욱, 신동하, 염철현(2019). 학교교육을 저해하는 법령 정비 방안 연구. 전국시도 교육감협의회.

김재춘(2011). 고등학교에서의 교육과정 자율화: 의미, 현실, 과제. 한국교육과정학회 2011년 춘계학술대회(교육과정 자율화 정책과 학교의 교육과정 운영) 발표논문.

김종철, 이종재(1994). 교육행정의 이론과 실제. 서울: 교육과학사.

노기호(1998). 교원의 교육권에 관한 연구. 박사학위논문, 한양대학교, 서울.

신현직(1990). 교육기본권에 관한 연구. 박사학위논문, 서울대학교, 서울.

안기성 외(1994). 교육법 정비를 위한 기초연구. 대한교육법학회.

양 건(1995). 교과용 도서 검정에 관한 한국과 일본의 판례. 양건(편), 헌법 연구(pp. 402-428). 서울: 법문사.

양 건 외(2003). 교육 주체 상호간의 법적 관계. 한국교육개발원.

정영근(2010). 교육과정 자율화 운영 실태 및 지원 방안. 한국교육과정평가원 세미나(학교 교육과정 자율화 운영 실태 및 지원 방안에 관한 세미나) 발표논문.

한점숙(1996). 학교 조직에서 수업 시간표의 기능 분석. 석사학위논문, 서울대학교, 서울.

함수곤(2003). 초·중등교육과정의 지방분권화, 이상은 없는가? 교육정책포럼, 39. 6-9.

허경철(2002). 한국 교육과정의 이해와 논쟁. 한국교육과정학회(편), 교육과정: 이론과 실제(pp. 271-306). 서울: 교육과학사.

허경철 외(1990). 일반계 고등학교 교육과정 편제 및 운영 개선 연구. 교육부 위탁체제 연구보고서.

홍정선(2006). 행정법 특강(5판). 서울: 박영사.

홍후조(2002). 교육과정의 이해와 개발. 서울: 문음사.

황준성(2006). 한국의 교과서 관련 법제 분석 및 개선 방안. 교육법학연구, 18(1). 205-234.

日本教育法學會(1993). 教育法學辭典. 東京: 學陽書房.

平原春好(編)(2007). 概說 教育行政學. 東京: 東京大學出版會.

Elmore, R., & Sykes, G. (1992). Curriculum policy. In W. P. Jackson (Eds.), *Handbook of Research on Curriculum*(pp. 185-215). NY: MacMillan.

Newman, H. W., & Summer, E. C. (1961). *The Process of Management: Concepts, Behavior, and Practice*. NJ: Prentice-Hall.

Weick, K. E. (1976). Educational organization as loosely coupled systems. *Administrative Science Quarterly*, 21. 1-19.

CHAPTER

17 학생 복지와 교육행정

학생은 교육의 중요한 주체임에도 불구하고, 교육행정에서 학생에 대한 연구는 활발하지 않았던 것이 사실이다. 근래에는 사회 양극화 국면에서 학생 복지와 인권에 대한 관심이 높아지고 있으며, 학생의 교육받을 권리를 보장하기 위한 의미를 지니는 학생 참여가 주요 쟁점으로 부상하고 있다. 이 장에서는 아래 주제를 중심으로 학생 복지와 교육행정에 관하여 논의한다.

- 교육행정에서 학생의 위치
- 학생의 현실
- 학생 인사 행정의 현황
- 위기 학생과 학생 복지
- 학생 인권의 현실과 과제
- 학생의 학교 운영 참여의 현실과 과제

1. 교육행정에서 학생의 위치

가. 관리 대상으로서의 학생

교육행정은 궁극적으로 국민의 교육받을 권리를, 더 직접적으로는 학생의 학습할 권리를 실현하고자 하는 작용임에도 불구하고, 오랫동안 학생의 존재는 교육행정 연구와 실제에서 두드러지지 않았다. 학생은 성숙하지 않은 존재이므로 교육행정 과정에 책임있는 주체로서 참여할 수 있는 역량이 부족하다거나 교육행정 활동을 통하여 학교 운영 구조를 개선하거나 교사의 교육 활동을 잘 지원하기만 하면 학생의 학습권은 자연스럽게 보장될 것이라는 생각에서 교육행정 연구와 실제에서 학생에 대한 접근을 소홀히 하였는지도 모른다.

앞에서 말한 바와 같이, 교육행정 연구에서 학생은 탐구되지 않은 채 묻혀 있다. 일례로, 학생을 주제로 한 교육행정 관련 학회의 학술행사를 찾아보기가 쉽지 않다. 학생을 소재로 한 연구물을 찾아보기도 어렵다. 교육법 연구자들 중 일부가 학생 인권이나 교육권을 주제로 연구한 결과를 가끔 발표하였을 뿐이다. 지난 이십여 년간 출판된 교육행정 교재용 도서를 살펴보아도, 학생 또는 학생 행정을 제목으로 설정하여 논의한 도서를 찾아보기는 쉽지 않다. 김종철과 이종재(1994)의 교과서용 서적 외에 학생 행정을 별도의 장으로 설정하여 논의한 사례는 보이지 않는다.[1)]

이 책에서 저자들은 학생 행정이라는 장을 설정하여 논의한 바 있다. 학생 행정은 한마디로 학생에 대한 인사행정이라는 관점에서 의무취학의 행정, 학생 신분에 관한 행정, 학생 지도에 관한 행정, 학생 복지 행정, 병사 및 학생 보건 등 영역을 설정하여 현황과 과제를 검토하였다. 서술 내용을 전체적으로 보면, 학생을 교육행정의 관리 대상으로 상정하고 있음을 알 수 있다. 교육행정에서 학생에 대한 종합적인 연구는 이 지점에서 오랫동안 멈추어 있다고 할 수 있다.

나. 학생이라는 존재의 부각

교육행정에서 학생의 존재는 오랫동안 부각되지 않았지만, 한국 사회에서 학생은 비교적 일찍부터 사회 참여 활동을 통하여 자신들의 존재를 알렸다고 할 수 있다. 일제 치하 광주 학생운동에서 시작하여 광복 후 1960년의 4·19 혁명의 주역이 대학생은 물론 고등학생들이었음은 주지의 사실이다. 그러나, 권위주의 정권의 등장 이후 학생들의 사회 참여는 오랫동안 숨을 죽일 수밖에 없었고, 1980년대 후반 한국 사회 전체의 민주화 분위기에서 학생들의 사회 참여와 학교 운영 참여가 본격화되었다. 이 시기에 특히 대학에서 학생의 학교 운영 참여가 본격화되면서, 대학 운영 거버넌스에서 학생의 위상에 관한 논의와 연구가 활성화되기도 하였다(이경운, 1990; 이차영, 1994).

1) 더 소급하여 조사를 한 것은 아니지만, 이 책이 국내에서 출판된 교육행정 교재용 도서 가운데 학생 행정을 별도의 장으로 설정하여 논의한 최초이자 최후의 책일 가능성도 있다.

그러나, 초·중등학생으로 눈을 돌리면, 한국 사회가 청소년들의 존재에 주목하기 시작한 것은 1990년대 후반에 들어서부터라고 할 수 있다. 이미 1990년대 중반에 그 동안의 청소년과는 다른, 개성있는 청소년으로서의 '신세대' 논의가 시작되고, 이 흐름과 더불어 1997년 교육법 체계를 전면적으로 개편할 당시 교육기본법의 '교육 당사자' 편 맨 앞에 학생의 인권과 교육받을 권리를 천명하기도 하였다. 그러나, 무엇보다 학교에서 학생의 현실을 낱낱이 드러내고 개선을 촉구하는 분위기를 환기시킨 것은 한 무리의 학생들이 전개한 일련의 운동이었다고 할 수 있다. 학교에서 이루어지는 강제적인 두발 단속에 반대하여 두발 자유화를 촉구하는 운동을 전개한 것,[2] 뒤이어 사립학교의 종교 교육의 자유와 사립학교 재학생의 종교의 자유의 조화를 호소한 한 학생의 활동[3]이 언론에 보도되면서 학교에서 학생의 위상을 재검토하고 학교 교육활동에서 학생의 인권을 보장하기 위한 논의가 활성화되었다.

이처럼 학생들의 주체적인 노력으로 학교 현장에서 그들이 처한 현실에 사회에 알려지고, 이 사태를 이해하고 개선하기 위한 논의를 더 이상 미룰 수 없는 상황에 처하게 되었다. 이와 같은 현실에 비추어 보면, 한국의 교육행정 연구에서 학생에 관한 연구는 수세적 입장에 처하여 있으면서도 너무 더디고 너무 미진한 감이 없지 않다.

다. 교육행정에서 학생 연구의 의의

교육행정 연구와 실제에서 적극적으로 학생에 대한 관심을 기울이고, 연구할 필요는 어디에 있을까? 소극적 측면과 적극적 측면에서 학생 연구의 의의를 생각할 수 있다.

먼저, 소극적 측면에서 보면, 교육정책의 성공, 교육개혁의 성공을 위하여 학생

2) 일단의 학생들이 학교에서 이루어지는 강제적 두발 단속에 반대하는 온라인 사이트(사이트명: No Cut)를 개설하고, 반대 운동을 조직하였다. 이 일은 학교 내에서의 학생 인권에 대한 주의를 환기시키는 계기가 되었다.

3) 종립학교에 배정받은 한 고등학생이 학교에서 이루어지는 강제적인 종교교육에 문제를 제기하자, 학교에서 학생을 징계하였다. 이 일을 계기로 종립학교의 종교교육의 자유와 학생의 종교의 자유의 조화 방안에 대한 논의가 일어났다.

의 존재를 규명하고 적극적으로 대응하는 일은 필수불가결하다고 할 수 있다. 교육정책의 집행 과정을 살펴볼 때, 성공 사례만큼 실패 사례도 많다는 사실은 부정하기 어렵다. 치밀한 계획과 철저한 준비에도 불구하고 왜 실패 사례가 속출하는 것일까?

Sergiovanni 등(2009)은 교육정책은 학교를 대상으로 하는 것으로서, 학교에서는 교사와 교장 및 교육행정가는 물론 학생들 간의 상호작용이 이루어지는데, 이들의 상호작용을 온전히 파악하는 일이야말로 교육정책의 성패를 결정하는 중요한 요인이라는 점을 환기시킨 바 있다. 특히 그 동안의 교육정책 사례를 검토할 때, 학생에 대한 이해가 충분하지 않았던 것이 교육정책의 실패를 초래한 중요한 원인이 되었다고 한다.

구체적으로 말하면, 많은 교육정책이 학생을 단지 수동적 수용자로 상정하고, 학생들의 동기를 유발하여 수업에 참여시키는 일은 전적으로 교사와 학교의 책임이라는 가정 하에서 이루어진다(Ericson & Ellett, 2002; Segiovanni et al., 2009: 158에서 재인용). 그러나, 교육정책, 특히 학생들의 성취를 제고하기 위한 개혁 프로그램은 교사의 좋은 수업뿐만 아니라 교수와 학습을 지원하는 사회적 환경, 교수 학습의 기회는 물론, 학생의 의지와 노력 등이 고르게 갖추어졌을 때 비로소 성공할 수 있다(Fenstermacher & Richardson, 2005; Sergiovanni et al., 2009: 158에서 재인용). 학생의 현실에 눈 감은 교사가 좋은 수업을 할 수 있을 리 없고, 학생에 대한 이해가 부족한 상태에서 교수 학습을 지원하는 사회적 환경을 구성하는 일이 쉽지 않다는 사실은 두말할 나위도 없다. 요컨대, 학생에 대한 이해 없이 교육정책이 성공할 수 없으며, 반대로, 학생에 대한 이해가 있을 때에만 교육정책과 교육행정에 개선이 이루어질 수 있다고 할 수 있다.

다른 한편, 교육은 어떤 사람을 기를 것인가, 나아가 어떤 사회를 구성할 것인가에 관련된 과업이라는 점을 상기할 때, 교육행정 역시 이 과제와 직접적으로든 간접적으로든 관련되어 있다. 학생을 공부하는 기계로 상정하고 교육행정 활동을 전개할 수도 있고, 인생의 주인공이자 학교의 개선자, 민주주의 사회의 주체로 상정하고 교육행정을 전개할 수도 있다. 아울러, 교육행정에서 학생을 어떻게 상정하는가, 학교에서 학생에게 어떤 경험을 제공하는가에 따라 학생들의 장래는 물론 한국 사회의 미래가 변화할 수도 있다. 따라서, 학생을 어떤 존재로 파악하고, 학생이 어떤 방향으로 성장하도록 유도하는가는 교육행정 활동의 방향을 결정하는 일이며 동시에 한국 사회의 미래상을 좌우하는 일과 상통하는 것으로서, 대단히 중요한 의미를 가진다고 할 수 있다.

2. 학생의 현실

가. 학생 구성의 변화

2023년 현재 한국의 초·중등학교 학생 수는 총 5,209,029명이다. 2010년에는 그 수가 7,236,248명이었으니, 지난 10여 년 간 2백만 명 정도가 줄었다. 1980년대 중반 이후 학생 수가 꾸준히 감소하고 있으며, 특히 근래 출산율이 눈에 띄게 낮아지면서 초등학교부터 중학교와, 고등학교, 대학 순서로 학생 수가 급감하는 추세이다.

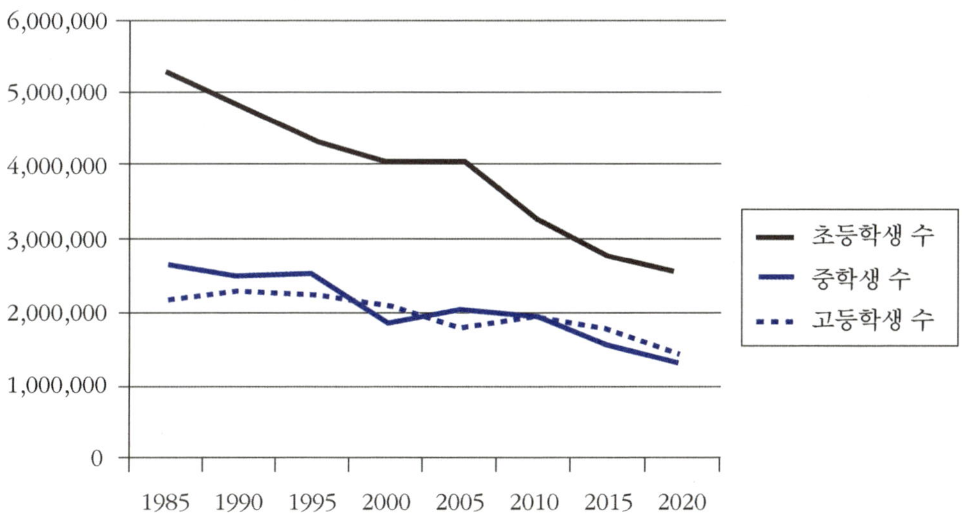

[그림 17-1] 초·중등학교 학생 수 변화 추이

한국 사회의 변화와 더불어, 학생 구성에서도 변화가 나타나고 있다. 가장 주목할 만한 것은 학생 집단의 다양화 현상이다. 과거에는 학생 집단의 동질성이 상당한 수준에서 존재하였지만, 근래 들어 이질성이 심화되고 있다. 일례로, 국제결혼 가정이 계속 증가하고 외국인 근로자가 꾸준히 유입되면서, 이주 배경 학생이 증가하고 있다. 2008년에 그 수가 2만여 명이었는데, 2023년 현재 18만여 명을 넘어섰다. 전체 학생의 절반 이상이 이주 배경 학생인 학교도 증가하고 있다.

〈표 17-1〉 **이주 배경 학생 수 현황(2023)**

구분	초등학생	중학생	고등학생	총계
이주배경학생 수	115,639	43,698	21,190	180,527

아울러, 탈북민이 계속 증가하면서, 북한 이탈 주민 가정 학생 수도 증가하고 있다. 2009년 당시 탈북 주민 중 19세 미만의 비율이 15.9%에 이르렀으며, 2023년 4월 현재 정규학교에 재학 중인 학생은 1,769명이다.

이와 같은 학생 구성의 변화는 교육행정에 새로운 수요가 발생하였음을 의미한다. 이들을 지원하기 위하여 새롭게 기관을 창설하는 등의 조치가 필요한 것은 말할 것도 없고, 교사의 학생 지도나 교육내용 등 미세한 부분에서도 변화되어야 할 부분을 확인하고 적극적으로 대응할 필요가 있다.

한편, 대학에는 외국인 학생이 증가하고 있다는 사실이 눈에 띤다. 2003년에는 국내 대학에 진학한 외국인 학생이 12,314명이었으나, 2022년에는 166,892명으로 크게 늘었다(한국교육개발원 교육통계). 한류 현상과 더불어 국내 대학에서 수학하는 외국인 학생은 더 늘 전망이다.

나. 학업 현실

한국교육의 자랑거리 가운데 으뜸은 학생들의 우수한 학업 성취 결과이다. 만 15세 아동을 대상으로 한 OECD 학업성취도 국제 비교 연구(PISA) 결과, 읽기와 수학, 과학 등 모둔 평가 부문에서 OECD 국가 중 최상위권을 유지하고 있다. 코로나 기간 중에 치러진 PISA 2022 결과를 보도라도 수학은 OECD 국가 중 1~2위, 읽기는 1~7위, 과학은 2~5위를 기록했으며, 코로나 기간 중에도 학력을 유지하였음을 보여주었다. 또, 중학교 2학년생을 대상으로 한 2007년 수학 과학 성취도 추이 변화 국제비교 연구(TIMSS) 결과, 수학은 세계 2위, 과학은 4위권을 유지하고 있음이 알려졌으며, 최상위권 학생 비율 역시 비슷한 수준을 유지하고 있음을 확인한 바 있다.

그러나, TIMSS에서는 한국 학생의 인지적 학업 성취도는 높은 반면, 자신감이나 즐거움 등 정의적 수준은 매우 낮다는 사실이 드러난 바 있다. 또, PISA 관계자가 "한국 학생들은 우수하지만, 행복할 것 같지는 않다."는 느낌을 전한 사실에서 생각할 수 있는 것처럼, 한국 학생들의 학업에서 개선하여야 할 점도 많다.

한국청소년정책연구원의 조사 결과에 따르면, 한국의 고등학생들은 학년이 올라가면서 공부에 대한 긍정적 인식은 줄어드는 반면, 부정적 인식은 증가한다. 즉 공부는 '장래에 도움이 된다.', '자신의 특성을 살릴 수 있다.', '자신의 인격 형성에 도움이 된다.', '다른 사람들과 사이가 좋아진다.' 등과 같은, 공부에 대한 긍정적 인식은 지속적으로 감소하는 반면, '입시에만 도움이 된다.', '싫어도 해야만 한다.', '실용성이 부족하다.'와 같은 공부에 대한 부정적 인식은 계속 증가하는 것으로 나타났다(임희진 · 김현철, 2009).

아울러, 학업 스트레스도 대단히 심각한 수준이어서, 고등학생의 59.4%는 '학교를 쉬고 싶다.'는 생각을 해본 적이 있고, 38.4%는 '학교를 그만두고 싶다.'는 생각까지 해본 적이 있는 것으로 조사되었다(임희진 · 김현철, 2009).

이런 배경에서 2000년대까지는 초 · 중 · 고학생 중 학업 중단 학생 수가 7만여 명을 넘었지만, 근래에는 그 수가 줄어들고 있다. 2009년 2월에는 전국적으로 초 · 중등학생 중 71,769명의 학생들이 학업을 중단하였지만, 2013년 4월에는 68,188명으로, 2016년에는 26,398명으로 계속 줄어들고 있다.

초등학생과 중학생의 경우는 어학연수나 유학, 이민 등의 사유로 학업을 중단하는 학생이 많지만, 고등학생의 경우는 대학입학을 위하여 검정고시를 치를 목적으로, 또는 학습 부진이나 학교생활 부적응 등의 사유로 학업을 중단하는 경우가 많다.

한편, 학업을 포함하여 한국의 고등학생들의 '삶의 질'을 분석한 연구 결과(박삼철, 2007)에 따르면, 한국 고등학생들의 학교에서의 삶의 질은 높지 않으며, 학생들의 삶의 질을 결정하는 가장 중요한 요인은 친구들과의 관계이다. 학생들은 학교의 교육과정에 대하여 상당한 불만을 가지고 있으며, 교사에 대해서는 돌봄과 수업 지도 모두 부정적으로 인식하고 있다. 더 구체적으로 보면, 남학생들에 비하여 여학생들이 학교 생활의 질을 더 높게 인식하고 있는 바, 남학생 교육에 대하여 많은 관심을 가질 필요가 있다. 이와 함께, 농촌 학생들에 비하여 도시 학생들이 성취감과 교사에 대해 긍정적인 인식을 가지고 있으며, 전문계 고교 학생에 비하여 일반계 고교 학생의 교우 관계가 원만한 것으로 조사되었다.

요컨대, 가끔 발표되는 학업성취도 국제비교 평가 결과에 도취되기보다는, 그 이면에 존재하는 심각한 현실에 주목하여 학생의 학습을 적극적으로 개선할 필요가 있다.

3. 학생 인사 행정의 현황

가. 취학 의무와 학생 신분에 관한 행정

모든 국민의 교육받을 권리를 보장하기 위하여 9년 간의 의무교육 기간을 설정하고 있으며, 일정 연령에 이른 학생들은 의무적으로 취학하여야 한다. 다만, 질병이나 발육 상태 등 부득이한 사유로 취학이 불가능한 경우, 예외적으로 취학의무가 면제되거나 유예될 수도 있다(초·중등교육법 제14조 제1항). 아울러, 의무교육 대상자의 친권자 또는 후견인이 경제적인 사유로 의무교육 대상자를 취학시키기 곤란한 경우, 국가 및 지방자치단체는 당사자에게 교육비를 보조할 수 있다(제16조).

학생들은 학교에 입학함과 동시에 학생 신분을 얻는다. 중학교 학생의 입학 및 재입학은 특별한 규정이 없는 한 학칙이 정하는 바에 의하여 학교의 장이 행한다(초·중등교육법시행령 제66조). 고등학교의 입학전형은 당해 학교의 장이 행하되(시행령 제77조 제1항), 이른 바 '평준화지역'의 경우는 교육감이 행한다(시행령 제77조 제2항).

학생의 진급과 졸업은 학년제에 의한다(법 제26조). 그러나, 예외적으로 조기진급과 조기졸업이 가능하다(법 제27조). 이사 등의 사유로 전학할 필요가 발생한 경우 전학이 가능하며, 학생의 학교생활 부적응이나 가정 사정 등으로 인하여 학생의 가정 환경을 바꾸어 줄 필요가 있다고 인정될 때에는 학교장이 학생의 보호자

1인의 동의를 얻어 교육장에게 당해 학생의 전학을 추천할 수 있다. 이 경우 교육장은 전학할 학교를 지정하여 전학하게 할 수 있다(시행령 제21조 제3항, 제73조 제5항, 제89조 제5항).

나. 학교 생활 및 학생 지도에 관한 행정

학교교육의 과정에서 학생의 인권과 교육받을 권리를 보장하지만, 학생은 이에 상응하여 학습자로서의 윤리의식을 확립하고 학교의 규칙을 준수하여야 하며, 교원의 교육 연구 활동을 방해하거나 학내의 질서를 문란하게 하지 않아야 한다(교육기본법 제12조 제3항).

학교 내에서 학생의 자치활동은 권장·보호되며, 그 조직 및 운영에 관한 기본적인 사항은 학칙으로 정한다(초·중등교육법 제17조). 학교장은 학생 자치 활동을 지원할 의무를 진다(초·중등교육법시행령 제30조).

학교는 학생에 대한 생활지도 책임을 지는 바, 학교의 장은 교육상 필요한 때에는 법령 및 학칙이 정하는 바에 의하여 학생을 징계하거나 기타의 방법으로 지도할 수 있다(초·중등교육법 제18조 제1항). 학생에 대한 징계는 학생 인격이 존중되는 교육적 방법으로 사유의 경중에 따라 징계의 종류를 단계별로 적용하여야 하며, 학생에게 반성하고 자신의 행동을 바로잡을 기회를 부여하여야 한다(시행령 제31조의2). 징계를 할 때에는 학생 또는 학부모에게 의견 진술의 기회를 부여하는 등 적정 절차(due process)를 준수하여야 하며(법 제18조 제2항), 학생이 징계에 대하여 이의를 가지는 경우 재심을 청구할 수 있다(법 제18조의2). 징계는 학교 내 봉사, 사회봉사, 특별교육이수, 퇴학 등으로 구분되며, 의무교육과정에 있는 학생에게는 퇴학 처분을 할 수 없다(법 제18조 제1항).

다. 학생 보건에 관한 행정

학생의 보건을 유지 향상시키기 위하여 여러 가지 제도와 정책이 시행되고 있다. 국가 및 지방자치단체는 학생 건강을 보호 증진하기 위한 기본계획을 수립하고,

필요한 시책을 마련할 의무를 진다(학교보건법 제2조의2). 학교의 장은 법률이 정하는 바에 따라 교사(校舍) 안에서의 환기·채광·조명·온도·습도의 조절, 상하수도·화장실의 설치 및 관리, 오염공기·석면·폐기물·소음·휘발성유기화합물·세균·먼지 등을 예방 및 처리하는 등 환경위생과 식기·식품·먹는 물의 관리 등 식품위생을 적절히 유지·관리할 의무를 진다(법 제4조 제1항).

한편, 교육감은 학교의 보건·위생 및 학습 환경을 보호하기 위하여 대통령령으로 정하는 바에 따라 교육환경보호구역을 설정·고시하여야 한다(교육환경보호에 관한법률 제8조). 이 구역 내에서는 학생의 학습과 학교보건 위생에 영향을 주는 일부 행위와 시설이 금지된다.

교육부장관은 모든 초·중등학교 학생을 대상으로 보건교육을 실시하여야 하며(법 제9조의2), 학교의 장은 건강검진을 실시하여야 한다(법 제7조).

라. 학생 정보에 관한 행정

교육정보의 전산화가 촉진되면서, 학생의 개인정보를 보호해야 할 필요성이 높아지고 있다. 학교생활기록부 등 학생 정보는 교육적 목적으로 수집, 처리, 이용 및 관리되어야 하며, 학생 정보는 법률이 정하는 경우 외에는 해당 학생(학생이 미성년자인 경우에는 학생 및 학생의 부모 등 보호자)의 동의 없이 제3자에게 제공하는 것이 금지된다(교육기본법 제23조의2).

특히 학교는 학교생활기록부와 건강검사와 같이 학생의 내밀한 정보가 포함되어 있는 자료를 엄격히 관리하여야 한다. 해당 학생의 동의 없이 학생 정보를 제공할 수 있는 경우는 교육행정기관이 그 업무를 처리하기 위하여 필요한 경우, 학교생활기록을 상급학교의 학생 선발에 이용하기 위하여 제공하는 경우, 통계 작성 및 학술연구 등의 목적을 위한 경우로서 특정 개인을 식별할 수 없는 형태로 제공하는 경우, 범죄의 수사와 공소의 제기 및 유지에 필요한 경우, 법원의 재판업무 수행을 위하여 필요한 경우, 그 밖에 관계 법률의 규정에 의하여 제공하는 경우 등에 한한다(초·중등교육법 제30조의6).

4. 위기 학생과 학생 복지

가. 빈곤과 위기 학생

사회의 변화는 고스란히 학교교육에 반영된다. 근래 한국 사회의 변화 추세로서 사회 양극화가 종종 논의되고 있다. 이 변화는 학교에도 침투하고 있으며, 이에 따라 빈곤 학생이 증가하고 있는 현상에 특히 주목할 필요가 있다. 빈곤은 세계적 현상이며 빈곤과 교육의 관계, 또는 교육의 빈곤에 대한 대응은 교육 연구의 새로운 주제로 떠오르고 있다.[4)]

한국 사회에서 빈곤과 청소년의 학교 생활에 관한 체계적인 연구는 대단히 취약하다. 그러나, 예비적 연구는 존재한다. 한국 청소년의 빈곤 문제를 건강, 비행, 노동시장, 학업 등 다각적으로 검토한 연구(이경상 등, 2008) 결과, 다음과 같은 점이 확인되었다.

- 객관적으로 빈곤하거나 주관적으로 경제사정이 어렵다고 느낄수록 주관적 건강 상태가 좋지 않고, 심리적, 정신적 문제를 더 많이 호소한다.
- 빈곤으로 인하여 만성형 비행집단화할 가능성이 높아지며, 만성 빈곤형 집단은 비행집단이 될 확률이 가장 높다.
- 빈곤청소년은 그렇지 않은 청소년에 비하여 노동시장 참여 가능성이 높지만, 학년이 올라갈수록 원하는 만큼의 노동시간과 노동지속기간을 갖기 어려워진다.
- 절대빈곤, 상대빈곤, 주관적 빈곤 모두 청소년의 학업 성취에 좋지 않은 영향을 미친다.

빈곤과 관련하여, 교육학계에서는 아직 본격적인 분석과 논의가 이루어지고 있지 않고 있으나, 향후 세밀한 분석과 대책이 필요할 것으로 보인다.

한편, 빈곤 문제를 포함하여 여러 가지 이유로 학교 생활에 어려움을 겪는 학생들이 증가하고 있다. 근래에는 '위기 학생(at risk student)'이라는 개념으로 이 현상에 접근하고 있다. '위기학생'은 학교생활에 적응하지 못함으로 인해 정책적, 교육

4) 2010년 영국교육학회와 일본교육행정학회는 각각 빈곤을 주제로 대규모의 학술행사를 개최한 바 있는데, 이는 세계적인 차원에서 빈곤이 교육 연구의 주제가 되고 있음을 보여준다.

적, 심리적, 가족적인 적절한 개입(extra intervention)이 없이는 학교가 제시하는 긍정적 교육 경험을 경험하지 못하거나 교육 목표를 달성할 수 없을 것 같은 학생, 즉 위험 요인이 높고 보호 요인이 낮은 부적응 집단의 학생을 일컫는다(차명호 외, 2009). 음주, 인터넷 중독, 게임, 도박, 음란물 시청, 고의적 수업 결손 등이 위기 학생에게 나타나는 행동이다. 차명호 등(2009)의 연구에 따르면, 2009년 현재 한국 초·중등학생 중 고위기 학생은 335,122명, 준위기 학생은 1,444,749명으로 추정된 바 있다.

'위기 학생'에 대하여 여러 가지 방식으로 정의할 수 있지만, 그 한 가지 방식은 '학교와 교사의 특별한 보살핌을 필요로 하는 학생'을 '위기 학생'의 범주 안에 포함하는 것이다. 오늘날 한국의 학교에서 특별한 보살핌을 받아야 하는 학생들은 다음과 같다.

첫째, 빈곤 가정 학생이다. 빈곤 가정의 학생은 가정에서 적절한 보살핌을 받지 못하며 상대적으로 사회적 자본 수준이 낮다. 이들은 교사와 학교의 보살핌을 받지 못하면 학업 부진은 물론 교우관계 등 면에서도 어려움을 겪는 경우가 많다.

둘째, 기초 학습 부진 아동이다. 다양한 원인에 의하여 학습 부진이 발생한다. 어떤 사유로든 학습 부진이 나타난 경우, 교사의 적절한 조치를 받지 못하면 학생은 계속해서 학업에 흥미를 잃게 되며 학습에 대한 참여도가 낮아진다. 결과적으로 학습 부진이 악화된다.

셋째, 새 가정(new family) 학생들이다. 사회 변화에 따라, 한 부모 가정, 이주배경 가정, 조손(祖孫) 가정 등 새로운 형태의 가정이 늘고 있다. 새 가정 학생들은 부모의 고른 보살핌을 받지 못하며, 학교 생활에 대한 가정의 지원도 약하다.

넷째, 장애 학생이다. 사회 변화에 따라 다양한 장애를 지닌 학생이 늘고 있다. 근래 장애 학생의 교육권을 보장하기 위하여 국가 차원에서 여러 가지 노력을 하고는 있지만, 이들에게는 여전히 교사들의 특별한 보살핌이 필요하다.

나. 학생 복지의 현실과 과제

위기 학생의 증가는 학교 운영과 교사 활동에 여러 가지 변화를 요청한다.

첫째, 교사 등 학교 관계자들은 학생에 대한 인식을 전환하여야 한다. 과거에 학생은 관리의 대상에 지나지 않았으며, 많은 교사들은 학생을 가르침을 받는, 또는 배우는 존재로만 여겼다. 그런데, 학생은 관리의 대상, 또는 학습의 주체이기 전에 보살핌(caring)을 받아야 하는 존재이다. 학교는 교수-학습 활동의 장이기 이전에 학생에게 따뜻한 보살핌을 제공할 수 있는 공간이어야 한다. 무엇보다 우선하여 학생을 보살핌의 대상으로 바라보아야 한다.

둘째, 학업과 생활에 어려움을 겪고 있는 학생들에 대한 다양하고 섬세한 교육적 접근과 배려가 필요하다. 위기 학생들이 '위기'에 처하게 된 원인은 다양하기 때문에, 각각의 경우에 적합한 교육적 처치를 섬세하게 구성하고 실행하여야 한다. 일례로, 기초 학습 부진 아동의 경우, 학습 부진의 원인은 가정, 또래 관계, 학생 자신의 신체·정서적 특성 등 다양한 측면에 존재할 수 있으며, 따라서 한 가지 방식으로 학습 부진을 해결할 수는 없다. 일부 지역과 학교에서 이루어지고 있는 일괄적인 보충 학습을 통하여 학습 부진 아동을 줄이려는 정책은 효과를 거두기 어렵다.

셋째, 학생 복지를 실질적으로 강화하기 위하여 더 세련된 제도적 지원과 정책적 노력이 필요하다. 교육 양극화와 사회 양극화가 사회 문제로 부상하면서, 다양한 교육복지 정책이 추진되고 있으며, 관련 재정 지원도 크게 증가하고 있다. 그렇지만, 어떤 경우에는 학생의 마음을 위로하거나 긍정적 자아 개념을 형성하기 위한 노력은 없이, 대상 학생에게 컴퓨터를 사 주거나 학교에서 간단한 먹을거리를 제공하는 수준에서 교육 복지가 그치기도 한다. 또, 일부 학교는 학생 복지를 위한 예산이 굉장히 늘었지만, 교사들이 적절하게 집행할 방법을 만들지 못하여 어려움을 겪는 경우도 있다. 학생 복지를 위하여 절대적 수준에서 교육재정을 확보하는 일도 필요하지만, 더 세련되게 정책을 형성하고 집행하는 일 역시 매우 중요하다.

마지막으로, 학생 복지의 위상을 새롭게 정립하여야 한다. 지금까지 학생 복지는 단기적이고 주변적인 일로서 인식된 감이 없지 않다. 그렇지만, 학생 복지는 무엇보다 중요한 교육적 과제이다. 학생 복지가 충족되어야 학생이 학업에 열중할 수 있으며, 학교 공동체가 원만하고 건강하게 운영될 수 있다. 양질의 학생 복지는 우수한 학업 수준과 학생들의 원만한 학교생활의 전제이다. 아울러, 근래 강조되는 학생 인권은 그 자체로 의의를 지니지만 학생 복지의 한 내용으로 파악할 수도 있으며, 학생의 학교 운영 참여 역시 그 자체로서 의미가 있기도 하지만 학생 복지를 강화하고 학생 인권을 신장하기 위한 방편적 의미를 지니기도 한다.

위기 학생들이 교사들의 보살핌을 받기보다는 교사들에게 회피의 대상이 되는 경우도 없지 않다. 위기 학생이 많은 학교는 기피 학교로 전락하고, 더불어 학교 근처 지역이 더 황폐화되기도 한다. 악순환이 거듭되는 것이다.

빈곤은 교사들을 어렵게 한다. 그렇지만, 교육을 통하여 빈곤을 재생산하는 것이 아니라, 빈곤의 대물림을 끊기 위하여 교사들에게는 각별한 노력이 필요하다. 또, 교사들에게만 모든 짐을 지우지 않도록 국가·사회적인 지원이 절실하다. 학생 복지의 성패는 기로에 선 한국 사회의 방향을 결정할 것이다.

5. 학생 인권 현실과 과제

가. 특별권력관계론

2000년대 초 두발 단속이나 학생 체벌 등이 문제가 되었다. 더 오래 전에는 교사에게 포괄적 의미의 학생 지도 권한이 인정되며, 학생은 교사의 교육 행위나 학교의 교육 방침에 대하여 자신의 기본권을 주장할 수 없다는 인식이 널리 퍼져 있었다. 그러나, 근래에는 과거의 사고를 지양하여 학교와 학생, 그리고 교사와 학생 관계를 새롭게 정립하여야 한다는 인식이 높아지고 있으며, 그 과정에서 학생의 두발 자유 요구 또는 교사의 체벌에 대한 인식이 변화를 겪었다.

과거 학교의 교육방침이나 교사의 교육 행위를 절대시하고, 학생의 기본권을 인정하지 않았던 관행을 이론적으로 뒷받침하였던 것이 특별권력관계론이다. 특별권력관계는 일정한 행정 목적에 필요한 범위 내에서 일방이 상대방을 포괄적으로 지배하고 상대방은 이에 복종함을 내용으로 하는 관계로서, 일반권력관계와는 달리 법치주의가 적용되지 않는다. 죄수와 교도소, 전염병 환자와 국공립병원 등의 관계가 전형적인 예가 되는데, 특별권력관계에서는 특별권력 주체의(예: 교도소장, 병원장) 지배권의 발동에는 개별적, 구체적인 법률의 근거가 필요하지 않고(법률

유보 원칙의 배제), 특별한 신분에 있는 자(예: 죄수, 전염병 환자)의 기본권은 보장되지 않으며(기본권의 제한), 특별권력주체의 행위는 원칙적으로 사법심사의 대상이 되지 않는다(사법심사의 배제)(김동희, 2004).

과거에는 학생이 학교에 재학하는 관계를 특별권력관계로 파악하여, 학교는 필요한 합리적인 범위에서 학생의 권리를 제한할 수 있고, 학생은 이에 복종하여야 하며, 학교의 교육방침이나 교사의 행위는 사법심사의 대상이 되지 않는다고 생각해왔다. 따라서, 교사의 두발 단속이나 학생 체벌 등은 문제가 되지 않았으며, 재판의 대상이 되지 않음은 말할 것도 없다.

그러나, 오늘날 특별권력관계론은 부정되었으며, 학생들의 기본권은 학교 밖에서는 물론 학교 안에서도 존중되어야 하는 것으로 인정되고 있다.

나. 기본권 주체로서의 학생과 학생의 권리

학생이 단순한 교육의 대상이 아니라 헌법상 기본권의 주체라는 사실을 환기한 계기가 된 것은 1969년 미국에서 이루어진 Tinker 판결(Tinker vs. Des Monies Independent Community School District 393 U.S. 503 1969. 2. 24)이라고 할 수 있다. 베트남 전쟁에 반대하여 검은색 완장을 두르고 등교한 Tinker 등 학생을 학교가 교칙 위반을 사유로 정학 처분한 사건에서, 법원은 "학생은 정부가 전달하고자 하는 것만을 받아들이는 폐쇄회로가 아니며, 교실은 다양한 의견이 교류되는 사상의 시장(marketplace of ideas)이 되어야 한다."고 한 바 있다. 이 재판은 학생이 헌법상 기본권의 주체라는 사실을 명확히 선언한 것으로서 매우 중요한 의미를 갖는다.

인권은 인류 보편적인 것으로서, 1989년 UN은 '아동권리협약'을 채택하여 온 세계 아동의 인권을 보호하고자 하였다. 한국 정부는 1991년 이 협약을 비준하여 협약 이행 당사국이 되었다. 협약의 주요 내용을 간략히 소개하면 다음과 같다.

- 모든 아동은 성별, 종교, 사회적 신분 등에 따른 어떤 종류의 차별로부터도 보호받아야 한다(제2조).
- 정부는 아동의 이익을 최우선적으로 고려하여 정책을 수립, 집행하여야 한다

(제3조).

- 모든 아동은 표현의 자유를 지니며, 국경과 관계없이 모든 종류의 정보와 사상을 접하고 전달할 권리를 가진다(제13조).
- 모든 아동은 사상과 양심, 종교의 자유를 가진다(제14조).
- 모든 아동은 평화로운 결사와 집회의 자유를 가진다(제15조).

한국에서도 학생 인권의 의의를 참작하여, 교육기본법을 제정할 당시 "학생을 포함한 학습자의 기본적 인권은 학교교육 또는 사회교육의 과정에서 존중되고 보호된다(제12조 제1항)."고 선언하였다. 아울러, 헌법재판소에서도 학생은 기본권의 주체이며, 학생의 기본권은 헌법에 의하여 보장됨을 천명한 바 있다.

> 아동과 청소년은 부모와 국가에 의한 교육의 단순한 대상이 아닌 독립적인 인격체이며, 그의 인격권은 성인과 마찬가지로 인간의 존엄성 및 행복 추구권을 보장하는 헌법 제10조에 의하여 보장된다. … 헌법은 국가의 교육 권한과 부모의 교육권의 범주 내에서 아동에게도 자신의 교육에 관하여 스스로 결정할 권리, 즉 자유롭게 교육을 받을 권리를 부여한다(2000. 4. 27. 98헌가16)

다. 학생 인권의 현실과 개선을 위한 과제

학생 인권을 보장하여야 한다는 주장이 빠르게 확산되고 있는데 비하면, 학교 내의 학생 인권 현실의 개선은 더디기만 하다. 한국 아동 및 청소년의 인권 실태 조사 결과에 따르면, 성, 연령, 학교 성적, 신체나 외모 등을 사유로 20% 안팎의 아동이, 그리고 40% 안팎의 청소년이 차별을 경험한 바 있다(모상현 · 김희진, 2009).

아울러, 한 청소년 인권 운동 단체가 전국의 354개 중 · 고교의 학칙과 학교생활 규칙을 조사한 결과에 따르면, 286개 교에서 학생의 이성 교제나 신체 접촉을 금지하는 규정을 두고 있음이 확인되었다. 한 고등학교는 이성 교제 사실이 세 차례 확인되면 퇴학시킨다는 규정을 두고 있었고, 한 중학교에서는 교사들이 강제로 학생들의 이성 교제를 중단하도록 종용한 사실도 확인되었다.[5]

UN 아동권리위원회는 2003년 '대한민국에 대한 유엔아동권리위원회의 최종 견해'를 발표한 바 있는데, 사실상 한국 학생의 인권 실태에 대한 종합적인 평가라 할 수 있다. 그 내용을 중심으로 한국 청소년 및 학생의 인권 현실을 살펴보고자 한다.

- 체벌이 학교에서 공식적으로 허용되고 있는 바, 가정, 학교 및 여타 기관에서 체벌을 명백히 금지하여야 한다. 체벌은 협약의 원칙과 조항에 부합하지 않으며, 특히 아동의 존엄성을 심각하게 침해한다.
- 학생회에 대하여 엄격한 행정적 통제가 이루어지고 있으며, 초·중등학교에서 교외 정치 활동을 제한하거나 금지하는 학교 교칙으로 인하여 학생의 표현의 자유와 결사의 자유가 제한되고 있다. 각종 의사결정 과정과 학교 내외에서의 정치활동에서 아동의 능동적인 참여를 촉진하여야 한다.
- 한 부모 가정 아동, 혼외 출생 아동, 이주 노동자의 자녀, 여자 어린이에 대한 차별을 제거하기 위하여 적극적 조치를 취하여야 한다. 특히 미등록 외국인 이주 노동자 자녀의 권리를 보장하고, 그들에게 적절한 수준의 복지를 제공하여야 한다.
- 장애 아동에 대한 사회적 차별이 광범위하며, 존엄성이 보장되고 자립이 촉진되며 적극적 사회 참여가 조장되는 여건 속에서 충분히 품위 있는 생활을 누릴 장애 아동의 권리가 제한되고 있다.
- 아동의 경제, 사회, 문화적 권리의 이행을 보장하기 위하여, 특히 경제적으로 취약한 집단에 속하는 아동의 권리 보장을 위하여 '가용 자원의 최대한도까지' 예산 할당에 우선순위를 두어야 한다.

이와 같은 학생 인권 현실을 개선하기 위하여 경기도교육청을 필두로 여러 교육청에서 학생인권조례를 제정하여 시행하거나, 제정하기 위하여 노력하고 있다. 경기도 학생 인권 조례(제정: 2010년 10월 5일)는 학생의 인권은 학생이 인간으로서의 존엄을 유지하고 행복을 추구하기 위하여 반드시 보장되어야 하는 최소한의 권리임을 선언하고(제3조 제1항), 학생 인권에 대한 제한은 인권의 본질적인 내용을 제한

5) 한겨레신문, 2010년 11월 16일.

하지 않는 최소한의 범위에서 학생이 제・개정 과정에 참여한 학칙 등 학교 규정을 통하여만 가능하도록 원칙을 선언하고 있다(같은 조 제2항). 이어서 차별받지 않을 권리, 폭력 및 위험으로부터의 자유, 교육에 관한 권리, 사생활의 비밀과 자유 및 보호에 관한 권리, 양심과 종교의 자유 및 표현의 자유, 자치 및 참여의 권리, 복지에 관한 권리, 징계 등 절차에서의 권리, 권리 침해로부터 보호받을 권리, 소수 학생의 권리 보장 등의 표제 하에 구체적 권리를 규정하고 있다. 아울러, 학생 인권 진흥을 위한 시책의 시행과 학생 인권 침해에 대한 구제 방안 등도 규정하고 있다.

한편, 국가인권위원회(2008)는 인권친화적인 학교문화를 조성하기 위하여 다음과 같은 사항을 권고한 바 있다.

1. 학생의 존엄과 의사 존중: 언어폭력 금지, 강제 학습 금지, 학생의 동의 여부 확인 등
2. 차별 금지: 성적, 성별, 나이, 가족 형태 등을 사유로 한 차별 금지, 소수자 배려와 다양성 존중 등
3. 교육에 대한 권리: 교육 선택권의 실질적 보장, 안정적인 학습 환경, 학습권의 일시적 박탈 최소화 등
4. 학생 자치와 참여권: 학생 대표 선출의 민주성, 자치와 참여를 위한 여건 조성, 자유로운 동아리 활동 보장 등
5. 신체의 자유: 체벌, 강제 이발 금지, 성폭력 금지, 사적 심부름 금지, 행사 동원 금지 등
6. 사상, 양심, 종교의 자유: 동의에 기초한 서약, 양심에 따른 상징의식 거부권 보장, 생각에 따른 차별 금지 등
7. 표현의 자유: 매체 활동의 자유, 학내집회, 시위의 자유, 교외 활동의 자유 등
8. 사생활과 개인 정보의 보호: 편지 공개 금지, 휴대폰 내용 열람과 공개 제한, 소지품 금지의 제한, 개인 정보 유출 금지 등
9. 정보 접근권: 자기 정보에 대한 열람과 자기 정보에 대한 통제권, 학교 당국의 정보 투명성 보장 등
10. 건강권: 정신 건강을 위한 상담과 치유, 학교급식의 질 확보, 적절한 건강 검진 등

11. 안전권: 안전을 위한 설비, 통학로의 안전 확보, 안전 교육 실시 등
12. 휴식과 문화에 대한 권리: 문화 동아리 지원, 실내 휴식 공간의 확보 등
13. 적법절차를 누릴 권리: 징계 규정의 정당성, 징계의 남용 금지, 예비 범죄자 대우 금지, 사건과 징계의 공개 제한 등
14. 특별한 보살핌을 받을 권리: 피학대 학생에 대한 구제 조치, 노동권 보장, 모든 형태의 폭력 예방 등
15. 권리를 지킬 권리: 이의 제기에 대한 처벌 또는 불이익 조처 주의, 구제 절차에 대한 자유로운 접근 등

그러나, 근래에는 학생 인권과 교권을 대립적 시각으로 바라보며 교권 실추가 학생 인권 탓이라는 문제제기도 이루어지고 있다. 이를 배경으로 몇 개 시도는 학생인권조례를 폐지하기도 했다. 연구 결과는 이런 시도가 잘못된 것임을 보여준다. 김범주(2024)는 학생 인권을 적극적으로 달성할수록 전문적 교권을 존중하게 되며, 특히 학생인권조례가 학생 인권 보장에 그다지 도움이 되지 않는다고 생각하는 학생일수록 적극적 학생 인권을 달성하면 전문적 교권을 존중하게 된다는 연구 결과를 보여주었다. 학생인권조례 폐지가 잘못된 것임을 보여준 셈이다.

6. 학생의 학교 운영 참여의 현실과 과제

가. 의의

근래에는 학생은 기본권의 주체라는 인식을 넘어 학생이 학교 운영에 적극 참여도록 하여야 한다는 인식이 확산되고 있다. 비록 한국의 학교 현실에서 학생 참여는 매우 미약한 상태에 있지만, 뒤에서 소개하는 바와 같이 학생의 학교 참여는 세계적인 현상이라고 할 수 있다.

학생의 학교 참여는 다음과 같은 점에서 의의를 갖는다.

첫째, 학생의 학교 참여는 수업과 학교 교육 프로그램의 개선에 유익하다. 교사가 학생의 반응을 잘 살피면서 수업을 진행할 때 수업이 개선되는 것은 자명한

사실이며, 이를 넘어 수업을 계획할 때부터 학생의 의견을 듣고 이를 반영하면 더욱 좋은 수업을 전개할 수 있다. 교육 프로그램을 계획할 때에도, 학생들의 참여를 보장하는 경우 더 좋은 프로그램이 될 수 있다. 학교 행사를 운영할 때 학생들에게 모니터링을 부탁하거나, 행사 평가 과정에 학생의 참여를 보장하면 더 좋은 운영과 평가를 할 수 있다.

둘째, 학생의 학교 운영 참여는 학교 운영 거버넌스의 개선에 유익하다. 과거 학교장 중심의 학교 운영을 민주적, 공동체적 학교 운영으로 변화시키기 위하여 학교운영위원회를 구성하여 운영하고 있다. 그렇지만, 학생의 학교 운영 참여는 아직은 대단히 미약한 수준이다. 학생이 학교 운영에 참여할 수 있다면, 더 민주적이고, 더 공동체적인 학교 운영 거버넌스를 확립할 수 있다.

셋째, 학생이 학교 운영에 참여하게 되면, 필연적으로 학생들이 자신들의 의견을 밝히고, 교사나 학부모 등의 의견을 듣고, 서로의 의견을 좁혀나가는 과정을 체험하게 된다. 이 과정에서 학교는 자연스럽게 민주주의 훈련의 장이 되며, 학생들은 학교에서부터 숙의 민주주의를 체험하게 된다. 민주주의 제도의 확립을 넘어, 민주주의적 문화의 정착을 지향하고 있는 한국 사회의 현실을 생각할 때, 학생들의 학교 참여는 한국 민주주의의 정착과 성장에 크게 기여할 것이다.

나. 외국의 동향

유럽의 많은 국가들은 학생들의 학교 운영 참여를 제도화하고 있다. 덴마크에서는 한국의 학교운영위원회와 같은 학교 의사결정 기구에 학생 대표의 참여를 의무화하고 있다. 네덜란드 역시 모든 중등학교에서 의사결정 기구에 학생 대표의 참여를 의무화하고 있다. 스웨덴의 경우는 교육내용 및 교수법에 관한 회의에 교수와 같은 수의 학생이 참가하도록 하고 있다. 영국에서는 학생들과 관련된 결정에 학생들이 참여할 수 있도록 정부·비정부 기구가 학교 관계자들을 독려하고 있다(Mitra, 2009: 821).

한편, 독일 베를린 주의 경우는 학교제도법(Schulverfassungsgesetz)에서 학생은 수업과 생활지도 목표의 달성을 지향하는 학교 활동에 협력하며, 공동 결정하고,

자신들의 이익 실현을 도모할 권리가 있음을 명문화하고 있다(제26조). 또, 학생의 연령에 맞추어 교사의 교육계획에 관한 정보를 제공받고, 규정의 범위 내에서 수업이나 기타 학교행사에 참가하며, 교재 선택이나 일정한 수업형태의 적용 등에 관하여 의견을 표명할 기회를 갖고, 학교에서 학생들의 제안을 수용하지 않는 경우에는, 그 사유를 학생들에게 설명하도록 하고 있다. 평가 결과와 평가를 위한 기준을 학생에게 설명하여야 한다는 등을 규정하고 있다(제27조)(藤田昌士, 1999).

오스트레일리아에서도 학생 참여는 대단히 활발하다. 학생 행동팀을 구성하여 학교 방침을 검토·평가하며, 학생 상호간 학습 지원과 상담을 촉진하고, 건강이나 약물 남용, 안전, 환경과 같은 지역사회의 안전을 위한 활동에 적극 나서도록 하는 등 학생이 주체가 된 교육개혁과 사회 변화를 실현하고 있다(Mitra, 2009: 821).

일본의 경우는 학교평의회나 학교운영협의회와 같이 학교 운영에 관련된 법정 기구에 학생의 참여는 보장되어 있지 않다. 그러나, '열린 학교 만들기' 운동의 일환으로 3자 협의회(교사, 학생, 보호자)나 4자 협의회(교사, 학생, 보호자, 지역주민), 학교 포럼 등을 구성하여 운영하는 사례가 점차 증가하고 있다. 이런 움직임은 주로 고등학교에서 이루어지고 있다. 한 고등학교는 교복 착용을 둘러싸고 2년 넘게 3자 협의회를 운영하고, 그 과정에서 학교 공동체 구성원의 의사를 합리적으로 집약하기도 하였으며(宮下·兵衛, 2010), 학교 포럼을 구성하여 어떤 학교를 만들 것인가를 학교 구성원이 진지하게 모색하는 일을 계속하는 사례도 보고되고 있다(山下晃一, 2007). 이와 같은 학생 참여의 과정에서 학교를 구성하는 여러 주체가 서로의 의견을 밝히고, 다른 사람의 의견을 경청하며, 합리적으로 차이를 좁혀나가면서 학교 내에 숙의 공간이 형성되고, 학교가 숙의 민주주의의 장으로 탈바꿈하며, 학생들이 민주주의의 주체로서 성장하는 등의 변화가 이루어지고 있다는 보고가 이어지고 있다(宮下·兵衛, 2010; 山下晃一, 2007).

미국에서는 학생의 학교 운영 참가보다는, 학생의 교육 활동 참여가 교사의 수업을 개선하고, 궁극적으로 학교 효과를 제고할 수 있다는 관점에서 학생 목소리(student voice)를 적극 수용하여야 한다는 주장이 제기되고 있다(Mitra, 2009). 흔히 교사가 수업을 잘 준비하고 실행하면 학생들의 학업 성취가 제고될 것이라고 생각하지만, 사실은 학생이야말로 교사가 수업을 준비하고 실행하는 데에서 가장 중요한 변수이며, 따라서 학생을 잘 파악하고, 그들의 목소리에 적극적으로 귀를 기울일 때에만 학교 효과를 제고할 수 있다는 것이다. 유럽 국가들의 학생 참여가 민주 사회의 시민으로서 학생을 성장하도록 하는 자기 목적적인 의미를 가지고 있는 데 비하여, 미국의 학생 목소리 논의는 학교 효과를 제고하기 위한 수단적 의미에서 활용되고 있다고 평가할 수 있다. 어떤 배경에서든, 세계 여러 국가에서 학교 운영에 학생의 목소리를 반영하고, 더 나아가 그들의 참여를 제도화하는 움직임이 활발하게 일어나고 있다.

다. 한국의 동향

한국에서는 오래 전부터 거의 모든 초·중등학교에 학생회를 구성하여 운영하고 있다. 그런데, 이와 같은 학생회는 법적 기구가 아니며, 학교 운영 과정에 제도적으로 참여하고 있지도 않다.

학교 운영 과정에 학생 참여를 제도화하고자 하는 노력은 2000년대 들어 본격화되었다. 2002년 대통령선거를 앞두고 전국교직원노동조합에서 학교운영위원회 산하에 교사회 및 학부모회와 함께 학생회를 법적 기구로 설치하여 학교 운영 과정에 여러 학교 구성원의 참여를 체계화하자고 제안하였고, 이 제안은 당시 대통령 당선자의 공약에 반영되었다. 이후 참여정부에서는 '참여와 자치를 통한 교육공동체 구축'이라는 목표 아래 교사회와 학생회, 그리고 학부모회 법제화를 통하여 학교 운영의 민주성을 제고하고 학교운영위원회의 대표성을 확보하며, 학교 구성원의 역할과 책임을 명료화하고자 하였다.

이와 같은 흐름에서, 모든 중·고등학교에 학생회를 의무적으로 설치하고, 학생회에서 학교운영위원회에 안건을 제안할 수 있도록 하며, 학생회 및 학생들의 생활과 밀접히 관련된 학칙과 교내 규정의 제 개정 시에 적극적으로 참여할 수 있도록 하는 내용의 법안이 제출되기도 하였다.[6)]

현행 법률에서 학생회 구성을 의무화하고 있지는 않지만, 현행 법의 정신을 살펴볼 때 학생회의 법정기구화는 충분히 근거가 있다. 헌법 제31조 제4항의 교육의

6) 2005년 당시 민주당 구논회 의원이 관련 법률 개정안을 제출하였다.

자주성 조항은 학교의 자율 운영의 근거가 되는 것으로서, 이 조항에서 학생회 구성의 헌법적 근거를 도출할 수 있다. 교육기본법 제5조 제2항에서는 앞의 헌법 정신을 이어받아 "학교운영의 자율성은 존중되며, 교직원, 학생, 학부모 및 지역주민 등은 법령이 정하는 바에 의하여 학교 운영에 참여할 수 있다."고 규정하고 있다. 이 조항을 중심으로 현행 학교운영위원회 구성 방식을 살펴보면, 학생 참여를 배제하는 현재의 학교운영위원회 구성 방식은 잘못된 것이라고 평가할 수 있다(허종렬, 2003).

현재는 초·중등교육법 제17조에서 "학생의 자치활동은 권장, 보호되며, 그 조직 및 운영에 관한 기본적인 사항은 학칙으로 정한다."고 규정하고 있으며, 같은 법 시행령 제30조에서 학교장에게 학생 자치 활동을 지원할 의무를 부과하고 있다.

한편, 2010년대 들어 여러 시·도교육청에서 학교자치조례를 제정하고, 조례에 근거하여 학생회를 조직하여 운영하고 있다. 학교에 따라서는 학생회가 학생 생활규칙을 제정하거나 학교 축제를 기획하여 운영하는 등 적극적으로 활동하기도 한다. 그러나, 학생의 자치가 생활 영역에 국한되며 전통적으로 교사의 일이라고 할 수 있는 교육과정 운영이나 학생평가에 대하여 학생들이 적극적으로 의견을 개진하는 사례는 잘 보이지 않는다.

학생회의 법제화에 대하여, 앞에서 소개한 2003년 '대한민국에 대한 유엔아동권리위원회의 최종 견해'에서 권고하고 있는 바와 마찬가지로, 학생의 학교 운영 참여는 권리이며 교육을 개선하기 위한 중요한 조건이므로 학생회 법제화를 서둘러야 한다는 견해도 있고, 이에 반대하는 견해도 있다. 반대 논리로는 이미 학교별로 학생회를 자율적으로 운영하여 오고 있기 때문에 굳이 법제화할 필요가 없으며, 학교의 자율 운영을 지원하고자 하는 취지에서 학생회 법제화가 제안되고 있으나 실질적으로는 학교의 자율 운영을 구속할 가능성이 있다는 점이 지적되고 있다. 아울러, 학생들이 집단 논리의 유혹에 빠져 정상적인 교육 활동을 저해할 염려도 제기되고 있다(허종렬, 2003: 138-140).

앞에서 소개한 학생 참여에 관한 외국의 동향에 비추어 판단하면, 한국의 경우는 학생자치의 움직임이 나타나고는 있지만 학생의 학교 운영 참여에 대하여 지나치게 소극적이거나 보수적인 상태에 있다고 평가할 수 있다.

라. 문제와 과제

학생이 학교 운영 과정에 자기 목소리를 내고 적극적으로 참여하는 데에 대하여 문제가 전혀 없는 것은 아니다. 두 가지 정도의 문제가 제기되고 있는데, '누구의 목소리인가?', 그리고, '학교는 진정으로 학생의 목소리를 경청하고 반영하는가?'라는 문제이다.

첫째, 학생이 학교 운영에 의견을 내고 참여한다고 할 때, 과연 어떤 학생이 참여하는가라는 문제를 검토할 필요가 있다. 오스트레일리아의 학생 참여를 분석한 연구 결과에 따르면(Holdsworth & Thompson, 2002, Mitra, 2009에서 재인용), 학교에서 이루어지는 학생 참여는 사실상 이미 학교에서 혜택을 받고 있거나 사회적으로 유리한 위치에 있는 학생들이 독점하고 있다. 누구나 자신의 입장에 따라 다른 의견과 요구를 가질 수밖에 없다는 사실을 상기하면, 학생회와 같은 모든 학생을 대표해야 하는 기구에서 사실상 특정 집단의 목소리만 대변할 가능성이 있다. 한국의 학교 운영 과정에서 어떤 학생이 목소리를 내는지, 학생회를 구성하는 학생들은 성별, 학교 성적, 부모의 사회경제적 지위 등 면에서 치우쳐있지 않은지 등을 면밀히 분석할 필요가 있다. 아울러, 학생회를 구성하는 과정에서 모든 학생들의 의견과 요구가 고르게 표출될 수 있도록 노력하여야 하고, 특별히 소수자 학생의 목소리가 묻히지 않도록 적극적으로 배려하여야 한다.

둘째, 학생회를 구성하고 학생들의 학교 참여를 제도적으로 보장한다고 하여도, 그것이 진정한 의미에서 학생 참여를 진작하지 않을 수도 있다. 서양의 한 연구에 따르면(Fielding, 2004; Mitra, 2009에서 재인용), 많은 학교에서 학생의 참여를 보장하는 형식을 갖추고 있다고 하여도, 학교가 학생들에게서 배우고 학교 운영을 적극적으로 개선하려고 하기보다는, 학교의 중요한 결정에 학생들이 참여하였다는 구색만 갖추고, 사실상 학생의 의사를 적극적으로 반영하지는 않는, 일종의 흡수 전략(cooptation)이 종종 활용된다고 한다. 이 경우, 학교는 학교 내외에 학생까지 참여한 결정 사항이라는 식으로 홍보할 수 있지만, 기실 학생의 참여가 이루어지지 않은 결정이라고 해도 과언이 아니다. 따라서, 학생 참여를 보장하는 제도적 장치를 마련하는 일에 그치지 않고, 실질적으로 학생의 목소리를 학교 운영에 반영하고, 학교를 개선할 수 있도록 노력할 필요가 있다.

참고문헌

국가인권위원회(2008. 4. 30.). 학생인권 내용 및 증진 방안 모색 토론회 자료집.

김동희(2004). 행정법 I . 서울: 박영사.

김범주(2024). 적극적 학생인권의 달성과 전문적 교권 존중의 관계에서 학생인권조례 효용의 조절 효과. 입법과정책, 16(1). 375-406.

김성기 외(2009). 학업 중단 청소년 실태 분석. 부산광역시교육청.

김종철, 이종재(1994). 교육행정의 이론과 실제. 서울: 교육과학사.

모상현, 김희진(2009). 2009 한국 아동 청소년 인권실태조사: 생존권 보호권. 한국청소년 정책연구원.

박삼철(2007). 고등학교 학생들의 삶의 질(Quality of Life)을 결정하는 학교 변인들의 효과. 교육행정학연구, 25(4). 141-162.

이경상 외(2008). 빈곤이 청소년 성장에 미치는 영향. 한국청소년정책연구원.

이경운(1990). 대학생의 법적 지위. 박사학위논문, 서울대학교, 서울.

이차영(1994). 대학 내 통치에서 학생 위상에 관한 규범적 관점 연구. 박사학위논문, 서울대학교, 서울.

임희진, 김현철(2009). 2009 한국 고등학생의 학업에 관한 조사. 한국청소년정책연구원.

차명호 외(2009). 위기 학생 실태 조사 및 지원방안 연구. 교육과학기술부.

한만길 외(2009). 탈북 학생의 교육실태 분석 및 지원방안 연구. 한국교육개발원.

허종렬(2003). 교사회, 학부모회, 학생회 법제화의 필요성 및 한계: 학교운영에서의 구성원 참여 구조 혁신 방안 토론회 자료집(RM2003-15). 한국교육개발원.

宮下与兵衛(2010). 生徒参加における學校運營と民主主義. 教育. 31 - 37 .

藤田昌士(1999). 生徒參加 その歷史. 現狀と課題. 未來をひらく教育, 17. 62 - 69 .

山下晃一(2007). 學校ガバナンスにおける「熟議空間」の生成と課題. 日本教育法學會年報, 36. 91-100.

Ericson, D., & Ellett, F. (2002). The question of the student in educational reform. *Education Policy Analysis Archives*, 10(31). 1-30.

Fenstermacher, G., & Richardson, V. (2005). On making determination of quality in teaching. *Teachers college record*. from www.tcrecord.org/authordiplay.asp?aid=5693.

Fielding, M. (2004). Transformative approaches to student voice: Theoretical underpinnings, recalcitrant realities. *British Educational Research Journal*, 30. 295-314.

Holdsworth, R., & Thompson, P. (2002). Options within the regulation and containment of "student voice" and/or students researching and acting for change: Australian experiences. Papers presented at the Annual Meeting of the American Educational Research Association, New Orleans, L.A.

Mitra, D. L. (2009). Student voice and student roles in education policy and policy reform. In G. Sykes, B. Schneider, D. N. Plank, & T. G. Ford(Eds.), *Handbook of Education Policy Research*. New York: Routledge.

Sergiovanni, T. G., Kelleher, P., McCarthy, M. M., & Fowler, F. C. (2009). *Educational Governance and Administration*(6th ed.). Boston: Pearson.

CHAPTER

18 교육재정 운영의 효율화

교육재정은 교육활동을 지원하는 요소이면서도 다른 한편으로 교육활동을 현실적으로 제약하는 중요한 요소이다. 이 장에서 다루는 내용은 다음과 같다.

- 교육재정의 의미
- 교육재정의 효율화
- 교육재정의 실제적 흐름: 확보, 배분, 집행, 평가
- 교육재정의 발전 과제

1. 교육재정의 의미

가. 교육재정의 개념

교육재정은 국가나 공공단체가 사회적·공공적·조직적 교육활동의 운영을 위하여 필요한 경비를 확보·배분·지출·평가하는 일련의 경제활동을 말한다.

교육재정을 국가나 공공단체를 주체로 하는 공공적 경제활동으로 이해할 때, 이는 적어도 세 가지 면에서 민간영역의 사경제 활동과 구분된다(김종철, 1982: 367-369).

첫째, 사경제 활동이 개인이나 민간 기업의 사적 이익 추구를 목적으로 하는 영리활동인 데에 비하여, 공공적 경제활동으로서의 재정은 국민 혹은 주민 전체의 공공적 복지, 즉 일반 이익을 향상시키는 데에 주안점이 있다.

둘째, 가계나 민간기업의 사경제가 자유 시장을 통한 교환관계를 특징으로 하는 반면, 공공 경제 활동으로서의 재정은 국민소득의 일부를 공권력을 통해 조세정책을 통해 강제로 받아들임으로써 성립하는 강제경제를 특성으로 한다. 재정에서 재원을 조달하는 방법으로는 '권력에 의해 국민으로부터 화폐를 징수하는 방법',

'공권력의 신용을 배경으로 화폐를 차입하는 방법', '공권력 그 자체에 의한 사업경영으로부터 화폐를 획득하는 방법' 등이 있다.

셋째, 사경제에 있어서는 양입제출(量入制出)의 원칙에 따라 수입 규모를 계량하여 지출 규모를 규제하는 반면, 재정에 있어서는 지출액을 먼저 결정한 후 이에 따라 수입을 조정하는 양출제입(量出制入)의 원칙을 앞세우게 된다. 그러나 재정에 있어서도 수입의 규모를 전혀 예측하지 않고 지출 규모를 먼저 정할 수는 없는 것이며 수입과 지출의 균형을 고려해야 한다는 점은 사경제와 다를 바 없다. 다만 사경제와 비교하여 재정은 양출제입의 특성이 상대적으로 농후하다는 정도로 이해해야 할 것이다.

교육재정의 대상이 되는 교육활동은 사회적, 공공적, 조직적 활동으로 이루어지는 학교교육 및 형식교육에 한정된다. 따라서 국·공·사립학교의 교육활동 및 평생교육(예, 재외국민교육, 직업기술교육)활동은 교육재정의 대상이 되나, 사기업체 부설 교육기관(예, 삼성전자 연수원), 교육부 소관 이외 공공 교육기관(예, 육군사관학교, 중앙공무원교육원, 한국은행 경제교육 강좌)의 활동 및 사적 교습행위(예, 볼룸댄스나 피아노 레슨)는 그 대상에서 제외된다. 그러나 최근에는 학교교육과 학교 외 교육 사이의 경계가 모호해짐에 따라 소관 기관에 따라 교육재정의 범위를 정할 것이 아니라 행위의 성격에 따라 교육재정의 범위를 정할 필요가 있다는 지적이 제기되기도 한다.

교육재정에는 재원의 확보, 배분, 지출뿐만 아니라 지출의 합법성과 합목적성을 검토하는 평가(감사)활동까지 포함된다. 교육예산의 감사는 교육재정에 대한 공적 신뢰를 확보하고 예산절차를 개선하는 의미를 지니고 있으므로, 교육재정의 중요한 영역이 된다.

나. 교육재정의 의의

오늘날 교육은 국가의 중요한 기능으로 인식되고 있으며, 교육재정은 교육과 교육행정을 수행하는 데에 필수 불가결한 경제적 기반이다. 교육재정이 부족할 경우에 교육활동의 규모가 위축되거나 그 질적 수준은 저하될 수밖에 없다. 우리의 공교육 발전을 가로막고 있는 대부분의 문제들(예, 다인수 학급, 교원의 과중한 근무부담, 교직 유인체제의 약화, 전근대적 교육시설 등)은 근본적으로 공교육에 투입되는 재정의 부족에서 연유된 것이라고 할 수 있다. 그리고 출산율 저하로 나타나는 현대에서는 학생 1인당 공교육비의 적정 확보가 중요한 문제가 될 수도 있다.

그럼에도, 사교육의 구입을 위해 각 가정에서 부담하는 사교육비는 다른 나라의 추종을 불허할 정도로 기형적 모습을 보이고 있다. 따라서 교육재정을 충분히 확보하고, 확보된 재원을 효율적·합법적으로 지출·관리하는 일은 교육발전의 핵심이라고 할 수 있다.

논리적으로만 보면 교육을 위해 교육행정이 존재하고 교육행정의 물질적 수단으로서 교육재정이 존재하는 것이지만, 실제적으로는 교육재정이 교육행정과 교육활동을 규제하며 그 한계를 설정하는 역할을 하므로, 교육재정을 어떻게 운용하는가 하는 점이 교육에서 매우 중요한 과제가 된다.

교육재정이 수행하는 기능은 크게 교육정책 확인 기능, 자원배분 기능, 소득분배 기능 등으로 구분하여 생각해볼 수 있다. 교육정책은 교육제도의 영위 방향에 관한 규범적 가치판단을 반영한다. 무엇을 현 교육제도의 문제로 보는지, 그 문제의 완화 혹은 개선을 위해 어떤 대안이 필요한지 등에 관한 판단이 정책을 통해 나타나는 것이다. 그런데, 정책은 대개 이해당사자 사이의 대립과 저항을 의식하여 미사여구로 포장되어 제시되는 경우가 많다. 이런 경우 교육재정은 그러한 포장 이면에 존재하는 정책의 본질을 직시하고 확인하는 데에 도움을 준다. 특히 정책의 이행에 비용이 수반되는 경우, 교육재정의 양상을 검토하는 일은 교육정책의 중점을 확인하는 일에 직결된다.

교육재정이 자원배분 기능을 수행한다는 뜻은 다음과 같다. 즉, 교육은 유용한 사회적 자원이며 그 획득에는 비용이 요구된다. 국가나 공공단체는 교육재정을 통해 특정 교육활동에 드는 경비의 전부 또는 일부를 충당하고, 그렇게 확보한 교육자원을 사회의 각 구성원에게 공급하는 역할을 한다. 국가나 공공단체는 교육자원을 공급할 때에도 어떤 교육을 누구에게 어떤 비용을 치르게 하여 공급할 것인지를 재정정책을 통해 결정함으로써 자원배분 기능을 수행한다. 예를 들면, 국가교육재정의 거의 대부분을 무상의무교육의 완성에 투입하는 것은 국민기초교육이라는 자원을 소득수준 등에 관계없이 모든 의무교육 대상자에게 균등하게 배분한다는 뜻이 담겨 있다. 또한 고등교육에 대해서는 그 수익이 교육을 받는 개인이나 그 가계에 귀속된다는 판단으로 국가가 일관성 있게 수익자 부담의 원칙을 적용하여 공교육재정의 투입을 억제한다면, 그것은 고등교육을 받는 데에 드는 막대한 비용을 부담할 능력이 있는 계층에게만 고등교육 자원을 배분하는 기능을 수행한 것이라고 할 수 있다. 이와 같은 방식으로, 교육재정은 교육이라는 자원을 어떻게 사회적으로 배분할 것인가 하는 문제에 직접 영향을 미친다.

교육재정이 소득분배 기능을 수행한다는 점은 두 차원에서 설명할 수 있다. 하나는 교육재원의 조달 방식과 관련된 것인데, 어떤 계층의 사람들로부터 교육비용을 부담하게 할 것인지를 결정함으로써 그 구성원들의 소득을 분배하는 기능을 수행하는 것이다. 예를 들면, 교육비용을 조세로 충당하는 경우 조세 자체의 소득 분배 효과가 있다. 이 효과는 조세의 세원을 소득·자산·소비 중 무엇으로 할 것인지에 따라, 또는 그 세율을 비례세 혹은 누진세로 할 것인지에 따라, 그리고 조세의 성질을 직접세로 할 것인지 간접세로 할 것인지 등에 따라 달라진다. 또 하나의 차원은 교육 결과의 소득 효과와 관련된 것인데, 이는 교육재정을 통해 분배된 교육 자원을 어떻게 획득하고 활용하는가에 따라 개인의 소득이 달라지는 경우이다. 예를 들면, 학력 간 임금 격차가 큰 사회에서, 교육에 대한 공공 투자의 미흡함과 비효율을 그대로 둔 채, 고임금이 예상되는 학력을 특정 소득계층에서 선취하도록 허용하는 것은 기존의 소득분배 구조를 고착시키거나 악화하는 교육재정 정책이라고 할 수 있다.

2. 교육재정의 효율화

가. 교육의 비용

교육재정에서 말하는 교육의 비용은 교육이라는 활동을 성립시키거나 교육서비스를 생산(혹은 구매)하는 데에 드는 물질적 투입(교실, 운동장, 실험기구 등)이나 비물질적 투입(시간, 노력, 경영기술 등)을 금전적 비용으로 환산한 것을 말한다.

교육서비스를 생산(구매)하는 데에 투입되는 금전적 비용을 교육비용(혹은 교육비)이라고 할 때, 이 교육비가 어떤 성격을 갖는지를 파악하기 위해 교육비와 관련된 몇 가지 대응 개념을 살펴볼 필요가 있다.

1) 직접교육비와 간접교육비

교육서비스의 생산(구매)에 드는 비용이 직접적인가 간접적인가에 따른 구분이다. '직접교육비'는 교육서비스를 생산하기 위해 정부에서 교육예산을 투입하거나, 교육을 받기 위해 가계에서 납입금을 내는 것과 같이, 교육을 성립시키기 위해 직접 투입하는 금전적 비용을 말한다.

이에 비해 '간접교육비'는 교육서비스를 생산(구매)하는 과정에서 간접적으로 투입된 비용을 말하는데, '포기된 수익'이나 '조세의 감면' 및 '교육시설 · 설비의 감가상각비' 등이 이에 포함된다. '포기된 수익'이란 교육서비스를 생산(구매)하느라고 포기하지 않으면 안 되는 대체적(代替的) 기회의 가치를 말한다. 예를 들면, 대학생으로서 학업을 연마하느라고 고등학교 졸업 후 취업했으면 얻을 수 있었을 소득을 포기하거나, 유아의 어머니가 자녀교육을 위해 가정에 머무느라고 다른 활동에 종사하지 못해 소득을 포기한 것, 또는 국립 대학교를 운영하느라고 들인 국가예산을 항만 건설에 투입했더라면 얻었을 경제성장의 효과를 포기한 것 등이 포기된 수익에 해당한다. '조세의 감면'은 국가나 공공단체가 거두어들일 수도 있었을 조세 수입을 비영리기관인 학교에 대해 감면해주는 경우가 많은데, 그 감면된 조세 수입만큼의 비용을 국가나 공공단체는 간접적으로 투입한 셈이 된다. '감가상각비'는 학교의 건물과 시설 및 설비와 기자재가 세월이 지나면 점점 노후하여 폐기해야 하는데, 내구연한(耐久年限)을 지닌 그러한 시설물의 가치가 줄어들고 사라지는 데에 따르는 비용을 말한다. 이러한 모든 간접교육비는 직접 투입되는 비용이 아니기 때문에 비용 계산에서 빠트리는 경우가 많고, 대체적(代替的) 기회의 가치를 정확하게 산정하기 어렵다[1]는 점 때문에 비용으로 산정되지 못하는 경우가 흔히 있다.

---

1) '놓친 물고기는 언제나 월척'이라는 말처럼 대체적 기회의 가치를 과대평가할 수도 있고, 절약한 상품가격의 가치를 상회하는 시간과 노력을 들여 구매했으면서도 싸게 샀다고 좋아하는 것처럼 대체적 기회의 가치를 과소평가할 수도 있다.

2) 공교육비와 사교육비

교육에 드는 비용의 운영 형태에 따라 '공교육비'와 '사교육비'가 구분된다. 전자는 교육비를 확보, 배분하는 과정이 공공의 회계절차를 거치는 것을 말하고, 후자는 그러한 절차를 거치지 않는 교육비를 말한다. 공교육비에는 교육활동을 위하여 국가나 공공단체 및 학교법인이 지출하는 모든 비용과 학생이 지출하는 입학금, 수업료, 학교운영지원비 등이 포함된다. 그리고 사교육비에는 공교육을 받는 데에 드는 비용 가운데 공공의 회계절차를 거치지 않고 학생이 직접 부담·지출하는 교복대금, 교재대금, 학용품비, 등하교용 교통비 등과 학교 밖에서 이루어지는 사교육 상품의 구입비용 등이 포함된다.[2)]

공교육비는 그 비용을 누가 부담하는가와 상관없이 조세 수입을 통해 획득한 재정과 동일한 원칙에 의해 배분하고 집행하며 감사한다. 반대로 사교육비는 개인의 자유 계획에 따라 집행하고, 집행 결과에 대한 판단과 평가는 오직 그 개인이 한다. 공교육비는 본질적으로 그 비용을 어떻게 관리하는 것이 사회적으로 공정하며 형평에 맞는가를 중요한 원칙으로 삼지만, 사교육비는 본질적으로 개인의 능력에 따라 자신에게 의미 있다고 생각되는 교육서비스를 향유하는 데에 사용되는 경비이다.

만약 공교육비를 통해 제공되는 교육서비스의 질이 충분하지 못하다고 개인이 판단한다면, 그 개인은 사교육비를 통해 자신이 원하는 사교육을 구매하려 할 것이다. 이 경우 물론 관건은 구매비용의 부담능력이다. 구매 의사와 부담능력을 함께 갖춘 사람이 사교육비를 지불할 텐데, 이 비중이 크면 클수록 교육기회의 배분이 공적으로 관리되지 않는다는 것을 의미한다. 사교육비 규모가 공교육비 규모와 반비례 관계에 있다는 지적도 있으나(송기창 외, 1997: 17; 천세영, 2005: 16-18), 정확하게 말하면 그렇지 않다. 사교육비 규모는 공교육비가 부족할 경우 그를 보완하기 위해 커질 수 있으나, 공교육비를 아무리 충분히 투입하고 공교육 기회가

2) 이 점과 관련하여, 김영철(1997: 5-6)은 회계 집행 방식에 의해 공교육비와 사교육비를 구분하기보다는, 학교교육과의 관련 여부에 따라 공교육비와 사교육비를 구분하자는 제안을 한 바 있다. 이 제안에 따르자면, 학교교육을 받는 데에 드는 비용으로 학생이 부담하는 교재대금이나 학용품비 등은 공교육비에 해당하고, 학원수강료나 학원교재 대금 등이 사교육비에 해당하게 된다.

보장되더라도 사회적 지위 경쟁을 위한 추가적 사교육의 구매 필요를 느끼는 유효 수요가 있는 한 결코 줄어들지 않기 때문이다.

3) 공부담 교육비와 사부담 교육비

교육비용의 부담 주체가 국가 또는 공공단체인가, 개인 또는 가계인가에 따라 '공부담 교육비'와 '사부담 교육비'로 구분한다. 교육에 드는 비용을 국가나 공공단체가 공적으로 부담하는 근거에 대해서는, ① 교육의 결과로 발생하는 효과 혹은 이익이 교육받은 개인에게만 머무르는 것이 아니라, 사회 전체에 미치기 때문에 그 경비의 일부를 공적으로 부담하는 것이 합당하다는 견해와, ② 교육효과의 귀속 주체와 관계없이 교육이라는 기본적 인권의 향유를 위하여 일정 정도의 교육기회는 사회적으로 제공해야 한다는 견해에 의하여 함께 지지되고 있다. 교육에 드는 비용을 어디까지 공적으로 부담할 것인지 하는 점은 그 사회의 재정 상황이나 정책적 의지에 의존한다. 예를 들면, 초·중등학교 학생의 통학비나 급식비를 공적으로 부담하겠다고 할 수도 있고, 형편에 따라서는 의무교육기관의 운영경비 일부를 육성회비나 학교교육지원비 등의 명목으로 학부모에게 분담시킬 수도 있다.

이상과 같은 교육비 분류 방식 이외에도 고정비용과 가변비용, 자본비용과 경상비용, 단기비용과 장기비용 등으로 구분할 수도 있고, 경제학적 분석을 위해 총비용과 평균비용 및 한계비용 등으로 구분하는 것도 가능하다. 우리나라에서 보편적으로 등장하는 교육비 분류 체계는 전술한 교육비 유형을 활용한 것으로서 그 형태는 다음 [그림 18-1]과 같다.

이 그림에서 A는 교육에 직접 투입되는 공교육비이면서 그 비용을 공적으로 확보된 재정을 통해 부담하는 교육비를 말한다. 이에 해당하는 교육비로는 국가나 지방자치단체가 부담하는 교육비 및 학교법인의 전입금 등이 있다. B는 개인이 부담하되 공공 회계절차를 거치는 교육비를 말하는데 입학금, 수업료(등록금), 육성회비(기성회비), 학교운영지원비 등이 있다. C는 개인이 부담하면서 공공 회계절차를 거치지 않는 교육비로서, 교복 및 교과서 대금이나 수학여행비 및 학원수강료 등이 이에 해당한다. 교육활동에 직접 투입되는 비용은 아니지만, D는 국가 및 지방자치단체에서 부담하는 간접교육비로 학교에 대한 세금 감면분이나 교육용 재산의 감가상각비 및 교육예산에 대한 대체적(代替的) 기회의 가치 등이 이에 해당한다. 그리고 E는 개인이 부담하는 '기회비용'으로, 학생이 학교에 다니고 학부모가 자녀를 돌보느라고 다른 일을 하지 못해 포기한 소득이 이에 해당한다.

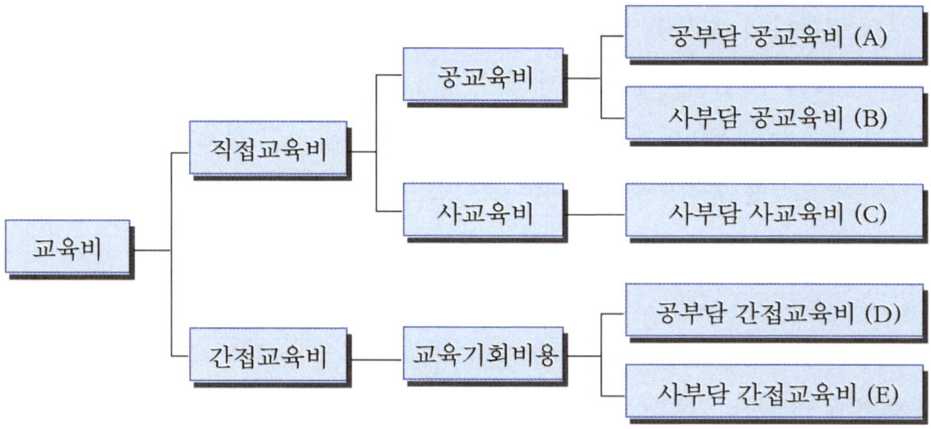

[그림 18-1] **교육비의 분류 체계**

나. 교육의 효과

교육을 통해 얻을 수 있는 효과는 교육활동에 종사하는 당사자 개인에게도 나타나지만 전 사회적으로 나타나기도 한다. 이를 교육의 '개인적 효과'와 '사회적 효과'라고 부른다.

1) 개인적 효과

교육의 개인적 효과는 교육받은 결과가 그 당사자 개인에게 미치는 효과를 말한다. 교육은 기본적으로 교육받는 사람의 지혜와 안목을 길러주며, 인간성을 고양하고, 고매한 인품을 형성하게 해준다. 이러한 정신적 가치는 금전적 가치로 환산하기 힘들기 때문에 교육재정 분야에서 소홀히 취급되기 쉽지만 교육의 가장 본질적이고 핵심적인 가치이다. 개인적 효과에는 이 외에도, 양질의 취업 기회를 확보하고 변하는 직업세계에 능동적으로 적응하게 하며 소득을 증대시켜 주는 효과를 갖는다. 또한 명예와 위신이 있는 사회적 지위를 획득하는 데에도 도움을 준다.

교육은 개인에 대하여 긍정적 효과를 미치도록 계획되어 있지만, 교육의 과정이나 결과에서 애초에 의도하지 않은 부정적 효과를 낳기도 한다. 교육의 과정에서 유발되는 치열한 대인경쟁은 불필요한 우월 의식과 자기비하 의식을 갖게 만듦으로써 건전한 인격형성을 방해한다. 상급학교 진학 전략으로 채택되는 주입식 반복학습은 학습에 대한 흥미와 창의적 동기를 저하시키기도 한다.

긍정적 효과이든 부정적 효과이든 교육은 이렇게 개인의 삶에 지대한 영향을 미친다. 긍정적 효과는 얻기 어려우며, 부정적 효과는 발생하기 쉽다. 특히, 소위 사회적 성공이라는 것과 교육 사이의 관계를 단선적으로 이해하며 모두가 그 경쟁에 몰두하는 풍토가 유지되는 한, 교육 서비스를 얻기 위한 비용의 투입을 늘이더라도 앞의 부정적 결과들은 줄지 않거나 오히려 늘어날 수 있다.

2) 사회적 효과

교육의 사회적 효과는 다양하다. 교육이 정치에 미치는 긍정적 효과로는 성숙한 의식을 지닌 시민을 배출하고, 그 사회가 지닌 정치적 이념이나 제도를 동시대인이나 후속 세대에 확산·전승하며, 그 사회 구성원들이 정치적 공동체를 형성하면서 통합을 이루어 나가도록 도와준다는 점을 들 수 있다. 이 외에도 교육은 경제적 효과를 나타내는데, 예를 들면 훈련받은 노동력을 노동시장에 공급하며, 생산의 증대에 직결되는 지식·기술·창의력·기업가정신 등을 기르고, 산업구조를 고도화할 뿐만 아니라, 교육 그 자체가 하나의 거대한 산업시장으로서 생산 및 고용 유발 효과를 갖는다. 교육의 사회적 효과 가운데에는 세대 간 효과라는 것도 있다. 이것은, 잘 교육받은 부모일수록 그 자녀에 대해 보다 풍요로운 교육 환경을 제공하고 자녀의 교육적 성취를 적극적으로 지원하는 특성을 보이는 데에서 오는 효과를 말한다. 세대 간 효과는 한 가정의 문제로 국한되지 않고, 부모 세대의 문화적 배경이 자녀 세대의 교육적 성장에 토양이 된다는 점에서 사회적 효과의 전형이라 할 수 있다.

교육의 개인적 효과에 부정적 효과가 있는 것처럼, 사회적 효과에도 부정적 효과가 있다. 가장 대표적인 것이 교육과 취업의 부조화이다. 오직 경제적인 관점에서만 보면, 산업계에서 요구하는 인력의 수준과 양태에 꼭 맞는 인력배출이 가장 이상적이라 할 수 있다. 그러나 현실에서는, 교육을 통해 갖춘 지식과 기능의 산업적 적합성이 떨어지거나, 필요 인력의 공급이 원활하지 않거나, 필요 이상의 과잉교육을 받아 하향 취업 혹은 구조적 실업 상태에 놓이는 경우가 있다. 어떤 경우이든, 노동 시장의 수급 불균형 문제는 교육 투자의 비효율과 사회적 불안정의 징표라고 할 수 있다.

이상과 같은 교육 효과의 유형 이외에도, 교육효과를 다양하게 구분할 수 있다. 교육의 결과가 금전적인 것으로 나타나는가의 여부에 따라 '금전적 효과'와 '비금전적 효과'로 구분할 수 있다. 비금전적 효과가 교육재정 논의에서 흔히 간과된다는 점은 전술한 같다. 한편 교육효과는 '실질적 효과'와 '상징적 효과'로 구분될 수도 있다. 실질적 효과는 교육이 지식의 습득이나 지위의 향상과 같은 실질적 결과를 낳는 것을 말하는 반면, 상징적 효과는 교육받았다는 점 자체가 하나의 사회적 상징으로 작용하는 것을 말한다. 특히 학벌, 학력, 간판 등이 사람의 사회적 위신에 중요한 영향을 미친다고 생각하는 사회에서 교육의 상징적 효과는 크게 나타난다. 그리고 교육효과를 '표면적 효과'와 '잠재적 효과'로 구분하는 것도 가능하다. 표면적 효과는 바깥으로 드러나는 효과를 말하는 반면, 잠재적 효과는 직접 의도한 효과는 아니지만 간접적 혹은 이차적으로 드러나게 되는 효과이다. 예를 들면, 상급학교 진학을 위한 입시준비 교육을 한다고 할 때, 그 과목에 대한 학생들의 학력수준이나 학습지 시장의 매출이 영향 받는 것은 표면적 효과라고 할 수 있는 반면, 그 준비교육과 관련 없는 교과의 학력수준이나 청소년 여가시설의 매출이 영향 받는 것은 잠재적 효과라고 볼 수 있다.

이처럼 교육의 효과를 다양하게 구분할 수 있지만, 교육재정에 관한 논의에서 가장 흔히 언급되는 효과는 전술한 바와 같이, 개인적 효과와 사회적 효과 및 긍정적 효과와 부정적 효과이다. 교육의 효과에서 긍정적인 효과는 긍정적 효과끼리, 부정적인 효과는 부정적 효과끼리 어울리는 특성이 있다.

다. 비용 대비 효과: 효율성

교육에 투입하는 비용과 교육으로부터 얻는 효과를 각각 금전적 가치로 환산하여 그 비율을 계산한 것이 교육재정에서 말하는 효율성이다. 즉 '효율성 지표'는 총 교육비용을 분모로 하고, 총 교육효과를 분자로 한 비율로 표시된다. 효율성 지표를 지속적으로 개선하는 것이 교육재정 운영의 중요한 하나의 목표가 된다. 교육의 비용을 고려할 때 흔히 직접비용만 계산하고 간접비용은 소홀히 생각하는 것처럼, 교육의 효과를 고려할 때에도 긍정적 효과에는 주목하지만 부정적 효과를 도외시하는 경향이 있다. 간접비용을 고려하지 않는 것은 효율성 지표의 계산에서 분모의 수치를 실제보다 낮게 하고, 교육의 부정적 효과를 외면하는 것은 분자의 수치를 실제보다 부풀림으로써, 결과적으로 교육의 효율성을 과대평가하게 만드는 구실을 한다. 즉, 있는 그대로 모든 것을 가능한 범위에서 금전적 가치로 환산하여 효율성을 정확하게 산출할 필요가 있다는 뜻이다.

교육재정의 효율성 지표는 국가에 따라 다르며, 동일 국가라 할지라도 사회발전의 단계에 따라 달라진다. 특정 국가의 일정 발달단계를 상정하는 경우에도, 교육재정의 효율성은 교육의 각 부문에 따라 달리 계산된다. 예를 들면, 취학전 교육과 초·중등 교육 및 고등교육 단계별로 효율성 계산을 각각 할 수 있는데, 이러한 별도의 계산방식은 일반 교육과 직업준비 교육, 보통 교육과 특수 교육, 공교육과 사교육 등에도 적용할 수 있다. 만약 이러한 교육 부문별 효율성 지표가 정확하게 계산된다면, 그 지표는 교육재정 배분 정책에 중요한 참고 자료가 된다. 만약 투자 효율성 제고가 주요 목표라면, 그 효율성 지표에 상응한 재정분배가 정당화될 것이다. 또 그 지표가 낮은 분야에 대해서는 지표 개선을 주문하는 근거가 될 수도 있다. 그리고 만약, 투자의 효율성보다는 각 분야별 교육 효과의 균형 확보를 목표로 삼는다면, 부문별 효율성 지표와는 상관없거나 그 지표에 역비례 하는 재정분배가 정당화될 것이다. 말하자면 효율성 지표가 곧 재정 배분의 기준은 아니지만, 그 지표를 정확하게 산출하는 것은 교육재정 정책의 수립에 중요한 조건이 된다.

교육의 비용과 효과를 검토할 때, 공통적으로 공과 사를 구분하여 설명한 것은 또 하나의 중요한 생각거리를 제공한다. 앞에서, 교육의 비용을 공적으로 부담하게 하는 것이 정당화되는 까닭은 교육의 효과가 개인에게 한정되지 않고 사회적으로 파급되는 외부효과를 지니기 때문이라고 언급한 바 있다. 이러한 정당화 방식을 그대로 따른다면, 교육의 사회적 효과가 나타나는 정도만큼은 공부담 교육비에 의존하고, 교육의 개인적 효과가 나타나는 정도에 대해서는 사부담 교육비에 의존하는 것이 올바른 교육재정 운영방식이 되는 것이다. 만약 교육의 개인적 효과를 얻는 데에 공부담 교육비가 작용하였다면, 그 효과를 얻은 개인은 사회에 빚진 자라 할 수 있으며 그에 따라 그만큼의 사회적 기여를 해야 할 책임을 지게 되는 것이다. 그리고 거꾸로, 교육의 사회적 효과를 얻는 데에 사부담 교육비가 작용하였다면, 그 효과를 얻은 사회는 개인에 빚진 것이며 그에 따라 그만큼의 복지 혜택을 개인에게 돌려주어야 할 책임을 지게 되는 것이다.

3. 교육재정의 실제적 흐름: 확보, 배분, 집행, 평가

교육재정의 흐름은 재원의 확보에서부터 평가에 이르는 각 단계의 활동들로 구성된다. 이 절에서는 교육재정의 흐름을 확보, 배분, 집행, 평가의 네 단계로 구분하고, 각 단계에서 이루어지는 주요 활동의 내용을 설명하면서 관련 쟁점을 소개한다.

가. 교육재원의 확보

교육재원을 확보하는 데에는 '공부담 재원'과 '사부담 재원'을 확보하는 방법이 있다.

1) 공부담 교육재원의 확보

국가나 지방자치단체의 공부담 교육재원은 일차적으로 조세수입에 의하여 확보된다. 경우에 따라서는 국가나 지방자치단체가 채권을 발행하여 교육재원을 확보할 수도 있으나, 이는 결국 조세수입에 의해 상환해야 할 것이기 때문에 조세수입에 의한 확보로 이해할 수 있다. 조세 이외에 재산을 매각하거나 수수료를 징수하여 교육재원으로 삼을 수 있으나 그 규모는 아주 미미하다. 학교법인이 부담하는 공부담 교육재원은 흔히 재단 전입금이라고 하는데, 이는 학교법인이 대체로 재단법인이고, 법인회계의 자금이 학교회계로 이전되어 들어온 것이기 때문에 붙여진 이름이다. 법인 전입금은 그 학교법인이 설립한 사립학교에 대해서만 개별 법인별로 확보하고 지원하는 것이기 때문에, 여타의 공부담 교육재원에 비해 공공적 관심이나 사회적 파급효과가 적은 편이다.

그러므로 교육재원의 확보에서 가장 중요한 점은 어떤 조세에 의하여, 어떤 방법으로 재원을 확보할 것인가 하는 점이다. 조세에 관한 이론적 논의는 그 자체만으로도 광범하고 복잡하기 때문에, 여기에서는 교육재원의 확보에 직접 관련된 조세 논의에 국한할 것이다. 교육재정과 직결되는 조세 논의에서 중요한 것은 다음 세 가지이다. 즉, 교육재원이 되는 조세를 '일반세로 할 것인가 목적세로 할 것인가' 하는 점이 그 첫째이며, '국세로 할 것인가 지방세로 할 것인가' 하는 점이 그 둘째이며, '일반세 가운데 교육재원을 어떤 방식으로 확보할 것인가' 하는 점이 그 셋째이다.

가) 일반세와 목적세

조세에는 국가 및 지방자치단체의 일반적인 공공목적을 달성하기 위해 필요한 재원을 확보하는 '일반세(혹은 보통세)'와 특정 목적을 달성하기 위해 일반세와 구분하여 별도로 재원을 확보하는 '목적세'가 있다. 조세제도에서는 통상적으로 일반세가 원칙이며, 목적세는 예외적인 조세라 할 수 있다. 우리나라에서는 1975년에 방위세를 신설하여 1990년에 폐지할 때까지 목적세로 운영한 바가 있으며, 1982년부터 교육세를 목적세로 징수하기 시작하여 지금까지 유지하고 있다.

일반세를 통하여 교육재원을 확보하는 방식은 교육재원을 안정적으로 확보하기 어렵고 그에 따라 교육정책의 충분한 실현을 뒷받침하지 못하는 약점이 있을 수 있으므로, 교육계 종사자들은 교육재원으로 모두 활용할 수 있는 교육세를 목적세로 만들어 재원을 조달하는 것에 대체로 찬동하는 편이다. 그러나 원칙적인 면에서 보면, 교육이 치안이나 보건에 비해 더 중요한 공공사업이라 말하기도 어렵고, '치안세'나 '보건세'를 '교육세'처럼 별도의 목적세로 운영할 필요가 있다는 주장에 대응하기 어렵게 때문에, 조세 운영의 경직성을 피하고 재정운영의 할거주의를 억제해야 한다는 주장에도 타당성이 있다.

통상적으로 말하여, 일반적인 조세 이외에 별도의 목적세를 신설하는 것에는 조세 저항이 나타나게 마련이다. 징세의 가능성을 생각한다면 조세 저항을 가급적 덜 유발하는 편을 선택하는 것이 현명하다. 그렇지만 징세의 편의만을 생각하기보다는, 조세 저항이 일부 예견되더라도 꼭 필요하고 정당한 조세라면 목적세로 설정할 수 있다. 다만 목적세는 말 그대로 일반 조세로 충당하기에 적합하지 않은 특별한 이유가 있어야 하는 것이다. 예컨대, 국가나 지방자치단체가 제공하려는 서비스의 내용이 일반 국민이나 주민에게 보편적으로 미치는 것이 아니라 특정 집단에 한정될 경우에, 그 서비스 비용의 전부 또는 일부를 해당 집단에 부과하기 위한 목적세의 설정은 정당화될 수 있을 것이다.

이러한 논리에 비추어 보면, 교육의 효과가 사회 일반에 미치고 그로부터 혜택을 향유하는 집단을 특정하기 어려운 보통교육의 경우에는 그 비용의 충당을 위한 조세를 목적세로 만들기보다는 일반세로 하는 것이 더 합당할 것이다. 그렇지만, 일반세로 할 경우에라도 교육재원을 안정적으로 확보하는 것이 어느 정도 예견되는 상황이라야 현재 유지되고 있는 목적세로서의 교육세를 일반세에 통합하는 논의가 진전될 것이다.

나) 국세와 지방세

재원 확보의 주요 통로가 되는 조세를 누가 부과하고 관리하는가에 따라 '국세'와 '지방세'로 구분한다. 전자는 국가의 재정을 조달할 목적으로 국가가 부과·관리하는 것이며, 후자는 지방자치단체의 재정을 조달할 목적으로 지방자치단체가 부과·관리하는 것이다. 우리나라에서 조세는 법률에 근거하여 부과·징수해야 한다는 '조세법률주의'를 채택하고 있다.

국세는 조세를 부과하는 장소에 따라 국내에서 부과하는 '내국세'와 재화나 용역이 국가 경계를 통과할 때 부과하는 '관세'가 있다. 우리나라의 교육재원은 보통 내국세를 통해 확보된다. 지방세는 지방자치단체의 수준에 따라 광역자치단체에서 부과하는 지방세와 기초자치단체에서 부과하는 지방세가 있다. 우리나라에서 전자는 시・도세, 후자는 시・군・구세로 부르는데, 교육재원은 이들 양자 모두로부터 확보된다.

국세와 지방세를 구분하는 것은 무엇이 국가 사무이며 무엇이 지방 사무에 해당하는가 하는 점과 관련하여 의미를 지닌다. 이론적으로 생각하면, 국가 사무는 국세로 처리하고 지방 사무는 지방세로 처리하는 것이 합당하다. 예를 들어 외교, 국방, 사법, 국토계획 등은 국가 사무로서 그 비용은 국세로 충당하는 것이 통상적이다. 반면, 지역의 환경 위생, 주민 보건, 소방 등의 업무는 지방 사무로서 지방세로 충당하는 것이 통상적이다. 그렇다면, 학교교육은 어떤 사무에 해당하는가가 쟁점이다. 이에 대해 일률적인 구획을 하는 것은 쉽지 않아 보인다. 지방자치의 전통이 강한 나라에서는 학교교육을 지방의 사무로 간주하여 해당 지방의 책임으로 재원을 조달・운영하게 하고, 중앙정부에서는 제한적・보충적으로 재정 운영에 참여하고 있다. 반면, 우리나라처럼 중앙집권의 전통이 강한 사회에서는 학교교육에 드는 비용의 대부분을 국세로 충당하는 특징을 보인다.

생각해보면, 학교교육은 복합적 성격을 지니는 것으로 보인다. 최근에 등장한 시대적 조류처럼, 지식기반 사회에서 국가 경쟁력의 근원을 인적 자원 계발로부터 찾고 그들 위한 학교교육의 중요성에 착안하면 국세로 그 비용을 충당해야 할 필요가 일부 인정된다. 다른 한편으로 학교교육은 그 성격상, 중앙 정부의 고유 업무라고 할 수 있는 외교나 국방에 비하면 지방 정부에서 수행하더라도 무리가 없으므로, 그 범위에서 지방세로 비용을 충당할 만하다고 볼 수 있다. 보통교육 단계에서 국립학교를 거의 두지 않는 이유도 여기에 있다. 또한 학교교육은 민간에서도 얼마든지 참여할 수 있는 사무이며, 사립학교가 허용되는 것은 이 때문이다. 결국, 학교교육에 드는 비용은 국세, 지방세, 민간부담의 어느 것을 통해서도 재원 조달이 정당화되는 복합적 성격을 지닌 것으로 해석된다.

그렇다면 교육재원의 공부담 가운데 국세와 지방세의 비중을 어떻게 구성할 것인가 하는 점은 사회 상황에 의존하는 정책 문제로 귀결된다. 교육재정을 국세로 조달하는 비중이 우세하면 교육재정을 안정적으로 확보할 수 있고, 지방자치단체 사이의 재정력 격차를 조정할 수 있다는 장점이 있는 반면, 지방에 대한 중앙의 통제를 초래하고 지방의 교육재정 확보 노력을 자극하기 어렵다는 단점도 있다.

반대로, 교육재정을 지방세의 의존하는 비중이 우세할 경우에는 앞의 장단점이 역으로 나타나게 된다. 현재 우리나라의 교육재원에서는 국세 비중이 지방세 비중에 비해 압도적으로 크다. 이것은 지방 정부에 대한 중앙 정부의 통제가 강화된다는 우려를 무릅쓰면서 지방교육의 균형발전에 더 무게를 두는 정책 선택이라 할 수 있다.

그러나 향후의 정책 방향을 생각한다면, 우리나라에서 지방자치에 대한 요구 수준과 지방자치의 진전 상황 등을 종합적으로 고려할 때 교육재원에서 지방세가 차지하는 비중을 점진적으로 증대시켜 나가는 방향을 제안할 수 있을 것이다. 다만 지방세에 의해 교육재정이 조달되는 경우에도, 지역 간 불균형을 완화하는 지방재정 조정제도를 통한 국가의 개입은 인정되어야 할 것이다.

다) 조세수입 중 교육재원의 확보 방법

국세나 지방세로 확보한 조세 수입 가운데 교육재원을 확보하는 방법은 다양하다. 한 가지 방법은 특정 세금 전체를 교육재원으로 지정하여 확보하는 것인데, 이를테면 교육세를 '목적세'로 만들어 세수 전체를 교육재원으로 활용하는 방법이 이에 해당한다. 현재 우리나라에서는 목적세로서의 교육세를 별도의 독립세로 부과・징수하지 않고, 일반 국세나 지방세에 부가(附加)하여,[3] 교육세와 지방교육세로 확보하고 교육세 전액은 교육재원으로 활용한다. 이 방법은 징세비용을 최소화하면서 교육재원을 확실하게 조달할 수 있다는 '장점'과 조세체계를 복잡하게 만든다는 '단점'을 갖는다.

이와 다른 확보 방법은 '일반세의 일정 비율을 교육재원으로 확보'하되 그 비율을 법으로 정하여 강제 확보함으로써, 교육재정의 안정을 기하는 방법이다. 현재 우리나라에서는 국세의 일정 비율을 교육재정으로 확보하게끔 법으로 정해 놓고 있을 뿐만 아니라, 각 시・도에서 확보하는 지방세의 일정 비율을 해당 지방자치단체의

3) 2024년 현재 '교육세법'에 의하면 금융・보험업자 수익의 0.5%, 「개별소비세법」에 따라 납부해야 할 개별소비세액의 15~30%, 「교통・에너지・환경세법」에 따라 납부해야 할 교통・에너지・환경세액의 15%, 「주세법」에 따라 납부해야 할 주세액의 10~30%를 교육세로 확보하고, '지방세법'에 의하여 등록세액 및 재산세액의 20%, 레저세액의 40%, 균등분 주민세액의 10~25%. 자동차세액의 30%, 담배소비세액의 50%를 지방교육세로 확보하게 되어 있다.

교육재원으로 이전하게끔 법으로 정해놓고 있다.[4] 이 방법은 국세와 지방세의 총액 가운데 일정 비율을 법으로 정하여 교육재원으로 확보하게 하는 방법이기 때문에, 입법 과정의 어려움만 극복하면 교육재원을 안정적으로 확보하는 '장점'을 지니는 반면, 교육예산에 대한 의회의 통제 기능을 충분히 기대하기 어렵다는 '단점'을 갖는다.

또 다른 확보 방법은 교육재원 확보의 필요성을 재정지원 주체에게 설명하여 '공공재원의 일부를 교육예산으로 쓰도록 지원'받는 방법이다. 교육부가 국회의 예산 심의 절차를 거쳐 교육예산을 배정받거나, 시・도 교육청이 지방의회의 심의를 거쳐 지방자치단체의 일반회계로부터 교육비 특별회계로 일정 예산을 전입금으로 확보하거나, 개별 학교가 교육시설 개선이나 학교 급식 지원 등의 필요성을 역설하여 시・군・구로부터 직접 교육경비보조금을 확보하는 등의 방법이 모두 이에 해당한다. 이러한 방법은 교육기관이나 교육행정기관이 교육예산의 확보를 위해 적극적으로 노력하도록 유도한다는 '장점'을 지니는 반면, 지원기관의 의지에 의존해야 하므로 재원 확보의 안정성이 떨어진다는 '단점'을 지닌다. 현재 우리나라의 교육예산 가운데 법으로 그 확보가 예정되어 있지 않은 재원은 모두 이 방법에 의해 확보되나, 그 비중은 상대적으로 미미한 편이다.

2) 사부담 교육재원의 확보

공공 회계절차를 거치는 사부담 교육재원으로는 학부모부담 수입이나 민간의 기부금 및 발전기금 등이 있다.

가) 학부모부담 수입

학부모는 납입금 등을 통해 교육재원의 확보에 기여한다. 광의의 납입금 속에는 입학금, 수업료, 학교운영지원비, 방과후교육비 등 수익자부담경비 등이 포함된다.

4) 이에 따라, 2011년 현재 지방교육재정교부금으로 당해 연도 내국세 총액의 20.27%와 국세분 교육세 수입액 전액을 확보하고 있으며, 지방자치단체가 확보하는 지방세 가운데 특별시는 시세 총액의 10%, 광역시와 경기도는 시・도세 총액의 5%, 나머지 도는 도세 총액의 3.6%를 해당 시・도의 교육재원으로 확보하고, 특별시와 광역시에 대해서는 담배소비세의 45%를 해당 시・도의 교육재원으로 추가 확보한다.

이 가운데 입학금과 수업료는 가장 대표적인 학부모부담 재원이다. 의무교육기관을 제외하고 국(공)립학교 재학생의 납입금은 일단 국고(시・도 교육비 회계)로 귀속되었다가 개별 학교에서 다시 배정받는 형태를 취하나, 사립학교에서는 자체의 교비회계에서 처리한다. 반면 학교운영지원비나 기타 수익자부담경비는 설립형태를 막론하고 모두 해당 학교에서 자체 수입으로 처리한다.

교육재정의 세입구조 면에서 학부모부담 수입의 비중이 높을수록 교육기회의 배분이 부모의 재정부담 능력에 더 많이 의존하게 되는 결과로 이어진다. 수업료를 받는 고등학교 가운데 일부 사립학교(자립형, 자율형)와 특수목적고는 일반 고등학교에 비해 약 3배에 해당하는 수업료를 부담시키고 있으며, 대학 단계에서 모든 사립대학은 국공립대학과 같은 보조금을 받지 않는다는 이유로 상대적으로 훨씬 많은 등록금을 부담시키고 있다. 특히 우리나라는 고등교육 재정 가운데 학부모부담 수입 의존도가 매우 높다. 그렇게 나타나는 원인은 세 가지이다. 즉, ① 고등교육이 이미 보편화 단계에 접어들었고,[5] ② 전체 대학 가운데 사립대학의 비중이 압도적으로 높으며,[6] ③ 사립대학의 재정 가운데 국고지원이나 재단 전입금은 미미한 반면 등록금 비중은 월등히 높기[7] 때문이다.

학부모가 부담하는 납입금이 많든 적든 그 자체가 문제는 아니며, 납입금 수준이 합당하게 책정되고 있는가 하는 근거가 문제가 되는 것이다. 구체적으로 말하자면, 학부모 부담의 적정 규모는 해당 교육으로부터 얻는 교육의 개인적 효과에 상응하는 수준이 되어야 할 것이다. 일부 고등학교의 납입금을 자율화한다면 그 전제로서 교육과정 운영의 자율권과 학부모의 학교 선택권이 인정되어야 할 것이며, 국립대학에 국고를 편중 지원하는 것이 정당화되려면 국립대학의 사회적 효과가 사립대학의 그것에 비해 크다는 것을 입증할 수 있어야 한다는 뜻이다.

---

5) 2017년도의 고등학교 졸업자 수는 583,608명이며 이 가운데 대학 진학자 수는 401,923명으로 진학률은 약 69%에 이른다(http://cesi.kedi.re.kr).

6) 2018년도의 우리나라 4년제 일반대학(전문대학, 산업대학, 교육대학 등 제외)의 설립별 입학정원을 살펴보면 국・공립대학 입학정원은 7만 5,005명으로 전체 입학정원(48만 4,775명)의 15.5%이며, 사립대학은 40만 9,770명으로 84.5%다(http://cesi.kedi.re.kr).

7) 교육부는 고등교육법의 적용을 받는 전국 357개 국・공립 및 사립대학의 최근 5년 간 자료를 검토한 결과, 최근 5년 사립대학의 등록금 의존율은 2017년 53.3%, 2018년 54.1%, 2019년 53.7%, 2020년 54.9%, 2021년 53.5%를 보인다고 밝혔다(대학재정정보시스템, unifine.kasfo.or.kr).

나) 민간 기부금 및 발전기금

개별 학교의 입장에서 보면, 그 학교를 발전시키는 데 필요한 재원을 정부 지원이나 학부모 부담에만 의존하지 않고 동문, 지역유지, 관련 기업체, 기타 독지가로부터 기부금이나 발전기금의 형태로 자유롭게 유치하기를 희망할 것이다. 그러나 소수의 사립대학 위주로 기부금이나 발전기금이 편중 적립되고 그 외의 교육기관에서 이 재원의 비중은 미미하다. 학교에 대한 민간 지원이 취약한 까닭은 각 학교들이 민간 재원 발굴에 소극적이었고, 국·공립학교는 주인의식 부족으로 사립학교는 운영의 공공성 부족으로 사회적 신뢰를 얻지 못했기 때문으로 보인다. 흔히 언급되는 기부금에 대한 세제 혜택이나 후원자에 대한 사회적 인정 등의 대책들은 전술한 바, 신뢰 구축을 위한 학교의 노력이 전제될 때 그 효과를 발휘할 것이다.

나. 교육재정의 배분

1) 배분의 실제

확보된 교육재원은 교육목적의 달성을 위해 유효적절한 곳에 배분되기를 기다리는 재원이다. 재원의 확보와 배분은 서로 다른 절차와 방식으로 이루어지는 별도의 활동이지만, 재정운영의 주체가 누구인가에 따라 한 주체의 배분 활동이 다른 주체의 확보 활동이 되는 것과 같은 식으로 상호 연계되어 있다. 예컨대, 국가에서 지방으로 배분하는 교육재정은 해당 지방의 입장에서는 확보 재원이 되는데, 이 관계는 지방과 학교의 관계에서도 마찬가지다. 다음의 [그림 18-2]~[그림 18-5]는 운영 주체별 재원의 확보와 배분을 나타낸다.

이 그림은 중앙정부의 교육예산이 국세와 자체수입을 통해 확보되고, 지방교육재정 지원 등에 배분되고 있음을 표시하고 있다. 국세 가운데 교육세 전액과 내국세 총액의 법정 비율(2024년 현재 20.79%)은 교육예산으로 확보되고, 나머지는 국회 심의를 통해 교육예산으로 확보된다. 이 예산이 중앙정부의 총 예산에서 차지하는 비중의 추이는 다음 〈표 18-1〉과 같다. 여기서 알 수 있는 바와 같이, 교육부 예산의 정부 예산 대비 비중은 예년의 18~19% 수준에서 2024년에는 13% 수준으로 대폭 줄어들었다. 이 일이 교육부가 하는 일이 줄어드는 것이 아니라, 교육부가 하는 일에 구조적인 변화가 나타나는 것으로 이어지기를 기대한다. 그러나 이러한 기대가 충족되는지 여부는 아직 알 수 없다.

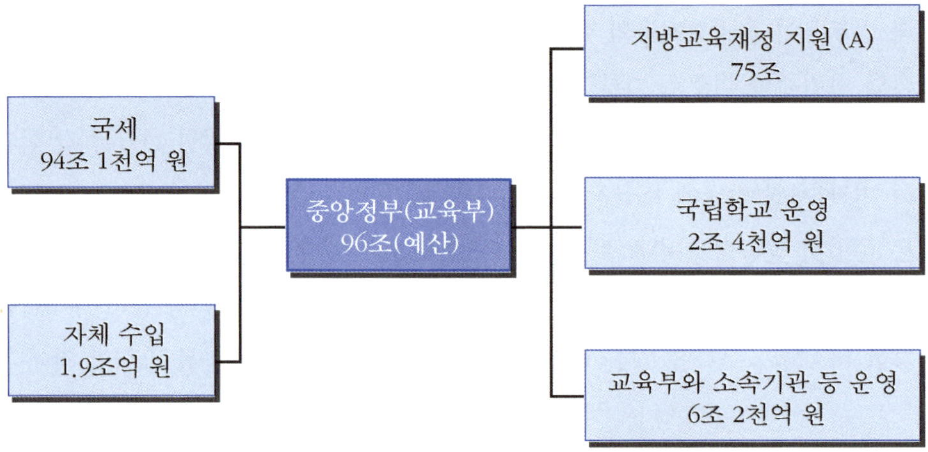

[그림 18-2] 중앙정부의 교육재정 확보 및 배분(2023년 예산, 일반회계 기준)

〈표 18-1〉 정부 예산 대비 교육부 예산의 연도별 비중(1980~2024, %)

연도	1980	1985	1990	1995	2000	2005	2006	2007	2008	2009	2010	2024
비중	18.9	19.9	22.3	22.8	20.4	20.8	20.1	19.8	19.6	18.0	19.6	13

출처: 한국교육개발원, 교육통계연보 및 2024년의 사회 각 부문별 정부 예산액

앞의 [그림 18-2]의 자체수입에는 국립학교 재학생의 납입금과 사용료·수수료 수입 및 재산 수입 등이 포함된다. 이렇게 확보된 예산을 가지고 각 지방의 교육재정을 지원하는 데에 대부분 쓰며, 국립으로 설치하여 운영하는 각급학교의 교육비로 지원하고, 교육부와 그 소속기관 등의 운영을 위해 배분한다. 배분하는 재원 가운데 가장 중요하고 큰 비중을 차지하는 것이 지방교육재정 지원이다.[8)] 이 내용은 충청남도의 예산 규모를 예시한 다음 [그림 18-3]을 통해 설명한다.

---

8) 교육예산으로 지방교육재정을 지원하는 것은 우리나라의 현 제도에서 크게 두 가지이다. 하나는 지방교육재정교부금이며, 나머지 하나는 국고보조금이다. 전자는 교원인건비, 학교시설비, 학교운영비 등에 쓰이며, 후자는 국고사업을 보조하는 데에 쓰인다. 지방교육재정교부금은 2010년 일반회계 예산 기준으로 교육부의 교육부문 중 총 세출예산 기준 78.9%를 차지할 정도로 큰 비중을 차지한다.

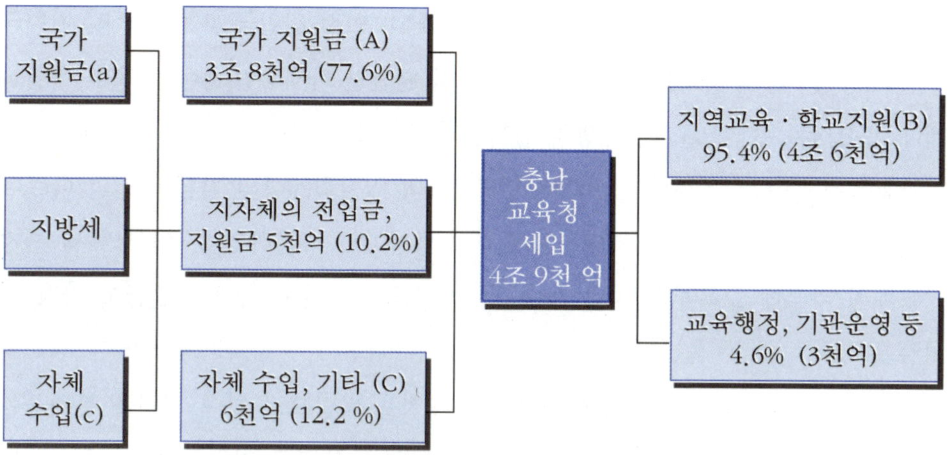

[그림 18-3] 시 · 도교육청의 교육재정 확보 및 배분(2023년 결산 기준)

시·도교육청에서 확보하는 교육재정의 원천은 크게 보아 국가 지원금과 지방자치단체로부터의 전입금 및 지원금, 그리고 자체수입 등의 셋으로 이루어져 있다. 이 국가 지원금에 A라고 표시한 까닭은 앞의 [그림 18-2]에 있는 지방교육재정 지원금이 시·도 교육비 특별회계의 국가지원금으로 된다는 점을 나타내기 위해서이다. 이 지원금은 국세 의존 수입이기 때문에 국세가 걷히는 상황에 따라 변한다. 국가지원금이 지방교육재정에서 차지하는 비중은 해마다 시·도별로 차이가 있는데, 2020년 전까지는 시·도에 따라 60~75%에 이르며 평균 65% 정도였지만, 코로나 19를 겪던 2020년대 초에는 평균 75~80%까지 높아지기도 했고, 그 후 다시 감소하고 있다.[9] 둘째 원천인 지자체 전입금은 각 시·도의 일반회계로부터 교육비 특별회계로 이전된 것을 말하는데, 시·도의 일반회계 재원은 다시 국가지원금과 지방세 및 자체 수입으로 구성된다. 이 국가 지원금에 a라고 표시한 까닭은 교육예산이 아닌 일반 행정 예산으로서 시·도가 행정안전부 등으로부터 받은 지원금이기 때문에, 교육예산으로서 시·도교육청이 교육부로부터 받은 지원금 A와 종류가 다르다는 점을 나타내기 위해서이다. 지방세는 해당 지자체의 주요 수입원이며 국가지원금 및 자체 수입과 함께 일반회계 재원이 된다. 이 재원을 토대로 해당 시·도의 교육비 특별회계로 전입하는데 지방교육세 전액과 시·도 총 세액

9) 2023년 결산 기준으로, 서울은 58.7%, 전북은 79.9%이다.

의 법정 비율로 '법정 전입금'이 확보되며, 기타 비 법정 전입금과 보조금 및 지원금 등이 지방정부가 부담하는 재원이 된다. 셋째 원천인 자체수입 등은 교육비 특별회계에 포함되는 수입으로서, 학생의 입학금과 수업료, 사용료 및 수수료, 재산수입, 지방교육채 등으로 구성된다. 이 역시 시·도의 일반회계상의 자체 수입과 다르다는 점을 나타내기 위해 영문 대문자 C와 소문자 c로 구분하였다. 이상의 세 가지 교육재원 가운데 교육부의 지방교육재정 지원금에서 나온 국가 지원금이 가장 큰 비중을 차지한다.[10]

시·도교육청에서는 이렇게 확보한 교육재정을 바탕으로 하여 재원을 분배하는데, 주로 해당 시·도에 있는 각급학교와 지역의 교육비로 지원하며, 나머지 재원으로 시·도에서 운영하는 교육청 등의 교육행정기관과 교육연구기관 및 교원연수기관 등을 운영하고 행정업무를 수행하는 데에 충당한다. 세출예산의 성질별 비중에서는 인건비가 총 세출의 60~65%를 차지한다.

개별 학교의 교육재정 흐름은 공·사립학교를 구분하여 다음 [그림 18-4]를 통해 설명한다.

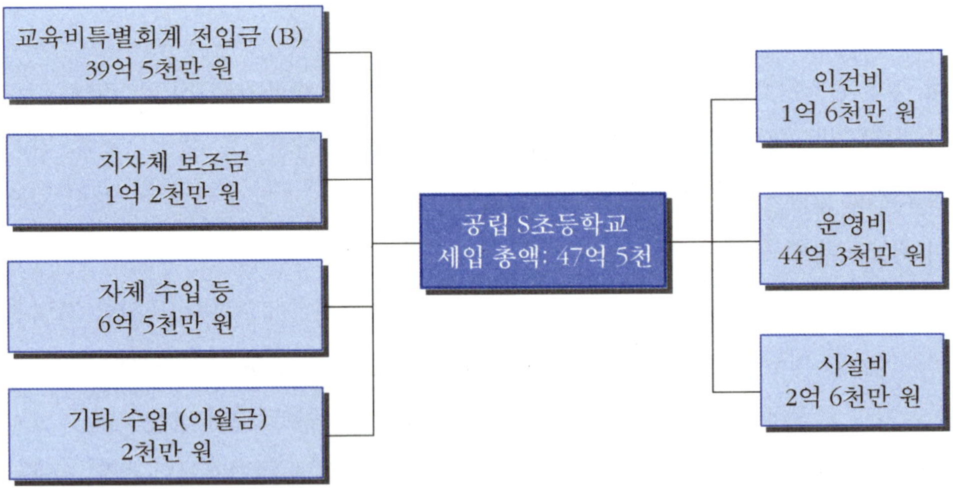

[그림 18-4] 공립 S초등학교의 교육재정 확보 및 배분(2023년 예산 기준)

10) 2010회계연도의 예산자료를 기준으로 했을 때 지방교육재정의 재원 내역에서 국고 부담은 70.9%에 이르고, 지방 부담은 29.1%로 나타난다(신현석 외, 2011: 371).

이 그림은 충남도내 공립 S초등학교의 교육재정 확보 및 배분 상황을 나타내고 있다. 이 가운데 정부예산으로 직접 지급하는 인력 활용비는 학교회계의 전입금과 인건비 항목에 계상되어 있지 않다. 공립학교에서 확보하는 중요한 재원으로 교육비 특별회계 전입금이 있다. 이 전입금은 [그림 18-3]에서 시·도교육청이 각급학교 교육비로 배분한 것을 재원으로 하므로, 교육청의 배분 재원과 동일하다는 것을 나타내기 위해 B라고 표시하였다. 공립학교에서 확보할 수 있는 재원으로 지자체 보조금은 시·도나 시·군·구 같은 지방자치단체가 교육청에서 관리하는 교육비 특별회계로 전입하지 않고 직접 개별학교에 지원하는 것을 표시한다. 이 때문에 이 지자체 보조금은 개별 학교나 해당 지자체의 의지 여하에 따라 규모 면에서 차이가 크다. 그리고 자체수입 항목에는 학교운영지원비와 수익자부담 경비, 사용료와 수수료, 재산수입, 발전기금 등이 포함된다. 이렇게 확보된 재원은 교직원의 인건비, 교수-학습활동이나 학생 복리 등의 운영비, 시설비 등으로 지출된다.

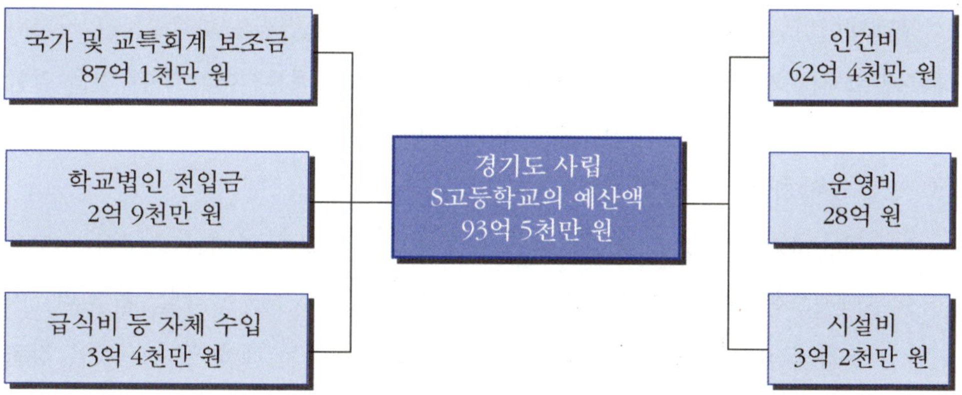

[그림 18-5] 사립 P고등학교의 교육재정 확보 및 배분(2023년 예산 기준)

충남도내 사립 P고등학교에서 확보하는 재원은, 앞의 [그림 18-5]에 나타난 바와 같이 국고 또는 각종 단체로부터의 원조·보조금, 학교법인으로부터의 전입금, 학생납입금 등 자체수입으로 구성되어 있다. 초·중등학교에 지원되는 공공 보조금은 대부분 시·도 교육청의 예산을 활용하여 재정결함보조금의 이름으로 지원하는 것이나, 경우에 따라 중앙정부나 지방자치단체 등에서 개별 사립학교에 직접 보조금 등을 지급하기도 한다. 학교법인 전입금은 사립학교의 설립주체인 학교법인의 재정을 학교 운영비로 지원하는 것을 말하는데, 우리 사학법인의 전입금이 매우 취약하다. 자체 수입에는 학생의 입학금, 수업료, 학교운영지원비, 수익자부담경비, 수수료, 사용료 등이 포함된다. 우리나라의 사립학교 재정에서 학생납입금 의존도는 상당히 높고, 특히 대학 단계에서 그 정도는 매우 높은 실정이다. 확보된 재원을 인건비, 운영비, 시설비 등 학교 운영에 필요한 일체의 경비로 지출하는 것은 공립학교와 다를 바 없다.

2) 배분의 이론적 기준

재정운영의 주체는 이처럼 국가에서부터 개별 학교에 이르기까지 다양하고, 한 주체의 재정 배분이 다른 주체의 재정 확보와 연계되는 특성을 보인다. 그러나 교육재정의 분배 과정에서 중요하게 고려해야 할 이론적 기준은 어떤 단계의 어떤 운영주체에 대해서이든 크게 달라질 것이 없다. 교육재정의 배분에서 중요한 기준은 '공정성, 효율성, 자율성' 등이다.

'공정성'이란 교육재정이 그 부담의 주체와 상관없이 공공적 회계절차를 거치기 때문에 그 사회가 지닌 올바름의 가치 기준에 합당하게 배분되어야 하는 것을 말한다. 재원의 배분에서 무엇이 올바른 것인지를 일일이 예시하기는 힘들지만, 중요한 몇 가지 방향적 가치는 제시할 수 있다.

우선 학습자의 교육권을 존중하며 인간으로서의 존엄한 가치를 추구하는 교육이 이루어지도록 교육재정을 충분히 지원해야 한다는 점을 생각할 수 있다. 이 기준은 교육재정의 의미와 역할이 교육의 이념을 구현하는 데에 있다는 것을 강조하는 것이다. 물론 한 사회의 경제적 여건이 미흡한 경우도 있겠으나 그 범위에서 학생의 교육적 성장에 충분하도록 배분해야 하는 것이 규범적으로 요구된다.

공정성에 관한 또 하나의 방향적 가치로서, 배분적 정의를 생각할 수 있다. 정의에 맞는 배분이란 희소한 사회적 자원을 구성원에게 배분하는 방식이 그 사회가 지닌 정의의 기준에 부합하는 것을 말한다. 교육재정이 자신에게 배분되기를 희망하는 기관과 구성원은 여럿 존재하며, 그렇기 때문에 그들 사이에는 경쟁이 불가피하고, 경쟁에 참여한 어느 한편은 그 경쟁의 결과로서 주어진 자원의 분배 상황에 대해 불만을 가질 여지가 있다. 그러므로 사회 전체적인 차원에서는, 경쟁을 관리하는 규칙을 만들고 자원 분배의 공정성 여부를 판단하는 기준도 아울러 만드는 것이 중요하다. 공정한 배분이란 그러한 규칙과 기준에 합당하게 분배하는 것을 말한다.

다음으로, '효율성'은 최소한의 노력과 비용으로서 최대한의 교육적 성과를 얻으려고 하는 가치 기준이다. 교육의 효율성을 측정하려는 시도에 따라 교육투자 수익률 분석, 비용-효과 분석 등과 같은 계량적 분석 방법이 개발되고 활용되기도 하였다. 그렇지만 계량화의 어려움, 계량화가 바람직한지에 대한 논란, 무엇을 교육의 비용과 성과로 볼 것인지에 대한 합의의 어려움 등을 이유로 하여 그러한 분석 방법의 한계가 지적되기도 하였다. 결국 현실적으로 가능한 범위에서 보다 세련되고 정교한 방법으로 효율화를 추구해야 하는 것으로 이해할 필요가 있다.

또 하나의 기준인 '자율성'은 교육재정을 배분함에 있어 배분받는 기관의 자기 결정(선택) 능력을 증진하는 방향으로 분배가 이루어져야 한다는 가치 기준이다. 자율성을 충족시키는 재정 배분은 규모와 용도라는 두 가지 측면에서 이해할 수 있다. 규모 면에서는, 재정배분을 받는 기관의 자율적 능력이 발휘될 수 있는 규모로 재정을 배분하는 것을 말한다. 각 지방의 교육행정기관이나 각급학교가 자기 책임에 따라 자기 실정에 맞는 교육계획을 수립하고 활동하기에 합당한 규모의 재정을 배분할 수 있을 때 기관의 자율성이 증진된다. 용도 면에서는, 재정배분을 받는 기관의 자율적 능력을 인정하는 바탕에서 재정을 배분하는 것을 말한다. 말하자면 각 지방의 교육행정기관이나 각급학교가 자신에게 주어진 재원을 어떻게 활용할 것인지를 스스로 정할 수 있게, 그 용도를 일일이 지정하여 분배하기보다는 최소한의 기준만을 설정한 상태에서 총액규모로 배분하는 것이 바람직하다는 뜻이다.

이상의 세 가지 기준은 모두가 바람직한 기준이기는 하지만 현실에서는 여러 여건의 제약을 받을 수밖에 없다. 공정성의 판단 기준은 사회적 의식과 경제적 여건의 발전 단계에 구속되며, 효율성은 과학적 분석 능력에 의존하며, 자율성은 개별 기관의 자기 책임 능력에 비례하기 때문이다. 또한 재정배분의 실제는 이 세 가지 기준을 동시에 고려하면서 이루어진다는 점을 이해하는 것이 중요하다.

이들 기준은 경우에 따라 상호 촉진적이기도 하지만 어떤 경우에는 상호 제약적이기도 하다.

예를 들어, 중앙에서 일괄적인 교육계획을 세우고 그 계획에 기초하여 예산을 배분하는 것보다 예산 운용 기관의 자율권을 허용하면 그 기관에 맞는 교육계획을 세우고 재정 지출을 할 수 있어 더 효율적일 수가 있다. 이는 자율성과 효율성이 상호 촉진 관계에 놓이는 예이다. 그러나 다른 한편으로, 특수교육 대상자에 대한 자활교육의 효율은 일반 학생에 대한 직업교육의 효율에 비해 낮다고 판단되는 경우에도, 인격적 가치의 추구와 약자 배려라는 공정성의 관점에서 보면 오히려 특수교육에 대한 재정 지원이 더욱 요구될 수 있는데, 이는 효율성과 공정성이 상호 제약 관계에 놓이는 경우라고 할 수 있다. 또 다른 예를 들면, 현재 우리나라에서 중앙의 교육예산을 각 시도교육청에 배분할 때 기준재정수요액과 기준재정수입액의 차액을 기준으로 교부해주는 '지방교육재정교부금' 제도를 운영하고 있는데,[11] 이는 지방의 재정자립도나 빈부의 격차로 발생하는 교육기회의 불평등과 교육의 질적 격차를 해소하는 배분방식이지만 각 지방의 자율적인 재원 확보 노력을 유도하지 못하는 배분방식이기도 하다. 이것은 공정성과 자율성이 충돌하는 경우이다. 이러한 여러 경우들을 종합적으로 고려할 때, 결국 재정배분에서 중요한 것은 앞의 세 기준을 함께 고려하여 그 총화가 최대화되는 방안을 찾는 것이라고 할 수 있다.

다. 교육예산의 집행

교육재정을 필요 적절한 곳에 분배하였으면 그 다음 단계는 집행이다. 교육예산의 집행이란 교육활동이나 교육지원활동을 전개하는 데에 필요한 금액을 적기에 지출하고, 재화나 용역을 구매하며, 예산 확정 뒤에 발생하는 제반 여건의 변동에 신축적으로 대응하여 예산을 처리하는 일체의 활동을 말한다. 예산 집행 단계에서는 다음 두 조건이 중요하다.

11) 표현이 까다롭게 되어 있는데 좀 더 상식적인 용어로 표현하면, 각 지방에서 일정한 수준의 교육을 하는 데에 필요한 만큼의 재정을 스스로 확보하지 못하여 부족분이 생기면 그 부족한 부분을 중앙에서 채워주는 방식으로 지방교육재정교부금제도를 운영한다는 뜻이다.

첫째, 예산 편성 당시에 정해진 교육계획과 교육지원활동의 계획이 충실히 수행될 수 있도록 주어진 재정의 한도 내에서 예산을 집행한다. 당초의 계획과 목적 및 의도를 벗어나서 예산을 집행하는 것은 원칙적으로 금지된다. 예산을 임의로 집행하는 것을 막기 위하여, 예산의 배정과 재배정이 일정한 절차와 과정을 거쳐 이루어지게 하고, 수입과 지출에 관한 활동을 기록으로 남겨 보고하게 하며, 계약을 통제하는 등의 장치를 마련하고 있다.

둘째, 예산이 편성·확정되고 난 이후에 발생하는 상황과 여건의 변동에 신축적으로 적응할 수 있도록 예산을 집행한다. 예산이란 일정 기간의 수입과 지출을 예견하여 추산한 것이므로, 집행과정에서는 예견하지 못한 상황에 적응하기 위한 신축성이 인정될 필요가 있는 것이다. 집행의 신축성을 확보하는 방편으로서 총괄예산을 편성하거나, 예산의 전용과 이월 등을 일정 조건에서 허용하는 등의 장치를 마련하고 있다.

그러므로 예산 집행 기관은 한편으로는 엄정하면서도, 다른 한편으로는 신축성 있게 예산을 집행해야 하는 것이다. 그런데 지나치게 엄정하면 신축성이 떨어지고, 신축성을 강조하면 엄정하기 어려운 경우가 많으므로, 집행 기관은 무엇이 교육을 돕는 예산의 집행 방식인가를 기준으로 삼아 앞의 두 조건이 균형을 이루는 지점을 찾아나가야 할 것이다.

라. 교육재정의 평가

교육재정의 평가는 교육재정의 확보, 배분, 집행이 적정하게 이루어졌는지를 점검하고 확인하는 것을 말한다. 평가의 목적은 교육재정의 적정성 여부를 확인하고, 적정 재정 운영을 유도하며, 후속 재정 절차에 유익한 피드백 자료를 제공하는 데에 있다. 재정 평가는 대체로 '결산'과 '감사'를 통해 이루어진다.

'결산'은 교육예산으로 편성된 세입과 세출이 어떻게 집행되었는지를 최종적으로 정리하는 과정과 그 결과를 뜻한다. 이 결산을 통해 당초 예산과 비교·분석이 가능하고, 사전 계획과 사후 결과를 비교함으로써 재정의 확보, 배분, 집행이 적절하였는지를 점검할 수 있다. 그리고 결산 자료는 다음 해의 예산 수립에 중요한 기초자료가 된다. 결과적으로 결산은 재정제도를 발전시키고 더욱 합리적으로 운영되도록 지원하는 역할을 한다.

'감사'는 재정 운영기관 자신이 자기활동의 적절성 여부를 스스로 점검하는 자체 감사와 특정 외부 기관에서 재정 운영기관의 활동을 점검하는 외부 감사로 대별된다. 감사는 감사 대상 기관이나 조직의 활동 내용이 적절한지 여부를 일정한 기준에 따라 검토하고 비판한다. 오늘날 감사의 지향점은 위법 부당한 사례의 적발과 처벌에 그치는 것이 아니라 보완 대책이나 시정 방안을 강구하게 하여 조직이나 기관의 발전을 돕는 데에 있다. 이 감사는 감사를 수행하는 기관의 종류에 따라 행정감사, 입법감사, 사법감사로 구별할 수 있다. 행정감사는 교육과학기술부나 교육청 등 교육행정기관의 감사담당 부서가 자체 또는 산하 기관의 수입과 지출과정 전반을 검사하는 것을 말하며, 입법감사는 국회나 지방의회가 학교 및 교육행정기관의 결산에 대해 검사하는 것을 가리키고, 사법감사는 행정부로부터 독립된 사법적 기관에서 국가기관이나 법으로 정한 기관 및 단체의 회계를 검사하고 직무를 감찰하는 것을 지칭한다.

4. 교육재정의 발전 과제

우리나라 교육재정의 발전을 위해 요구되는 주요 과제를 제시하면 다음과 같다.

첫째, 우리 사회 전반의 교육비 부담이 결코 가볍지 않으며, 특히 사부담 교육비 수준이 매우 높아 계층 간 사회통합을 저해하고 있다. 그러므로 적어도 보통교육 단계에서는 공공재원의 지원으로 사회적 약자가 교육경쟁에서 소외되지 않도록 배려하는 획기적 정책의 전환이 요구된다. 교육을 통한 계층 이동의 가능성이 거의 없다고 여겨지는 사회에서는 교육을 향한 세속적 동기도 사라지게 되는데, 이는 사회발전이나 교육발전을 저해하는 면이 있다. 세속적 동기는 본질적 동기에 비해 저급하다고 여겨지기 쉽지만, 어떤 일에 대한 사람들의 열정과 성실을 유도하는 현실적인 힘이 된다는 점을 부인하기 어렵기 때문이다.

둘째, 교육재정에 있어서도 교육행정 전반의 정책 동향인 지방화, 자율화 추세가 진행되고 있는데, 이러한 추세는 더욱 계승 발전시킬 필요가 있다. 교육재정의 본격적인 지방화는 1990년 말 '교육세법'의 개정과 맥을 같이한다고 할 수 있는데, 이 때 교육세는 국세의 형태를 띠지만 그 세원의 절반 정도를 지방세에 두는 과도적 모습을 보이다가 이후 지방교육세 형태로 전환되는 것이다. 그렇지만 지방교육재정교부금에서 보듯, 각 시도 교육예산의 대부분을 중앙의 교부금에 의존하고 있는 것이 현실이기 때문에, 지방화 추세는 앞으로 더욱 나아가야 할 전도(前途)라고 할 수 있다. 지방교육의 자치 시대를 대비하여, 교육부문의 세원을 국세 위주에서 지방세 위주로 전환하고 이 경우 나타나는 지역 간 불균형을 국세로서 보전한다는 방향을 명확히 하고, 그 방향에 따른 단계적 실천전략을 강구하는 것이 중요하다. 교육재정에서 지방과 단위 기관의 자율을 허용하는 쪽으로 총액예산제, 총액인건비제, 학교회계제도 등이 강구되어 왔다. 향후에는 이 '자율'을 더욱 강화하는 한편 취약 지역과 기관을 보완하는 방안을 균형적으로 강구하는 것이 중요해질 것이다.

셋째, 현재의 지방자치제도 아래에서 일반 행정과 교육행정 사이의 협력 수준은 낮으나 향후 더욱 발전된 협력이 요구되는 시대로 진입할 것이며, 그에 따른 관련 당사자의 전향적 자세가 요구될 것이다. 교육계 종사자 가운데 일부는 그들만의 독자적인 재정으로 교육자치가 이루어진다고 생각하고, 일반 행정으로부터 교육행정이 완전히 분리 독립하는 것을 이상으로 주장하는 경향이 있지만, 이러한 자세는 교육계의 정체와 고립을 자초할 뿐이다. 지역 교육의 발전을 위해서는 지역 교육계 종사자들이 일반 행정기관으로부터 지원금, 보조금, 전입금을 적극적으로 확보하려는 노력을 강구할 필요가 있으며, 재정 지원과 함께 혼입될 수 있는 지역사회의 교육 요구를 교육에 대한 부당한 외부 간섭으로 배척하기보다는 교육발전의 계기로 삼는다는 개방적 자세를 견지할 필요가 있다.

넷째. 교육재정의 효율성을 판단할 수 있는 지표를 적극 개발하고 그 내용을 공개하여 재정 운영에 관한 책무성과 사회적 신뢰를 더욱 확보할 필요가 있다. 우리 사회가 교육규모의 팽창기 혹은 성장기를 이미 지나왔기 때문에 그 시절에 통하던 교육재정 확충 필요성 주장은 더 이상 수용되기 어렵다. 고등교육까지 이미 대중화된 단계에서 이제 중요한 것은 교육의 질적 발전을 기하는 것인데, 무엇이 그 발전의 지표인지를 분명히 하고 지표 개선을 위해 어느 정도의 재정이 필요한지를 설득할 수 있어야 재정지원이 비로소 가능해지는 것이다. 학생 수가 급격히 감소하는 현실의 추세에서 교육재정을 학생에게 어떻게 분배할 것인지도 중요한 문제이다. 그리고 교육의 질적 수준을 알려주는 다양한 지표를 개발하고, 국제 비교 지표를 세분화하며, 그 지표 개선에 대한 교육재정의 효과를 분석적으로 제시할 수 있어야 할 때이다.

그간 이루어진 교육재정 정책의 발전전망에 관한 대체적인 연구의 경향은 재원 확충을 위한 다양한 전략을 제시하는 데에 초점을 맞추어 왔다. 예를 들면, 교육재정을 법정화해야 한다든지, 교육세원을 독립시켜야 한다든지, 재정 지원 항목들을 분리하여 총 지원금의 증액 효과를 도모해야 한다든지, 교육관련 이익단체를 잘 활용하여 예산확보를 위한 협상력을 높인다든지 하는 전략들이 그것이다(송기창 외, 1997: 451-454). 그러나 국가 전체적 관점에서 냉정하게 생각해보면, 특정 분야 예산 증액은 곧 다른 분야의 예산 감축을 의미하므로, 위와 같은 전략이 국민적 설득력을 갖기는 어렵다. 교육계에 종사하니까 교육이 중요하고 예산 증액이 당위처럼 생각되지만, 실은 교육만 중요한 것은 아니다. 그러므로 교육 부문에 대한 재원 확보가 필요하다면 왜 필요한지를 설명하여 이해를 구하는 것이 정도(正道)이다. 교육 분야에서 그간의 성과를 정직하게 공개하고, 그 성과의 향상과 재정 지원이 어떻게 연계되는지를 국민들이 이해한다면, 교육재정은 자연스럽게 확보되는 것이다. 견리사의(見利思義), 즉 이익이 되는 방책을 강구하기에 앞서 올바름을 생각하는 것, 이것은 재정 확보에도 적용되는 경구(警句)이다. 올바름을 추구하는 교육에서는 더욱 그러하다.

다음으로, 교육재정에 대한 최근 제기되는 이슈들을 추가적으로 검토할 필요가 있다. 첫째, 지방교육재정교부금은 1972년 제정된 지방교육재정교부금법에 따라 매년 걷히는 내국세의 20.79%를 지방교육청 예산으로 자동배정하고 있다. 이는 현재보다 출산율은 높고 경제규모가 작았던 1970년대에 빠른 산업발전을 위해 교육에 적극적으로 투자해야 한다는 의지를 반영한 것이다. 그로 인해, 2002년 중학교 무상교육에 이어 2019년 고등학교 무상교육을 목표로 하는 등과 같은 긍정적 효과를 가져왔다. 그러나 저출산 고령화로 출생률이 낮아지면서 학령인구가 급격히 감소하고 있는 상황에 매년 내국세의 일정 비율을 무조건 할당받는 교육교부금은 방만한 교육예산의 주범으로 지목돼왔다. 학생 수 급감 현실을 감안할 때, 내국세의 일정 비율을 지방교육청 예산으로 자동 배정하는 현행 방식을 그대로 유지할지 혹은 변화가 필요할지에 대한 심층 논의가 필요하다.

둘째, 2025년까지 한시적이기는 하지만 지방교육재정에서 유아교육과 보육이 통합(이하 유보 통합이라 한다)[12)]된 특별회계로 다루는 문제를 검토할 필요가 있다. 유보 통합 이후 막대한 재원이 소요될 것이 예상됨에도 정확한 재원 확보 계획 없이 학교교육 전체에 쓰여야 할 예산을 나눠 쓰는 과정에서 전체 교육의 질 저하에 대한 우려가 있는데, 유보 통합에 필요한 추가 재원은 어떻게 마련할 것인가가 중요한 문제이다. 이 문제에 대해서는, 유보 통합과 관련한 추가 예산에 대한 현장의 우려를 충분히 이해한 상태에서, 유보 통합 추진과정에서 지방교육재정 여건 등을 종합적으로 고려하여 별도의 특별회계 신설 등 국가 책임에 대한 부분까지 검토하면서 추진해야 할 것이다.

셋째, 고등교육 특별회계의 문제 역시 검토할 필요가 있다. 고등교육 특별회계 문제는 정부가 대학 등 고등교육재정의 개선안으로 제안한 고등·평생교육 지원 특별회계(이하 특별회계라 한다)를 통해 살펴볼 수 있다. 정부는 14년째 동결 중인 대학 등록금과 학령인구 감소 등으로 고등교육재정에 대한 위기감이 커지면서 2022년 7월 국가재정전략회의에서 유·초·중·고에서 사용하는 교육교부금 중 일부를 이관해 특별회계를 만들겠다고 밝힌 바 있다.

그런데, 교육계 내부에서는 특별회계를 두고 파열음이 계속되고 있다. 전국 17개 시·도교육감들이 모인 전국시도교육감협의회는 2022년 6월 132개 교육·시민단체와 '교육교부금수호공동대책위원회'(공대위)를 꾸리고 방어에 나선 바 있다. 교육감협의회는 2022년 11월 10일 발표한 '교육교부금 쟁점 분석 및 미래교육 수요 전망' 보고서를 통해 학령인구는 감소하더라도 학교·학급 수는 증가하면서 운영비와 교원 인건비 등 경직성 고정비는 계속 늘어날 수밖에 없다는 입장이다.

반면 대학들의 생각은 다르다. 한국대학교육협의회는 2022년 11월 13일 '국내

12) 유보 통합이란 현재 이원화되어 있는 유아교육(교육부 소관 유치원)과 보육(보건복지부 소관 어린이집)의 관리체계를 단일화해 0~5세 모든 영유아가 기관에 관계없이 차별 없는 양질의 교육·돌봄 서비스를 받을 수 있도록 하는 것을 의미한다.

고등교육재정 현황' 분석 결과를 발표하면서 "교육예산 대비 실질 고등교육예산 비중은 2011년 대비 감소했다."고 설명했다. 이에 대학교육협의회는 "우리나라 대학교육의 질을 높이기 위해서는 대학에 직접적으로 투자되는 비용이 확대될 필요가 있다."는 입장이다. 결국, 관건은 학생 수 급감 시대에 대비하는 문제 상황과 초·중등 교육과 고등교육의 균형적 발전을 지향해야 하는 문제 상황에 직면하여 교육재정을 어떻게 확보하고 분배할 것인가 하는 점이다.

따라서 초·중등 교육과 고등교육 간의 균형적 발전을 지향하며, 교육재정을 어떻게 확보하고 분배할 것인지에 대한 명확한 전략이 필요하다. 이러한 전략을 통해 교육부는 고등교육과 초·중등 교육 모두에서 책무성을 강화하고, 한국 교육 시스템의 지속 가능한 발전을 지원할 수 있을 것이다.

참고문헌

공은배(2007). 한국 교육재정 구조개편 방향 설정 연구. 한국교육개발원 연구보고서.

공은배 · 이선호(2010). 2009 지방자치단체 교육투자 현황 분석. 한국교육개발원 현안보고서.

김영철(1997). 과외와 사교육비. 한국교육재정경제학회(편). 교육재정경제연구 특집호(1997. 10), 1-35.

송기창 · 윤정일(1997). 교육재정정책론. 서울: 양서원.

송상훈 외(2007). 국가와 지방자치단체간 교육재정분담 연구. 경기개발연구원 정책연구자료.

신현석 외(2011). 학습사회의 교육행정 및 교육경영. 서울: 학지사.

안종석 외(2006). 교육재정의 효율성 제고방안 연구. 한국조세연구원 연구보고서.

오범호(2004). 단위학교 교육재정의 공정성 분석: 서울특별시 초 · 중학교를 중심으로. 서울대학교 대학원 석사학위논문.

오영균(2007). 지방자치단체의 교육재정부담에 관한 연구. 한국지방자치학회보, 19(3). 53-71.

윤정일(2000). 교육재정의 이론과 실제. 서울: 세영사.

윤정일 외(2008). 교육행정학원론. 서울: 학지사.

이남국(2008). 교육자치의 활성화를 위한 지방교육재정의 확충 및 효율적 운용 방안(한국행정학회 2008년도 하계학술대회 발표논문집). 29-58.

이상향(2008). 국고 지원이 지방교육재정의 공평성에 미치는 영향 분석. 서울대학교 대학원 석사학위논문.

임성일(2005). 통합적 관점에서 본 일반자치 재정과 교육자치 재정 분석 - 지방교부세와 지방교육재정교부금을 중심으로 -. 한국지방재정논집, 10(1). 1-22.

전상경 · 류춘호(2008). 기초지방정부의 교육재정지원에 관한 연구: 부산시를 중심으로. 한국지방재정논집, 13(2). 81-110.

천세영(2000). 지방교육재정 교부금 배분방식 개선안 탐색 연구. 교육부 정책연구보고서.

천세영 · 이선호(2002). 포뮬러 펀딩(Formula Funding)에 기초한 학교비 배분 모형 연구. 교육재정경제연구, 11(2). 149~173.

천세영(2005). 한국교육재정 현상탐구 / . 대전: 충남대학교출판부.

한국교육개발원(2011). 통계로 본 초 · 중등 교육재정과 사교육비. 통계자료 SM 2011-03-1.

한국교육개발원 교육통계서비스 홈페이지 http://cesi.kedi.re.kr

한국교육행정학회(1995). 교육재정론. 서울: 도서출판 하우.

Mariana, A.(2008). Private resources in educational finance and equality implications. In Zajda, J. *et al* (eds). *Education and Social Inequality in the Global Culture*. Springer, 103-121. New York: Springer.

CHAPTER

19 교육의 책무성과 교육행정

교육행정의 궁극적 지향점은 교육의 발전이다. 교육행정 활동으로서 법과 제도를 만들고, 정책을 구사하며, 인적·물적 자원을 확보·지원하는 활동들을 하는 까닭 역시 교육의 발전에 있다. 그런데, 교육의 발전을 이루기 위해서는 교육 관련 당사자들이 자신에게 주어진 책임과 임무를 충실히 수행할 수 있도록 지원하고 확인하는 활동도 무엇보다 중요하다. 이렇게 본다면, 교육 당사자들에게 각자의 책무가 무엇인지를 확인하게 하고, 그 책무의 이행을 돕는 조건과 환경을 만드는 일은 교육행정의 핵심적 활동이라 할 만하다. 여기서 등장하는 개념이 책무성이다. 이 장에서는 교육의 책무성에 대해 다음과 같은 내용을 다룬다.

- 교육 책무성의 개념과 유형
- 교육 책무성의 확보 기제
- 교육 책무성의 발전 과제
- 고등교육 책무성 기제에 대한 성찰과 향후 과제

1. 교육 책무성의 개념과 유형

가. 책무성의 개념

책무성(accountability)이라는 개념은 회계(accounting)라는 개념에 뿌리를 두고 있으며, 처음에는 부기(bookkeeping)를 수행하고 이를 외부인에게 설명(audit,[1] account)한다는 좁은 의미로부터 사용되었다(이숙종 외, 2007: 80-81). 그러나 오늘날 우리가 교육행정 분야의 책무성을 말할 때, 이 개념이 지시하는 바가 정확히

1) 감사(監査) 혹은 회계감사로 번역되는 'audit'의 의미는 '듣는다'는 뜻을 가지고 있다. 중세에는 회계를 한 자가 회계보고서를 읽는 것을 제3자(감시인)가 듣는 것이었다. 감사는 재정사용의 기록, 집계, 정리, 표시에 관한 회계 행위의 비판을 주된 내용으로 했다.

무엇인지를 알기는 쉽지 않다. 그 까닭은 학자마다 이 개념을 정의하는 방식이 다양하기 때문이다.

예를 들면, 김희대(1998)는 교육책무성이란 "특정한 교육 목적을 설정하고, 어떤 목적들이 도달되는지를 정확하게 측정하고, 그것을 수행하는 데 필요한 비용을 계산하는 것이며, 학교에 특수한 교육 목적을 부여하고 그 목적 달성에 조직 구성원들이 책임지기를 바라는 과정"이라고 하였다. 학교의 목적 달성에 관한 책임을 강조한 입장이라 하겠다. 한편 김규태(2001)는 교육책무성에 대한 논의의 핵심은 '누가 누구에게 어떠한 책무를 이행하는가?'로 요약할 수 있는데, 교육책무성이란 "교육 당사자들 간에 자신이 이행해야 할 책무내용과 수행방식에 대해 '보고·설명·해명'하는 행위"로 규정하였다. 이 규정은, 책무의 이행이 학교에만 국한되지 않고 교육 당사자 모두에게 부과되는 것이며, 책무 이행자의 보고행위가 책무의 개념 속에 포함되는 것임을 지적하고 있다. 그리고 조석희 등(2006)은 "학교의 책무성이란 학교가 자율과 권한을 가지고 학교 교육을 수행하고, 학교교육의 계획, 과정, 결과를 교육부, 교육청, 학부모, 학생, 지역사회 등 외부에 설명하고 공개하는 것"이라고 하였다. 여러 책무 이행자 가운데 학교에 초점을 맞추고 누구에 대하여 책임을 지는지를 구체적으로 제시하고 있으나, 기본적으로는 누가 누구에게 어떤 책무를 지는가 하는 정의 방식을 그대로 따르고 있다.

그런데 '책무 이행자'가 이행 결과에 대해 보고하는 것에서 나아가, 그 이행의 결과에 따라 책무 이행자에게 보상이나 제재를 가하는 활동까지를 책무성의 개념 범위에 포함시키는 견해가 있다. Alkin(1973)은 "책무성이란 참여자들이 특정 목적 달성에 관한 평가 결과에 따라 특정 보상과 보수를 받도록 사전에 합의한 계약 관계"라고 보았으며, 김정민 등(2009)은 "책무성의 개념은 책무의 이행 결과를 교육 수혜자나 일반 국민에게 보고·설명·해명하는 과정과 절차를 포함하며, 경우에 따라서는 그 결과에 따라 보상과 제재를 가하는 활동이 포함된다."고 설명하고 있다.

이상의 논의를 토대로 판단할 때, 책무성은 다음 [그림 19-1]과 같은 개념적 구성 요소로 이루어진다는 것을 알 수 있다.

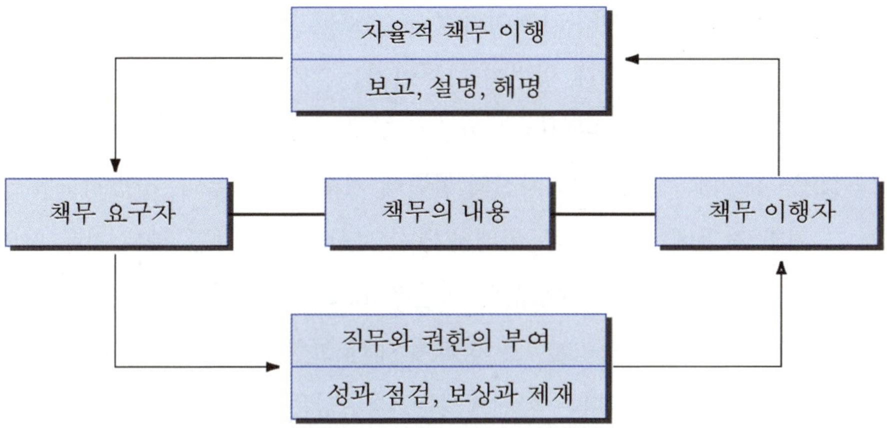

[그림 19-1] **책무성의 개념 구조**

이 그림에서는 책무성을 책무 요구자와 책무 이행자 사이에서 발생하는 관계의 성질 혹은 성향으로 파악하고 있다. '책무 이행자'에게 책무가 발생하기 위해서는 '책무 요구자'로부터 책무 이행자에게 일정한 직무가 부과되어야 한다. 책무의 사전적 정의에 의하면, 책무란 직무에 따르는 책임과 임무(혹은 의무)이기 때문이다. 책무 요구자가 그 이행자에게 어떤 직무(일)를 부과하게 되면 그 직무에 상응하는 책무를 이행해야 하는 성질이 생성된다고 본다. 그러나 직무의 부과만으로 책무 이행자에게 책임을 묻기는 불충분하다. 책무 이행자에게 직무 수행에 필요한 자격과 권한이 부여(entitlement)되기 때문이다. 자격과 권한이 없는 자는 자기 책임으로 그 직무를 수행할 수 없기 때문에 그런 자에게 책임을 물을 수는 없다. 책무 이행자는 그 자격과 권한의 범위 내에서 자율적으로 책무를 이행하고 그에 대해 책임을 지는 것이다. 앞의 그림에서 책무 요구자와 이행자 사이에 '직무와 권한의 부여' 및 '자율적 책무 이행'이 표시되어 있는 것도 이 때문이다.

'책무 이행자'는 자신에게 주어진 책무를 어떻게 이행하고 왜 그렇게 했는지를 책무 요구자에게 알린다. 책무성에 관한 많은 정의는 이 '알리는 과정'을 반드시 포함하고 있다(Neave, 1985: 10; Halstead, 1994: 146; Adams & Kirst, 1999: 446). 이렇게 직무 수행 결과를 알리는 일은 그 성격에 따라 보고(reporting), 설명(explanation), 해명(justification)으로 구분되기도 한다(조석희 외, 2006). 어떻게 표현하든, 책무 이행자가 책무 요구자에 대하여 자신의 직무를 어떻게, 왜 그렇게 했는지를 알린다는 점에서는 마찬가지이다.

책무성의 개념 범위에 대해 의견이 나누어지는 지점은 책무 요구자의 보상 및 제재가 책무성의 개념에 포함되는지 여부에 있다. '책무 요구자'가 책무 이행자의 보고・설명・해명에 기초하거나 자신의 판단에 기초하여 책무의 이행 정도를 평가하고, 그 평가 결과에 따라 '책무 이행자'에게 보상이나 제재를 하는 것은 당연한 절차이다. 그러나 이 절차를 책무성의 개념적 요소로 포함시킬 것인가 하는 점은 별도의 문제이다. 김순남 등(2009)은 성과에 대한 보상과 제재까지를 책무성 개념에 포함하고 있다. 그러나 다른 한편에서는, 책무성은 '책무 요구자'가 아닌 '책무 이행자'가 갖는 것이기 때문에, 이행자가 이행 결과를 보고・설명・해명하는 것까지로 해서 책무성 자체는 일단락되는 것으로 보기도 한다(김환식, 2010). 여기에서는 책무성을 책무의 완전한 이행까지로 넓게 개념화하여, 책무 요구자의 보상・제재를 책무 이행자가 수용하는 것 역시 책무의 개념 범위에 포함되는 것으로 본다. 앞의 그림에서 '보상과 제재'가 책무성의 개념 요소로 표시되어 있는 것도 이 때문이다.

나. '책무 요구자'와 '책무 이행자'의 범위

교육의 책무성에 관한 논의에서는 책무를 요구하는 자와 그 요구에 부응하여 책무를 이행하는 자가 각각 누구인가 하는 점이 문제가 된다. 그간의 논의에서는 흔히 '책무 요구자'의 범위에 국가, 학부모 등을 포함시키고, '책무 이행자'의 범위에 학교나 교원 등을 포함시키는 것이 관례였다(조석희 외, 2006: 19-21). 그러나 다시 신중하게 생각해보면, 책무 요구자가 어떻게 국가와 학부모로 한정되며, 책무 이행자가 또한 어떻게 학교와 교원으로만 한정될 수 있는가 하는 의문이 생긴다.

학부모는 그 보호하는 자녀의 학습권 보장을 위하여 좋은 교육기관을 선택하고 양질의 교육기회를 제공할 책무가 있으며, 국가는 국민의 교육기회를 보장하고 수준 높은 교육서비스를 제공하도록 법과 제도와 정책을 강구할 책무가 있으며, 심지어 학습권의 향유 주체인 학생도 학업에 전념할 책무를 요구받는다. 그러므로 모든 교육당사자는 인류의 문화유산을 계승 발전시켜야 하는 공적 책무의 이행을,

때로는 상대편에게 요구하고 또한 때로는 자신에게 요구해야 한다고 보아야 할 것이다.

다만 교육행정의 실제에서 보자면, 학생과 학부모에게 양질의 교육을 제공해야 책무가 교육기관과 교육행정기관에 있는 것으로 일견 이해할 수는 있다. 교육 관련 당사자 모두가 자신에게 주어진 교육발전의 역할을 충실히 수행해야 할 책무를 지니지만, 교육행정의 실제에서는 교육기관이나 교육행정기관이 전체 국민 혹은 사회 일반에 대하여 책무를 지는 것으로 이해하는 통념이 있다는 의미이다.

다. 책무성의 유형

책무성의 개념구조에 관한 앞의 그림에서, 책무 요구자와 이행자 사이를 매개하는 요소는 '책무의 내용'으로 표시되어 있다. 이 책무의 '내용'이란, 책무 관련 당사자들이 서로 어떤 책무를 요구하고 또한 그 책무의 이행을 기대하는가 하는, 책무의 유형을 검토함으로써 밝혀질 수 있다. 책무의 유형을 구분하는 방식은 그 구분 기준에 따라 다양하다.

1) 책무 관련 당사자 사이의 관계에 따른 유형

책무 이행자에게 요구되는 책무의 내용은 다양한데, 그 가운데 '행정적 책무, 법적 책무, 전문적 책무, 도덕적 책무, 정치적 책무, 시장적 책무' 등이 자주 언급된다.

'행정적 책무'는 주로 공식 조직에서 활용되는 책무로서, 조직의 상하관계에서 발생하는 규칙이나 규정을 기준으로 한 책무이다. '법적 책무'는 법규상으로 규정된 직무와 그 수행에 따르는 책임을 일컫는 것으로 보인다. 일부 학자들은 법적 책무 대신에 계약적 책무라는 용어를 사용하기도 하는데, 양자를 동일한 것으로 보기에는 무리가 있다. 계약의 내용 가운데에는 법적 기반을 가지는 계약도 있지만, 그와 상관없이 당사자 사이의 자유로운 합의에 기반을 두는 계약도 얼마든지 있기 때문이다. '전문적 책무'는 책무 이행자가 직무의 수행과정에서 충족시켜야 할 전문적 표준을 따라야 하는 책무를 가리키는 것이며, '도덕적 책무'는 책무 이행자가 양심, 신념과 동기, 윤리 등의 측면에서 가지는 책무를 말한다. '정치적 책무'

는 책무 이행자에게 권한을 위임한 책무 요구자의 신임이 사라지거나 현저하게 줄어들었을 때 물을 수 있는 책무이며, '시장적 책무'는 책무 이행자의 서비스 내용이 그 서비스를 제공받는 고객을 만족시키지 못하는 상황에서 책무 이행자가 감수해야 하는 책무를 말한다. 이와 같은 책무성 유형 분류에 따르면, 교육(행정)기관과 그 종사자는 다양한 유형의 책무를 진다고 볼 수 있다.

이상과 같은 책무성의 유형들은 '책무 요구자'와 '책무 이행자'가 맺는 관계의 성질에 초점을 맞추고 있다. 예를 들면, 행정적 책무는 책무 관련 당사자들이 조직의 위계적 구조 속에서 종적으로 혹은 횡적으로 상호 일정한 체계를 이루고 있는 관계를 전제로 하여 성립한다. 정치적 책무는 책무 요구자가 주권자의 위치에 있고, 책무 이행자가 수권자의 위치에 있는 상황을 상정한다. 그리고 시장적 책무는 책무 이행자를 재화나 용역의 공급자로 간주하며, 책무 요구자를 그 구매자나 고객으로 간주하는 것이다. 이처럼 책무 관련 당사자 관계의 특질이 어떠한가에 따라 그러한 특질에 전형적인 책무의 유형이 각기 존재하는 것이다.

그러나 위와 같은 책무성 유형들은 단지 개념적으로 그렇게 구분될 수 있음을 보여주는 것일 뿐, 실제 세계에서는 몇 가지 유형이 복합적으로 얽혀 있을 수 있다. 예를 들어, 어떤 학교가 학생들에게 충분하고 수준 높은 교육 서비스를 제공하지 못하여 학부모로부터 외면 받는다면, 그 학교는 지역사회로부터는 전문적 책무와 시장적 책무를 게을리 한 것으로 평가받는 동시에, 해당 학교의 관할 행정기관으로부터는 행정적 책무를 요구받는 복합적 상황에 놓일 것이다.

2) 책무성 확인 주체에 따른 유형

책무성의 유형을 구분할 때 책무 이행자가 책무를 충실히 이행하였는지 여부를 누가 확인하는가에 따라 '외향적(outward) 책무성'과 '내향적(inward) 책무성'으로 구분할 수 있다. '전자'는 책무 이행자의 외부에서 정해진 표준이나 기준에 비추어 책무의 이행 정도를 점검받는 것을 말하는 반면, '후자'는 책무 이행자가 자신의 이행 정도를 스스로 점검하고 확인하는 것을 말한다. 외향적 책무성에 있어서는 책무성 확인의 준거가 되는 기준도 책무 이행자의 외부에서 정해지고, 그 확인 주체 역시 외부에 존재한다. 그렇지만, '내향적 책무성'에 있어서는 확인

준거를 누가 설정하든 확인 주체가 책무 이행자 자신이라는 점에서 외향적 책무성과 차이가 있다. 일반적으로 말하여, '외향적 책무성'은 타율성을 조장하고, 내향적 책무성은 자율성의 증표라고 할 수 있다.

이 점과 관련하여 선행 연구자들은, 교육기관의 책무성 확인에서 외향적 책무 일변도에서 벗어날 필요가 있음을 지적한 바 있다(김정민 외, 2009: 26-27). Rallis와 MacMullen(2000)은, 대부분의 학교는 외향적 책무성과 내향적 책무성의 어느 하나만으로는 학생의 학업성취도를 향상시키기 어렵다고 하면서, 이 두 가지 유형의 책무성이 모두 요구된다고 하였다. 두 가지 책무성을 연결시키는 것이 바로 반성적 탐구의 과정이며, 성공적인 학교는 이 반성적 탐구의 과정을 특징으로 하는 학교라고 보았다. 그리고 송경오(2007)는 Elmore의 논의(2002)를 활용하여, 인간이 진심으로 자신의 일에 책임감을 느끼는 경우는 외부적 표준에 수동적으로 따를 때가 아니라 스스로 정한 기준을 충족시키려 노력할 때란 것을 지적하면서, 내향적 책무성의 중요성을 지적한 바 있다.

또한 McLaughlin(1987)은 지난 20년간 진행된 정책집행 연구의 결과를 볼 때, 강요된 책무성만으로 학교 구성원들의 개혁의지와 역량을 이끌어낼 수 없다고 강조했다. 학교 구성원들이 학생의 학업에 대해 새로운 태도와 신념을 형성하고, 협동적 활동과 새로운 교수학습 실제를 시도하는 중에 학교 발전에 대한 내향적인 책무가 성장한다고 본 것이다. Abbott(2008)는 '내향적 책무성'을 '공동으로 수립한 목표를 추구하기 위해 동료들이 상호작용하고 협력하는, 내적 혹은 수평적 책무성'으로 보았다. 그리고 Wayman 등(2008)은 '반성적 과정 모형'을 제시하면서, 내향적 책무성 모형이 학교 발전과 그 구성원의 주인의식 함양에 더 효과적이라고 지적하였다. 이와 유사한 맥락에서, 양성관(2009)은 교사나 교육 행정가들에게 책무성을 '부과'하는 방식이 아니라, 그들이 '자신'의 교육활동을 설명하게 하는, 책무성의 '전환'이 필요함을 지적하였다.

우리가 몸담고 있는 현실의 교육 사회가 이상사회는 아니므로, 모든 책무 이행자가 스스로 높은 수준의 기준을 설정하고 그에 부합하도록 자발적으로 분발하는 경지를 기대하고 있을 수만은 없기 때문에 일정한 외향적 책무성이 불가피하다. 그러나 그렇다고는 하더라도, 그 외향적 책무성이 궁극적으로는 내향적 책무성의 확보로 승화되거나, 적어도 내향적 책무성을 촉발하는 계기로 작용할 수 있도록 지속적인 관심을 기울이는 일이 중요하다.

3) 책무의 확인 기준에 따른 유형

책무 이행자가 자신의 임무를 통해 충족시켜야 할 기준의 내용은 여러 가지일 수 있다. 이를테면, 해당 임무를 특정의 방향이나 이념에 맞게 수행하였는지를 확인하려는 경우가 있다. 가치의 기업인 교육활동에서 책무 이행자가 수행할 임무는 교육의 규범적 성격에 비추어 합당해야 하고 우리 사회가 추구하는 가치에 비추어 적합해야 한다. 이것을 '이념적 책무성'이라고 할 수 있다.

책무 이행자가 이념적 책무성을 충족하였다고 하더라도, 그 이념 아래에서 자기 직무를 어느 정도 만족스럽게 수행하였는지는 별도로 점검해야 할 문제이다. 예를 들면, 특정 교과를 가르치는 교사에 대해 학생의 교과 이해 정도가 적어도 일정 수준 이상은 되어야 한다는 식의 책무를 요구할 수 있다는 뜻이다. 이와 같이, 교육의 장면에서 책무 이행자의 성과 내용이 일정 기준을 충족시키도록 요구할 때 '내용적 책무성'이 동원된다고 할 수 있다.

책무 이행자의 성과가 내용적 책무성을 충족시켰다고 하더라도, 그 성과 산출의 과정에서 채택한 방법이나 절차가 합당하였는가를 확인하는 것은 별도의 문제이다. 앞의 예에서, 교사가 자신이 가르친 학생의 학업성취도를 평가한 결과 모든 학생이 정해진 수준 이상의 성취도를 보였다고 하더라도, 학생의 자발성과 인격을 존중하는 방법으로 가르쳤는지는 달리 살펴보아야 할 일이다. 이처럼 직무의 내용을 이행하는 과정에서 채택하는 방법이나 절차가 일정 기준에 부합하기를 요구할 수 있는데, 이를 '방법(과정)적 책무성'이라고 이름붙일 수 있다.[2)]

이념과 내용 및 방법의 측면에서 요구되는 이 세 가지 책무성은 책무를 확인하는 기준의 성격이 무엇인지를 준거로 하여 구분되는 책무성의 유형들이다. 그런데

2) 이와는 약간 다르게, 책무성의 유형을 '결과적 책무성'과 '과정적 책무성'으로 구분하는 경우가 있다. 전자는 정해진 표준과 계약의 내용에 비추어 행정의 결과를 책임지는 것이고, 후자는 이해관계 당사자의 요구와 기대에 비추어 행정의 과정을 책임지는 것이다. Glatter(2002)는 '계약적' 책무성과 '대응적' 책무성이라는 개념을 동원하여 행정의 '결과'와 '과정'에 대한 책무성을 구분하고 있다.

이 책무성의 유형들은 개념적으로만 구분되는 것일 뿐, 실제적으로는 동일한 하나의 직무에 대해 함께 요구되는 책무들이라고 할 수 있다. 그 직무를 수행한 결과는 하나의 총체적 성과로 나타나는 것이며, 그것을 이념 측면, 내용 측면, 그리고 방법 측면에서 각기 확인할 수 있다는 점을 이 유형론이 알려주는 것이다. 그러므로 이 유형론에 따를 때, 어떤 직무에 대하여 '책무 이행자'가 온전히 자신의 책무를 충실히 이행했는지를 확인하기 위해서는 해당 직무 하나에 대해 이 세 유형의 책무성 확인 기준을 모두 만족시켰는지를 점검해야 한다고 말할 수 있다.

그간 이루어진 책무의 확인 기준에서 보면, 이념적 책무성은 노선을 달리하는 교육 관련 집단 사이의 정치적 이해관계에 따라 추궁 혹은 방어하려는 시도가 상당히 있었다고는 하더라도, 각각의 이념적 방향에 비추어 내용적 책무성까지를 확인하는 일은 드물었다. 나아가 내용적 책무성을 확인하는 경우라 하더라도 성과 위주의 책무성 점검 관행 때문에 그러한 성과를 도출하는 과정의 방법적 책무성에 대해서는 그 확인을 더욱 소홀히 해왔다는 점을 이 유형론과 관련하여 아쉬운 점으로 지적할 수 있다.

2. 교육 책무성의 확보 기제

교육행정이란 교육 관련 당사자들이 자신에게 주어진 책무를 성실하게 이행할 수 있도록 지원하고 조성하는 공공적 활동이라고 할 수 있다. 이 점에서 본다면, 교육행정 활동 가운데 책무성 제고와 관련 없는 활동을 생각하기 힘들 정도로, 교육행정 활동을 모두 책무성의 확보 장치로 설명할 여지가 있다. 그러나 책무성의 확보를 제한적으로 해석하면, 교육(행정)기관 및 그 기관의 구성원이 자기 책무를 어떻게 수행하는지를 확인하는 일에 대해서만 적용되는 개념으로 쓸 수도 있다. 교육 부문의 책무성 확보 장치로서 흔히 학교평가를 들고 있는데, 이는 평가를 통해 학교의 책무성을 확보할 수 있다는 생각을 담고 있는 것이다.

이 절에서는, 교육행정 활동 모두를 책무성 확보 활동으로 보는 입장이 아닌, 책무성 확보를 직접 겨냥하고 있는 활동이 전체 행정 활동의 일부에 해당한다는 입장을 취한다. 책무성의 확보 기제에는 학교평가를 포함한 여러 종류의 평가 활동이 포함될 수 있고, 그 외에도 다음 〈표 19-1〉에 제시된 바와 같은 다양한 장치들이 있다. 책무성 확보를 직접 겨냥하는 다양한 장치들을 차례로 검토한다.

〈표 19-1〉 **교육 책무성의 확보 기제**

평가	교육 관련 주체의 활동 내용을 일정 기준에 따라 점검하는 활동으로, 평가의 대상에 따라 학교 평가, 교육행정기관 평가, 교원 평가, 학업성취도 평가 등으로 구분
정보 공개	교육기관이나 교육행정기관의 활용 내역을 알려주는 정보를 정리하여 정보 수요자에게 제공하는 활동
장학	교사의 수업 개선 혹은 수업 전문성 향상을 목적으로 교사 혹은 학교에 제공되는 지도와 조언 활동
감사	학교나 교육행정기관 및 그 소속 구성원의 직무 수행 과정 및 결과에서 위법·부당함이 있는지를 감시하는 활동
컨설팅	'책무 이행자'와 전문가의 상호 자발적 계약에 따라 전문가가 독립적·객관적 태도로 교육(지원)활동에 대해 도움을 제공하는 활동

가. 평가

책무성과 관련하여 평가를 생각하면, 평가란 '책무 이행자'가 자기 책무를 어느 정도 이행하(였)는지를 점검·확인하는 장치이다. 평가의 결과가 정해진 기준을 만족시키면 책무를 성실히 이행한 것으로 판단한다. 평가는 이처럼 책무 이행의 사후 확인 장치라는 의미와 함께, 책무 이행자로 하여금 책무 이행에 관심을 갖게 만드는 사전 촉진장치라는 의미도 아울러 지닌다. 평가라는 장치가 있고 없는가에 따라 '책무 이행자'가 자기 임무에 임하는 태세에 차이가 있기 때문이다. 무엇을 평가의 대상으로 삼는가에 따라 '학교 평가', '교육행정기관 평가', '교원 평가', '학업성취도 평가' 등이 있다.

1) 학교 평가

학교 평가는 핵심 교육기관으로서의 학교가 학생교육이라는 자기 본분을 어느 정도 충실히 수행하는가를 기관 차원에서 점검하는 것이다. 학교에 대한 흔한 비판 가운데 하나는, '학교가 학생들에 대해서는 온갖 종류의 평가를 하고 그 책임을 학생들에게 묻고 있으면서, 정작 학교가 학생들에게 충분한 교육적 조처를 하고 있는지 여부에 대해서는 거의 평가받고 있지 않다.'는 것이다. 학교 부적응이나 학습 결손 등과 같은 개념이 시사하는 바와 같이, 학교에 적응해야 할 책임과 학습 과정을 따라가야 할 책임이 개인 학생에게 있는 것처럼 하면서, 학교가 잘 가르치지 못하여 그런 사태가 생겼을 가능성에 대해서는 별로 주목하지 않는 것이 잘못되었다는 비판이다. 그와 아울러 학교교육의 수준이 사교육의 수준에 비해 우수한가에 대한 의문이 제기되기도 한다. 학교 평가가 꼭 이러한 비판과 부정적 평가 때문에 비로소 실시된 것은 아니지만, 학교가 제 할 일을 잘하고 있는지를 챙겨볼 필요가 있다는 점 때문에 중요하게 대두된 것은 분명하다. 요컨대, 학교평가는 학교 전체의 구조와 운영 상황을 전반적으로 점검하여 학교의 책무성을 확보하는 데에 뜻이 있다.

학교평가는 주로 학교의 효과성에 대한 판단을 핵심 부분으로 하는데, 그러한 판단을 내리기 위한 절차로서 기준 설정, 자료 조사, 증거 수집 등을 거치고, 증거를 수집하는 방법으로는 학교 방문, 수업 관찰, 관계자 면담, 데이터나 기록물의 분석, 운영과정의 추적 등과 같은 다양한 방법들이 활용된다. 학교평가의 방법은 학교 내부인이 하는 자체평가와 학교 외부 평가자가 주도하는 외부평가로 이루어지는데, 외부 평가는 대체로 교육행정 당국에서 실시하는 것이 대부분이며 간혹 행정당국과는 독립된 협의기구나 민간 기구에서 외부평가를 담당하기도 한다. 외부평가의 담당 기구가 어디이든 최근에는 교육전문가 뿐만 아니라 학부모 등 일반인이 평가자로 참여할 수 있게 문호를 개방하는 추세에 있다.

학교평가 결과를 어떻게 활용할 것인가 하는 점에 대해서는 정책적 판단이 많이 작용한다. 가장 기본적인 활용방법은 평가결과를 해당 학교 구성원에게 알려주어 자기 점검과 반성의 자료가 되게 하는 것이다. 그러나 많은 경우에, 행정 당국은 이 평가결과에 따라 학교에 대한 행·재정적 후속 조처를 취하는 데에 활용한다. 평가결과가 우수한 학교에 대해서는 상응하는 혜택을 제공하며, 그것이 미흡한 학교에 대해서는 일정 기간을 두어 집중 컨설팅을 받게 하거나 개선 조치를 취하게 하고, 유예기간 이후에도 문제가 있을 경우 그 책임을 물어 재정 지원을 축소하거나 다양한 불이익 처분을 행할 수 있다.

2) 교육행정기관 평가

교육행정기관은 교육기관들을 행정적으로 관리 운영하는 위치에 있는 기관들을 말하는데, 이들 기관들은 국가 및 지방 수준에서 일정한 계통을 이루면서 존재한다. 우리나라의 경우, 국가 수준의 대표적인 중앙교육행정기관은 교육부이며, 각 지방에는 시도교육청이 교육행정 업무를 담당하고, 시도교육청의 하부기구로 시군구 지역에 '교육지원청'이 존재한다. 이러한 교육행정기관들의 계통에서 보자면, 각 시도의 교육청과 지역의 '교육지원청'이 관할 교육기관들을 평가하고, 교육부가 이들을 다시 평가하면서 연쇄적으로 교육 책무성을 확보하는 관계에 놓이는 것으로 보인다. 이러한 시각 아래에서, 교육부는 책무성의 확인 기관일 뿐 그 자신의 책무성에 대해서는 어디서부터도 점검받지 않는 상태에 있다는 세간의 통념이 형성된다.

그러나 중앙교육행정기관인 교육부 역시 여러 통로를 통해 책무성을 점검받고 있다(신현석, 2005). 우선은, 국무총리실이 가지고 있는 정부 각 부처에 대한 평가권과 정책 분석 평가 제도를 통해 교육부의 업무 추진 상황과 교육 관련 정책의 적정성 여부를 점검하는 책무 확인 기제를 들 수 있다. 이 평가에서는 교육부가 입안·추진하는 주요 정책의 타당성, 조직의 관리 역량, 교육부의 업무 성과에 대한 국민 만족도 등을 점검하는 데에 초점이 있으며, 평가를 통해 업무의 효율성과 책무성이 제고되기를 기대한다. 교육부의 자체평가는 이 국무총리실의 평가에 대응하기 위한 것으로, 평가내용 역시 그에 상응한다. 그리고 감사원의 감사와 국회의 국정감사 과정에서 교육부에 대한 평가가 이루어지기도 한다.

지방교육행정기관에 대한 평가는 시도교육청에 대한 평가와 지역의 '교육지원청'에 대한 평가로 구분할 수 있으나, 현행의 광역 단위 지방교육자치제도 아래에서 교육지원청의 지위는 시도교육청의 하부기구에 불과하다는 이유로, 시도교육청에 대한 평가가 주로 이루어져 왔다. 1991년의 지방교육자치제 본격 실시를 계기로 시도교육청의 교육행정 및 재정에 관한 자율권이 대폭 신장되었는데, 이러한 상황을 배경으로 하여 1996년부터 시도교육청에 대한 평가가 시작되었다. 이 평가는 최근까지 지방교육혁신평가, 재정평가, 지방교육종합평가 등의 이름으로 매년 혹은 격년으로 실시되고 있다. 평가의 주요 내용은 1) 학교 및 교육기관의 설치·운영, 2) 교육과정의 편성·운영 및 교수·학습방법, 3) 교직원의 인사관리 및 복지후생, 4) 예산의 편성 및 운용 등으로 이루어지며, 평가결과는 공개하고 그 결과에 근거하여 시도별 지원예산을 차등 배분함으로써 교육청간 선의의 경쟁을 촉진하고 책무 이행에 대한 관심을 제고하려 하였다.

2009년도 시도교육청평가 계획(교육과학기술부, 2008a)에는 평가의 목적이 제시되어 있는데, 이에 의하면 지방교육자치제의 본격 실시와 교육의 분권화·자율화에 따라 시도교육청의 책무성을 확보하고, 시도교육청 간 선의의 경쟁을 통해 교육의 질적 수준을 제고하며, 지방교육행정의 발전을 위한 자발적인 노력을 유도하는 데에 평가의 목적이 있었다. 2009년도의 재정지원에서는 이 시도교육청 평가결과를 바탕으로 하여 특별교부금을 차등 지원하였다. 2010년도의 평가계획에서 보더라도, 공교육의 신뢰 구축 및 경쟁력 강화와 지방교육의 책무성 제고가 주요 목적으로 언급되어 있다.

평가 등을 통해 교육행정기관의 책무성을 확인하거나 제고하는 문제에 있어서도, 평가주체가 정한 획일적 기준에 평가대상 기관을 줄 세우기보다는 평가대상 기관의 발전을 도와주는 평가가 되도록 할 필요가 있다. 그리고 평가의 실시와 평가결과의 활용에 있어서는 대상기관이 책임져야 할 성과에 대해서만 정확하게 점검하고 문책하는 평가가 되어야 할 것이다. 교육행정기관이 존재하는 목적은 교육기관이 보다 잘 영위되도록 행정 서비스를 제공하는 데에 있으므로, 교육행정기관에 대한 평가에서는 학교와 교원을 얼마나 잘 지원했는지, 그렇지 않으면 몇 가지 권한이 있다는 이유로 학교와 교원을 불필요하게 통제하거나 군림하지는 않았는지 하는 점이 밝혀지도록 해야 할 것이다.

3) 교원 평가

교원 평가는 학교에서 학생들을 직접 가르치는 교원들을 대상으로 하여 그들이 자신의 책무를 성실히 수행하는가를 점검 확인하는 평가이다. 1970~80년대 교육개혁이 교원의 질 관리를 위해 교원양성교육 프로그램이나 현직연수 프로그램 개혁에 초점을 두었다면, 1990년대 이후 교육개혁은 학교교육의 책무성을 강조하면서 교원의 직무수행에 대한 직접적인 확인과 평가를 강조하고 있는데, 교원 평가가 주요 정책 과제로 대두된 것은 이러한 학교 책무성 강조 추세를 배경으로 하는 것이다. 교원 평가를 위해 고안하고 활용하는 제도로 '교원근무성적평정제도'(이하 '근평제')와 '교원능력개발평가제도'(이하 '교원평가제')를 들 수 있다.

'근평제'는 평가 대상자의 직위보다 행정계통상으로 상위에 있는 자가 평가자가 되어 소속 교원의 교육자로서의 품성과 자세, 학습지도 및 생활지도 상황, 업무수행 상황 등을 평가하고 그 평가의 결과를 승진 등 인사자료로 활용하는 제도이다. 그러나 이 근평제에 대해서는, 평가자가 상급자만으로 제한되어 있어서 공정성과 객관성을 확보하기 어렵고, 평가 대상자들을 상대적으로 서열화하도록 강제함으로써 절대 기준에 대한 도달정도를 알려주는 정보 제공 기능이 미약하며, 미리 윤곽이 드러난 승진 대상자에게 높은 평정 점수를 주는 사후 합리화 수단으로 활용되는 관행이 있고, 승진에 관심 있는 일부 소수의 교원들을 제외하고는 평가 결과를 자신에게 의미 있는 정보로 받아들이지 않는다는 등의 여러 비판이 지속적으로 제기되어 왔다.

이에 따라, 교원이 자신의 능력을 지속적으로 개발하고 전문성을 신장할 수 있는 새로운 평가제도가 필요하다는 인식이 나타나게 되었고, 이 필요에 부응하여 새롭게 '교원평가제'가 고안·도입되었다. 교원의 전문성 신장을 통한 공교육 신뢰 회복을 목적으로 하고 있는 이 교원평가제는, 교장을 포함한 모든 교원이 평가 대상이 되고 동료 교원과 학생 및 학부모가 평가자가 되게 하여 평가자와 평가 대상자가 제한된다는 '근평제'의 한계를 극복하려 하였다. 그리고 평가방법에서는 일정 척도의 절대평가 방식과 '서술형 응답식'을 병행하여 목표 기준에 대한 도달 정도를 파악하는 데에 도움이 되게 하였다. 또한, 평가 결과는 평가 대상자에게 통보하여 능력 개발과 전문성 신장을 위한 기초자료로 삼을 수 있도록 하였다. 그러나 이 교원평가제에 대해서도 몇 가지 중요한 문제점을 지적할 수 있다. 즉, 근평과 교원평가가 중복되거나 상충하는 부분이 있고, 교원의 활동을 관찰할 수 없는 학부모의 평가자 적격성이 의심스러우며, 평가의 효용 면에서 보면 평가에 드는 노력과 시간에 비하여 평가의 효과가 부족하다는 점 등이 그것이다.

'근평제'와 '교원평가제'의 각각에 대하여 제기된 비판과 문제점을 보완하거나 해결할 수 있는 대책이 향후 필요할 뿐만 아니라, 두 제도의 관계에 대해서도 상호 일관적이거나 보완적인 위상을 추후 정립해야 하는 과제가 남아 있다는 점을 고려할 때, 교원 평가는 아직 형성 중에 있는 제도들을 통해 접근해야 할 주요 정책 주제라고 할 수 있다. 나아가, 교원 평가라는 정책 수단이 교원의 책무성 제고라는 소기의 목적을 실현하도록 하려면 평가 제도를 어떻게 고안해야 하는가도 오랜 고민거리이다. 실상을 정직하게 드러내고 평가하며 평가결과를 기초로 그 실상의 개선을 꾀한다는 평가의 본래 취지가 중요하기 때문이다.

4) 학업성취도 평가

학생의 학업성취도는 교육의 결과를 나타내는 중요한 지표의 하나로서, 그리고 성공적인 학습이 이루어졌는지를 확인하는 거의 결정적인 지표로서, 교육자와 교육행정가 모두로부터 지속적인 관심의 대상이 되어왔다. 국가 수준에서는, 학생의 학업성취도를 확인함으로써 평균적인 학업성취 수준이 어떠한지, 지역 간 학력 격차가 얼마나 존재하는지, 학습결손 상태에 있는 학생의 규모가 어느 정도이며 그들에게 어떤 보충교육 기회를 제공해야 할 것인지 등에 관한 실증적 자료를 얻을 수 있기 때문에 성취도 평가를 중요하게 생각한다.

또한 학력 수준에 관한 국제 비교는 각국이 영위하는 공교육 체제의 성과를 확인하는 지표이면서, 나아가 장래 인적 자원의 질을 예측하는 자료가 된다는 점에서 여러 나라가 지대한 관심을 갖는 사항이기도 하다. 학업성취도 국제 비교자료인 TIMSS나 PISA에서 우리나라 학생들의 학업성취도가 높게 나오는 것에 한편으로는 안도하면서도, 자기 주도적 학습태세가 미흡한 것으로 나타나는 점에 대해서는 별도의 정책적 대응이 필요하다는 판단을 하는 것도 모두 그러한 평가 자료를 바탕으로 하는 것이다. 미국에서 여러 차례 이루어진 교육개혁 정책의 배경 역시 그와 같은 평가 자료에서 보여주는 자국 학생들의 학업수준에 대한 위기의식이 반영되어 있다고 할 수 있다.

우리나라에서 '국가 수준의 학업성취도 평가'를 실시한 기록은 1986년으로 거슬러 올라간다(교육과학기술부, 2008b). 그 해부터 1997년까지는 국립교육평가원 주관으로 학력평가를 실시하였으며, 1998년부터는 신설된 한국교육과정평가원이 주관하여 학력평가 혹은 학업성취도 평가를 전체 대상 학생의 0.5~5%에 해당하는 학생을 표집하여 실시하였다. 이후 2008년부터는 국어, 영어, 수학, 사회, 과학 과목을 대상으로 초등학교 6학년, 중학교 3학년, 고등학교 1학년 전체 학생에 대해 학업성취도 평가를 실시하고 있다. 전수로 시행된 2008년도의 학업성취도 평가에서, 문서로 표현된 평가의 목적은 다음 네 가지이다. 즉, "(a) 초·중·고 교육과정에 제시된 교육목표에 대한 학생의 학업성취 수준 및 변화 추이를 분석하여, (b) 학력 격차 해소, 교육과정 개정, 교수-학습 방법 개선 등 교육정책 수립의 기초자료로 활용하고, (c) 교과별·영역별 학습부진 학생을 파악하고 그들을 보충 지도함으로써 부진학생의 규모를 최소화하며, (d) 학교 간 선의의 학력 경쟁을 유도하여 학교교육의 질을 제고할 수 있는 기반을 마련한다."는 것이 평가의 목적이다. 이 표현 자체로만 보면 책무성이란 용어는 등장하지 않는다. 그러나 문맥의 의미로 보면, 교육목표의 달성 정도를 파악하고 후속 조처를 강구하며 학교교육의 질을 높이는 일이 교육적 책무의 핵심이기 때문에, 평가를 통해 그 책무성을 확보하겠다는 의지가 담긴 것으로 해석할 수 있다.

그러나 이 국가 수준의 학업성취도 평가에 대해서도 비판과 우려가 존재한다. 학생의 전반적인 성취수준을 파악하는 것이 목적이라면 표집평가를 통해서도 가능한데 전수평가를 하는 것은 그 효과에 비해 비용이 과다하다는 점, 획일적 평가기준에 의해 전국의 학교와 학생을 줄 세움으로써 학업경쟁을 과열시키고 다양하고 창의적인 학습을 소홀히 하게 만든다는 점, 공개된 학업성취도의 높낮이에 따라 학생 학부모의 선호가 편중됨으로써 교육격차를 더욱 심화시킬 수 있다는 점, 학생의 학업성취도에 영향을 주는 변인은 다양한데도 그 책임을 교원에게 돌림으로써 학교와 교원을 부당하게 통제하는 수단으로 악용될 수 있다는 점 등이 그러한 비판과 우려의 내용이다. 이 가운데에는 평가의 목적에 대한 의혹과 불신 때문에 제기되는 내용도 있기 때문에, 그를 해소하는 차원에서라도 평가주체는 평가의 실시와 후속 대책의 강구에 있어 설득력을 높이는 작업을 해야 할 필요가 있다.

책무성 확보 기제로 학업성취도 평가를 활용하고자 할 경우, 중요한 것은 성취도에 영향을 미치는 변인이 다양하기 때문에 각 변인의 영향력 정도를 정확하게 파악하고 난 다음에야 귀책 대상에 따라 귀책 정도에 합당한 책임을 묻는 절차를 확립할 수 있다. 억울한 희생과 우연한 행운은 책무성 확보기제를 왜곡한다. 책무성의 확보와 관련하여서는 특히, 특정 시점의 학업성취도를 지역, 학교, 학생 사이에서 평면적으로 비교하는 것은 의미가 없으며, 일정 기간의 성취도 변화 정도를 파악하고 그 변화의 배경을 귀책사유별로 시차를 감안하여 분별하는 작업을 하는 것이 중요하다. 그리고 성취도 격차의 원인이 무엇으로 밝혀지든 간에, 국가로서는 지역 간, 학교 간 교육여건의 균형적 발전을 도모할 책무가 있다는 점, 특히 학생이 다닐 학교를 학생의 거주지 인근에 배정하는 정책을 유지하는 한도에 있어서는 그러한 책무가 더욱 엄중하다는 점을 받아들여야 할 것이다.

나. 정보 공개

일반 국민과 학부모의 입장에서 학교가 어떤 상황에서 학생을 어떻게 가르치고 그 결과가 어떠했는지를 알기는 쉽지 않다. 이와 관련하여, 학교의 상황과 교육성과 등에 대한 정보를 학부모나 일반인에게 공개할 필요가 있다는 지적이 있어 왔다. 이 필요에 부응하여 2007년에는 "교육관련 기관의 정보공개에 관한 특례법"에 제정되었고, 이에 근거하여 학교·교육행정기관 및 교육연구기관이 학교교육과 관련하여 직무상 보유·관리하는 정보를 의무적으로 알리거나 제공하게 되었다. 이를 정보의 공시 혹은 공개라고 한다. 공시란 정보공개에 대한 열람·교부 및 청구와 관계없이 미리 정보통신망 등의 방법으로 적극적으로 알리는 것을 말하는 반면, 공개는 정보를 열람하게 하거나 그 사본·복제물을 교부하는 것까지를 포함하기 때문에 공시를 공개의 한 방법으로 본다.

정보공시의 목적은 교육관련 기관에게 그 기관이 보유·관리하는 정보의 공개 의무를 부과하여 국민의 알 권리를 보장하고, 학술 및 정책연구를 진흥하며, 학교교육에 대한 참여를 제고하고, 교육행정의 효율성 및 투명성을 높이는 데 있다. 또한, 학교교육의 현상을 정확히 파악하여 학교의 경쟁력을 강화하며, 책무성을 제고하고, 교육격차를 해소하려는 목적도 가지고 있다. 즉, 정보공시를 통해서 학생과 학부모에게는 알 권리 확보 및 학교 교육에 대한 참여 촉진이 가능하고, 학교에게는 교육의 책무성 제고 및 교육의 질 향상이 가능하다고 판단한 것이다.

공시 대상이 되는 정보의 내용은 학생과 교원의 개인정보에 해당하는 것을 제외하고 '학교 운영에 관한 정보의 거의 대부분'이 망라되어 있다고 볼 수 있다. 공시 항목을 학교교육의 투입, 과정, 산출 측면으로 구분하여 열거하면 다음과 같다.

투입 측면에서는 학급당 학생 수 등과 같은 학생 현황, 학교 용지 및 도서관 등과 같은 시설 현황, 교직원 현황, 재정 현황, 학교운영에 관한 제 규정 등이 공시 항목이다.

과정 측면에서는 학교 교육과정의 편성과 운영 및 수업과 평가에 관한 사항, '방과 후 교육' 활동 및 기타 교육활동에 관한 사항들이 공시 항목이다.

그리고 산출 측면의 공시 항목은 학교평가 결과나 수요자 만족도 등 학교의 전반적 성과, 학업성취도와 졸업생의 진로 등 학생의 성과, 기타 주요 성과 등으로 이루어져 있다.

학교장은 이들 정보를 정보통신망을 활용하여 공시하고, 학부모와 일반인은 그를 통해 학교의 정보에 접근하거나 지표를 중심으로 비교 정보 검색도 가능하다. 이 정보들을 통해 학부모나 일반인은 해당 학교의 전반적 교육 여건과 교육활동 및 교육성과를 파악할 수 있을 것이다. 결국 정보공시제도는 학교의 활동 정보를 일반인에게 공개함으로써 시장에 의한 통제를 가능하게 하고, 다른 한편으로는 학부모의 알 권리를 충족시킴으로써 실제 학부모의 교육선택권 행사에 기여하는 정책수단이 될 것이다.

정보공개와 관련하여서는, 국가수준 학업성취도 평가 결과를 공개하고, 나아가 최근에는 대학입학수학능력시험(수능)의 학생 성적 자료를 연구목적인 경우 연구자에게 공개할 수 있게 한 것이 특기할 점이다. 연구자들은 성취도와 수능 관련 자료를 분석하여 정책적, 학술적, 교육적으로 유의미한 연구결과를 창출하고, 정책당국은 그러한 연구 결과에 기초한 후속 대책들을 입안 시행할 것으로 기대되고 있다. 학업성취도 평가 결과를 공개하거나 수능자료의 심층 분석 결과를 언론매체나 심포지엄 등을 통해 외부에 발표하는 것 자체가 교육관련 기관의 책무성을 강화하는 기제로서 작용할 가능성이 높다. 요컨대, 정보공시를 포함한 정보공개는 교육관련 당사자들이 학교선택을 포함한 주요 교육적 결정을 내릴 때 정보에 기초하여 판단할 수 있도록 도와주고, 연구자에게는 풍부한 정보에 근거한 실증적 연구를 보다 원활하게 추진하도록 지원하며, 정책 입안자에게는 현실 적합성이 구비된 정책 방안을 수립하도록 촉진하는 계기가 될 것이다.

다. 장학

학교교육의 핵심은 교사의 수업활동이기 때문에 교육 책무성의 확보에서도 교사의 수업 전문성이 가장 중요하다고 볼 수 있다. 교사의 수업 전문성을 확인하는 방편으로 전술한 교원평가를 실시하거나 학업성취도 평가를 통해 간접적으로 교사의 능력을 추측하기도 한다. 그리고 나아가 그러한 평가가 교사의 전문성 제고를 위한 계기가 되기를 기대한다.

그러나 전술한 평가만으로 교사의 수업 전문성 향상을 기대하기 어려운 면이 있다. 평가가 전문성 향상의 계기가 되기 위해서는 교사가 그 평가 결과를 중요하게 받아들이고, 평가 결과 드러난 자신의 부족한 점을 어떻게 보완해야 하는지를 알며, 또한 스스로의 힘으로 자기 개선을 할 수 있어야 한다. 이 조건들 가운데 어느 하나라도 미흡하면 그만큼 평가의 효과를 기대하기 어려운 것이다. 그러므로 교사의 수업 전문성 향상을 직접 겨냥하는 별도의 활동이 요구되는데, 장학이 바로 그것이다.

장학의 개념을 하나로 정의하기는 어려우며, 논자와 강조점에 따라 내포하는 의미는 다양하다. 장학의 개념에 대한 다양한 정의방식을 종합적으로 검토한 견해에 따르면, 거의 모든 정의가 장학의 궁극적 목적을 수업의 개선에 두고 있다는 점을 알 수 있다(Wiles & Bondi, 1980: 8-11; 김종철, 1982: 235-238; 이종재, 1984: 19-43). 이처럼 장학의 개념을 '교사의 수업 개선 혹은 수업 전문성 향상을 목적으로 교사에게 제공되는 지도와 조언 활동'으로 본다고 하더라도, 그러한 활동을 어떤 방식으로 수행하는가 하는 점에서는 강조점을 달리할 수 있다. 장학의 유형과 관련하여 그간 혼란스러울 정도로 많은 개념이 유행처럼 명멸한 배경에는, 저자가 판단하기에, 수업 개선에 효과가 있을 것으로 판단되는 장학방식의 특징에 해당하는 수식어를 장학 앞에 붙여 그것이 마치 새로운 장학유형인 것처럼 제안하려 했던 학계의 관행이 깔려 있다. 예를 들면, 장학담당자와 교사 사이의 민주적 · 인간적 관계와 상호조력이 효과적이라고 판단하는 논자는, 그 이전까지의 장학을 "관리장학"으로 명명하면서 "협동장학"을 제안하는 것과 같은 식이다.

이러한 개념의 고안과 분화는 계속 이어진다. 장학담당자의 역할로서 교육과정 개발과 교수학습 과정에 대한 분석이 중요하다고 하면 "수업장학"이란 개념이 등장하고, 교사를 성장의 과정에 있는 독립된 인격체로 보고 성장 단계에 맞는 지원활동이 중요하다고 판단하면 "발달장학"이라는 개념이 등장하며, 다양성과 자율성을 특징으로 하는 시대 상황에 맞게 장학 대상자인 교사가 자신에게 합당한 장학 방식을 선택하게 해야 한다면 곧 "선택장학"이라는 개념이 등장한다. 장학담당자와 교사가 사전에 수업계획에 대해 충분히 협의하고 수업을 관찰하면서 수업활동에서 부족한 점을 치유하는 것이 중요하다면, 마치 의사가 환자의 질병을 치료하는 것처럼, "임상장학"을 통해 수업 개선을 도모할 수 있다고 보았다. 최근에는 장학 대상자의 요청에 따라 장학 담당자가 계약에 의해 독립적이고 객관적인 위치에서 전문적·기술적 조언을 하는 행위로 장학을 이해하면서, 그 과정상의 특성이 기업의 경영활동에 대한 컨설팅과 유사하다는 점에 착안하여, "컨설팅장학"이란 개념이 나타나기도 하였다. 그 외에도 약식장학, 자기장학, 동료장학, 요청장학, 종합장학 등 개념의 분화와 그에 따른 혼란은 여전하다.

이러한 현상에 대한 반성으로, 장학의 개념을 자꾸만 분화시킬 것이 아니라 장학과 장학 아닌 것 사이의 구분을 통해 장학의 본질을 재정립해야 한다는 지적이 나타났다. 장학이 교사의 수업개선을 목적으로 한다 할지라도 그 실천 방식이 교육행위에 근접한 조력이어야만 참다운 장학이라 할 수 있고, 그 방식에서 벗어나면 행정 일반의 범주에 포함되는 것이란 견해(허병기, 1998: 153-203)가 이에 해당한다. 그러나 이 견해의 난점은 '근접'이라는 개념이 모호하고 기존의 수업장학이란 개념과 어떤 차이가 있는지 명확하지 않다는 점이다. 이러한 난점을 극복하기 위하여, 본 논의에서는 '교사의 수업 개선을 교육적으로 조력하는 것'을 장학의 개념으로 본다. 이러한 개념 규정은 조력의 방식을 한정한다는 점에서 여하한 방식으로든 수업개선을 목적으로 하는 수업장학과 구별되며, 근접이라는 용어로 유사 장학활동까지 장학에 포함시키는 앞의 난점을 극복하는 대안이 된다. 말하자면 장학의 핵심은 교사의 수업을 교육적으로 돕는 중층적 교육활동이다. 이런 의미에서 본다면, 교육이라는 개념의 규범적 조건을 충족시키는 장학이야말로 학교와 교사의 교육 책무성을 실질적으로 제고할 수 있는 가장 유력한 기제라고 할 수 있다.

라. 감사

학교나 교육행정기관 및 그 소속 구성원 등 공적 영역에서 활동하는 기관이나 그 구성원에 대해 공적 책무의 이행 상황을 점검하는 기제로서 감사가 있다. 감사를 다른 한편에서는 감찰, 검사, 평가 등 다양한 용어로 부르기도 하지만, 그 본질은 공공기관과 그 구성원의 직무를 대상으로 하여 위법·부당함이 있는지를 감시하는 데에 있다. 여기서 위법성이라는 것은 합법성의 관점에서, 그리고 부당성이라는 것은 경제성이나 타당성의 관점에서 그 적부를 평가하는 것을 말한다. 감사의 의의는 행정기관이 행한 행정행위 등의 행정작용 및 이를 기초로 행한 실행행위 및 그 결과를 일정 기준에 따라 살펴보고 개선점이 있다면 이를 지적하고 행정기관이 스스로 다음의 기획 및 실행 행위에 환류(feedback)되도록 유도하는 데에 있다.

교육 책무성을 확보하거나 제고하기 위해 이루어지는 감사는, 학교-교육청-교육부 등의 행정계통에서 이루어지는 감사뿐만 아니라 감사원의 감사, 국회의 국정감사 등 중층적인 구조 하에서 이루어지도록 설계되어 있다. 감사를 통해 기대하는 바는 교육 관련 기관의 적법성과 타당성을 유지하게 함으로써 교육 책무성을 확보하고, 궁극적으로는 국민의 교육에 관한 권리를 보호하고 침해된 권익을 구제하는 것이다.

그러나 감사의 실제에 있어서는, 위법성 여부에 대한 점검에 비해 부당성 여부에 대한 점검은 활성화되어 있지 못하다는 한계를 지닌다. 이러한 한계가 나타나는 까닭은, 위법성 여부는 정해진 법 규범이 감사의 기준이 되므로 점검하기가 용이하고 그 감사 결과에 대한 이의제기가 적은 반면, 부당성 여부는 무엇이 타당하고 효율적인 것인지에 대해 기준을 정하기가 용이하지 않고 따라서 감사 결과에 대한 이의제기가 많이 예상되어, 감사 기관이 위법성 여부의 점검에 치중하기 때문이다.

마. 컨설팅

교육(행정)기관의 책무성을 제고하기 위한 방편으로 컨설팅이 활용될 수 있다. 컨설팅은 기업경영 분야에서 등장한 개념으로, 기업의 실태를 진단하고, 문제점을 확인하며, 해결책을 제시하는 전문 기술적 조력활동이라고 할 수 있다. 이러한 조력활동을 학교나 교육행정기관에 적용하여, 학교 컨설팅 혹은 교육청 컨설팅 등의 이름으로 실행하게 된 것이다.

우리나라에서 학교 컨설팅이라는 개념이 보다 널리 쓰이게 된 계기는 한국교육개발원(이하 '개발원'이라 한다)이 국가수준의 학교평가 업무를 수행하면서, 그 평가의 일환으로 컨설팅 활동을 추가한 데서 기인한다. 당시 개발원에서는 학교를 평가하는 것만으로 끝날 것이 아니라, 평가결과를 바탕으로 평가 대상 학교의 발전에 필요한 전문적인 조언을 할 필요가 있다고 판단하였다. 개발원에서는 학교 컨설팅을 '학교의 요청에 따라 전문가들이 학교운영 책임자와 계약을 맺고 독립적·객관적 태도로 학교의 교육활동과 교육지원활동에 대해 도움을 제공하는 활동'으로 정의하고(김정원 외, 2001), 컨설팅 업무를 수행하였다.

이후, 학교 컨설팅에 대한 보다 전문적인 연구들이 등장하면서, 학교 컨설팅은 학교교육을 개선하기 위하여 일정한 전문성을 갖춘 사람들이 학교와 학교 구성원의 요청에 따라 제공하는 독립적인 자문활동으로서, 학교 경영과 교육의 제반 영역에 대해 전문적·기술적 조언과 지원을 제공하는 일로 자리 잡았다. 학교 컨설팅 활동의 준거가 되는 원리는 흔히 다음 여섯 가지로 제시된다(진동섭, 2003).

① 조언과 지원을 제공하는 사람들(컨설턴트)의 능력에 관한 전문성의 원리
② 컨설턴트와 의뢰인의 관계에 관한 독립성의 원리
③ 컨설팅 활동의 한계에 관한 자문성의 원리
④ 의뢰한 문제의 해결로 컨설팅 관계가 종료된다는 일시성의 원리
⑤ 컨설팅 과정이 의뢰인에게는 학습의 과정이 된다는 교육성의 원리
⑥ 컨설팅 관계의 성립은 상호 자발적 계약에 의한다는 자발성의 원리 등이 그것이다.

 컨설팅이 책무성을 확보하기 위한 앞의 여러 기제와 구분되는 점은, 컨설팅은

오직 의뢰인(책무 이행자)의 자발성과 내면적 자기 개선 의지를 필수적 전제 조건으로 한다는 데에 있다. 그러므로 컨설팅은, 그 전제 조건의 구비 여부에 따라, 책무성의 확보가 가장 잘 이루어질 수도 있지만 거꾸로 전혀 이루어지지 않을 수도 있는, 장·단점을 동시에 갖는다.

3. 교육 책무성의 발전 과제

교육기관이나 교육행정기관 및 그 기관의 종사자, 나아가 교육관련 당사자 모두로 하여금 자기 역할을 충실히 수행하게 함으로써 교육발전을 위해 기여하게 하는 것은 교육행정의 주요 관심사이다. 그간 교육행정 분야에서는 일반 국민이나 학부모의 교육에 관한 책무에 대해서는 거의 관심을 기울이지 못했으며, '수요자 중심 교육'론에 편승하여 학교와 교사의 책무를 강화하는 행정적 조처들을 강구하는 데에 힘을 기울여 왔다. 학교를 평가하고, 학교의 실상에 관한 정보를 수집·공개하며, 학교의 운영과 관련하여 위법 부당한 사례가 없는지 감사하고, 학교와 교사의 활동에 대해 장학이나 컨설팅 활동을 제공하는 일 등은 모두 학교와 교사의 책무를 강화하려는 시도들이다.

그러나 교육관련 당사자의 책무를 확인하고 그 책무성을 제고하는 일이 교육행정의 핵심적 활동이라고 할 수는 있지만, 그간에는 책무의 이행 주체가 누구이며, 어디까지 무슨 책무를 지는지, 그렇게 책무를 지게 하는 것이 합당한지 등의 문제에 대해 명확하고 충분한 논의가 이루어졌다고 보기는 어렵다. 이에 이 절에서는 책무성에 관한 연구와 실천면에서 향후 발전이 이루어져야 할 과제가 무엇인지를 몇 가지로 구분하여 간략히 제시한다.

첫째, 책무의 이행 주체가 누구이고 그 책임의 범위가 어디까지인지에 대한 명료화 작업이 책무의 이행을 요구하는 조처에 선행되어야 한다. 오늘날 우리사회의 교육, 특히 학교교육의 모습이 현재와 같은 양상으로 전개된 데에는 수많은 요인이 복합적으로 작용하였으며, 그 연원도 뿌리 깊다. 이 상황을 그대로 두고 특정 교육관련 당사자에게 책임을 묻는다고 가정하면, 그가 자신의 책임을 과연 어디까지 인정할 것인지 예상하기 어렵다. 속된 표현으로 '잘되면 제 탓이고 안 되면 조상

탓'이라고 할 가능성이 높고, 또 '모두가 내 탓이오'라는 식의 반응도 있을 수 있다. 어느 경우이든 책무의 이행에 관한 합당한 태도라고 볼 수는 없다. 공과(功過)에 상응하는 포폄(褒貶)이 책무의 핵심 요소이기 때문이다. 예를 들면, 학습결손 상태로 중학교에 진학한 학생의 교육에 대해 누가 책임을 지는가? 생각해 보면 그 책임은 학생, 초등학교 교사, 중학교 교사, 학생의 학부모, 교육행정기관의 정책입안자 모두에게 있을 수 있고, 나아가 교사의 개별지도가 가능하도록 충분히 교육재정을 확보해주지 못한 국민 모두에게 책임의 일단이 있다고도 볼 수 있다. 모든 것에 책임을 돌릴 여지가 있고, 그 책임의 범위를 분명하게 하는 것도 사실상 불가능하기 때문에, 책무를 요구하는 일이 허망한 일이라는 주장이 아니다. 오히려 그럴수록, 누가 무슨 일에 대해 어디까지 책임질 것인지 하는 점을 '책무 요구자'와 '책무 이행자'가 충분히 협의하고 동의하는 절차가 필요하다는 점을 강조하는 것이다. 책임을 묻는 것은 그 다음이다.

둘째, '외향적 책무성' 확보 기제의 활용을 통해 '내향적 책무성'에 대한 인식이 유발될 수 있도록 하는 방법이 무엇인지에 대한 연구가 더욱 축적될 필요가 있다. 흔히 책무를 확보한다거나 책무성을 제고한다고 하면 '책무 요구자'가 '책무 이행자'에게 어떤 힘을 행사하는 관계에 있는 것으로 이해하기 쉽다. 물론 이것은 책무에 관한 전형적인 관계이다. 그런데 책무 요구자가 책무 이행자의 밖에 있는, 이 외향적 책무성은 책무 이행자의 내면적 책무성 자각으로 연결될 때에야 보다 완전한 책무성으로 이행된다. 그러나 현실에 있어서는, 외향적 책무성 확보 기제가 어떤 경우에 내향적 책무성 촉발로 이어지는지를 알려주는 연구는 별로 없는 상태에서, 막연히 그러한 기대만을 갖고 외향적 책무성 확보 기제를 동원하는 경우가 대부분이다. 그간 교사의 책무성 제고를 겨냥하면서 이루어진, 정부 주도의 각종 교육개혁 정책들이 정작 당사자인 교사들의 동의를 얻지 못하고 학교 현장에서 별 효과를 내지 못한 채 유행처럼 명멸한 것을 알면서도, 비슷한 시행착오를 계속하는 까닭은 무엇인가? 정책 당국자의 조급증에도 원인이 있지만, 어떤 조건에서 그러한 정책들이 내면적 책무의 자각으로 연결되는지에 대한 연구가 부족한 때문이기도 하다.

셋째, 책무성 확보 기제 사이의 중복을 피하고 '상호 보완성'을 극대화할 필요가 있다. 앞 절에서 검토한 책무성의 여러 기제들은 각각 그 나름의 장·단점 및 채택하기에 유리한 상황을 갖고 있다. 또한 어떤 기제들은 그 기능이 중복되는 면이 있어, 동시에 채택될 때 책무 확인 업무의 비효율과 책무 이행자의 부담 가중이라는 불필요한 결과를 초래한다. 예를 들면, 평가 대상이 되는 모든 일이 다 감사 대상이 된다고 볼 수는 없지만, 감사 과정에서 평가가 요구되고, 평가가 이미 공개된 정보를 바탕으로 이루어질 수도 있는 것이다. 그리고 컨설팅은 '책무 이행자'에게 자기 개선의 의지가 있을 때에야 효과적인 책무성 제고 수단이 된다. 또한, 감사는 책무를 확인하는 가장 강력한 외부적 강제 수단이지만, 대상 기관의 저항이나 회피 심리가 가장 많이 예견되는 수단이기도 하다. 결국, 중요한 점은 책무성 확보 기제 사이의 상호보완성을 행정의 실제에서 여하히 극대화할 것인가 하는 점이다. 이를 돕는 연구와 실천적 지혜들이 축적되기를 기대한다.

넷째, '책무성의 그늘'을 유념할 필요가 있다. 책무성 확보는 중요하지만 어떤 방법으로 확보하려 하는가에 따라 그 효과는 천양지차이다. '책무 이행자'가 동의하기 힘든 일방적 기준을 책무 요구자가 정하고, 그 기준에 따라 획일적으로 성과를 판단하며, 그 판단 결과를 토대로 행·재정적 보상과 제재를 전가(傳家)의 보도(寶刀)처럼 휘두르는 방식을 통해서는 결코 교육의 발전도 책무성의 확보도 이루어질 수 없다. 우수학교 표창과 '문제 학교' 폐쇄, 우수교원 상여금 지급과 문제교원 파면 등 다양한 수위의 보상과 제재 수단 사이에서 공과에 상응하는 조치가 강구될 것이다. 그러나 그 전에 공과의 점검과 판단이 공정해야 한다. 성과의 점검과 판단이 일단 왜곡되면, 그 판단에 기초한 조치란 아무리 비례성(比例性)과 상응성(相應性)을 맞추더라도 의미가 없기 때문이다. 그래서 바른 판단이 중요하다. 그러나 바른 판단 이전에 판단의 기준을 합당하게 세워야 한다. 그 기준이 일단 부당하면, 그러한 기준에 기초한 판단이란 아무리 정교하고 세밀하더라도 의미가 없기 때문이다. 그래서 판단의 기준을 책무 이행자의 역할에 맞게 세우는 것이 중요하다. 결국 책무를 확보하는 올바른 절차 혹은 단계는 다음과 같다; ① 책무 이행자의 역할에 맞는 합당한 기준의 설정, ② 그 기준에 토대를 둔 성과의 점검과 올바른 판단, ③ 판단 결과에 비추어 비례성과 상응성을 갖춘 보상과 제재가 그것이다. 매 단계가 충실하지 못하거나 단계별 연계가 부실할 경우 '책무성의 그늘'이 발생한다. 이 그늘을 방치하면서 책무 확보에 매달리는 것은 교육발전을 오히려 저해한다. 화급한 상황을 핑계로 수레를 말 앞에 묶어놓을 수는 없는 일이다.

다섯째, 수치화된 성과 평가 기반의 책무성 접근 방식을 경계할 필요가 있다. 최근 책무성이 교육에서 중요한 논제로 자리 잡으면서, 교육기관의 성과를 평가하는 방법으로 수치화된 데이터 중심의 분석이 널리 사용되고 있다. 이러한 접근은 학교의 성과를 수량화하고 비교할 수 있는 유용한 도구를 제공하지만, 학교 조직 자체의 복잡하고 다면적인 역할을 협소하게 만들 위험이 있다. 디지털화된 성과 평가에 지나치게 의존하는 것은 학교가 수행해야 할 광범위한 책임을 단순화하고, 그 본래의 역할을 충분히 반영하지 못하는 문제를 초래할 수 있는 것이다. 학교 조직은 단순히 성적 향상이나 취업률 증가와 같은 수치적 목표를 달성하는 것을 넘어서는 복잡한 사회적, 교육적 기능을 수행한다. 예를 들어, 학교는 학생들의 전인적 발달을 지원하고, 안전하고 포용적인 학습 환경을 제공하며, 지역사회와의 관계를 강화하는 데 중요한 역할을 한다. 하지만, 수량화된 성과 지표는 이러한 복잡하고 다면적인 역할을 충분히 포착하지 못할 수 있다. 수치적 지표에 초점을 맞추는 것은 학교가 수행해야 할 광범위한 교육적, 사회적 책임을 간과하게 만들 수 있는 것이다. 학교 조직의 성과를 평가할 때, 디지털화된 지표는 단지 하나의 도구일 뿐, 그것이 학교의 모든 역할을 대변할 수는 없다. 따라서, 학교의 책무성을 평가하는 데 있어서는 보다 포괄적인 접근이 필요하다. 예를 들어, 질적 평가를 도입하여 학교가 제공하는 교육의 질, 학생들의 복지, 교사들의 전문성 개발, 그리고 지역사회와의 협력 등을 평가할 수 있는 방법을 모색해야 한다. 또한 정책 결정자들은 학교의 성과를 평가하는 데 있어 수치화된 지표의 한계를 인식해야 하고, 학교 관리자들도 수치적 성과에 대한 지나친 의존을 피해야 한다.

4. 고등교육 책무성 기제에 대한 성찰과 향후 과제

한국의 고등교육은 정부의 적극적인 개입을 통해 책무성을 강화하려는 여러 정책적 접근을 경험해왔다. 이 절에서는 정부 주도의 규제 중심의 정책수단과 대학 간 경쟁을 통한 효율성 접근이 고등교육의 책무성에 어떻게 영향을 미쳤는지 분석하고, 이를 바탕으로 향후 고등교육의 책무성을 제고하기 위한 과제를 제시한다.

가. 한국의 고등교육 책무성 기제

한국 고등교육 정책에서 두드러진 책무성 접근 방식 중 하나는 정부 주도의 규제 정책수단을 통한 개입이다. 이와 같은 정책수단의 대표적인 예로는 2013년부터 시작된 대학구조개혁 평가가 있다. 대학구조개혁 평가는 박근혜 정부 시기에 도입되어, 학령인구 감소와 글로벌 경쟁에 대응하기 위한 방편으로서 10년간 3단계로 추진되었다. 정부는 이 평가를 통해 대학의 재정 상태, 졸업생 취업률, 교육과정 등을 평가하고, 그 결과에 따라 정부의 재정지원 중단, 학생 수 감축 등의 강력한 조치를 취했다. 이러한 조치는 대학들이 경쟁력을 유지하고, 자원의 효율적 배분을 통해 고등교육의 질을 제고하기 위한 목적이었다.

대학구조개혁 평가는 일부 대학이 평가 기준을 충족하지 못해 재정적 어려움을 겪게 만들었고, 경우에 따라 학생 수를 감축하거나 운영을 중단하게 만들었다. 그러나 정책 시행 10년 동안 구조조정으로 학생 수 감축은 미미한 수준에 머물렀다. 이는 정부가 설정한 규제 중심의 정책수단이 기대했던 만큼의 효과를 발휘하지 못했음을 보여준다.

다른 한편으로, 한국의 고등교육 정책은 대학 간의 경쟁을 통해 자원을 효율적으로 배분하고, 고등교육의 책무성을 강화하려는 접근을 채택해왔다. 이러한 접근은 주로 정부의 재정지원 프로그램을 통해 추진되었다. 교육부의 효율성 중심의 접근은 대학들이 경쟁을 통해 성과를 높이고, 자원을 보다 효율적으로 사용할 수 있을 것으로 기대되었다. 하지만, 효율성 중심의 책무성 접근은 자원이 풍부한 대학에게 더 많은 지원이 집중되는 반면, 자원이 부족한 중소형 대학이나 지방 사립대학들은 상대적으로 지원을 받지 못해 교육과 연구 환경이 열악해지는 결과를 초래했다. 특히 문재인 정부 시기에 별다른 책무성 요구없이 국립대학에 과도하게 많은 재원이 투입되면서, 특정 대학에 자원이 지나치게 집중되는 현상이 발생하였고, 이는 고등교육의 불균형을 심화시켰을 뿐만 아니라 국립대학의 책무성 강화에 별반 도움이 되지 않는 결과를 가져왔다.

나. 지자체-대학 협력을 통한 새로운 책무성 기제

최근 고등교육 시스템은 지역사회와의 협력과 상생을 통해 책무성을 강화하고, 교육과 지역발전의 선순환 구조를 구축하는 데 중점을 두고 있다. 이를 위한 대표적인 사례로는 '지자체-대학 협력기반 지역혁신(Regional Innovation System: RIS)' 사업과 '지역혁신중심 대학지원체계 구축(Regional Innovation System & Education: RISE)' 시스템이 있다.

RIS는 주로 비수도권 지역을 대상으로 하는 사업으로, 지자체, 대학, 지역혁신 기관들이 협력 플랫폼을 구축하여 지역의 특성에 맞는 혁신 모델을 자율적으로 개발하고 운영하는 것을 지원한다. 2020년에 시작된 이 사업은 지역인재를 양성하고, 이들이 지역사회에 정착하여 지역 발전을 이끌 수 있도록 지원하는 것을 목표로 한다. RIS는 지역의 강점을 살린 산업을 핵심 분야로 지정하고, 이에 맞는 교육과정을 통해 '지역 산업 맞춤형 인재'를 양성한다. 또한, 지자체와 대학, 기업 등이 '지역 혁신 플랫폼'을 구축하여 협력하고, 인재 양성에서 취·창업, 그리고 정주에 이르는 선순환 구조를 만들어 지역 발전을 촉진한다. 예를 들어, 광주·전남 지역은 고등교육혁신특화지역으로 지정되어 규제 특례를 적용받으며, 지역의 중·장기 발전 목표에 부합하는 핵심 분야와 연계된 교육 체계를 운영하고 있다.

반면에 RISE는 교육부가 주도하는 시스템으로, 주요 대학 재정지원 사업을 지자체로 이양하여 수도권을 포함한 모든 지역에서 고등교육의 역할을 확장하고, 지역사회와의 밀접한 연계를 도모하는 것을 목표로 한다. RISE는 2025년까지 주요 대학재정지원 사업의 이양을 목표로 하며, 이를 통해 모든 지역이 독자적으로 고등교육을 강화하고 지역혁신을 주도할 수 있는 체계를 마련하려고 한다. RISE는 단순한 재정지원 사업이 아니라, 지역의 특성에 맞는 고등교육 혁신과 지역사회 발전을 위한 종합적인 지원 체계를 구축하는 것을 목표로 한다. 이를 통해, 수도권뿐만 아니라 모든 지역에서 대학이 지역혁신의 중심에 서고, 지역사회의 발전과 상생을 도모할 수 있는 기반을 마련하게 된다.

RIS와 RISE는 고등교육의 책무성을 확보하고, 지역사회와의 상생을 도모하는 중요한 기제로 작용한다. 그러나, 이들 기제가 성공적으로 운영되기 위해서는 몇 가지 중요한 요소들이 필요하다.

첫째, 지자체와 대학 간의 관계는 단순한 행정적 협력에서 벗어나 진정한 파트너십으로 발전해야 한다. 이는 지자체가 혁신의 주체가 되고, 대학이 혁신의 대상이 되는 전통적인 역할 분담을 넘어, 양측이 상호 보완적인 역할을 수행하는 것을 의미한다.

둘째, 지역사회와의 협력이 효과적으로 이루어지기 위해서는 다양한 지역 혁신 주체들 간의 긴밀한 협력이 필요하다. 이는 지자체, 대학, 기업, 연구소, 지역사회 단체 등이 공동으로 지역 혁신 플랫폼을 구축하고, 이를 통해 지역의 특성과 필요에 맞는 혁신 모델을 개발하고 운영하는 것을 포함한다.

셋째, 이러한 협력의 과정에서 투명성과 책임성이 보장되어야 한다. 지자체와 대학 간의 협의체를 구성하고, 협의 과정과 결과를 투명하게 공개함으로써, 모든 당사자가 책임 있는 참여를 할 수 있도록 하는 것이 중요하다.

결론적으로, 고등교육의 책무성은 단순히 정부의 규제 정책이나 효율성 중심의 접근만으로 확보될 수 없다. 지역사회와 대학 간의 협력을 통한 RIS와 RISE와 같은 새로운 협력 모델은 교육의 책무성을 강화하고, 지역 발전과 교육의 상생을 도모하는 중요한 역할을 한다. 이러한 협력 모델이 성공적으로 운영되기 위해서는 지자체와 대학 간의 파트너십, 다양한 지역 혁신 주체들 간의 협력, 그리고 협력 과정에서의 투명성과 책임성이 필수적이다.

참고문헌

교육과학기술부(2008a). 2009년 시 · 도교육청 평가 기본계획.

교육과학기술부(2008b). 2008년 초 · 중 · 고 학생대상 국가수준 기초학력 진단 및 학업성취도평가 기본 계획.

김규태(2001). 교육적 책무성의 개념적 구조. 교육행정학연구, 19(2). 287-308.

김성식 외(2009). 학교평가 성과분석 및 개선 방안 연구. 한국교육개발원.

김순남 외(2009). 기초학력 책임지도 책무성 평가 지표 개발 연구. 한국교육개발원.

김영철(2004). 초 · 중등학교의 책무성. 한국교육의 책무성에 대한 반성과 과제 (제32차 한국교육행정학회 연차학술대회 자료집). 137-158.
김정민 외(2009). 교육책무성 제고를 위한 학교 평가 및 지원 전략 연구. 한국교육개발원.
김정원 외(2001). 학교 교육개혁 지원을 위한 학교 컨설팅 사업(II). 한국교육개발원.
김종철(1982). 교육행정의 이론과 실제. 서울: 교육과학사.
김환식(2010). 한국의 학교 책무성 정책의 현황과 과제. 학교책무성 정책과 학업성취 데이터의 활용 (한국교육개발원 연구보고서 RRM 2010-03). 41-69.
김희대(1998). 교육의 책무성에 관한 연구. 지방교육경영, 3(1). 37-57.
송경오(2007). 미국 No Child Left Behind(NCLB) 교육개혁을 보는 시각과 전망. 교육행정학연구, 25(4). 509-533.
신현석(2005). 교육인적자원부의 책무성: 개념구조의 설계에 따른 제고방안의 탐색. 교육행정학연구, 23(1). 439~459.
오세희 · 최성두(2008). 교육정보 공시제도의 합리적 운영방안 모색. 한국행정학회 2008년도 하계학술대회 발표논문집(5). 59-84.
양성관(2009). 학업성취도 평가를 통한 교육책무성 시스템: 텍사스 주 사례를 중심으로. 한국교육개발원 교육기관평가연구 포럼 발표원고.
이숙종 외(2007). 시민단체의 책무성과 정부의 역할에 관한 연구. 한국행정학회 학술대회 발표논문집. 79-105.
이종재(1984). 장학의 개념과 체제에 관한 소고. 교육행정학연구, 2(1). 19-43.
이종재(2004). 교원평가의 방향과 과제: 교사평가 어떻게 할 것인가, 2004년도 한국교육학회 춘계학술대회 논문집. 3-20.
이차영(2010). 학교교육의 책무성에 대한 개념적 명료화와 발전과제. 교육연구, 18(3). 33-69.
임연기(2008). 교원평가 정책의 쟁점과 과제. 한국교육, 35(3). 195-216.
장상호(2021). 교육학의 재건. 파주: 교육과학사.
조석희 외(2006). 학교 책무성 강화를 위한 학교평가 체제개발연구. 한국교육개발원.
진동섭(2003). 학교 컨설팅. 서울: 학지사.
허병기(1998). 교육의 가치와 실천. 서울: 교육과학사.

Abott(2008). A Functionality framework for educational organizations: Achieving accountability at scale. In Ellen B. Mandinach & Margaret Honey (eds.), *Data-Driven School Improvement.* Teachers College, Columbia University.
Ablin, J. L. (2008). Learning as problem design versus problem solving: Making the connection between cognitive neuroscience research and educational practice. *Mind, Brain, and Education*, 2(2). 52-54.
Adams, J. & Kirst, M. (1999). New demands and concepts for educational accountability: Striving for results in an era of excellence. In J. Murphy & K. Louis (eds.), *Handbook of Research on Educational Administration (2nd ed.),* San Francisco: Jossey-Bass. 463-489.
Alkin, M. C. (1973). Theoretical framework for the analysis of curriculum and instructional

reform. *International Review of Education,* 19(2). 195-207.

Darling-Hammond, L. (1988). Accountability and Teacher Professionalism. *American Educator,* 12(4), 38-43.

Elmore, R.(2002). Unwarranted Intrusion. *Education Next.* Spring 2002.

Fischer, K. W. (2009). Building a scientific groundwork for learning and teaching. *Mind, Brain, and Education*, 3(1). 2-15.

Garn, G. (2001). Moving from bureaucratic to market accountability: The problem of imperfect information. *Educational Administration Quarterly,* 37(4). 571-599.

Glatter, R. (2002). "Governance, autonomy and accountability in education" in T. C. Bush and L. A. Bell (eds.), *The Principles and Practice of Educational Management.* London: Paul Chapman Publishing.

Hackman, D. A. & Farah, M. J. (2009). Socioeconomic status of the developing brain. *Trends in Cognitive Sciences*, 13(2). 65-73.

Halstead, M. (1994). Accountability and values. In David Scott (ed.), *Accountability and Control in Educational Setting*. London: Cassell.

McLaughlin, M. W.(1987). Learning from experience: Lessons from policy implementation. *Educational Evaluation and Policy Analysis,* 9(2). 171-178.

Neave, G. (1985). Accountability in education. In Torsten Husen and T. Neville Postlethwaith (eds.), *The International Encyclopedia of Education. Vol. 1*. New York: Pergamon Press.

Posner, M. I. (2008). *Evolution and Development of Self-regulation*. 77th Arthur Lecture on Human Brain Evolution, New York: American Museum of Natural History.

Rallis, S. & MacMullen, M. (2000). Inquiry-minded schools: Opening doors for accountability. *Phi Delta Kappan,* 81(10). 766-773.

Rotherham, A. J. & Willingham, D. (2009). 21st century skills: The challenges ahead. *Educational Leadership*, 67(1). 16-21.

Wayman, J. C., Conoly, K., Gasko, J. & Stringfield, S.(2008). Supporting equity inquiry with student data computer systems. in Ellen B. Mandinach & Margaret Honey (eds), *Data-Driven School Improvement*. Teachers College, Columbia University.

Wiles J. & Bondi, J. (1980). *Supervision: A Guide to Practice*. Ohio: Charles E. Merrill Publishing.

CHAPTER

20 한국교육행정의 과제

교육의 본질은 사회적으로 구성된다. 인간의 성장과 발달을 도모하는 활동이라는 교육의 본질은 변하지 않을지라도 그것의 양태는 시대와 상황에 따라 달라진다. 지난 이십여 년 사이에 학생과 교사, 그리고 학교 구성원 면에서 상당한 변화가 일어났다. 구성원 각각이 바뀌었고, 그들이 맺는 관계가 달라졌다. 또, 그 시기 동안 자치와 분권, 학교혁신, 대학 자율성 등 교육을 바꾸기 위하여 부단히 노력해 왔다. 이 과정에서 일정하게 성취를 만들어내기도 했고, 새로운 도전 과제에 직면하고 있다. 아울러, 교육세계 바깥에서도 새로운 흐름이 감지된다. 과거에 교육이 사회와 맺어온 방식과는 다른 관계를 형성하도록 요구받고 있다. 이 장에서는 다음과 같은 내용을 다룬다.

- 새로운 상황
- 교육행정의 과제

1. 새로운 상황

가. 교육세계 밖의 변화

1) 뉴노멀과 수축사회로의 진입

한국은 1990년대를 기점으로 하여 팽창사회에서 수축사회로 급변하고 있다(홍성국, 2018; 2023). 팽창사회에서는 인구가 늘고 소득이 증대된다. 국가의 경제 규모가 확대되며 사람들의 삶의 질은 날로 향상된다. 비록 개인 간, 집단 간 불평등이 존재하더라도 총량이 증가하기 때문에 나의 몫 역시 늘어나게 되고, 따라서 자원 배분과 (불)평등 문제를 둘러싼 갈등이 아주 심각한 수준으로 발전하지는 않는다. 그러나, 수축사회로 접어들면 인구가 줄고 소득 수준이 낮아지는 사람들이 나타나기 시작한다. 국가의 경제 규모가 축소되고 사람들의 삶의 질이 전반적으로 후퇴한다. 수축사회에서는 각자가 기존에 확보한 이익을 잃어버리지 않기 위한 갈등과 투쟁이 심화한다.

수축사회로의 변화를 초래하는 요인 중 하나가 저성장이 일상화하는 뉴노멀(new normal)이다. 한국의 경제성장률은 한때 10%를 넘어서기도 했고, 1990년대까지 꾸준히 5~8% 수준을 유지해왔지만, 2010년대 들어 2~3% 수준으로 떨어지고, 지속적으로 하향하는 현상이 나타난다. 이제는 2% 성장도 반갑게 맞아야 하는 수준의 새로운 정상이 형성된 것이다. 저성장 국면에서 불평등이 심화하고 집단 간 갈등 수준이 높아진다.

수축사회로의 변화를 확연하게 느낄 수 있는 사회 부문이 바로 교육이다. 해방 이후부터 한 동안 하나의 교실을 세 개 또는 네 개의 학생집단이 시간을 달리하여 활용하는 3부제 또는 4부제 수업은 학생 수 급증을 상징하였다. 사실 1990년대 중반까지만 해도 초·중등교육정책의 상당 부분은 학교를 짓고 교사를 확보하는 일과 관련되었다. 또, 대학 역시 급격히 늘어나서 과거의 엘리트주의적 대학교육은 이미 오래 전 일이 되어버렸고, 1990년대 중반이 되면 보편고등교육(universal higher education) 시대에 진입하고, 2000년대 들어 세계 최초로 만민고등교육(김기석, 2008) 시대를 열었다. 그런데, 지금은 학생 수가 크게 줄고 있다. 마지막까지 학생 수가 줄 것 같지 않았던 서울마저도 학생이 크게 줄면서 폐교하는 학교가 나타나고 있다. 벚꽃 피는 순서대로 대학 문을 닫게 될 것이라는 예측은 눈 앞의 현실이 되어 있다.

저성장이 고착화하면 교육재정이 늘어나기는커녕 줄어들 가능성마저 있다. 수축사회로의 진입이 본격화하면 사회적 재화인 교육기회를 둘러싼 집단 간 갈등이 심화할 것이며, 따라서 교육제도 변화가 쉽지 않을 것이다. 그러나, 다른 한편으로 저성장과 수축사회에서 교육이 사회적 역동성을 되살리는 데 기여하고, 사회적 갈등과 투쟁을 완화하고 사회통합에 기여해야 한다는 사회적 요구 역시 증대할 것이다. 매우 어려운 상황에서 더 고도화한 사회적 과제에 응전해야 한다.

2) 산업의 디지털 전환과 한국 경제

'제4차 산업혁명'이라는 용어는 기술 혁신이 새로운 단계에 접어들었고, 이것이 산업 현장뿐만 아니라 사회 전체에 심대한 영향을 미친다는 함의를 갖는다. 인류 역사에서 기술 혁신은 늘 진행되어 왔지만, 그 속도가 점차 빨라지고 있다는 사실에 주목할 필요가 있다. 18세기 증기기관 기반의 기계화 혁명 이후 19세기 말에서 20세기 초에 걸쳐 전기 에너지 기반의 대량 생산혁명이 진행되었다. 그러나 20세기를 마감하기 전에 컴퓨터와 인터넷 기반의 제3차 산업혁명이 이루어졌고, 그로부터 반 세기도 지나기 전에 빅데이터와 인공지능, 사물인터넷 등을 통한 제4차 산업혁명이 진행되고 있다(클라우스 슈밥, 2016). 아마도 조만간 제5차, 제6차 산업혁명이 뒤따를 것이라는 전망도 가능하다.

잇따르는 산업혁명은 기계화와 자동화를 수반하며, 산업혁명의 영향에 대해서는 상반된 예측이 이루어지고 있다. 한편에서는 노동하지 않고 여가를 즐기는 사람들이 많아지는 유토피아적 현실이 출현할 것이라는 긍정적 기대가 이루어지고 있지만, 다른 한편에서는 자동화가 인간 노동력을 대체하여 대규모 실업이 발생할 것이라는 우울한 전망도 제기된다(제러미 리프킨, 2005). 근래 인공지능이 눈부실 정도로 발전하면서, 인공지능으로 해내지 못할 일을 생각하기 어려운 상황으로까지 나아가고 있고, 이에 따라 기계화와 자동화의 파고에서 빗겨나 있을 것으로 예상되던 직종까지도 인공지능에 자리를 내주는 현상이 나타나고 있다. 현재로서는 기계화와 자동화의 디스토피아적 전망이 현실에 가깝게 보인다.

'노동의 종말'(제러미 리프킨, 2005)이라고 할 수 있는 이런 사회변화는 교육에 매우 엄중한 과제를 제기한다. 종래 교육은 인격 형성과 함께 산업인력의 충원이라는 사회적 역할을 담당해왔다. 그리고, 많은 사람들은 일자리를 찾고 더 나은 삶을 영위하기 위한 목적에서 교육에 참여해왔고, 국가는 산업인력의 충원이라는 사회적 요구에 부응하고자 교육을 운영하고 지원해왔다. 그런데, 노동의 종말이 일어난다면, 교육을 받은 후에 일자리를 가지기가 어려워지고, 국가와 기업으로서는 굳이 인력을 양성할 필요가 없어진다. 기술 변화로 노동이 사라지는 시대에 교육은 무엇을 해야 하는가라는 어려운 질문이 우리 앞에 놓여있다.

한편, 한국은 해방 직후 세계 최빈국 상황에서 지난 70여 년 사이에 눈부신 경제성장과 민주주의를 동시에 성취한 세계 유일 국가이다. 그런데, 지난 시기의 경제성장은 이미 다른 국가에서 만든 제품을 더 값싸게, 더 효율적으로, 더 예쁘게 만드는 일로 가능했다. 이른바 추격형 경제성장을 성공적으로 이룬 것이다. 그런데, 이제는 추격형 성장의 끝에 서서 다른 국가들이 가지 않은 길을 가야 하는 상황에 이르렀다. 선도형 경제 성장으로 전환해야 하는 상황이 된 것이다.

선도형 경제 성장으로 전환하기 위하여 교육을 혁신해야 한다는 주장이 강화되고 있다. 일찍부터 교육의 과제로 공의식 형성과 창의력 신장을 제기해오고 있지만(정범모, 2016), 근래에는 창의력 계발이 더 주목받고 있다. 한국이 선도형 경제성장을 이루기 위해서는 새로운 개념을 창안하는 능력을 계발해야 하는데, 이런 '개념 설계 역량'을 기르는 핵심에 창의력이 있다는 주장이다(서울대학교 공과대학, 2015). 근래 기술 혁명 과정에서 소수의 기술 기업이 새로운 제품을 출시하고 단숨에 세계 시장을 장악하는 일을 보면, 개념 설계 역량의 중요성을 알 수 있다. 한국 교육에서 어떻게 개념 설계 역량을 기를 수 있을 것인가는 또 하나의 묵직한 도전 과제가 된다.

한국이 세계 무대에서 더 발전한 국가가 되기 위해서는 한편으로 초·중등교육에서부터 대학교육에 이르기까지 창의성을 계발하고, 다른 한편으로는 기술 혁명 이후에 전개될 불안정한 사회 현실, 예를 들면 극심한 불평등과 같은 문제를 슬기롭게 해결하고 더 나은 사회를 만들기 위해서 공의식을 형성하는 일이 중요하다. 이처럼 복잡한 과제를 성취할 수 있는 교육을 어떻게 가능하게 할 것인가가 교육행정의 과제이다.

3) 세계화의 새로운 양상

1995년 교육개혁을 시작하면서 세계화라는 새로운 현상에 주목했다. 당시 세계는 무역과 노동 시장 등 경제적인 측면의 세계화를 발전시키고 있었다. 아울러, 정보통신매체를 매개로 한 정치적 측면의 세계화와 문화적 세계화가 동시에 일어났다. 이처럼 모든 부문에서 세계화가 일어나고 있었고, 그 핵심에 경제적 세계화가 존재했다. 세계화에 대해서 상반된 전망이 존재했지만, 많은 경우 세계화는 기회로 여겨졌고 우리 역시 잘 준비해서 대응하자는 식의 논의가 활발했다.

그런데, 세계화의 현실은 경제적 세계화를 훨씬 뛰어넘는 것이었다(마크 올슨 등, 2015). 2000년대 초에는 한 국가에서 발생한 테러가 여러 국가로 옮겨가는 테러의 세계화를 목격했고, 근래에는 국경을 넘어서는 범위에서 발생하는 지구적 위기를 경험하고 있다. 근래 우리가 경험하는 지구적 위기 가운데 가장 중요한 것 중 하나는 기후위기이다. 산업화 과정에서 탄소 배출이 급증하고, 이것은 지구의 온도를 높여서 생태계를 바꾸고 있으며, 만약 현재의 추세를 유지한다면 사람이 살 수 있는 공간으로서의 지구의 수명은 많이 남아있지 않다는 경고가 거세지고 있다.

또, 복합재난이라는 사회적 현상 역시 교육에 함의를 지닌다. 과거에도 다양한 자연재난이 발생했지만, 근래에는 기술 고도화와 도시환경 복잡화 등에 따라 자연재난의 규모가 대형화하고 있으며 자연재난이 사회재난을 초래하거나 자연재난과 사회재난이 동시에 발생하고 있다. 2011년 동일본 대지진 당시 지진해일이라는 자연재난이 원자력 발전소 고장이라는 사회 재난으로 이어진고, 일본이 십 년 넘게 그 후과를 감당하는 있는 현실이 이를 잘 보여준다(추장민 외, 2022).

한편, 경제적, 정치적 측면의 세계화의 양상도 상당히 달라지고 있다. 과거에는 미국 중심의 단극적 국제질서가 형성되고, 경제질서 역시 미국을 정점으로 형성되었다. 그러나, 중국의 부상에 따라 미국과 중국 간 대립이 격화하고 있으며, 정치적으로나 경제적으로 세계가 둘로 분화하고 있으며, 이를 '두 개의 세계화'라고 개념화하기도 한다(홍성국, 2023). 한국으로서는 어느 한 편에 서기를 강요받고 있으며, 이것은 정치는 물론 경제적인 면에서 상당한 어려움으로 작용하고 있다(김상조, 2023).

또, 코로나 19라는 지구적 재난을 겪는 과정에서 각국은 국경을 높였고, 경제적 불안정성이 심화하는 상황에서 제조업 기반을 자국 중심으로 다시 배치하는 등 변화를 추진하고 있다. 이 과정에서 '국가의 귀환'이라고 부를만한 현상, 즉 사회 · 경제정책을 시장 기제에 맡기기보다는 국가 개입과 관여를 강화하는 흐름이 나타나고 있다. '신자유주의의 종말'이라는 극단적 표현은 과할 수 있겠지만 시장 기제에 대한 신뢰를 낮추고 국가 관여를 강화하는 움직임은 분명히 포착된다.

기후위기와 같은 새로운 세계화와 복합재난 위험의 상존은 교육에 어떤 의미를 지니는가를 깊이 검토할 필요가 있다. 아울러, 시장 기제 중심의 교육개혁의 방향에 대해서는 재검토가 필요하다.

나. 교육 당사자의 변화

1) 교사 세대의 변화

학교는 20대부터 60대까지 여러 세대가 함께 일하는 다중 세대 일터이다(김재원, 정바울, 2018). 매년 일정한 연령에 이른 사람이 학교를 떠나고 새로운 세대의 사람이 들어오면서 조직의 안정성을 유지해왔다. 그런데, 학교사회를 구성하는 사람들에 변화가 생기면 학교조직 전체에도 변화가 나타난다.

근래 들어, 'MZ 세대 교사' 또는 '90년대생 교사' 등과 같은 표현으로 기존과는 다른 특성을 지닌 세대가 교직에 진입하고 있으며, 이들이 새로운 학교문화를 형성하고 있다는 지적이 이어지고 있다. 일반적으로 'MZ세대'는 1986년 이후 출생한 사람을 의미하는데, 이미 교직사회의 40% 정도가 MZ세대 교사로 충원되어 있다. 2023년 교육통계연보(교육부, 한국교육개발원, 2023)에 따르면 현재 39세 이하 교사 비율은 초등학교가 43.1%, 중학교가 39.6%에 이른다.

과거에는 교직에 대하여 성직관을 가진 교사들이 많았지만, 새 세대 교사들에게는 노동직관이 두드러진다(구하라, 김종훈, 이승현, 2022). 그들은 '학교는 직장, 학생은 업무'라고 생각하며 학교와 학교 밖에서의 생활을 구분한다. 새로운 세대의 교사들은 '경계가 분명한' 특징을 보이며 일과 생활의 균형을 추구한다(윤소희 외, 2019; 박상완, 박소영, 2022).

한편, 과거와 마찬가지로 새 세대 교사들도 교직의 안정성을 입직 동기로 삼고 있지만, 자기 계발 욕구가 강하여 다른 직종으로의 이직에도 적극적이다. 반면, 과거와 달리 승진에 대한 관심은 약화되고, 오히려 수업 전문성을 계속 신장하는 방향으로의 발전을 꾀한다(김재원, 정바울, 2018). 이미 여러 지역에서 교육전문직원 충원에 어려움을 겪고 있는데, 향후에는 교감이나 교장과 같은 학교관리직 충원에도 어려움이 발생할 수 있다.

새 세대 교사들에게는 개인주의적 성향은 높지만 공동체의식이 약한 특성이 드러난다(구하라, 김종훈, 이승현, 2022). 그들은 스마트기기를 활용하는 능력이 뛰어나며 온라인 공간에서의 배움을 즐긴다. 반면, 학교 안에서 다른 세대 교사와 소통하고 협력하는 데에는 어려움을 겪는 경우도 적지 않다. 전체적으로는 교사 간 소통과 협력이 약화하는 경향이 나타난다(박상완, 박소영, 2022).

이처럼 교직을 구성하는 세대가 변화하는 현실은 기존의 학교문화와 교원인사 정책 등에 상당한 변화를 요구하고 있다.

2) 학생의 변화

한국 교육에서 학생에 대한 오랜 이미지는 입시 위주 문화 속에서 공부와 학업에 대한 고민을 안고 사는 사람이다. 여전히 입시 경쟁이 치열하고, 따라서 과거의 학생 이미지가 지속되고 있지만, 적지 않은 변화도 나타나고 있다.

우선, 과거에 비하여 훨씬 조기에 학업 경쟁에서 이탈하는 학생들이 늘어나고 있다. 중학생의 의식과 생활을 조사한 연구 결과(정미경 외, 2019)에 따르면, 성적과 공부를 고민하는 학생들도 많지만, 성적에 대하여 관심이 낮고 무기력함을 보이는 학생도 상당수다. 과거에는 상당수 학생이 오랜 기간 입시 경쟁에 매달렸다면, 이제는 경쟁에서 이탈하는 학생들이 늘어나고 결과적으로 학력 분단 현상이 나타난다. 과거 교육정책이 입시경쟁으로 고통받는 아이들을 어떻게 구할 것인가, 입시경쟁을 어떻게 완화할 것인가에 관심을 두었다면, 이제는 조기에 경쟁 대열에서 탈락하는 학생들의 실태를 파악하고 그들을 위한 정책을 구상할 필요가 있다.

학생들의 생활 양상이 변화하고 있는 사실도 중요하다. 과거에는 마을을 중심으로 또래 친구와의 생활 경험이 풍부했다면 2000년대 들어 인터넷이 보급되면서 인터넷 기반의 온라인 게임이 청소년 생활에서 매우 중요해졌다. 인터넷은 게임과 같은 개인 오락은 물론 친구와의 사교의 공간이 되었다(조민식, 2012; 2019). 근래에는 스마트폰이 인터넷을 대체하였고, 스마트폰이 일상생활을 지배하는 상황에 이르렀다.

근래 청소년은 인공지능이나 모바일 등 디지털 기술환경 속에서 자라나서, 24시간 네트워크에 연결된 세대이다. 이들을 '알파세대'라고 부르기도 한다. 이들은 디지털 수용도가 높고 학습자료로 온라인 강의를 선호하며, 의사결정의 속도가 빠르고 시각적 자료를 활용하는 정도가 높다(도재우 외, 2023). 이런 특성은 새 세대 청소년들이 디지털 교육환경에 잘 적응할 수 있을 것임을 짐작하게 하지만, 면대면 관계가 약화함에 따라 대인관계와 정서 조절, 표현 등 면에서 역량을 개발해야 하는 과제가 제기된다. 특히 근래 청소년들에게 '관계의 위기'가 심각한 수준으로 나타나고 있는데, 관계를 형성하는 공간으로서의 학교 기능을 어떻게 강화할 것인가는 중요한 과제가 된다.

3) 학부모와 교사 관계의 변화

오랫동안 학부모는 학교교육을 지원하는 보조자 역할을 수행해 왔다. 사친회나 기성회와 같은 학부모 조직은 학교 의사결정에 참여하기보다는 재정적으로나 물리적으로 학교교육을 돕는 일을 해왔다. 그런데, 1996년부터 제도화된 학교운영위원회를 계기로 학부모의 학교 참여가 활성화되기 시작했다. 특히 2000년대 후반 혁신교육을 전개하는 과정에서 교사, 학생과 함께 학부모도 학교 공동체의 일원이라는 인식이 강화되고 학부모 조례를 제정하는 등 학부모의 학교교육 참여가 한층 활성화되었다.

그런데, 1990년대 중반 이후 '고객 중심'의 신공공관리 개혁을 추진하는 과정에서 학부모는 평가자로, 교사는 평가를 받는 사람으로 위치가 변화하게 되었다. 교원평가 과정에 학부모가 참여하게 된 사실이 이를 잘 보여준다. 또, 수행평가가 일반화하고 학교 내에서의 각종 활동을 중요하게 반영하는 수시입학이 활성화되고 학교폭력 처리 결과를 학생부에 반영하는 상황에서 학부모들이 자녀의 학교교육 활동에 관심을 가지고 개입하는 정도가 크게 확대되었다. 이 과정에서 무리한 요구를 하거나 교사의 교권을 침해하는 학부모들이 나타났다. 또, 학교 내의 갈등을 소송으로 해결하는 경향이 확대되면서 교사와 학부모 사이에 고소 사건이 늘어났다. 그 과정에서 한 초등학교 교사가 목숨을 끊는 불행한 일이 일어났고, 교사와 학부모 관계가 사회적 주목을 받게 되었다(김용 외, 2023).

학교를 공동체로 만들고자 하면 교사와 학부모가 유기적 협력 관계를 형성하는 일이 중요하다. 그런데, 근래 교사와 학부모 관계에는 상당한 긴장이 존재한다. 교육 주체 간 협력을 어떻게 강화할 것인가는 교육행정의 중요한 과제가 된다.

4) 교육공무직원의 급증

학교가 수행하는 기능이 확대되면서 교원이나 행정직원이 아닌 사람들이 학교에 들어오기 시작했다. 학교급식이 시작되면서 급식 종사원이 들어왔고 교육 정보화 과정에서 전산 직종의 실무자가 들어왔다. 또, 조리, 영양, 과학 수업 보조, 행정보조, 교무업무 지원 등 다양한 목적으로 비정규직 인력이 학교에 들어왔다. 이들은 무기계약직, 기간제 계약직, 한시 사용 근로자, 특수목적 채용 인력 등 다양하며, 현재는 교육공무직원으로 통칭하고 있다. 현재 교육공무직의 직종은 50여 개에 이르고, 2020년 조사 결과에 따르면 그 수가 16만 5천여 명에 달하며, 전체 교직원의 25%를 차지하고 있다(하봉운, 2022). 이것은 현재 학교교육에서 교육공무직원이 담당하는 몫이 상당함을 보여준다.

그러나, 매년 되풀이되는 파업 사태에서 엿볼 수 있는 것처럼, 교육공무직원과 관련된 갈등 요소가 크게 늘어나고 있다. 근무 여건 면에서 학교별, 지역별 편차가 상당하여, 갈등 요소가 되고 있으며, 전문성 개발이 이루어지지 않고 인사관리 역시 매우 비효율적이다. 또, 교육공무직원 인건비가 급증하면서 핵심 과업에 투자할 재정을 충분히 확보하기 어려운 경우도 나타나고 있다(하봉운, 2022).

과거에는 교육의 3주체를 교사와 학생, 그리고 학부모로 보았으나, 이제는 교육공무직원을 염두에 두지 않을 수 없는 상황이 되었다. 교육공무직에 대한 인사정책을 재구조화하는 일이 교육행정의 중요한 과제가 된다.

2. 교육행정의 과제

가. 교육목표 행정의 정립

교육행정은 공적 관심 대상이 되는 교육을 지원·조장하기 위한 각종 활동이다. 교육행정은 자원을 조직하고 인력을 충원·계발하며 재정을 확보하고 여러 부문의 활동을 통합 조정하는 일이지만, 그 맨 앞 자리에 기획(planning)이 있다. 교육기획은 교육목표를 수립하고, 이를 달성하기 위한 전략을 개발하는 일로, 기획은 목표 수립에서 출발한다.

세계적 견지에서 볼 때 한국은 매우 모범적으로 경제 성장과 민주주의를 달성한 국가이며, 그 과정에서 교육의 기여는 상당했다. 산업화 시대에는 국민 형성과 산업인력 양성이라는 교육목표를 사회적으로 승인하였고, 민주화 이후에는 민주시민 양성이라는 목표를 심화 발전시켜왔다.

그런데, 근래 교육목표를 다시 설정해야 할 필요가 높아지고 있다. 우선, 인공지능을 중심으로 한 자동화로 대표되는 생산 양식의 변화에 따라 산업인력 양성이라는 목표는 약화하고 있다. 물론, 최첨단 분야에서 경쟁해야 하는 인력을 양성해야 할 필요는 훨씬 강화되고 있는 점에서 산업인력 양성이라는 목표가 여전히 유효하다고 할 수도 있으나, 학생 다수를 산업인력으로 양성할 필요는 약화하고 있다.

이런 배경에서 교육이 사회에 어떻게 기여할 것인가라는 질문을 다시 제기할 필요가 있다. 기술 변화는 우리에게 두 가지 과제를 제기한다. 한편으로는 최첨단 산업 분야에서 글로벌 경쟁력을 확보하는 데 기여해야 하고, 다른 한편으로는 기술 혁명에 수반되는 불평등 등 여러 가지 사회적 과제를 해결할 능력을 지닌 시민을 길러야 한다. 전자는 고등교육 부문의 과제가 되고 후자는 초·중등교육 부문의 과제가 된다.

한편, 학생 측면의 변화와 지역을 중심으로 한 한국사회의 변화에 주목할 필요가 있다. 오늘날 초·중등학생 가운데 자신의 정체성을 형성하는 데 어려움을 겪는 경우가 많다. 대학생 중에도 관계의 어려움을 겪는 경우가 적지 않다. 학생들의 변화에 주목하여 교육의 목표를 재정립할 필요가 있다. 아울러, 한국사회는 인구 감소와 더불어 지역 소멸 위기를 맞이하고 있으며, 수축사회에서 각자도생이라는 오래된 문제를 더 심화하고 있다. 학교와 지역의 관계를 더 긴밀하게 형성하고, 특히 대학은 교육 연구 역량을 활용하여 지역 산업 발전에 이바지하고, 지역의 평생학습 수요에 잘 대응할 필요가 있다. 이와 같은 변화를 수렴할 수 있는 교육목표를 수립하는 일이 중요하다.

나. 교육운영체제 재구조화

교육운영체제가 교육행정의 질을 자동적으로 보장하는 것은 아니지만, 상당 부분 영향을 미치는 것은 사실이다. 이런 점에서 교육운영체제를 어떻게 구성할 것인가는 항상 관심의 대상이 된다.

지난 삼십여 년 사이에 한국의 교육운영체제에는 상당한 변화가 일어났다. 1995년 교육개혁 당시 학교 운영의 자율성 또는 대학 자율성을 정책 방향으로 제안한 이후 교육기관 운영의 자율성은 계속 확대되고 있다. 또, 2000년대 말 교육감 주민직선제를 시행하면서 지방교육자치제도의 효능감을 경험한 사람들이 많아지고, 제도로서의 지방교육자치제는 안정성을 획득해가고 있다. 이 시기에 초·중등교육 부문에서는 시·도교육청의 역할이 증대되고 혁신교육 정책이 확산하면서 학교자율성을 넘어 학교자치를 지향하는 상황에 이르렀다. 교육청의 역할 확대에 부응하여 교육부가 교육자치·분권을 정책 방향으로 제시하면서 교육자치는 그 토대를 한층 굳건하게 하고 있다.

한편, 고등교육 부문에서도 교육운영체제에 변화가 있었다. 고등교육 부문의 규제개혁은 모든 정부에서 채택한 정책 방향이었고, 개혁 과정에서 대학 운영의 자율성은 강화 일로에 있다. 이밖에 중요한 변화를 들라면, 고등교육 운영에서 지방자치단체의 관여가 확대되는 경로가 만들어진 것이다. 그동안 대학은 중앙정부의 감독을 받았으며 지역 내에서의 역할은 소극적이었다. 그런데, 대학의 지역에 대한 사회봉사 기능을 확대해가고, 특히 대학과 지역산업과의 관련성을 심화할 필요가 제기되면서 대학과 지방자치단체 간의 협력체제가 형성되고 있다.

마지막으로, 2022년 대통령소속국가교육위원회를 설립하여 사회적 협의에 따라 교육정책을 결정하고자 하고 있다. 국가교육위원회는 10년 단위 중장기 교육발전계획 수립, 교육과정, 교육정책 사안에 대한 사회적 협의를 담당하면서 교육정책 기획의 안정성을 도모하고 사회적 협의를 통해서 교육정책의 민주성을 강화하고자 한다.

이처럼 지난 시기 교육운영체제가 상당히 변화했으나, 여전히 적지 않은 과제에 직면해 있다.

우선, 국가교육위원회가 제 자리를 잡지 못하고 있다. 당초에는 국가교육위원회에서 복잡한 교육문제에 대한 사회적 협의를 시도하여 정책을 결정하고, 교육부는 그 정책을 집행하는 방식으로 역할을 분담하고자 했지만, 국가교육위원회가 제기능을 다하지 못하고, 교육부의 정책과정을 후원하는 역할에 그치고 있다. 여전히 사회적 협의 과정을 거치지 않고 정책을 매우 빠르게 결정하여 집행하는 관행이 계속되고 있으며, 고등교육 부문에서는 통합 조정 기능이 살아나지 않고 있다. 교육부 외에 과학기술정보통신부나 산업통상자원부, 농림축산식품부, 문화체육관광부 등 여러 부처에서 대학과 협력하여 각종 사업을 추진하고 있으나, 그 과정을 통합 조정하는 역할이 부재하여 대학에 대한 정부 재정지원의 비효율이 개선되지 않고 있다.

지방교육자치제가 발전해오고 있지만, '지역 없는 교육자치와 약체화한 민주주의'(김용, 2021a)라는 현실이 계속되고 있다. 교육자치를 강화하기 위한 정책이 계속 시행되고 있지만, 국가 공무원인 교원의 신분과 국가교육과정, 그리고 중앙정부 재정에 의존하는 교육청 재정 현실로 인하여 진정한 의미의 교육자치는 강화되지 않고, 교육분권 수준에 그치고 있다. 또, 교원이나 교육과정, 그리고 교육재정 제도의 현실로 인하여 한국의 교육자치는 '지방'교육자치가 아니라 '지역 없는' 교육자치를 운영하고 있다. 아울러, 교육감 주민직선제 시행 이후 교직원들의 정책과정 참여는 계속 확대되고 있으나, 시민들의 정책 참여는 여전히 어려운 상황이며, 상당수 시민들은 관객 위치에 앉아있는 '관객 민주주의'가 계속되고 있다. 이와 같은 문제의식에서 일반행정과 교육행정의 통합 또는 교육감 선임 방식을 지방자치단체장과 러닝메이트 또는 임명제 등으로 전환해야 한다는 주장이 심심치 않게 제기된다. 한국의 지방교육자치제도는 지역과의 밀착도를 높이고 시민 참여를 확대해야 하는 과제를 안고 있다.

지방시대를 개막하는 데 대학의 역할이 결정적이라는 인식이 확산하면서 대학과 관련하여 지방자치단체의 관여가 확대되고 있다. 대학과 지방자치단체, 그리고 기업이 협력하여 상생 발전하기 위한 제도적 틀이 형성되고 있다. 대학 입학생 수가 급감하는 상황에서 대학 정원을 조정하고 각 대학의 특성화와 지역 발전에 대한 기여를 강화하는 과정에서도 대학과 지방자치단체 간 협력의 틀이 적극적으로 활용될 것이다. 그런데, 현재는 17개 시·도별로 대학과 지방자치단체 간 협력 체제를 구축하도록 되어 있어서 기관 간 협력이 단체장 성향에 좌우되기 쉽다거나 발전 전략을 수립하기 위한 지역적 범위가 협소하다는 문제가 제기된다. 향후에는

'지역'을 광역화하여 전국을 네다섯 개의 권역으로 재편하고, 그 권역 내에서 대학과 지역의 협력체제를 형성하도록 해야 한다.

교육기관 운영의 자율성은 계속 확대되고 있으며 근래 '학교자치'라는 용어가 당연하게 받아들여지는 정도에 이르렀다. 학교운영의 자율성이 강화되는 상황에서 학교를 '책임 운영 기관'답게 운영하는 좋은 사례가 보고되기도 했다. 그런데, '학교자치'라는 개념이 성립할 수 없다는 주장이 가능하며(김용, 2021), 현실 속의 학교자치를 학교와 교육행정기관의 분리, 또는 교육행정기관의 학교에 대한 일체의 관여의 배제와 같이 오해하거나, 교사 자율을 교사 편의주의와 등치하는 현상도 나타나고 있다. 신자유주의 교육개혁 과정에서 '자율'이 '책무성을 위한 자율'로 기능하는 경우도 있지만, '책임 없는 자율 또는 자기편의'로 자율을 해석하는 경향도 나타나고 있다. 교육의 자율성에 대한 이해를 새롭게 할 필요가 제기된다.

다. 교육인사행정 개념의 확장

교육인사행정은 교육행정의 중요한 부문이다. 1990년대 말부터 교육인적자원관리라는 개념으로 확장하여 유능한 인적 자원을 확보하고 그들의 능력을 개발하고, 직무에 최선을 다하도록 하는 여건을 조성하는 일을 포괄하고 있다(서정화 외, 2011). 교육인사행정을 통하여 양성과 자격, 임용과 배치, 승진, 전직과 전보, 연수, 평가, 보수와 근무조건 등을 논의해오고 있다.

그런데, 기존 교육인사행정은 그 내용을 바꾸고 개념을 확장할 필요가 있다. 기존 교육인사행정은 교육인적자원관리라는 개념을 수용하면서도 교원만을 대상으로 논의하고 있다. 그런데, 현재 초·중등학교에는 교원의 1/4을 넘어서는 교육공무직원이 있고, 수는 상대적으로 적지만 교육행정직원들도 중요한 역할을 담당하고 있다. 학교에서 교육을 제공하는 일에 교원 외에 교육행정직원과 교육공무직원들이 중요한 역할을 담당하고 있다. 따라서 향후 교육인사행정은 교원 외의 교육지원인력에 대한 논의와 연구를 포괄할 필요가 있다.

더 중요하게는 기존 교육인사행정에 대한 전문적 재검토가 필요하다. 과거 교직은 저경력 시기에 낮은 수준에서 보상하고, 경력이 높아지면 보상 수준을 높이고 정년 시기에 비교적 높은 수준의 연금을 제공하는 방식으로 보수 체계를 가지고 있었다. 그런데, 근래 교직에 입직하는 세대의 교사들은 과거의 보수 체계에 대한 수용도가 낮고, 이것이 교사 이직을 부채질하는 중요한 요인이 되고 있다. 또, 과거에는 승진 의지가 있는 교사들이 다수라는 가정을 하고, 가능하면 공정하게 승진 절차를 관리하기 위한 방안을 강구하였다. 그런데, 근래 입직하는 교사들의 승진 의지는 현격히 낮다. 따라서, 과거의 승진 제도를 그대로 운용하기 어렵다. 이제는 학교 관리자나 교육전문직원을 의도적으로 양성해야 할 수도 있다. 기존 교원 전문성 개발이 기관 중심 개발에 초점을 두고 있지만, 근래 입직하는 교사들은 개인 수준의 역량 개발을 선호하는 면에서 기존 교원 연수 체제에 대한 검토도 필요하다. 이처럼 새로운 세대 교사 등장에 따라 교육인사행정 제도를 전면적으로 재검토할 필요가 있다.

한편, 기존 교육인사행정에는 포괄할 수 없지만, 학부모와 학생 행정을 교육인사행정 또는 교육인적자원관리 개념에 포섭할 수 있는지 여부를 검토할 필요가 있다. 기존 관념에 따르면 학부모와 학생은 행정 대상이므로, 교육인사행정에서 다루지 않는다. 그러나 '교육인적자원'의 개념을 확장하여 학생 행정과 학부모 행정이라는 주제를 발전시킬 수도 있을 것이다.

라. 사회변화에 대응하는 교육행정

제1절에서 교육환경의 변화를 소개했다. 새로운 환경에 적극적으로 대응하는 것이 교육행정의 중요한 과제이다. 여기서는 불평등과 디지털 전환을 중심으로 교육행정의 과제를 검토한다.

지난 이십여 년 사이에 한국사회의 불평등은 심화했다. 사실 신자유주의 정책이 세계 여러 국가에서 전개된 후 많은 국가에서 유사한 현상이 관찰된다. 교육 부문에서는 교육격차가 확대되는 현상, 또는 다양한 형태의 어려움을 겪는 학생들이 늘고 있는 현상에 불평등 문제가 투영되어 있다. 기초학력 부진 학생이 늘었다는 현실 역시 불평등과 관련된 것이다. 종래보다 적극적으로 돌봄 기능을 강화하고, 의무교육을 마치는 시점까지는 적정 학력을 보장하기 위하여 매우 적극적인 정책을 전개할 필요가 있다. 이와 함께 관계의 위기를 겪고 있는 아들이 학교에서 관계 맺는 힘을 계발할 수 있도록 배려하고, 지적 활동 못지 않게 신체 활동을 장려하여 체격과 비례한 체력의 성장을 이룰 수 있도록 해야 한다.

또 하나의 중요한 변화로 교육의 디지털 전환을 들 수 있다. 우리나라는 세계 최고 수준의 디지털 강국이며, 코로나 19를 겪는 과정에서도 교사들의 디지털 활용 능력을 기반으로 위기를 극복할 수 있었다. 또 전자 형태의 교육행정체제 역시 다른 국가에 수출할 만큼 우수성을 자랑하고 있다. 이제는 초중등학교 교실에서 디지털 교과서를 활용하고, 대학은 학습 관리 체제(LMS)를 고도화하면서 증거 기반 대학행정을 발전시켜가고 있다. 그러나, 디지털 전환 과정에서 의도하지 않은 결과가 발생하지 않는지 유의하고 디지털 전환과 관련된 다양한 현상을 관찰하면서 차분하게 정책을 전개할 필요가 있다. 근래, 서구 국가 중에는 교육의 디지털 전환을 중단하고, 종이책을 읽고 연필로 글을 쓰는 수업을 강조하는 경우도 있다. 그 국가들에서 무엇을 고민했는지를 치밀하게 분석하는 일도 중요하다. 디지털 전환을 이루더라도 아날로그적 형태의 교육과 균형을 이룰 수 있도록 학교 교육활동을 디자인하는 일도 필요하다.

마. 새로운 시도를 적극 지원하는 교육행정

한국 교육은 획일적이고 타율적이라는 비판을 자주 들어왔다. 이런 배경에서 이미 1990년대 말부터 '자율과 다양성의 교육개혁'을 추진해오고 있다. 그러나, 수축사회로의 진입과 인공지능을 활용한 자동화의 영향이 두드러지는 지금 시점에서는 훨씬 유연하고 다양한 교육제도를 운용할 필요가 강해지고 있다.

초·중등교육 부문에서는 학생 인구 변동에 따라 학교 통·폐합이 불가피한 현실이 되고 있다. 그런데, 종래의 학교 통·폐합보다 창의적 정책 대안을 마련할 시점이다. 예컨대, 인구가 크게 줄어든 지역에서는 모든 초등학교를 6년제로 운영하기보다는 일부 초등학교는 유치원부터 2학년 또는 4학년까지 운영하고, 그 후에는 다른 학교에서 더 많은 친구들과 함께 공부할 수 있는 1학교 다 캠퍼스형 학교를 구상할 수도 있다. 또 일본 사례와 같이 의무교육학교를 제도화하여 초등학교 6년과 중학교 3년을 통합한 9년제 학교를 운영할 수도 있고, 중학교 3년과 고등학교 3년을 통합한 중등교육학교를 제도화할 필요도 있다. 더 나아가 학령기 인구는 급감하는 반면, 중·고령자는 급증하는 상황에서 그들의 평생학습 수요에 대응할 수 있는 교육제도를 설계해야 할 필요도 커지고 있다.

한편, 고등교육 부문에서는 이미 새로운 시도가 본격화하고 있다. 서양 국가에 비하여 학과 규모가 영세한 대학들이 연합하여 공동 교육과정을 운영하는 사례가 나타나고 있으며, 대학 통합은 아니지만 교육과정을 공유하는 사례도 존재한다. 또, 한국 대학에서 공부하고자 하는 외국인 학생이 증가하는 상황에서 우수한 외국인 학생에게 양질의 교육을 제공할 수 있는 체제를 정비해야 하며, 나아가 국내 대학들의 해외 진출을 촉진하는 제도 정비도 시급하다. 또, 학생 수 감소에 따라 일부 대학 폐교가 불가피한 상황에서 폐교 절차를 제도화할 필요도 있다.

교육행정 부문에서도 새로운 시도를 장려해야 한다. 현재 광역 수준에서 이루어지고 있는 지방교육자치 단위를 점차 하향화하는 노력을 해야 한다. 일부 시·군부터 교육장 선임 절차를 변경하고, 교육재정 제도와 교직원 인사 제도를 개편하여 생활권 단위 교육자치를 시도해야 한다. 교육지원청을 학교지원센터로 전면적으로 개편하는 시도도 권장할 필요가 있다.

이처럼, 사회 변화에 발맞추어 유연한 교육제도를 운영하고 다양한 실험을 장려할 필요가 있다. 경직된 교육행정으로 이런 시도를 막을 것이 아니라 적극적 교육행정으로 다양한 시도를 장려해야 한다.

3. 결론

과거에는 '교육입국(教育立國)'이라는 말을 종종 들을 수 있었다. 자원이 없는 우리나라로서는 사람을 키워서 나라를 부강하게 만들고 민주주의를 영위하는 방법 밖에 없었다. 국가 사회 전체적으로 교육에 대한 관심이 높았고 매 시기마다 적절한 교육정책을 통해서 비교적 짧은 기간에 상당한 성취를 거둘 수 있었다.

그러나, 어느 순간부터 교육은 많은 국민들에게 희망이 아니라 고통거리가 되었다. 많은 청소년들은 여전히 심각한 경쟁 속에서 현재의 삶을 충만하게 누리면서 미래를 준비할 여유를 빼앗기고 있다. 과다한 사교육비로 살림살이에 어려움을 겪는 가정이 많다. 사교육비는 출산과 결혼마저 주저하게 만드는 주범으로 손꼽히고 있다. 노동 시장의 세계화가 진전하는 상황에서 국내에서 공부한 인력에 대한 높은 평가를 유예하는 기업이 있고, 치열한 국제경쟁 상황을 돌파할 수 있는 창의적 인재를 길러내지 못하고 있다는 질타도 존재한다.

사회 변화에 따라 혁신적 교육행정의 필요가 높아지고 있지만, 오히려 경로의존성이 심화하고 있다. 교육에 종사하는 다양한 집단은 자기 이익을 지키기 위하여 제도 변화에 필사적으로 저항하는 경향이 발생한다. 수축사회에서 혹여 자신의 몫이 줄어들 수도 있다고 생각하는 사람들 역시 제도 변화에 매우 저항적이다. 교육 자원이 부족해지면서 새로운 시도를 위한 여력 역시 감소하고 있다. 결과적으로 어떤 변화도 쉽지 않은 상황에 빠져들고 있다.

그런데, 사회 변화에 대응하기 위한 중요한 열쇠가 교육과 관련된 것이다. 저출생과 고령화라는 인구 변동, 그리고 지역 변동은 모두 교육과 깊이 관련된다. 인생 전체를 사고 범위에 두는 평생학습체제를 형성하고, 지역 변동에 대응할 수 있는 새로운 교육체제를 갖추는 일은 중요한 사회적 과제가 되고 있다. 기술 변화에 따라 첨단 산업인력 양성과 불평등 등 사회문제를 해결할 수 있는 역량을 갖춘 시민을 기르는 일 역시 교육과 관련된다. 기후 위기와 같이 전지구적 문제에 응전할 수 있는 세계시민을 교육하는 일 역시 중요하다.

이렇게 본다면 '제2의 교육입국'을 선언할 시점이다. 우리가 과거 교육으로 나라를 세운 것처럼, 이제는 새로운 사회문제에 대한 해답을 교육으로 만들어야 한다. 도전적이고 창의적인 교육행정으로 '제2의 교육입국'을 도모해야 한다.

과연 우리는 '제2의 교육입국'을 이룰 수 있을까? 우리를 둘러싼 정책환경은 엄혹하지만, 우리는 이 위기를 극복하고 새로운 세계를 창조할 수 있는 자원을 가지고 있다.

우선 학부모들의 교육열이 여전히 강하다는 사실은 우리 교육의 중요한 자원이다. '교육열'은 자녀가 더 나은 학교에 들어가고, 더 좋은 직장에서 일하고 더 나은 삶을 바라는 부모의 마음을 나타내는 것으로서 과도한 경쟁의 원인으로 지목되기도 하지만, 부모들이 교육을 존중하고 교육에 투자하고자 하는 마음을 가지고 있다는 사실은 좋은 것이다. 사회복지가 진전하여 각자도생의 사회를 벗어나게 되면, 부모들의 교육열이 한국의 교육 수준을 더 높이고 사회 전체를 개선하는 데에 긍정적으로 작용할 것이다.

학생들의 변화에도 주목할 부분이 있다. 불평등의 그늘 속에서 어려움을 겪는 학생들도 많지만, 과거에 비하여 경험의 다양성 면에서 요즘 아이들은 탁월하다. 아주 어린 시절에 해외 경험을 하거나 디지털 유목민이라고 부를 만큼 디지털 기기 활용 능력이 뛰어난 아이들도 많다. 스포츠나 예술 등 다양한 직종에서 성공한 사람들을 보면서 진로에 대해서도 과거에 비하여 훨씬 개방적이다. 이처럼 풍부한 자원을 가진 학생들은 우리 교육의 큰 자산이다.

한국의 교사는 세계 최고 수준이다. 우수한 인재들이 교직에 입직하고자 하고, 교원양성 교육의 질을 제고하기 위한 노력이 계속되고 있다. 또, 지난 십여 년간 학교혁신 운동을 전개하는 과정에서 많은 교사들이 자신을 전문가로서 발전시키고 학교를 공동체로 만들어 본 경험을 했다. 또 교사들 중 교육정책 과정에서 주도적으로 활동하는 사람들도 나타났다. 우수한 교사를 유지하기 위한 정책을 정비하고 학교 내에서 전문적 공동체 활동을 강화한다면 한국의 교사 자원은 향후에도 세계 최고 수준을 유지할 것이다.

대학은 여러 가지 어려움에 처해 있지만, 그 상황에서 다양한 혁신을 계속하고 있다. 더 많은, 더 우수한 학생을 유치하기 위하여 대학교육 프로그램을 개선하고 있으며, 근래에는 교육과정 공유와 같은 과거에 없던 교육 활동을 시도하거나, 산학협력의 모범을 만들어가는 사례가 보고되고 있다. 또, 한류 열기를 배경으로 한국에서 공부하고자 하는 외국인이 크게 늘어나는 상황 역시 대학에 좋은 조건을 만들어주고 있다. 아울러, 평생직장이 사라지면서 오히려 성인들의 평생학습에 대한 수요가 증가하고 있다. 향후에는 대학이 20대 청년 학생뿐만 아니라 외국인 학생과 성인 학습자를 교육하는 기관으로 발전할 것이다.

지방교육자치가 전개되는 과정에서 시·도교육청 간, 그리고 교육부와 교육청 간에 정책 경쟁(policy competition)이 활성화하고 있는 점도 고무적이다. 지나친 경쟁에 따른 부작용이 없는 것은 아니지만, 정책 경쟁 과정에서 더 타당하고 적실성이 있는 교육정책이 개발되고, 교육정책 집행 과정에도 변화가 나타나고 있다.

이를 통하여 교육정책의 질을 개선할 수 있을 것이다.

이처럼 교육정책 환경의 변화에도 불구하고, 교육을 개선하고, 나아가 교육을 통하여 사회를 개선하기 위한 자원이 존재한다. 이를 잘 엮을 수 있다면 '제2의 교육입국'은 실현 가능한 과제가 된다. 대통령을 위시하여 국가교육위원회 위원장, 교육부장관, 교육감 등 지도급 인사들의 리더십이 과제 실현에 중요할 것이다.

해방 이후 한국은 각자도생의 사회였고(정덕진 외, 2015), 앞으로의 사회 역시 마찬가지일 수 있다는 우울한 전망도 존재하지만, 다른 한편으로 우리 사회에는 매우 강한 역동성이 존재하며, 오래된 공동체 의식을 바탕으로 사회를 개선하고자 하는 열망 역시 강력하다. 교육으로 한강의 기적을 이룩했고, 시민들의 각성으로 민주화를 달성했다. 우리는 교육의 힘으로 더 나은 사회를 만들고 더 높은 곳으로 도약할 수 있다.

참고문헌

구하라, 김종훈, 이승현(2022). 'MZ세대' 교사의 특성 연구. 경기도교육연구원.

김견숙, 신상명(2020). 밀레니얼 세대 교사의 조직공정성 지각이 조직몰입에 미치는 영향. 교육행정학연구, 38(3). 203-227.

김기석(2008). 한국고등교육연구. 파주: 교육과학사.

김상조(2023). 21세기 세계경제 –뉴노멀인가 올드노멀인가–. 서울: 생각의힘.

김용(2021a). 교육자치와 인사행정: 약체화한 민주주의와 지역 없는 교육자치 너머. 경기도교육연구원 기획. 자본과 국가 권력을 넘어 교육자치의 새 길을 찾다. 서울: 학이시습. 129-171.

김용(2021b). 학교자치의 개념 정립의 과제 -독일 학교자치론 전개 과정의 교훈을 중심으로-. 교육행정학연구, 39(2). 43-68.

김용, 양희준, 장귀덕, 한만중, 안영은(2023). 학교교육 당사자 간 관계의 변화 및 대응에 대한 정책 · 입법 분석 – 교원과 학부모 관계를 중심으로-. 서울특별시교육청 교육연구정보원.

김재원, 정바울(2018). 밀레니얼 세대 초등교사의 직업동기, 직무인식 그리고 경력 전망에 관한 탐색적 연구. 교육행정학연구, 36(3). 231-249.

도재우 외(2023). 학생의 온라인 생활 연구: 학습자 특성 분석. 한국교육개발원.

마크 올슨, 존 코드, 앤 마리 오닐(김용 역)(2015). 신자유주의 교육정책, 계보와 그 너머. 서울: 학이시습.

박상완, 박소영(2022). 90년대생 교사 특성 분석: 세대 특성과 개인 특성을 중심으로. 한국교원교육연구, 39(1). 1-30.
서울대학교 공과대학(2015). 축적의 시간. 서울: 지식노마드.
서정화 외(2011). 교육인사행정론. 파주: 교육과학사.
윤소희, 유미라, 김지선, 김도기(2019). A초등학교 N세대 교사의 교직생활에 관한 질적연구. 한국교원교육연구, 36(3). 315-341.
장덕진 외(2015). 압축성장의 고고학: 사회조사로 본 한국 사회의 변화, 1965~2015. 파주: 한울아카데미.
정미경 외(2019). 중학생의 성장과정 분석: 학교, 가정, 지역사회를 중심으로(Ⅳ). 한국교육개발원.
정범모(2016). 창의력과 공의식. 서울: 학지사.
제러미 리프킨(이영호 역)(2005). 노동의 종말. 서울: 민음사.
조민식(2012). 인터넷과 청소년 일상문화의 변형: 청소년 온라인 게임문화를 중심으로. 청소년문화포럼, 30. 84-99.
추장민 외(2022). 복합재난사회 –위험사회에서 안전사회로의 전환–. 서울: 대통령직속정책기획위원회.
클라우스 슈밥(송경진 역)(2016). 클라우스 슈밥의 제4차 산업혁명. 서울: 메가스터디Books.
하봉운(2022). 학교 비정규직 연구: 교육공무직원을 중심으로. 교육비평, 49. 44-75.
홍성국(2018). 수축사회 –성장신화를 버려야 미래가 보인다–. 서울: 메디치미디어.
홍성국(2023). 수축사회 2.0 –닫힌 세계와 생존게임–. 서울: 메디치미디어.

찾아보기

[인명]

[내용]

❙ 저자약력 ❙

이종재(Lee, Chong-jae)

〈학력〉 서울대학교 교육학과(학사)
미국 플로리다 주립대학교(박사)
〈경력〉 (현) 서울대학교 명예교수
(전) 서울대학교 교수
(전) 한국교육개발원 원장
(전) 한국교육행정학회 회장
〈주요 연구물〉 (편저서) 한국교육 60년(공저, 서울대학교 출판문화원)
사교육: 현상과 대응(공저, 교육과학사) 외
(학술논문) The Development of Education in Korea: approaches, achievement and current challenges
Shadow Education Systems

이차영(Lee, Cha-young)

〈학력〉 서울대학교 교육학과(학사)
서울대학교 대학원 교육행정 전공(석사 및 박사)
〈경력〉 (전) 한서대학교 교수
〈주요 연구물〉 (저서) 교육재정경제학백과사전(공저, 하우동설) 외
(학술 논문) 한국과 미국의 고등교육법 비교 외
(연구 보고서) 한국교원정책의 종합적 진단과 전망 외

김 용(Kim, Yong)

〈학력〉 서울대학교 교육학과(학사)
서울대학교 대학원 교육행정 전공(석사 및 박사)
〈경력〉 (현) 한국교원대학교 교수
(전) 청주교육대학교 교수
〈주요 연구물〉 (저서) 학교자율운영 2.0: 학교개혁의 전개와 전망(살림터) 외
(학술 논문) 법화사회의 진전과 학교 생활세계의 변용
학교자치의 개념 정립의 과제 -독일 학교자치론 전개 과정의 교훈을 중심으로- 외

송경오(Song, Kyoung-oh)

〈학력〉 이화여자대학교 교육학과(학사)
서울대학교 대학원 교육행정 전공(석사)
미시간주립대학교 교육정책 전공(박사)
〈경력〉 (현) 조선대학교 교수
〈주요 연구물〉 (저서) 정치교육론(공저, 학이시습)
교육행정학연구방법론 핸드북(공저, 학지사) 외
(학술논문) Re-thinking Democracy of Higher Education in South Korea(Journal for Critical Education Policy)

제2판 한국교육행정론

2012년 2월 25일 1판 1쇄 발행
2015년 3월 20일 1판 2쇄 발행
2024년 8월 25일 2판 1쇄 인쇄
2024년 8월 30일 2판 1쇄 발행

저 자 : 이종재 이차영 김 용 송경오
발행인 : 한 정 주
발행처 : 교 육 과 학 사

경기도 파주시 광인사길 71
전화 (031)955-6956~8 / 팩스 (031)955-6037
Home-page : www.kyoyookbook.co.kr
E-mail : kyoyookbook@daum.net,
등록 : 1970년 5월 18일 제2-73호

저자와의 협의하에 인지생략

낙장·파본은 교환해 드립니다.
Printed in Korea.

정가 32,000원
ISBN 978-89-254-1975-6